新文科·大数据管理与应用专业系列教材

大数据计量经济分析

主 编 田 青 马越越

副主编 卢永艳 苗 蕊 李晓菲

中国教育出版传媒集团

高等教育出版社·北京

内容简介

从数据的角度看，以往计量经济分析主要利用具有结构化特点、规模较小的“小数据”进行实证分析。随着大数据时代的到来，如何利用具有样本海量、来源广泛、更新实时等优势的“大数据”，将大数据纳入计量经济分析并获取有价值的信息，这既是经济学家们基于大数据方法研究经济的出发点，也是计量经济学分析方法在各领域广泛应用的需要。

本教材就是为了满足管理类学生学习计量经济学理论及分析方法，解决某些情形下具有大数据特征的相关定量分析问题而编写的。教材在内容选择上兼顾基础性、应用性、高阶性，既介绍经典的计量经济学线性回归模型基本概念和基本理论，也介绍放松假设条件贴近现实应用的建模方法和建模技术。考虑到管理问题中有大量离散数据类型存在，因而加入了受限因变量模型、计数模型。同时，加入大数据预处理的相关内容，介绍了比较成熟的处理大数据情形的计量经济模型，并将案例分析贯穿到每一章节，目标是提高学生的问题意识及解决问题的能力。

本教材提供书中例题和习题的 Stata 数据集，读者可按照书后说明获取。

本教材可作为管理类各专业本科生教材，也可用于研究生教学，同时还可作为其他相关专业本科生、研究生教材和教学参考书。

大数据管理与应用专业系列教材编委会

序言

信息技术与经济社会的交汇融合引发了数据迅猛增长，数据已成为国家基础性战略资源，大数据正日益对全球生产、流通、分配、消费活动以及经济运行机制、社会生活方式和国家治理能力产生重要影响。大数据作为互联网、云计算、物联网、移动计算之后 IT 产业又一次颠覆性的技术变革，正在重新定义国家战略决策、社会与经济管理、企业管理、业务流程组织、个人决策的基本过程和方式。

大数据是一类能够反映物质世界和精神世界运动状态和状态变化的信息资源，它具有复杂性、决策有用性、高速增长性、价值稀疏性、可重复开采性和功能多样性等特征。基于管理的视角，当大数据被看作是一类“资源”时，为了有效地开发、管理和利用这种资源，就不可忽视其获取问题、加工问题、应用问题、产权问题、产业问题和法规问题等相关的管理问题。

大数据的获取问题。正如自然资源开发和利用之前需要探测，大数据资源开发和应用的前提也是有效地获取。大数据的获取能力一定意义上反映了对大数据的开发和利用能力，大数据的获取是大数据研究面临的首要管理问题。制定大数据获取的发展战略、建立大数据获取的管理机制、业务模式和服务框架等是这一方向中需要研究和解决的重要管理问题。

大数据的处理方法问题。大数据资源的开发和利用主要基于传统的计算机科学、统计学、应用数学和经济学等领域的方法和技术。除了大数据的基础处理方法外，基于不同的开发和应用目的，如市场营销、商务智能、公共安全和舆情监控等，还需要特定的大数据资源开采技术和处理方法，称为应用驱动的大数据处理方法。大数据的处理方法是大数据发展中重要的基础性管理问题。

大数据的应用方式问题。大数据资源的应用需要考虑的重要问题是如何将大数据科学与领域科学相结合。大数据资源的应用方式可以分为 3 大类，首先是在领域科学的框架内来研究和应用大数据资源，称为嵌入式应用；其次是将大数据资源的开发和利用与领域科学相结合，二者相互作用，这种方式称为合作式应用；最后，大数据资源的开发应用还可能引起领域科学的变革，称作主导式应用。为了更好地发挥大数据的决策支持功能，其应用方式问题是不可忽视的重要管理问题。

大数据的所有权和使用权问题。通过有效的管理机制来界定大数据资源的所有权和使用权是至关重要的管理问题。需要建立产业界和学术界协作和数据共享的稳健模型，从而在促进科学研究的同时保护用户的隐私。解决大数据的产权问题需要回答以下几方面的问题：谁应该享有大数据资源的所有权或使用权？哪些大数据资源应该由社会公众共享？如何有效管理共享的大数据资源，以实现在保障安全和隐私的同时，提高使用效率？

大数据产业发展问题。大数据的完整产业链包括数据的采集、存储、挖掘、管理、交易、应用和服务等。大数据资源产业链的发展会促进原有相关产业的发展，同时还会催生新的产业，如大数据资源的交易会促使以大数据资源经营为主营业务的大数据资源中间商和供应商的出现。此外，还有可能出现以提供基于大数据的信息服务为主要经营业务的大数据信息服务提供商。这些都是需要关注的重要问题。

大数据的相关政策和法规问题。大数据资源的发展还必须有完善的政策和法规支撑。例如通过对大数据资源的所有权界定，有效维护大数据所有者的权利，促进大数据产业的健康发展。数据的安全与隐私保护问题是大数据资源开发和利用面临的最为严峻的问题之一，除了在安全和隐私保护技术方面不断突破外，还需要相关法律法规对大数据资源的开发和利用进行严格有效的规范。全国人大近期通过的《中华人民共和国个人信息保护法》，将为信息资源利用和隐私保护提供相关的法律保障。

显然，大数据所涉及的复杂的技术、管理与应用问题，决定了其具有知识密集的特点，人力资本将成为国家在大数据时代的核心竞争力。国务院在《促进大数据发展行动纲要》中指出：要创新人才培养模式，建立健全多层次、多类型的大数据人才培养体系。正是在此背景下，2018 年教育部批准新开设"大数据管理与应用"专业，为近年重点扶持的新型专业之一。该专业的发展定位是以互联网＋和大数据时代为背景，适应国民经济和社会发展需要，培养从事大数据管理、分析与应用的具有国际视野的复合型人才。学生毕业后能够胜任金融、商务、工业、医疗与政务等领域的大数据分析、量化决策和综合管理等工作岗位，并有潜力成长为具有系统化思维和战略眼光的高级管理人才。

新专业的建设面临着一系列艰巨的任务，其中教材编写就是一项基础和关键性的挑战。为此，2019 年高等教育出版社开始组织调研和专家论证，2020 年初成立了"大数据管理与应用"系列教材编委会，邀请先期设立"大数据管理与应用"专业且具有较好的教学和研究基础的哈尔滨工业大学、合肥工业大学、国防科技大学、东北财经大学、大连理工大学和浙江大学的骨干教师，论证编写教材的选题，并对教材大纲和内容开展多轮研讨。在论证研讨中大家形成了一些基本共识，包括大数据管理与应用的基本概念一定要准确、清晰，既要符合中国国情，又要与国际接轨；教材内容既要符合本科生课程设置的要求，又要紧跟技术发展的前沿，及时地把新理论、新方法、新技术反映在教材中；教材还必须体现理论与实践的结合，要特别注意选取具有中国特色的成功案例和应用实例，达到帮助学生学以致用的目的；等等。

经过两年多的编写和严格审稿，即将陆续出版的教材包括《大数据管理与应用概论》《大数据技术基础》《大数据智能分析理论与方法》《大数据计量经济分析》《非结构化数据分析与应用》。我衷心期望，系列教材的出版和使用能对"大数据管理与应用"新专业建设和教学水平提高有所裨益，对推动我国大数据管理与应用人才培养有所贡献。同时，我也衷心期望，使用系列教材的教师和学生能够不吝赐教，帮助教材编委会和作者不断提高教材质量。

中国工程院院士　杨善林

2022 年 1 月

前言

计量经济学是以揭示经济活动中客观存在的数量关系为内容的学科，是经济学与统计学、数学相结合的交叉学科。计量经济学的主要任务是基于经济观测数据，以经济理论为指导，利用统计推断的方法识别经济变量之间的因果关系，进而揭示经济运行规律。现代计量经济学是在经典计量经济学的基础上发展起来的，是对线性回归模型经典假设的扬弃，并在其基础上发展了更多的计量经济学理论和方法，极大地扩展了其应用的深度和广度。目前，计量经济学分析工具和分析方法不仅应用在经济学领域，在管理学（工商管理、医疗管理、公共管理、能源管理）、金融工程、心理学、社会学和政治学等各个领域也得到了广泛的应用。

数据是实证分析的基础。从数据的角度看，以往计量经济分析主要利用具有结构化特点、规模较小的“小数据”。随着大数据时代的到来，如何利用具有样本海量、来源广泛、更新实时等优势的“大数据”，将大数据纳入计量经济分析并获取有价值的信息，既是经济学家基于大数据方法研究经济的出发点，也是计量经济学分析方法在各领域广泛应用的需要。

为满足管理类学生学习计量经济学理论及分析方法，解决某些情形下具有大数据特征的相关定量分析问题的要求，编者在教育部高等学校管理科学与工程类专业教学指导委员会“大数据管理与应用”专业组的指导下编写了本书。考虑本书主要面向管理类专业本科生及相关专业学生学习计量经济分析理论与方法、解决实际问题的需求，因此在内容选择上兼顾基础性、应用性和高阶性，既介绍经典的计量经济学线性回归模型基本概念和基本理论，也介绍放松假设条件，更贴近现实应用的现代计量经济模型的建模方法和建模技术。考虑管理问题中有大量离散数据类型存在，加入了受限因变量模型、计数模型；同时，加入大数据预处理的相关内容，介绍了比较成熟的处理大数据情形的计量经济模型。本书将案例分析贯穿于每一章的内容中，提高学生的问题意识及解决问题的能力。

全书共分为 10 章，包括导论、大数据预处理、经典线性回归模型、经典线性回归模型的拓展、包含虚拟变量的回归模型、离散与受限因变量模型、计数模型、高维数据的套索回归模型、面板数据模型、空间计量分析模型。其中，第 1、2 章及附录 A 由田青编写，第 3、4、10 章由马越越编写，第 5、6、9 章由卢永艳编写，第 7 章由苗蕊编写，第 8 章由李晓菲编写，第 2、4、9 章部分案例分别由苗蕊、郭晓姝、宋晓龙编写。全书由田青、马越越拟定大纲、进行统稿并担任主编，卢永艳、苗蕊、李晓菲担任副主编。

本书在编写过程中参考了大量教材和文献，在此衷心感谢这些教材和文献的作者。在资料梳理和教材编写过程中难免有疏漏和不妥之处，恳请广大读者批评指正。

编者

2022 年 5 月

目录

第1章 导论

■ 学习计量经济学的目的是利用科学的方法描述和解决现实的问题，以便人们更清晰地了解经济现象背后的内在规律。人们进行计量经济分析，一是解释发生的经济现象、验证经济理论；二是利用计量模型进行预测，从而辅助政府、企业、机构等进行决策。

■ 本章首先对计量经济学的基本概念、起源进行介绍，然后对计量经济分析的过程、步骤及注意事项进行说明。本章重点讨论大数据特征，大数据与小数据的关系，机器学习与统计学、计量经济学的关系，以及大数据对计量建模的挑战。本章最后介绍常用的计量经济分析软件。

1.1 什么是计量经济学

1.1.1 计量经济学的定义

计量经济学（Econometrics）是以一定的经济理论和统计资料为基础，使用数学和统计推断等工具，以建立计量经济模型为主要手段，定量研究具有随机特性的经济变量之间的关系，进而探究经济主体之间互动规律的一门学科。计量经济学作为经济学领域的一个重要分支，以社会经济活动的实际数据为素材，以统计分析方法为手段，以预测和识别因果关系为目标，为经济领域的相关问题提供实证研究和量化分析基础。

传统经济理论所提出的命题和假说多以定性描述为主。例如，微观经济理论中提到的需求定律认为，在其他条件不变的情况下，一种商品价格的上升会引起该商品需求量的减少。但是，该理论本身却无法定量测度这两个变量之间的强度关系，即无法得知商品的价格发生一个单位的变动时，该商品的需求量减少了多少。计量经济学则可以依据观测现象和观测数据，通过构建数学模型来揭示经济现象的数量规律，对大多数经济理论给出经验解释，并能够给出变量之间影响程度的具体估计值，从而弥补以逻辑推理和文字描述为主，缺乏定量分析的经济理论的不足。

计量经济学最初以社会经济数据的分析为主，但随着量化分析在各学科领域的应用越来越重要，计量经济学的分析工具和分析方法已经逐渐渗透到心理学、管理学（医疗管理、公共管理、工商管理、能源管理等）、金融工程、社会学和政治学等各个领域，成为发展非常活跃、应用日益普及的方法论学科和交叉学科。当前，经济学、管理学、社会学等相关社会科学的研究中已经越来越多地使用到定量分析方法。对于这些领域的初学者来说，掌握一定的计量经济分析方法和相关能力是非常必要的。

1.1.2 计量经济学的分类

1. 从研究的内容上分

从研究的内容上分，计量经济学可分为理论计量经济学和应用计量经济学。

（1）理论计量经济学。

理论计量经济学以讨论计量经济学方法为主，以数理统计为主要工具，其内容包括计量经济学方法的理论基础、计量经济学方程的参数估计和检验方法、特殊模型的估计与检验方法等，侧重于研究如何建立一个性能优良的模型来揭示经济变量之间的数量关系。

（2）应用计量经济学。

应用计量经济学以建立和应用计量经济学模型为主，是各种具体的宏观和微观计量经济学模型的设定和应用，并且应用计量经济学侧重于讨论如何用好计量经济学模型对具体的经济现象进行定量分析。应用计量经济学涵盖有数据支持的经济学理论的各个分支，并用经济数据来对经济理论进行检验，或是对某些经济变量的因果关系进行量化研究，或是利用金融数据进行风险估计等实证研究等。对环境经济学、教育经济学、金融经济学、国际贸易理论、经济增长理论等，都可以通过数据进行实证分析，在计量经济学理论的指导下进行计算，构建世界模型、国家模型、地区模型、企业模型等，利用这些模型对经济系统进行模拟、预测、结构分析、政策评价等。例如，美国经济学家克莱因（Lawrence R. Klein）发起研制的“连接计划”模型系统包括了 30 多个国家和地区，共有 7 447 个方程，包含了 3 368 个外生变量。

2. 从研究的广度上分

从研究的广度上分，计量经济学可分为狭义计量经济学和广义计量经济学。

（1） 狭义计量经济学。

狭义计量经济学主要是运用因果分析、回归分析方法对经济现象进行研究，“其内容 90% 是回归”（克莱因），其主要目的是揭示并定量地刻画经济变量之间的因果关系。大多数的计量经济学教科书属于狭义计量经济学的范畴。

（2） 广义计量经济学。

广义计量经济学包含的内容更广，不仅包括狭义计量经济学的全部内容，还包括时间序列分析、投入产出分析、数理经济分析及优化方法等，类似于我国的数量经济学，是一类用于研究、分析经济现象的定量方法的总称。

1.1.3 计量经济学的性质

计量经济学本质上属于经济学的范畴，而经济学的定量研究离不开数学、统计学和经济理论这三个方面。经济学的发展表明，数学、统计学和经济学理论是理解现代经济生活中经济数量之间关系不可缺少的必要条件，而这三者的结合才构成了计量经济学。

计量经济学假设经济系统是一个随机过程，服从某一客观运行规律，任何观测经济数据都是从这个随机经济系统产生出来的。计量经济学的主要任务就是基于观测经济数据，以经济理论为指导，利用统计推断的方法识别经济变量之间的因果关系，揭示经济运行规律。可以说，计量经济学是推断统计学在经济学的应用，但并不是简单的应用，而是统计推断理论和经济理论的有机结合。为更清晰地阐述计量经济学的性质，可以比较计量经济学与其相关学科的关系。

1. 数理经济学和计量经济学

数学与经济学紧密结合的产物是数理经济学。数理经济学属于理论经济学的范畴，是广泛运用一切可能的数学分析方法从事理论推导和表述的理论经济学。虽然数理经济学同样关注变量之间的定量关系，但数理经济学主要是用数学形式或方程描述经济理论，可以不考虑对经济理论的测度和经验验证。而计量经济学却必须关注经济理论、经济假说是否正确，是否与经验相符。

以杜森贝利（J. Dusenberry）提出的相对收入假说为例。相对收入假说认为：消费者的消费支出不仅受其自身收入的影响，也受周围人的消费行为及收入与消费之间相互关系的影响，称为消费的“示范”效应；人们在某一时刻的消费不仅受当前收入水平的影响，而且受过去时期收入和消费的影响，特别是过去所达到的最高收入和最高消费的影响，这是消费惯性起作用的结果，称为消费的“惯性”或“不可逆性”，即“棘轮”效应。

“示范”效应在数学上可表示为

$$C_t/Y_t = \alpha + \beta(\bar{Y}/Y_t) \quad (1.1.1)$$

式中，$\bar{Y}$ 为全体消费者的平均收入；Y_t 为个体当期收入；C_t 为消费支出。

式（1.1.1）就是一个数理经济学方程，该方程揭示了经济变量之间的“确定性”数学关系，但不研究其数学关系的定量测度问题。计量经济学的任务是对经济变量之间的数学关系进行定量测度，对于式（1.1.1）所描述的消费与收入之间的关系，计量经济学引入随机项 μ_t，用来反映式（1.1.1）未考虑的非主要因素的影响、随机变化、观测误差和模型数学形式设定偏差，从而将式（1.1.1）所描述的确定性数学关系转化为不确定性关系，即

$$C_t/Y_t = \alpha + \beta(\bar{Y}/Y_t)+\mu_t \quad (1.1.2)$$

式（1.1.2）就是一个计量经济学模型。计量经济学模型主要研究的是如何利用数学方程与实际数据来验证经济理论，反映的是经济变量之间存在的不确定性的相关关系，侧重于经济变量之间关系的定量测度和描述。

2. 经济统计学和计量经济学

统计学与经济学紧密结合的产物是经济统计学。经济统计学着重于收集整理经济数据，研究如何设计观测指标，如何用图形、表格、数据库等不同形式表达数据，以便于开发利用。经济统计学侧重于对经济变量的观测记录和整理，而不是如何验证经济理论。经济统计学可以揭示、刻画重要经济变量的性质及它们之间的数量关系，也就是通常所说的典型经验特征事实。这些典型经验特征事实是经济实证研究与经济理论创新的重要基础与出发点。测度与刻画经济变量的数据特征，包括它们之间数量关系的特征，是经济统计学的范畴，如何更进一步地揭示经济变量之间的因果关系及内在规律需要经济理论与统计推断。经济理论在某种意义上可以指导对经济现象的建模。而在典型经验特征事实基础上，以经济理论为指导，对经济现象进行计量经济建模，并基于经济观测数据对计量经济模型进行统计推断，从中找出经济变量的因果关系及经济运行规律，解释典型经验特征事实，这是计量经济学的研究范畴。

经济数据是计量经济学实证研究的原材料。计量经济学推断结论的科学性很大程度上取决于经济数据的质量优劣。因此，计量经济学是建立在经济统计学的基础上的。绝大多数经济数据均是现实经济生活中的观测数据，不能用可控的实验方法获

得，因此经济数据的测度具有巨大的挑战性。同时，由于经济观测数据的不可实验性，因此计量经济学需要一些基本假设，如假设经济系统是一个随机过程，经济观测数据是经济随机系统的一个（偶然）实现，经济随机系统满足某种平稳性或同质性条件，等等。这些假设是否符合客观经济现实也会影响计量经济实证研究结论的科学性。对经济变量、经济现象的准确测度是经济实证研究的先决条件与基础。没有高质量的经济数据，任何经济实证分析及其结论都将没有意义。

总之，计量经济学的核心任务是研究建立估计和检验经济模型的方法。但离开了方法提出的经济背景和应用的经济对象，脱离了现实的经济问题，计量经济学就是一堆无用的数字与符号。

1.2 计量经济学的起源与发展

1.2.1 计量经济学的起源

1776 年，英国经济学家亚当·斯密（Adam Smith）《国富论》的发表标志着经济学作为一门独立的社会科学的诞生。以此为起点，经济学及其研究范式、研究方法经历了很多重要的变化。1838 年，法国数理经济学家古诺（A. Cournot）在其出版的《财富理论的数学原理》一书中认为，可以把需求、经济供给、价格等经济变量之间的关系视为函数关系，并明确提出可以用数学语言描述某些经济规律。1874 年，法国经济学家瓦尔拉（L. Walras）在其出版的《纯粹政治经济学纲要》一书中提出了“一般均衡论”，并运用联立方程组研究一般均衡工具的条件。此后，意大利经济学家帕雷托（V. Pareto）运用几何方法研究经济变量之间的关系，创造性地发展了瓦尔拉的一般均衡论。1926 年，挪威经济学家弗里希（R. Frisch）仿照生物计量学（Biometrics）一词，提出了计量经济学（Econometrics），它的提出标志着计量经济学的诞生。1930 年，弗里希出版了《用完全回归体系的统计合流分析》，进一步深化了计量经济学的定量分析技术，并联合其他学者创立了计量经济学会和专业刊物 *Econometrica*，这标志着计量经济学作为一门独立学科的正式诞生。

《国富论》发表近一百年之后，经济学出现了“边际革命”（Marginal Revolution），极大地推动了数学特别是微积分在经济研究中的应用，形成了体系比较严谨的新古典经济学。20 世纪 30 年代，世界经济“大萧条”危机之后，经济学出现了“凯恩斯革命”，这是对新古典经济学的一种否定。它直面当时世界经济“大萧条”的现实，主张通过政府干预刺激需求，达到促进经济增长的目的。凯恩斯革命使经济学家更加重视经济现实问题。凯恩斯以问题为导向的研究范式，开辟了计量经济学作为实证研究主要方法论的发展与应用空间。

1.2.2 计量经济学的发展

“计量经济学”一词诞生至今已有近百年的发展历史。计量经济学的理论体系与主要内容由经典计量经济学发展为现代计量经济学，尤其是近 40 年，计量经济学的理论、方法和应用得到了迅速发展。

经典计量经济学的核心内容是经典线性回归模型，一般具有几个基本假定，这些假定包括：模型是线性的；不存在多重共线性；自变量和误差项之间不相关；误差项同方差，并且误差项之间不相关；误差项服从正态分布；等等。对于上述几个假设条件（关于基本假设的具体内容将在第 3 章详细介绍），每一个条件都至关重要，保证了最小二乘法结果的存在性、一致性、有效性及可检验性。只有满足经典线性回归模型的基本假设，回归模型的参数估计才具有一系列的优良统计特性，与之相关的各种假设检验才精确可靠。

然而，现实中大多数经济观测数据都不能够满足这些假设，而现代计量经济学正是通过放松线性回归模型的经典假设建立起来的，因此更贴近经济现实、更一般化，涵盖了更多的计量经济学模型，发展了更多的计量经济学理论与方法，也因此大大扩展了计量经济学的应用范围与空间，整个理论体系也更为严谨、更加科学化。

随着大数据时代的到来，经济观测数据正以指数增长的速度快速增加，如何在计量分析方法中应用大数据成为计量学者面对的新挑战。传统的计量模型分析的主要是数字型的结构化数据，而大数据还包括大量的非结构化和半结构化数据，如文本、图形、音频、视频、GPS 定位、卫星灯光图片、基于时空的行程轨迹等数据，并且即使是数字型数据，也包含一些新型的数据形式，如区间数据、函数数据、符号数据等。当前，大数据计量经济分析已成为计量经济学研究的新领域。

1.3 计量经济分析的步骤

计量经济学更注重对真实世界内在运行规律的检验及利用现实数据来检验某个经济理论或定量估计某种经济关系，这就是实证分析方法。在应用计量经济学的方法进行实证分析时，需要遵循一定的范式，即计量经济研究的基本步骤，这些步骤包括明确任务（确定要研究的问题）、模型设定、获取数据、模型参数估计、模型检验、模型应用。

1.3.1 明确任务

确定要研究的问题，这个问题可能来自长时间对于某一现象的关注，也有可能来自对某一问题突发奇想的好奇。例如，要研究中国家庭消费支出受家庭收入与财产的影响有多大，要分析新上市的一款智能产品的定价与其销售量的关系，想知道一家商场的用电量与温度之间的关系，等等。任务明确下来以后，就要考虑是否有相关理论或事实经验能够描述所要研究的问题。

任务明确后，还要考虑模型的适用环境。假如要在长江上建一座大桥，首先需要建一个模型。长江上游和下游的水流、运输及地质条件等存在很大的差异。如果不考虑这些条件，直接把上游大桥的模型移植到下游，其结果大概率会出现问题，造成损失。同样，任何一个经济模型也有其适用环境，每个经济模型都存在一些严格的假设条件。例如，现有的实证研究发现在美国和欧洲等国家和地区，肥胖和教育存在显著的负相关。这样的结果很好理解：受过良好教育的人很注重自己的健康与形象。但是，一些学者对印尼和越南等国家的研究却发现肥胖和教育存在显著的正相关。这样的结果如果按照前述国家的解释就会出现问题，然而对于印尼以及越南来说却是可以解释的。因为在印尼、越南等国家，肥胖通常是一种社会地位象征。不了解这样的隐含假设，研究结果的解释可能会出现一些低级错误。经济模型分析中不注重经济模型假设，不了解模型的适用环境，很有可能导致模型结果不稳健，产生“变色龙”一样的结果，从而使研究失去严谨性，结论不可信。

1.3.2 模型设定

模型设定应包括模型中变量的确定、模型形式的设定、参数符号和变化范围的分析三个方面的工作。

1. 模型中变量的确定

在明确了要研究的问题及适用的环境后，需要运用经济学的理论或经验对要研究的问题进行思考，确定在这一问题中涉及哪些变量及它们之间可能存在的关系。

按照因果关系划分，计量经济学中的变量可以分为被解释变量（又称因变量）和解释变量（又称自变量）。被解释变量就是要研究的问题，解释变量就是对所研究的问题具有重要影响的因素。建立计量经济学模型的关键是确定解释变量，一般方法是根据经济理论和实际经验判断影响被解释变量的主要因素，再根据研究工作需要进行具体确定。

2. 模型形式的设定

计量经济学模型形式的设定一般有两种不同的方式：一种方式是根据经济理论设定模型的形式，例如，经济学已经对生产函数、需求函数、消费函数、投资函数等模型的数学形式进行了十分深入的研究，在模型设定时可以参考借鉴；另一种方式是根据经验和事实分析哪些是研究问题的主要影响因素，根据样本数据绘制解释变量与被解释变量之间关系的散点图，通过散点图观察变量之间的关系，并据此确定模型的形式，如菲利普斯曲线、库兹涅茨曲线、增长曲线的确定。当遇到模型的数学形式难以事先设定的情况时，可以选择多种不同的形式进行模拟试算，然后根据模拟效果选择较为理想的数学形式。例如，根据需求定律，可知需求是价格的减函数，但需求理论本身并没有提供函数的具体形式，减函数可以是直线，也可以是曲线（如双曲线、指数曲线等）。因此，在设定模型时，应具体问题具体分析，既要考虑经济含义，又要兼顾数据之间呈现出来的关系特征。

3. 参数符号和变化范围的分析

模型参数的具体数字一般需要在完成模型、估计检验后才能确定，但人们通常根据其对所研究经济系统的认识，事先判断出参数的符号和变化范围，并用来检验模型的估计是否合理。例如，对于 Cobb-Douglas 生产函数，有

$$y = AK^{\alpha}L^{\beta} \tag{1.3.1}$$

式中，y 表示产出；A 表示技术进步，估计值应大于 0；α 和 β 分别表示资本 K 和劳动力 L 的产出弹性，估计值应介于 0～1。

如果模型估计的参数符号和范围与预想的不相符，则需认真查找原因，找出问题的根源。

1.3.3 获取数据

1. 获取样本数据

根据研究需要获取数据，一方面，可以从政府统计部门、学术机构、专业数据收集机构等获取所需要的数据，这类数据通常都是经过加工的非原始数据，又称二手数据；另一方面，也可以根据研究需要自己设计问卷，进行访谈，直接获取企业数据等，这类数据称为一手数据。

常用的国内数据可以从以下数据库中获得。

（1）**中经网数据库**。由国家信息中心中经网提供的一个综合、有序的经济统计数据库群，其内容涵盖宏观经济、行业经济、区域经济及世界经济等各领域，包括六个子库，分别是宏观月度库、行业月度库、海关月度库、综合年度库、城市年度库及世界经济统计数据库。

（2）**万得（Wind）数据库**。该数据库以宏观经济指标和金融市场信息为主，内容涵盖股票、基金、债券、外汇、保险、期货、金融衍生品等领域，收集了所有金融品种完整的数据（包括上市前与上市后），同时涵盖了非常细致的财经新闻及实时的股票信息。

（3）**中国家庭动态追踪调查（CFPS）**。由北京大学中国社会科学调查中心（ISSS）实施的一项旨在通过跟踪搜集个体、家庭、社区三个层次的信息，反映中国社会经济、人口、教育和健康的变迁情况的数据，其调查目的主要是为社会科学学术研究和政策决策提供参考。CFPS 调查问卷有社区问卷、家庭问卷、成人问卷和少儿问卷四种主体问卷类型，在此基础上还不断发展出针对不同性质家庭成员的长问卷、短问卷、代答问卷、电话访谈问卷等多种问卷类型。

（4） 中国健康与养老追踪调查（CHARLS）。由北京大学国家发展研究院中国经济研究中心主持的数据收集项目，每两年追踪调查一次，其目的是采集年龄在 45 岁以上（包括 45 岁）的中国居民的情况。该调查通过四个阶段，分别在县（区）、村（居）、家户、个人层面上进行抽样。CHARLS 问卷内容包括个人基本信息、家庭结构、经济收支状况、健康状况（含实际体格测量）、医疗服务利用、医疗保险及社区基本情况等。

（5） 中国健康与营养调查（CHNS）。由中国疾病预防与控制中心、美国北卡罗来纳大学及中国预防科学研究院合作主持的数据收集项目。该调查始于 1989 年，之后又分别在 1991 年、1993 年、1997 年、2002 年、2006 年、2009 年及 2011 年进行。该调查在全国随机抽取辽宁、黑龙江、山东、江苏、河南、湖北、湖南、广西、贵州等 9 个省份中的城乡社区及家庭，调查内容包括家庭和个人的基本特征、收入和支出状况、健康情况、营养摄入、医疗保险及使用等情况，以及社区基础设施、公共服务等环境特征。

（6） 中国家庭收入调查（CHIP）。由中国社会科学院与国家统计局合作主持的数据收集项目。该调查始于 1988 年，目前共有 1988 年、1995 年、2002 年和 2007 年等四个截面数据。该调查内容包括城市住户问卷、农村住户问卷和流动人口问卷。调查信息由城镇住户调查、农村住户调查和流动人口调查三个部分组成，详细记录了家庭收入与消费信息。

常用的国际数据可以从以下数据库中获得。

（1） 当前人口调查（CPS）。由美国人口普查局主持的反映美国家庭基本信息的月度调查数据。提供了美国劳动力市场就业失业情况、工作时间、收入支出及相应的人口统计信息。

（2） 长期追踪调查（NLS）。收集了美国劳动人口长期劳动力市场表现及其他重要生活决策信息的一系列调查数据，到目前为止，已经超过了 40 年。对于经济学家、社会学家及其他研究人员长期追踪调查具有非常重要的意义。

（3） 医疗支出面板调查（MEPS）。是针对美国家庭、个人、医疗服务提供者及企业雇主的一系列大规模调查。提供了关于医疗保健支出、医疗服务利用及医疗保险覆盖等与医疗和健康有关的全面信息。

（4） 资产价格研究数据库（CRSP）。由美国芝加哥大学商学院资产价格研究中心收集维护的、旨在提供与美国证券交易相关的基础与衍生金融产品数据。主要包括美国股票数据库、美国资产组合配置数据库、美国财政数据库及美国共同基金数据库等。

（5） 宾夕法尼亚大学世界表（The Penn World Table，PWT）。由其前身联合国国际比较项目（International Comparison Programme，ICP）发展而来。该数据库早期由 Irving Kravis、Robert Summers 与 Alan Heston 等知名学者创建与维护，当前最新的是 PWT 8.0 版本，由宾夕法尼亚大学出版，由收入与物价国际比较中心发布。

此外，还有欧盟开放数据、非洲开放数据、联合国发展计划署数据、世界银行数据，以及各国政府、非政府组织数据，大学、各类科学数据等。

除公开的数据外，还有很多政府部门、企业、调查公司、数据公司拥有大量的数据，可以通过合作或购买的方式获取数据。另一种获取数据的方法是在互联网上抓取数据，很多网络爬虫软件可以帮助获取互联网上的日志、微博、朋友圈等数据，这类数据往往需要经过较烦琐的预处理之后才能使用。

获取了数据之后，还需要注意的是，在进行计量分析时，同一个变量往往可能选择不同的指标。例如，Cobb-Douglas 生产函数中的产出变量 y 可以选择总产值、增加值、净产值、总产量等不同的指标；资本投入变量 K 可以选取固定资金、流动资金、固定资金 + 流动资金等指标。因此，统计指标的确定需要根据模型变量的含义、研究目的，以及统计数据的可得性、可比性、一致性等进行综合考虑。

2. 数据类型

常用的统计数据主要有时间序列数据、截面数据、面板数据（又称混合数据）。

（1） 时间序列数据。

时间序列数据即按时间先后顺序采样得到的数据。例如，GDP、失业、就业、货币供给、政府赤字、股票价格等数据都是按照一定时间间隔收集得到的，这个时间间隔可以是年、季度、月、周、日、时、分、秒等。宏观数据一般为年、季度、月度数据。如果时间间隔以时、分、秒为单位，则为高频数据。在金融市场分析中，高频数据的研究日益受到重视。随着现代市场交易频率不断增加，大样本长时间的序列数据也越来越多了。

一般来说，进行计量分析时，同一个模型中各个变量的时间频率应保持一致。

（2） 截面数据。

截面数据即不同观测对象在某一时间点的观测数据。例如，每十年进行一次的人口普查数据、同一天甚至同一时刻各地的天气情况数据、某一次选举的选举结果数据等都是截面数据。截面数据收集的时间成本较低，在经济分析中是一种常见的数据类型，更多应用在微观经济行为的分析中，在一些宏观政策分析中也有应用。

（3） 面板数据。

面板数据即时间序列数据与截面数据的混合数据。例如，某省所属 10 个城市 2000—2019 年这 20 年间研发投入的统计资料，其中，每个城市 2000—2019 年这 20 年的研发投入数据构成时间序列数据，而 10 个城市在其中任意年份的研发投入数据又构成截面数据。在这个面板数据中，共有 200 个观察值——10 个城市 20 年间的研发投入数据。还有一类面板数据是同一个横截面单位（如某个家庭、某个公司）的跨期调查数据。例如，中国家庭动态追踪调查（CFPS）每隔两年进行一次追踪调查，在每一期的调查中都调查同样的家庭。面板数据就是在周期性时间间隔内通过重复观察同一家庭得到的，它提供了研究家庭行为动态变化的有效信息。这种面板数据又称纵向数据或微观面板数据。

数据的真实性是计量经济分析的基础，只有真实的数据才能得出有价值的结论。然而，用于进行计量经济分析的数据有时也会出现扭曲的现象。造成这些扭曲的原因非常复杂，可能是数据收集者或者提供者无意造成的测量误差（如在家庭调查中，被调查者对自己的年收入通常没有很准确的记录，只是通过记忆给出一个大体的数字），也可能是他们故意的扭曲（如在家庭调查中，有些富裕的被调查者不愿意告诉别人真实的收入，害怕惹麻烦）。

一般来说，在选取数据时，应选择有公信力的权威机构发布的数据，若自行采集一手数据，也必须注意数据的可信性和科学性，并且对数据的真实性进行认真分析。任何一项成功的经济计量研究，数据的质量都非常关键。

此外，对于收集到的数据，还要进行适当的加工整理（数据预处理），才能用于建立模型。数据加工整理工作包括甄别、分类、归并、拆分、汇总、补缺、异常值处理、统计调整和统计口径处理等，以保证数据完整、准确可靠，且满足可比性和一致性的要求。

需要说明的是，大数据时代 80% 以上的数据是非结构化数据，非结构化数据可以是时间序列数据，也可以是截面数据或面板数据。非结构化数据可以通过数据处理后转变为结构化数据作为变量引入计量模型中，这就涉及大数据的处理方法和技术。另外，大数据时代新的数据形式和数据变量之间的新型复杂关系给计量经济学带来了机遇和挑战，需要计量经济学家发现更适用的理论和方法去面对。

还应该强调，大数据并不代表全样本，由于经济系统的复杂性、异质性、时变性和不确定性，因此哪怕充分利用了当前所有数据，也不能精确进行样本外预测。也就是说，大数据无论多“大”，都还是复杂经济系统的一种样本信息，大数据计量经济分析是建立在抽样理论基础上的统计分析与计量建模，其中基本统计思想仍然适用。

1.3.4 模型参数估计

在获得了样本数据、确定了模型形式以后，就要进行模型参数的估计了。模型参数估计方法是计量经济学实证分析的核心内容，一般可根据经济变量的不同性质，估计方法的特性、方法本身的难易程度等因素，选择适当的估计方法对模型参数进行估计，如最小二乘法、极大似然估计等方法。参数估计属于建模技术范畴，主要通过计算机软件进行估计。

1.3.5 模型检验

经济模型是对客观经济现象的一种抽象，要科学地应用计量经济学模型，必须首先检验其准确性和可靠性。模型检验的实质是对已得到的参数估计值进行评价，研究其在理论上是否有意义，统计上是否显著，进而研究模型是否正确反映经济系统诸因素之间的关系。只有通过检验的模型才能应用于实际经济系统分析中。计量经济学模型需要通过以下四个方面的检验。

1. 经济意义检验

经济意义检验主要是检验参数估计值的正、负符号及数值的大小，检验其在经济意义上的合理性。例如，在消费函数中，消费一般会随着收入的增加而提高，且消费的增幅通常会低于收入的增幅，因此边际消费倾向的参数估计值应为正数，且应在0～1范围内，如果参数估计结果与预期不相符，则应分析原因，如数据是否有问题、样本是否不具有代表性等，并采取有效的办法加以修正。

2. 统计学检验

统计学检验主要指对模型的可靠性进行检验，判断参数估计值的可信程度。基本的统计学检验包括拟合优度检验、解释变量参数的显著性检验、模型的显著性检验等。应当强调，统计学检验是为模型的经济意义服务的，对于一个违背经济理论的模型进行统计学检验是没有意义的。我们不仅要关注统计检验，更要关注经济意义检验。例如，医药公司采用一种新药治疗癌症，需要分析新药的效果，统计检验可以告诉我们该药是否有效，而现实生活中，患者通常更关心该药的效果究竟有多大，这里涉及的便是研究结果经济意义检验的问题。

3. 计量经济学检验

计量经济学检验是由计量经济学理论确定的准则给出的，主要用于检验模型的计量经济学性质。基本的计量经济学检验方法包括随机扰动项的序列相关性检验、异方差检验、解释变量多重共线性检验等。如果模型存在序列相关、异方差或多重共线性，则必须通过各种统计和数据处理方法加以消除，否则会导致计量经济模型在应用与分析中产生失真。

4. 预测检验

计量经济模型的预测检验主要是检验参数估计值的稳定性，测试当样本数据发生变化时，参数估计值是否敏感。例如，可以通过增加样本容量或更换新的样本数据重新估计模型参数，将新的估计值与原估计值进行比较，如果估计结果变化较大，则说明模型不够稳健，需要对模型进行进一步修正和调整。即使模型的稳健性较好，如果进行预测，也应注意样本外预测（外推）的时间不能太长，否则预测误差很可能较大。

总之，一个计量经济学模型如果能够通过上述各种检验，则表明该模型较好地反映了经济变量之间的数量关系，可以应用于实际经济问题的分析。

1.3.6 模型应用

计量经济学模型有两个主要应用：一是解释因变量和自变量之间的因果关系及其

作用机制，并对所研究问题的内在机理和逻辑进行分析；二是利用模型进行外推预测，估计因变量的未来走势。两种应用最终都是为决策（依研究的问题可以是政府决策、企业决策、个体决策等）提供支持的。

需要强调的是，如果简洁的模型能够解决问题，则应当选择简洁的模型，而不应当选择复杂的模型。此外，还要对经济规律有深入的了解，对研究的问题有深入的认识，切忌在对研究问题的内部结构认识不清的情况下想当然地设置模型。大数据时代往往拥有更多维度的数据，如何充分地利用并将之纳入模型是当前计量经济学面临的重大机遇和挑战。

1.4 大数据与计量经济分析

1.4.1 大数据与小数据

“大数据”作为一种概念和思潮，由计算领域发端，随后逐渐延伸到科学和商业领域。1998 年，美国高性能计算公司 SGI 的首席科学家约翰 · 马西（John Mashey）在一个国际会议报告中指出，随着数据量的快速增长，必将出现数据难理解、难获取、难处理和难组织四个难题，并用“Big Data”来描述这一挑战，在计算领域引发思考。2007 年，数据库领域的先驱人物吉姆 · 格雷（Jim Gray）指出大数据将成为人类触摸、理解和逼近现实复杂系统的有效途径，并认为在实验观测、理论推导和计算仿真等三种科学研究范式后，将迎来第四范式——“数据探索”，后来同行学者将其总结为“数据密集型科学发现”，开启了从科研视角审视大数据的热潮。2012 年，牛津大学教授维克托 · 迈尔－舍恩伯格（Viktor Mayer-Schönberger）在其畅销书《大数据时代：生活、工作与思维的大变革》（*Big Data: A Revolution That Will Transform How We Live*，*Work*，*and Think*）中指出，数据分析将从“随机采样”“精确求解”和“强调因果”的传统模式演变为大数据时代的“全体数据”“近似求解”和“只看关联不问因果”的新模式，从而引发商业应用领域对大数据方法的广泛思考与探讨。

大数据于 2012 年、2013 年达到其宣传高潮，2014 年后概念体系逐渐成形，对其认知也趋于理性。大数据的价值本质上体现为：提供了一种认识复杂系统的新思维和新手段。就理论上而言，在足够小的时间和空间尺度上，对现实世界数字化，可以构造一个现实世界的数字虚拟映像，这个映像承载了现实世界的运行规律。在拥有充足的计算能力和高效的数据分析方法的前提下，对这个数字虚拟映像的深度分析将有可能理解和发现现实复杂系统的运行行为、状态和规律。

然而，大数据这个词表现出的模糊性也时常让人们无法捕捉到它的真实含义。史蒂夫·洛尔（Steve Lohr，《纽约时报》高级作家，著有《大数据主义》）认为“大数据”一般有三层含义：首先，它指代一揽子的技术；其次，它有可能引发一场度量数据规模的革命；最后，它为人们未来将会或是应该如何制定决策提供了一个新视角和一种新理念。应该说大数据为人类提供了一种新的思维方式和探知客观规律、改造自然和社会的新手段，这是大数据引发经济社会变革最根本性的原因，也是各个领域专家学者（包括计量经济学家）对大数据感兴趣的原因所在。

大数据的规模大是其显著特征，但据此推断大数据意味着总体的思想在大多数情况下是不正确的。例如，大数据时代“互联网＋”的迅猛发展是导致大量数据产生的主要原因。中国的网民人数在 2020 年 6 月已经超过 9.4 亿，互联网的普及率达到 67%，但是网络舆论并不等同于普遍观点，一个重要原因是，网民不能代表现实中的所有人，而且活跃网民也不能代表全体网民。即使获得了网络上大量关于某一问题的观点数据，也不能据此认定这就是所有人的普遍观点。

需要指出的是，“大数据”并没有严格的定义，多大的样本才称得上“大数据”，这在不同的领域有不同的标准，并没有严格的界定，在某些问题研究中，几千条数据也可以算作大数据。除规模大外，大数据还具有来源广泛、更新实时、价值密度低等特点。与大数据相对应，一般将传统数据称为“小数据”。与大数据相比，小数据体量较小、实时性较低、离线采集数据较多，没有大数据多源异构的特征，多来源于调查问卷数据、企业运营数据等。一方面，小数据基本采集于单一数据源，如国家统计局公布的经济指标数据、企业 CRM 系统、财务系统等数据，而大数据倾向于采集多种数据源，如大多来自不同网站且数据类型不统一；另一方面，小数据基本以结构化数据为主，而大数据涵盖了各种非结构化数据，如图片数据、客服系统的语音留言、网站日志数据等。

与大数据相比，小数据还有如下特点：首先，小数据一般来说都比较准确，信息含金量高，分析成本较低，而大数据价值密度较低，需要沙里淘金，分析成本也比较高；其次，大数据涉及的维度比较多，多数情况只能研究和解决相关性问题，而不是因果性问题。例如，在大数据应用较广的个性化推荐、互联网广告领域，业界经常会利用机器学习算法构建各种“黑盒”模型，其目标是为消费者推荐可能购买的商品，或者展示给消费者可能感兴趣的广告，但很少能揭示出其内在的机制和原理。而小数据研究则能精确衡量某些因素对消费者行为的影响，如学界和业界往往通过实验、问卷、A/B 组等研究方法解释消费者的偏好和选择，小数据的研究和应用通常更具备可解释性。

在涉及政策评价、经济现象解释、企业管理决策等问题时，通常更注重因果关系，只有辨明因果关系，才能进行有依据的科学决策。大数据更关注相关关系，可以通过大数据发现变量之间的相关关系，通过进一步挖掘，寻找变量之间的因果关系，从而构建计量模型进行分析和决策。一些开创性的研究往往是从相关性起步的，大数据和大样本能更好地发现相关关系，进一步通过深入研究，发现隐藏在数据背后的逻辑，从而提出有创见性的观点，这也是大数据在计量分析中得到广泛关注的原因。

总之，“大数据”不能取代“小数据”，也不应把大数据与小数据割裂开来，“大”与“小”是相对的，小数据也有大价值。

1.4.2 大数据对计量建模的挑战①

传统计量经济学通过模型来分析真实经济系统，是对真实经济系统的简化。现实世界非常复杂，计量经济模型不可能穷尽所有变量，一般是通过几个重要的变量描摹因果关系，一些不那么重要（或者观测不到）的变量的影响会被当作随机变量，并把这些不重要或观测不到的变量放到随机扰动项中。因此，在给定解释变量具体数值的情况下，真实结果和预期结果的差异就被归结为偶然因素的作用。

随着大数据时代的到来，越来越多的经济学家或计量经济学家发现，通过大数据可能会发现某些迄今尚未注意到的规律性，这些规律性可以被归结为某些基本特征而非偶然因素的作用，进而可以探讨真实结果和预期结果的部分差异是否是由这些规律性导致的。大数据能给经济分析带来新的洞察力，因此在计量经济学领域得到了广泛关注。

大数据具有样本海量、来源广泛、更新实时、价值密度低等特点。同时，大数据中变量之间的关系更加复杂，变量之间更容易表现出时变性、非线性和非平稳性的特点，因此给传统计量经济学理论和方法带来了很大的挑战，主要体现在以下几个方面。

1. 数据形式多元化

大数据一方面表现在可得数据形式的多元化，除传统的结构化数据外，还包括文本数据、音频数据、视频数据等非结构化数据，甚至包括任何可以电子化记录的信息；另一方面传统的结构化数据的形式也日益多元化，从简单的点数据扩展到区间数据、符号数据和函数型数据等。因此，如何对信息含量丰富、数据形式多层次化的区间数据、符号数据和函数型数据进行计量建模是富有挑战性的研究工作，同时也对经济预测和政策监管有着重要的现实意义。在计量经济学理论与应用中，专门针对区间数据和函数型数据建模的相关研究也是方兴未艾，引起学界和业界的更多关注。

2. 数据变量维度高

大数据在具有海量信息优势的同时，又具有信息价值密度低的特点。在利用大数据进行计量经济分析时，给定样本中可供分析使用的变量维度会很高，甚至出现远高于样本量的情况，一般把这样的数据形象地称为“胖大数据”。例如，许多调查数据如人口普查、家庭健康调查、政策评估调查等获得的数据都有非常多的变量，形成了

① 本部分内容主要参考汪寿阳，洪永淼，霍红，等. 大数据时代下计量经济学若干重要发展方向[J]. 中国科学基金，2019，33（04）：386-393.

高维数据。从文本、视频、音频中提取有用变量的方式也会成为高维度数据的重要来源。在生物统计领域疾病预测研究中，可能收集了 100 位病人的信息，每位病人包括几十万个单核苷酸多态性（SNP）基因数据，用以研究基因与某种疾病的关系等。在高维数据中如何更有效地筛选信息成为大数据计量经济分析面临的一个重要挑战。

3. 变量关系更复杂

大数据不仅表现为数据形式的多样化，还主要表现为变量之间关系的复杂化。大数据时代数据特征变化加快，数据收集手段多样化，收集频率愈加密集，经济变量之间更容易表现出时变性、非线性和非平稳性的特点。在宏观经济数据和金融数据分析中，时变性、非线性和非平稳性日益成为主要的特征。已有的计量经济建模方法不能很好地刻画经济变量之间的复杂关系，从而严重制约了计量建模在宏观经济预测和实时监控中的有效性，这也是亟须解决的研究难点之一。

4. 新兴网络型数据产生

大数据时代“互联网＋”的迅猛发展导致了新的网络型数据的产生。从微观个体的角度而言，以互联网为基础的社交媒体数据的产生对研究个人行为，以及社交群体对于个人行为的影响提供了重要的数据基础。从宏观角度而言，随着金融科技的发展及数据可得性的增加，以金融机构间复杂交易网络为基础的金融网络数据对于研究金融风险传染和金融风险管理具有重要的意义。但是，新兴的网络型数据给已有计量经济理论与方法带来了新的挑战，对于网络数据的建模、网络形成的建模，以及网络稀疏性处理等关键问题都需要更深入的理论研究和更多的应用尝试。

1.4.3 机器学习、统计学与计量经济学的关系

大数据时代，作为一种实现人工智能算法的“机器学习”，必然在各个领域得到广泛应用。所谓机器学习（Machine Learning，ML），是指用某些算法指导计算机利用已知数据得出适当的模型，并利用此模型对新的情境给出判断的过程。与传统的为解决特定任务而设计的软件程序不同，机器学习是用大量的数据来“训练”，通过各种算法从数据中学习如何完成任务的。由于机器学习会使用很多统计方法，因此统计学家也称之为统计学习。

1. 机器学习的一个例子

以过滤垃圾邮件为例，比较传统方法和机器学习方法的不同。传统方法对垃圾邮件进行过滤，是将人类关于垃圾邮件的知识直接告诉计算机。例如，人类将自己判断垃圾邮件的方法总结为若干规则（如某些词汇在垃圾邮件中出现频率更高），将这些规则进行编程，让计算机判断新收到的邮件是否为垃圾邮件。这种方法是让计算机遵循人类专家制定的死规则进行邮件分类的，这就是早期的基于知识的“专家系统”。从实践效果来看，“专家系统”对垃圾邮件的判断效果并不好，因为人类能直接判断垃圾邮件，但很难将其提炼为一成不变的规则。

机器学习的思路是“投喂”给计算机大量的邮件，其中每封邮件都先由人类标注为正常邮件或垃圾邮件。根据海量邮件的大数据，计算机可统计出不同词汇在“正常邮件”与“垃圾邮件”中出现的概率。例如，垃圾邮件中经常出现“代开发票”一词，根据贝叶斯规则可算出包含“代开发票”一词的邮件为垃圾邮件的条件概率。当然，一封邮件通常包含很多词汇，故须用数学方法将这些信息综合起来，最终算出此邮件为垃圾邮件的概率。最后，如果此概率超过某一临界值（如 0.9），则把它归类为垃圾邮件，这种方法称为“贝叶斯垃圾邮件过滤”。

计算机判断垃圾邮件的能力是通过学习大量的邮件数据而获得的，故称为机器学习。机器学习的效率依赖于大数据，数据量越大，学习的效果越好，而且机器学习的能力还可以根据最新的数据不断地动态更新；反之，如果只给计算机提供少量的数据（如上述例子中只提供邮件 100 封），则可以想象机器学习的效果会很差。因此，大数据是机器学习效果良好和预测准确的基本保障。

2. 机器学习与计量经济学有关术语的比较

机器学习始于计算机科学的人工智能领域，有一套独特的概念术语，与统计学或计量经济学的术语描述不尽相同。

在机器学习中，由于样本数据主要用于训练计算机获得学习能力，因此一般称为训练数据。事实上，在进行机器学习时，一般将所有数据分为两类，其中大部分数据构成训练数据，而少部分数据则作为测试数据、验证数据。测试数据仅用于检验机器学习的效果，以避免出现过拟合。

计量经济学和统计学一般称 x_i 为自变量或解释变量，机器学习则称 x_i 为特征、特征向量、预测变量或属性。计量经济学和统计学一般称 y_i 为因变量或被解释变量，而机器学习则称 y_i 为响应变量或目标。进一步地，对于分类问题，机器学习有时称离散的响应变量为标签或类别。

计量经济学和统计学称第 i 个数据为观测值或样本点，机器学习则通常称之为样例或示例。

3. 机器学习与计量经济学、统计学的比较分析

机器学习在未来有望成为一种广泛应用于各行业的通用技术。那么，机器学习与计量经济学是什么关系，又与机器学习领域需要大量应用的统计学有什么关系呢？本书将结合山东大学陈强教授的观点进行说明。

（1） 研究的目标不同。

在表面上，机器学习通常使用大数据（样本容量很大或变量很多），而统计学与计量经济学则一般样本较小。但这种区别正变得日益模糊，因为统计学与计量经济学也越来越多地使用大数据。在本质上，这三个学科的主要区别在于研究目标有所不同。机器学习的主要目标在于预测，统计侧重于统计建模与推断，计量经济学则着重于因果推断。机器学习、统计学与计量经济学的比较见表 1-1。

表 1-1
机器学习、统计学与计量经济学的比较

学科	预测	因果推断	可解释性	主要方法
机器学习	* * *	*	*	最优化、算法
统计学	* *	* *	* * *	渐进理论
计量经济学	*	* * *	* * *	渐进理论

注："* * *"表示强，"* *"表示中等，"*"表示弱。

机器学习的主要目标在于预测，即根据 x_i 预测 y_i。为达到此目的，可使用任何函数 $f(x_i;\beta)$，甚至是难以解释的黑箱方法（如神经网络），只要预测结果 $\hat{y}_i$ 接近 y_i 就好。因此，机器学习方法的可解释性一般比较差，在机器学习模型中，即使有参数 $\hat{\beta}$，也只是作为预测的中间手段与桥梁而已。机器学习的关注重点为 $\hat{y}_i$，成功与否就看 $\hat{y}_i$ 的预测效果。

反之，计量经济学和统计学的主要目标则在于推断 x_i 对 y_i 的因果效应。为识别并便于解释此因果关系，经济学家通常需要对 $f(x_i;\beta)$ 的函数形式做很强的假定，如假设线性回归模型（线性回归模型最容易解释参数 β 的含义），然后将精力集中于得到未知参数 β 的估计量 $\hat{\beta}$，并针对 $\hat{\beta}$ 进行统计推断。计量经济学关注的重点为 $\hat{\beta}$。实际上，社会科学的大多数实证论文只是为了说明 $\hat{\beta}$ 具有统计上的显著性及经济上的显著性。显然，由于计量经济学对于函数的形式做了较强的假定，可能与现实不符，因此预测效果一般并不理想（实证研究通常也不做预测）。

（2） **方法论的区别。**

在方法论上，机器学习主要使用最优化方法，经常表现为最小化某个目标函数或损失函数。由于此最优化问题一般没有解析解，因此通常需要通过某种迭代算法寻找近似的数值解。由于机器学习的目标是让预测结果 $\hat{y}_i$ 尽量接近 y_i，而 y_i 可以观测，因此度量机器学习的效果非常简单直接，比较 $\hat{y}_i$ 与 y_i 的接近程度即可（如可比较均方误差、预测错误率等），并不需要使用渐进理论。

对于统计学与计量经济学而言，虽然也常采用最优化方法，但由于关注重点为不可观测的参数 β，因此在估计 $\hat{\beta}$ 之后，无法直接比较 $\hat{\beta}$ 与 β 的接近程度，只能使用概率统计的渐进理论，又称大样本理论，证明当样本容量趋向无穷大时，估计量 $\hat{\beta}$ 收敛到真实参数 β，以及 $\hat{\beta}$ 服从渐进正态分布等性质，以便进行统计推断。

由此可知，由于研究目标不同，因此机器学习与统计学、计量经济学在研究范式上有着本质的区别。一般认为机器学习使用大量的统计方法，但事实上机器学习几乎不进行统计推断，而只是使用统计方法估计函数 $f(x_i;\beta)$。由于机器学习可直接比较预测值 $\hat{y}_i$ 与实际值 y_i，因此无须使用高深的渐进理论来证明预测效果。

（3） **学科间的融合。**

机器学习、统计学及计量经济学之间存在密切的联系，并互为借鉴与融合。2011 年图灵奖得主、人工智能先驱 Judea Pearl 就主张将因果推断引入人工智能领域。同时，机器学习方法也将不断融入计量经济学领域。例如，某地区实施扶贫政策，若想评估此政策的效应，此时该地区扶贫之后的状态可以度量，但最关键的信息却不可观测，此地区如果没有实施扶贫政策，贫困状况会怎么样？对于这种反事实的结论，一般只能进行估计或预测。由于机器学习擅长做预测，因此机器学习方法在因果推断方面大有用武之地。

目前，机器学习的方法正在加速进入统计学与计量经济学领域。可以预见，这三个学科之间的相互交融与借鉴将进一步加强。

1.5 常见的计量经济分析软件

在建立计量经济模型过程中需要处理大量的数据信息，所以随着计量经济模型的广泛应用和计算机技术的快速发展，专业软件商开发出了许多优秀的计量经济分析专用软件和统计分析软件，使得计量经济学的建模和分析过程变得日趋简洁和方便。

1. EViews

EViews 是 Econometrics Views 的缩写，通常称为计量经济学软件包，是美国 QMS 公司研制的计量经济学专用软件，具有操作简便、界面友好、功能强大等特点。EViews 软件入手简单，对数学要求不高，允许用户以简便的可视化的方式从键盘或磁盘文件中输入数据，同时拥有强大的命令功能和批处理语言功能。EViews 擅长进行时间序列分析、回归分析，擅长进行单位根检验和 Granger 因果关系检验，擅长建立协整模型、ARIMA 模型等。由于 EViews 软件是由计量经济学家研制并专门用于计量经济分析的专用软件，因此在科学数据分析与评价、金融分析、经济预测、销售预测和成本分析等领域应用非常广泛。随着软件的不断升级更新，EViews 可以及时反映计量经济学的最新研究成果和发展情况。

2. SAS

统计分析系统（Statistical Analysis System SAS）是由美国北卡罗来纳州立大学于 1966 年开发的统计分析软件。1976 年，SAS 软件研究所成立，开始进行 SAS 系统的维护、开发、销售和培训工作。SAS 是一个模块化、集成化的大型应用软件系统，由数十个专用模块构成，其功能包括数据访问、数据储存及管理、应用开发、图形处理、数据分析、报告编制、运筹学方法、计量经济学与预测等。由于 SAS 系统具有强大的统计分析功能，与多种统计软件都有数据接口，并且能够根据用户需要编制程序执行特殊的数据处理过程，因此得到众多经济学家的喜爱，并广泛应用于计量经济分析。

3. Stata

Stata 软件是一款小巧但功能丰富的统计分析软件，最初由美国计算机资源中心研制，现在是 STATA 公司的产品。Stata 在分析过程中将数据全部读入内存，运算速度很快，是目前高校师生学习的主流软件之一。Stata 功能强大，简单易懂，其操作方式可以用菜单驱动及直接输入命令方式，也可以通过新建 .do 文件一次输入多个命令的方式。在使用过程中，即使发生错误，也容易找出并加以修改。由于其命令格式简洁规范、形式灵活、易学易懂，并且用户可以根据统计分析的需要采用各种编程技巧达到分析目的，因此 Stata 在统计及计量经济分析中越来越受重视和欢迎。很多公开的数据库提供的数据是 Stata 格式的数据，如北京大学国家发展研究院的两项调查数据（CFPS、CHARLS）都是 Stata 格式。此外，Stata 的数据处理也比较方便，功能强大，在微观计量分析方面应用广泛。

4. R

R 是一款免费、开源软件，最初由新西兰奥克兰大学的 Ross Ihaka 和 Robert Gentleman 于 1997 年发布，现在由 R 核心团队开发，可安装并运行于所有主流平台。R 语言是统计学家为进行统计计算而发明的计算机语言，特别便于统计分析与数据处理。R 语言可以说是统计学家的母语。在顶级统计学国际期刊发表的论文中一般都会提供其相应的 R 语言程序。R 的扩展性好，具有丰富的资源，提供了大量的第三方功能包，其内容涵盖了统计计算、机器学习、金融分析、生物信息、社会网络分析、自然语言处理等多个领域，受到统计科研方向工作者的广泛欢迎。由于机器学习大量使用统计方法，因此 R 语言也是机器学习的首选语言之一。

本书主要采用 Stata 软件进行教学。Stata 的基本功能及操作请参考附录 1。

本章小结

计量经济学是连接经济理论与实践的桥梁，通过收集数据，建立计量经济模型，分析变量之间的关系，达到经济预测或验证经济理论的目的。本章介绍了计量经济学的定义、起源与发展、学科特点、研究步骤及数据的特征，特别剖析了大数据与小数据的关系，对大数据时代计量经济建模面临的挑战进行了分析，并讨论了机器学习与计量经济学及统计学的关系。要学好计量经济学，就要理解计量经济学的学科特点，熟悉掌握处理不同类型数据的计量模型，学会使用计量经济学常用软件对实际问题进行建模分析。不断地实践和应用是学好计量经济学的基础。

习题

1. 计量经济学是一门怎样的学科？它与经济统计学和数理经济学的关系是怎样的？
2. 计量经济分析的步骤是什么？
3. 简要总结计量经济学中的数据类型。
4. 怎么看待数据的真实性问题？
5. 怎么看待大数据和小数据？
6. 大数据时代计量经济学面临哪些挑战？
7. 如何理解现代计量经济学？搜集资料看看现代计量经济学模型都有哪些？
8. 试着写出相对收入假说中“棘轮”效应的计量经济学模型。

即测即评

第2章 大数据预处理

■ 当前经济管理领域的大数据很多来源于互联网，且具有数据海量、多源异构、更新实时、价值密度低等特点。这些数据普遍存在数据不完整、数据偏态、数据噪声、数据维度高、数据缺失甚至数据错误等一系列数据质量问题，大数据的非结构化特点也使得其很难直接用于计量建模。因此，需要对这样的数据做一定的预处理。

■ 本章介绍大数据采集的含义及基本方法、大数据预处理的基本概念和基本流程，并结合一个文本挖掘的大数据处理实例来阐述。

2.1 数据采集

数据采集又称数据获取，是大数据分析的第一步。数据采集的来源多种多样，数据类型也各有不同。

2.1.1 数据来源

传统数据采集的数据可来源于记录和观察，如企业生产时的电压、电流、温度、压力等物理数据，采购价格、销售价格、损耗、折扣等商品交易信息；也可以来源于抽样调查问卷，如北京大学国家发展研究院每两年进行一次的针对 45 岁及以上中老年人家庭和个人调查数据（CHARLS），该数据可分析我国人口老龄化问题。大数据时代的数据则更多地来自于传感器和智能设备、企业在线系统、企业离线系统、社交网络和互联网平台等。

从数据所属的内容性质来看，数据主要来源于以下几种类型。

（1）**业务数据。**如消费者数据、客户关系数据、库存数据、账目数据等。

（2）**行业数据。**如车流量数据、能耗数据、PM2.5 数据等。

（3）**内容数据。**如应用日志、电子文档、机器数据、语音数据、社交媒体数据等。

（4）**线上行为数据。**如页面数据、交互数据、表单数据、会话数据、反馈数据等。

（5）**线下行为数据。**如车辆位置和轨迹数据、用户位置和轨迹数据等。

从数据获取的方式来看，数据主要来源于以下系统。

（1）**企业系统。**如客户关系管理系统、企业资源计划系统、库存系统、销售系统、图书管理系统、人事管理系统等。

（2）**机器系统。**如智能仪表、工业设备传感器、智能设备、视频监控系统等。

（3）**互联网系统。**如电商系统、服务行业业务系统、政府监管系统等。

（4）**社交系统。**如微信、QQ、微博、社交网站等。

值得注意的是，由于互联网系统、社交系统和机器系统产生的数据量要远大于企业系统的数据量，因此在大数据采集系统中，数据来源主要是社交系统、互联网系统及各种类型的机器设备，这些来源的数据大多是半结构化数据。

无论是何种方式采集获取的数据，都是存储在本地计算机或者网络上面的。

2.1.2 日志数据和网页数据的采集

1. 日志数据的采集

在大数据采集中，特别是在互联网应用中，很多数据来源于日志数据。例如，许多公司的业务平台每天都会产生大量的日志数据，从这些日志数据中可以看出很多有价值的信息，尤其对于外部应用来说，日志数据极其重要，它包含了用户的访问日志、用户的购买数据或用户的单击日志等。

目前常见的日志数据采集方式分为浏览器日志采集和客户端数据采集两类。浏览器日志采集主要是采集页面的浏览日志和交互操作日志等数据。这些日志的采集一般是通过在页面上植入标准的统计 JS（Java Script，一种计算机脚本语言）代码来实现，这个植入代码的过程可以在页面功能开发阶段由开发人员手动写入，也可以在项目运行时由服务器在相应页面请求时动态地植入；客户端数据采集一般会使用专用统计 SDK（软件开发工具包）来实现。因为客户端数据的采集具有高度的业务特征，自定义要求比较高，所以除应用环境的一些基本数据外，更多的是从“事件”的角度来采集数据，如单击事件、登录事件、业务操作事件等。

2. 网页数据的采集

网页数据采集主要利用网络爬虫进行。网络爬虫又称网络机器人、网络蜘蛛，是一种能够通过既定规则自动提取网页信息的程序。爬虫技术使人们能够较容易地获取网络数据，并将目标网页数据下载至本地。

火车采集器、八爪鱼采集器、神箭手客户端等都是较为常用的爬虫软件。Python 凭借其强大的函数库及部分函数能够有针对性地获取网站源码，成为当前最为常用的网络数据爬取工具。

2.2 数据质量

高质量的数据能够更好地满足应用要求，然而大数据本身的特性使其数据质量普遍存在不够高的情形。

2.2.1 数据的完整性

数据的完整性是指数据的完备程度，主要指信息应不存在缺失的情况。数据缺失可能是整个数据的缺失，也可能是数据中某个变量信息的缺失。数据完整性是数据质量最为基础的一项评估指标。

数据质量的完整性比较容易评估，一般可以通过数据统计中的记录值和唯一值进行评估。例如，网站日志的日访问量就是一个记录值，若平时的日访问量在 1 000 左右，突然某一天降到 100 了，就需要检查数据。又如，统计地域分布情况时，每一个地区名就是一个唯一值，我国有 34 个省级行政区域，如果统计得到的省级行政区域总数小于 34，则可以判断数据有可能存在“段落”缺失。上述两种情况很可能是丢失了整段数据，如果数据中某些变量的值为空，那就是数据的变量信息缺失，这种情况较容易观察到。

不完整数据的出现可能有多种原因，如销售数据中顾客的收入和年龄等信息因涉及个人隐私等而可能无法获得，有些记录在输入时因人为（认为不重要或理解错误等）的疏漏或机器的故障而产生了不完整的数据。

2.2.2 数据的一致性

一致性是指数据是否遵循了统一的规范，数据之间的逻辑关系是否正确和完整。规范是指一项数据存在它特定的格式。例如，手机号码一定是 13 位的数字，身份证号码一定是 18 位的，且前 17 位一定是数字。逻辑是指多项数据间存在着固定的逻辑关系，如要分析某个网站的内容质量，通常用跳出率进行衡量。跳出率是指用户通过搜索关键词来到网站，仅浏览了一个页面就离开的访问次数与所有访问次数的百分比。那么，跳出率的取值应当在 0 ~ 1 范围内，如果取值超出范围，则说明数据存在不一致性问题。

不一致数据的产生也是常见的。例如，在采集的客户通讯录数据中，地址变量列出了邮政编码和城市名，但是有的邮政编码并不包含在对应的城市中，这有可能是人工输入该信息时颠倒了两个数字，或许是在手写体扫描时错读了一个数字，从而导致了邮政编码的不一致。又如，一个数据集中变量的缺失值默认是 −99，另外一个数据集缺失值默认是 −1，还有一个数据集缺失值默认是 NA，这三个数据集对缺失值的定义都不相同，如果不经过统一的数据处理阶段直接进入模型，算法对这些数据的处理将产生明显的错误。

此外，数据集合并时，如果缺乏必要的联动和核对，也会产生数据不一致问题。

无论导致不一致的原因是什么，如果需要用到这个变量，就都需要能事先检测出来并进行纠正。

2.2.3 数据的准确性

数据的准确性是指数据中记录的信息和数据是否准确、数据记录的信息是否存在异常或错误。与一致性不同，存在准确性问题的数据不只是规则上的不一致。导致一致性问题的原因可能是数据记录的规则不一，但不一定存在错误。

不准确数据的出现可能有多种原因，如收集数据的设备出故障、人或计算机输入错误。例如，当用户不希望提交个人信息时，可能故意向强制输入变量输入不正确的值（如为生日选择默认值“1 月 1 日”，而不输入其真实的生日值）等。准确性关注的是数据记录中存在的错误，这些错误可能包括字符型数据中存在乱码、数据中存在异常值、存在不符合有效性要求的数值等。

2.2.4 数据的时效性

某些场合需要数据具有较强的时效性。例如，城市的智能交通管理模型中，以前没有智能手机和智能汽车，很多大城市虽然有交管中心，但它们收集的路况信息最快也要滞后 20 min，用户看到的可能已经是半小时前的路况了，这样的信息可能就没价值。但是，能定位的智能手机普及以后就不一样了。大部分用户开放了实时位置信息，做地图服务的公司能实时得到人员流动信息，并且根据流动速度和所在位置区分步行的人群和汽车，然后提供实时的交通路况信息，这就要求获取的数据具有时效性。

2.2.5 数据的相关性

数据的相关性是建模分析时需要重点考量的。许多数据质量问题与特定的应用和领域有关。例如，预测交通事故发生率的模型中，如果忽略了驾驶员的年龄和性别信息，那么除非这些信息可以间接地通过其他属性得到，否则模型的精度就会受到限制。

需要注意的是，出于不同的目的，用户对数据质量的评价可能是大不相同的。例如，对某个公司的大型客户数据库，由于时间和统计的原因，顾客地址列表的正确率为 80%，其他地址可能过时或不正确。当市场分析人员访问公司的数据库，获取顾客地址列表时，基于目标市场营销考虑，市场分析人员对该数据库的准确性满意度较高。而当销售经理访问该数据库时，由于地址的缺失和过时，因此对该数据库的满意度较低。也就是说，对于给定的同一个数据库，两个不同的用户可能有完全不同的评估，其主要原因是这两个用户所面向的应用领域不同、目标不同。

2.3 数据预处理

对于已经获取的数据，有些可能格式良好，数据完整、准确，可以直接使用，但大多数情况下，数据都会存在一定的质量问题，如格式不一致、可读性差、有缺失值和异常值等问题，因此需要进行数据预处理。数据预处理就是对于数据的预先处理，其目的是提高数据的质量。数据预处理通常包括数据清洗、数据集成、数据变换、数据归约等技术，这些数据处理技术能够大大提高数据的质量，方便数据建模。

大数据更多的是用在机器学习、人工智能领域，通过给某些算法“投喂”大量数据，使其可以更加智能。因此，在机器学习、人工智能领域，大数据预处理的内容更加复杂。

当前，大数据对计量经济分析和计量建模的影响还处于探索阶段，如何为大数据给经济分析带来的新的洞察力建立大数据计量模型仍是计量经济学家正在努力研究的目标。因此，计量经济分析所采用的数据通常仍然是结构化数据。本节介绍的数据预处理方法主要针对大数据情形下的计量建模与分析，相关的数据预处理内容相对简略，主要是进行数据集合并、缺失值和异常值处理、构造变量，并纠正数据中的不一致。

2.3.1 数据集合并

原始数据可能来源于多个数据集，数据集的变量标题、数据格式等很可能不相同，同一项内容的描述方式也可能不同，在数据集合并时就要统筹考虑，仔细核查。

1. 观察数据变量

数据集合并的第一步是观察数据变量，仔细分析每个数据集变量的含义，查看变量标题是否清晰，明确变量含义，给出变量名。尤其是网上抓取的数据，要对其有充分的认识。

2. 识别关键字

通常具有相同关键字（变量）的数据集能够进行合并，但来源不同的数据集在变量命名时很可能不同。例如，一个数据集中的 customer_id 和另一个数据集中的 cust_number 指的可能都是客户编码，这时就需要先将它们统一。

3. 明确变量表示规则

每个变量的名字、含义、数据类型、允许的取值范围，以及处理空白、零或 NULL 值的规则等都应当加以明确，以保证数据的可读性和一致性。例如，日期“2020//12/20”和“12/20/2020”表示形式不一致会造成误解。空值规则应说明如何表示空值；碰到空白、“？”“不知道”及其他特殊符号等情况时是否认定为空值，应当怎么处理；等等。

4. 避免冗余

不同数据集的变量名不一致可能会导致数据集合并时的冗余。例如，一个数据集中的 Income 和另一个数据集中的 cust_Income 指的可能都是可支配收入，在数据集合并时需要辨明，只需保留其中一个变量就可以了。大多数冗余可以被相关性检验检测到。如果两个变量极高度相关，或者相关系数等于 1，便可以根据变量的含义进行分析，判断该变量是不是冗余。

5. 删除重复值

如果处理的是同一调查数据的多个数据集，或者是包含重复值的原始数据，或者数据集合并后产生了重复值，则都应当将重复值删除，删除重复数据是确保数据准确可用的重要步骤。

6. 数据值冲突的检测与处理

对现实世界的同一实体进行描述，来自不同数据源的变量描述方法与数据取值可能不同。例如，质量属性可能在一个系统中以公制单位存放，而在另一个系统中以英制单位存放。或者表示的量纲不一致，如一个系统表示身高的单位是米，另一个系统表示单位是厘米。在进行数据集合并时，需要对这类因表示、尺度或编码不同而造成的冲突进行检测与处理。

2.3.2 缺失值处理

1. 缺失值产生的原因

缺失值产生的原因多种多样，主要分为机械原因和人为原因。机械原因是因机械故障或损坏而导致的数据收集或保存的失败造成的数据缺失，如数据存储的失败、存储器损坏、机械故障等导致某段时间数据未能收集（对于定时数据采集而言）；人为原因是人的主观失误、历史局限或有意隐瞒造成的数据缺失，如在市场调查中被访人拒绝透露相关问题的答案、回答的问题是无效的或数据录入人员失误漏录了数据等。

2. 缺失值的类型

缺失值从缺失的分布来看可以分为随机缺失和非随机缺失。随机缺失指与其他变量（无缺失值的变量）的取值有关，如某项网络调查，发现很少有年龄较大的受访者参与（缺失与年龄有关）；非随机缺失指的是不仅与其他变量（无缺失值的变量）的取值有关，而且与自身（有缺失值的变量）取值也有关，如在收入调查中，收入值缺失可能是因为回答者不知道如何量化自己的收入，也可能是因为回答者收入太高或太低，不愿意回答，又如研究教育与收入的关系时，受教育程度低的对象可能会有更多收入缺失值，这也是非随机缺失。

3. 缺失值的处理方法

对于缺失值的处理，从总体上来说分为删除存在缺失值的样本和缺失值插补。对于主观数据，由于存在缺失值样本的其他变量的真实值不能保证，那么依赖于这些变量值的插补也是不可靠的，所以对于主观数据一般不推荐插补的方法。插补主要是针对客观数据的。

（1） **删除含有缺失值的样本。**简单删除法是对缺失值进行处理的最原始方法，这种方法是将存在缺失值的样本直接删除。如果数据缺失问题可以通过简单地删除小部分样本来达到目标，那么这个方法是最有效的。

（2） **缺失值插补。**这种处理方法的思想来源是以最可能的值来插补缺失值比全部删除不完全样本所产生的信息丢失要少。某些数据集的变量有几十个甚至几百个，因为一个变量值的缺失而放弃大量的其他变量值，这种删除是对信息的极大浪费，所以产生了以可能值对缺失值进行插补的方法。

如果数据量不大，可以采用人工填补的方法完成填充缺失值的工作。由于最了解数据的还是用户自己，因此这个方法产生的数据偏差较小，可能是填充效果最好的一种。但是这种方法很费时，并且当数据规模很大、空值很多时，该方法是不可行的。

常用的填充缺失值的方法是算法填补，主要有以下几种方法。

① 均值 / 众数插补法。一般来说，如果缺失值是数值型变量，则选择均值插补法（以该变量的平均值来插补缺失值），也可以用平均值修正（用前后两个观测值的均值进行插补）。如果缺失值不是数值型变量，则选择众数插补法，即根据统计学中的众数原理，用该变量的众数（即出现频率最高的值）来补齐缺失的值。

② 极大似然估计法。极大似然估计法是指在缺失类型为随机缺失的条件下，假设模型对于完整的样本是正确的，那么通过观测数据的边际分布可以对未知参数进行极大似然估计，因此这种方法又称忽略缺失值的极大似然估计。极大似然估计法适用于大样本，这种方法的缺点是可能会陷入局部极值，并且收敛速度不快，计算复杂。

③ 热卡填充法。对于一个包含缺失值的变量，热卡填充法的做法是在数据集中找到一个与它最相似的对象，然后用这个相似对象的值进行类比，从而进行填充。

④ 最近距离插补法。最近距离插补法是指用 $t-1$ 时刻的数据插补 t 时刻的缺失值。最近距离插补法不适用于时间序列中波动较大的数据。

⑤ 回归插补法。回归插补法主要是通过建立回归方程来进行填充。例如，假设 Y 变量存在部分缺失值，但是知道变量 X 与 Y 存在相关关系，就可以用回归插补法，首先摘取出没有缺失值的样本，建立 X 与 Y 的回归方程，然后利用回归方程，将对应的 X 值带入方程对 Y 进行预测，填补到缺失值处。

⑥ 多值插补法。多值插补法的思想来源于贝叶斯估计，认为待插补的值是随机的，它的值来自已观测到的值。实践中通常是估计出待插补的值，然后再加上不同的噪声，形成多组可选插补值，再根据某种选择依据选取最合适的插补值。

以上几种插补方法对于缺失值类型为随机缺失的插补有很好的效果。均值 / 众数插补方法是最容易实现的，也是以前人们经常使用的，但是它对样本可能存在极大的干扰，尤其是当插补后的值作为解释变量进行回归时，参数的估计值与真实值的偏差可能很大。相比较而言，极大似然估计法和多值插补法是两种比较好的插补方法。与多值插补法相比，极大似然估计法缺少不确定成分，所以越来越多的人倾向于使用多值插补法。

插补处理只是将未知值补以主观的估计值，不一定完全符合客观事实，并且由于缺失值本身无法观测，也就不可能知道它的缺失所属类型，也无从估计一个插补方法的插补效果，因此插补时应针对要研究问题的领域和行业进行仔细分析。某些时候，手动对缺失值进行插补的效果可能比上述方法更好。

缺失值的插补是人为干涉缺失值的情况，无论是哪种处理方法，都会影响变量间的相互关系，在对不完备信息进行补齐处理的同时，都或多或少地改变了原始的数据的信息系统，对以后的分析存在潜在影响，所以对缺失值的处理一定要慎重。

2.3.3 异常值处理

当数据质量存在不准确和不一致问题时，往往表现在出现异常值（又称离群值、离群点、噪声）。异常值检测的基本思路是从给定的数据集中发现与其他数据相比具有显著不同的数据。异常值检测算法分为基于统计分布的方法、基于邻近性的方法和基于聚类的方法。

1.　基于统计分布的方法

基于统计分布的方法是通过对小概率事件的判别来实现异常值的检测，其基本思想是通过对给定的数据集假设一个分布或概率模型，然后根据假设的模型通过不一致性测试来识别异常值。异常值往往是基于一个“正常”的概率分布而言的，可以首先确认一个概率分布来定义正常的边界，若某观测值在该分布假设下出现的概率很小，则可将其认定为异常值。这种方法大多只适合于数值型数据。

常用的判断方法有以下两种。

（1）　数字超过某个标准值。

这是最常用的异常值判断方法之一，其主要是依据专业知识或个人经验，判断是否超过了理论范围值，数据中有没有明显不符合实际情况的错误。例如，测量成年男性身高出现 17.8 m 这样的数据显然不符合实际情况。又如，问卷数据使用 1～5 级量表进行研究，出现 −2、−3 这类数据，则可能提示为跳转题、空选等。

（2）　数据超出均值的 $\pm 3\sigma$。

3σ 原则在数据服从正态分布时用得较多。在这种情况下，异常值被定义为一组测定值中与平均值的偏差超过 3 倍标准差的值。在数据处理时，按照正态分布的性质，三个标准差以外的数据都可以被看作错误的数据，从而被看作异常值。

可以通过画箱线图、散点图和计算统计量的方法来发现这些异常值。

2.　基于邻近性的方法

基于邻近性的方法假定一个数据对象是异常值，如果它在特征空间中的最近邻也远离它，即该对象与它的最近邻之间的邻近性显著地偏离数据集中其他对象，就认为该数据是异常值。

例如，图 2-1 中对于 R 中的两个数据对象，可以认为是异常值。基于邻近性方法的有效性高度依赖于所使用的距离度量方法。

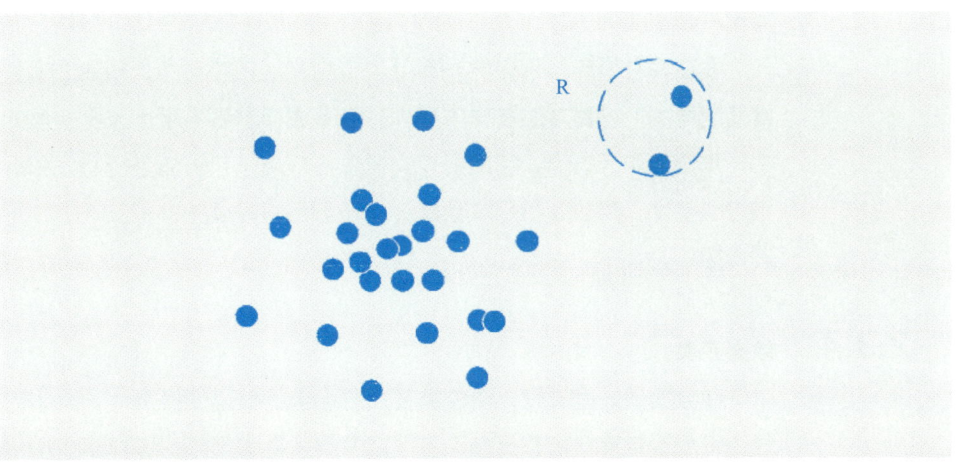

图 2-1
区域 R 中的数据是异常值

相关性也是需要考虑的一个角度。图 2−2 中的数据点 A 和 B，如果按照距离远近来识别异常值，A 和 B 距离原点的距离相同，但是 A 通常被认定为异常值。因为直观来看，A 的横纵坐标虽然都在正常波动范围之内，但是它与其他点的相关性太弱了。

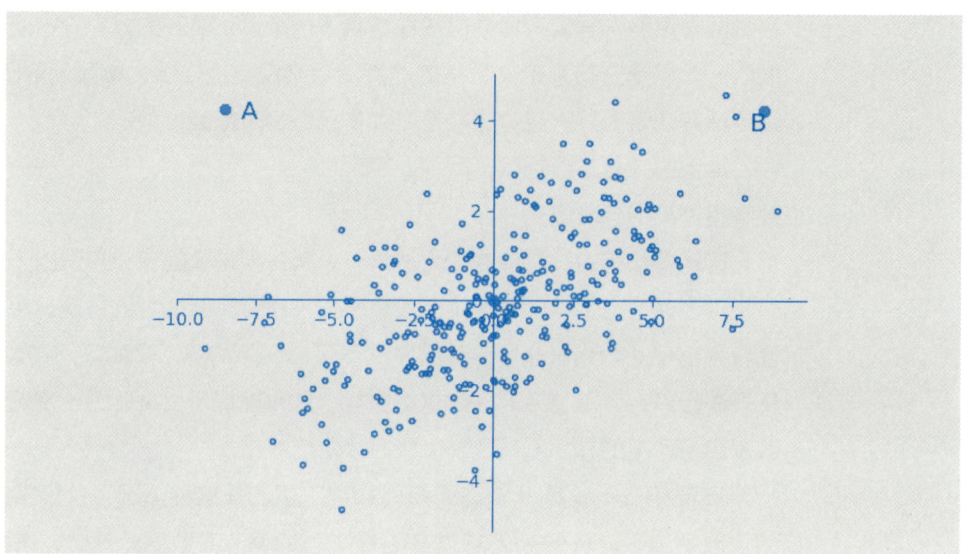

图 2−2
A 点为异常值点

3. 基于聚类的方法

基于聚类的方法假定正常数据对象属于大的、稠密的簇，而异常值点属于小而稀疏的簇，或者不属于任何簇。例如，在图 2−1 中假定有两个簇 C1 和 C2，簇 C1 包含数据集中除区域 R 中的点外的所有点，簇 C2 是个很小的簇，只包含 R 中的两个点，与簇 C2 相比，簇 C1 很大。因此，基于聚类的方法认为 R 中的两个点是异常值点。

识别异常值依赖于对正常值的定义，一个问题对于异常值的界定往往是相当主观的，用不同的尺子就会得到不同的结果。因此，建模时应当注重对具体问题的分析，得出符合事实的结论。

发现异常值后，常见的处理办法有删除法和插补法。删除法就是直接删除含有异常值的样本，这种方法在样本量少时会造成样本量不足，改变变量的分布；插补法是将异常值当作缺失值，利用现有的信息将其当作缺失值进行替代和插补，如连续变量用均值替代、离散变量用众数替代，还可用回归插补、多重插补、平均值修正等方法进行插补。

2.3.4 数据变换

在数据预处理阶段，往往需要通过相应的数据变换操作，消除数据之间的量纲问题，将数据变换到正态分布，使数据看起来更加规整，这样建模得出来的结果才会更准确。常见的数据变换包括数据光滑、变量构造、数据规范化、数据离散化、数据概化等。

1. 数据光滑

数据光滑是指去除数据中的噪声。例如，在文本挖掘中，抓取到的文本中可能会出现一些没有意义的特殊符号，在中文评论中夹杂了一些英文、法文等评论，这时就需对这些无意义字符串进行识别，并删除这些不必要的数据。

2. 变量构造

变量构造又称属性构造，可以由已有的变量构造生成新的变量，或者根据文本、视频等信息构造新的变量。例如，对出生日期这个变量，可以用当前日期减去出生日期，即得到一个“用户年龄”的新字段；在电商领域利用原有数据生成用户的月均消费次数、年均消费次数、用户下单付费次数占用户下单次数的比例、用户在线交易终止的次数与在线交易成功的次数的比率等；在文本挖掘领域，利用社交媒体、新闻报纸等信息构造幸福指数、投资者情感指数、其他心理变量等。2.4 节将介绍一个文本挖掘构造变量的例子。

3. 数据规范化

可以将数据按比例缩放，使之落入一个特定的小区间，如 −1.0～1.0 或 0.0～1.0 等。常用的方法包括数据标准化和归一化。

（1） 数据标准化。

在进行计量建模时，各指标体系的度量单位可能是不同的，如果需要利用这些指标参与评价和计算，就需要对指标进行规范化处理，这就是数据标准化。

数据标准化主要解决以下两类问题。

① 不同性质数据计算。不同性质的指标不能直接计算。若直接加总，则不能正确反映不同作用力的综合结果，需要先考虑改变某些指标的数据性质，使所有指标的作用力同趋化，这就是数据同趋化处理。

② 数据的可比性。在计量建模时，如回归模型，自变量的量纲不一致可能会导致回归系数无法直接解读或者错误解读，这时就需要将自变量处理到统一的量纲，以便于进行比较。数据的量纲变换可以采用 Z-score 进行标准化，其计算公式为

$$x_i' = \frac{x_i - \mu}{\sigma} \tag{2.3.1}$$

式中，x_i' 是标准化后的新数据；μ 是原变量 x 的平均值；σ 为变量 x 的标准差。注意，标准化后的数据有正有负。

数据标准化也就是统计数据的指数化。经过标准化处理后，原始数据转换为无量纲化指标值，各指标值处于同一个数量级别上，原来不同单位或量级的指标就能够进行比较和加权了。

（2） 数据归一化。

数据归一化是将变量数值转换到某个固定区间范围内，通常这个区间是 $[0,1]$，其计算公式为

$$x_i' = \frac{x_i - x_{\min}}{x_{\max} - x_{\min}} \qquad (2.3.2)$$

式中，x_i' 是归一化后的新数据。

注意，归一化后的数据大于等于 0。

可以看出，归一化和标准化是不同的，但二者通常都可以让研究人员或调查人员确定数据的分布，并明白该分布对后续研究或计算的含义。

数据标准化和归一化之前通常需要先删除异常值，这样才能更好地发现数据的规律和分布。

4. 数据离散化

数据离散化是一种常用的数据变换方式。例如，将数值型变量如年龄的原始值，用区间标签如 0～10，11～20 等替换，或用概念标签如青年、中年、老年等替换。回归分析中的虚拟变量也可以通过数据的二值变换得到。

5. 数据概化

数据概化可以将数据由较低的概念抽象成较高的概念，以减少数据复杂度。例如，根据需要可以将属性变量如上海、杭州、深圳概化为中国；某一个城市的街区可以概化为城市名。

2.4 一个文本挖掘的大数据处理实例

在网络大数据时代，网站、社交媒体平台及数字图书馆等中存在的海量文本数据是进行数据分析的重要数据来源，但文本数据是半结构化或非结构化的，是基于人类自然语言的，无法被机器直接处理和理解。此外，文本数据中往往含有大量的噪声，如大量的非规范的语言现象，这些都给后续的分析造成了很大的障碍。因此，必须对文本数据进行预处理。下面以国内某在线旅游平台上的在线评论数据为例（图 2-3），简要介绍文本数据预处理的过程。

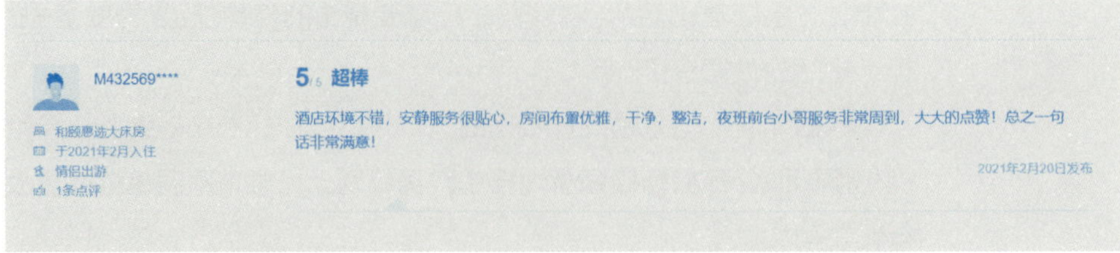

图 2-3 在线评论数据示例

2.4.1 文本数据清洗

本例中的在线评论数据是通过爬虫工具抓取的。通过爬虫工具抓取的网页数据一般都具有较好的结构，但对得到的评论数据仍需进行数据清理，删除其中的噪声（异常值）或过短的评论，并对缺失值进行处理等。当前有关数据抓取和数据清洗工作主要采用的工具是 Python。

1. **噪声（异常值）和重复值处理**

抓取到的中文评论文本中可能会有一些英文的评论，或者在处理英文数据时有一些其他语言的文本，这就需要对字符串的语言类别进行识别，删除这些不需要的语言数据。在 Python 语言中，可以通过编写正则表达式或借助其中的 langdetect 工具包进行识别。

此外，抓取到的评论数据中有时会存在部分数据重复抓取的情况，需要识别重复数据并将其删除掉。

本例中可以通过 Python 语言中的正则表达式识别出英文评论及评论中的特殊符号，并将这些数据删除。

2. **缺失值的处理**

对本例中的评论文本数据，无法使用缺失值插补的方法，故通常将缺少文本内容的评论样本数据删除掉。

进一步地，过短的评论往往对数据分析无法提供足够有意义的信息，因此通常会删除词汇数量少于某个阈值（如 5）的评论。此外，由于当前的在线评论系统中会存在大量的虚假评论，因此为更好地提高数据的质量，可先通过算法识别出虚假评论，并将其删除后再进行后续的处理和分析。

2.4.2 文本数据预处理

在对数据进行清洗之后，还需要对文本数据进一步做预处理，使其成为机器可读的格式化文本，其主要任务包括以下几方面。

1. **文本切分**

文本切分包括分句和分词。分句是将文本分解成句子的过程，一般可通过在句子之间寻找特定的分隔符，如“。”“？”等来实现。分词是指将给定的文本切分成词汇单位的过程。西方语言（如英语等）天然使用空格作为词的分隔符，因此只需利用空格或标点就能实现分词。中文文本没有天然的分隔标记，因此必须先进行分词。目前，常用的中文分词工具有 NLPIR-ICTCLAS 汉语分词系统和 Jieba 分词。

2. **词性规范化**

在针对西方语言的文本处理中，需要对一个词的不同形态（如名词的单、复数，动词的不同时态）进行归并，即词性规范化，从而提高文本处理的效率，同时减少离散特征表示可能带来的数据稀疏问题。词性规范化过程包括两个概念：一是词干提取（Stemming），即去除词缀得到词根的过程（不一定能够表达完整的语义），如将 compute、computes、computing 和 computed 转换为 comput；二是词性还原

（Lemmatization），即把一个任何形式的语言词汇还原为一般形式（能表达完整语义），如将 computes、computing 和 computed 还原为 compute。本例使用的是中文评论文本数据，可以不需要进行词干提取或词性还原。

3. 去停用词

停用词（Stop Word）主要是指在各类文本中频繁出现的、附带极少文本信息的助词、介词、连词和语气词等，如英文中的 the、a、an、at、on 等，中文中的“的”“得”“了”等。为提高文本处理的效率，减少系统的存储空间，通常在文本表示时自动将这些停用词过滤掉。在具体实现时，通常建立一个停用词表，在特征抽取时直接删除停用词词表中的词。除以上主要任务外，对英文文本还需进行大小写转换、缩略语处理等，根据具体任务的需要，可能还需对文本进行词性的标注、句法的分析等。

针对本例的中文评论文本数据，首先通过识别句子之间的分隔符实现句子的切分（图 2-4），去掉标点符号等特殊符号后，再利用分词工具进行分词（图 2-5）。

图 2-4
评论分句（句子切分）后的结果

酒店环境不错，
安静服务很贴心，
房间布置优雅、干净、整洁，
夜班前台小哥服务非常周到，
大大的点赞！
总之一句话非常满意！

图 2-5
评论分词后的结果
注：划线词为正面情感词

酒店/环境/不错
安静/服务/很/贴心
房间/布置/优雅/干净/整洁
夜班/前台/小哥/服务/非常/周到
大大的/点赞
总之/一句/话/非常/满意

在此基础上，可统计文本中词的个数、每句中词的个数、情感词的个数等构造变量，作为后续分析的变量。评论文本中可提取的变量的示例见表 2-1。

表 2-1
评论文本中可提取的变量的示例

评论总词数 / 个	平均句子长度 / 字	正面情感词个数 / 个	负面情感词个数 / 个	情感倾向
25	4.17	9	0	1（正向）

进一步地，在去除停用词后，可提取文本中的词或短语作为特征，将文本表示成数值向量的形式，以用于后续的分析。

本章小结

数据是计量建模分析的原材料，真实反映客观世界的高质量数据是实现预测或验证经济理论的重要保障。计量经济分析软件处理大数据（大样本）情形是没有问题的，但经济管理领域的大数据很多时候来源于互联网，这些数据普遍存在数据不完整、不一致、数据噪声、数据缺失甚至数据错误等一系列数据质量问题，并且大数据的非结构化特点也使得其很难直接用于计量建模，只有对这样的数据做一定的预处理才能进行建模分析。本章介绍了大数据的特点及数据采集、数据清洗和数据预处理的基本方法，并通过介绍一个文本挖掘的大数据处理实例，让同学们进一步了解数据抓取、数据清洗、数据预处理及构造变量的过程。

习题

1. 互联网抓取的数据普遍具有什么特点?
2. 了解 Python 进行数据抓取和数据清洗的基本流程。
3. 下载 CHARLS、CHFS 数据，浏览其中的数据，查看数据缺失值的情况。
4. 下载 CHARLS、CHFS 数据，浏览其中的数据，查看变量是否有异常值。
5. 什么情况下需要构造变量？试举几个例子。

即测即评

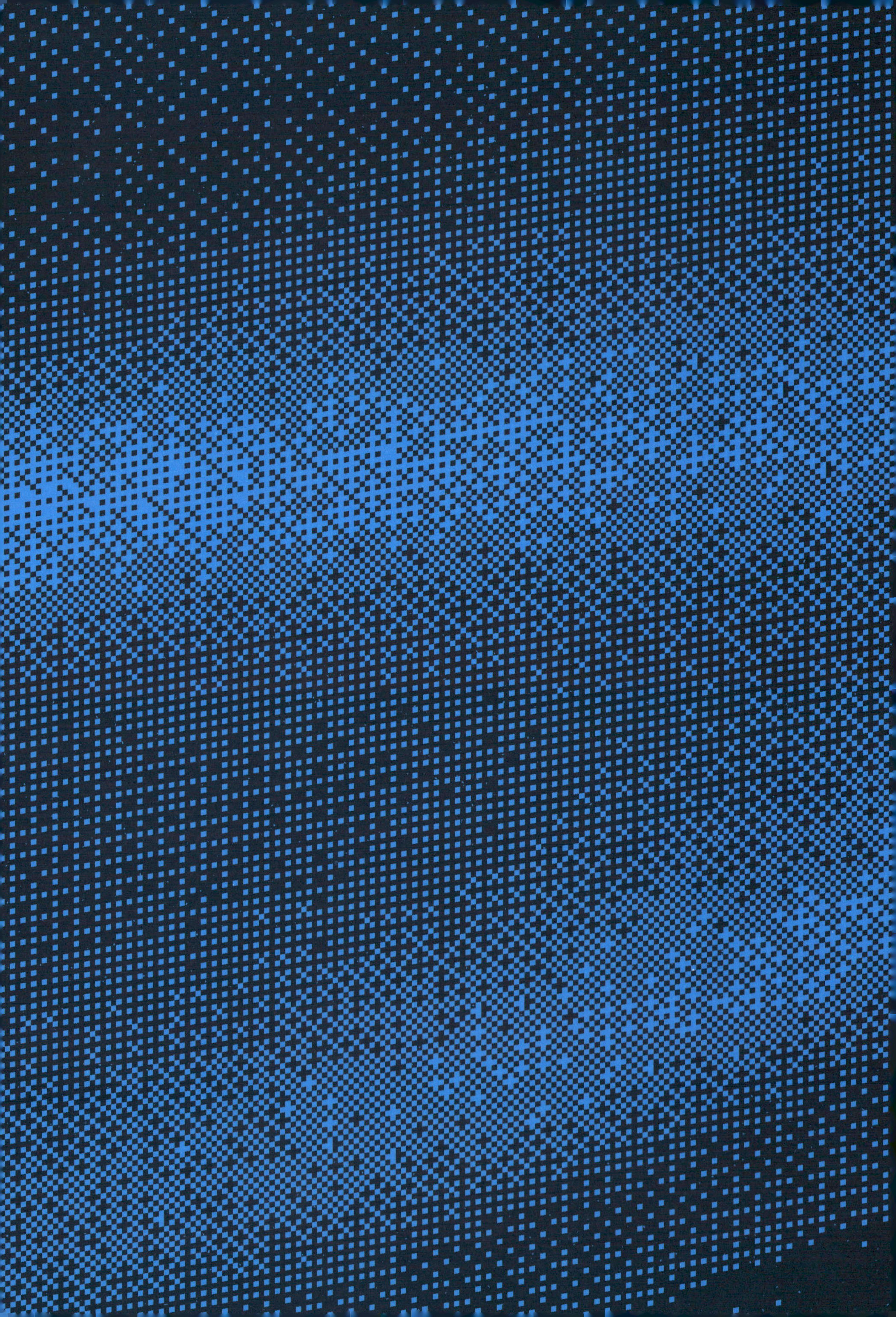

第 3 章 经典线性回归模型

■ 计量经济学家通常采用回归分析来对理论化的经济关系进行数量估计。例如，每个人都可以声称在假定其他条件不变时，苹果手机需求量会随着价格的降低而提高，但并没有多少人能够在方程中给出确切的数值，即价格下降 1 美元后苹果手机需求量会增加多少。为推断出变动量，需要一组样本数据和一种方法来估计经济关系。在计量经济学中，普遍用来估计此类经济关系的方法就是回归分析。本章介绍经典线性回归模型，内容包括回归分析概述、线性回归模型的基本假定、线性回归模型的参数估计、线性回归模型的统计检验、模型预测、可线性化的非线性回归模型等。

3.1 回归分析概述

3.1.1 回归分析的含义

回归分析（Regression Analysis）是用于研究一个变量（称为被解释变量或因变量）与另一个或多个变量（称为解释变量或自变量）之间的统计依存关系。为统一符号，在下面的介绍中用 Y 表示因变量（Dependent Variable）或被解释变量（Explained Variable），X 表示自变量（Independent Variable）或解释变量（Explanatory Variable）。如果回归中有多个解释变量，则用下标表示不同的 X，如 X_1、X_2、X_3 等。

与回归分析有密切关系的一种统计分析是相关分析（Correlation Analysis）。回归分析以研究变量之间的统计依存关系为目标；相关分析主要研究两个变量之间的线性依赖程度。回归分析与相关分析的区别主要体现在以下几个方面。

（1）**回归分析和相关分析的目的不同。**在回归分析中，不仅关注变量之间的相关关系，更关注具有统计相关关系的变量间的因果关系分析，以及进一步通过自变量的变化估计或预测因变量的期望值；而在相关分析中，则仅从统计数据上测度变量之间的相关性。

（2）**回归分析和相关分析中变量地位不同。**在回归分析中，因变量和自变量的地位是不对称的，因变量在统计意义上是随机的，存在一个概率分布，自变量则通常被看作固定和非随机变量；在相关分析中，因变量和自变量地位是对称的，都是随机变量。

需要说明的是，回归分析虽然更关注变量之间的因果关系，但存在回归关系并不一定表明存在因果关系，不能认为自变量是“因”，因变量是“果”。数量分析的结果仅能检验显著的数量关系是否存在，造成回归系数显著的原因是多方面的，可能是自变量对因变量的显著影响，也可能是因变量对自变量存在逆向因果关系，即自变量和因变量之间存在内生性，还有可能是模型忽略了重要解释变量导致的。总之，对因果关系的判断必须建立在一定的经济学理论的基础上。

3.1.2 总体回归函数

回归分析研究的是总体中两个或多个变量之间客观存在的规律性，由于实际的经济总体通常难以直接观测，因此回归分析沿用了推断统计中通过样本信息推断未知总体特征的思想，根据自变量的已知值或给定值研究因变量的总体均值。下面以一个简化的例子说明。

【例 3-1】一元线性回归模型示例

假定图 3-1 是根据某年中国健康与养老追踪调查（CHARLS）抽取的 150 个家庭组成的总体，其目的是研究家庭消费支出与家庭可支配收入的关系。为研究方便，将该 150 个家庭按可支配收入水平划分为 1 万元～10 万元共计 10 组，图 3-1 所示为根据总体样本绘制家庭可支配收入与家庭消费支出的散点图。

图 3-1
家庭可支配收入与家庭消费支出的散点图

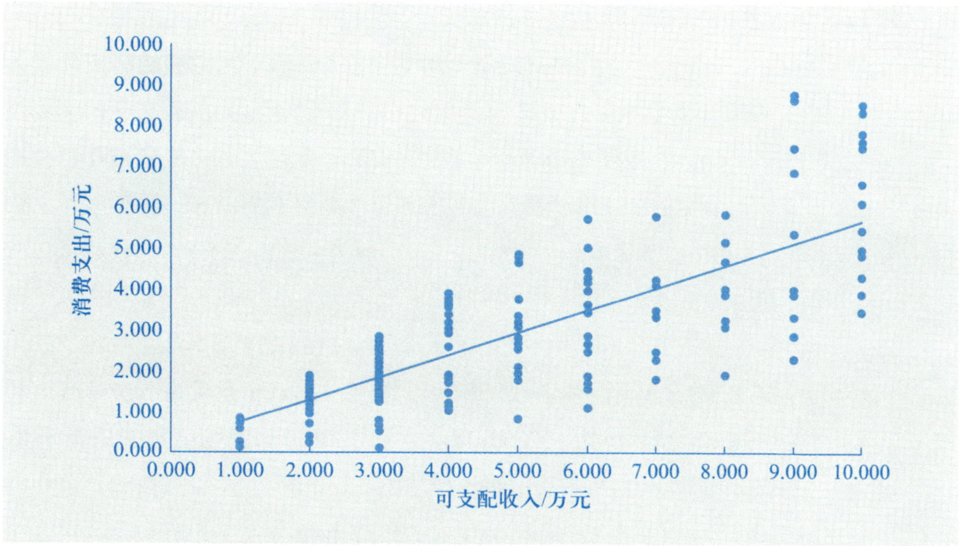

图 3-1 中，横轴表示可支配收入 X，纵轴代表消费支出 Y。从该散点图中可以看出，虽然不同的消费支出存在差异，但平均来说，随着可支配收入的增加，消费支出的均值也在增加。由图 3-1 可以看出，该例中 Y 的条件均值恰好落在一条正斜率的直线上，这条直线称为总体回归线。在给定自变量 X 条件下因变量 Y 的期望的轨迹称为总体回归线（Population Regression Line），或更一般地称为总体回归曲线（Population Regression Curve），相应的函数称为总体回归函数（Population Regression Function，PRF），表示为

$$E(Y \mid X_i) = f(X_i) \tag{3.1.1}$$

总体回归函数表明因变量 Y 的平均状态（总体条件期望）随自变量 X 变化的规律，其具体的函数形式是由所考察总体固有的特征来决定的。由于在实践中，总体通常无法全部考察到，因此总体回归函数的具体形式只能根据经济学或管理学等相关理论及对所研究问题的认识和实践经验对总体回归函数做出合理的假设。

如图 3-1 所示，假如将消费支出 Y 的总体条件期望 $E(Y \mid X_i)$ 看成可支配收入 X 的线性函数，式（3.1.1）可进一步写为

$$E(Y \mid X_i) = \beta_0 + \beta_1 X_i \tag{3.1.2}$$

式中，β_0 和 β_1 是回归参数。β_0 为截距，即 X_i 取零时 Y 的条件期望值的大小；β_1 为斜率，度量 X_i 每变动一个单位时，Y 的条件期望值的变化。式（3.1.2）又称线性总体回归函数。在计量经济学中经常把总体回归函数设定为线性函数，因为线性函数形式最为简单，其中参数的估计与检验也相对容易，而且多数非线性函数可转换为线性形式。

需要注意的是，在计量经济学中所涉及的线性函数指因变量关于回归参数是线性的，即 Y 的条件期望 $E(Y \mid X_i)$ 是参数 β 的线性函数，而对于自变量 X_i 则既可以是线性的，也可以是非线性的。根据这一原则，$E(Y \mid X_i) = \beta_0 + \beta_1 X_i^2$ 或 $E(Y \mid X_i) = \beta_0 + \beta_1 (1/X_i)$ 都是线性回归函数，而 $E(Y \mid X_i) = \beta_0 + \sqrt{\beta_1} X_i$ 或 $E(Y \mid X_i) = \beta_0 + (1/\beta_1) X_i$ 则不是线性回归函数。

3.1.3 随机误差项

在例 3-1 中，总体回归函数描述了消费支出均值随可支配收入变化的规律，但对某一个个体家庭，其消费支出不一定恰好就是给定 X_i 下的消费支出 Y 的条件均值 $E(Y \mid X_i)$，如图 3-1 所示，每个家庭消费支出 Y_i 总是分布在条件期望 $E(Y \mid X_i)$ 的周围。假定各个家庭消费支出 Y_i 值与条件期望 $E(Y \mid X_i)$ 的偏差为 u_i，表示为

$$u_i = Y_i - E(Y \mid X_i) \tag{3.1.3}$$

或

$$Y_i = E(Y \mid X_i) + u_i \tag{3.1.4}$$

式（3.1.4）中，u_i 称为随机误差项（Stochastic Error Term）或随机干扰项（Stochastic disturbance Term）。如果总体回归函数是只有一个自变量的线性函数，则式（3.1.4）可以进一步写为

$$Y_i = E(Y \mid X_i) + u_i = \beta_0 + \beta_1 X_i + u_i \tag{3.1.5}$$

加入随机误差项后的式（3.1.4）或式（3.1.5）称为总体回归函数的随机设定形式，它表明因变量 Y 除受自变量 X 的系统性影响外，还受其他未包括在模型中的诸多因素的随机性影响。由于方程中引入了随机项，为计量经济学模型，又称总体回归模型（Population Regression Model）。

随机误差项是除自变量 X_i 外，其他对 Y_i 有影响的因素的联合影响。在总体回归函数中引入随机误差项，主要有以下六个方面的原因。

（1）**代表未知影响因素。**由于对所研究的经济现象或管理现象的变动规律认识不完备，因此许多未知的影响因素还无法引入模型。

（2）**代表残缺数据。**在实证研究中，有些数据无法取得，因此利用统计数据准确度量经济管理指标以完全表达其定义是很困难的。例如，根据凯恩斯绝对收入假说，收入是影响消费的主要因素，除此之外，财富拥有量、预期因素、时尚及人们的消费惯性等都将影响消费。这些因素中有些可以利用一些替代变量作为单独的自变量加入模型中，而更多的因素则包含在随机误差项中。

（3）**代表众多细微的影响因素。**模型设定应符合简约性原则，又称“奥卡姆剃刀原则”，如果让模型完全拟合现实，模型就会非常复杂难以处理，也就没有实际作用。因此，在模型设定时省略掉的其他众多非重要自变量的影响归结到随机误差项中。

（4）**代表人类行为的内在随机性。**即使模型中包括了影响因变量的所有变量，然而人类行为具有内在随机性。例如，有些消费并不是这一时期所必需的消费，由于特殊因素，从众的心里发生的消费，可以看作随机的变化，因此误差项反映了人类行为的内在随机性。

（5）**代表模型设定误差。**由于经济或管理问题的复杂性，模型的真实函数形式通常是未知的，因此潜在的理论方程可能与拟合的回归方程具有不一样的函数形式，当模型设定出现偏差时，其影响也被归入随机误差中。

（6）　**代表数据的观测误差。**由于某些主观或客观的原因，在取得观测数据时往往存在测量误差，这些观测误差也被归于随机误差项。

由此可见，随机误差项具有十分丰富的内容。在总体回归模型中，随机误差项是一个纯粹的随机变量，无论自变量是随机变量还是非随机变量，由于随机误差项的存在，因变量都是随机变量。随机误差项在计量经济分析中起着重要作用，对随机误差项的处理是计量经济分析中的重要内容，在一定程度上，随机误差项的性质决定着计量经济分析方法的选择和使用。

3.1.4 样本回归函数

尽管总体回归函数解释了所考察总体的因变量与自变量之间的平均变化规律，但总体的信息往往无法全部获得。因此，总体回归函数实际上是未知的，现实的做法是通过抽样得到总体的样本，再通过样本的信息来估计总体回归函数。

承［例 3-1］，假设从该总体中按每组可支配收入水平各取一个家庭进行观测，得到一个随机样本，见表 3-1。

表 3-1 家庭消费支出与家庭可支配收入的一个随机样本

可支配收入 X / 万元	1.000	2.000	3.000	4.000	5.000	6.000	7.000	8.000	9.000	10.000
消费支出 Y / 万元	0.796	1.670	2.106	3.726	4.684	5.032	5.782	5.836	6.876	7.506

该样本的散点图如图 3-2 所示。可以看出，该样本散点图近似于一条直线，绘制一条直线尽可能地拟合该散点图（图中直线），由于样本取自总体，因此可用该直线近似地代表总体回归线，该直线称为样本回归线（Sample Regression Line），其函数形式记为

$$\hat{Y}_i = \hat{\beta}_0 + \hat{\beta}_1 X_i \tag{3.1.6}$$

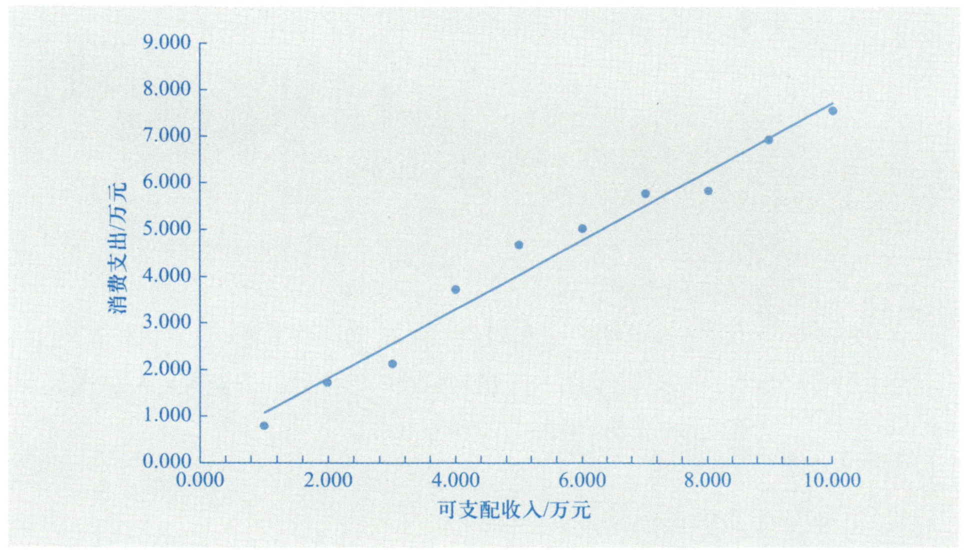

图 3-2 家庭可支配收入与家庭消费支出的样本散点图

式（3.1.6）称为样本回归函数（Sample Regression Function，SRF），又称样本回归方程。式（3.1.6）可以看成式（3.1.2）的近似替代，$\hat{\beta}_0$ 和 $\hat{\beta}_1$ 是总体回归参数 β_0 和 β_1 的样本估计值，每组样本都可以计算出一组特定的回归参数估计值，因此 $\hat{\beta}_0$ 和 $\hat{\beta}_1$ 是随机变量。$\hat{Y}_i$ 表示将自变量第 i 组观测值代入估计的回归方程所计算的因变量的值，是总体真值的一个样本估计值，总体真值是 $E(Y|X_i)$，因此 $\hat{Y}_i$ 是 $E(Y|X_i)$ 的估计值。

由图 3-2 可以发现，真实的样本点并未完全落在样本回归线上，即因变量的估计值 $\hat{Y}_i$ 与真实值 Y_i 之间存在差异，将这个差异称为（样本）残差（或剩余）项（Residual），表示为

$$e_i = Y_i - \hat{Y}_i \tag{3.1.7}$$

进一步将真实值 Y_i 表示为

$$Y_i = \hat{Y}_i + e_i = \hat{\beta}_0 + \hat{\beta}_1 X_i + e_i \tag{3.1.8}$$

式（3.1.8）称为样本回归函数的随机设定形式。由于函数中引入了随机项，为计量经济模型，称式（3.1.8）为样本回归模型（Sample Regression Model）。残差 e_i 代表除自变量 X_i 外其他随机因素的影响，即样本回归方程所没能解释的 Y_i 的部分，其含义与随机误差项 u_i 相似，可以看作随机误差项的估计 $\hat{u}_i$。残差越小，表明方程拟合得越好，$\hat{Y}_i$ 与 Y_i 之间越接近。回归分析的目的就是根据样本回归函数式（3.1.6）估计总体回归函数式（3.1.2）。换言之，回归分析需要设计某些“方法”构造样本回归函数，使其尽可能“接近”总体回归函数。如图 3-3 所示，画出一条假定的真实总体回归线，观察其与样本回归线的关系。

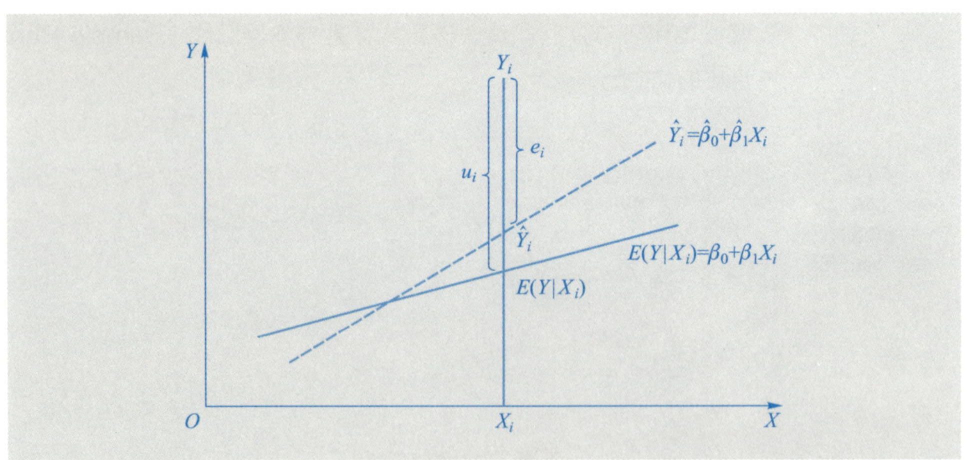

图 3-3 总体回归线与样本回归线的基本关系

在图 3-3 中，Y_i 是对应 $X = X_i$ 的样本观测值；$\hat{Y}_i$ 是样本回归线上的对应点；$E(Y|X_i)$ 是总体回归线上的对应点，该点处的残差为 $e_i = Y_i - \hat{Y}_i$，它是该点处随机误差项 u_i 的一个估计。

3.2 线性回归模型及其基本假定

3.2.1 一元线性回归模型形式

一元线性回归模型是最简单的计量经济学模型，在模型中只有一个自变量，在有 n 个样本观测值的情况下，其一般形式表示为

$$Y_i = \beta_0 + \beta_1 X_i + u_i, \quad i = 1,2,\cdots,n \tag{3.2.1}$$

式中，Y_i 为被解释变量或因变量；X_i 为解释变量或自变量；n 为样本个数；β_0 和 β_1 为待估参数，分别为模型的截距项（或常数项）与斜率项；u_i 为随机误差项，它体现了 Y_i 的变化中没有被 X_i 解释的部分，即除 X_i 外其他所有对 Y_i 产生影响的因素的综合体现。式（3.2.1）称为一元（或双变量）线性回归模型。

3.2.2 多元线性回归模型形式

在实际经济问题中，研究对象往往受到若干因素的影响，如家庭消费支出，除受家庭可支配收入的影响外，还会受到家庭拥有财富、物价水平、就业等多种因素的影响，表现在线性回归模型中的自变量有多个。当线性回归模型中含有两个（或两个以上）自变量时，称为多元线性回归模型（Multiple Linear Regression），多元线性回归模型的一般形式为

$$Y_i = \beta_0 + \beta_1 X_{1i} + \beta_2 X_{2i} + \cdots + \beta_k X_{ki} + u_i, \quad i = 1,2,\cdots,n \tag{3.2.2}$$

式中，k 为自变量的个数；n 为样本个数；$\beta_j (j = 1,2,\cdots,k)$ 称为回归系数，又称偏回归系数（Partial Regression Coefficient），表示在其他自变量保持不变的情况下，X_j 每变化一个单位时，对 Y_i 的均值产生的影响；常数项 β_0 可以看作样本观测值始终取 1 的虚变量系数；模型中待估参数的个数为 $k+1$；u_i 为随机误差项。与一元回归分析一样，式（3.2.2）又称总体回归函数的随机设定形式。与式（3.2.2）对应的总体回归函数表达式为

$$E(Y_i \mid X_1, X_2, \cdots, X_k) = \beta_0 + \beta_1 X_{1i} + \beta_2 X_{2i} + \cdots + \beta_k X_{ki}, \quad i = 1,2,\cdots,n \tag{3.2.3}$$

由式（3.2.2）表示的 n 个随机方程的矩阵表达式为

$$\boldsymbol{Y} = \boldsymbol{X\beta} + \boldsymbol{u} \tag{3.2.4}$$

其中

$$\boldsymbol{Y} = \begin{bmatrix} Y_1 \\ Y_2 \\ \vdots \\ Y_n \end{bmatrix}_{n\times 1}, \quad \boldsymbol{X} = \begin{bmatrix} 1 & X_{11} & X_{12} & \cdots & X_{1k} \\ 1 & X_{21} & X_{22} & \cdots & X_{2k} \\ \vdots & \vdots & \vdots & & \vdots \\ 1 & X_{n1} & X_{n2} & \cdots & X_{nk} \end{bmatrix}_{n\times(k+1)}, \quad \boldsymbol{\beta} = \begin{bmatrix} \beta_0 \\ \beta_1 \\ \vdots \\ \beta_k \end{bmatrix}_{(k+1)\times 1}, \quad \boldsymbol{u} = \begin{bmatrix} u_1 \\ u_2 \\ \vdots \\ u_n \end{bmatrix}_{n\times 1}$$

在总体多元线性回归函数中，各个回归系数是未知的，因此与一元回归分析相似，也需要通过样本观测值对其进行估计，得到样本回归函数，使其近似代表未知的总体回归函数。在有 n 个样本观测值的情况下，样本回归函数可以表示为

$$\hat{Y}_i = \hat{\beta}_0 + \hat{\beta}_1 X_{1i} + \hat{\beta}_2 X_{2i} + \cdots + \hat{\beta}_k X_{ki}, \quad i = 1,2,\cdots,n \tag{3.2.5}$$

其随机表达式为

$$Y_i = \hat{\beta}_0 + \hat{\beta}_1 X_{1i} + \hat{\beta}_2 X_{2i} + \cdots + \hat{\beta}_k X_{ki} + e_i, \quad i = 1,2,\cdots,n \tag{3.2.6}$$

式中，e_i 称为残差或剩余项（Residual），可以看成总体回归函数中随机误差项 u_i 的近似替代。同样，式（3.2.5）和式（3.2.6）中样本回归函数的矩阵表达式分别为

$$\hat{\boldsymbol{Y}} = \boldsymbol{X}\hat{\boldsymbol{\beta}} \tag{3.2.7}$$

$$\boldsymbol{Y} = \boldsymbol{X}\hat{\boldsymbol{\beta}} + \boldsymbol{e} \tag{3.2.8}$$

其中

$$\hat{\boldsymbol{Y}} = \begin{bmatrix} \hat{Y}_1 \\ \hat{Y}_2 \\ \vdots \\ \hat{Y}_n \end{bmatrix}, \quad \hat{\boldsymbol{\beta}} = \begin{bmatrix} \hat{\beta}_0 \\ \hat{\beta}_1 \\ \vdots \\ \hat{\beta}_k \end{bmatrix}, \quad \boldsymbol{e} = \begin{bmatrix} e_1 \\ e_2 \\ \vdots \\ e_n \end{bmatrix}$$

3.2.3 线性回归模型的基本假定

估计线性回归模型中参数的方法有很多种，这些估计方法都是以对模型的某些假定条件为前提的，只有具备了这些假定条件，得到的参数估计量才具有良好的统计性质。回归分析的主要目的是寻找尽可能“接近”总体回归函数的样本回归函数。为保证参数估计量具有良好的统计性质，通常对模型提出如下三个方面的假定。

1. 对模型设定的假定

假定 1：模型是线性回归模型，即模型对参数是线性的。在多元线性回归模型式（3.2.2）中，β_0 是截距参数，$\beta_j (j = 1,2,\cdots,k)$ 是斜率参数，因变量 Y_i 关于待估参数 β_0 和 β_j 是线性的，关于自变量 $X_j (j = 1,2,\cdots,k)$ 可以是非线性的。

假定 2：回归模型是正确设定的。模型的正确设定包括两方面内容：一是模型选择了正确的变量，没有遗漏重要的相关变量，也没有包含无关的变量；二是模型选择了正确的函数形式，所设定的总体回归方程能够正确呈现因变量和自变量之间的函数形式。该假定隐含了观测值的数目 n 要比待估参数的数目多。

2. 对自变量的假定

假定 3：自变量是确定性变量，是非随机的，即其值在重复抽样中是固定的。这一假定条件在自然科学领域的实验研究中容易得到满足，但在经济领域内，自变量的观测值是不可控的。当自变量的非随机性不满足时，随机误差项 u_i 与自变量 X_{ji} 不相关，表示为

$$\mathrm{cov}(u_i, X_{ji}) = 0, \quad j = 1,2,\cdots,k; i = 1,2,\cdots,n \tag{3.2.9}$$

式（3.2.9）意味着任何观测点处的 u_i 与任何观测点处的各 X 都是不相关的，其中包括了第 i 个观测点处的 u 与该点处各 X 不相关，即 X 是同期外生的（Contemporaneously Exogenous）或称 X 与 u 是同期不相关的（Contemporaneously Uncorrelated）。

假定 4：自变量之间不存在多重共线性。当回归模型由一元线性回归模型扩展为多元线性回归模型时，自变量之间不存在完全的或高度的共线性。如果两个自变量完全相关，则这两个变量是完全共线性（Perfect Multicollinearity），此时参数是不可识别的。例如，在多元线性回归模型 $Y_i = \beta_0 + \beta_1 X_{1i} + \beta_2 X_{2i} + u_i$ 中，若有 $X_{2i} = 4X_{1i}$，则此时 X_{1i}、X_{2i} 为完全共线性，通过代入这个关系式合并使多元线性回归模型中仅包含一个变量 X_{1i}，系数为 $\beta_1 + 4\beta_2$，显然两个系数的估计值不唯一，模型无法估计。现实中，很少有完全共线性的情况，不过近似（Near）或高度共线性（Very High Multicollinearity）的情况是很多的。当两个或多个变量之间存在高度相关时，虽然可以获得参数估计量，但是很难对系数做出解释。因此，多重共线性的存在意味着样本数据中的信息不足以对参数估计给出令人信服的解释，具体内容将在第 4 章中进行详细介绍。

3. 对随机误差项的假定

假定 5：零均值假定。给定 $X_j (j = 1,2,\cdots,k)$，随机误差项 u_i 的条件均值或条件期望为 0，表示为

$$E(u_i \mid X_1, X_2 \cdots, X_k) = 0, \quad i = 1,2,\cdots,n \tag{3.2.10}$$

随机误差项 u_i 是模型中没有包含的其他对因变量有影响的因素的联合影响，这些影响因素有正有负，误差项加在一起总效应为 0 或平均影响为 0。

假定 6：同方差假定。随机误差项在每个给定 $X_j (j = 1,2,\cdots,k)$ 条件下具有同方差性，表示为

$$\mathrm{var}(u_i \mid X_1, X_2 \cdots, X_k) = \sigma^2, \quad i = 1,2,\cdots,n \tag{3.2.11}$$

即各点均匀地分布在总体回归线的两侧，如果不满足这个条件，则称为异方差。

假定 7：无自相关假定。随机误差项不同的观测点之间是不相关的，表示为

$$\mathrm{cov}(u_i, u_j \mid X_1, X_2 \cdots, X_k) = 0, \quad i \neq j; i, j = 1,2,\cdots,n \tag{3.2.12}$$

式（3.2.12）表明任意两个随机误差项之间没有相关关系，所有误差项都是独立分布的。由于任何两个随机误差项不相关，因此任意两个因变量也是不相关的。

假定 8：正态性假定。随机误差项服从零均值，方差为 σ^2 的正态分布，表示为

$$u_i \mid X_1, X_2 \cdots, X_k \sim N(0, \sigma^2), \quad i = 1,2,\cdots,n \tag{3.2.13}$$

随机误差项 u_i 表示未纳入回归模型的所有随机因素的联合影响，是若干独立同分布随机变量的和。根据中心极限定理，当样本趋于无穷大时，随机误差项近似服从正态分布。

满足以上假定的线性回归模型称为古典线性回归模型（Classical Linear Regression Model，CLRM）。

3.3 线性回归模型的参数估计

3.3.1 普通最小二乘估计

1. 一元线性回归模型的最小二乘估计

计量经济研究的目的是确定总体回归函数 $E(Y|X_i)=\beta_0+\beta_1 X_i$。由于总体很难全部观测到，因此只能通过一组已知的样本观测值，利用样本信息建立的样本回归函数“尽可能接近”地去估计总体回归函数，就是要使样本回归函数 $\hat{Y}_i=\hat{\beta}_0+\hat{\beta}_1 X_i$ 估计的 $\hat{Y}_i$ 与真实观测的 Y_i 的误差尽可能地小，也就是残差项 e_i 越小越好。为避免残差在不同观测点出现正负相抵，导致结果无法反映估计值与实际观测值的真实偏离情况，采用残差平方和 $\sum\limits_{i=1}^{n}e_i^2$ 最小的形式，即普通最小二乘法（Ordinary Least Squares，OLS），其基本思想可以表示为

$$\min\sum_{i=1}^{n}e_i^2=\min\sum_{i=1}^{n}(Y_i-\hat{Y}_i)^2=\min\sum_{i=1}^{n}(Y_i-\hat{\beta}_0-\hat{\beta}_1 X_i)^2 \tag{3.3.1}$$

即在给定样本观测值时，选择 $\hat{\beta}_0$、$\hat{\beta}_1$，使 Y_i 与 $\hat{Y}_i$ 之差的平方和最小。借助微积分中求极值的原理，当 $\sum\limits_{i=1}^{n}e_i^2$ 关于 $\hat{\beta}_0$ 和 $\hat{\beta}_1$ 的一阶偏导数为 0 时，$\sum\limits_{i=1}^{n}e_i^2$ 达到最小，此时待定系数 $\hat{\beta}_0$ 和 $\hat{\beta}_1$ 应满足

$$\begin{cases}\dfrac{\partial\left(\sum\limits_{i=1}^{n}e_i^2\right)}{\partial\hat{\beta}_0}=2\sum\limits_{i=1}^{n}(Y_i-\hat{\beta}_0-\hat{\beta}_1 X_i)(-1)=0\\[2ex]\dfrac{\partial\left(\sum\limits_{i=1}^{n}e_i^2\right)}{\partial\hat{\beta}_1}=2\sum\limits_{i=1}^{n}(Y_i-\hat{\beta}_0-\hat{\beta}_1 X_i)(-X_i)=0\end{cases} \tag{3.3.2}$$

进一步整理得到正规方程组

$$\begin{cases}\sum\limits_{i=1}^{n}Y_i=n\hat{\beta}_0+\hat{\beta}_1\sum\limits_{i=1}^{n}X_i\\ \sum\limits_{i=1}^{n}Y_iX_i=\hat{\beta}_0\sum\limits_{i=1}^{n}X_i+\hat{\beta}_1\sum\limits_{i=1}^{n}X_i^2\end{cases} \tag{3.3.3}$$

在这个方程中，只有两个未知数 $\hat{\beta}_0$ 和 $\hat{\beta}_1$，根据克莱姆法则求解二元一次方程组得 $\hat{\beta}_0$ 和 $\hat{\beta}_1$，表示为

$$
\begin{cases}
\hat{\beta}_1 = \dfrac{n\sum\limits_{i=1}^{n} X_i Y_i - \sum\limits_{i=1}^{n} X_i \sum\limits_{i=1}^{n} Y_i}{n\sum\limits_{i=1}^{n} X_i^2 - (\sum\limits_{i=1}^{n} X_i)^2} = \dfrac{\sum\limits_{i=1}^{n} (X_i - \bar{X})(Y_i - \bar{Y})}{\sum\limits_{i=1}^{n} (X_i - \bar{X})^2} \\
\hat{\beta}_0 = \bar{Y} - \hat{\beta}_1 \bar{X}
\end{cases}
\tag{3.3.4}
$$

式（3.3.4）即用样本观测值 X_i 和 Y_i 表示的 $\hat{\beta}_0$ 和 $\hat{\beta}_1$ 的最小二乘估计量。如果令 $x_i = X_i - \bar{X}$，$y_i = Y_i - \bar{Y}$，x_i 和 y_i 表示真实值与样本均值的离差，则普通最小二乘估计量 $\hat{\beta}_0$ 和 $\hat{\beta}_1$ 表示为

$$
\begin{cases}
\hat{\beta}_1 = \dfrac{\sum\limits_{i=1}^{n} x_i y_i}{\sum\limits_{i=1}^{n} x_i^2} \\
\hat{\beta}_0 = \bar{Y} - \hat{\beta}_1 \bar{X}
\end{cases}
\tag{3.3.5}
$$

式（3.3.4）和式（3.3.5）是根据最小二乘法思想推导出来的，称为线性回归模型参数的最小二乘估计量，其中式（3.3.5）又称最小二乘估计量的离差形式（Deviation Form），由这些估计量可直接用样本观测值求得参数的估计值。

进一步，记 $\hat{y}_i = \hat{Y}_i - \bar{Y}$，则有

$$
\hat{y}_i = (\hat{\beta}_0 + \hat{\beta}_1 X_i) - (\hat{\beta}_0 + \hat{\beta}_1 \bar{X} + \bar{e}) = \hat{\beta}_1 (X_i - \bar{X}) - \frac{1}{n}\sum_{i=1}^{n} e_i = \hat{\beta}_1 x_i \tag{3.3.6}
$$

式（3.3.6）又称样本回归函数的离差形式。

在例 3-1 中，对于随机抽取的一组样本数（表 3-1），OLS 参数估计的计算表见表 3-2。

表 3-2
OLS 参数估计的计算表

序号	X_i	Y_i	x_i	y_i	$x_i y_i$	x_i^2	y_i^2	X_i^2	Y_i^2
1	1.000	0.796	−4.500	−3.605	16.224	20.250	12.999	1.000	0.634
2	2.000	1.670	−3.500	−2.731	9.560	12.250	7.461	4.000	2.789
3	3.000	2.106	−2.500	−2.295	5.739	6.250	5.269	9.000	4.435
4	4.000	3.726	−1.500	−0.675	1.013	2.250	0.456	16.000	13.883
5	5.000	4.684	−0.500	0.283	−0.141	0.250	0.080	25.000	21.940
6	6.000	5.032	0.500	0.631	0.315	0.250	0.398	36.000	25.321
7	7.000	5.782	1.500	1.381	2.071	2.250	1.906	49.000	33.432
8	8.000	5.836	2.500	1.435	3.586	6.250	2.058	64.000	34.059
9	9.000	6.876	3.500	2.475	8.661	12.250	6.124	81.000	47.279
10	10.000	7.506	4.500	3.105	13.971	20.250	9.639	100.000	56.342
求和	55.000	44.014			60.999	82.500	46.389	385.000	240.113
平均	5.500	4.401							

将数据代入式（3.3.5）计算得①

$$\hat{\beta}_1 = \frac{\sum_{i=1}^{n} x_i y_i}{\sum_{i=1}^{n} x_i^2} = \frac{60.999}{82.500} = 0.739$$

$$\hat{\beta}_0 = \bar{Y} - \hat{\beta}_1 \bar{X} = 4.401 - 0.739 \times 5.500 = 0.336$$

即样本回归函数为

$$\hat{Y}_i = 0.336 + 0.739 X_i$$

2. 多元线性回归模型的最小二乘估计

当自变量的数量超过 1 个时，需要建立多元线性回归模型进行参数估计。与一元线性回归模型参数的估计类似，多元线性回归模型也需要用样本信息建立的样本回归函数尽可能地接近总体回归函数。将样本多元线性回归模型表示为

$$\boldsymbol{Y} = \boldsymbol{X}\hat{\boldsymbol{\beta}} + \boldsymbol{e}$$

式中，$\boldsymbol{Y}$ 是因变量观测值的 n 维列向量；$\boldsymbol{X}$ 是所有自变量（包括截距项）的 n 个样本点观测值组成的 $n \times (k+1)$ 矩阵；$\hat{\boldsymbol{\beta}}$ 是 $k+1$ 维系数向量的估计值；$\boldsymbol{e}$ 是 n 维残差列向量。最小二乘法的原理是通过求残差平方和最小确定回归参数的估计值，将残差平方和记为 Q，最小二乘法的求解过程表示为

$$\begin{aligned} \min Q = \boldsymbol{e}'\boldsymbol{e} &= (\boldsymbol{Y} - \boldsymbol{X}\hat{\boldsymbol{\beta}})'(\boldsymbol{Y} - \boldsymbol{X}\hat{\boldsymbol{\beta}}) \\ &= \boldsymbol{Y}'\boldsymbol{Y} - \hat{\boldsymbol{\beta}}'\boldsymbol{X}'\boldsymbol{Y} - \boldsymbol{Y}'\boldsymbol{X}\hat{\boldsymbol{\beta}} + \hat{\boldsymbol{\beta}}'\boldsymbol{X}'\boldsymbol{X}\hat{\boldsymbol{\beta}} \\ &= \boldsymbol{Y}'\boldsymbol{Y} - 2\hat{\boldsymbol{\beta}}'\boldsymbol{X}'\boldsymbol{Y} + \hat{\boldsymbol{\beta}}'\boldsymbol{X}'\boldsymbol{X}\hat{\boldsymbol{\beta}} \end{aligned} \tag{3.3.7}$$

求 Q 对 $\hat{\boldsymbol{\beta}}'$ 的一阶偏导数，并令其等于零，得到

$$\frac{\partial Q}{\partial \hat{\boldsymbol{\beta}}'} = -2\boldsymbol{X}'\boldsymbol{Y} + 2\boldsymbol{X}'\boldsymbol{X}\hat{\boldsymbol{\beta}} = 0 \tag{3.3.8}$$

由于多元线性回归模型满足经典假定，自变量之间不存在完全或高度的共线性，因此 $\boldsymbol{X}'\boldsymbol{X}$ 是一个非退化矩阵，求解式（3.3.8）得到多元线性回归模型的系数向量 $\hat{\boldsymbol{\beta}}$ 为

$$\hat{\boldsymbol{\beta}} = (\boldsymbol{X}'\boldsymbol{X})^{-1}\boldsymbol{X}'\boldsymbol{Y} \tag{3.3.9}$$

【例 3-2】多元线性回归模型示例

为研究中国货币供应量与国内生产总值及通货膨胀等因素的关系，选取 2000—2019 年中国货币供应量（M2）年底余额、国内生产总值（GDP）、居民消费价格指数（以 1978 年为 100 的定基指数）等数据作为样本，2000—2019 年中国货币供应量及影响因素见表 3-3。

---

① 数据计算过程存在四舍五入，手工计算与计算机软件计算结果略有差异。

表 3-3
2000—2019 年中国货币供应量及影响因素

年份	货币供应量年底余额 Y_i / 亿元	国内生产总值（当年价）X_1 / 亿元	居民消费价格指数（1978 年指数为 100）X_2
2000	134 610.3	100 280.1	434.0
2001	158 301.9	110 863.1	437.0
2002	185 007.0	121 717.4	433.5
2003	221 222.8	137 422.0	438.7
2004	254 107.0	161 840.2	455.8
2005	298 755.7	187 318.9	464.0
2006	345 577.9	219 438.5	471.0
2007	403 442.2	270 092.3	493.6
2008	475 166.6	319 244.6	522.7
2009	610 224.5	348 517.7	519.0
2010	725 851.8	412 119.3	536.1
2011	851 590.9	487 940.2	565.0
2012	974 148.8	538 580.0	579.7
2013	1 106 525.0	592 963.2	594.8
2014	1 228 374.8	643 563.1	606.7
2015	1 392 278.1	688 858.2	615.2
2016	1 550 066.7	746 395.1	627.5
2017	1 690 235.3	832 035.9	637.5
2018	1 826 744.2	919 281.1	650.9
2019	1 986 488.8	990 865.1	669.8

数据来源：《中国统计年鉴 2020》。

根据式（3.2.2）建立中国货币供应量影响因素的多元线性回归模型，表示为

$$Y_i = \beta_0 + \beta_1 X_{1i} + \beta_2 X_{2i} + u_i$$

根据表 3-3 用矩阵表示为

$$\boldsymbol{Y} = \boldsymbol{X\beta} + \boldsymbol{u}$$

其中

$$\boldsymbol{Y} = \begin{bmatrix} 134\ 610.3 \\ 158\ 301.9 \\ \vdots \\ 1\ 986\ 488.8 \end{bmatrix},\quad \boldsymbol{X} = \begin{bmatrix} 1 & 100\ 280.1 & 434.0 \\ 1 & 110\ 863.1 & 437.0 \\ \vdots & \vdots & \vdots \\ 1 & 990\ 865.1 & 669.8 \end{bmatrix},\quad \boldsymbol{\beta} = \begin{bmatrix} \beta_0 \\ \beta_1 \\ \beta_2 \end{bmatrix},\quad \boldsymbol{u} = \begin{bmatrix} u_1 \\ u_2 \\ \vdots \\ u_{20} \end{bmatrix}$$

估计的样本回归模型表示为

$$\boldsymbol{Y} = \boldsymbol{X\hat{\beta}} + \boldsymbol{e}$$

根据式（3.3.9）估计 $\boldsymbol{\hat{\beta}}$，先计算 $\boldsymbol{X'X}$，则有

$$\boldsymbol{X'X}=\begin{bmatrix}1 & 1 & \cdots & 1\\ 100\ 280.1 & 110\ 863.1 & \cdots & 990\ 865.1\\ 434.0 & 437.0 & \cdots & 669.8\end{bmatrix}\begin{bmatrix}1 & 100\ 280.1 & 434.0\\ 1 & 110\ 863.1 & 437.0\\ \vdots & \vdots & \vdots\\ 1 & 990\ 865.1 & 669.8\end{bmatrix}$$

$$=\begin{bmatrix}20.0 & 8.829\times10^{6} & 10\ 752.5\\ 8.829\times10^{6} & 5.476\times10^{12} & 5.187\times10^{9}\\ 10\ 752.5 & 5.187\times10^{9} & 5.906\times10^{6}\end{bmatrix}$$

进一步求解$(\boldsymbol{X'X})^{-1}$，得到

$$(\boldsymbol{X'X})^{-1}=\begin{bmatrix}58.901 & 3.919\times10^{-5} & -0.142\\ 3.919\times10^{-5} & 2.716\times10^{-11} & -9.519\times10^{-8}\\ -0.142 & -9.519\times10^{-8} & 3.416\times10^{-4}\end{bmatrix}$$

接下来求解$\boldsymbol{X'Y}$，则有

$$\boldsymbol{X'Y}=\begin{bmatrix}1 & 1 & \cdots & 1\\ 100\ 280.1 & 110\ 863.1 & \cdots & 990\ 865.1\\ 434.0 & 437.0 & \cdots & 669.8\end{bmatrix}\begin{bmatrix}134\ 610.3\\ 158\ 301.9\\ \vdots\\ 1\ 986\ 488.8\end{bmatrix}=\begin{bmatrix}1.642\times10^{7}\\ 1.059\times10^{13}\\ 9.751\times10^{9}\end{bmatrix}$$

最后求解$\hat{\boldsymbol{\beta}}$，则有

$$\begin{aligned}\hat{\boldsymbol{\beta}}&=(\boldsymbol{X'X})^{-1}\boldsymbol{X'Y}\\ &=\begin{bmatrix}58.901 & 3.919\times10^{-5} & -0.142\\ 3.919\times10^{-5} & 2.716\times10^{-11} & -9.519\times10^{-8}\\ -0.142 & -9.519\times10^{-8} & 3.416\times10^{-4}\end{bmatrix}\begin{bmatrix}1.642\times10^{7}\\ 1.059\times10^{13}\\ 9.751\times10^{9}\end{bmatrix}\\ &=\begin{bmatrix}768\ 093.709\\ 2.706\\ -2\ 124.065\end{bmatrix}\end{aligned}$$

因此，估计的样本回归模型为

$$Y_i=768\ 093.709+2.706X_{1i}-2\ 124.065X_{2i}+e_i$$

3. 最小二乘回归线的性质

通过普通最小二乘法拟合的样本回归线具有如下性质（以一元线性回归为例进行说明）。

（1） **根据普通最小二乘法得到的样本回归线经过样本的均值点。**由$\hat{\beta}_0$的估计表达式可得$\bar{Y}=\hat{\beta}_0+\hat{\beta}_1\bar{X}$，所以样本回归线一定通过样本均值点$(\bar{X},\bar{Y})$。

（2） **残差的均值为零即$\bar{e}_i=0$。**由式（3.3.2）中的第一个方程可得

$$\bar{e}_i=\frac{1}{n}\sum_{i=1}^{n}(Y_i-\hat{\beta}_0-\hat{\beta}_1X_i)=\frac{1}{n}\sum_{i=1}^{n}e_i=0 \tag{3.3.10}$$

（3） 估计值 $\hat{Y}_i$ 的均值 $\frac{\sum_{i=1}^{n}\hat{Y}_i}{n}$ 等于观测值 Y_i 的均值，因为

$$\begin{aligned}\frac{\sum_{i=1}^{n}\hat{Y}_i}{n} &= \frac{1}{n}\sum_{i=1}^{n}(\hat{\beta}_0+\hat{\beta}_1X_i)\\ &= \hat{\beta}_0+\frac{1}{n}\hat{\beta}_1\sum_{i=1}^{n}X_i\\ &= \hat{\beta}_0+\hat{\beta}_1\bar{X}\\ &= \bar{Y}\end{aligned} \tag{3.3.11}$$

（4） 残差 e_i 与 X_i 不相关，$\mathrm{cov}(e_i,X_i)=0$。根据式（3.3.2）中第二个方程可得 $\sum_{i=1}^{n}e_iX_i=0$，由于 $\bar{e}_i=0$，因此

$$\mathrm{cov}(e_i,X_i)=E(e_i\cdot X_i)-E(e_i)\cdot E(X_i)=0 \tag{3.3.12}$$

（5） 残差 e_i 与 $\hat{Y}_i$ 不相关，$\mathrm{cov}(e_i,\hat{Y}_i)=0$。由于 $\bar{e}_i=0$，并且有

$$E(e_i\cdot\hat{Y}_i)=E\left[e_i(b_1+b_2X_i)\right]=b_1E(e_i)+b_2E(e_iX_i)=0 \tag{3.3.13}$$

因此 $\mathrm{cov}(e_i,\hat{Y}_i)=E(e_i\hat{Y}_i)-E(e_i)\cdot E(\hat{Y}_i)=0$，残差 e_i 与 $\hat{Y}_i$ 不相关。

由于上述性质不需要考虑数据的生成方式，因此又称为最小二乘估计量的数值性质。

4. 参数估计量的评价标准与最小二乘估计量的统计性质

（1） 参数估计量的评价标准。

计量经济模型中的参数是未知的，需要根据样本信息进行估计，由于取得的样本不同，参数的估计值是随抽样而变化的随机变量，加之估计方法和假设前提并不完备，导致根据样本信息估计的参数可能不一定等于总体参数的真实值，因此当模型参数估计出来以后，需要有一定的评价标准，考察参数估计值是否“尽可能接近”总体参数的真实值。根据统计学知识，通常从以下几个方面考察参数估计值的优劣。

① 无偏性。即参数估计量的期望值是否等于总体参数的真实值。

② 有效性。即该参数估计量是否在任意一个无偏估计量中具有最小方差性。

③ 一致性。即当样本容量趋于无穷大时，参数估计量是否依概率收敛于总体的真值。

前两个准则称为估计量的有限样本性质或小样本性质（Small-Sample Properties），后一个准则称为估计量的无限样本性质或大样本渐近性质（Large-Sample Asymptotic Properties）。一个“好”的估计量应既满足小样本性质，也同时满足大样本渐近性质。

（2） 最小二乘估计量的统计性质。

可以证明，在古典假定完全满足的条件下，回归模型参数的最小二乘估计量具有以下统计性质。

① 线性性。线性性（Linearity）是考察估计量是否是另一个随机变量的线性函数。根据定义，即证明 $\hat{\beta}_0$ 和 $\hat{\beta}_1$ 是否是随机因变量 Y_i 的线性函数。由式（3.3.5）可知

$$\hat{\beta}_1=\frac{\sum_{i=1}^{n}x_iy_i}{\sum_{i=1}^{n}x_i^2}=\frac{\sum_{i=1}^{n}x_i(Y_i-\bar{Y})}{\sum_{i=1}^{n}x_i^2}=\frac{\sum_{i=1}^{n}x_iY_i}{\sum_{i=1}^{n}x_i^2}-\frac{\bar{Y}\sum_{i=1}^{n}x_i}{\sum_{i=1}^{n}x_i^2}=\sum_{i=1}^{n}k_iY_i \tag{3.3.14}$$

其中，$\sum_{i=1}^{n}x_i=0$，$k_i=\frac{x_i}{\sum_{i=1}^{n}x_i^2}$。在重复抽样中，$X_i$ 取一组固定的值，k_i 是一组常数，且 k_i 具有 $\sum_{i=1}^{n}k_i=0$、$\sum_{i=1}^{n}k_iX_i=1$ 的性质，因此 $\hat{\beta}_1$ 是 Y_i 的线性函数。

同理可得

$$\hat{\beta}_0=\bar{Y}-\hat{\beta}_1\bar{X}=\frac{1}{n}\sum_{i=1}^{n}Y_i-\sum_{i=1}^{n}k_iY_i\bar{X}=\sum_{i=1}^{n}\left(\frac{1}{n}-\bar{X}k_i\right)Y_i=\sum_{i=1}^{n}w_iY_i \tag{3.3.15}$$

其中，$w_i=\frac{1}{n}-\bar{X}k_i$ 也为一组常数。因此，$\hat{\beta}_0$ 是 Y_i 的线性函数。

② 无偏性。无偏性（Unbiasedness）是指估计量的期望等于总体回归参数的真值。根据定义，即证明 $E(\hat{\beta})=\beta$。由式（3.3.14）可知

$$\begin{aligned}\hat{\beta}_1&=\sum_{i=1}^{n}k_iY_i=\sum_{i=1}^{n}k_i(\beta_0+\beta_1X_i+u_i)\\&=\beta_0\sum_{i=1}^{n}k_i+\beta_1\sum_{i=1}^{n}k_iX_i+\sum_{i=1}^{n}k_iu_i=\beta_1+\sum_{i=1}^{n}k_iu_i\end{aligned} \tag{3.3.16}$$

其中，$\sum_{i=1}^{n}k_i=0$，$\sum_{i=1}^{n}k_iX_i=1$，将式（3.3.16）两边取期望可得

$$E(\hat{\beta}_1)=E(\beta_1)+E\left(\sum_{i=1}^{n}k_iu_i\right)=\beta_1+\sum_{i=1}^{n}k_iE(u_i) \tag{3.3.17}$$

由古典假定 $E(u_i)$=0，所以

$$E(\hat{\beta}_1)=\beta_1 \tag{3.3.18}$$

同理容易得出

$$E(\hat{\beta}_0)=E(\beta_0)+E\left(\sum_{i=1}^{n}w_iu_i\right)=\beta_0+\sum_{i=1}^{n}w_iE(u_i)=\beta_0 \tag{3.3.19}$$

可见，普通最小二乘法估计的参数 $\hat{\beta}_0$ 和 $\hat{\beta}_1$ 的期望值等于总体回归函数参数真实值 β_0 和 β_1，所以最小二乘估计量是无偏估计量。

③ 有效性。有效性（Effectiveness）又称最小方差性，即在所有线性无偏估计量中，最小二乘估计量具有最小方差。为说明最小二乘估计量的方差特性，首先需要求得 $\hat{\beta}_0$ 和 $\hat{\beta}_1$ 的方差，由式（3.3.14）可得

$$\begin{aligned}\mathrm{Var}(\hat{\beta}_1) &= \mathrm{Var}\left(\sum_{i=1}^{n} k_i Y_i\right) = \sum_{i=1}^{n} k_i^2 \mathrm{Var}(\beta_0 + \beta_1 X_i + u_i) \\ &= \sum_{i=1}^{n} k_i^2 \mathrm{Var}(u_i) = \sum_{i=1}^{n}\left(\frac{x_i}{\sum_{i=1}^{n} x_i^2}\right)^2 \sigma^2 = \frac{\sigma^2}{\sum_{i=1}^{n} x_i^2}\end{aligned} \quad (3.3.20)$$

$$\begin{aligned}\mathrm{Var}(\hat{\beta}_0) &= \mathrm{Var}\left(\sum_{i=1}^{n} w_i Y_i\right) = \sum_{i=1}^{n} w_i^2 \mathrm{Var}(\beta_0 + \beta_1 X_i + u_i) = \sum_{i=1}^{n}\left(\frac{1}{n} - \bar{X}k_i\right)^2 \sigma^2 \\ &= \sum_{i=1}^{n}\left[\left(\frac{1}{n}\right)^2 - 2\cdot\frac{1}{n}\cdot\bar{X}k_i + \bar{X}^2 k_i^2\right]\sigma^2 \\ &= \left[\frac{1}{n} - \frac{2}{n}\cdot\bar{X}\sum_{i=1}^{n} k_i + \bar{X}^2 \sum_{i=1}^{n}\left(\frac{x_i}{\sum_{i=1}^{n} x_i^2}\right)^2\right]\sigma^2 \\ &= \left(\frac{1}{n} + \frac{\bar{X}^2}{\sum_{i=1}^{n} x_i^2}\right)\sigma^2 = \frac{\sum_{i=1}^{n} x_i^2 + n\bar{X}^2}{n\sum_{i=1}^{n} x_i^2}\cdot\sigma^2 = \frac{\sum_{i=1}^{n} X_i^2}{n\sum_{i=1}^{n} x_i^2}\cdot\sigma^2\end{aligned} \quad (3.3.21)$$

假定 $\hat{\beta}_1^*$ 是用其他估计方法得到的线性无偏估计量，由线性性可知 $\hat{\beta}_1^* = \sum_{i=1}^{n} c_i Y_i$。其中，$c_i = k_i + d_i$，$d_i$ 为不全为零的常数，容易证明

$$\mathrm{Var}(\hat{\beta}_1^*) \geqslant \mathrm{Var}(\hat{\beta}_1)$$

同理，假定 $\hat{\beta}_0^*$ 是用其他估计方法得到的关于 β_0 的线性无偏估计量，则有

$$\mathrm{Var}(\hat{\beta}_0^*) \geqslant \mathrm{Var}(\hat{\beta}_0)$$

可见，普通最小二乘估计量具有线性性、无偏性、有效性等优良性质，这些性质又称最小二乘估计量的小样本性质，满足这些性质的估计量称为最优线性无偏估计量（Best Linear Unbiased Estimator，BLUE），这就是高斯－马尔可夫定理（Gauss-Markov Theorem）。上述这些优良的性质依赖于对模型的基本假定，如果假定不满足，最小二乘估计量将不一定是最优线性无偏估计量。

对于线性回归模型的普通最小二乘估计量，除拥有一个“好”的估计量所具有的小样本性质外，也同时具有“好”估计量的大样本性质，即一致性。一致性表明当样

本容量趋于无穷大时，参数估计量的抽样分布依概率收敛于总体参数的真实值，即

$$P\lim(\hat{\beta})=\beta \tag{3.3.22}$$

或

$$\lim_{n\to\infty} P\left[(|\hat{\beta}-\beta|)<\varepsilon\right]=1 \tag{3.3.23}$$

即当样本容量趋于无穷时，估计量$\hat{\beta}$与总体参数真实值β的距离的绝对值小于任意给定的正数ε的概率等于 1，可以证明$\hat{\beta}_0$和$\hat{\beta}_1$同样具有一致性。

5. 最小二乘估计量的概率分布

根据经典线性回归模型的基本假定，与随机误差项u_i相关的假定包括$E(u_i)=0$，$\mathrm{Var}(u_i)=\sigma^2$，$\mathrm{cov}(u_i,u_j)=0\,(i\neq j)$，$u_i\sim N(0,\sigma^2)$。因此，一元线性回归模型$Y_i=\beta_0+\beta_1 X_i+u_i$又称经典正态线性回归模型。正态分布的一个性质是，正态分布变量的任何线性函数都是正态分布的。在u_i服从正态分布的假定下，根据式（3.3.17）和式（3.3.19），估计量$\hat{\beta}_0$、$\hat{\beta}_1$是随机误差项u_i的线性函数。因此，最小二乘估计量$\hat{\beta}_0$、$\hat{\beta}_1$也是服从正态分布的。

同样，前面已经证明得到

$$E(\hat{\beta}_0)=\beta_0\,,\quad E(\hat{\beta}_1)=\beta_1 \tag{3.3.24}$$

$$\mathrm{Var}(\hat{\beta}_0)=\frac{\sum_{i=1}^{n}X_i^2}{n\sum_{i=1}^{n}x_i^2}\cdot\sigma^2\,,\quad \mathrm{Var}(\hat{\beta}_1)=\frac{\sigma^2}{\sum_{i=1}^{n}x_i^2} \tag{3.3.25}$$

因此$\hat{\beta}_0$、$\hat{\beta}_1$的概率分布为

$$\hat{\beta}_0\sim N\left(\beta_0,\ \frac{\sum_{i=1}^{n}X_i^2}{n\sum_{i=1}^{n}x_i^2}\cdot\sigma^2\right),\quad \hat{\beta}_1\sim N\left(\beta_1,\frac{\sigma^2}{\sum_{i=1}^{n}x_i^2}\right) \tag{3.3.26}$$

6. 随机误差项u_i的方差σ^2的估计

在参数估计量$\hat{\beta}_0$、$\hat{\beta}_1$的方差表达式（3.3.25）中，都包含随机误差项u_i的方差，σ^2又称总体方差，是未知的，因此$\hat{\beta}_0$和$\hat{\beta}_1$的方差实际上无法得到，需要对其进行估计。由于随机误差项u_i不可观测，因此只能从u_i的估计——残差e_i出发，对总体方差进行估计。可以证明随机误差项的方差σ^2的最小二乘估计量

$$\hat{\sigma}^2=\frac{\sum_{i=1}^{n}e_i^2}{n-k-1} \tag{3.3.27}$$

式中，k是自变量的个数。可以证明$E(\hat{\sigma}^2)=\sigma^2$，即$\hat{\sigma}^2$是关于$\sigma^2$的无偏估计量，$\hat{\sigma}$又称回归标准误差，即$Y$值偏离估计回归线的标准差。$\hat{\sigma}$越小，$Y$的实际值越接近

根据回归模型得到的估计值。残差自由度为 $n-k-1$ 的原因是在使用普通最小二乘法进行估计值，为使残差平方和最小，对残差施加了 $k+1$ 个限制条件。在随机误差项 u_i 的方差 σ^2 估计出来以后，一元线性回归模型参数 $\hat{\beta}_0$ 和 $\hat{\beta}_1$ 的方差的样本估计量表示为

$$S_{\hat{\beta}_0}^2=\frac{\sum_{i=1}^{n}X_i^2}{n\sum_{i=1}^{n}x_i^2}\cdot\hat{\sigma}^2,\quad S_{\hat{\beta}_1}^2=\frac{1}{\sum_{i=1}^{n}x_i^2}\cdot\hat{\sigma}^2 \tag{3.3.28}$$

在例 3-1 中运用表 3-1 的数据已估计出参数为 $\hat{\beta}_0=0.336$，$\hat{\beta}_1=0.739$。由于总体方差 σ^2 未知，因此可用估计的 $\hat{Y}_i$ 和表 3-2 中的数据计算出 $\sum_{i=1}^{n}e_i^2=1.287$，通过式（3.3.27）估计可得

$$\hat{\sigma}^2=\frac{\sum_{i=1}^{n}e_i^2}{n-2}=\frac{1.287}{10-2}=0.161$$

$$\hat{\sigma}=\sqrt{\hat{\sigma}^2}=\sqrt{0.161}=0.401$$

3.3.2 矩估计

普通最小二乘估计是得到一个关于参数估计值的正规方程组并对它进行求解。而矩估计（Method of Moment，MM）的基本原理是寻找一组总体矩条件，并通过对应的样本矩条件来推导出未知参数的解。在多元线性回归模型的假设中，随机误差项满足零均值假设可以得到随机误差项与各自变量是同期不相关的，即存在如下一组总体矩条件：

$$E(\boldsymbol{X}_i'u_i)=0 \tag{3.3.29}$$

式中，$\boldsymbol{X}_i=[1,X_{1i},X_{2i},\cdots,X_{ki}]$。对应的样本矩条件表示为

$$\frac{1}{n}\sum\boldsymbol{X}_i'(Y_i-\boldsymbol{X}_i\hat{\boldsymbol{\beta}}_{\mathrm{MM}})=0 \tag{3.3.30}$$

式中，$\hat{\boldsymbol{\beta}}_{\mathrm{MM}}$ 为该矩估计方法下的矩估计量。上式可以等价地写为

$$\frac{1}{n}\boldsymbol{X}'(\boldsymbol{Y}-\boldsymbol{X}\hat{\boldsymbol{\beta}}_{\mathrm{MM}})=0 \tag{3.3.31}$$

由此得到正规方程组

$$(\boldsymbol{X}'\boldsymbol{X})\hat{\boldsymbol{\beta}}_{\mathrm{MM}}=\boldsymbol{X}'\boldsymbol{Y} \tag{3.3.32}$$

求解该正规方程组可以得到参数的矩估计量，即

$$\hat{\boldsymbol{\beta}}_{\mathrm{MM}}=(\boldsymbol{X}'\boldsymbol{X})^{-1}\boldsymbol{X}'\boldsymbol{Y} \tag{3.3.33}$$

可见，矩估计的结果与普通最小二乘法的结果一致，当模型参数 $\hat{\boldsymbol{\beta}}_{\mathrm{MM}}$ 被估计出来以后，可以得到

$$\hat{\sigma}_{\mathrm{MM}}^2=\frac{(\boldsymbol{Y}-\boldsymbol{X}\hat{\boldsymbol{\beta}}_{\mathrm{MM}})'(\boldsymbol{Y}-\boldsymbol{X}\hat{\boldsymbol{\beta}}_{\mathrm{MM}})}{n-k-1}=\frac{\sum e_i^2}{n-k-1} \tag{3.3.34}$$

利用式（3.3.34）可以估计模型随机误差项的方差，与普通最小二乘估计的结果相同。矩估计是统计学中通过样本估计总体未知参数的一种基本方法，在对线性回归模型参数的估计中，矩估计与普通最小二乘法是完全等价的。

3.3.3 极大似然估计

极大似然估计法（Maximum Likelihood，ML）是不同于最小二乘法和矩估计法的另一种参数估计方法，它是从极大似然原理发展起来的其他估计方法的基础。虽然在线性回归分析中其应用没有最小二乘法普遍，但它在计量经济学理论中占据很重要的地位，因为极大似然原理比最小二乘原理更本质地揭示了通过样本估计总体参数的内在机理。计量经济学理论的发展更多是以极大似然估计原理为基础的，对于一些特殊的计量经济学模型，只有极大似然方法才是成功的估计方法。

极大似然估计着眼于不同的总体产生不同的样本的事实，对于极大似然估计法，当从模型总体随机抽取 n 组样本观测值后，最合理的参数估计量应该使得从模型中抽取该 n 组样本观测值的概率最大。以正态分布总体为例，参数为期望和方差，如果已经得到 n 个样本观测值，那么哪个总体最可能产生已经得到的 n 个样本观测值呢？显然，要对每个可能的正态总体估计取得当前这 n 个样本观测值的联合概率，然后选择能使观测值的联合概率达到最大的参数值作为未知参数的估计。样本观测值联合概率函数称为变量的似然函数（Likelihood Function），通过似然函数极大化求得总体参数估计量的方法称为极大似然法。

多元线性回归模型的一般形式为

$$Y_i=\beta_0+\beta_1X_{1i}+\beta_2X_{2i}+\cdots+\beta_kX_{ki}+u_i,\quad i=1,2,\cdots,n$$

式中，k 为自变量的个数；n 为观测值个数。随机误差项 $u_i\sim N(0,\sigma^2)$，则有

$$Y_i\sim N(\boldsymbol{X}_i\boldsymbol{\beta},\sigma^2) \tag{3.3.35}$$

Y 的随机抽取的 n 个样本观测值的联合概率函数为

$$\begin{aligned}L(\boldsymbol{\beta},\sigma^2)&=P(Y_1,Y_2,\cdots,Y_n)\\&=\frac{1}{(2\pi)^{\frac{n}{2}}\sigma^n}\mathrm{e}^{-\frac{1}{2\sigma^2}\sum[Y_i-(\beta_0+\beta_1X_{1i}+\beta_2X_{2i}+\cdots+\beta_kX_{ki})]^2}\\&=\frac{1}{(2\pi)^{\frac{n}{2}}\sigma^n}\mathrm{e}^{-\frac{1}{2\sigma^2}(\boldsymbol{Y}-\boldsymbol{X}\boldsymbol{\beta})'(\boldsymbol{Y}-\boldsymbol{X}\boldsymbol{\beta})}\end{aligned} \tag{3.3.36}$$

这就是变量 $\boldsymbol{Y}$ 的似然函数。对数似然函数为

$$\begin{aligned} L^* &= \ln L \\ &= -n\ln(\sqrt{2\pi}\sigma) - \frac{1}{2\sigma^2}(\boldsymbol{Y}-\boldsymbol{X\beta})'(\boldsymbol{Y}-\boldsymbol{X\beta}) \end{aligned} \tag{3.3.37}$$

假定 $\hat{\boldsymbol{\beta}}_{\mathrm{ML}}$ 与 $\hat{\sigma}_{\mathrm{ML}}^2$ 为使该似然函数取得最大值的参数估计，则有

$$\frac{\partial L^*}{\partial \hat{\boldsymbol{\beta}}_{\mathrm{ML}}^2} = \frac{1}{\hat{\sigma}_{\mathrm{ML}}^2}\boldsymbol{X}'(\boldsymbol{Y}-\boldsymbol{X}\hat{\boldsymbol{\beta}}_{\mathrm{ML}}) = 0 \tag{3.3.38}$$

$$\frac{\partial L^*}{\partial \hat{\sigma}_{\mathrm{ML}}^2} = -\frac{n\pi}{2\pi\hat{\sigma}_{\mathrm{ML}}^2} + \frac{(\boldsymbol{Y}-\boldsymbol{X}\hat{\boldsymbol{\beta}}_{\mathrm{ML}})'(\boldsymbol{Y}-\boldsymbol{X}\hat{\boldsymbol{\beta}}_{\mathrm{ML}})}{2\hat{\sigma}_{\mathrm{ML}}^4} = 0 \tag{3.3.39}$$

解该方程组，可得到参数的极大似然估计为

$$\hat{\boldsymbol{\beta}}_{\mathrm{ML}} = (\boldsymbol{X}'\boldsymbol{X})^{-1}\boldsymbol{X}'\boldsymbol{Y} \tag{3.3.40}$$

$$\hat{\sigma}_{\mathrm{ML}}^2 = \frac{(\boldsymbol{Y}-\boldsymbol{X}\hat{\boldsymbol{\beta}})'(\boldsymbol{Y}-\boldsymbol{X}\hat{\boldsymbol{\beta}})}{n} = \frac{\boldsymbol{e}'\boldsymbol{e}}{n} = \frac{\sum e_i^2}{n} \tag{3.3.41}$$

可以看出，模型结构参数 $\boldsymbol{\beta}$ 的极大似然估计量与普通最小二乘估计量以及矩估计量完全相同，但分布参数 σ^2 的极大似然估计量却与普通最小二乘估计量以及矩估计量略有差异。需要注意的是，在线性回归模型的随机误差项服从正态分布假设下，模型结构参数 $\boldsymbol{\beta}$ 的极大似然估计量恰好与普通最小二乘估计量以及矩估计量相同，如果误差项不是正态分布，则参数 $\boldsymbol{\beta}$ 的极大似然估计量会有所不同。

3.4 线性回归模型的统计检验

回归分析是通过样本所估计的参数来估计总体的真实参数，或者说是用样本回归线估计总体回归线。尽管从统计性质上可以看出，如果有足够多的重复抽样，参数的估计值的期望（均值）就等于其总体的参数真值，但在一次抽样中，估计值不一定或往往不等于该真值。那么，在一次抽样中，参数的估计值与真值的差异有多大，差异是否显著，这就需要进一步进行统计检验。主要的统计检验包括置信区间检验、变量显著性检验、拟合优度检验、方程显著性检验。

3.4.1 置信区间检验

回归分析希望通过样本所估计出的参数 $\hat{\beta}_j$ 来代替总体的参数 β_j，虽然 $\hat{\beta}_j$ 可以作为 β_j 的点估计量，但仍然存在 $\mathrm{Var}(\hat{\beta}_j)$ 这样的偏误。假设检验可以通过一次抽样的结果检验总体参数可能的假设值的范围（如是否为零），但它并没有指出在一次抽样中样本参数值到底离总体参数的真值有多“近”，要想判断样本参数的估计值在多大程度上可以“近似”地替代总体参数的真值，往往需要通过构造一个以样本参数的估计值为中心的“区间”来考查它以多大的可能性（概率）包含真实的参数值，这种方法

就是参数的置信区间检验。要判断估计量 $\hat{\beta}_j$ 距离真实的参数值 β_j 有多“近”，可以预先构造原假设 $H_0:\beta=\beta_j$，选择一个概率 $\alpha(0<\alpha<1)$，并求一个正数 δ，使得随机区间 $\left[\hat{\beta}_j-\delta,\hat{\beta}_j+\delta\right]$ 包含参数真值 β_j 的概率是 $1-\alpha$，即

$$P(\hat{\beta}_j-\delta\leqslant\beta_j\leqslant\hat{\beta}_j+\delta)=1-\alpha \qquad (3.4.1)$$

区间 $\left[\hat{\beta}_j-\delta,\hat{\beta}_j+\delta\right]$ 称为置信区间（Confidence Interval），$1-\alpha$ 称为置信系数（置信度）（Confidence Coefficient），α 为显著性水平（Level of Significance），置信区间的端点称为置信限（Confidence Limit）或临界值（Critical Values）。置信区间 $[\hat{\beta}_j-\delta,\hat{\beta}_j+\delta]$ 是对参数真值 β_j 的一种区间估计，区间的长度是估计的误差范围，区间长度越小，估计的精度越高。

根据式（3.3.26）可知，$\hat{\beta}_j(j=0,1)$ 服从正态分布，定义 $Z_j=\dfrac{\hat{\beta}_j-\beta_j}{S_{\hat{\beta}_j}}$，则 Z_j 服从标准正态分布，$Z_j=\dfrac{\hat{\beta}_j-\beta_j}{S_{\hat{\beta}_j}}\sim N(0,1)$，给定置信度 $1-\alpha$，根据式（3.4.1）得到 $1-\alpha$ 的置信度下 β_j 的置信区间为

$$P\left(-Z_{\frac{\alpha}{2}}\leqslant\frac{\hat{\beta}_j-\beta_j}{S_{\hat{\beta}_j}}\leqslant Z_{\frac{\alpha}{2}}\right)=1-\alpha \qquad (3.4.2)$$

$$P\left(\hat{\beta}_j-Z_{\frac{\alpha}{2}}\times S_{\hat{\beta}_j}\leqslant\beta_j\leqslant\hat{\beta}_j+Z_{\frac{\alpha}{2}}\times S_{\hat{\beta}_j}\right)=1-\alpha \qquad (3.4.3)$$

即置信区间的上限和下限分别为

$$\left[\hat{\beta}_j-Z_{\frac{\alpha}{2}}\times S_{\hat{\beta}_j},\ \hat{\beta}_j+Z_{\frac{\alpha}{2}}\times S_{\hat{\beta}_j}\right] \qquad (3.4.4)$$

如果得到的置信区间包括参数真值 β_j，则不拒绝原假设；如果不包括参数真值 β_j，则拒绝原假设。式（3.4.4）中 $S_{\hat{\beta}_j}$ 为 OLS（普通最小二乘法）参数估计量的标准差，对于一元线性回归模型，由式（3.3.26）得到参数 $\hat{\beta}_0$、$\hat{\beta}_1$ 的标准差表示为

$$S_{\hat{\beta}_0}=\sqrt{\frac{\sum_{i=1}^{n}X_i^2}{n\sum_{i=1}^{n}x_i^2}\cdot\sigma^2}\ ,\quad S_{\hat{\beta}_1}=\sqrt{\frac{1}{\sum_{i=1}^{n}x_i^2}\cdot\sigma^2}$$

由于 $S_{\hat{\beta}_j}$ 中含有随机误差项的方差 σ^2 无法估计，因此采用 $\hat{\sigma}^2$ 作为 σ^2 的替代，参数 $\hat{\beta}_0$、$\hat{\beta}_1$ 的标准差表示为

$$S_{\hat{\beta}_0}=\sqrt{\frac{\sum_{i=1}^{n}X_i^2}{n\sum_{i=1}^{n}x_i^2}\cdot\hat{\sigma}^2}\ ,\quad S_{\hat{\beta}_1}=\sqrt{\frac{1}{\sum_{i=1}^{n}x_i^2}\cdot\hat{\sigma}^2}$$

$\hat{\sigma}^2$服从自由度为$n-2$的χ^2分布，$\hat{\beta}_j-\beta_j$是正态变量，则有

$$\frac{\hat{\beta}_j-\beta_j}{S_{\hat{\beta}_j}} \sim t(n-2) \tag{3.4.5}$$

在σ^2未知的情况下，通常同t分布来代替（标准）正态分布，置信区间的求解过程不变，利用t分布得到β_j的置信区间，表示为

$$P\left(\hat{\beta}_j-t_{\frac{\alpha}{2}}\times S_{\hat{\beta}_j} \leqslant \beta_j \leqslant \hat{\beta}_j+t_{\frac{\alpha}{2}}\times S_{\hat{\beta}_j}\right)=1-\alpha \tag{3.4.6}$$

而置信区间为

$$\left[\hat{\beta}_j-t_{\frac{\alpha}{2}}\times S_{\hat{\beta}_j},\ \hat{\beta}_j+t_{\frac{\alpha}{2}}\times S_{\hat{\beta}_j}\right] \tag{3.4.7}$$

仍然沿用例3-1和表3-1中的样本数据，已估计出参数为$\hat{\beta}_0=0.336$，$\hat{\beta}_1=0.739$，如果给定$\alpha=0.05$，查表得$t_{\frac{\alpha}{2}}(n-2)=t_{0.025}(8)=2.306$，则经计算得到$\sigma^2$的估计值为$\hat{\sigma}^2=0.161$，进一步得到$\hat{\beta}_0$和$\hat{\beta}_1$的标准差的估计值分别为

$$S_{\hat{\beta}_0}=\sqrt{\frac{\sum_{i=1}^{n}X_i^2}{n\sum_{i=1}^{n}x_i^2}\cdot\hat{\sigma}^2}=\sqrt{\frac{385\times 0.161}{10\times 82.500}}=0.274$$

$$S_{\hat{\beta}_1}=\sqrt{\frac{1}{\sum_{i=1}^{n}x_i^2}\cdot\hat{\sigma}^2}=\sqrt{\frac{0.161}{82.500}}=0.044$$

根据式（3.4.7）计算得到参数β_0的95%置信区间为$[0.336-2.306\times 0.274, 0.336+2.306\times 0.274]$，即$[-0.296,0.968]$。参数$\beta_1$的95%置信区间为$[0.739-2.306\times 0.044,0.739+2.306\times 0.044]$，即$[0.638,0.840]$。

3.4.2 变量显著性检验

1. 显著性检验的基本原理

显著性检验的核心思想：在零假设成立的条件下，构造一个检验统计量，从样本数据求得检验统计量的值，并与显著性水平下各种分布的临界值相比较，以此决定接受或拒绝零假设。显著性检验与置信区间检验的区别在于：置信区间检验不知道真实的β_j值，要建立一个$(1-\alpha)$的置信区间，判断是否包含真实的β_j值。而显著性检验是预先假设一个真实的β_j^* $(\beta_j=\beta_j^*)$，看看样本值$\hat{\beta}_j$是否接近假设值β_j^*。由于在计量经济分析中主要是针对模型中因变量与自变量之间的线性关系是否显著做出判断，因此显著性检验中通常假设真实的β_j^*值为零，即原假设$H_0:\beta_j=0$，备择假设$H_1:\beta_j\neq 0$，根据式（3.4.5）可知

$$t=\frac{\text{估计量}-\text{假设值}}{\text{估计量的标准差}}=\frac{\hat{\beta}_j-\beta_j^*}{S_{\hat{\beta}_j}}=\frac{\hat{\beta}_j}{S_{\hat{\beta}_j}}\sim t(n-2) \tag{3.4.8}$$

用该统计量作为 β_j 显著性检验的 t 统计量，用来检验回归模型的系数是否为零，该统计量等于参数估计量与其标准差的比值。给定显著性水平 α，查 t 分布表，得到临界值，进行比较判断。如果计算出的 t 值落在拒绝域，则拒绝原假设，表明自变量 X_j 对因变量 Y_i 有显著影响；反之，则不拒绝原假设。如果一个自变量在经济理论上对因变量有很强的解释能力，则自然希望拒绝原假设而接受备择假设。

2. 单侧 t 检验和双侧 t 检验

根据假设检验设定不同，t 检验可以分为单边检验和双边检验。显著性水平 α（拒绝域）仅存在于统计量分布的一侧尾端称为单侧检验，或单尾检验。拒绝域位于统计量分布右侧的称为右侧单边检验，拒绝域位于统计量分布左侧的称为左侧单边检验。以自变量对因变量是否存在显著影响为例，如图 3-4 和图 3-5 所示，设置以 0 为中心的单侧假设检验。

图 3-4
左侧单边检验的拒绝域

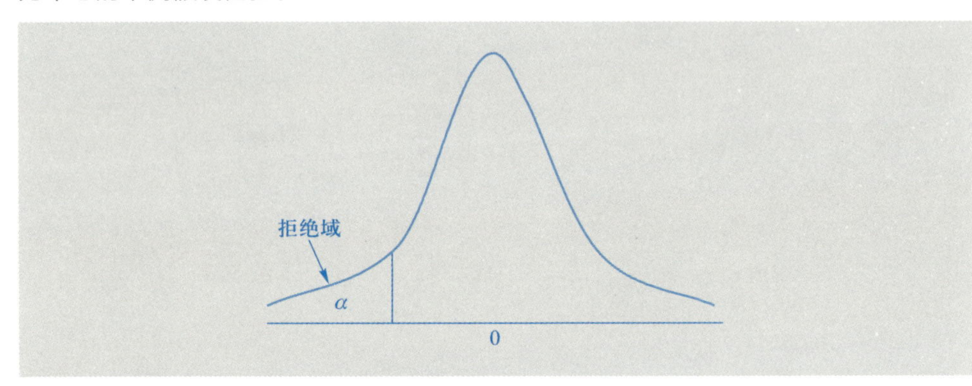

图 3-5
右侧单边检验拒绝域

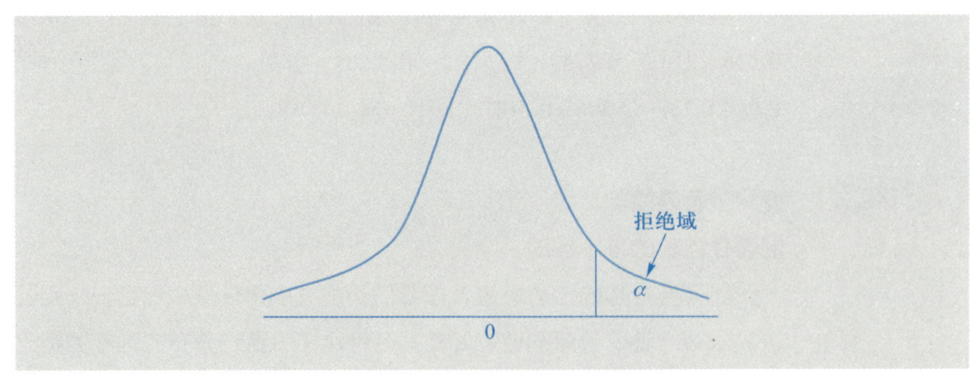

右侧单边检验：

$$H_0:\beta_j\leqslant 0,\ H_1:\beta_j>0$$

左侧单边检验：

$$H_0:\beta_j\geqslant 0,\ H_1:\beta_j<0$$

确定原假设和备择假设后，设定一个显著性水平 α，即犯第一类错误的概率，它是指原假设如果正确，则得到的 t 统计量大于临界值的概率。如果给定显著性水平为 5%，表示愿意以不高于 5% 的概率错误地拒绝实际为真的原假设，即在 95% 的水平下没有犯第一类错误。显著性水平通常取 1%、5% 和 10%。确定显著性水平后，找到对应自由度的 t 分布表的临界值，自由度通常定义为观测值的个数减去待估参数的个数（包括截距项），对于含有 k 个自变量的多元线性回归模型，自由度为 $n-k-1$，单侧检验的临界值为 $t_{\alpha}(n-k-1)$，如果 $t>t_{\alpha}(n-k-1)$（右侧检验）或 $t<-t_{\alpha}(n-k-1)$（左侧检验），则拒绝原假设。

显著性水平 α（拒绝域）对称分配于统计量分布的两侧尾端称为双侧检验，又称双尾检验。如图 3-6 所示以 0 为中心的双侧假设检验表示为

$$H_0:\beta_j=0,\ H_1:\beta_j\neq 0$$

图 3-6 双侧检验的拒绝域

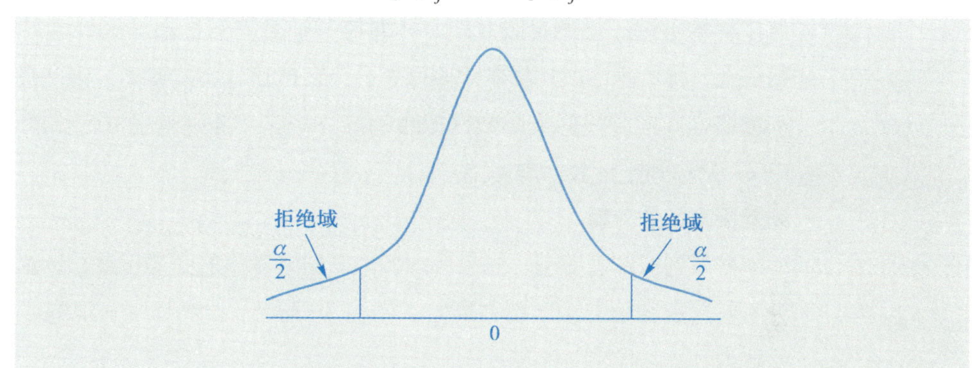

对于双侧检验，由于拒绝域对称地落在统计量两侧，因此在给定显著性水平时，需要根据 $\frac{\alpha}{2}$ 计算临界值，即如果 $|t|>t_{\frac{\alpha}{2}}(n-k-1)$ 时，则拒绝原假设。在本书的后续章节，如果没有明确指出是单侧检验，则默认采用双侧检验。

3. t 检验和 p 值

t 检验还有另一种实现方法，即基于 p 值进行判断。p 值（p-value）表示在原假设为真的情况下，t 统计量的临界值大于或等于根据样本数据计算出的 t 统计量的概率，$p\text{-value}=P(T>|t|)$，它的取值范围为 0 ~ 1，根据 p 值进行 t 检验是比较显著性水平 α 和 p 值，它给出了拒绝原假设的最低显著性水平，很小的 p 值提供了拒绝原假设的强有力的证据，因此可以直接报告 t 检验和 p 值。标准统计分析软件能够自动计算 p 值，并输出每个估计参数对应的 p 值。如果 p 值小于对应的显著性水平，则拒绝原假设。例如，当 p 值大于 0.1 时，可以判定在 10% 显著性水平下无法拒绝原假设；当 p 值介于 0.05 ~ 0.1 时，系数估计值在 10% 水平下显著，但在 5% 水平下不显著；当 p 值介于 0.01 ~ 0.05 及小于 0.01 时，分别表示在 5% 水平和 1% 水平下显著。需要注意的是，回归软件输出的 p 值通常是针对双侧假设检验的，这些 p 值包含的是两侧的区域。

在例 3-1 中已估计出 $\hat{\beta}_1=0.739$。为进一步检验家庭可支配收入是否对家庭消费

支出有显著影响，针对原假设 $H_0:\beta_1=0$，备择假设 $H_1:\beta_1\neq 0$，可以计算 t 统计量为

$$t=\frac{\hat{\beta}_1}{S_{\hat{\beta}_1}}=\frac{0.739}{0.044}=16.795$$

如果给定显著性水平 $\alpha=0.05$，查 t 分布表得 $t_{\frac{\alpha}{2}}(n-2)=t_{0.025}(8)=2.306$，因为 $t=16.795>t_{\frac{\alpha}{2}}=2.306$，所以拒绝 $H_0:\beta_1=0$，即认为自变量家庭可支配收入对因变量家庭消费支出有显著影响。

3.4.3 拟合优度检验

通过 t 检验估计出的斜率和截距项都是统计上显著的，即样本回归函数很好地拟合了样本数据。但是可以发现，并非每一个真实值 Y 都准确地落在了估计的样本回归线上，样本回归线对样本观测值总是存在或正或负的偏离，因此需要构造一个准则来度量样本回归线对实际数据拟合的好坏，这个准则就是拟合优度（Goodness of Fit），又称判定系数，用 R^2 表示。

1. 离差平方和的分解

在得到拟合优度前，先来考虑如何衡量因变量的变动程度，计量经济学家通常将 Y 与偏离它均值的距离称为离差，如图 3-7 所示。对于单个观测点 Y_i，其离差可以分解为

$$Y_i-\bar{Y}=(Y_i-\hat{Y}_i)+(\hat{Y}_i-\bar{Y})=e_i+(\hat{Y}_i-\bar{Y}) \tag{3.4.9}$$

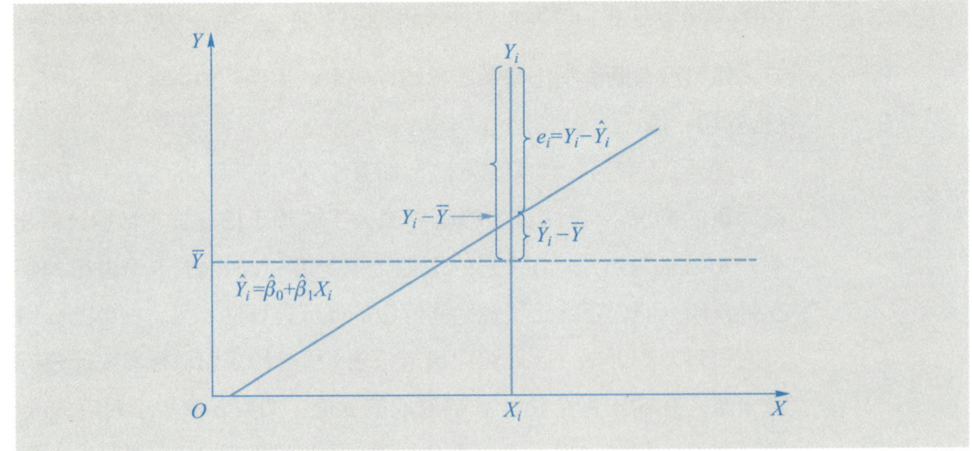

图 3-7
Y_i 的离差的分解

Y_i 的离差可以分解为两部分：其中 $\hat{Y}_i-\bar{Y}$ 是样本回归线拟合值与观测值 Y_i 的均值之差，可认为是由回归线解释的部分；e_i 是残差，是样本回归线不能解释的部分。将式（3.4.9）两边平方可得

$$\begin{aligned}\sum_{i=1}^{n}(Y_i-\bar{Y})^2&=\sum_{i=1}^{n}e_i^2+\sum_{i=1}^{n}(\hat{Y}_i-\bar{Y})^2+2\sum_{i=1}^{n}e_i(\hat{Y}_i-\bar{Y})\\&=\sum_{i=1}^{n}e_i^2+\sum_{i=1}^{n}(\hat{Y}_i-\bar{Y})^2\end{aligned} \tag{3.4.10}$$

其中

$$\sum_{i=1}^{n} e_i(\hat{Y}_i - \bar{Y}) = \sum_{i=1}^{n} e_i(\hat{\beta}_0 + \hat{\beta}_1 X_i - \bar{Y})$$

$$= \hat{\beta}_0 \sum_{i=1}^{n} e_i + \hat{\beta}_1 \sum_{i=1}^{n} e_i X_i - \bar{Y}\sum_{i=1}^{n} e_i = 0 \qquad (3.4.11)$$

在式（3.4.10）中，$\sum_{i=1}^{n}(Y_i - \bar{Y})^2$ 表示因变量 Y_i 的样本观测值与其均值的离差平方和，称为总变差或总离差平方和，用 TSS（Total Sum of Squares）表示；$\sum_{i=1}^{n}(\hat{Y}_i - \bar{Y})^2$ 表示因变量 Y_i 的样本估计值与其均值的离差平方和，称为由回归解释的平方和，用 ESS（Explained Sum of Squares）表示；$\sum_{i=1}^{n} e_i^2$ 表示回归线未作出解释的平方和，称为残差平方和，用 RSS（Residual Sum of Squares）表示。由式（3.4.10）得到

$$\text{TSS} = \text{ESS} + \text{RSS} \qquad (3.4.12)$$

即 Y_i 的观测值围绕其均值的总离差平方和可以分解为两部分：一部分是样本回归线解释的部分，另一部分是随机因素的影响。

2. 拟合优度的度量

度量拟合优度的统计量是判定系数，用 R^2 表示，它是回归平方和与总离差平方和的比值，表示为

$$R^2 = \frac{\text{ESS}}{\text{TSS}} = 1 - \frac{\text{RSS}}{\text{TSS}} = 1 - \frac{\sum_{i=1}^{n} e_i^2}{\sum_{i=1}^{n}(Y_i - \bar{Y})^2} \qquad (3.4.13)$$

根据式（3.4.13）可知，拟合优度表示的是因变量观测值的总变差中由模型解释的部分所占的比例，即总离差平方和中能够被样本回归线所解释的部分。根据拟合优度的定义 R^2 的取值范围是 $[0,1]$ 。R^2 值越接近 1，说明样本回归线对观测值的拟合程度越好；R^2 值越接近 0，说明样本回归线对观测值的拟合程度越差。

3. 修正的判定系数

判定系数 R^2 提供了一种衡量模型解释能力的方法，但它自身也存在缺陷。R^2 的一个重要性质是，它是自变量个数的非减函数，如果在方程中增加一个自变量，不会改变总离差平方和 TSS，但通常会减少残差平方和 RSS，此时判定系数 R^2 会增大。因此，仅用 R^2 作为模型拟合优度的判断标准会导致模型自变量个数过多，降低自由度，且无法保证新增自变量对因变量的影响是显著的。为解决这一问题，计量经济学家提出另一个衡量拟合优度的指标，即调整 $\bar{R}^2$（Adjusted *R*-squared），利用自由

度对 R^2 进行调整，将其定义为

$$\bar{R}^2 = 1 - \frac{\text{RSS}/(n-k-1)}{\text{TSS}/(n-1)} = 1 - (1-R^2)\frac{n-1}{n-k-1} \tag{3.4.14}$$

式中，$n-k-1$ 和 $n-1$ 分别表示 RSS 和 TSS 的自由度。调整 $\bar{R}^2$ 具有如下性质。

（1） 由于 $k>1$，因此 $\bar{R}^2 \leqslant R^2$，随着模型中自变量个数增加，调整 $\bar{R}^2$ 小于 R^2。

（2） 调整 $\bar{R}^2 \leqslant 1$。与判定系数 R^2 一样，调整 $\bar{R}^2$ 的最大值可能为 1，但最小值却不为零，当判定系数 R^2 较小时，调整 $\bar{R}^2$ 可能为负值。

由于调整 $\bar{R}^2$ 修正了自变量数量变化给判定系数 R^2 带来的影响，因此当方程的因变量相同时，可以用调整 $\bar{R}^2$ 来比较它们的拟合优度。但是当两个样本回归模型具有不同的因变量或者因变量度量方式不同时，调整 $\bar{R}^2$ 不可作为比较的依据。需要注意的是，虽然 R^2 和调整 $\bar{R}^2$ 是回归分析中常用的模型选择评判标准，但其重要性不可过分夸大。决定是否向模型中添加新的变量时，首要的考虑因素是模型的经济含义，而不是调整 $\bar{R}^2$ 值的高低。

仍然沿用例 3-1 和表 3-2 中的样本数据，由估计的 $\hat{Y}_i$ 和表 3-2 中的数据计算出 $\sum_{i=1}^{n} e_i^2 = 1.287$，$\sum_{i=1}^{n} y_i^2 = 46.389$，则可计算出判定系数 R^2 为

$$R^2 = 1 - \frac{\sum_{i=1}^{n} e_i^2}{\sum_{i=1}^{n} y_i^2} = 1 - \frac{1.287}{46.389} = 1 - 0.027\ 7 = 0.972\ 3$$

修正的判定系数即调整 $\bar{R}^2$ 为

$$\bar{R}^2 = 1 - (1-R^2)\frac{n-1}{n-k-1} = 1 - (1-0.972\ 3) \times \frac{10-1}{10-2} = 0.968\ 8$$

说明在该样本中，因变量家庭消费支出观测值的总变差中有 96.88% 由所估计的样本回归模型做出了解释。

3.4.4 方程显著性检验

尽管判定系数 R^2 和调整 $\bar{R}^2$ 都度量了方程的整体拟合优度，但这只是一个模糊的推测，不能给出一个在统计上严格的结论。这就需要对拟合优度进行假设检验，即方程的联合显著性检验，该检验旨在对模型中因变量与自变量之间的线性关系在总体上是否显著成立做出判断，可以通过 F 检验来实现。对于含有 k 个自变量的总体线性回归模型

$$Y_i = \beta_0 + \beta_1 X_{1i} + \beta_2 X_{2i} + \cdots + \beta_k X_{ki} + u_i$$

方程联合显著性检验的原假设和备择假设分别为

$$H_0: \beta_1 = \beta_2 = \cdots = \beta_k = 0$$

$$H_1: \beta_j (j=1,2,\cdots,k) \text{ 不全为零}$$

由于回归平方和ESS反映了自变量 X_j 的联合变化对因变量 Y_i 取值变化的影响，因此考虑比值

$$\frac{\text{ESS}}{\text{RSS}} = \frac{\sum_{i=1}^{n}(\hat{Y}_i - \bar{Y})^2}{\sum_{i=1}^{n} e_i^2} \tag{3.4.15}$$

该比值越大，说明 X_j 的联合变化对 Y_i 的解释程度越高，则总体存在线性关系；反之，则总体可能不存在线性关系。因此，可以根据该比值的大小对方程总体是否显著做出推断。与拟合优度类似，考虑到回归平方和与残差平方和会因样本容量大小而导致变异，因此分别用ESS和RSS除以各自的自由度，定义 F 统计量为

$$F = \frac{\text{ESS}/k}{\text{RSS}/(n-k-1)} \sim F(k, n-k-1) \tag{3.4.16}$$

该统计量在原假设 H_0 成立的条件下服从自由度为 $(k, n-k-1)$ 的 F 分布。由于 F 分布是非对称分布，类似于单侧检验，给定显著性水平 α，检验规则为

$$F > F_\alpha(k, n-k-1) \text{ 或 } F \leqslant F_\alpha(k, n-k-1) \tag{3.4.17}$$

则拒绝（或不拒绝）原假设 H_0。如果不拒绝 H_0，则说明 k 个自变量都不与 Y_i 存在显著的线性关系；如果拒绝 H_0，则说明至少有一个自变量与 Y_i 存在显著的线性关系，需要进一步通过 t 检验判断模型中哪些是重要解释变量，哪些不是重要解释变量。

方程联合显著性检验和拟合优度检验之间存在关联，模型对样本观测值的拟合优度越高，则模型总体线性关系的显著性也越强。方程联合显著性的原假设 $H_0: \beta_1 = \beta_2 = \cdots = \beta_k = 0$ 等价于 $H_0: R^2 = 0$。将式（3.4.16）中 F 统计量的分子和分母同时除以总离差平方和TSS，得到 F 统计量和判定系数 R^2 的关系式为

$$F = \frac{R^2/k}{(1-R^2)/(n-k-1)} \tag{3.4.18}$$

由式（3.4.18）可知，F 统计量与判定系数 R^2 同向变化。当 $R^2=0$ 时，$F=1$；R^2 越大，F 统计量的值也越大；当 $R^2=1$ 时，F 为无穷大。可见，F 检验是估计回归方程联合显著性的度量，也是判定系数 R^2 的显著性检验。

在例3-2中，已计算得到 $\text{TSS} = \sum_{i=1}^{n}(Y_i - \bar{Y})^2 = 7.097\times10^{12}$，$\text{RSS} = \sum_{i=1}^{n} e_i^2 = 2.591\times10^{10}$，则有 $\text{ESS} = 7.071\times10^{12}$。对于 $H_0: \beta_1 = \beta_2 = 0$，给定显著性水平 $\alpha = 0.05$，在 F 分布表中查出自由度为 $k=2$ 和 $n-k-1=17$ 的临界值 $F_{0.05}(2,17) = 3.59$，计算 F 统计量为

$$F = \frac{\text{ESS}/k}{\text{RSS}/(n-k-1)} = \frac{7.071\times10^{12}/2}{2.591\times10^{10}/17} = 2\ 319.664$$

由于 $F=2\ 319.664>F_{0.05}(2,17)=3.59$，说明回归方程是显著的，自变量国内生产总值和居民消费价格指数联合起来对因变量货币供应量有显著影响。

需要说明的是，在一元线性回归模型中，由于只有一个自变量，因此不存在自变量的联合显著性问题，也就不需要进行 F 检验。事实上，在一元线性回归模型中，F 检验和 t 检验是一致的，可以得到

$$F=\frac{\text{ESS}/1}{\text{RSS}/(n-2)}=\frac{\sum_{i=1}^{n}(\hat{Y}_i-\bar{Y})^2}{\sum_{i=1}^{n}e_i^2\Big/(n-2)}=\frac{\sum_{i=1}^{n}\left[\hat{\beta}_1(X_i-\bar{X})\right]^2}{\sum_{i=1}^{n}e_i^2\Big/(n-2)}$$

$$=\frac{\hat{\beta}_1^2\sum_{i=1}^{n}x_i^2}{\hat{\sigma}^2}=\frac{\hat{\beta}_1^2}{\hat{\sigma}^2\Big/\sum_{i=1}^{n}x_i^2}=\left(\frac{\hat{\beta}_1}{S_{\hat{\beta}_2}}\right)^2=t^2 \tag{3.4.19}$$

即 F 统计量等于 t 统计量的平方，临界值也存在这种平方关系。因此，在一元线性回归模型中，对参数 β_1 的显著性检验（t 检验）与回归总体显著性检验（F 检验）是等价的。

3.5 线性回归模型的预测

当模型的拟合优度达到一定程度，并且通过统计检验，包括两方面（一是变量显著性 t 检验，即模型中的参数是否显著区别于 0；二是方程显著性 F 检验，即总体模型是否存在。同时又满足经典正态线性回归模型的基本假定），则说明所建立的计量经济分析模型是较好的，接下来可以运用该模型进行经济预测。

预测是计量经济分析的一个重要应用，是根据样本回归方程，在给定解释变量 $X=X_0$ 时预测相应的 Y_0。对 Y_0 的预测包括两方面：一是对 Y 的均值的预测，总体回归方程 $E(Y|X_i)=f(X_i)$，当给出自变量某一个数值时，对 Y 的条件期望值 $E(Y|X_0)$ 做出预测；二是对 Y 的个值 Y_0 的预测，给定 X_0 的数值，具体哪个 Y_0 与之相对应。下面以一元回归模型为例介绍这两方面工作。

3.5.1 均值预测

Y 的条件期望值的预测是，在 $X=X_0$ 时，预测 Y 的期望值 $E(Y|X=X_0)$。对因变量（随机变量）Y，当 X 给出一个数值时，Y 有多个可能的数值与之对应，这是一种统计关系。估计多种可能值的平均值是多少就是均值预测。

样本回归方程 $\hat{Y}_0=\hat{\beta}_0+\hat{\beta}_1X_0$ 能否对 Y 的条件期望值 $E(Y\mid X_0)$ 进行预测，主要取决于拟合值 $\hat{Y}_0$ 是否是 $E(Y\mid X_0)$ 的无偏有效估计量，即是否满足

$$E(\hat{Y}_0)=E(Y\mid X_0) \tag{3.5.1}$$

$$\mathrm{Var}(\hat{Y}_0)=E[\hat{Y}_0-E(Y\mid X_0)]^2 \tag{3.5.2}$$

如果满足式（3.5.1），则说明 $\hat{Y}_0$ 是 $E(Y\mid X_0)$ 的无偏估计。如果想判断是否有效估计量，还要计算 $\hat{Y}_0$ 的方差，即变量围绕期望值分散的程度。

对 $\hat{Y}_0$ 的样本回归方程 $\hat{Y}_0=\hat{\beta}_0+\hat{\beta}_1X_0$ 两边取期望值，即

$$E(\hat{Y}_0)=E(\hat{\beta}_0+\hat{\beta}_1X_0)=\beta_0+\beta_1X_0=E(Y\mid X_0) \tag{3.5.3}$$

即在 $X=X_0$ 条件下，样本估计值 $\hat{Y}_0$ 是总体均值 $E(Y\mid X_0)$ 的无偏估计量，因此可以用 $\hat{Y}_0$ 作为 $E(Y\mid X_0)$ 的预测值。

再来计算 $\hat{Y}_0$ 的方差，即

$$\begin{aligned}\mathrm{Var}(\hat{Y}_0)&=\mathrm{Var}(\hat{\beta}_0+\hat{\beta}_1X_0)=\mathrm{Var}(\hat{\beta}_0)+X_0^2\mathrm{Var}(\hat{\beta}_1)+2X_0\,\mathrm{cov}(\hat{\beta}_0,\hat{\beta}_1)\\&=\sigma^2\frac{\sum_{i=1}^{n}X_i^2}{n\sum_{i=1}^{n}x_i^2}+X_0^2\sigma^2\frac{1}{\sum_{i=1}^{n}x_i^2}+2X_0\left(-\bar{X}\sigma^2\frac{1}{\sum_{i=1}^{n}x_i^2}\right)\\&=\sigma^2\left[\frac{1}{n}+\frac{(X_0-\bar{X})^2}{\sum_{i=1}^{n}x_i^2}\right]\end{aligned} \tag{3.5.4}$$

根据样本回归方程 $\hat{Y}_0=\hat{\beta}_0+\hat{\beta}_1X_0$，得到 $\hat{Y}_0$ 是 $\hat{\beta}_0$、$\hat{\beta}_1$ 两个正态随机变量的线性组合，正态分布的变量线性组合后的变量也服从正态分布，因此得到

$$\hat{Y}_0=\hat{\beta}_0+\hat{\beta}_1X_0\sim N(E(Y\mid X_0),\mathrm{Var}(\hat{Y}_0)) \tag{3.5.5}$$

进一步给出预测的区间，$\hat{Y}_0$ 服从正态分布，由于 u_i 的方差 σ^2 很难观测到，因此用 σ^2 的无偏估计量 $\hat{\sigma}^2$ 代替，得到 t 统计量为

$$t=\frac{\hat{Y}_0-E(Y\mid X_0)}{\sqrt{\hat{\sigma}^2\left[\frac{1}{n}+\frac{(X_0-\bar{X})^2}{\sum_{i=1}^{n}x_i^2}\right]}}=\frac{\hat{Y}_0-E(Y\mid X_0)}{S_{\hat{Y}_0}}\sim t(n-2) \tag{3.5.6}$$

在 $1-\alpha$ 的置信度下，总体均值 $E(Y\mid X_0)$ 的置信区间为

$$\hat{Y}_0-t_{\frac{\alpha}{2}}\times S_{\hat{Y}_0}\leqslant E(Y\mid X_0)\leqslant\hat{Y}_0+t_{\frac{\alpha}{2}}\times S_{\hat{Y}_0} \tag{3.5.7}$$

3.5.2 个值预测

回归分析是研究因变量与一个或多个自变量之间的统计依存关系。当 X_i 取某个给定的值时，有很多个 Y_i 与之对应，个值预测是预测具体哪个可能值与之对应。能否用 $\hat{Y}_0$ 作为 Y_0 的预测值，仍然是研究 $\hat{Y}_0$ 能否作为 Y_0 的一个无偏估计量。如果 $\hat{Y}_0$ 是 Y_0 的无偏估计量，则 $\hat{Y}_0$ 可以作为 Y_0 的点估计。研究一个参数的估计量是否这个参数的无偏估计量，除计算估计量的期望，还可以用参数估计量与待估参数之差的期望值是否为 0 来判断。如果满足 $E(\hat{Y}_0 - Y_0) = 0$，即可证明 $\hat{Y}_0$ 是 Y_0 的一个无偏估计量，即

$$\begin{aligned}
E(\hat{Y}_0 - Y_0) &= E\left[(\hat{\beta}_0 + \hat{\beta}_1 X_0) - (\beta_0 + \beta_1 X_0 + u_0)\right] \\
&= E\left[\left(\hat{\beta}_0 - \beta_0\right) + \left(\hat{\beta}_1 - \beta_1\right) X_0 - u_0\right] \\
&= E(\hat{\beta}_0 - \beta_0) + X_0 E(\hat{\beta}_1 - \beta_1) - E(u_0) = 0 \qquad (3.5.8)
\end{aligned}$$

因此，$\hat{Y}_0$ 可以作为 Y_0 的预测值，也就是说，$\hat{Y}_0$ 既可以作为 $E(Y \mid X_0)$ 的预测值，也可以作为 Y_0 个别值的预测值。那么这个预测值的精度如何，可以用 $\mathrm{Var}(\hat{Y}_0 - Y_0)$ 来度量，即

$$\begin{aligned}
\mathrm{Var}(\hat{Y}_0 - Y_0) &= \mathrm{Var}(\hat{Y}_0) + \mathrm{Var}(Y_0) - 2\,\mathrm{cov}(\hat{Y}_0, Y_0) \\
&= \sigma^2 \left[\frac{1}{n} + \frac{(X_0 - \bar{X})^2}{\sum_{i=1}^{n} x_i^2}\right] + \mathrm{Var}(\beta_0 + \beta_1 X_0 + u_0) - 0 \\
&= \sigma^2 \left[1 + \frac{1}{n} + \frac{(X_0 - \bar{X})^2}{\sum_{i=1}^{n} x_i^2}\right] \qquad (3.5.9)
\end{aligned}$$

用 $\hat{Y}_0$ 作为个别值 Y_0 的预测值，其精度比作为 $E(Y \mid X_0)$ 的预测值的精度要低，即方差要大。由于 $\hat{Y}_0$ 服从正态分布，Y_0 与 u_0 的分布相同，也服从正态分布，因此 $(\hat{Y}_0 - Y_0)$ 也服从正态分布，即

$$\hat{Y}_0 - Y_0 \sim N\left(0, \mathrm{Var}(\hat{Y}_0 - Y_0)\right) \qquad (3.5.10)$$

实际应用中，σ^2 未知，用 σ^2 的无偏估计量 $\hat{\sigma}^2$ 代替，得到 t 统计量为

$$t = \frac{\hat{Y}_0 - Y_0}{S_{\hat{Y}_0 - Y_0}} = \frac{\hat{Y}_0 - Y_0}{\sqrt{\hat{\sigma}^2 \left[1 + \frac{1}{n} + \frac{(X_0 - \bar{X})^2}{\sum_{i=1}^{n} x_i^2}\right]}} \sim t(n-2) \qquad (3.5.11)$$

在 $1-\alpha$ 的置信度下，个值 Y_0 的置信区间为

$$\hat{Y}_0 - t_{\frac{\alpha}{2}} \times S_{\hat{Y}_0 - Y_0} \leqslant Y_0 \leqslant \hat{Y}_0 + t_{\frac{\alpha}{2}} \times S_{\hat{Y}_0 - Y_0} \quad (3.5.12)$$

无论是总体均值 $E(Y \mid X_0)$ 还是个值 Y_0 的预测，影响预测精度的因素都包括以下四个方面：随机误差项 u_i 的方差，u_i 的方差 σ^2 越大，预测精度越小；模型中样本容量 n，样本容量越大，预测精度越高；样本自变量离散程度，自变量变异 $\sum_{i=1}^{n} x_i^2$ 越大，预测精度越高；预测点和样本均值的距离，预测点越远离样本均值，预测精度越低。

在例 3-1 中得到样本回归函数为

$$\hat{Y}_i = 0.336 + 0.739 X_i$$

则在 $X_0 = 1.5$ 万元处，$\hat{Y}_0$ 的值为

$$\hat{Y}_0 = 0.336 + 0.739 \times 1.5 = 1.445$$

它可作为总体均值 $E(Y \mid X = 1.5)$ 或 Y 的个别值在 $X_0 = 1.5$ 万元处预测的估计值。进一步计算 $\hat{Y}_0$ 的方差为

$$\operatorname{Var}(\hat{Y}_0) = \hat{\sigma}^2 \left[\frac{1}{n} + \frac{(X_0 - \bar{X})^2}{\sum_{i=1}^{n} x_i^2} \right] = 0.161 \times \left[\frac{1}{10} + \frac{(1.5 - 5.5)^2}{82.5} \right] = 0.047$$

$$S_{\hat{Y}_0} = 0.217$$

因此，给定显著性水平 $\alpha = 0.05$，查 t 分布表得 $t_{\frac{\alpha}{2}}(n-2) = t_{0.025}(8) = 2.306$，总体均值 $E(Y \mid X = 1.5)$ 的 95% 的置信区间为

$$1.445 - 2.306 \times 0.217 \leqslant E(Y \mid X = 1.5) \leqslant 1.445 + 2.306 \times 0.217$$

即置信区间为

$$[0.945, 1.945]$$

同样地，计算个别值的标准差为

$$S_{\hat{Y}_0 - Y_0} = \sqrt{0.161 \times \left[1 + \frac{1}{10} + \frac{(1.5 - 5.5)^2}{82.5} \right]} = 0.456$$

Y 在 $X_0 = 1.5$ 的个体值 Y_0 的 95% 的置信区间为

$$1.445 - 2.306 \times 0.456 \leqslant Y_0 \leqslant 1.445 + 2.306 \times 0.456$$

即置信区间为

$$[0.393, 2.497]$$

平均值和个别值的预测区间如图 3-8 所示。如果对每个 X 值求其总体

均值 $E(Y|X)$ 的 95% 的置信区间，则可以得到关于总体均值的置信带（域）（Confidence Band）。同样地，对每个 X 值求其个别值 Y 的 95% 的置信区间，则可以得到关于个别值 Y_0 的置信带。从图 3-8 中可知，个别值的置信带比其总体均值的置信带宽。

图 3-8
平均值和个别值的预测区间

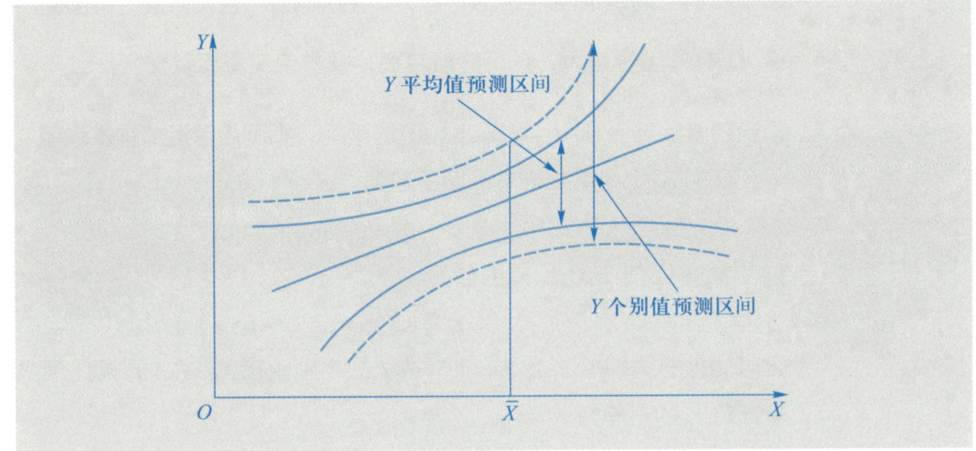

【例 3-3】人均可支配收入与人均消费支出

本例考查中国内地 31 个省、自治区、直辖市居民 2019 年人均可支配收入与人均消费支出的函数关系，掌握如何利用实际经济数据建立计量经济模型，并进行参数估计、假设检验和模型预测。表 3-4 收集了人均消费支出（Y_i，单位：元）和人均可支配收入（X_i，单位：元）的数据，建立人均消费支出与人均可支配收入的一元线性回归模型，表示为

$$Y_i = \beta_0 + \beta_1 X_i + u_i$$

式中，Y_i 表示人均消费支出；X_i 表示人均可支配收入。2019 年各省（自治区、直辖市）人均可支配收入与人均消费支出见表 3-4。

表 3-4
2019 年各省（自治区、直辖市）人均可支配收入与人均消费支出
单位：元

地区	人均可支配收入（X_i）	人均消费支出（Y_i）
北京	67 756	43 038
天津	42 404	31 854
河北	25 665	17 987
山西	23 828	15 863
内蒙古	30 555	20 743
辽宁	31 820	22 203
吉林	24 563	18 075
黑龙江	24 254	18 111
上海	69 442	45 605
江苏	41 400	26 697

地区	人均可支配收入（X_i）	人均消费支出（Y_i）
浙江	49 899	32 026
安徽	26 415	19 137
福建	35 616	25 314
江西	26 262	17 650
山东	31 597	20 427
河南	23 903	16 332
湖北	28 319	21 567
湖南	27 680	20 479
广东	39 014	28 995
广西	23 328	16 418
海南	26 679	19 555
重庆	28 920	20 774
四川	24 703	19 338
贵州	20 397	14 780
云南	22 082	15 780
西藏	19 501	13 029
陕西	24 666	17 465
甘肃	19 139	15 879
青海	22 618	17 545
宁夏	24 412	18 297
新疆	23 103	17 397

数据来源:《2020 中国住户调查主要数据》。

首先利用 Stata 软件进行普通最小二乘估计，在 Stata 命令窗口输入如下命令：

.regress Y X

其结果如图 3-9 所示。

图 3-9 中国居民人均消费支出与人均可支配收入的回归结果

```
      Source |       SS           df       MS      Number of obs   =        31
-------------+----------------------------------   F(1, 29)        =   1177.59
       Model |  1.7112e+09         1  1.7112e+09   Prob > F        =    0.0000
    Residual |  42140576.3        29  1453123.32   R-squared       =    0.9760
-------------+----------------------------------   Adj R-squared   =    0.9751
       Total |  1.7533e+09        30  58444286.8   Root MSE        =    1205.5

------------------------------------------------------------------------------
           Y |      Coef.   Std. Err.      t    P>|t|     [95% Conf. Interval]
-------------+----------------------------------------------------------------
           X |   .6106868   .0177959    34.32   0.000       .57429    .6470835
       _cons |   2846.588   586.7318     4.85   0.000     1646.587    4046.589
------------------------------------------------------------------------------
```

根据图 3-9 得到模型估计结果：

$$\hat{Y}_i = 2\ 846.588 + 0.611X_i$$
$$t = (4.85) \qquad (34.32)$$
$$R^2 = 0.976, \quad F = 1\ 177.59$$

其中，β_0 的估计值为 2 846.588；β_1 的估计值为 0.611；括号内为相应 t 统计量的值。检验回归系数显著性的原假设和备择假设为

$$H_0: \beta_1 = 0，\ H_1: \beta_1 \neq 0$$

设定显著性水平 $\alpha = 0.05$，自由度为 $n-2=29$，查表得到临界值 $t_{0.025}(29) = 2.045$。由于 $t = 34.32 > 2.045$，因此检验结果拒绝 $\beta_1 = 0$，人均可支配收入与人均消费支出存在回归关系，且斜率系数介于 0～1，符合经济理论，表明 2019 年中国居民人均可支配收入每增加 1 元，人均消费支出增加 0.611 元。拟合优度 $R^2 = 0.976$，表明回归模型的拟合效果较好，人均可支配收入的变化可以解释 97.6% 的人均消费支出的变化。

$\hat{\beta}_1 = 0.611$ 是对 β_1 的点估计，还可以进一步得到真实值 β_1 的置信区间，显著性水平 $\alpha = 0.05$，根据式（3.4.7）得到 β_1 的置信区间是 $[\hat{\beta}_1 - t_{0.025}(29) \times S_{\hat{\beta}_1}, \hat{\beta}_1 + t_{0.025}(29) \times S_{\hat{\beta}_1}]$，根据图 3-9 计算得到 β_1 的置信度为 95% 的置信区间是 $[0.574, 0.647]$，置信区间的含义是尽管 β_1 的点估计值是 0.611，但区间 $[0.574, 0.647]$ 以 95% 的概率包含 β_1 的真实值。同理可以计算得到 β_0 的置信度为 95% 的置信区间是 $[1\ 646.587, 4\ 046.589]$。

下面分析 Y_i 的预测，假设需要关注 2019 年人均可支配收入在 30 000 元的中国居民人均消费支出，根据上述回归方程可以得到家庭人均消费支出的预测值为

$$\hat{Y}_{30\ 000} = 2\ 846.588 + 0.611 \times 30\ 000 = 21\ 176.588(\text{元})$$

21 176.588 元既是对人均消费支出个值 $Y_{30\ 000}$ 的点估计值，也是人均消费支出均值 $E(Y/X = 30\ 000)$ 的点估计。在 95% 的置信度下，利用式（3.5.8）可以得到人均可支配收入为 30 000 元时人均消费的平均支出 $E(Y/X = 30\ 000)$ 的预测区间为

$$21\ 176.588 \pm 2.045 \times \sqrt{\frac{42\ 140\ 576.270}{31-2} \times \left[\frac{1}{31} + \frac{(30\ 000 - 30\ 643.226)^2}{4\ 588\ 394\ 335.419}\right]}$$

即 $[20\ 733.215, 21\ 619.962]$。实际含义是如果 2019 年某地区的人均可支配收入为 30 000 元，则该地区居民人均消费的平均支出水平 95% 置信度的值是在 20 733.2 元和 21 620.0 元之间。如果想进一步计算该地区居民人均消费支出的个值预测，则利用式（3.5.12）得到 95% 置信度的居民人均消费支出的预测区间为

$$21\ 176.588 \pm 2.045 \times \sqrt{\frac{42\ 140\ 576.270}{31-2} \times \left[1 + \frac{1}{31} + \frac{(30\ 000 - 30\ 643.226)^2}{4\ 588\ 394\ 335.419}\right]}$$

即 [18 671.877,23 681.299] 。实际含义是该地区人均消费支出 95% 置信度的值是在 18 671.9 元和 23 681.3 元之间。

3.6 可线性化的非线性回归模型

函数形式的选择是方程设定中至关重要的一个部分，本书前文所介绍的参数估计和假设检验都是假定未知的总体回归方程是线性的，但是在实际经济活动中，变量间可能表现出非线性关系。本节介绍五种可线性化的非线性函数，即通过简单的数学变换，使之转化为线性回归模型，然后利用线性回归模型的参数估计和检验方法进行处理。

3.6.1 双对数线性模型

考虑如下形式的幂函数：

$$Y_i = AX_i^{\beta_1} \tag{3.6.1}$$

模型中因变量 Y_i 是自变量 X_i 和参数 β_1 的非线性函数，因此不能使用线性回归。对式（3.6.1）等号两侧同时取自然对数得到

$$\ln Y_i = \ln A + \beta_1 \ln X_i \tag{3.6.2}$$

令 $\beta_0 = \ln A$，将其代入上式，可得

$$\ln Y_i = \beta_0 + \beta_1 \ln X_i \tag{3.6.3}$$

为得到回归模型表达式，在上式中引入随机误差项 u_i，表示为

$$\ln Y_i = \beta_0 + \beta_1 \ln X_i + u_i \tag{3.6.4}$$

式（3.6.4）对于参数 β_0 和 β_1 是线性的，即 $\ln Y_i$ 关于 $\ln X_i$ 是线性的，因此将形如式（3.6.4）的模型称为双对数模型或双对数线性模型。

对于上述双对数模型，可以经过简单的对数变换将其转化为普通线性回归模型，令 $X^* = \ln X_i$， $Y^* = \ln Y_i$，代入式（3.6.4）得到

$$Y_i^* = \beta_0 + \beta_1 X_i^* + u_i \tag{3.6.5}$$

可以发现式（3.6.5）与前面讨论的一元线性回归模型在形式上是一样的，只要满足经典线性回归模型的基本假定，则可以采用 OLS 方法估计该模型的回归系数，并且根据高斯 - 马尔可夫定理可知，得到的 OLS 估计量是最优线性无偏估计量。

双对数模型在实际的经济问题分析中应用非常广泛，其特点是模型斜率 β_1 度量了 Y 对 X 的弹性，即 X 变动 1% 引起 Y 变动的百分比。根据弹性的定义有

$$E = \frac{\Delta Y / Y}{\Delta X / X} = \frac{\Delta Y}{\Delta X} \cdot \frac{X}{Y} = \text{斜率} \cdot \frac{X}{Y} \tag{3.6.6}$$

由式（3.6.6）可知，对于一个普通的线性回归模型，Y 对 X 的弹性随 Y 和 X 取值不同而不同，但对于双对数模型式（3.6.4）有

$$\beta_1 = \frac{\mathrm{d}\ln Y}{\mathrm{d}\ln X} = \frac{\mathrm{d}Y/Y}{\mathrm{d}X/X} \approx \frac{\Delta \ln Y}{\Delta \ln X} \tag{3.6.7}$$

可见，在双对数模型中，自变量系数就是弹性，由于该弹性是一个常数，因此双对数模型又称不变弹性模型。

将一元双对数线性模型扩展为多元双对数线性模型，表示为

$$\ln Y_i = \beta_0 + \beta_1 \ln X_{1i} + \beta_2 \ln X_{2i} + \cdots + \beta_k \ln X_{ki} + u_i \tag{3.6.8}$$

对于多元双对数线性模型，$\beta_j (j=1,2,\cdots,k)$ 称为偏弹性，它度量了在其他变量保持不变的条件下自变量对因变量的弹性影响。在满足经典线性回归模型基本假定下，可以使用 OLS 方法对模型式（3.6.8）进行估计。

【例 3–4】柯布 – 道格拉斯生产函数

例 3–4 利用中国 1952—2006 年总产出（Y_t）、劳动力投入（L_t）、资本投入（K_t）数据，建立柯布 – 道格拉斯生产函数评价国内生产效率水平。生产函数形式设定为

$$Y_t = AK_t^{\beta_1} L_t^{\beta_2} \tag{3.6.9}$$

式中，A 为生产技术水平；β_1、β_2 分别为资本与劳动投入的产出弹性。当 $\beta_1 + \beta_2 = 1$ 时，表明规模报酬不变；当 $\beta_1 + \beta_2 > 1$（或 <1）时，表明规模报酬递增（或递减）。由于柯布 – 道格拉斯生产函数为非线性函数，因此不能直接使用线性回归，经过对数变换，将式（3.6.9）改写为双对数线性回归模型，即

$$\ln Y_t = \beta_0 + \beta_1 \ln K_t + \beta_2 \ln L_t + u_t \tag{3.6.10}$$

式中，$\beta_0 = \ln A$。中国 1952—2006 年总产出、资本和劳动投入见表 3–5。其中，总产出用 1952 年为基期的国内生产总值衡量，单位为亿元；劳动投入采用就业人员数，单位为万人；资本投入采用单豪杰（2008）估算的资本存量度量，单位为亿元。

表 3–5 中国 1952—2006 年总产出、资本和劳动投入

年份	总产出 Y / 亿元	资本 K / 亿元	劳动力 L / 万人	年份	总产出 Y / 亿元	资本 K / 亿元	劳动力 L / 万人
1952	679	342	20 729	1960	1 389	1 794	25 880
1953	785	422	21 364	1961	1 010	1 822	25 590
1954	818	522	21 832	1962	953	1 784	25 910
1955	874	621	22 328	1963	1 050	1 789	26 640
1956	1 005	785	23 018	1964	1 242	1 873	27 736
1957	1 056	905	23 771	1965	1 454	2 012	28 670
1958	1 281	1 173	26 600	1966	1 610	2 194	29 805
1959	1 394	1 481	26 173	1967	1 518	2 267	30 814

续表

年份	总产出 Y / 亿元	资本 K / 亿元	劳动力 L / 万人	年份	总产出 Y / 亿元	资本 K / 亿元	劳动力 L / 万人
1968	1 456	2 332	31 915	1988	8 344	14 532	54 334
1969	1 702	2 496	33 225	1989	8 683	15 465	55 329
1970	2 032	2 788	34 432	1990	9 017	16 422	64 749
1971	2 175	3 094	35 620	1991	9 844	17 679	65 491
1972	2 257	3 384	35 854	1992	11 246	19 514	66 152
1973	2 434	3 684	36 652	1993	12 817	22 075	66 808
1974	2 491	4 028	37 369	1994	14 493	25 201	67 455
1975	2 707	4 456	38 168	1995	16 076	28 754	68 065
1976	2 663	4 811	38 834	1996	17 685	32 709	68 950
1977	2 866	5 161	39 377	1997	19 330	36 683	69 820
1978	3 201	5 641	40 152	1998	20 844	40 872	70 637
1979	3 443	6 123	41 024	1999	22 432	45 247	71 394
1980	3 713	6 710	42 361	2000	24 323	49 983	72 085
1981	3 908	7 230	43 725	2001	26 342	55 264	73 025
1982	4 262	7 825	45 295	2002	28 735	61 592	73 740
1983	4 724	8 514	46 436	2003	31 616	69 712	74 432
1984	5 441	9 417	48 197	2004	34 804	79 085	75 200
1985	6 174	10 489	49 873	2005	38 435	90 257	75 825
1986	6 720	11 655	51 282	2006	42 911	103 076	76 400
1987	7 498	13 051	52 783				

数据来源:《新中国 60 年统计资料汇编(1949—2008)》；单豪杰,《中国资本存量 K 的再估算：1952—2006 年》。

首先在 Stata 中利用 generate 命令生成总产出、资本和劳动投入的对数值 $\ln Y_t$、$\ln K_t$ 和 $\ln L_t$，在 Stata 命令窗口输入如下命令：

```
.generate lnY=ln（Y）
.generate lnK=ln（K）
.generate lnL=ln（L）
```

然后利用 regress 命令进行普通最小二乘估计：

```
.regress lnY lnK lnL
```

得到回归估计结果，如图 3-10 所示。

图 3-10
中国 1952—2006 年柯布 - 道格拉斯生产函数估计

```
      Source |       SS           df       MS      Number of obs   =        55
-------------+----------------------------------   F(2, 52)        =   1122.36
       Model |  79.8508834         2  39.9254417   Prob > F        =    0.0000
    Residual |  1.8497762         52  .035572619   R-squared       =    0.9774
-------------+----------------------------------   Adj R-squared   =    0.9765
       Total |  81.7006596        54  1.51297518   Root MSE        =    .18861

------------------------------------------------------------------------------
         lnY |      Coef.   Std. Err.      t    P>|t|     [95% Conf. Interval]
-------------+----------------------------------------------------------------
         lnK |   .5412887   .0963789     5.62   0.000     .3478902    .7346872
         lnL |   .9672157   .3449631     2.80   0.007     .2749966    1.659435
       _cons |  -6.702062   2.844766    -2.36   0.022     -12.4105   -.9936215
------------------------------------------------------------------------------
```

根据图 3-10 得到模型估计结果：

$$\widehat{\ln Y_t} = -6.702 + 0.541\ln K_t + 0.967\ln L_t$$
$$t = (-2.36) \quad (5.62) \quad (2.80)$$
$$R^2 = 0.977, \qquad F = 1\,122.36$$

回归结果表明，样本期 $\ln Y_t$ 变化的 97.7% 可由资本对数与劳动投入对数的变化来解释，在 1% 显著性水平下，F 统计量的概率为 $P = 0.000$，表明模型的线性关系显著成立。t 统计量表明 $\ln K_t$ 和 $\ln L_t$ 均在 1% 显著性水平下显著异于零，即当其他因素保持不变时，资本投入增加 1%，总产出将增加 0.541%。同样地，在其他因素保持不变时，劳动投入增加 1%，总产出增加 0.967%。并且资本投入的产出弹性与劳动投入的产出弹性之和为 $\beta_1 + \beta_2 = 1.508$，该生产函数为规模报酬递增函数。

3.6.2 半对数线性模型

1. 对数线性模型

考虑如下形式的指数函数：

$$Y_t = A\mathrm{e}^{\beta_1 X_t} \tag{3.6.11}$$

式（3.6.11）中因变量 Y_t 与自变量 X_t 和参数 β_1 呈指数函数关系，是非线性的。对上式等号两侧同时取自然对数，得

$$\ln Y_t = \ln A + \beta_1 X_t \tag{3.6.12}$$

令 $\beta_0 = \ln A$，将其代入式（3.6.12），并引入随机误差项，将上式表示为回归模型的形式，可得

$$\ln Y_t = \beta_0 + \beta_1 X_t + u_t \tag{3.6.13}$$

在上式中，$\ln Y_t$ 关于 X_t 是线性的，在这个模型中，仅有因变量以对数形式出现，把形如式（3.6.13）的回归模型称为半对数线性模型，又称对数线性模型。如果满足经典线性回归的基本假定，可以运用 OLS 方法进行参数估计。该模型的斜率可以表示为

$$\beta_1 = \frac{\mathrm{d}\ln Y}{\mathrm{d}X} = \frac{\mathrm{d}Y/Y}{\mathrm{d}X} \tag{3.6.14}$$

即斜率 β_1 度量了自变量的绝对变化引起因变量的比例变动或相对变动。对数线性模型的一个重要应用是估计经济变量的增长率。在式（3.6.13）中，将自变量 X_t 换成时间变量 t，则该模型变为

$$\ln Y_t = \beta_0 + \beta_1 t + u_t \tag{3.6.15}$$

则有

$$\beta_1 = \frac{\mathrm{d}\ln Y_t}{\mathrm{d}t} = \frac{\mathrm{d}Y_t/Y_t}{\mathrm{d}t} \approx \frac{\Delta Y_t/Y_t}{\mathrm{d}t} = \frac{Y_t - Y_{t-1}}{Y_t}\Big/\mathrm{d}t \tag{3.6.16}$$

如果自变量 t 按照时间顺序取值 $1,2,\cdots,T$，则斜率 β_1 度量了因变量的年均增长率，因此对数线性模型又称增长率模型。

2. 线性对数模型

前面讨论了因变量是对数形式而自变量是线性形式的增长率模型，下面介绍另一种半对数模型，即仅有自变量为对数的模型，又称线性对数模型，形如

$$Y_i = \beta_0 + \beta_1 \ln X_i + u_i \tag{3.6.17}$$

式中，β_0 和 β_1 是待估参数。令 $X^* = \ln X_i$，可以将式（3.6.17）变换为普通的线性回归模型。因此，若满足经典线性回归的基本假定，就可以采用 OLS 方法估计回归系数。该模型的斜率表示为

$$\beta_1 = \frac{\mathrm{d}Y_i}{\mathrm{d}\ln X_i} = \frac{\mathrm{d}Y_i}{\mathrm{d}X_i/X_i} \approx \frac{\Delta Y_i}{\Delta X_i/X_i} \tag{3.6.18}$$

斜率 β_1 度量了自变量的相对变化量引起因变量的绝对变动，在利用 OLS 方法估计出回归方程后，将估计的斜率系数 β_1 乘以 0.01，可以得到因变量的绝对改变量，即

$$\Delta Y_i = \beta_1\left(\frac{\Delta X_i}{X_i}\right) \tag{3.6.19}$$

【例 3-5】中国财政收入增长的定量分析

例 3-5 利用 1950—2018 年中国财政收入探讨财政收入随时间变化的趋势特征，首先绘制财政收入时序图，如图 3-11 所示。

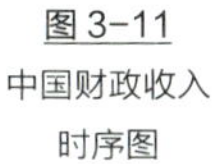

图 3-11
中国财政收入时序图

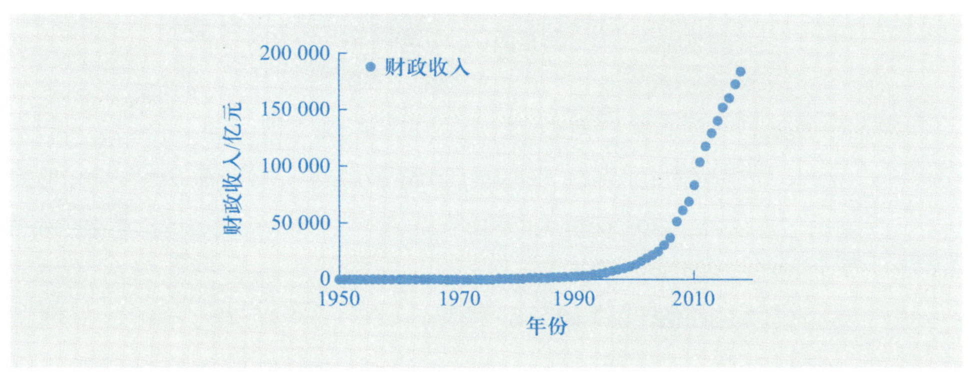

从图中可知，中国财政收入时序图呈指数函数变化特征，因此建立半对数线性方程，估计财政收入的长期平均增长率，模型形式为

$$\ln \mathrm{GR}_t = \beta_0 + \beta_1 t + u_t \qquad (3.6.20)$$

式中，GR_t 表示 t 年的财政收入。

中国 1950—2018 年财政收入见表 3-6。

表 3-6
中国 1950—2018 年财政收入（GR）
单位：亿元

年份	GR	年份	GR	年份	GR
1950	62.17	1973	809.67	1996	7 407.99
1951	124.96	1974	783.14	1997	8 651.14
1952	173.94	1975	815.61	1998	9 875.95
1953	213.24	1976	776.58	1999	11 444.08
1954	245.17	1977	874.46	2000	13 395.23
1955	249.27	1978	1 132.26	2001	16 386.04
1956	280.19	1979	1 146.38	2002	18 903.64
1957	303.20	1980	1 159.93	2003	21 715.25
1958	379.62	1981	1 175.79	2004	26 396.47
1959	487.12	1982	1 212.33	2005	31 649.29
1960	572.29	1983	1 366.95	2006	38 760.20
1961	356.06	1984	1 642.86	2007	51 321.78
1962	313.55	1985	2 004.82	2008	61 330.35
1963	342.25	1986	2 122.01	2009	68 518.30
1964	399.54	1987	2 199.35	2010	83 101.51
1965	473.32	1988	2 357.24	2011	103 874.43
1966	558.71	1989	2 664.90	2012	117 253.52
1967	419.36	1990	2 937.10	2013	129 209.64
1968	361.25	1991	3 149.48	2014	140 370.03
1969	526.76	1992	3 483.37	2015	152 269.23
1970	662.90	1993	4 348.95	2016	159 604.97
1971	744.73	1994	5 218.10	2017	172 592.77
1972	766.56	1995	6 242.20	2018	183 359.84

数据来源：《中国统计年鉴（2001、2019）》。

首先利用 Stata 软件进行普通最小二乘估计，在 Stata 命令窗口输入如下命令：

```
.generate lnGR=log(GR)
.regress lnGR T
```

回归估计结果如图 3-12 所示。

图 3-12
中国 1950—2018 年财政收入年均增长率估计

```
      Source |       SS           df       MS      Number of obs   =        69
-------------+----------------------------------   F(1, 67)        =   1255.80
       Model |  306.993558         1  306.993558   Prob > F        =    0.0000
    Residual |  16.3788417        67  .244460324   R-squared       =    0.9493
-------------+----------------------------------   Adj R-squared   =    0.9486
       Total |    323.3724        68  4.75547647   Root MSE        =    .49443

------------------------------------------------------------------------------
        lnGR |      Coef.   Std. Err.      t    P>|t|     [95% Conf. Interval]
-------------+----------------------------------------------------------------
           T |   .1059076   .0029886    35.44   0.000     .0999424    .1118729
       _cons |   4.293926   .1203504    35.68   0.000     4.053706    4.534147
------------------------------------------------------------------------------
```

根据图 3-12 得到模型估计结果：

$$\ln \mathrm{GR} = 4.294 + 0.106t$$
$$t = (35.68)\ (35.44)$$
$$R^2 = 0.949, \quad F = 1\ 255.80$$

由于自变量是时间趋势 t，因此时间趋势的回归系数 0.106 度量的是中国财政收入的年增长率，即 1950—2018 年中国财政收入的年平均增长率为 10.6%，F 统计量的值和 R^2 表明模型拟合效果较好。

3.6.3 双曲线函数模型

考虑如下双曲线函数：

$$Y_i = \beta_0 + \beta_1\left(\frac{1}{X_i}\right) \tag{3.6.21}$$

式中，Y_i 和 X_i 的关系是非线性的。在上述模型中引入随机误差项 u_i，将其表达为回归模型的形式：

$$Y_i = \beta_0 + \beta_1\left(\frac{1}{X_i}\right) + u_i \tag{3.6.22}$$

在式（3.6.22）中，β_0 和 β_1 是待估参数，该模型仍然是参数线性模型，X_i 以倒数的形式进入模型，又称倒数模型。令 $X_i^* = \dfrac{1}{X_i}$，可以将式（3.6.22）转换为普通线性回归模型，即

$$Y_i = \beta_0 + \beta_1 X_i^* + u_i \tag{3.6.23}$$

此时，Y_i 和 X_i^* 之间变为线性函数关系。若满足经典线性回归的基本假定，则可以采用 OLS 方法估计。宏观经济学中的菲利普斯曲线刻画了通货膨胀率和失业率之间的反向变动关系，是典型的双曲线形式。

【例 3-6】美国菲利普斯曲线

例 3-6 利用美国 1958—1969 年的数据，根据菲利普斯曲线研究美国小时收入

指数（Y_t）和城市失业率（X_t）之间的反向关系，建立双曲线函数，即

$$Y_t = \beta_0 + \beta_1 \frac{1}{X_t} + u_t$$

美国 1958—1969 年小时收入指数和城市失业率见表 3-7。

表 3-7 美国 1958—1969 年小时收入指数和城市失业率

年份	美国小时收入指数 Y_t/%	美国城市失业率 X_t/%	年份	美国小时收入指数 Y_t/%	美国城市失业率 X_t/%
1958	4.2	6.8	1964	2.8	5.2
1959	3.5	5.5	1965	3.6	4.5
1960	3.4	5.5	1966	4.3	3.8
1961	3.0	6.7	1967	5.0	3.8
1962	3.4	5.5	1968	6.1	3.6
1963	2.8	5.7	1969	6.7	3.5

数据来源：达莫达尔 · N. 古扎拉蒂，道恩 C. 波特，《经济计量学精要》（第 4 版），机械工业出版社，2010 年。

首先利用 Stata 软件进行普通最小二乘估计，在 Stata 命令窗口输入如下命令：

```
.generate X1=1/X
.regress Y X1
```

估计结果如图 3-13 所示。

图 3-13 美国 1958—1969 年小时收入指数和城市失业率估计

```
      Source |       SS           df       MS      Number of obs   =        12
-------------+----------------------------------   F(1, 10)        =     19.36
       Model |  11.7278248         1  11.7278248   Prob > F        =    0.0013
    Residual |  6.05884186        10  .605884186   R-squared       =    0.6594
-------------+----------------------------------   Adj R-squared   =    0.6253
       Total |  17.7866667        11  1.6169697    Root MSE        =    .77839

------------------------------------------------------------------------------
           Y |      Coef.   Std. Err.      t    P>|t|     [95% Conf. Interval]
-------------+----------------------------------------------------------------
          X1 |   20.58788   4.679481     4.40   0.001     10.16135    31.01441
       _cons |  -.2594364    1.00864    -0.26   0.802    -2.506827    1.987954
------------------------------------------------------------------------------
```

根据图 3-13 得到模型估计结果：

$$\hat{Y}_t = -0.259 + 20.588\left(\frac{1}{X_t}\right)$$

$$t = (-0.26) \qquad (4.40)$$

$$R^2 = 0.659, \quad F = 19.36$$

双曲线函数的斜率为正，因为自变量美国城市失业率 X 是以倒数形式进入模型，此时倒数模型的正斜率与线性模型的负斜率作用相同，即失业率越高，收入的增长率越低。F 统计量的值和 R^2 表明模型拟合效果较好。

3.6.4 生长曲线函数模型

考虑如下生长曲线函数：

$$Y_t=\frac{k}{1+e^{f(t)}} \tag{3.6.24}$$

其中$f(t)=a_0+a_1t+a_2t^2+\cdots+a_kt^k$，通常设定$f(t)=a_0-at$，即

$$Y_t=\frac{k}{1+e^{a_0-at}}=\frac{k}{1+be^{-at}} \tag{3.6.25}$$

式中，$b=e^{a_0}$。生长曲线函数也称为Logistic生长曲线，由美国人口统计学家玻尔（R. Pearl）和利德（Reed）于1923年提出，目前已广泛应用于描述有机体生长发育过程以及资源、生态和环保等方面的模拟研究。Logistic生长曲线的图形如图3-14所示。

图3-14
Logistic生长曲线

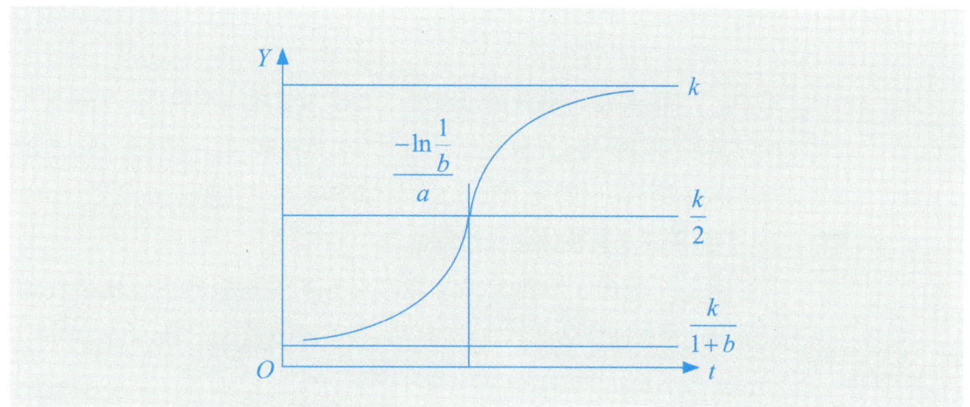

Logistic生长曲线的基本特征：

（1）根据式（3.6.25）有$\lim\limits_{t\to\infty}Y_t=k$，$\lim\limits_{t\to 0}Y_t=\frac{k}{1+b}$，则$k$和$\frac{k}{1+b}$可以看作是$Y_t$的生长上限和下限。

（2）式（3.6.25）的二阶导数$\frac{d^2Y}{dt^2}=0$时，曲线有一个拐点，$t=\frac{-\ln\frac{1}{b}}{a}$，$Y=\frac{k}{2}$，说明$Y$随$t$的增加而增加，所以，$t$在$\left[0,\frac{-\ln\frac{1}{b}}{a}\right]$区间内，曲线下凹；$t$在$\left[\frac{-\ln\frac{1}{b}}{a},\infty\right]$区间内，曲线上凸。

Logistic生长曲线转换为线性函数时，必须先确定k值，k值的确定有下面两种情况：

（1）如果Y是累积频率，则Y的终极量应为100%，可用$k=100$表示。

（2）当Y是生长量时，可取3对自变量为等间距的观测值(t_1,Y_1)、(t_2,Y_2)、(t_3,Y_3)，将其代入式（3.6.25），令$t_2=\frac{t_1+t_3}{2}$，可得：

$$k=\frac{Y_2^{\ 2}(Y_1+Y_3)-2Y_1Y_2Y_3}{Y_2^{\ 2}-Y_1Y_3} \tag{3.6.26}$$

当 Logistic 生长曲线函数的上限极值 k 已知，对式（3.6.25）取倒数并在等式两边同时乘以 k，得到：

$$\frac{k}{Y_t}=1+be^{-at} \tag{3.6.27}$$

将 1 移到等号左边，并对上式两侧取自然对数，得到

$$\ln\left(\frac{k}{Y_t}-1\right)=\ln b-at \tag{3.6.28}$$

令 $Y_t^*=\ln\left(\frac{k}{Y_t}-1\right)$，$\beta_0=\ln b$，$\beta_1=-a$，引入随机误差项 u_t，将其表示为回归模型的形式：

$$Y_t^*=\beta_0+\beta_1 t+u_t \tag{3.6.29}$$

式中，β_0 和 β_1 是待估参数，该模型转换为参数线性模型，若满足经典线性回归的基本假定，可以采用 OLS 方法估计相应的回归参数，得到 β_0 和 β_1 的估计值后，再进一步求解得到相应的 a 值和 b 值，从而得到生长曲线函数的估计结果。

【例 3-7】有机体生长过程估计

例 3-7 给出了测定某种家禽在良好的生长条件下生长过程的数据资料，并用 Logistic 生长曲线估计其生长过程。数据集如表 3-8 所示。

表 3-8
某家禽生产过程的资料

t / 周次	Y_t / kg
2	0.30
4	0.86
6	1.3
8	2.20
10	2.47
12	2.67
14	2.80

首先求 Logistic 生长曲线的上限极值 k，取 t 为等间距的 $t_1=2$、$t_2=8$、$t_3=14$，相应生长量 $Y_1=0.30$、$Y_2=2.20$、$Y_3=2.80$，由式（3.6.26）得：

$$k=\frac{2.20^2\times(0.30+2.80)-2\times0.30\times2.20\times2.80}{2.20^2-0.30\times2.80}=2.827$$

因此设定 $k=2.827$（kg），在 Stata 命令窗口输入如下命令：

```
.generate Y1=ln((2.827/Y)-1)
.regress Y1 t
```

得到估计结果如图 3-15 所示。

图 3-15
某种家禽的 Logistic 生长曲线估计

Source	SS	df	MS			
Model	30.2809845	1	30.2809845	Number of obs	=	7
Residual	.525754203	5	.105150841	F(1, 5)	=	287.98
				Prob > F	=	0.0000
				R-squared	=	0.9829
				Adj R-squared	=	0.9795
Total	30.8067387	6	5.13445646	Root MSE	=	.32427

Y1	Coef.	Std. Err.	t	P>|t|	[95% Conf.	Interval]
t	-.5199672	.0306406	-16.97	0.000	-.5987314	-.4412031
_cons	2.993762	.2740579	10.92	0.000	2.289273	3.69825

根据 Stata 估计结果整理得到回归结果报告：

$$\ln\left(\frac{2.827}{Y_t}-1\right)=2.994-0.520t$$

$$t=(10.92)\ (-16.97)$$

$$R^2=0.983,\quad F=287.98$$

由于 $\beta_0=\ln b=2.994$，得到 $b=e^{2.994}=19.965$，$\beta_1=-a=-0.520$，则该种家禽的 Logistic 生长曲线估计结果是：

$$Y_t=\frac{2.827}{1+19.965e^{-0.520t}}$$

此外，$\hat{Y}_t=\frac{k}{2}=1.414$，$t=\frac{-\ln\frac{1}{b}}{a}=5.76$（周）是曲线的拐点，此时生长速度从越来越快开始转变为越来越慢。

3.6.5 多项式回归模型

在生产与成本研究中，成本曲线的斜率会随着产出的变化而变化，如果方程中的斜率会随着自变量的变化而变化，则可以考虑使用多项式回归模型，形如

$$Y_i=\beta_0+\beta_1X_i+\beta_2X_i^2+\beta_3X_i^3+u_i \tag{3.6.30}$$

这是一个三次多项式回归模型，模型中自变量只有一个，但是却以不同次幂的形式出现。令 $Z_{1i}=X_i$、$Z_{2i}=X_i^2$、$Z_{3i}=X_i^3$，可以将上式写成简单的线性回归模型：

$$Y_i=\beta_0+\beta_1Z_{1i}+\beta_2Z_{2i}+\beta_3Z_{3i}+u_i \tag{3.6.31}$$

式中，β_0、β_1、β_2 和 β_3 为待估参数。该模型是参数线性模型，如果满足经典假定条件，那么可以对式（3.6.31）采用 OLS 方法估计回归参数。虽然 X_i、X_i^2、X_i^3 来源于同一个变量，使得 Z_{1i}、Z_{2i}、Z_{3i} 之间存在线性相关，但是并不会引起高度的共线性问题（将在第 4 章介绍）。

【例 3-8】环境库兹涅茨曲线的验证

环境质量与经济发展之间的关系一直备受关注，1991 年美国环境经济学家 Grossman 和 Krueger 在分析北美自由贸易区协议（NAFTA）的环境效应时，发现环境污染物与人均收入呈现“倒 U”型曲线关系，称为“环境库兹涅茨曲线”（Environmental Kuznets Curves，EKC）。为验证这一关系存在，例 3-8 收集 2000—2017 年全国二氧化硫排放总量（P_t，万 t）和人均 GDP 代表环境指标和经济指标，并将人均 GDP 当年价转换为 2000 年为基期的人均实际 GDP（INC_t，元），数据集见表 3-9。

表 3-9 2000—2017 年全国二氧化硫排放总量与人均实际 GDP

年份	全国二氧化硫排放总量	人均 GDP	人均实际 GDP（2000 年为基期）
2000	1 995.1	7 942	7 942
2001	1 947.2	8 717	8 546
2002	1 926.6	9 506	9 263
2003	2 158.5	10 666	10 134
2004	2 254.9	12 487	11 097
2005	2 549.4	14 368	12 284
2006	2 588.8	16 738	13 771
2007	2 468.1	20 494	15 644
2008	2 321.2	24 100	17 067
2009	2 214.4	26 180	18 586
2010	2 185.1	30 808	20 463
2011	2 217.9	36 302	22 305
2012	2 117.6	39 874	23 933
2013	2 043.9	43 684	25 656
2014	1 974.4	47 005	27 401
2015	1 859.1	50 028	29 155
2016	1 102.9	53 680	30 962
2017	875.4	59 201	32 882

数据来源：《中国统计年鉴（2001—2018）》。

根据环境库兹涅茨曲线建立多项式回归模型：

$$P_t = \beta_0 + \beta_1 \mathrm{INC}_t + \beta_2 \mathrm{INC}_t^2 + u_t \tag{3.6.32}$$

首先利用 Stata 软件进行普通最小二乘估计，在 Stata 命令窗口生成人均实际 GDP 的二次项，输入如下命令：

```
.generate INC2=INC^2
```

然后利用 regress 命令进行普通最小二乘估计：

```
.regress P INC INC2
```

得到回归估计结果，如图 3-16 所示。

图 3-16
中国 2000—2017 年环境库兹涅茨曲线估计

Source	SS	df	MS		
Model	2876732.13	2	1438366.07	Number of obs =	18
Residual	390337.761	15	26022.5174	F(2, 15) =	55.27
				Prob > F =	0.0000
Total	3267069.89	17	192180.582	R-squared =	0.8805
				Adj R-squared =	0.8646
				Root MSE =	161.31

P	Coef.	Std. Err.	t	P>|t|	[95% Conf.	Interval]
INC	.1979455	.0290795	6.81	0.000	.135964	.259927
INC2	-5.83e-06	7.27e-07	-8.03	0.000	-7.38e-06	-4.28e-06
_cons	754.4601	255.329	2.95	0.010	210.2392	1298.681

根据图 3-16 整理得到回归结果报告：

$$\hat{P}_t = 754.460 + 0.198\text{INC}_t - 0.000\,005\,83\text{INC}_t^2$$
$$t = \ (2.95) \qquad (6.81) \qquad\qquad (-8.03)$$
$$R^2 = 0.881, \quad F = 55.27$$

由模型的估计结果可知，人均 GDP INC_t 的一次项显著为正，二次项显著为负，说明二氧化硫排放量与人均 GDP 呈现“倒 U”型曲线关系，模型的拟合优度 $R^2 = 0.881$ 和 F 统计量说明模型拟合效果较好，到达拐点时的人均收入约为 16 981.13 元 / 人，对应的年份为 2008 年，说明从 2008 年至今，二氧化硫的排放量已呈现逐年下降趋势，基本验证了二氧化硫排放量具有环境库兹涅茨曲线的特征。

本章小结

本章介绍了经典计量经济学中的回归分析，包括一元线性回归模型（一个自变量）和多元线性回归模型（多个自变量）。

（1）首先需要理解回归分析与相关分析、因果分析的区别，相关分析对称地对待相互关联的变量，不考虑二者的因果关系，而回归分析是建立在变量因果关系分析基础上的，对变量的处理是不对称的，有回归关系并不意味着一定存在因果关系，需要有一定的经济理论作为支撑。

（2）介绍了总体回归函数、样本回归函数及二者的区别和联系。总体回归函数表示在给定自变量 X_i 值的情况下，因变量的条件期望 $E(Y \mid X_i)$ 的轨迹，样本回归函数描述的是总体中抽取的样本估计值如何随自变量 X_i 的变化而变化。

（3）随机误差项的性质和经典线性回归模型的基本假定。计量经济模型与数理经济模型的主要区别在于纳入了随机误差项，它代表了排除在模型以外的所有对 Y_i 有影响的因素的联合影响。计量经济模型可以估计线性回归模型的参数，但需对模型进行基本假定，包括对模型和变量的假定及对随机误差项的假定，如零均值假定、同方差假定、无自相关假定、随机误差项与自变量不相关假定、正态性假定等。

（4）当满足上述这些假定条件时，参数估计量便具有了良好的统计性质。本章随后重点介绍了普通最小二乘法这一参数估计方法，最小二乘估计量的数值性质、统计性质和分布性质，以及相应的计量经济学检验，包括参数的置信区间检验、变量的显著性检验、拟合优度检验和方程联合显著性检验（F检验）。

（5）回归分析的目的之一是对因变量进行合理的预测，这也是计量经济分析的一个重要应用。预测是在假定模型设定函数关系保持不变的情况下，利用自变量的已知值去预测因变量观测样本数据以外的数值。本章分别介绍了因变量的平均值和个别值的点预测及区间预测方法。

（6）本章在最后对线性回归模型的方程形式进行了更为深入的探讨，介绍了五种可线性化的非线性函数，并通过经济实例讲解了如何运用 Stata 软件实现回归模型的参数估计和假设检验。

习题

1. 相关分析与回归分析的区别是什么?
2. 总体回归函数和样本回归函数的区别是什么?
3. 随机误差项的性质是什么？它和残差之间的区别是什么?
4. 下列计量经济学方程哪些是正确的，哪些是错误的，为什么?

（1）$Y_i=\alpha+\beta X_i,\quad i=1,2,\cdots,n$ ；

（2）$Y_i=\alpha+\beta X_i+u_i,\quad i=1,2,\cdots,n$ ；

（3）$Y_i=\hat{\alpha}+\hat{\beta}X_i+u_i,\quad i=1,2,\cdots,n$ ；

（4）$\hat{Y}_i=\hat{\alpha}+\hat{\beta}X_i+u_i,\quad i=1,2,\cdots,n$ ；

（5）$Y_i=\hat{\alpha}+\hat{\beta}X_i,\quad i=1,2,\cdots,n$ ；

（6）$\hat{Y}_i=\hat{\alpha}+\hat{\beta}X_i,\quad i=1,2,\cdots,n$ ；

（7）$Y_i=\hat{\alpha}+\hat{\beta}X_i+\hat{u}_i,\quad i=1,2,\cdots,n$ ；

（8）$\hat{Y}_i=\hat{\alpha}+\hat{\beta}X_i+\hat{u}_i,\quad i=1,2,\cdots,n$ 。

其中，带“^”表示“估计值”。

5. 以下陈述是否正确？请判断并说明理由。

（1）总体回归函数给出了与自变量每个取值相对应的因变量的值。

（2）用最小二乘法估计线性模型 $Y_i=\beta_0+\beta_1X_i+u_i$，则样本回归直线通过点（$\bar{X}$，$\hat{Y}$）。

（3）线性回归模型意味着模型变量是线性的。

（4）最小二乘法就是使误差平方和最小化的估计过程。

（5）只有当 u_i 服从正态分布时，最小二乘估计量 $\hat{\beta}_0$ 和 $\hat{\beta}_1$ 才服从正态分布。

（6）给定显著性水平 a 及自由度，若计算得到的$|t|$值超过临界的 t 值，则接受零假设。

（7）估计的回归系数是统计显著的，意思是说它显著不为 1。

（8）多元回归模型的总体显著性意味着模型中任何一个变量都是统计显著的。

（9）无论模型中包括多少个自变量，总离差平方和的自由度总为 $n-1$ 。

（10）模型 $A:\ln Y = 0.6 + 0.4X$， $R^2 = 0.85$ 。模型 $B:\hat{Y} = 1.3 + 2.2X$， $R^2 = 0.73$ 。模型 A 更好一些，因为它的 R^2 大。

6. 以一元线性回归模型为例，简述普通最小二乘法的原理，并写出一元线性回归模型参数的最小二乘估计量。
7. 普通最小二乘估计量的统计性质有哪些?
8. 以一元线性回归模型为例，简述经典线性回归模型的基本假定。
9. 什么是偏回归系数?
10. 多元线性回归模型的基本假定是什么？与一元线性回归模型有什么不同?
11. 在多元线性回归分析中， t 检验和 F 检验有什么不同?
12. 影响因变量均值预测和个值预测的因素有哪些?
13. 因变量均值的预测区间和个值的预测区间哪个更宽，为什么?
14. 下面数据是根据 10 对 X 和 Y 的观测值得到的：

$$\sum Y_i = 1\ 110, \quad \sum X_i = 1\ 680, \quad \sum X_i Y_i = 204\ 200,$$

$$\sum X_i^2 = 315\ 400, \quad \sum Y_i^2 = 133\ 300$$

假定满足所有的经典线性回归模型的假设。

（1）试求 β_0 和 β_1 的估计值及其标准差；

（2）求判定系数 R^2 ；

（3）对 β_0 和 β_1 分别建立 95% 的置信区间，根据置信区间，能否接受零假设 $\beta_1 = 0$？

15. 根据美国 27 个主要金属行业的数据，得到生产函数的如下回归结果：

$$\widehat{\ln(Y_i)} = 1.168 + 0.37\ln(K_i) + 0.61\ln(L_i)$$
$$se = (0.331) \qquad (a) \qquad (0.129\ 3)$$
$$t = (3.53) \qquad (4.23) \qquad (b)$$
$$R^2 = 0.94$$

其中， Y 代表产出（单位是亿美元）；K 代表资本投入（单位是亿美元）；L 代表劳动力投入（单位是万人）；a、b 未知； $t_{0.025}(24) = 2.064$ 。

（1）上述模型中的数据属于哪种统计数据类型?

（2）填充括号内缺省的数值 a、b。

（3）解释模型中各自变量的回归系数及判定系数的经济意义。

（4）检验资本投入对产出影响作用的显著性（显著性水平为 5%）。

16. 根据 11 年的观察值，得到如下两个回归模型。

模型 A：

$$\hat{Y}_t = 2.691 - 0.480X_t$$
$$se = (0.122)\ (0.114), \quad R^2 = 0.663$$

模型 B：

$$\widehat{\ln Y_t} = 0.777 - 0.253 \ln X_t$$
$$se = (0.015) \quad (0.049), \quad R^2 = 0.745$$

其中，Y是每人每天消费咖啡的杯数；X是咖啡的价格（美元 / 磅）。

（1）请解释这两个模型的斜率系数。

（2）已知 $\bar{Y} = 2.43$，$\bar{X} = 1.11$。根据这些值估计模型 A 和模型 B 的价格弹性。

（3）从估计的弹性看，能否说咖啡的需求对价格是缺乏弹性的?

（4）请解释模型 B 的截距。

（5）“由于模型 B 的 R^2 值比模型 A 的大，因此模型 B 比模型 A 好。”这句话对吗，为什么?

17. 在研究生产函数时，有以下两种结果：

$$\widehat{\ln Q} = -5.04 + 0.870 \ln K + 0.893 \ln L \quad ①$$
$$se = (1.04) \quad (0.087) \quad (0.137), \quad R^2 = 0.878, \quad n = 21$$

$$\widehat{\ln Q} = -8.57 + 0.027t + 0.460 \ln K + 1.258 \ln L \quad ②$$
$$se = (2.99) \quad (0.020) \quad (0.333) \quad (0.324), \quad R^2 = 0.889, \quad n = 21$$

其中，Q = 产量；K = 资本；L = 劳动力；t = 时间；n = 样本容量。

请回答以下问题（$t_{0.025}(17) = 2.110$，$t_{0.025}(18) = 2.101$，$t_{0.025}(19) = 2.093$）：

（1）证明在模型①中所有的系数在统计上都是显著的（$\alpha = 0.05$）；

（2）证明在模型②中t和$\ln K$的系数在统计上不显著（$\alpha = 0.05$）。

18. 在一项对某社区家庭消费支出（Y_i，元）与家庭可支配收入（X_i，元）的调查研究中，得到如表 3-10 所示的数据资料（Stata 数据集习题 3-18.dta）。

表 3-10 10 户家庭的可支配收入（X_i）与消费支出（Y_i）的资料

序号	家庭消费支出 Y_i	家庭可支配收入 X_i	序号	家庭消费支出 Y_i	家庭可支配收入 X_i
1	638	800	6	1 650	2 300
2	935	1 100	7	1 925	2 600
3	1 155	1 400	8	2 068	2 900
4	1 254	1 700	9	2 267	3 200
5	1 408	2 000	10	2 530	3 500

（1）请使用手工与 Stata 软件两种方式对该社区家庭消费支出与家庭可支配收入做线性回归分析，估计回归方程的参数和随机误差项的方差 $\hat{\sigma}^2$，计算判定系数 R^2 和调整的判定系数 $\bar{R}^2$。

（2）对方程进行F检验，对参数进行t检验，并构造参数 95% 的置信区间。

（3）在 95% 的置信度下，预测当家庭的可支配收入变为 3 000 元时，该家庭的平均消费支出 $E(Y \mid X = 3\ 000)$ 的置信区间。

19. 为研究私人汽车拥有量与经济增长、市场价格、公共服务、城镇化等因素的影响，收集 2018 年私人汽车拥有量、人均地区生产总值、居民消费价格指数、公路营运汽车拥有量和城镇人口比重等变量，见表 3-11（Stata 数据集习题 3-19.dta）。

表 3-11
2018 年各地区私人汽车拥有量及其影响因素

地区	私人汽车拥有量 Y / 万辆	人均地区生产总值 X_1 / 元	居民消费价格指数 X_2（上年 =100）	公路营运汽车拥有量 X_3 / 万辆	城镇人口比重 X_4 / %
北京	478.49	140 211	102.5	24.39	86.50
天津	250.11	120 711	102.0	18.83	83.15
河北	1 411.48	47 772	102.4	138.22	56.43
山西	588.35	45 328	101.8	60.98	58.41
内蒙古	488.34	68 302	101.8	30.95	62.71
辽宁	687.38	58 008	102.5	77.57	68.10
吉林	380.86	55 611	102.1	35.19	57.53
黑龙江	425.79	43 274	102.0	50.11	60.10
上海	302.14	134 982	101.6	25.92	88.10
江苏	1 531.36	115 168	102.3	90.63	69.61
浙江	1 346.46	98 643	102.3	38.15	68.90
安徽	707.63	47 712	102.0	71.97	54.69
福建	544.20	91 197	101.5	27.14	65.82
江西	478.52	47 434	102.1	37.90	56.02
山东	1 910.26	76 267	102.5	115.96	61.18
河南	1 318.28	50 152	102.3	106.02	51.71
湖北	690.79	66 616	101.9	38.06	60.30
湖南	722.34	52 949	102.0	34.53	56.02
广东	1 861.11	86 412	102.2	67.23	70.70
广西	531.74	41 489	102.3	38.99	50.22
海南	109.66	51 955	102.5	6.01	59.06
重庆	362.59	65 933	102.0	29.74	65.50
四川	975.38	48 883	101.7	62.07	52.29
贵州	436.19	41 244	101.8	19.62	47.52
云南	620.72	37 136	101.6	53.07	47.81
西藏	42.33	43 398	101.7	6.43	31.14
陕西	554.94	63 477	102.1	43.80	58.13
甘肃	265.57	31 336	102.0	30.63	47.69
青海	91.05	47 689	102.5	8.21	54.47
宁夏	131.67	54 094	102.3	10.06	58.88
新疆	329.21	49 475	102.0	37.11	50.91

数据来源：《中国统计年鉴 2019》。

（1）建立私人汽车拥有量影响因素的计量经济模型，估计参数并对模型加以检验，回答检验结论的依据是什么。

（2）分析模型参数估计结果的经济含义，模型参数估计结果与预期是否相符合？

20. 已知某古董钟的拍卖价格 Y_i 受到钟表年代 X_1 和竞标人数 X_2 的影响，自变量 X_1 和 X_2 对 Y_i 线性回归方差分析的部分结果见表 3-12。

表 3-12 方差分析表

变差来源	平方和（SS）	自由度（d.f.）	平方和的均值（MSS）
来自回归（ESS）	4 278 295.3		
来自残差（RSS）	525 462.2		
总变差（TSS）		31	

（1）回归模型估计结果的样本容量 n、来自回归的平方和（ESS）与残差平方和（RSS）的自由度各为多少？

（2）该模型的判定系数 R^2 和调整的判定系数 $\bar{R}^2$ 为多少？

（3）利用这一结果对模型的检验得出什么结论？模型中的自变量 X_1 和 X_2 联合起来对某古董钟的拍卖价格 Y_i 的影响是否显著？本习题中能否判断两个自变量 X_1 和 X_2 各自对某古董钟的拍卖价格 Y_i 也都有显著影响？

21. 中国 2019 年各省（自治区、直辖市）（不含港、澳、台）税收收入（Y_i，亿元）和其生产总值（GDP_i，亿元）的数据资料见表 3-13（Stata 数据集习题 3-21.dta）。

表 3-13 2019 年各省（自治区、直辖市）（不含港、澳、台）税收收入和国内生产总值 GDP 的统计资料

地区	税收收入 Y_i	地区生产总值 GDP_i	地区	税收收入 Y_i	地区生产总值 GDP_i
北京	4 822.98	35 371.28	湖北	2 530.82	45 828.31
天津	1 634.35	14 104.28	湖南	2 061.96	39 752.12
河北	2 630.73	35 104.52	广东	10 063.95	107 671.10
山西	1 783.66	17 026.68	广西	1 146.78	21 237.14
内蒙古	1 539.69	17 212.53	海南	653.25	5 308.93
辽宁	1 929.52	24 909.45	重庆	1 541.22	23 605.77
吉林	797.98	11 726.82	四川	2 888.74	46 615.82
黑龙江	924.40	13 612.68	贵州	1 204.02	16 769.34
上海	6 216.29	38 155.32	云南	1 450.63	23 223.75
江苏	7 339.59	99 631.52	西藏	157.52	1 697.82
浙江	5 898.75	62 351.74	陕西	1 846.11	25 793.17
安徽	2 209.73	37 113.98	甘肃	577.92	8 718.30
福建	2 208.98	42 395.00	青海	198.70	2 965.95
江西	1 747.63	24 757.50	宁夏	267.50	3 748.48
山东	4 849.29	71 067.53	新疆	1 016.09	13 597.11
河南	2 841.34	54 259.20			

数据来源：《中国统计年鉴 2020》。

（1）建立税收收入和地区生产总值的计量经济模型，估计参数并对模型加以检验。

（2）解释回归系数的经济意义。

（3）若某地区生产总值为 8 500 亿元，试计算该地区税收收入的点预测值。

（4）在 95% 置信度下，求地区税收收入平均值的预测区间。

（5）在 95% 置信度下，求地区税收收入个别值的预测区间。

即测即评

第 4 章 经典线性回归模型的拓展

■ 第 3 章介绍的回归分析，是在满足经典假定的条件下，利用普通最小二乘法得到线性、无偏并且有效的参数估计量，即 BLUE 估计量。但是，在实际的经济问题中，这些基本假定很难完全满足；当存在违背经典假定的情况时，最小二乘估计量的优良性质将不再存在，而必须采取补救措施或使用改进的估计方法以得到更加可信的参数估计量。本章讨论以下四种违背基本假定的情形：（1）自变量之间存在严重的多重共线性；（2）随机误差项存在异方差性；（3）随机误差项存在自相关；（4）自变量具有内生性。

■ 可见，在进行计量经济模型的回归分析时，需要对研究对象是否满足普通最小二乘法的基本假定进行多重共线性、同方差、无序列相关和内生性检验，这类检验又称计量经济学检验。

4.1 多重共线性

4.1.1 多重共线性的来源和后果

1. 多重共线性的定义

多重共线性最早由挪威经济学家弗里希提出，他认为如果回归模型中自变量之间存在相互依赖的关系，则称存在多重共线性（Multicollinearity）。计量经济学上的多重共线性又可以区分为完全共线性（Perfect Multicollinearity）和不完全共线性（Imperfect Multicollinearity），不完全共线性有时又称近似或高度共线性。

多元回归模型：

$$Y_i = f(X_{1i}, X_{2i}, \cdots, X_{ki}) + u_i \tag{4.1.1}$$

如果存在一组不全为 0 的数 $\lambda_1, \lambda_2, \cdots, \lambda_k$，使得

$$\lambda_1 X_{1i} + \lambda_2 X_{2i} + \cdots + \lambda_k X_{ki} = 0 \tag{4.1.2}$$

即使得 k 个自变量的线性组合为 0，则称为完全共线性，这 k 个自变量是线性相关的。如果存在一组不全为 0 的数 $\lambda_1, \lambda_2, \cdots, \lambda_k$，使得

$$\lambda_1 X_{1i} + \lambda_2 X_{2i} + \cdots + \lambda_k X_{ki} + v_i = 0 \tag{4.1.3}$$

即 k 个自变量的线性组合非常接近 0，则称为不完全共线。其中，v_i 是反映自变量线性组合与 0 值的接近程度。v_i 越小，自变量之间的线性相关性就越强；反之，v_i 越大，自变量之间的线性相关性就越弱。完全共线性是数学上的一种精确表达，现实经济问题中并不多见，一般情况下是在一定程度上存在不完全共线性，共线性的程度取决于 v_i 的大小。

2. 多重共线性的来源

产生多重共线性的原因有以下三个方面。

（1） 经济变量间具有共同的变化趋势。

改革开放以来，中国经济维持了一个高速增长的过程，因此 GDP 一定呈现出线性增加的趋势。与之相似的是，固定资产投资、进出口、货币发行量、政府支出这一系列指标在逐渐增长的经济规模中也会表现出线性增加的过程。这些指标由于都表现出线性增加的趋势，用统计学上的相关性指标去度量，各指标之间一定会表现出相关性，因此当这些指标同时作为自变量进入回归模型时，模型的多重共线性也随之上升。

（2） 模型设定时包含滞后解释变量。

有时因研究需要，会把某些自变量的滞后项作为单独的自变量加入模型。例如，投资是经济增长的重要推动力，投资有初期投资、后期投资，投资对经济增长的作用往往是通过很长的滞后期表现出来的。在描述连续行为对经济增长的作用时，通常在回归模型中通过投资滞后期变量的引入来描述，一旦模型中包含了变量的不同滞后期，则由于经济变量自身具有相关性，因此引入变量不同滞后期会使得模型的多重共

线性上升。

（3） 样本数据的采集与处理。

人为对样本数据的采集和处理过程可能增加多重共线性。例如，宏观数据通常是通过加总和平均得到的，加总平均的过程通常会将经济数据的波动性抵消，数据变得光滑，但是这一处理过程会导致宏观数据的共线性增加。当数据缺失时，通过简单平均或者移动平均将缺失数据补全，插值的过程同样会使得两个序列间的共线性增加。

3. 多重共线性的后果

模型如果出现多重共线性，会带来一些破坏性的影响。

多元回归模型：

$$Y_i = \beta_0 + \beta_1 X_{1i} + \beta_2 X_{2i} + \cdots + \beta_k X_{ki} + u_i \tag{4.1.4}$$

（1） 完全共线性的后果。

① 自变量的参数估计值无法确定。

假设 $X_1,\cdots,X_k$ 之间存在完全共线性，即其线性组合为 0，则模型中 $\beta_1,\cdots,\beta_k$ 这些模型参数无法估计。在 n 个样本的条件下，将模型写为矩阵的形式：

$$\begin{bmatrix} Y_1 \\ Y_2 \\ \vdots \\ Y_n \end{bmatrix} = \begin{bmatrix} 1 & X_{11} & X_{21} & \cdots & X_{k1} \\ 1 & X_{12} & X_{22} & \cdots & X_{k2} \\ \vdots & \vdots & \vdots & & \vdots \\ 1 & X_{1n} & X_{2n} & \cdots & X_{kn} \end{bmatrix} \begin{bmatrix} \beta_1 \\ \beta_2 \\ \vdots \\ \beta_k \end{bmatrix} + \begin{bmatrix} u_1 \\ u_2 \\ \vdots \\ u_n \end{bmatrix} \tag{4.1.5}$$

$$\boldsymbol{Y} = \boldsymbol{X\beta} + \boldsymbol{u} \tag{4.1.6}$$

如果 $X_1,\cdots,X_k$ 之间存在完全共线性，则至少有一个列向量可由其他列向量线性表示，自变量矩阵 $\boldsymbol{X}$ 是非列满秩的，即 $r(\boldsymbol{X}) < k+1$ 。如果 $\boldsymbol{X}$ 矩阵是 $n \times (k+1)$ ，则 $\boldsymbol{X'X}$ 是 $k+1$ 阶方阵且 $r(\boldsymbol{X}) < k+1$ ，该矩阵不可逆，$(\boldsymbol{X'X})^{-1}$ 不存在，在普通最小二乘法的规则下，无法得到参数的估计量。

② 参数估计量的方差无穷大。

对多元回归模型式（4.1.6），求解参数估计量的方差协方差矩阵，得到

$$\begin{aligned} \operatorname{Var}(\hat{\boldsymbol{\beta}}) &= E[(\hat{\boldsymbol{\beta}} - \boldsymbol{\beta})(\hat{\boldsymbol{\beta}} - \boldsymbol{\beta})'] = E[(\boldsymbol{X'X})^{-1}\boldsymbol{X'uu'X}(\boldsymbol{X'X})^{-1}] \\ &= E[(\boldsymbol{X'X})^{-1}\boldsymbol{X'}\sigma^2\boldsymbol{IX}(\boldsymbol{X'X})^{-1}] = \sigma^2(\boldsymbol{X'X})^{-1} \end{aligned} \tag{4.1.7}$$

当存在完全共线性时，由于 $(\boldsymbol{X'X})^{-1}$ 不存在，参数的估计量无法准确估计，因此其方差变得无穷大。出现完全共线性时，意味着模型是失败的模型，没有办法进行后续的工作。由于自变量之间出现完全共线性，因此需要重新选择自变量进行调整。

（2） 不完全共线性的后果。

完全共线性是一种极端情况，现实经济问题中更常见的是变量之间存在不完全或高度的共线性。对多元回归模型式（4.1.4），假定 $X_1,\cdots,X_k$ 之间存在不完全或高度的共线性，可以得到如下的结果。

① 估计量仍然是线性无偏估计量。

如果模型设定正确，并且满足除共线性外的其他经典假定，那么即使自变量存在显著的多重共线性，参数 $\hat{\beta}_1$ 和 $\hat{\beta}_2$ 仍然是线性的和无偏的。

② 估计量的方差和标准差增大。

当自变量存在不完全共线性时，$\beta_j(j=1,2,\cdots,k)$ 的方差修正为

$$\mathrm{Var}(\hat{\beta}_j)=\frac{\sigma^2}{\sum_{i=1}^{n}(X_j-\bar{X}_j)^2}\cdot\frac{1}{(1-R_j^2)} \qquad (4.1.8)$$

式中，R_j^2 是 X_j 对原来回归方程中所有其他解释变量进行辅助回归的决定系数。式（4.1.8）中的第二项称为 X_j 的方差膨胀因子（Variance Inflation Factor，VIF），即

$$\mathrm{VIF}_j=\frac{1}{(1-R_j^2)} \qquad (4.1.9)$$

由于自变量 X_j 与原来回归方程中所有其他解释变量之间的高相关性，因此 R_j^2 的值较高，进而导致 $\hat{\beta}_j$ 的方差扩大。当 $R_j^2=0$ 时，$\mathrm{VIF}_j=1$，随着 R_j^2 增加，VIF_j 以递增的速度增加；当 $R_j^2=1$ 时，VIF_j 趋于无穷大。通常认为，VIF_j 超过 10 则认为多重共线性对该模型是一个严重问题。需要注意的是，虽然多重共线性存在使得参数估计量的方差相比没有多重共线性时的参数估计量变大，但是此时的最小二乘估计量仍然是 BLUE 估计量。也就是说，在多重共线性存在的情况下，没有其他的线性无偏估计方法能获得比普通最小二乘估计更低的方差，因此 OLS 估计量仍然具有“最小方差”性。

③ 不完全共线性下 t 统计量的绝对值变小。

在原假设 $H_0:\beta_j=0$ 的情况下，计算 t 统计量：

$$t=\frac{\hat{\beta}_j}{S_{\hat{\beta}_j}} \qquad (4.1.10)$$

由于多重共线性增大了参数估计量的标准差，因此由式（4.1.10）可知，t 统计量的绝对值变小，t 检验容易得出不显著的结果，即容易得出不拒绝原假设的结果。相应地，由于标准差增大，$\hat{\beta}_j$ 与真实 β_j 值的偏差增大，意味着要用一个更宽的区间去估计参数，因此置信区间也变宽了，变量的显著性检验和模型的预测功能失去意义。

④ 估计量及其标准误差对数据的微小变化非常敏感。

当存在多重共线性时，增加或删除某个自变量，或某些观测值的增加或减少，通常会导致参数估计量 $\hat{\beta}_j$ 有较大改变。其原因是普通最小二乘法更强调变量之间的差异，若两个自变量的影响在大部分样本中几乎相同，那么去掉重要观测点上有异常值的变量，可能会使得存在多重共线性的变量的参数估计值发生较大改变，回归系数的符号可能有误，因此模型变得非常不稳健。

⑤ 模型整体拟合优度 R^2 变化不大，但难以评估自变量对 R^2 的贡献。

在存在多重共线性的方程中，尽管单个参数的 t 统计量通常较小，但方程整体的拟合优度 R^2 并不会下降很多。但是由于模型整体的拟合优度是由存在多重共线性的变量共同得到的，因此无法区分每个自变量对整体拟合优度的贡献。

4.1.2 多重共线性的检验和修正

1. 多重共线性的检验

首先需要认识到多重共线性是普遍存在的，它是一个样本现象，是一个程度问题，因此多重共线性检验的重点在于判断共线性的程度是否严重到必须要处理的程度。完全共线性可以通过是否能够估计出参数加以识别，不完全共线性可以通过以下方法进行识别

（1） 观察回归方程的估计结果。

如果回归方程的拟合优度 R^2 很高，F 值较大，而参数估计量的 t 统计量的值却普遍很低，即 t 检验无法通过，则说明 $\hat{\beta}_j$ 的方差较大，自变量之间可能存在严重的多重共线性问题。

（2） 简单相关系数法。

对于多元线性回归模型：

$$Y_i = \beta_0 + \beta_1 X_{1i} + \beta_2 X_{2i} + \cdots + \beta_k X_{ki} + u_i$$

如果自变量之间的简单相关系数 $r_{X_i X_j}(i, j = 1, 2, \cdots, k, i \neq j)$ 较高，那么可以得出这两个自变量是高度相关的，就可以认为存在潜在的多重共线性问题。需要注意的是，这个标准并不十分可靠。一方面，对相关系数高低的衡量标准，如 0.80，尚未得到理论界的一致认可；另一方面，两个自变量之间具有较高的相关系数是存在多重共线性的充分非必要条件，相关系数高意味着存在多重共线性，但是较低的相关系数并不意味着不存在多重共线性，相反很可能存在严重的多重共线性。

（3） 建立辅助回归。

对于多元线性回归模型，将每一个自变量作为因变量，对其他剩余自变量作辅助回归：

$$X_j = \beta_0 + \beta_1 X_{1i} + \beta_2 X_{2i} + \cdots + \beta_k X_{ki} + u_i \ (j \neq k) \tag{4.1.11}$$

得到辅助回归 R_j^2。如果某个自变量不是其他自变量的线性组合，则得到的 R_j^2 不会显著不为 0。因此，要依次检验得到的 R_j^2 是否显著为 0。原假设 $H_0: R_j^2 = 0$，即 X_j 与剩余自变量之间不存在共线性：

$$F = \frac{R_j^2 / (k-1)}{(1-R_j^2)/(n-k)} \tag{4.1.12}$$

式中，n 是样本容量；k 是辅助回归中待估参数的个数。若 $F > F_\alpha(k-1, n-k)$，则拒绝原假设，X_j 与剩余自变量之间存在高度的共线性。

（4）　计算方差膨胀因子。

逐一计算每个自变量的方差膨胀因子 VIF，当 VIF > 10 时，则认为多重共线性对该模型是一个严重问题：

$$\text{VIF}(\hat{\beta}_j)=\frac{1}{1-R_j^2} \tag{4.1.13}$$

式中，R_j^2 是根据式（4.1.11）计算得到的辅助回归的拟合优度。VIF 的值越大，多重共线性的程度就越严重。

2.　多重共线性的修正

多重共线性的修正和补救是指通过有效的手段，在付出较小代价的前提下，解决共线性对模型估计的不利影响，意味着在解决共线性问题时，除要选择可行的方法修正共线性外，还有一个重要的工作是评估该补救措施的实施所付出的代价。因为计量经济学中，所有修正共线性的方法，总会给模型带来其他的破坏。

（1）　从模型中删除引起多重共线性的变量。

发现多重共线性，最简单的解决办法就是删掉一个或者多个共线性变量，但是这种做法可能导致出现模型设定的错误，因为通常在构建一个经济模型时，总是依据一定的经济理论选择变量，模型如果缺少重要解释变量，会使得估计得到的参数是有偏的。需要比较究竟是“多重共线性给模型带来的危害大”还是“设定误差给模型带来的危害大”，但是这种比较判断通常并不容易。

（2）　增大样本容量或重新抽取样本。

多重共线性是一个样本现象，故通过扩大样本容量，可以改变共线性的程度。此外，更高的自由度意味着参数方差的缩小，这可以弥补多重共线性的影响。因此，应当尽可能多地搜集样本，改善参数估计：

$$\text{Var}(\hat{\beta}_j)=\frac{\sigma^2}{\sum_{i=1}^{n}(X_j-\bar{X}_j)^2}\cdot\frac{1}{(1-R_j^2)}=\frac{\sigma^2}{\sum_{i=1}^{n}x_j^2}\cdot\text{VIF} \tag{4.1.14}$$

随着样本容量增加，$\sum_{i=1}^{n}x_j^2$ 通常会增加，使得方差减小，标准误差也会随之减小。但是需要说明的是：扩大样本容量在现实中通常很难实现，实际效果也难以保证，毕竟所有的样本都是由可得到的具有相似结构的数据构成，因此增加样本容量只是有可能降低多重共线性，降低的程度无法保证。

（3）　工具变量法。

寻找工具变量以替换某个或某几个自变量，降低共线性的程度。工具变量应满足与替代变量高度相关并且与其他变量相关程度低的特性。假如检验后发现模型存在严重的多重共线性，可以利用工具变量法找到另一个变量 Z，假定 Z 与 X_j 有高度的相关性，则认为 Z 对 X_j 有替代性，而变量 Z 与模型中其他自变量的多重共线性较低，

用 Z 替换 X_j，从而降低模型的多重共线性。该方法存在的问题如下。

① 工具变量在现实中难以获取。工具变量的选取要求非常苛刻，通常满足与替代变量高度相关，就无法满足与其他变量相关程度低的条件。

② 会丧失一定的经济含义。模型根据经济理论选取变量，变量替代一定会在理论层面上损失经济含义。

（4） **变量变换法。**

对具有多重共线性的自变量进行变量变换，以降低自变量之间的共线性程度，其实质是样本替代和样本变换。可以采用以下三种方法进行。

① 绝对指标变相对指标。经济指标用绝对量来衡量的，如货币供应量、国民生产总值、工业总产值、固定资产投资，可以将其转变为相对指标，如增长率、变化率、GDP增速、工业总产值增速等，通过绝对指标变成相对指标，使得多重共线性下降。

② 对变量做差分处理。当发现几个自变量线性相关程度较高时，可以对这些变量进行差分处理，用变量的当期值减去前期值，当转换为差分序列后，呈现出变量的波动性。产生多重共线性的原因是变量间有共同的变化趋势，经过差分变换减去变量的共同趋势，多重共线性会出现大幅度的下降。

③ 将几个共线性变量捏合为一个变量。如果从经济学上可以找到一个指标，这个指标恰好是其中某几个指标的和，或者反过来，将其中的某几个指标加总或者平均后如果在经济学上仍然有一个明确的含义，则可以将这几个变量捏合为一个变量，这实际上是对自变量进行降维处理，类似于统计学上的主成分分析。

需要注意的是，变量变换往往意味着经济含义的模糊和丧失，也可能导致异方差、自相关等违背经典假设的问题（将在 4.2 节和 4.3 节介绍），同时修正多重共线性的功效难以保证。

（5） **逐步回归法。**

利用因变量对每个自变量逐一进行辅助回归，并按照辅助回归的 $\bar{R}^2$ 对自变量排序，即按照自变量对因变量的贡献程度排序。以对因变量贡献程度最大的自变量所对应的辅助方程为基础，按照对因变量贡献大小的顺序逐个引入其余的自变量。依照筛选规则决定引入变量应保留在模型中还是剔除，最终形成多重共线性不严重的回归模型。逐步回归的筛选规则如下。

① 若新变量的引入改进了 $\bar{R}^2$ 和 F 检验，且原有变量的显著性与符号未发生变化，加入变量的 t 检验也是显著的，则在模型中保留该变量。

② 若新变量的引入未改善 $\bar{R}^2$ 和 F 检验，且原有变量的显著性与符号未发生变化，但加入变量的 t 检验不显著，则该变量为多余变量，应剔除。

③ 若新变量的引入使得原有变量的显著性与符号出现了变化，或者参数估计值出现了较大变化，则表明该变量的引入引起了严重的多重共线性，应剔除。

（6）　岭回归。

当模型存在多重共线性时，如果仍然采用普通最小二乘法估计，会使得参数估计量的方差和标准差增大，进而导致变量的显著性检验和模型预测功能失效，意味着存在多重共线性时，没有其他的线性无偏估计方法能获得更低的方差。减轻这一问题的方式是放弃参数 $\boldsymbol{\beta}$ 的无偏估计量这一要求，假设可以求出 $\boldsymbol{\beta}$ 的有偏估计量 $\hat{\boldsymbol{\beta}}^*$，该有偏估计量比无偏估计量 $\hat{\boldsymbol{\beta}}$ 具有更小的方差，定义估计量 $\hat{\boldsymbol{\beta}}^*$ 的均方误差为

$$\mathrm{MSE}(\hat{\boldsymbol{\beta}}^*) = E(\hat{\boldsymbol{\beta}}^* - \boldsymbol{\beta})^2 = \mathrm{Var}(\hat{\boldsymbol{\beta}}^*) + [E(\hat{\boldsymbol{\beta}}^*) - \boldsymbol{\beta}]^2 \tag{4.1.15}$$

即通过允许 $\hat{\boldsymbol{\beta}}^*$ 有少量偏误，使得有偏估计量 $\hat{\boldsymbol{\beta}}^*$ 的方差比无偏估计量 $\hat{\boldsymbol{\beta}}$ 更小。因此，$\hat{\boldsymbol{\beta}}^*$ 的置信区间会比使用无偏估计量 $\hat{\boldsymbol{\beta}}$ 窄得多，参数估计量 $\hat{\boldsymbol{\beta}}^*$ 也更稳定。

何瑞尔（Hoerl）和肯纳德（Kennard）于 1970 提出的岭回归方法（Ridge Regression）就是依据这一思想，以引入偏误为代价减小参数估计量的方差，虽然没有消除模型中的多重共线性，但是能消除多重共线性造成的后果。当自变量之间存在多重共线性时，$|\boldsymbol{X'X}| \approx 0$ 接近奇异，$E[(\hat{\boldsymbol{\beta}} - \boldsymbol{\beta})(\hat{\boldsymbol{\beta}} - \boldsymbol{\beta})'] = \sigma^2(\boldsymbol{X'X})^{-1}$ 会增大。如果将 $\boldsymbol{X'X}$ 加上一个主对角矩阵 $\boldsymbol{D}$（$D > 0$），使得 $|\boldsymbol{X'X} + \boldsymbol{D}| \approx 0$ 的可能性比 $|\boldsymbol{X'X}| \approx 0$ 更小，则由此定义 $\boldsymbol{\beta}$ 的岭估计量 $\hat{\boldsymbol{\beta}}_{\text{岭}}$ 为

$$\hat{\boldsymbol{\beta}}_{\text{岭}} = (\boldsymbol{X'X} + \boldsymbol{D})^{-1}\boldsymbol{X'Y} \tag{4.1.16}$$

式中，矩阵 $\boldsymbol{D}$ 为主对角矩阵，$\boldsymbol{D} = k\boldsymbol{I}$，$\boldsymbol{I}$ 为单位矩阵。其中，k 为大于等于 0 的常数，当 $k = 0$ 时，岭估计量即为最小二乘估计量：

$$\hat{\boldsymbol{\beta}}_{\text{岭}} = (\boldsymbol{X'X} + \boldsymbol{D})^{-1}\boldsymbol{X'Y} = (\boldsymbol{X'X} + \boldsymbol{D})^{-1}(\boldsymbol{X'X})\hat{\boldsymbol{\beta}} = \boldsymbol{Z}_k\hat{\boldsymbol{\beta}} \tag{4.1.17}$$

由于 $E(\hat{\boldsymbol{\beta}}_{\text{岭}}) = E(\boldsymbol{Z}_k\hat{\boldsymbol{\beta}}) = \boldsymbol{Z}_k\boldsymbol{\beta}$，因此 $k \neq 0$ 时 $\hat{\boldsymbol{\beta}}_{\text{岭}}$ 是参数 $\boldsymbol{\beta}$ 的有偏估计量，常数 k 称为偏误系数。$\hat{\boldsymbol{\beta}}_{\text{岭}}$ 的均方误差可以进一步表示为

$$\begin{aligned}
\mathrm{MSE}(\hat{\boldsymbol{\beta}}_{\text{岭}}) &= \mathrm{Var}(\hat{\boldsymbol{\beta}}_{\text{岭}}) + [E(\hat{\boldsymbol{\beta}}_{\text{岭}}) - \boldsymbol{\beta}]^2 \\
&= \sigma^2(\boldsymbol{X'X} + k\boldsymbol{I})^{-1}\boldsymbol{X'X}(\boldsymbol{X'X} + k\boldsymbol{I})^{-1} + k^2\boldsymbol{\beta}'(\boldsymbol{X'X} + k\boldsymbol{I})^{-2}\boldsymbol{\beta} \\
&= \sigma^2\sum_{j=1}^{n}\frac{\lambda_j}{(\lambda_j + k)^2} + k^2\boldsymbol{\beta}'(\boldsymbol{X'X} + k\boldsymbol{I})^{-2}\boldsymbol{\beta}
\end{aligned} \tag{4.1.18}$$

式中，$\lambda_1, \lambda_2, \cdots, \lambda_n$ 为 $\boldsymbol{X'X}$ 的特征值。等式右边第一项是 $\hat{\boldsymbol{\beta}}_{\text{岭}}$ 的方差，第二项是偏误的平方。当 $k > 0$ 时，$\hat{\boldsymbol{\beta}}_{\text{岭}}$ 的偏误会随着 k 的增加而增加，而 $\hat{\boldsymbol{\beta}}_{\text{岭}}$ 估计量的方差会随着 k 的增大而减小。Hoerl 和 Kennard 证明当 $\boldsymbol{\beta'\beta}$ 有界时，存在非零 k，使得 $\hat{\boldsymbol{\beta}}_{\text{岭}}$ 的均方误差小于最小二乘估计量 $\hat{\boldsymbol{\beta}}$ 的方差。为进一步考查岭回归的拟合优度，将残差平方和表示为

$$\begin{aligned}
\mathrm{RSS}_{\hat{\beta}_{\text{岭}}} &= (\boldsymbol{Y} - \boldsymbol{X}\hat{\boldsymbol{\beta}}_{\text{岭}})'(\boldsymbol{Y} - \boldsymbol{X}\hat{\boldsymbol{\beta}}_{\text{岭}}) \\
&= (\boldsymbol{Y} - \boldsymbol{X}\hat{\boldsymbol{\beta}})'(\boldsymbol{Y} - \boldsymbol{X}\hat{\boldsymbol{\beta}}) + (\hat{\boldsymbol{\beta}}_{\text{岭}} - \hat{\boldsymbol{\beta}})'\boldsymbol{X'X}(\hat{\boldsymbol{\beta}}_{\text{岭}} - \hat{\boldsymbol{\beta}}) \\
&= \mathrm{RSS}_{\hat{\beta}} + (\hat{\boldsymbol{\beta}}_{\text{岭}} - \hat{\boldsymbol{\beta}})'\boldsymbol{X'X}(\hat{\boldsymbol{\beta}}_{\text{岭}} - \hat{\boldsymbol{\beta}})
\end{aligned} \tag{4.1.19}$$

由式（4.1.19）可知，随着 k 增加，最小二乘估计量 $\hat{\boldsymbol{\beta}}$ 的残差平方和会增加。由于总平方和固定，随着偏误系数 k 增加，岭回归的拟合优度 $\boldsymbol{R}^2_{岭}$ 会减小，因此存在多重共线性时，岭回归不一定能得到较高的拟合优度，但是岭回归的参数估计量相比最小二乘的估计量更稳定，因此显著性检验和置信区间预测也会更精确。

如何选择偏误系数 k 是一个复杂的问题，Hoerl 和 Kennard 建议通过岭迹来确定合适的 k 值，岭迹是岭回归参数估计量 $\hat{\boldsymbol{\beta}}_{岭}$ 与偏误系数 k 之间变化关系的图像，k 值越小，则偏误越小。因此，希望选择使得各回归系数的岭估计量趋于稳定时最小的 k 值，k 通常取值在 $[0,1]$ 范围内。在实际应用中，也可以考虑使用逐步搜索的方法，即开始给定较小的 k 值，然后逐渐增加 k 的取值进行试验，直到岭回归估计量 $\hat{\boldsymbol{\beta}}_{岭}$ 的值趋于稳定。

【例 4-1】粮食产量的影响因素分析

例 4-1 以 1978—2019 年中国粮食产量和投入要素数据分析中国粮食产量 Y（万 t）的影响因素。根据理论和经验分析，粮食产量可能与农作物的播种面积、灌溉面积及相关的农用基础设施相关。为此，考虑选择的影响因素主要有农作物播种面积 X_1（khm^2）、耕地灌溉面积 X_5（khm^2）、农用化肥施用量 X_6（万 t）、农业机械总动力 X_2（万 kW）、大中型拖拉机 X_3（万台）、小型拖拉机 X_4（万台）。各影响因素与粮食产量之间呈正相关，各自变量前的回归系数预期都大于零。由此建立粮食生产函数模型，表示为

$$\begin{aligned}\ln Y_t = \beta_0 + \beta_1 \ln X_{1t} + \beta_2 \ln X_{2t} + \beta_3 \ln X_{3t} + \\ \beta_4 \ln X_{4t} + \beta_5 \ln X_{5t} + \beta_6 \ln X_{6t} + u_t\end{aligned} \tag{4.1.20}$$

为估计模型参数，收集 1978—2019 年中国粮食产量和投入要素，数据集见表 4-1。

表 4-1
1979—2019 年中国粮食产量和投入要素

年份	粮食产量 Y / 万 t	农作物播种面积 X_1 / khm^2	农业机械总动力 X_2 / 万 kW	大中型拖拉机 X_3 / 万台	小型拖拉机 X_4 / 万台	耕地灌溉面积 X_5 / khm^2	农用化肥施用量 X_6 / 万 t
1978	30 476.5	150 105.0	11 749.9	55.7	137.3	44 965.0	884.0
1979	33 211.5	148 476.0	13 379.2	66.7	167.1	45 003.1	1 086.3
1980	32 055.5	146 381.0	14 745.7	74.5	187.4	44 888.1	1 269.4
1981	32 502.0	145 159.0	15 679.8	79.2	203.7	44 573.8	1 406.9
1982	35 450.0	144 757.0	16 614.2	81.2	228.7	44 176.9	1 513.4
1983	38 727.5	143 993.0	18 022.1	84.1	262.3	44 644.1	1 659.8
1984	40 730.5	144 221.0	19 497.2	85.4	329.8	44 453.0	1 739.8
1985	37 910.8	143 626.0	20 912.5	85.2	382.4	44 035.9	1 775.8
1986	39 151.2	144 204.0	22 950.0	86.7	452.6	44 225.8	1 930.6
1987	40 473.3	144 957.0	24 836.0	88.1	530.0	44 403.0	1 999.3

年份	粮食产量 Y / 万 t	农作物播种面积 X_1 / khm^2	农业机械总动力 X_2 / 万 kW	大中型拖拉机 X_3 / 万台	小型拖拉机 X_4 / 万台	耕地灌溉面积 X_5 / khm^2	农用化肥施用量 X_6 / 万 t
1988	39 408.0	144 866.0	26 575.0	87.0	595.8	44 375.9	2 141.5
1989	40 755.0	146 552.0	28 067.0	84.8	654.3	44 917.2	2 357.1
1990	44 624.0	148 363.0	28 707.7	81.4	698.1	47 403.1	2 590.3
1991	43 529.3	149 586.0	29 388.6	78.5	730.4	47 822.1	2 805.1
1992	44 265.8	149 007.0	30 308.4	75.9	750.7	48 590.1	2 930.2
1993	45 648.8	147 741.0	31 816.6	72.1	788.3	48 727.9	3 151.9
1994	44 510.1	148 241.0	33 802.5	69.3	823.7	48 759.1	3 317.9
1995	46 661.8	149 879.0	36 118.1	67.2	864.6	49 281.2	3 593.7
1996	50 453.5	152 381.0	38 546.9	67.1	918.9	50 381.4	3 827.9
1997	49 417.1	153 969.0	42 015.6	68.9	1 048.5	51 238.5	3 980.7
1998	51 229.5	155 706.0	45 207.7	72.5	1 122.1	52 295.6	4 083.7
1999	50 838.6	156 373.0	48 996.1	78.4	1 200.3	53 158.4	4 124.3
2000	46 217.5	156 300.0	52 573.6	97.5	1 264.4	53 820.3	4 146.4
2001	45 263.7	155 708.0	55 172.1	83.0	1 305.1	54 249.4	4 253.8
2002	45 705.8	154 636.0	57 929.9	91.2	1 339.4	54 354.8	4 339.4
2003	43 069.5	152 415.0	60 386.5	98.1	1 377.7	54 014.2	4 411.6
2004	46 947.0	153 553.0	64 027.9	111.9	1 454.9	54 478.4	4 636.6
2005	48 402.2	155 488.0	68 397.8	139.6	1 526.9	55 029.3	4 766.2
2006	49 804.2	152 149.0	72 522.1	171.8	1 567.9	55 750.5	4 927.7
2007	50 413.9	151 068.0	76 589.6	206.3	1 619.1	56 518.3	5 107.8
2008	53 434.3	154 245.0	82 190.4	299.5	1 722.4	58 471.7	5 239.0
2009	53 940.9	156 095.0	87 496.1	351.6	1 750.9	59 261.4	5 404.4
2010	55 911.3	157 350.0	92 780.5	392.2	1 785.8	60 347.7	5 561.7
2011	58 849.3	160 360.0	97 734.7	440.7	1 811.3	61 681.6	5 704.2
2012	61 222.6	162 071.0	102 559.0	485.2	1 797.2	62 490.5	5 838.8
2013	63 048.2	163 702.0	103 906.8	527.0	1 752.3	63 473.3	5 911.9
2014	63 964.8	165 183.0	108 056.6	568.0	1 729.8	64 539.5	5 995.9
2015	66 060.3	166 829.0	111 728.1	607.3	1 703.0	65 872.6	6 022.6
2016	66 043.5	166 939.0	97 245.6	645.4	1 671.6	67 140.6	5 984.1
2017	66 160.7	166 332.0	98 783.3	670.1	1 634.2	67 815.6	5 859.4
2018	65 789.2	165 902.0	100 371.7	422.0	1 818.3	68 271.6	5 653.4
2019	66 384.3	165 931.0	102 758.3	443.9	1 780.4	68 678.6	5 403.6

数据来源:《中国统计年鉴(1979—2020)》。

首先使用 generate 命令生成粮食产出和投入变量的对数值，然后进行普通最小二乘估计，在 Stata 命令窗口输入如下命令：

```
.generate lnY=log（Y）
.generate lnX1=log（X1）
.generate lnX2=log（X2）
.generate lnX3=log（X3）
.generate lnX4=log（X4）
.generate lnX5=log（X5）
.generate lnX6=log（X6）
.regress lnY lnX1 lnX2 lnX3 lnX4 lnX5 lnX6
```

得到结果如图 4-1 所示。

图 4-1 中国 1978—2019 年粮食产量影响因素回归估计结果

Source	SS	df	MS			
				Number of obs	=	42
				F(6, 35)	=	163.48
Model	1.82008901	6	.303348168	Prob > F	=	0.0000
Residual	.064945725	35	.001855592	R-squared	=	0.9655
				Adj R-squared	=	0.9596
Total	1.88503473	41	.045976457	Root MSE	=	.04308

lnY	Coef.	Std. Err.	t	P>|t|	[95% Conf.	Interval]
lnX1	1.754092	.6208735	2.83	0.008	.4936516	3.014532
lnX2	-.6472192	.1280651	-5.05	0.000	-.9072053	-.3872332
lnX3	.1919791	.0284057	6.76	0.000	.1343125	.2496458
lnX4	.246004	.0851234	2.89	0.007	.0731943	.4188138
lnX5	.1804027	.3850305	0.47	0.642	-.6012508	.9620562
lnX6	.4440762	.1061813	4.18	0.000	.2285167	.6596357
_cons	-11.43502	4.644171	-2.46	0.019	-20.86319	-2.006848

根据图 4-1 整理回归分析结果的报告，如式（4.1.21）所示：

$$
\begin{aligned}
\widehat{\ln Y_t} &= -11.435 + 1.754\ln X_{1t} - 0.647\ln X_{2t} + \\
t &= (-2.46) \qquad (2.83) \qquad (-5.05) \\
&\quad 0.192\ln X_{3t} + 0.246\ln X_{4t} + 0.180\ln X_{5t} + 0.444\ln X_{6t} \\
&\quad (6.76) \qquad (2.89) \qquad (0.47) \qquad (4.18) \\
R^2 &= 0.966, \quad \bar{R}^2 = 0.960, \quad F = 163.48
\end{aligned}
\tag{4.1.21}
$$

由回归分析结果报告可见，R^2 和调整的 $\bar{R}^2$ 都较大并接近 1，当显著性水平 α=0.05 时，统计量 $F=163.48>F_{0.05}(6,35)=2.36$，因此粮食产量与各自变量之间呈现显著的线性关系。但是从经济意义上看，变量 X_2 的系数符号不符合经济意义，表明农业机械总动力越多，中国粮食产量越少，这显然是不合理的，并且变量 X_5 的系数也未能通过显著性检验，因此认为模型很可能存在严重的多重共线性。

在 Stata 软件中检验自变量相关系数，在 Stata 命令窗口输入如下命令：

```
.corr lnX1 lnX2 lnX3 lnX4 lnX5 lnX6
```

结果如图 4-2 所示。

图 4-2
影响因素相关系数

	lnX1	lnX2	lnX3	lnX4	lnX5	lnX6
lnX1	1.0000					
lnX2	0.8719	1.0000				
lnX3	0.8318	0.8292	1.0000			
lnX4	0.7610	0.9606	0.6657	1.0000		
lnX5	0.9616	0.9485	0.8936	0.8452	1.0000	
lnX6	0.8063	0.9739	0.7093	0.9884	0.8850	1.0000

图 4-2 中显示 $\ln X_1$ 和 $\ln X_5$ 之间，$\ln X_2$ 和 $\ln X_4$、$\ln X_5$、$\ln X_6$ 之间，$\ln X_4$ 和 $\ln X_6$ 之间均存在高度相关，由于自变量之间具有较高的相关系数是存在多重共线性的充分非必要条件，因此为进一步验证多重共线性的存在，在 Stata 软件中计算变量间的方差膨胀因子（VIF），在 Stata 命令窗口输入如下命令：

```
.estat vif
```

结果如图 4-3 所示。

图 4-3
方差膨胀因子

Variable	VIF	1/VIF
lnX2	170.91	0.005851
lnX4	95.66	0.010454
lnX6	73.39	0.013625
lnX5	70.41	0.014203
lnX1	18.87	0.052985
lnX3	12.13	0.082448
Mean VIF	73.56	

由图 4-3 可以发现自变量的方差膨胀因子均大于 10，自变量之间存在严重的多重共线性问题。下面利用逐步回归方法进行修正，分别作 $\ln Y_t$ 关于 $\ln X_{1t}$、$\ln X_{2t}$、$\ln X_{3t}$、$\ln X_{4t}$、$\ln X_{5t}$ 和 $\ln X_{6t}$ 的回归，发现 $\ln Y_t$ 关于 $\ln X_{2t}$ 的回归具有最大的拟合优度：

$$\begin{gathered}\widehat{\ln Y_t} = 7.627 + 0.293\ln X_{2t} \\ t = \ (41.85) \quad (17.24) \\ R^2 = 0.881, \quad \bar{R}^2 = 0.878\end{gathered} \tag{4.1.22}$$

可见，粮食产量受农业机械总动力的影响最大，将该一元回归模型作为初始回归模型，随后将其他自变量分别引入初始回归模型。

第一步，在初始回归模型中引入 $\ln X_{1t}$，模型 $\bar{R}^2 = 0.899$ 提高，且参数符号合理，变量也通过显著性水平为 5% 的 t 检验，$\ln X_{1t}$ 和 $\ln X_{2t}$ 的方差膨胀因子为 $4.17 < 10$，不存在多重共线性，因此引入 $\ln X_{1t}$，模型设定为

$$\begin{gathered}\widehat{\ln Y_t} = -8.073 + 1.389\ln X_{1t} + 0.210\ln X_{2t} \\ t = \ (-1.54) \quad (3.01) \quad (6.63) \\ R^2 = 0.904, \quad \bar{R}^2 = 0.899\end{gathered} \tag{4.1.23}$$

第二步，在式（4.1.23）中引入 $\ln X_{3t}$，但 $\ln X_{3t}$ 的系数没有通过 10% 水平的显著性检验，因此去掉 $\ln X_{3t}$，引入 $\ln X_{4t}$。

第三步，在式（4.1.23）中引入 $\ln X_{4t}$，发现 $\ln X_{4t}$ 的系数不显著，且加入 $\ln X_{4t}$ 后使得 $\ln X_{2t}$ 的系数也不显著，因此去掉 $\ln X_{4t}$，引入 $\ln X_{5t}$。

第四步，在式（4.1.23）中引入 $\ln X_{5t}$，发现 $\ln X_{1t}$ 和 $\ln X_{5t}$ 的系数都不显著，因此去掉 $\ln X_{5t}$，引入 $\ln X_{6t}$，在引入 $\ln X_{6t}$ 后发现 $\ln X_{2t}$ 的系数不再显著，通过方差膨胀因子发现 $\ln X_{2t}$ 和 $\ln X_{6t}$ 的方差膨胀因子均大于 10，存在严重共线性，因此去掉 $\ln X_{6t}$。模型最终估计结果为式（4.1.23）。

例 4-1 的分析结果表明，影响中国粮食产量的主要因素是农作物播种面积和农业机械总动力，在其他变量保持不变的情况下，农作物播种面积每增加 1%，则粮食产量平均增加 1.389%；农业机械总动力每增加 1%，则粮食产量平均增加 0.210%。农作物播种面积和农业机械总动力两个变量联合起来解释了中国粮食产量 89.9% 的变异。

4.2 异方差

4.2.1 异方差的来源和后果

1. 异方差的定义

回顾第 3 章讨论经典多元线性回归模型：

$$Y_i = \beta_0 + \beta_1 X_{1i} + \beta_2 X_{2i} + \cdots + \beta_k X_{ki} + u_i \qquad (4.2.1)$$

要求随机误差项 u_i 具有同方差性（Homoskedasticity），表示为

$$\mathrm{Var}(u_i \mid X_1, X_2, \cdots, X_k) = \sigma^2 \qquad (4.2.2)$$

这就意味着每个随机误差项 u_i 围绕其零均值的变异，并不随着自变量 X_i 的变化而变化，给定任何自变量的值，误差 u_i 的方差保持相同。这个假定在实际经济问题的分析中很难满足，当假定违背时，就会出现异方差（Heteroskedasticity），表示为

$$\mathrm{Var}(u_i \mid X_1, X_2, \cdots, X_k) = E(u_i^2 \mid X_1, X_2, \cdots, X_k) = \sigma_i^2 = f(X_i) \qquad (4.2.3)$$

由式（4.2.3）可以看出，当出现异方差时，σ_i^2 不是常数，而是一个随 X_i 的变化而变化的值。异方差通常有以下三种类型。

（1） **递增型异方差。** σ_i^2 随 X_i 的增大而增大，如图 4-4 所示。宏观经济变量通常表现为递增型异方差。

（2） **递减型异方差。** σ_i^2 随 X_i 的增大而减小，如图 4-5 所示。在经济问题中这种类型的异方差较少，因为随着自变量的增大，变量的差异性也会增加。

（3） **非增非减复杂型异方差。**σ_i^2 随 X_i 的变化呈复杂型，图 4-6 所示为条件自回归异方差，金融领域数据的异方差通常表现为此种类型。

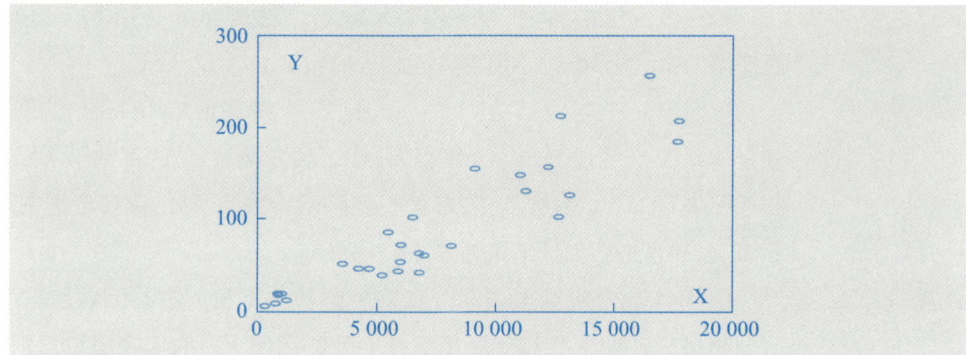

图 4-4
递增型异方差

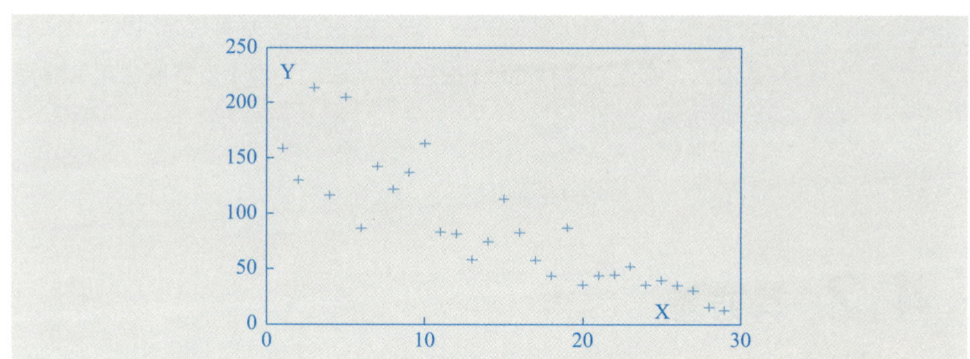

图 4-5
递减型异方差

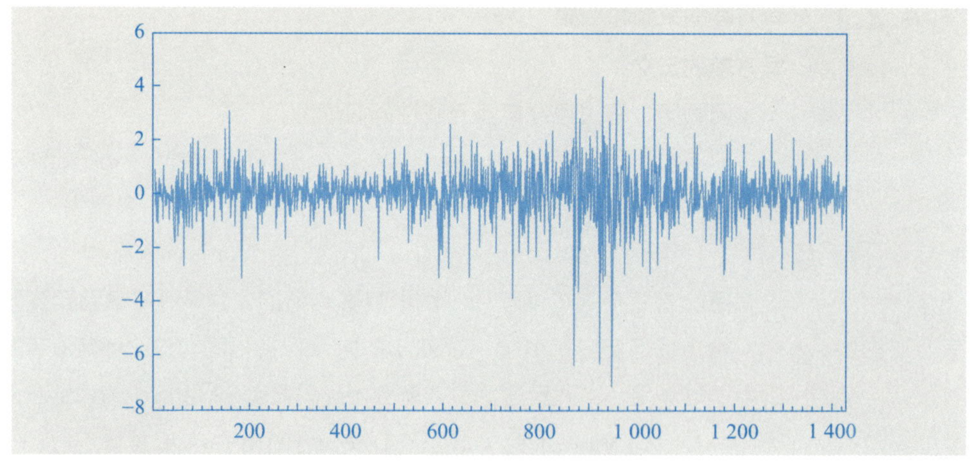

图 4-6
非增非减复杂型异方差

2. 异方差的来源

产生异方差的原因有以下四个方面。

（1） **模型中遗漏了重要变量。**

如果正确模型为

$$Y_i = \beta_0 + \beta_1 X_{1i} + \beta_2 X_{2i} + u_i \tag{4.2.4}$$

实际建立模型为

$$Y_i = \beta_0 + \beta_1 X_{1i} + v_i \tag{4.2.5}$$

即遗漏了重要自变量 X_{2i}，则有

$$v_i = \beta_2 X_{2i} + u_i$$

可见，在实际模型的误差项 v_i 中包含了重要自变量 X_{2i} 。当自变量 X_{1i} 和 X_{2i} 之间存在相关关系时，误差项 v_i 会随着自变量 X_{2i} 的变化呈现出规律性的变化，表现为异方差。

（2） **设定错误的函数形式。**

在截面数据样本条件下，当使用错误的函数形式来拟合变量间关系时，如改革开放以来，GDP 保持了指数增长的趋势，假如仅使用线性形式来描述，即使用了线性回归模型来拟合一个非线性过程，往往会导致异方差性的出现。同样的问题，如果在时序数据中出现，则通常会表现为自相关。

（3） **小样本条件下异常值的存在。**

异常值是某些外来的冲击使得经济变量脱离了它原有的轨道，出现了突然的变化，如骤增或者骤减。异常值的出现本身并不意味着异方差的出现，但是当样本容量较小时，异常值的存在也会导致模型误差项出现异方差。

（4） **截面数据中普遍存在的个体差异。**

一般认为，由于行为惯性的存在，时序数据的变异总是弱于截面数据的变异，因此在截面数据回归中，由于难以观测因素的影响，因此数据样本的变异会随着自变量的变化呈现出规律性，如收入的增加往往导致个体消费的更大幅度的变异等，这通常会导致异方差的出现。需要注意的是，虽然异方差更可能发生在截面分析的框架下，但并不意味着时间序列模型不会出现异方差。

通过上述分析可以发现，前两种原因所导致的异方差主要属于主观原因，其错误来自研究者自身，而后两种原因则更多的属于数据样本的天然问题，因此可按照这一原则将导致异方差的原因区分为主观原因和客观原因。主观原因和客观原因的区分是重要的，因为其将遵循完全不同的修正路径。本节主要讲授客观原因导致的异方差的检验和修正问题。

3. 异方差的后果

假定式（4.2.1）中 u_i 是异方差， $\mathrm{Var}(u_i) = \sigma_i^2$ ，那么对普通最小二乘估计量 $\hat{\beta}_j$ 带来的影响如下。

（1） **OLS 估计量 $\hat{\beta}_j$ 仍然是无偏和一致的。**由于自变量和随机误差项并不相关，因此一个设定正确的模型在出现异方差时，仍然可以得到无偏和一致的估计量：

$$\begin{aligned} E(\hat{\boldsymbol{\beta}}) &= E[(\boldsymbol{X}'\boldsymbol{X})^{-1}\boldsymbol{X}'\boldsymbol{Y}] = E[(\boldsymbol{X}'\boldsymbol{X})^{-1}\boldsymbol{X}'(\boldsymbol{X}\boldsymbol{\beta}+\boldsymbol{u})] \\ &= \boldsymbol{\beta} + (\boldsymbol{X}'\boldsymbol{X})^{-1}\boldsymbol{X}'E(\boldsymbol{u}) = \boldsymbol{\beta} \end{aligned} \tag{4.2.6}$$

（2） **OLS 估计量 $\hat{\beta}_j$ 的方差不再有效。**也就是说，OLS 估计量 $\hat{\beta}_j$ 的方差不再具有最小方差性。为解释这一影响，首先在一元回归模型中进行讨论。

第 3 章分析过一元回归模型斜率 $\hat{\beta}_1$ 的方差在同方差假定下可以表示为

$$\mathrm{Var}(\hat{\beta}_1)=\sum_{i=1}^{n}\left(\frac{x_i}{\sum_{i=1}^{n}x_i^2}\right)^2\cdot\sigma^2=\frac{\sum_{i=1}^{n}x_i^2\sigma^2}{\left(\sum_{i=1}^{n}x_i^2\right)^2}=\frac{1}{\sum_{i=1}^{n}x_i^2}\sigma^2 \tag{4.2.7}$$

但是在异方差情况下，方差会随着每个观测值 X_i 变化。因此，异方差条件下 $\hat{\beta}_1$ 的方差为

$$\mathrm{Var}(\hat{\beta}_1)=\sum_{i=1}^{n}\left(\frac{x_i}{\sum_{i=1}^{n}x_i^2}\right)^2\cdot\sigma_i^2=\frac{\sum_{i=1}^{n}x_i^2\sigma_i^2}{\left(\sum_{i=1}^{n}x_i^2\right)^2} \tag{4.2.8}$$

式（4.2.7）和式（4.2.8）明显不同，在存在异方差条件下，如果仍然采用式（4.2.7）计算 $\hat{\beta}_1$ 的方差，会低估 $\hat{\beta}_1$ 真实的方差和标准误差，在多元回归模型中也会得到同样的影响，仍以矩阵的形式表示：

$$\begin{aligned}\mathrm{Var}(\hat{\boldsymbol{\beta}})&=E[(\hat{\boldsymbol{\beta}}-\boldsymbol{\beta})(\hat{\boldsymbol{\beta}}-\boldsymbol{\beta})']=E[(\boldsymbol{X'X})^{-1}\boldsymbol{X'uu'X}(\boldsymbol{X'X})^{-1}]\\&=(\boldsymbol{X'X})^{-1}\boldsymbol{X'}E(\boldsymbol{uu'})\boldsymbol{X}(\boldsymbol{X'X})^{-1}=\sigma^2(\boldsymbol{X'X})^{-1}\boldsymbol{X'}\Omega\boldsymbol{X}(\boldsymbol{X'X})^{-1}\neq\sigma^2(\boldsymbol{X'X})^{-1}\end{aligned} \tag{4.2.9}$$

而 $\mathrm{Var}(\hat{\boldsymbol{\beta}})=\sigma^2(\boldsymbol{X'X})^{-1}$ 是同方差假定满足时的 OLS 估计量的方差。可见，异方差条件下 $\hat{\beta}_j$ 是一个非有效估计量。

（3） **t 检验和 F 检验失效。**异方差在影响参数估计量 $\hat{\beta}_j$ 的方差的同时，也影响了它的标准误差，通常会低估参数估计量的方差和标准误差，导致 t 统计量和 F 统计量变大，更容易得到统计上显著的结果。同样，随着标准误差的低估，置信区间会变得更窄，使得估计量的精确程度比真实情况更高。

4.2.2 异方差的检验

异方差总是表现为随机误差项的振荡幅度（或观测值 Y 围绕总体回归线的振荡幅度）会随着某个自变量的变化而呈现出规律性：

$$\mathrm{Var}(u_i)=\sigma_i^2=f(X_i) \tag{4.2.10}$$

那么，检验异方差就是检验随机误差项的方差与自变量之间的相关性。由于随机误差项 u_i 无法观测，因此通常通过随机误差项的估计，即残差 e_i 的变化研究 u_i 的变化。下面介绍几种常见的异方差检验方法。

1. 图示法

图示法是检验异方差最直观的方法。

① 用 $Y_i\rightarrow X_i$ 散点图进行判断。

因变量 Y_i 可以分解为两部分，一部分是由 X_i 决定的非随机部分，即确定性部分，另一部分是由 u_i 决定的随机部分，因此 Y_i 的随机性与 u_i 的随机性相同。异方差讨论的是 u_i 的振荡幅度，等同于 Y_i 的振荡幅度。令因变量为纵轴，自变量为横轴，分析

Y_i 随 X_i 的变化，其离散程度是否有所变化，如图 4-4 至图 4-6 所示。若离散程度呈现逐渐增大、减小或复杂型趋势，则认为随机误差项可能出现了异方差。

② 用 $e_i^2 \to X_i$ 散点图进行判断。

首先利用 OLS 方法估计模型，得到随机误差项方差的估计量 $\hat{\sigma}_i^2$：

$$\hat{\sigma}_i^2 = \frac{\sum_{i=1}^{n} e_i^2}{n-k-1} \tag{4.2.11}$$

式中，k 为自变量的个数。可见，e_i^2 可以视为随机误差项方差的一个估计量，一定程度上反映了随机误差项的某些分布特征，因此可以通过残差的图形对异方差进行观察。一元回归模型 $Y_i = \beta_1 + \beta_2 X_i + u_i$ 在 OLS 估计的基础上得到残差的平方 e_i^2，令 e_i^2 为纵轴，自变量 X_i 为横轴，绘制出 e_i^2 对 X_i 的散点图，观察 e_i^2 随 X_i 的变化是否表现出逐渐增大、减小或者不规则变化，从而判断是否存在异方差，如图 4-7（a）所示，表明 u_i 不存在异方差，如果 e_i^2 随 X_i 而变化，如图 4.7（b）—（e）所示，则表明 u_i 存在异方差。

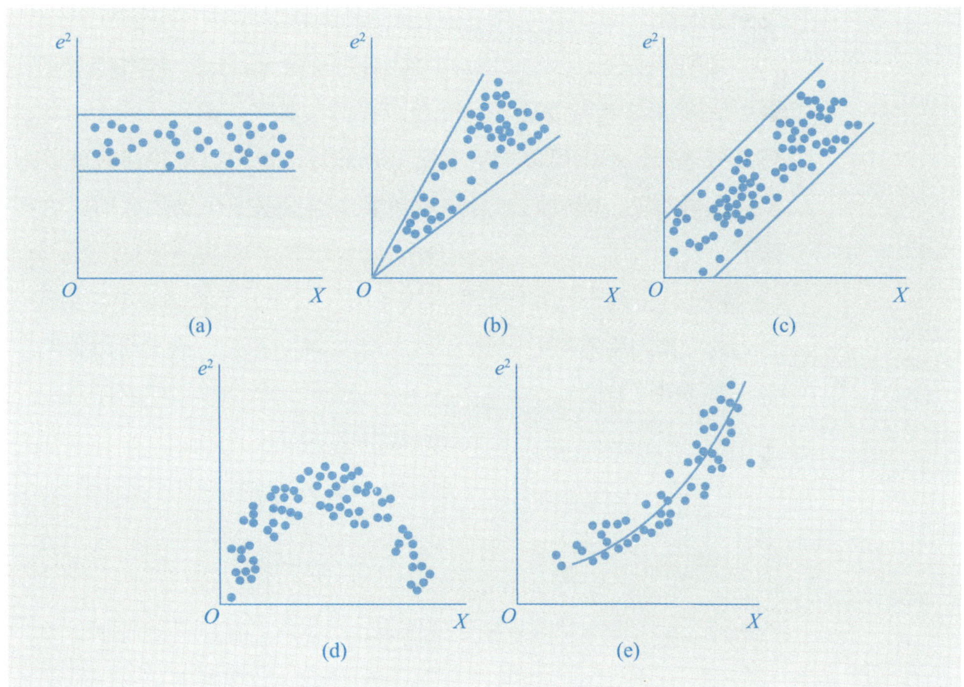

图 4-7
e_i^2 对 X_i 的散点图

2. 帕克检验

如果存在异方差，则随机误差项的方差 σ_i^2 可能与一个或者多个自变量存在系统相关，因此可以做 σ_i^2 与一个或多个自变量的辅助回归，并进行判断。

帕克（Park，1966）提出一个异方差的检验方法，对一元回归模型：

$$Y_i = \beta_0 + \beta_1 X_i + u_i \tag{4.2.12}$$

检验的具体步骤如下。

第一步，不考虑异方差问题，对式（4.2.12）进行普通最小二乘回归，求得随机误差项方差的估计，即残差的平方项 e_i^2 。

第二步，建立辅助回归：

$$\ln e_i^2 = \alpha_0 + \alpha_1 \ln X_i + v_i \tag{4.2.13}$$

也可以不使用对数形式的回归，如当自变量存在负值时，可以直接做 e_i^2 对 X_i 的辅助回归。

第三步，构造原假设和备择假设：

$$H_0: \alpha_1 = 0, \quad H_1: \alpha_1 \neq 0$$

如果 $\ln e_i^2$ 和 $\ln X_i$ 之间是统计显著的，则拒绝原假设，式（4.2.12）存在异方差。

帕克比较早地提出了一个异方差探索性检验方法。当原模型含有多个自变量时，则需对每个自变量建立形如式（4.2.13）的回归，也可以把 $\ln e_i^2$ 与多个自变量拟合成多元回归模型，通过构建 F 统计量或拉格朗日乘子 LM 检验判断辅助回归方程是否显著。

3. 戈列瑟检验

戈列瑟（Glejser，1969）提出另一种检验方法，与帕克检验类似，戈列瑟建议采用 $|e_i|$ 的形式检验是否与自变量存在函数关系。该方法的优点是异方差检验的形式有多种选择，不仅可以检验递增型异方差，也可以检验递减型异方差，而且一旦发现存在异方差，能同时对异方差随某个自变量变化的函数形式进行诊断，具体步骤如下。

第一步，对一元回归模型即式（4.2.12）进行普通最小二乘回归，求残差 e_i 。

第二步，用残差绝对值 $|e_i|$ 对 X_i 建立辅助回归，通常可以采用以下几种形式，其中 v_i 为随机误差项：

$$|e_i| = \alpha_0 + \alpha_1 X_i + v_i \tag{4.2.14}$$

$$|e_i| = \alpha_0 + \alpha_1 \sqrt{X_i} + v_i \tag{4.2.15}$$

$$|e_i| = \alpha_0 + \alpha_1 \left(\frac{1}{X_i}\right) + v_i \tag{4.2.16}$$

第三步，构造原假设和备择假设：

$$H_0: \alpha_1 = 0, \quad H_1: \alpha_1 \neq 0$$

利用回归得到的 R^2 、t 和 F 等信息判断，如果拒绝原假设， α_1 显著地不为零，则表明式（4.2.12）存在异方差。当原模型含有多个自变量时，可以把 $|e_i|$ 与多个自变量拟合成多元回归模型，通过构建 F 统计量或拉格朗日乘子 LM 检验判断辅助回归方程是否显著。此外，戈列瑟指出该检验形式更适用于大样本异方差检验。

4. 布罗施－帕甘检验

布罗施－帕甘（Breusch-Pagan，1979）检验又称 BP 检验，是现代较为常用的一种异方差检验方法。由式（4.2.11）可知，e_i^2 可以视为随机误差项方差 σ^2 的一个有效估计量，异方差检验是检验随机误差项的方差是否与自变量之间存在某种函数关系。因此，最简单的方法就是利用 e_i^2 作为因变量，建立一个包含原方程所有自变量的辅助回归方程，具体步骤如下。

第一步，对多元线性回归模型：

$$Y_i = \beta_0 + \beta_1 X_{1i} + \beta_2 X_{2i} + \cdots + \beta_k X_{ki} + u_i \tag{4.2.17}$$

进行普通最小二乘回归，求残差的平方 e_i^2 。

第二步，建立辅助回归：

$$e_i^2 = \alpha_0 + \alpha_1 X_{1i} + \alpha_2 X_{2i} + \cdots + \alpha_k X_{ki} + v_i \tag{4.2.18}$$

第三步，对于式（4.2.18），如果 $\alpha_1 = \alpha_2 = \cdots = \alpha_k = 0$ ，则 $e_i^2 = \alpha_0$ 为常数。因此，构建原假设和备择假设：

$$H_0 : \alpha_1 = \alpha_2 = \cdots = \alpha_k = 0$$

$$H_1 : \alpha_j (j = 1, 2, \cdots, k) \text{ 不全为 } 0$$

构造 F 统计量或拉格朗日乘数（LM）检验统计量：

$$F = \frac{R^2/k}{(1-R^2)/(n-k-1)} \sim F(k, n-k-1) \tag{4.2.19}$$

$$\mathrm{LM} = nR^2 \sim \chi^2(k) \tag{4.2.20}$$

式中，k 是辅助回归中自变量的数量；n 是辅助回归中观测值的数量；R^2 是辅助回归的判定系数。可以证明式（4.2.19）和式（4.2.20）构造的 F 统计量和 LM 统计量大于临界值 $F_\alpha(k, n-k-1)$ 和 $\chi_\alpha^2(k)$ 时，拒绝原假设，式（4.2.17）存在异方差。

5.　怀特检验

怀特（White，1980）在布罗施 - 帕甘检验的基础上进行拓展，提出了一种更为一般的异方差检验方法。布罗施 - 帕甘检验假定 e_i^2 与自变量呈线性函数形式，怀特拓展了这一假定，认为这种函数可以是非线性的，可以包含自变量的平方项以及不同自变量的交叉项。下面以二元回归模型为例说明怀特检验的基本步骤。

第一步，对二元线性回归模型：

$$Y_i = \beta_0 + \beta_1 X_{1i} + \beta_2 X_{2i} + u_i \tag{4.2.21}$$

进行普通最小二乘回归，求残差的平方 e_i^2 。

第二步，建立辅助回归：

$$e_i^2 = \alpha_0 + \alpha_1 X_{1i} + \alpha_2 X_{2i} + \alpha_3 X_{1i}^2 + \alpha_4 X_{2i}^2 + \alpha_5 X_{1i} X_{2i} + v_i \tag{4.2.22}$$

第三步，构建原假设和备择假设：

$$H_0 : \alpha_1 = \alpha_2 = \alpha_3 = \alpha_4 = \alpha_5 = 0$$

$$H_1 : \alpha_j (j = 1, 2, \cdots, 5) \text{ 不全为 } 0$$

与布罗施 - 帕甘检验类似，构造 F 统计量或拉格朗日乘数（LM）检验统计量：

$$F=\frac{R^2/5}{(1-R^2)/(n-6)}\sim F(5,6)$$

$$\mathrm{LM}=n\cdot R^2\sim\chi^2(5)$$

同样可以证明，当 F 统计量和 LM 统计量大于临界值 $F_\alpha(5,6)$ 和 $\chi_\alpha^2(5)$，或者计算得到的 F 统计量和 χ^2 统计量的 P 值很低时，拒绝原假设，认为模型中存在异方差；否则不拒绝原假设，认为式（4.2.21）不存在异方差。

怀特检验方法属于大样本检验，只有样本容量足够大时，所构造的 $n\cdot R^2$ 才服从 χ^2 分布，也就意味着只有在样本容量较大时，检验才具有可靠性。当样本容量不足时，可使用不含自变量交叉项的辅助回归，以保证检验功效。在多元回归中，怀特检验不仅可以识别出异方差的存在性，还可根据辅助回归的系数显著性判断是哪一个自变量的变化导致了异方差。因此，怀特检验也可以判断异方差变化的形态，是使用较为广泛的一种异方差检验方法。

4.2.3 异方差的修正

前面讨论过，当经典线性回归模型违背同方差假定时，如果仍然采用普通最小二乘法进行参数估计，则得到的参数估计量虽然是线性和无偏的，但是却不是有效估计量，假设检验也相应失效。因此，在检验到异方差存在时，需要采取一定的补救措施。采用的处理方法主要有以下三种。

1. 加权最小二乘法

异方差的含义是当自变量 X_i 取不同观测值时，随机误差项的方差 σ_i^2 不再是一个常数。加权最小二乘法（Weighted Least Squares，WLS）的思想是通过对原模型加权，即给随机误差项方差较大的 X_i 赋予一个较小的权数，而给随机误差项方差较小的 X_i 赋予一个较大的权数，使之变成一个不存在异方差的模型，然后对调整后的新模型采用普通最小二乘法进行估计。

考虑一元线性回归模型：

$$Y_i=\beta_0+\beta_1X_i+u_i \tag{4.2.23}$$

经检验，发现随机误差项存在异方差，即 $\mathrm{Var}(u_i)=\sigma_i^2$ 。

（1） 假设随机误差项的方差 σ_i^2 是已知的。

即对应每个观察值的误差方差都是已知的，取权数 $w_i=1/\sigma_i$，用该权数乘以原模型可得

$$\frac{Y_i}{\sigma_i}=\beta_0\left(\frac{1}{\sigma_i}\right)+\beta_1\left(\frac{X_i}{\sigma_i}\right)+\frac{u_i}{\sigma_i} \tag{4.2.24}$$

考查新模型的随机误差项的方差是否是同方差，可以证明

$$\mathrm{Var}\left(\frac{u_i}{\sigma_i}\right)=\frac{1}{\sigma_i^2}\cdot\mathrm{Var}(u_i)=\frac{1}{\sigma_i^2}\cdot\sigma_i^2=1 \tag{4.2.25}$$

则调整后的新模型是同方差的，方差水平为常数 1。因此，可以用普通最小二乘法进行估计，所得到的最小二乘估计量是最优线性无偏估计量，该方法称为加权最小二乘法。

需要注意的是，令 $Y_i^* = Y_i/\sigma_i$，$X_i^* = X_i/\sigma_i$，$u_i^* = u_i/\sigma_i$，则式（4.2.24）可以变换为

$$Y_i^* = \beta_0 w_i + \beta_1 X_i^* + u_i^* \qquad (4.2.26)$$

由于 σ_i 在每一点都是变化的，因此该模型变为一个过原点的含有两个自变量 (w_i, X_i^*) 的回归模型，估计该模型要采用过原点的回归估计方法。

（2） **假设随机误差项的方差 σ_i^2 是未知的。**

σ_i^2 未知时，如果要使用加权最小二乘法（WLS），则必须对 σ_i^2 进行特殊、合理的假设，通过对原始模型变换，使得变换后的模型满足同方差的假定。

① 随机误差项的方差与 $f(X_i)$ 成比例。

对原始模型进行普通最小二乘估计，对 e_i^2 和自变量 X_i 作图，如果观察到 e_i^2 与自变量 X_i 之间存在某种相关性，则可以假设

$$\text{Var}(u_i) = \sigma^2 f(X_i) \qquad (4.2.27)$$

表明随机误差项的方差与 $f(X_i)$ 成比例，常数 σ^2 是比例因子（Proportionality Factor）。那么，可以取权数为 $w_i = 1/\sqrt{f(X_i)}$，即将式（4.2.23）两边同时除以 $\sqrt{f(X_i)}$，则模型变换为

$$\begin{aligned}\frac{Y_i}{\sqrt{f(X_i)}} &= \beta_0\left(\frac{1}{\sqrt{f(X_i)}}\right) + \beta_1\left(\frac{X_i}{\sqrt{f(X_i)}}\right) + \frac{u_i}{\sqrt{f(X_i)}} \\ &= \beta_0\left(\frac{1}{\sqrt{f(X_i)}}\right) + \beta_1\left(\frac{X_i}{\sqrt{f(X_i)}}\right) + u_i^* \end{aligned} \qquad (4.2.28)$$

同理，新模型是过原点的回归模型，可以证明

$$\text{Var}(u_i^*) = \text{Var}\left(\frac{u_i}{\sqrt{f(X_i)}}\right) = \frac{1}{f(X_i)} \cdot \text{Var}(u_i) = \frac{1}{f(X_i)} \cdot \sigma^2 f(X_i) = \sigma^2 \qquad (4.2.29)$$

因此，容易证得变换后的回归模型的随机误差项 u_i^* 是同方差的，可以利用普通最小二乘法进行估计，这个过程依然属于加权最小二乘法。

② 随机误差项的方差与 $f(X_i)$ 不成比例。

若随机误差项的方差与 $f(X_i)$ 不成比例，由于 e_i^2 可以视为随机误差项方差 σ^2 的一个有效估计量，因此可以用随机误差项的近似估计量 e_i 求权重。首先利用普通最小二乘法得到式（4.2.23）的残差，然后将残差绝对值的倒数作为权重 $w_i = 1/|e_i|$，同乘式（4.2.23）的两端，最后再利用普通最小二乘法估计新得到的模型。

下面考虑多元回归模型式（4.2.1）的矩阵形式：

$$\boldsymbol{Y} = \boldsymbol{X\beta} + \boldsymbol{u} \qquad (4.2.30)$$

式中，$\boldsymbol{\beta} = (\beta_0, \beta_1, \cdots, \beta_k)'$ 为 $k+1$ 维系数向量；$\boldsymbol{u} = (u_1, u_2, \cdots, u_n)'$ 为 n 维随机误差项向

量；$\boldsymbol{Y}=(Y_1,Y_2,\cdots,Y_n)'$ 为 n 维因变量向量；$\boldsymbol{X}$ 为 $n\times(k+1)$ 自变量矩阵。令权数序列 $w_i=1/|e_i|$，$\boldsymbol{W}$ 为 $n\times n$ 对角矩阵，对角线上为 w_i，其他元素是零，则有

$$\boldsymbol{W}=\begin{pmatrix} w_1 & 0 & \cdots & 0 \\ 0 & w_2 & \cdots & 0 \\ \vdots & \vdots & \ddots & \vdots \\ 0 & 0 & \cdots & w_n \end{pmatrix} \tag{4.2.31}$$

用 $\boldsymbol{W}$ 左乘式（4.2.30），得到新的模型：

$$\boldsymbol{WY}=\boldsymbol{WX\beta}+\boldsymbol{Wu} \tag{4.2.32}$$

式中，$\boldsymbol{WY}$ 和 $\boldsymbol{WX}$ 分别是加权后的因变量向量和加权自变量矩阵，根据普通最小二乘估计量的表达式，可以得到加权最小二乘估计量，记为 $\boldsymbol{\beta}_{\mathrm{WLS}}$，表示为

$$\boldsymbol{\beta}_{\mathrm{WLS}}=(\boldsymbol{X'W'WX})^{-1}\boldsymbol{X'W'WY} \tag{4.2.33}$$

2. 异方差稳健标准误差

加权最小二乘法的关键是寻找随机误差项的方差与自变量之间的函数关系式，设置适当的权数。有时很难得到恰当的函数关系式，这时也可采用异方差稳健标准误差的方法来消除异方差带来的不利影响。在异方差的后果中讨论过，当随机误差项不满足同方差假定时，如果仍然采用普通最小二乘法进行参数估计，得到的参数估计量仍然是线性的和无偏的，但却不是有效的估计量。因此，第二种异方差修正方法的思想是，仍然采用普通最小二乘估计量，但是需要对方差进行修正。

仍然以一元回归模型为例：

$$Y_i=\beta_0+\beta_1X_i+u_i \tag{4.2.23}$$

检验发现随机误差项存在异方差，即 $\mathrm{Var}(u_i)=\sigma_i^2$。此外，得到斜率 $\hat{\beta}_1$ 的方差正确表示形式为

$$\mathrm{Var}(\hat{\beta}_1)=\frac{\sum_{i=1}^{n}x_i^2\sigma_i^2}{\left(\sum_{i=1}^{n}x_i^2\right)^2} \tag{4.2.8}$$

由于 e_i^2 可以视为随机误差项方差 σ_i^2 的一个有效估计量，因此用普通最小二乘法估计的 e_i^2 作为 σ_i^2 的代替，得到修正后的斜率方差表示为

$$\mathrm{Var}(\hat{\beta}_1)=\frac{\sum_{i=1}^{n}x_i^2e_i^2}{\left(\sum_{i=1}^{n}x_i^2\right)^2} \tag{4.2.34}$$

怀特证明在大样本情况下，式（4.2.34）是式（4.2.8）的一致估计量，将式（4.2.34）称为 $\hat{\beta}_1$ 的异方差稳健标准误差（Heteroskedasticity-Robust Standard Error），这种估计方法又称异方差稳健标准误差法。该方法虽然不能得到有效的估计

量，但是修正后的方差可以得到最小二乘估计量方差和标准误差的正确估计，使得统计检验不再失效，预测区间也更加可信。因此，在不能得到较好的权数实施加权最小二乘法时，可以采用异方差稳健标准误差法估计。

3. 模型的对数变换

在经济意义成立的情况下，也可以采用对数变换的方法，降低模型的异方差。例如，对式（4.2.23）的模型进行对数变换，将变量 Y_i 和 X_i 分别用 $\ln Y_i$ 和 $\ln X_i$ 代替，表示为

$$\ln Y_i = \beta_0 + \beta_1 \ln X_i + u_i \tag{4.2.35}$$

经过对数变换后的模型通常可以降低异方差性的影响。一方面，采用对数变换可以缩小测定变量值的尺度，即可以将两个数值之间原来 10 倍的差异缩小到只有 2 倍的差异，如 100 是 10 的 10 倍，但在常用对数情况下，$\lg100 = 2$ 是 $\lg10 = 1$ 的 2 倍；另一方面，经过对数变换后的线性模型式（4.2.35），其样本回归模型表示为

$$\ln Y_i = \hat{\beta}_0 + \hat{\beta}_1 \ln X_i + e_i^* \tag{4.2.36}$$

则有

$$e_i^* = \ln Y_i - \ln \hat{Y}_i = \ln \frac{Y_i}{\hat{Y}_i} = \ln \frac{\hat{Y}_i + Y_i - \hat{Y}_i}{\hat{Y}_i} = \ln\left(1 + \frac{Y_i - \hat{Y}_i}{\hat{Y}_i}\right) \tag{4.2.37}$$

根据泰勒展开，式（4.2.37）表示为

$$e_i^* = \ln\left(1 + \frac{Y_i - \hat{Y}_i}{\hat{Y}_i}\right) \approx \frac{Y_i - \hat{Y}_i}{\hat{Y}_i} \tag{4.2.38}$$

可见，当经过对数变换后，残差 e_i^* 表示相对误差，而相对误差通常比绝对误差有较小的差异。需要注意的是，对变量进行对数变换虽然能够减少异方差对模型的影响，但取对数后变量的经济意义发生变化。如果变量之间在经济意义上并未呈现对数线性关系，则不能简单地对变量取对数，需要采用其他方法对异方差进行修正。

【例 4-2】深圳市龙华区二手房价格影响因素分析

为研究深圳市二手房房价的影响因素，通过搜房网采集深圳市龙华区 1 950 套二手房房屋的相关信息，包括二手房房屋价格（price_i，万元 / m^2）及房屋的特征变量，包括房间数（rnum_i，个）、面积（area_i，m^2）、楼层（fnum_i，层数）、学区房（school_i，虚拟变量，0= 不是学区房，1= 学区房）、地铁（subway_i，虚拟变量，0= 不靠近地铁，1= 靠近地铁）。其中，学区房和地铁为虚拟变量，又称定性变量，通常表示是否具备某种性质，它与定量变量一样可以用于回归分析，关于虚拟变量的使用将在第 5 章进行详细介绍。二手房屋的价格与特征变量之间呈正相关，各自变量前的回归系数预期都大于零。由此建立深圳市龙华区二手房房价影响因素模型，表示为

$$\text{price}_i = \beta_0 + \beta_1 \text{rnum}_i + \beta_2 \text{area}_i + \beta_3 \text{fnum}_i + \beta_4 \text{school}_i + \beta_5 \text{subway}_i + u_i \tag{4.2.39}$$

部分样本数据见表 4-2。

表 4-2
深圳市龙华区二手房房屋价格及相关影响因素

district	price	rnum	area	fnum	school	subway
longhua	4.90	3	118.00	34	1	1
longhua	3.62	2	65.00	30	1	0
longhua	4.72	3	88.72	33	0	0
longhua	4.35	3	156.20	3	0	0
⋮	⋮	⋮	⋮	⋮	⋮	⋮
longhua	5.06	4	86.95	33	0	0
longhua	4.51	3	97.47	11	1	1
longhua	4.70	2	74.48	8	0	1
longhua	7.90	2	75.70	36	1	1

数据来源：搜房网。

首先利用 Stata 软件进行普通最小二乘估计，在 Stata 命令窗口输入如下命令：

```
.reg price rnum area fnum school subway
```

结果如图 4-8 所示。

图 4-8
深圳市龙华区二手房房屋价格基本回归结果

```
      Source |       SS           df       MS      Number of obs   =     1,950
-------------+----------------------------------   F(5, 1944)      =    207.12
       Model |  2001.08156         5  400.216312   Prob > F        =    0.0000
    Residual |  3756.43323     1,944  1.93232162   R-squared       =    0.3476
-------------+----------------------------------   Adj R-squared   =    0.3459
       Total |  5757.51479     1,949   2.9540866   Root MSE        =    1.3901

------------------------------------------------------------------------------
       price |      Coef.   Std. Err.      t    P>|t|     [95% Conf. Interval]
-------------+----------------------------------------------------------------
        rnum |   .0529074   .0522457     1.01   0.311     -.049556    .1553708
        area |    .003751   .0014464     2.59   0.010     .0009143    .0065877
        fnum |   .0538558   .0031571    17.06   0.000     .0476642    .0600474
      school |   .6312268   .0710048     8.89   0.000     .4919734    .7704803
      subway |   1.361347   .0692274    19.66   0.000     1.225579    1.497114
       _cons |   3.011648   .1288606    23.37   0.000     2.758928    3.264367
------------------------------------------------------------------------------
```

根据图 4-8 整理回归分析结果的报告，形如式（4.2.40）：

$$\widehat{price}_i = 3.012 + 0.053rnum + 0.004area + 0.054fnum + 0.631school + 1.361subway$$
$$t = (23.37) \quad (1.01) \quad (2.59) \quad (17.06) \quad (8.89) \quad (19.66) \tag{4.2.40}$$
$$R^2 = 0.348, \quad \bar{R}^2 = 0.346, \quad F = 207.12$$

完成回归估计后，绘制残差与拟合值的散点图初步考察是否存在异方差，在 Stata 命令窗口输入如下命令：

```
.rvfplot
```

结果如图 4-9 所示。

图 4-9
残差与拟合值的散点图

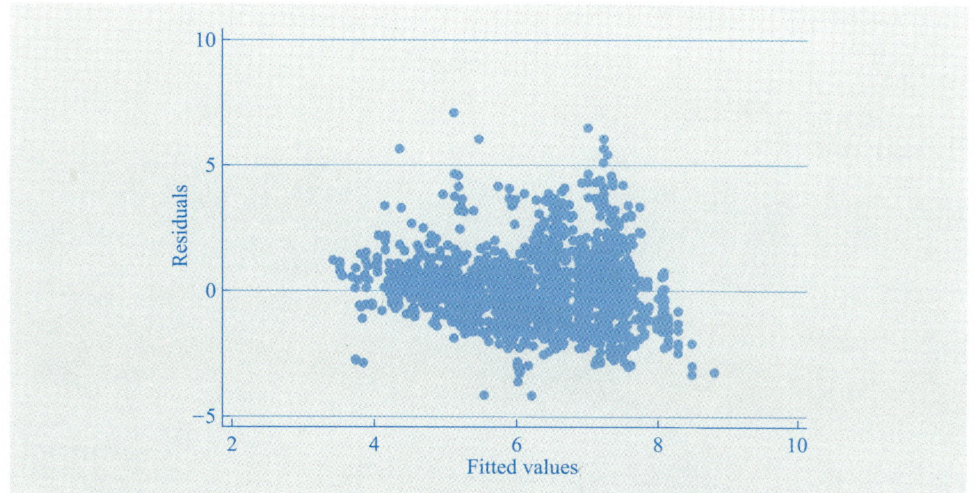

由图 4-9 可大致看出，当二手房房屋价格较低时，随机误差项的方差较大。进一步考查残差与自变量 $rnum_i$ 的散点图，在 Stata 命令窗口输入如下命令：

```
.rvpplot rnum
```

结果如图 4-10 所示。

图 4-10
残差与自变量 $rnum_i$ 的散点图

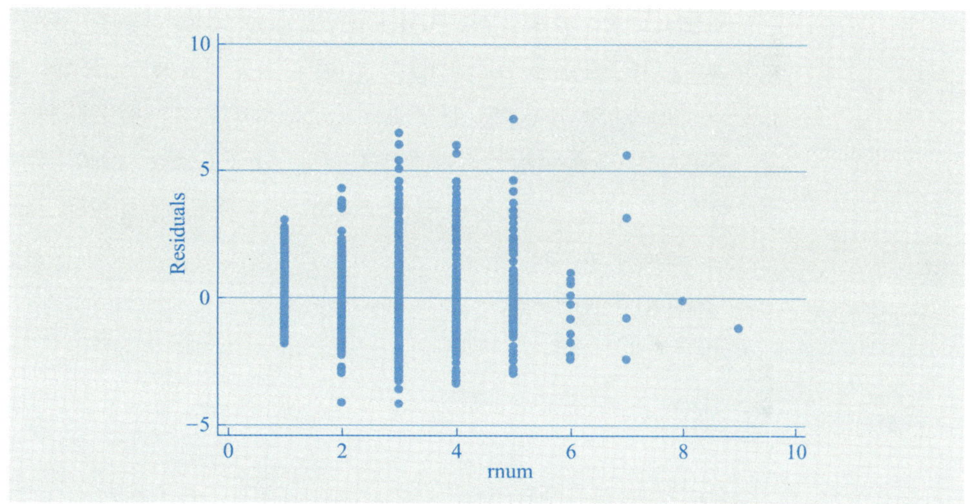

由图 4-10 可知，随着房间数增多，随机误差项的方差增大，图 4-9 和图 4-10 的结论基本一致，表明模型很可能存在异方差。下面进行 Park 检验：首先计算残差，记为 e1；其次生成残差平方，记为 e2，并将残差平方取对数；最后利用 generate 得到自变量的对数形式，建立辅助回归。根据上述过程在 Stata 命令窗口输入如下命令：

```
.predict e1，residual
.gen e2=e1^2
.gen lne2=log（e2）
.gen lnrnum=log（rnum）
.gen lnarea=log（area）
```

.gen lnfnum=log（fnum）

.reg lne2 lnrnum lnarea lnfnum school subway

结果如图 4-11 所示。

图 4-11
帕克检验结果

Source	SS	df	MS			
				Number of obs	=	1,950
				F(5, 1944)	=	21.66
Model	503.176787	5	100.635357	Prob > F	=	0.0000
Residual	9034.13097	1,944	4.64718671	R-squared	=	0.0528
				Adj R-squared	=	0.0503
Total	9537.30776	1,949	4.89343651	Root MSE	=	2.1557

lne2	Coef.	Std. Err.	t	P>|t|	[95% Conf.	Interval]
lnrnum	.5677648	.2440857	2.33	0.020	.0890675	1.046462
lnarea	.2029736	.2568496	0.79	0.429	-.3007561	.7067032
lnfnum	-.0751809	.0910181	-0.83	0.409	-.2536842	.1033225
school	.0231299	.1104845	0.21	0.834	-.1935506	.2398105
subway	.8779269	.1072535	8.19	0.000	.667583	1.088271
_cons	-2.572584	1.007403	-2.55	0.011	-4.548287	-.5968813

由于自变量 $school_i$ 和 $subway_i$ 为虚拟变量，因此没有进行对数变换。得到辅助回归结果后，计算 LM 统计量，$LM = nR^2$ 服从 χ^2 分布，其中 n 是观测值的数量，R^2 是辅助回归的判定系数。由图 4-11 可知，$R^2 = 0.053$，在 5% 显著性水平下有 $LM = 1\,950 \times 0.053 = 103.35$，因此 $LM > \chi^2_{0.05}(5) = 11.07$，拒绝原假设，模型存在异方差。下面利用 Glesjer 检验进行异方差检验，由于 Glesjer 检验采用残差绝对值形式，因此首先需要生成残差绝对值，再建立辅助回归，在 Stata 命令窗口输入如下命令：

.gen abe1 = abs（e1）

.reg abe1 rnum area fnum school subway

结果如图 4-12 所示。

图 4-12
戈列瑟检验结果

Source	SS	df	MS			
				Number of obs	=	1,950
				F(5, 1944)	=	40.94
Model	151.786073	5	30.3572147	Prob > F	=	0.0000
Residual	1441.57567	1,944	.741551269	R-squared	=	0.0953
				Adj R-squared	=	0.0929
Total	1593.36174	1,949	.81752783	Root MSE	=	.86113

abe1	Coef.	Std. Err.	t	P>|t|	[95% Conf.	Interval]
rnum	.0344133	.0323654	1.06	0.288	-.0290613	.0978878
area	.0049732	.000896	5.55	0.000	.0032159	.0067305
fnum	.0016089	.0019558	0.82	0.411	-.0022267	.0054445
school	.0345237	.0439864	0.78	0.433	-.0517417	.1207892
subway	.3819184	.0428853	8.91	0.000	.2978124	.4660244
_cons	.1869048	.0798272	2.34	0.019	.0303489	.3434608

根据图 4-12 的估计结果计算 LM 统计量，并比较 LM 统计量和 LM 临界值得出结论，经计算，$LM = nR^2 = 185.25 > \chi^2_{0.05}(5) = 11.07$，因此拒绝原假设，模型存在异

方差。下面在图 4-8 最小二乘估计的基础上利用 BP 检验作进一步验证，在 Stata 命令窗口输入如下命令：

```
.reg price rnum area fnum school subway
.estat hettest, iid rhs
```

其中，iid 表示数据为独立同分布，无须正态假定，rhs 表示使用方程右边的全部自变量进行辅助回归，不加 rhs 表示默认使用拟合值 $price_i$ 进行辅助回归，结果如图 4-13 所示。

图 4-13
布罗施－帕甘检验结果

```
Breusch-Pagan / Cook-Weisberg test for heteroskedasticity
         Ho: Constant variance
         Variables: rnum area fnum school subway

         chi2(5)      =    145.04
         Prob > chi2  =    0.0000
```

根据图 4-13，BP 检验的 p 值等于 0.000 0，拒绝同方差的原假设，认为存在异方差。如果指定使用自变量 $rnum_i$ 进行辅助回归，可以使用如下代码进行 BP 检验，在 Stata 命令窗口输入如下命令：

```
.estat hettest rnum, iid
```

结果如图 4-14 所示。

图 4-14
布罗施－帕甘自变量 $rnum_i$ 检验结果

```
Breusch-Pagan / Cook-Weisberg test for heteroskedasticity
         Ho: Constant variance
         Variables: rnum

         chi2(1)      =     63.73
         Prob > chi2  =    0.0000
```

根据图 4-14 所示，BP 检验的 p 值等于 0.000 0，拒绝同方差的原假设，认为存在异方差，与残差图的判断结果一致，利用该方法可以依次检验各自变量是否存在异方差，经检验，自变量 $rnum_i$、$area_i$、$school_i$、$subway_i$ 中均可能存在异方差。下面利用怀特检验进行异方差验证，在 Stata 命令窗口输入如下命令：

```
.estat imtest, white
```

结果如图 4-15 所示。

图 4-15 中怀特检验结果显示，p 值等于 0.000 0，拒绝同方差的原假设，认为存在异方差，怀特检验结果与 BP 检验结果一致。以上各检验都证明存在异方差，下面使用加权最小二乘法（WLS）进行修正。首先，在基本回归的基础上计算残差，并记为 e3，在 Stata 命令窗口输入如下命令：

```
.quietly reg price rnum area fnum school subway
.predict e3, residual
```

图 4-15
怀特检验结果

```
White's test for Ho: homoskedasticity
         against Ha: unrestricted heteroskedasticity

         chi2(18)      =    312.17
         Prob > chi2   =    0.0000

Cameron & Trivedi's decomposition of IM-test

                   Source |       chi2     df      p
--------------------------+-----------------------------
       Heteroskedasticity |     312.17     18    0.0000
                 Skewness |     130.71      5    0.0000
                 Kurtosis |      19.29      1    0.0000
--------------------------+-----------------------------
                    Total |     462.17     24    0.0000
--------------------------------------------------------
```

其中，quietly 表示执行该命令，但不在 Stata 结果窗口中显示运行结果。其次，生成残差平方，记为 e32，并将残差平方取对数，在 Stata 命令窗口输入如下命令：

.gen e32=e3^2

.gen lne32=log（e32）

假设 $\ln\hat{\sigma}_i^2$ 为变量 rnum_i、area_i、school_i、subway_i 的线性函数，进行以下辅助回归，在 Stata 命令窗口输入如下命令：

.reg lne32 rnum area school subway

结果如图 4-16 所示。

图 4-16
辅助回归结果

```
      Source |       SS           df       MS      Number of obs   =     1,950
-------------+----------------------------------   F(4, 1945)      =     27.85
       Model |  516.674063         4  129.168516   Prob > F        =    0.0000
    Residual |  9020.63369     1,945  4.63785794   R-squared       =    0.0542
-------------+----------------------------------   Adj R-squared   =    0.0522
       Total |  9537.30776     1,949  4.89343651   Root MSE        =    2.1536

------------------------------------------------------------------------------
        lne2 |      Coef.   Std. Err.      t    P>|t|     [95% Conf. Interval]
-------------+----------------------------------------------------------------
        rnum |   .1674556   .0783396     2.14   0.033     .0138171    .3210941
        area |   .0039601   .0022167     1.79   0.074    -.0003873    .0083076
      school |   -.002343   .1100029    -0.02   0.983    -.2180789    .2133929
      subway |   .8856255   .1072401     8.26   0.000      .675308    1.095943
       _cons |  -2.167912   .1764686   -12.28   0.000    -2.513999   -1.821824
------------------------------------------------------------------------------
```

将辅助回归的拟合值记为 lne32f，去掉对数后，得到随机误差项方差的估计值，记为 e32f，最后，使用随机误差项方差的估计值的倒数作为权重，进行 WLS 回归，在 Stata 命令窗口输入如下命令：

.predict lne32f

.gen e32f=exp（lne32f）

.reg price rnum area fnum school subway[aw=1/e32f]

结果如图 4–17 所示。

图 4–17
WLS 回归估计结果

Source	SS	df	MS			
Model	1869.23133	5	373.846266	Number of obs	=	1,950
Residual	2864.37203	1,944	1.4734424	F(5, 1944)	=	253.72
				Prob > F	=	0.0000
				R-squared	=	0.3949
				Adj R-squared	=	0.3933
Total	4733.60336	1,949	2.42873441	Root MSE	=	1.2139

price	Coef.	Std. Err.	t	P>|t|	[95% Conf.	Interval]
rnum	.0555301	.0505981	1.10	0.273	-.0437021	.1547622
area	.0027041	.0015466	1.75	0.081	-.000329	.0057372
fnum	.0443872	.0028972	15.32	0.000	.0387052	.0500691
school	.7219463	.0597617	12.08	0.000	.6047425	.8391501
subway	1.404442	.0584717	24.02	0.000	1.289769	1.519116
_cons	3.253169	.1100604	29.56	0.000	3.03732	3.469017

由图 4–17 可知，WLS 修正后的 $rnum_i$ 仍然没能通过显著性检验，$area_i$ 的显著性也仅能通过 10% 水平的显著性检验，拟合优度 R^2 为 0.395，提升效果并不明显。显然，WLS 的修正效果并不理想，结合图 4–16，WLS 修正效果不理想的原因可能是辅助回归选择的函数形式不正确，使得辅助回归的 R^2 仅为 0.054。在随机误差项的方差与 $f(X_i)$ 不成比例时，可以利用随机误差项的近似估计量 e_i 求权重，即将残差绝对值的倒数作为权重 $w_i = 1/|e_i|$ 进行 WLS 修正，在 Stata 命令窗口输入命令：

.reg price rnum area fnum school subway

.predict e4，residual

.gen w=1/abs（e4）

.reg price rnum area fnum school subway[aw=w]

结果如图 4–18 所示。

图 4–18
WLS 回归估计结果（$w_i = 1/|e_i|$ 为权重）

Source	SS	df	MS			
Model	2208.27014	5	441.654027	Number of obs	=	1,950
Residual	362.753708	1,944	.186601702	F(5, 1944)	=	2366.83
				Prob > F	=	0.0000
				R-squared	=	0.8589
				Adj R-squared	=	0.8585
Total	2571.02384	1,949	1.31915025	Root MSE	=	.43197

price	Coef.	Std. Err.	t	P>|t|	[95% Conf.	Interval]
rnum	.050629	.0142238	3.56	0.000	.0227336	.0785245
area	.0034984	.0002953	11.85	0.000	.0029192	.0040776
fnum	.0539587	.0011031	48.91	0.000	.0517953	.0561222
school	.6609746	.0244222	27.06	0.000	.6130781	.7088711
subway	1.377651	.023624	58.32	0.000	1.33132	1.423982
_cons	2.991234	.0417734	71.61	0.000	2.909309	3.07316

由图 4-18 的结果可知，将残差绝对值的倒数作为权重修正后拟合优度 $R^2=0.859$ 有较大提升，自变量 $rnum_i$ 和 $area_i$ 均在 1% 显著性水平下通过显著性检验，且系数符号均符合预期。可见，WLS 后提高了估计效率。如果担心加权变换后的新误差项仍有一定的异方差，则可以使用稳健标准误差进行进一步估计，在 Stata 命令窗口输入命令：

```
.reg price rnum area fnum school subway[aw=w]，robust
```

结果如图 4-19 所示。

图 4-19 WLS 的稳健标准误差回归估计结果

```
Linear regression                    Number of obs     =      1,950
                                     F(5, 1944)        =   10775.57
                                     Prob > F          =     0.0000
                                     R-squared         =     0.8589
                                     Root MSE          =     .43197
```

price	Coef.	Robust Std. Err.	t	P>|t|	[95% Conf.	Interval]
rnum	.050629	.0088689	5.71	0.000	.0332354	.0680226
area	.0034984	.0002695	12.98	0.000	.0029698	.0040269
fnum	.0539587	.000646	83.53	0.000	.0526918	.0552257
school	.6609746	.0137659	48.02	0.000	.6339772	.687972
subway	1.377651	.0125778	109.53	0.000	1.352983	1.402318
_cons	2.991234	.02227	134.32	0.000	2.947559	3.03491

由图 4-19 可知，无论是否使用稳健标准误差，WLS 的回归系数都相同，但标准误差有所不同，稳健标准误差要小于普通标准误差。例 4-2 分析结果表明，二手房房屋的价格受到房间数、面积、楼层、是否为学区房及是否靠近地铁因素的影响。在固定其他因素的情况下，房间数每增加 1 个，二手房价格每平方米平均增加 0.051 万元；面积每增加 1 平方米，二手房价格每平方米平均增加 0.003 万元；楼层每增加 1 层，二手房价格每平方米平均增加 0.054 万元；二手房若为学区房，每平方米房价增加 0.661 万元；二手房若靠近地铁，每平方米房价平均增加 1.378 万元。模型估计结果符合预期。

4.3 自相关

4.3.1 自相关的来源和后果

1. 自相关定义

自相关是指按时间（如时间序列数据）或者空间（如截面数据）排列的观察值之间的相关关系。通常提到的自相关多指时间序列数据建模过程中出现随机误差项违背相互独立的基本假设，但并不意味着截面数据中不存在自相关。截面数据存在的自相关又称空间自相关，属于空间计量经济学的内容（本书第 10 章将介绍），本节仅讨论时间序列模型存在自相关问题，因此本节中变量均为时间序列变量，下标用 t 表示。

回顾第 3 章讨论经典多元线性回归模型：

$$Y_t = \beta_0 + \beta_1 X_{1t} + \beta_2 X_{2t} + \cdots + \beta_k X_{kt} + u_t \quad t = 1,2,\cdots,n \tag{4.3.1}$$

随机误差项序列 u_1，u_2，$u_3,\cdots,u_n$ 视为 n 个随机变量，自相关表示为

$$\text{cov}(u_i,u_j) = E(u_i u_j) \neq 0\text{，}\quad i,j \in n, i \neq j \tag{4.3.2}$$

或用矩阵表示为

$$\begin{aligned}\text{Var}(\boldsymbol{u}) = E(\boldsymbol{u}\boldsymbol{u}') &= \begin{pmatrix} \sigma^2 & \cdots & E(u_1 u_n) \\ \vdots & \ddots & \vdots \\ E(u_n u_1) & \cdots & \sigma^2 \end{pmatrix} \\ &= \sigma^2 \boldsymbol{\Omega} \neq \sigma^2 \boldsymbol{I}\end{aligned} \tag{4.3.3}$$

即对于不同的样本点，随机误差项之间不再是完全独立的，而是存在某种相关性，称为出现序列相关（Serial Correlation），又称自相关。

对式（4.3.1）如果有

$$\text{cov}(u_t, u_{t-s}) = \rho_s \neq 0 \quad s < t \tag{4.3.4}$$

则称模型随机误差项具有 s 阶自相关，ρ_s 称为自相关系数。如果将随机误差项 u_t 的当期值作为因变量，可以用随机误差项自身的滞后期去解释 u_t 的变化，即写成一个回归模型来表述自相关的变化。计量经济学上将这样一个过程称为 s 阶自回归过程：

$$u_t = \rho_1 u_{t-1} + \rho_2 u_{t-2} + \cdots + \rho_s u_{t-s} + v_t \tag{4.3.5}$$

自回归表示用误差项自身的滞后期去解释当期 u_t 的变化，s 阶描述的是滞后期的最高阶数，计量经济学中通常将其称为 $AR(s)$ 过程，即 s 阶的自回归过程。如果用 $AR(s)$ 过程描述一个 s 阶的自回归过程，式（4.3.5）需要满足两个假设：一是 ρ_s 显著异于 0，否则 s 阶自相关就不会存在；二是 v_t 满足经典线性回归模型的基本假设，即 v_t 不存在序列相关问题。由于现实中经济变量通常与其一阶或二阶滞后变量的关系最强，因此计量经济模型中自相关的最常见形式是一阶自相关或二阶自相关，分别表示如下。

一阶自相关：

$$AR(1): u_t = \rho u_{t-1} + v_t \tag{4.3.6}$$

二阶自相关：

$$AR(2): u_t = \rho_1 u_{t-1} + \rho_2 u_{t-2} + v_t \tag{4.3.7}$$

需要注意的是，$AR(s)$ 表述 s 阶自相关仅在时序样本中成立，因为时序样本间的顺序是确定的。在截面样本中，因为没有这样一种先后顺序，所以这一表述并不成立。

2. 自相关来源

产生自相关的原因有以下五个方面。

（1） **模型中遗漏了重要自变量。**

如果正确模型为

$$Y_t = \beta_0 + \beta_1 X_{1t} + \beta_2 X_{2t} + u_t \tag{4.3.8}$$

实际建立模型为

$$Y_t = \beta_0 + \beta_1 X_{1t} + v_t \tag{4.3.9}$$

即遗漏了重要自变量X_{2t}，则有

$$v_t = \beta_2 X_{2t} + u_t$$

当X_{2t}序列存在自相关时，将导致实际模型的残差项也出现自相关。由于该现象是设定失误造成的自相关，因此又称虚假自相关。在时序样本中，如果遗漏了重要自变量，会表现为自相关；而在截面样本中，如果遗漏了重要自变量，则会表现为异方差。

（2） **设定错误的函数形式。**

在时序数据样本条件下，当使用错误的函数形式来拟合变量之间的关系时，如果使用了线性回归模型来拟合一个非线性过程，则往往会导致残差项出现系统的变化模式，并主要表现为自相关。由模型设定偏误产生的自相关是一种虚假自相关，可以通过改变模型设定予以消除。截面数据中如果使用了错误的模型函数形式，则主要表现为异方差。

（3） **经济系统的惯性。**

大多数时间序列变量，特别是宏观变量，往往存在较强的惯性，其当期变化在很大程度上由前期决定，如较高的固定资产投资水平，就意味着后续投资也会维持高位等，表现在回归模型上，前期值影响后期值，这两期之间出现相关性。在回归模型中，Y_t一部分是由X_t决定的确定性部分，另一部分是随机部分u_t，Y_t的随机性等同于u_t的随机性，因为经济系统的惯性，Y_t表现为自相关，它的自相关会传导到u_t上，使得u_t出现自相关。

（4） **蛛网现象。**

蛛网现象是微观经济学中的一个概念。它表示某种商品的供给量受前一期价格影响而表现出来的某种规律性，即呈蛛网状收敛或发散于供需的均衡点。许多农产品的供给呈现为蛛网现象，供给受价格的影响要滞后一段时间才能显现。用S_t表示供给量，P_t表示价格，则有

$$S_t = \beta_0 + \beta_1 P_{t-1} + u_t \tag{4.3.10}$$

$$S_{t+1} = \beta_0 + \beta_1 P_t + u_{t+1} \tag{4.3.11}$$

如果$P_t < P_{t-1}$，则$S_{t+1} < S_t$，即如果t时期的价格P_t低于上一期的价格P_{t-1}，农民就会减少$t+1$时期的生产供应量，此时形成蛛网现象，由于价格和供给量之间表现出相关性，因此随机误差项u_t、u_{t+1}之间也存在关联，表现为自相关。

（5） 数据处理。

由于某些原因对数据进行了修正和内插处理，因此在这样的数据序列中就会有自相关。例如，将月度数据调整为季度数据，由于采用了加总处理，减弱了月度数据的波动，因此季度数据具有平滑性，这种平滑性会产生自相关。对缺失的历史资料，采用特定统计方法进行内插处理，使得数据前后期相关，产生了自相关。

通过上述分析可以发现，前两种原因所导致的自相关主要属于主观原因，其错误来自研究者自身，又称虚假自相关，应在模型设定时予以排除，而后三种原因则更多的属于数据样本的天然问题，因此可按照这一原则将导致自相关的原因区分为主观原因和客观原因。本节主要讲授客观原因导致的自相关的检验和修正问题。

3. 自相关后果

假定式（4.3.1）中 u_t 存在自相关，$\operatorname{cov}(u_t,u_s)\neq 0\ (s<t)$，那么对普通最小二乘估计量 $\hat{\beta}_j$ 带来的影响如下。

（1） **OLS 估计量 $\hat{\beta}_j$ 仍然是无偏和一致的。**由于自变量和随机误差项并不相关，因此一个设定正确的模型在出现自相关时，仍然可以得到无偏和一致的估计量：

$$\begin{aligned}E(\hat{\boldsymbol{\beta}})&=E[(\boldsymbol{X}'\boldsymbol{X})^{-1}\boldsymbol{X}'\boldsymbol{Y}]=E[(\boldsymbol{X}'\boldsymbol{X})^{-1}\boldsymbol{X}'(\boldsymbol{X}\boldsymbol{\beta}+\boldsymbol{u})]\\&=\boldsymbol{\beta}+(\boldsymbol{X}'\boldsymbol{X})^{-1}\boldsymbol{X}'E(\boldsymbol{u})=\boldsymbol{\beta}\end{aligned}\tag{4.3.12}$$

（2） **OLS 估计量 $\hat{\beta}_j$ 的方差不再有效。**也就是说，OLS 估计量 $\hat{\beta}_j$ 的方差不再具有最小方差性。为解释这一影响，首先仍然在一元回归模型中进行讨论。当随机误差项不存在自相关时，$\operatorname{cov}(u_t,u_s)=0\ (s<t)$，斜率 $\hat{\beta}_1$ 的方差表示为

$$\operatorname{Var}(\hat{\beta}_1)=\frac{\sigma^2}{\sum_{t=1}^{n}x_t^2}\tag{4.3.13}$$

当随机误差项存在自相关时，容易证得

$$\operatorname{cov}(u_t,u_{t-1})=E(u_tu_{t-1})=\rho\sigma^2\tag{4.3.14}$$

$$\operatorname{cov}(u_t,u_{t-2})=E(u_tu_{t-2})=\rho^2\sigma^2\tag{4.3.15}$$

$$\operatorname{cov}(u_t,u_s)=E(u_tu_s)=\rho^{t-s}\sigma^2,\quad s<t\tag{4.3.16}$$

此时，斜率 $\hat{\beta}_1$ 的方差表示如下（证明略）：

$$\operatorname{Var}(\hat{\beta}_1)=\sigma^2\frac{1}{\sum_{t=1}^{n}x_t^2}+2\sigma^2\frac{1}{\sum_{t=1}^{n}x_t^2}\left(\rho\frac{\sum_{t=1}^{n-1}x_tx_{t+1}}{\sum_{t=1}^{n}x_t^2}+\rho^2\frac{\sum_{t=1}^{n-2}x_tx_{t+2}}{\sum_{t=1}^{n}x_t^2}+\cdots+\rho^{n-1}\frac{x_1x_n}{\sum_{t=1}^{n}x_t^2}\right)\tag{4.3.17}$$

比较式（4.3.13）和式（4.3.17）可以发现，没有自相关时，随机误差项的方差仅是有自相关时随机误差项方差的一部分，且对于经济变量，随机误差项和自变量经常表现为正自相关，式（4.3.17）右侧第二项通常为正。因此，在存在自相关的条件下，如果仍然采用式（4.3.13）计算 $\hat{\beta}_1$ 的方差，将会低估 $\hat{\beta}_1$ 的真实方差。同

理，在多元回归模型中，用普通最小二乘法得到的 $\hat{\beta}_j$ 的方差也会低估真实的方差。

（3） **t 检验和 F 检验失效。**自相关在影响参数估计量 $\hat{\beta}_j$ 的方差的同时，也影响了它的标准误差及随机误差项的方差 $\hat{\sigma}^2$，通常会低估参数估计量的方差和标准误差，计算得到的随机误差项的方差 $\hat{\sigma}^2$ 也会低估真实的 σ^2，导致 t 统计量和 F 统计量变大，更容易得到统计上显著的结果。同样，随着标准误差的低估，置信区间会变得更窄，使得估计量的精确程度比真实情况更高。

4.3.2 自相关的检验和修正

1. 自相关的检验

自相关是随机误差项在不同时点表现出相关性：

$$\mathrm{cov}(u_t, u_s) = 0, \quad s < t \tag{4.3.18}$$

那么，检验自相关就是检验随机误差项的方差之间的相关性或随机误差项是否随时间变化呈现出规律性。由于随机误差项 u_t 无法观测，因此通常通过随机误差项的估计即残差 e_t 的变化研究 u_t 的变化。下面介绍几种常见的自相关检验方法。

（1） 图示法。

利用残差 e_t 的变化来判断随机误差项是否存在自相关，可以用两种方法作散点图：一是用残差 e_t 对时间 t 作图，这种图形称为时序图，观察是否存在系统性的变动规律；二是绘制 e_t 与 e_{t-1} 的散点图，观察残差序列与其滞后一期值之间的变化过程，以判断自相关的存在，如图 4-20 所示，横轴为 e_{t-1}，纵轴为 e_t。图示法虽然直观，

图 4-20
残差项的序列相关图

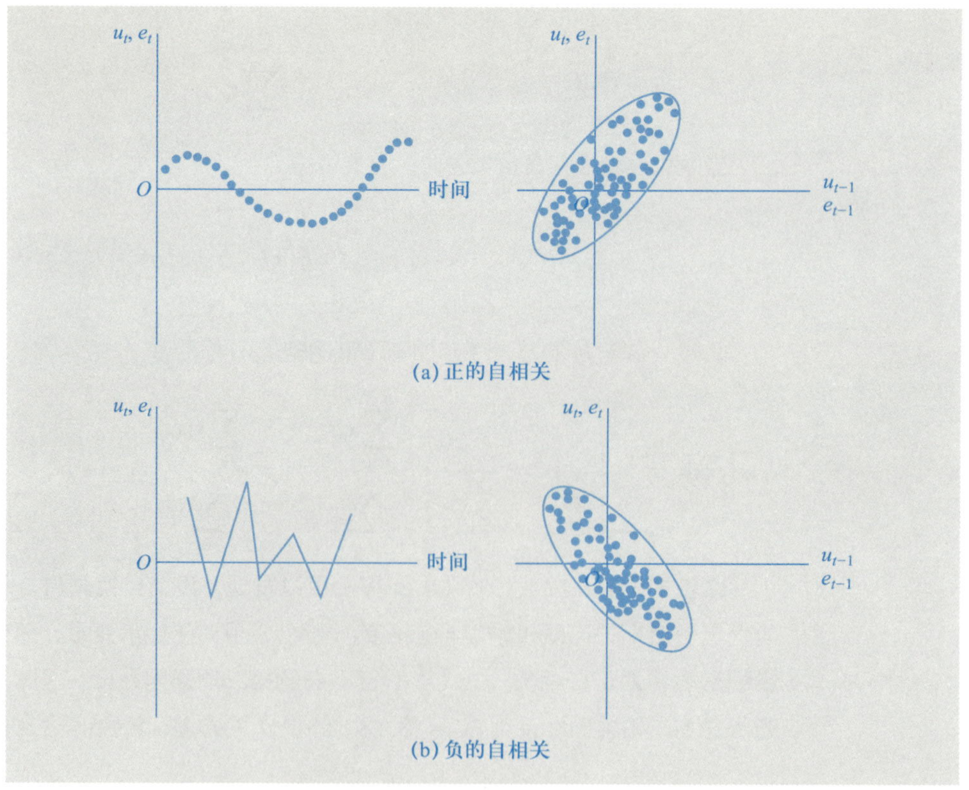

但通常在样本容量较大时，才易于观察出自相关的存在。此外，散点图法无法判断自相关的存在模式，即自相关的阶数，而自相关的阶数对修正自相关十分重要。

（2） 回归法。

回归法的思想是根据式（4.3.5）建立自回归过程检验随机误差项和其滞后项之间是否存在显著的相关关系。首先，对给定样本利用最小二乘法估计得到残差 e_t，以 e_t 为因变量，以其滞后项为自变量，建立不同形式的回归方程，如

$$e_t = \rho e_{t-1} + v_t \tag{4.3.19}$$

$$e_t = \rho_1 e_{t-1} + \rho_2 e_{t-2} + v_t \tag{4.3.20}$$

$$e_t = \rho_1 e_{t-1}^2 + v_t \tag{4.3.21}$$

$$\cdots$$

对上述自回归方程进行显著性检验，若某个回归方程的回归系数显著不为零，则说明存在该种形式的自相关。回归法的优点是适合于任何形式的自相关检验，且若结论是存在自相关，则同时确定了自相关的具体形式和自回归系数的估计值。

（3） DW 检验。

DW 检验是杜宾（J. Durbin）和沃特森（G. S. Watson）分别于 1950 年、1951 年提出的检验自相关的方法，利用残差 e_t 构造 DW 检验统计量以判断随机误差项是否存在自相关，该方法的使用需要满足以下前提条件。

① 回归模型包括截距项。

② 自变量 X 是非随机变量。

③ 随机误差项 u_t 是一个一阶自回归过程。

④ 自变量中不包括因变量的滞后项 $Y_{t-1}, Y_{t-2}, \cdots$，也就是说，DW 检验对下面的模型是不适用的：

$$Y_t = \beta_0 + \beta_1 X_t + \beta_2 Y_{t-1} + u_t \tag{4.3.22}$$

满足上述条件的前提下考虑模型：

$$Y_t = \beta_0 + \beta_1 X_{1t} + \beta_2 X_{2t} + \cdots + \beta_k X_{kt} + u_t$$

先验假定：误差项的自相关即使存在，也仅为 1 阶，即 $u_t = \rho u_{t-1} + v_t (-1 \leqslant \rho \leqslant 1)$，$\rho$ 为自相关系数，度量了 u_t 对前期值的依赖程度。DW 检验原假设和备择假设：

$$H_0: \rho = 0\text{，即 } u_t \text{ 不存在一阶自相关}$$

$$H_1: \rho \neq 0\text{，即 } u_t \text{ 存在一阶自相关}$$

利用残差 e_t 构造 DW 统计量：

$$\mathrm{DW} = \frac{\sum_{t=2}^{n} (e_t - e_{t-1})^2}{\sum_{t=1}^{n} e_t^2} \tag{4.3.23}$$

则有

$$\mathrm{DW}=\frac{\sum_{t=2}^{n}e_t^2+\sum_{t=2}^{n}e_{t-1}^2-2\sum_{t=2}^{n}e_te_{t-1}}{\sum_{t=1}^{n}e_t^2}\left(n\to\infty\text{时},\sum_{t=2}^{n}e_t^2\approx\sum_{t=2}^{n}e_{t-1}^2\approx\sum_{t=1}^{n}e_t^2\right)$$

$$\approx 2\left[1-\frac{\sum_{t=2}^{n}e_te_{t-1}}{\sum_{t=1}^{n}e_t^2}\right]\approx 2(1-\hat{\rho})\quad\left(\text{由}\hat{\rho}\approx\frac{\sum_{t=2}^{n}e_te_{t-1}}{\sum_{t=1}^{n}e_t^2}\right)\tag{4.3.24}$$

ρ为自相关系数，$-1\leqslant\rho\leqslant 1$，由于$\mathrm{DW}\approx 2(1-\hat{\rho})$，因此可以得到 DW 的大致取值范围。当$\hat{\rho}=-1$时，$\mathrm{DW}=4$；当$\hat{\rho}=0$时，$\mathrm{DW}=2$；当$\hat{\rho}=1$时，$\mathrm{DW}=0$。即 DW 统计量的取值范围是$0\leqslant\mathrm{DW}\leqslant 4$。实际研究中，$\mathrm{DW}=0,2,4$的情况是比较少的，而且该统计量的分布与给定样本容量和自变量的取值存在复杂关系。杜宾和沃特森计算了 DW 统计量在不同的样本容量n和自变量个数k下的临界值d_{L}和d_{U}，并据此给出了 DW 检验自相关的规则，以及 1% 和 5% 水平下的 DW 统计分布表，判别规则如下。

① 若$0\leqslant\mathrm{DW}\leqslant d_{\mathrm{L}}$，则误差项$u_1,u_2,\cdots,u_n$之间存在一阶正自相关。

② 若$d_{\mathrm{U}}\leqslant\mathrm{DW}\leqslant 4-d_{\mathrm{U}}$，则误差项$u_1,u_2,\cdots,u_n$之间无自相关。

③ 若$4-d_{\mathrm{L}}\leqslant\mathrm{DW}\leqslant 4$，则误差项$u_1,u_2,\cdots,u_n$之间存在一阶负自相关。

④ 若$d_{\mathrm{L}}<\mathrm{DW}<d_{\mathrm{U}}$或$4-d_{\mathrm{U}}<\mathrm{DW}<4-d_{\mathrm{L}}$，则不能判定是否存在一阶自相关。

从图 4-21 中可以更加直观地看出 DW 的判别规则。从判别规则中可以看出，DW 检验存在明显的局限性：首先，DW 检验存在两个不能确定的区域，一旦 DW 值落在这两个区域，就无法判断，这时，只能增大样本容量或选取其他方法；其次，DW 统计量的上、下界表要求$n>15$，这是因为样本如果再小，利用残差就很难对自相关的存在性做出比较正确的诊断；最后，DW 检验不适合随机误差项具有高阶序列相关的检验，对存在滞后因变量的模型也无法提供有效的检验。

图 4-21
DW 检验示意图

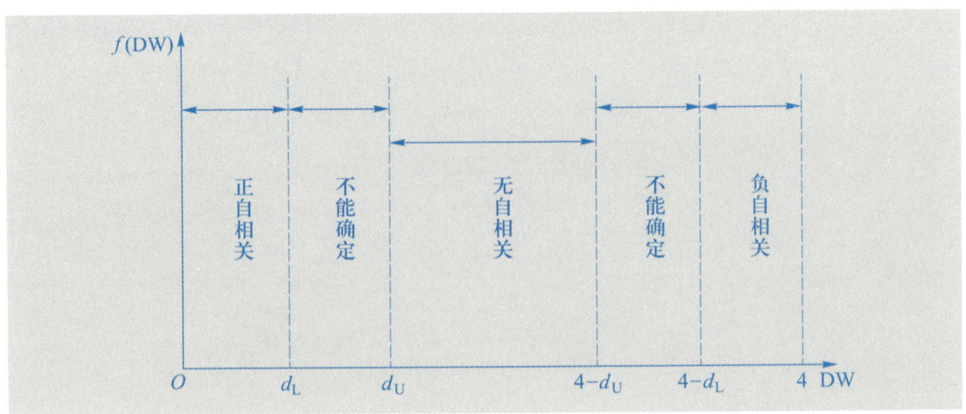

（4） LM 检验。

DW 检验存在局限，使得它在存在滞后因变量和高阶序列相关时不能使用，因此布劳殊（Breusch）和戈弗雷（Godfrey）于 1978 年又提出了适用上述情形的拉格朗日乘数 LM 检验，又称 BG 检验。该检验的思想是基于所分析模型普通最小二乘估计的残差对因变量和一定数量滞后残差的辅助回归，如果滞后残差足以解释当前残差的变异，则拒绝随机误差项无自相关的原假设。对于多元线性回归模型：

$$Y_t = \beta_0 + \beta_1 X_{1t} + \beta_2 X_{2t} + \cdots + \beta_k X_{kt} + u_t$$

随机误差项为 s 阶自回归过程 $\mathrm{AR}(s)$：

$$u_t = \rho_1 u_{t-1} + \rho_2 u_{t-2} + \cdots + \rho_s u_{t-s} + v_t$$

式中，v_t 为满足经典线性回归模型的基本假定。则 LM 检验原假设和备择假设：

$$H_0 : \rho_1 = \rho_2 = \cdots = \rho_s = 0 \text{，不存在自相关}$$

$$H_1 : \text{至少有一个 } \rho \text{ 不为 0，那么存在自相关}$$

利用式（4.3.1）估计的残差 e_t 建立辅助回归：

$$e_t = \hat{\rho}_1 e_{t-1} + \hat{\rho}_2 e_{t-2} + \cdots + \hat{\rho}_s e_{t-s} + \beta_0 + \beta_1 X_{1t} + \beta_2 X_{2t} + \cdots + \beta_k X_{kt} + v_t \qquad (4.3.25)$$

构造 LM 检验统计量，在原假设成立的条件下，LM 检验统计量渐近服从 $\chi^2(s)$ 分布：

$$\mathrm{LM} = (n-s) \cdot R^2 \sim \chi^2(s) \qquad (4.3.26)$$

式中，$n-s$，R^2 分别为辅助回归式（4.3.25）的样本容量和判定系数；s 为自回归的阶数。若计算得到的 LM 统计量超过给定显著性水平下的临界值 $\chi^2_\alpha(s)$，则拒绝原假设，表明可能存在 s 阶自相关；否则，接受原假设，认为不存在自相关。由于 s 阶是任意给定的，因此 LM 检验不仅适用于检验一阶自相关，也可以检验高阶自相关，根据辅助回归式（4.3.25）中自相关系数的显著性判断自相关的阶数。不仅如此，LM 检验也适用于模型的自变量中有滞后因变量的情形。

2. 自相关的修正

当模型被检验证明存在自相关时，如果仍然采用普通最小二乘法进行参数估计，则得到的参数估计量虽然是线性和无偏的，但是却不是有效估计量。因此，在检验到自相关存在时，需要采取一定的补救措施，采用的处理方法主要有广义差分法和自相关稳健标准误差两种方法。

（1） 广义差分法。

自相关是指不同观测值的随机误差项 u_t 存在序列相关性，在这种情况下，可以通过差分变换原模型，消除模型随机误差项中的自相关问题，进而对满足经典假定的修正后模型利用普通最小二乘法估计其参数，这种估计方法称为广义差分法。

考虑以下经典多元线性回归模型：

$$Y_t = \beta_0 + \beta_1 X_{1t} + \beta_2 X_{2t} + \cdots + \beta_k X_{kt} + u_t \quad t = 1, 2, \cdots, n \qquad (4.3.1)$$

经过检验，发现随机误差项存在自相关，不妨假定为 1 阶自相关，即误差项服从 AR(1) 过程，$u_t = \rho u_{t-1} + v_t \ (-1 \leqslant \rho \leqslant 1)$，$v_t$ 满足经典假定，并且 ρ 已知。

将式（4.3.1）滞后一期表示为：

$$Y_{t-1}=\beta_0+\beta_1X_{1,t-1}+\beta_2X_{2,t-1}+\cdots+\beta_kX_{k,t-1}+u_{t-1} \tag{4.3.27}$$

在自相关系数ρ已知的条件下，以ρ乘以式（4.3.27）两边可得

$$\rho Y_{t-1}=\rho\beta_0+\rho\beta_1X_{1,t-1}+\rho\beta_2X_{2,t-1}+\cdots+\rho\beta_kX_{k,t-1}+\rho u_{t-1} \tag{4.3.28}$$

将式（4.3.1）与式（4.3.28）相减，可得

$$\begin{aligned}Y_t-\rho Y_{t-1}=&\beta_0(1-\rho)+\beta_1(X_{1t}-\rho X_{1,t-1})+\beta_2(X_{2t}-\rho X_{2,t-1})+\cdots+\\&\beta_k(X_{kt}-\rho X_{k,t-1})+(u_t-\rho u_{t-1})\end{aligned} \tag{4.3.29}$$

若令

$Y_t^*=Y_t-\rho Y_{t-1}$，$\beta_0^*=\beta_0(1-\rho)$，$X_{1t}^*=(X_{1t}-\rho X_{1,t-1})$，…，$X_{kt}^*=(X_{kt}-\rho X_{k,t-1})$

则有

$$Y_t^*=\beta_0^*+\beta_1X_{1t}^*+\beta_2X_{2t}^*+\cdots+\beta_kX_{kt}^*+v_t \tag{4.3.30}$$

得到修正后的多元回归模型式（4.3.30）是误差项无序列相关的，即满足经典线性回归模型的基本假定，可以使用普通最小二乘法进行下一步的参数估计，得到无偏且有效的估计量，这个过程即广义差分法。需要注意的是，在广义差分变换中，式（4.3.29）的第一个观测值被排除了，为避免失去一个观测值，可以通过普莱斯－温斯特变换（Prais-Winsten Transformation）对损失的观测值进行补充：

$$Y_1^*=Y_1\sqrt{1-\rho^2},\quad X_{1j}^*=X_{1j}\sqrt{1-\rho^2},\quad j=1,2,\cdots,k \tag{4.3.31}$$

如果样本容量足够大，则无须进行这种变换；如果是小样本，则排除第一个观测值很可能会影响到回归估计的结果。

（2） **自相关系数ρ的估计。**

广义差分法是修正自相关较为常见的方法，但是该方法需要已知不同样本点之间随机误差项的自相关系数$\rho_1,\rho_2,\cdots,\rho_s$。实际上自相关系数通常是未知的，因此首先需要对自相关系数进行估计。下面介绍自相关系数ρ的估计方法。

① 如果随机误差项是一阶自相关，则利用 DW 统计量的值估计出自相关系数ρ，即

$$\mathrm{DW}\approx 2(1-\hat\rho),\quad \hat\rho=1-\frac{\mathrm{DW}}{2} \tag{4.3.32}$$

目前常用的计量经济学软件在普通最小二乘估计输出结果时都会给出 DW 值，可以利用 DW 统计量和自相关系数的关系式求出ρ的估计值。

② 科克伦－奥科特（Cochrane-Orcutt）迭代法。

首先，利用最小二乘法估计多元线性回归模型，得到残差$e_t^{(1)}$：

$$Y_t=\beta_0+\beta_1X_{1t}+\beta_2X_{2t}+\cdots+\beta_kX_{kt}+u_t\quad t=1,2,\cdots,n \tag{4.3.1}$$

其次，假定式（4.3.1）存在自相关，且为s阶自相关：

$$u_t=\rho_1u_{t-1}+\rho_2u_{t-2}+\cdots+\rho_su_{t-s}+v_t \tag{4.3.5}$$

则利用残差$e_t^{(1)}$对式（4.3.5）进行估计，得到$\hat\rho_1^{(1)},\hat\rho_2^{(1)},\cdots,\hat\rho_s^{(1)}$作为自相关系数$\rho_1,\rho_2,\cdots,\rho_s$的第一次估计值。然后，利用$\hat\rho_1^{(1)},\hat\rho_2^{(1)},\cdots,\hat\rho_s^{(1)}$进行广义差分，即

$$
\begin{aligned}
&Y_t-\hat{\rho}_1{}^{(1)}Y_{t-1}-\cdots-\hat{\rho}_s{}^{(1)}Y_{t-s}\\
&=\beta_0(1-\hat{\rho}_1{}^{(1)}-\cdots-\hat{\rho}_s{}^{(1)})+\beta_1(X_{1t}-\hat{\rho}_1{}^{(1)}X_{1,t-1}-\cdots-\hat{\rho}_s{}^{(1)}X_{1,t-s})+\cdots+\\
&\beta_k(X_{kt}-\hat{\rho}_1{}^{(1)}X_{k,t-1}-\cdots-\hat{\rho}_s{}^{(1)}X_{k,t-s})+v_t
\end{aligned}
\tag{4.3.33}
$$

最后，得到式（4.3.33）的参数估计值 $\hat{\beta}_0,\hat{\beta}_1,\cdots,\hat{\beta}_k$，将 $\hat{\beta}_0,\hat{\beta}_1,\cdots,\hat{\beta}_k$ 代回式（4.3.1），再次利用最小二乘法得到残差项 $e_t^{(2)}$，代入式（4.3.5），得到 $\hat{\rho}_1^{(2)},\hat{\rho}_2^{(2)},\cdots,\hat{\rho}_s^{(2)}$ 作为自相关系数 $\rho_1,\rho_2,\cdots,\rho_s$ 的第二次估计值。重复上述过程，直到相邻两次得到 $\rho_1,\rho_2,\cdots,\rho_s$ 的估计值变得非常接近。通常预先选定一个很小的值（如 0.001），当两次得到 $\rho_1,\rho_2,\cdots,\rho_s$ 的估计值小于这一精度时，迭代终止，最终的 $\hat{\rho}_1,\hat{\rho}_2,\cdots,\hat{\rho}_s$ 被用来作为式（4.3.5）的估计量。通常迭代过程收敛得很快，两次迭代就可得到较好的结果，因此该方法又称科克伦－奥科特两步法。

③ 杜宾两步法。

将广义差分方程式（4.3.29）表示为

$$
\begin{aligned}
Y_t=&\beta_0(1-\rho)+\beta_1(X_{1t}-\rho X_{1,t-1})+\beta_2(X_{2t}-\rho X_{2,t-1})+\cdots+\\
&\beta_k(X_{kt}-\rho X_{k,t-1})+\rho Y_{t-1}+(u_t-\rho u_{t-1})
\end{aligned}
\tag{4.3.34}
$$

采用以下两个步骤消除自相关。

第一步，将式（4.3.29）作为一个多元回归模型，使用普通最小二乘法估计其参数，把 Y_{t-1} 的回归系数 $\hat{\rho}$ 看作 ρ 的一个估计值，它是 ρ 的一个有偏、一致估计。

第二步，利用估计的 $\hat{\rho}$ 进行广义差分。求得序列 $Y_t^*=Y_t-\hat{\rho}Y_{t-1}$，$X_{1t}^*=(X_{1t}-\hat{\rho}X_{1,t-1})$，$\cdots$，$X_{kt}^*=(X_{kt}-\hat{\rho}X_{k,t-1})$，然后使用 OLS 方法对广义差分方程估计参数，求得最佳线性无偏估计量。

（3） **自相关稳健标准误差。**

与异方差的情况类似，在出现自相关情况下，最小二乘估计量仍然是无偏且一致的，自相关只影响到了参数估计量的方差，即参数估计量的方差不再是有效估计量。因此，第二种自相关修正方法的思想是：仍然采用普通最小二乘估计量，但是需要对方差进行修正。尼威（Newey）和韦斯特（West）于 1978 年提出“Newy-West 估计法”，只改变标准误差的估计值并不改变回归系数的估计值。可以证明，在大样本情况下，“Newy-West 估计法”得到的标准误差是普通最小二乘参数估计量标准误差的一致估计量，称为尼威－韦斯特标准误差（Newy-West Standard Error），该方法又称自相关稳健标准误差法。该方法虽然不能得到有效的估计量，但是修正后的方差可以得到最小二乘估计量方差和标准误差的正确估计，使得统计检验不再失效，预测区间也更加可信。因此，在不能较好地实施广义差分变换时，可以采用自相关稳健标准误差的方法进行估计。

【例 4-3】私人汽车拥有量影响因素分析

例 4-3 研究私人汽车拥有量的影响因素，收集 1995—2019 年私人汽车拥有量（Y_t，万辆）、公共交通运营车辆数（X_1，万辆）和居民人均消费（X_2，元）数据。

建立私人汽车拥有量影响因素模型，表示为

$$Y_t = \beta_0 + \beta_1 X_{1t} + \beta_2 X_{2t} + u_t \tag{4.3.35}$$

数据集见表 4-3。

表 4-3
1995—2019 年
私人汽车拥有量
影响因素

年份	私人汽车拥有量 Y / 万辆	公共交通运营车辆数 X_1 / 万辆	居民人均消费 X_2 / 元	年份	私人汽车拥有量 Y / 万辆	公共交通运营车辆数 X_1 / 万辆	居民人均消费 X_2 / 元
1995	249.96	64.09	2 317.15	2008	3 501.39	133.61	8 482.90
1996	289.67	73.35	2 749.00	2009	4 574.91	133.68	9 226.07
1997	358.36	85.28	2 959.00	2010	5 938.71	136.11	10 549.96
1998	423.65	94.32	3 107.00	2011	7 326.79	140.49	12 646.37
1999	533.88	99.73	3 327.00	2012	8 838.60	144.61	14 075.27
2000	625.33	104.66	3 697.50	2013	10 501.68	150.02	15 615.06
2001	770.78	109.66	3 954.08	2014	12 339.36	153.34	17 271.17
2002	968.98	112.61	4 255.80	2015	14 099.10	157.51	18 929.05
2003	1 219.23	116.27	4 541.61	2016	16 330.22	161.77	20 876.98
2004	1 481.66	118.06	5 056.22	2017	18 515.11	165.76	23 069.86
2005	1 848.07	124.54	5 671.15	2018	20 574.93	166.31	25 378.35
2006	2 333.32	124.14	6 302.29	2019	22 513.39	168.65	27 562.99
2007	2 876.22	130.42	7 434.50				

数据来源：中经网产业数据库。

首先在 Stata 中设定时间序列数据，利用普通最小二乘法建立线性回归模型，在 Stata 命令窗口输入如下命令：

```
.tsset YEAR
.reg Y X1 X2
```

结果如图 4-22 所示。

图 4-22
私人汽车拥有量
回归估计结果

```
      Source |       SS           df       MS      Number of obs   =        25
-------------+----------------------------------   F(2, 22)        =   3608.30
       Model |  1.2094e+09         2   604691613   Prob > F        =    0.0000
    Residual |   3686834.7        22  167583.395   R-squared       =    0.9970
-------------+----------------------------------   Adj R-squared   =    0.9967
       Total |  1.2131e+09        24  50544585.9   Root MSE        =    409.37

------------------------------------------------------------------------------
           Y |      Coef.   Std. Err.      t    P>|t|     [95% Conf. Interval]
-------------+----------------------------------------------------------------
          X1 |  -40.93986   6.496374    -6.30   0.000    -54.41252   -27.46721
          X2 |   1.038863   .0241533    43.01   0.000     .9887725    1.088954
       _cons |   785.8884   614.4042     1.28   0.214     -488.308    2060.085
------------------------------------------------------------------------------
```

根据图 4-22 得到模型估计结果：

$$\hat{Y}_t = 785.888 - 40.940X_1 + 1.039X_2$$
$$t = (1.28) \quad (-6.30) \quad (43.01)$$
$$R^2 = 0.997\,0, \quad \bar{R}^2 = 0.9967$$

估计结果显示，公共交通运营车辆（X_1）与居民人均消费（X_2）均在 1% 水平下显著，公共交通运营车辆数越少，居民人均消费水平越高，私人汽车拥有量越多，符合预期。由于是时间序列，因此怀疑随机误差项存在自相关。首先计算残差（记为 e1）及其滞后值（l.e1），然后绘制残差与残差滞后值之间的散点图，并画出拟合回归线。在 Stata 命令窗口输入如下命令：

```
.predict e1，residual
.twoway scatter e1 l.e1|| lfit e1 l.e1
```

其中，lfit 表示 linear fit（线性拟合），即画出 e1 和 l.e1 的拟合回归线，如图 4-23 所示。

图 4-23
残差与残差滞后的散点图

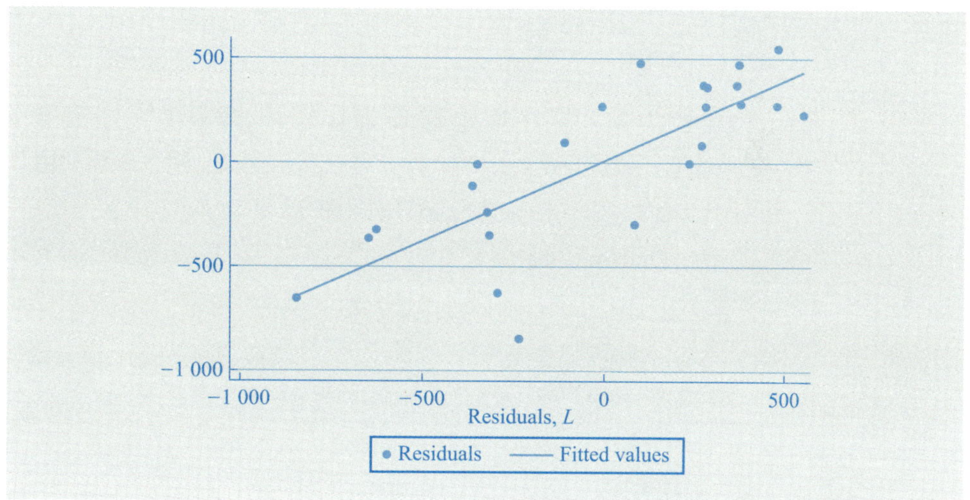

图 4-23 显示，误差项可能存在一阶正自相关，为考察各阶自相关系数及其显著性，下面绘制残差的自相关图，在 Stata 命令窗口输入命令：

```
.ac e1
```

结果如图 4-24 所示。

自相关图的横轴为滞后阶数，纵轴为残差的自相关系数，阴影部分为置信度为 95% 的置信区间。图 4-24 所示为除一阶自相关系数外，其余自相关系数的取值均在 95% 的置信区间之内，因此怀疑存在一阶自相关。下面利用 DW 统计量，进行自相关检验，在 Stata 命令窗口输入命令：

```
.estat dwatson
```

结果如图 4-25 所示。

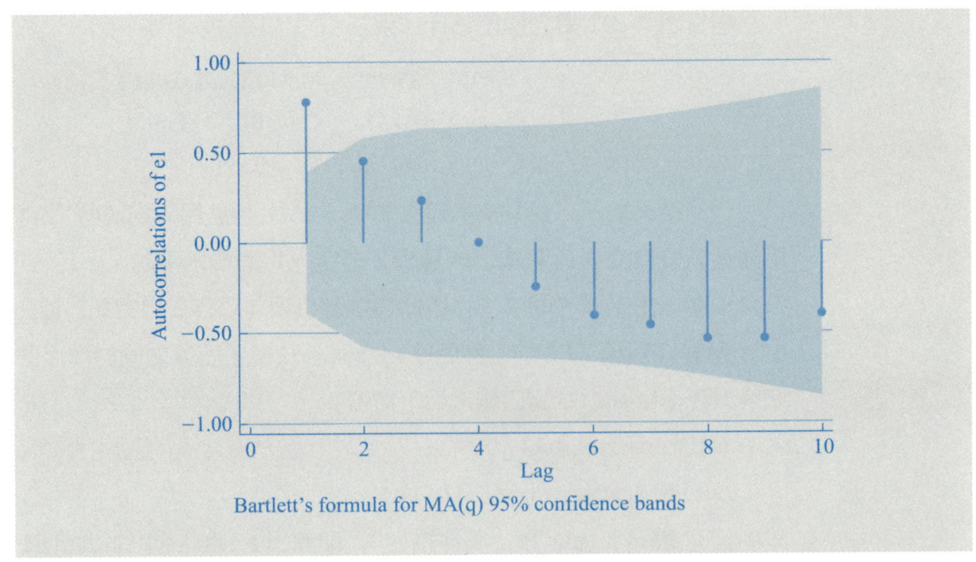

图 4-24
自相关图

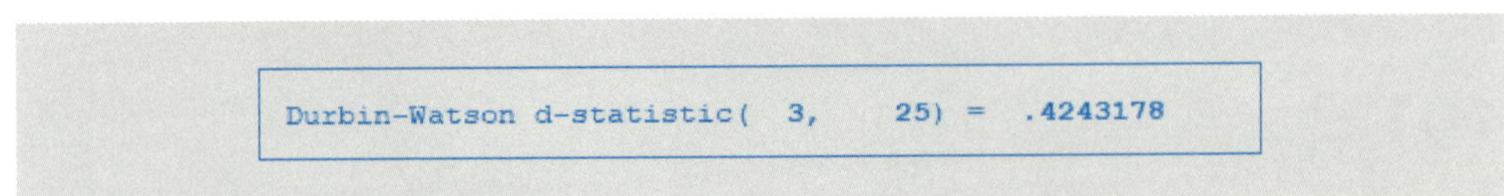

```
Durbin-Watson d-statistic(  3,     25) =  .4243178
```

图 4-25
DW 检验结果

图 4-25 显示 DW 统计量值为 0.424，查 DW 统计量表得到 $d_L = 1.206$，$d_U = 1.550$，可见 $DW = 0.424 < d_L$，存在正自相关。接下来再利用 BG 检验，考察是否存在自相关。在 Stata 命令窗口输入命令：

.estat bgodfrey，lag（1）

结果如图 4-26 所示。

图 4-26
Breusch-Godfrey 检验结果

Breusch-Godfrey LM test for autocorrelation

lags(p)	chi2	df	Prob > chi2
1	14.988	1	0.0001

H0: no serial correlation

其中，lag（1）表示检测一阶自相关，括号中的数字为自相关阶数，如果需要检验其他阶数，则只需要更改括号中的数字。根据图 4-26，BG 检验的 p 值为 0.000 1，因此可在 1% 的显著性水平下拒绝“无自相关”的原假设，认为存在一阶自相关。由于随机误差项存在自相关，因此最小二乘所提供的普通标准误差不准确，下面使用自相关稳健标准误差进行修正。在 Stata 命令窗口输入命令：

.newey Y X1 X2，lag（3）

由于 $n^{1/4} = 25^{1/4} \approx 2.236$，因此取 Newey-West 估计量滞后阶数为 $p = 3$，结果如图 4-27 所示。

图 4-27
Newey-West
估计结果

```
Regression with Newey-West standard errors      Number of obs     =        25
maximum lag: 3                                  F(  2,        22) =   2146.82
                                                Prob > F          =    0.0000

------------------------------------------------------------------------------
             |             Newey-West
           Y |      Coef.   Std. Err.      t    P>|t|     [95% Conf. Interval]
-------------+----------------------------------------------------------------
          X1 |  -40.93986    7.924299    -5.17   0.000    -57.37385   -24.50587
          X2 |   1.038863    .0301852    34.42   0.000      .976263    1.101464
       _cons |   785.8884    688.0499     1.14   0.266    -641.0396    2212.816
------------------------------------------------------------------------------
```

对比图 4-22 和图 4-27，发现 Newey-West 标准误差比 OLS 标准误差略大。为使模型估计更加有效，接下来运用 Cochrane-Orcutt 迭代法对模型进行再估计，在 Stata 命令窗口输入命令：

.prais Y X1 X2，corc nolog

结果如图 4-28 所示。

图 4-28
Cochrane-Orcutt 迭代法
估计结果

```
Cochrane-Orcutt AR(1) regression -- iterated estimates

      Source |       SS           df       MS      Number of obs   =        24
-------------+----------------------------------   F(2, 21)        =    492.73
       Model |    58239666         2    29119833   Prob > F        =    0.0000
    Residual |  1241084.77        21  59099.2746   R-squared       =    0.9791
-------------+----------------------------------   Adj R-squared   =    0.9771
       Total |  59480750.8        23   2586119.6   Root MSE        =     243.1

------------------------------------------------------------------------------
           Y |      Coef.   Std. Err.      t    P>|t|     [95% Conf. Interval]
-------------+----------------------------------------------------------------
          X1 |   3.478777    28.79557     0.12   0.905    -56.40489    63.36244
          X2 |   .9591274    .0497283    19.29   0.000     .8557118    1.062543
       _cons |  -4734.887    3923.205    -1.21   0.241    -12893.64    3423.864
-------------+----------------------------------------------------------------
         rho |   .8691613
------------------------------------------------------------------------------
Durbin-Watson statistic (original)    0.424318
Durbin-Watson statistic (transformed) 1.641489
```

其中，nolog 表示不显示迭代过程。使用 CO 迭代法得到的估计结果 DW 值改进为 1.641，消除了自相关，但是该模型 X_1 的系数符号改变，表明公共交通运营车辆数与私人汽车拥有量呈正相关，与预期不符，且 X_1 也没有通过显著性检验。因此，进一步使用 PW 估计法，在 Stata 命令窗口输入命令：

.prais Y X1 X2，nolog

结果如图 4-29 所示。

根据图 4-29，使用 PW 估计法使得 DW 统计量改进为 1.451，公共交通运营车辆数（ X_1 ）和居民人均消费（ X_2 ）系数估计值与 OLS 估计结果比较相近，且系

图 4-29
Prais-Winsten
估计结果

```
Prais-Winsten AR(1) regression -- iterated estimates

      Source |       SS           df       MS      Number of obs   =        25
-------------+----------------------------------   F(2, 22)        =    640.09
       Model |  76427920.6         2  38213960.3   Prob > F        =    0.0000
    Residual |  1313425.16        22  59701.1437   R-squared       =    0.9831
-------------+----------------------------------   Adj R-squared   =    0.9816
       Total |  77741345.8        24  3239222.74   Root MSE        =    244.34

------------------------------------------------------------------------------
           Y |      Coef.   Std. Err.      t    P>|t|     [95% Conf. Interval]
-------------+----------------------------------------------------------------
          X1 |  -28.18372   9.579836    -2.94   0.008    -48.05109   -8.316359
          X2 |   .9973059   .0376486    26.49   0.000     .9192274    1.075384
       _cons |  -353.0248   907.4389    -0.39   0.701    -2234.938    1528.888
-------------+----------------------------------------------------------------
         rho |   .8378868
------------------------------------------------------------------------------
Durbin-Watson statistic (original)    0.424318
Durbin-Watson statistic (transformed) 1.450564
```

数均通过 1% 水平的显著性检验并符合经济含义，因此 PW 估计结果相比 CO 估计结果更稳健。

4.4 内生性问题

4.4.1 内生解释变量及后果

1. 内生性的含义

第 3 章讨论了经典多元线性回归模型：

$$Y_i = \beta_0 + \beta_1 X_{1i} + \beta_2 X_{2i} + \cdots + \beta_k X_{ki} + u_i \tag{4.4.1}$$

其中一个重要的假定是所有自变量与随机误差项无关，即

$$\operatorname{cov}(X_{ji}, u_i) = 0, \quad j = 1,2,\cdots,k; \quad i = 1,2,\cdots,n \tag{4.4.2}$$

即自变量 $X_1, X_2, \cdots, X_k$ 是严格外生变量。然而在现实中，很多情况都与上述假设不相符。当式（4.4.2）不成立，即自变量与随机误差项相关时，称模型存在内生解释变量问题。内生解释变量可以区分为以下两种类型。

（1） **内生解释变量与随机误差项同期无关但异期相关。**

假定式（4.4.1）中 X_1 为内生解释变量，则有

$$\operatorname{cov}(X_{1i}, u_i) = E(X_{1i} u_i) = 0 \tag{4.4.3}$$

$$\operatorname{cov}(X_{1i}, u_{i-s}) = E(X_{1i} u_{i-s}) \neq 0, \quad s \neq 0 \tag{4.4.4}$$

（2） **内生解释变量与随机误差项同期相关。**

$$\operatorname{cov}(X_{1i}, u_i) = E(X_{1i} u_i) \neq 0 \tag{4.4.5}$$

对于截面数据，并不存在同期无关而异期相关的情况，因此对于截面数据而言，内生性问题主要体现在内生解释变量与随机误差项的同期相关上，此时的内生变量又称同期内生变量。

2. 内生性的来源

（1） 反向因果关系。

考虑凯恩斯模型，在这个例子中，包括以下两个方程。

消费函数：

$$C_i = \alpha_0 + \alpha_1 Y_i + u_i \tag{4.4.6}$$

国民账户恒等式：

$$Y_i = C_i + I_i + G_i \tag{4.4.7}$$

式中，C_i表示总消费；I_i表示投资；Y_i表示国民收入；G_i为政府支出；u_i是随机误差项。由式（4.4.6）可以看出，消费是随机误差项u_i的函数，式（4.4.7）说明消费也是国民收入的重要组成部分，将式（4.4.6）代入式（4.4.7），得到

$$Y_i = \frac{\alpha_0}{1-\alpha_1} + \frac{1}{1-\alpha_1} I_i + \frac{1}{1-\alpha_1} G_i + \frac{1}{1-\alpha_1} u_i \tag{4.4.8}$$

可见，国民收入Y_i也是随机误差项u_i的函数，因此$\mathrm{cov}(Y_i, u_i) \neq 0$，凯恩斯收入模型存在内生性问题。在凯恩斯模型中，国民收入是消费变化的原因，反过来消费也是国民收入变化的原因，这样消费和收入之间存在反向因果关系（Reverse Causality），自变量与因变量之间的反向因果关系（或双向因果关系）是导致内生性的原因之一。

（2） 遗漏变量。

遗漏变量是指模型设定时某些不可观测的解释变量没有被纳入模型，而不可观测的变量（遗漏变量）与模型中因变量和某些自变量存在同期相关性，就会导致内生性问题。例如，劳动经济学中，研究教育和收入的关系，劳动者的收入 wage 不仅受到个体受教育程度 edu 的影响，还受工作经验 exper、个体能力 ability 等诸多因素影响，如

$$\mathrm{wage}_i = \beta_0 + \beta_1 \mathrm{edu}_i + \beta_2 \mathrm{exper}_i + \beta_3 \mathrm{ability}_i + u_i \tag{4.4.9}$$

在模型估计过程中，由于个体能力变量很难度量，因此该变量无法真正引入模型中。然而，对于能力较高的个体来说，他通常具有较高的受教育程度，并且在工作中获得较高的收入，如果将个体能力变量归入随机误差项u_i，会使得$\mathrm{cov}(\mathrm{edu}_i, u_i) \neq 0$，导致模型出现内生性问题。

（3） 度量误差。

度量误差是指在样本采集过程中，因某种主观或客观原因而造成的测量值和真实值之间的误差。当自变量测度存在度量误差时，模型可能存在内生性问题。

假设真实的回归模型为

$$Y_i = \beta_0 + \beta_1 X_i^* + u_i \tag{4.4.10}$$

式中，X_i^* 表示自变量的真实值。假设因度量误差的存在而使 X_i^* 与其观测值 X_i 之间出现偏差 e_i：

$$X_i^* = X_i - e_i \tag{4.4.11}$$

式中，$e_i \sim N(0, \sigma_{e_i}^2)$ 表示随机度量误差，满足 $\text{cov}(e_i, \mu_i) = 0$，$\text{cov}(e_i, X_i^*) = 0$。将式（4.4.11）代入式（4.4.10），整理得到真实的回归模型表示为

$$\begin{aligned} Y_i &= \beta_0 + \beta_1 X_i^* + u_i = \beta_0 + \beta_1 (X_i - e_i) + u_i \\ &= \beta_0 + \beta_1 X_i + (u_i - \beta_1 e_i) \end{aligned} \tag{4.4.12}$$

令 $w_i = u_i - \beta_1 e_i$，则有

$$\begin{aligned} \text{cov}(w_i, X_i) &= E[w_i - E(w_i)][X_i - E(X_i)] \\ &= E[(u_i - \beta_1 e_i)(e_i)] \\ &= E(-\beta_1 e_i^2) = -\beta_1 \sigma_{e_i}^2 \end{aligned} \tag{4.4.13}$$

可见，即使度量误差 e_i 是随机的，且与原始回归模型的随机误差项 u_i 不相关，回归方程式（4.4.12）中的复合误差项 $u_i - \beta_1 e_i$ 也会与自变量 X_i 存在相关性，使得真实的回归模型存在内生性问题。

3. 内生性的后果

当计量经济模型出现内生解释变量问题时，如果仍然采用普通最小二乘法估计，会使得普通最小二乘法产生估计系数的偏误。考虑一元线性回归模型：

$$Y_i = \beta_0 + \beta_1 X_i + u_i$$

在第 3 章得到如下最小二乘估计量：

$$\hat{\beta}_1 = \frac{\sum_{i=1}^{n} x_i y_i}{\sum_{i=1}^{n} x_i^2} = \beta_1 + \frac{\sum_{i=1}^{n} x_i u_i}{\sum_{i=1}^{n} x_i^2} \tag{4.4.14}$$

如果 $\text{cov}(X_i, u_i) \neq 0$，则由式（4.4.14）可得

$$E(\hat{\beta}_1) = \beta_1 + E\left(\sum_{i=1}^{n} \frac{x_i}{\sum_{i=1}^{n} x_i^2} u_i \right) = \beta_1 + \sum_{i=1}^{n} E(k_i u_i) \neq \beta_1 \tag{4.4.15}$$

在大样本情况下，可以得到

$$P\lim_{n \to \infty} \left(\beta_1 + \frac{\sum_{i=1}^{n} x_i u_i}{\sum_{i=1}^{n} x_i^2} \right) = \beta_1 + \frac{P\lim_{n \to \infty} \left(\frac{1}{n} \sum_{i=1}^{n} x_i u_i \right)}{P\lim_{n \to \infty} \left(\frac{1}{n} \sum_{i=1}^{n} x_i^2 \right)} = \beta_1 + \frac{\text{cov}(X_i, u_i)}{\text{Var}(X_i)} \neq \beta_1 \tag{4.4.16}$$

因此，当模型存在内生性问题时，最小二乘估计量不仅是有偏的，也是非一致的，偏离的方向由 $\mathrm{cov}(X_i,u_i)$ 的符号决定，该回归偏差称为内生性偏差（Endogeneity Bias）。

4.4.2 内生性问题的解决方法

既然最小二乘估计量的有偏和非一致是由内生解释变量与随机误差项相关引起的，则可以找一个替代变量，令这个变量与内生解释变量相关而与模型的随机误差项无关，从而借助此变量来为模型的参数构造一个无偏估计量，该方法称为工具变量法（Instrumental Variable，IV）。

1. 工具变量法

（1） 工具变量的选择标准。

使用工具变量的前提是存在一个有效的工具变量，因此工具变量的选择变得十分重要，一个有效的工具变量应满足以下两个条件。

① 工具变量相关性条件。工具变量 Z_i 应满足与所替代的内生解释变量 X_j 具有较强的相关性，即 $\mathrm{cov}(X_{ji},Z_i)\neq 0$ 。

② 工具变量外生性条件。工具变量 Z_i 与随机误差项 u_i 无关，即 $\mathrm{cov}(Z_i,u_i)=0$ 。

以上两个条件是工具变量选择的主要标准，缺一不可。如果第一个条件不满足，则称该工具变量为弱工具变量（Weak Instrument），它将导致工具变量估计值的方差增大，从而影响回归结果显著性和相关假设检验的准确性；如果第二个条件不满足，则说明工具变量不具备足够的外生性，将会导致工具变量估计值产生估计偏差。

（2） 工具变量估计。

工具变量法是克服解释变量与随机误差项同期相关的一种参数估计方法，考虑一元回归模型：

$$Y_i=\beta_0+\beta_1X_i+u_i$$

在此方程两边，同时取其与 Z_i 的协方差，得到

$$\begin{aligned}\mathrm{cov}(Y_i,Z_i)&=\mathrm{cov}(\beta_0+\beta_1X_i+u_i,Z_i)\\&=\beta_1\mathrm{cov}(X_i,Z_i)+\mathrm{cov}(u_i,Z_i)\\&=\beta_1\mathrm{cov}(X_i,Z_i)\end{aligned}\tag{4.4.17}$$

其中，由于工具变量的外生性，因此 $\mathrm{cov}(u_i,Z_i)=0$ 。进一步，根据工具变量的相关性条件， $\mathrm{cov}(X_i,Z_i)\neq 0$ ，将式（4.4.17）整理得到

$$\hat{\beta}_{1,\mathrm{IV}}=\frac{\mathrm{cov}(Y_i,Z_i)}{\mathrm{cov}(X_i,Z_i)}=\frac{\sum_{i=1}^{n}(Y_i-\bar{Y})(Z_i-\bar{Z})}{\sum_{i=1}^{n}(X_i-\bar{X})(Z_i-\bar{Z})}=\frac{\sum_{i=1}^{n}y_iz_i}{\sum_{i=1}^{n}x_iz_i}\tag{4.4.18}$$

同理，也可以计算截距项的工具变量估计值：

$$\hat{\beta}_{0,\mathrm{IV}} = \bar{Y} - \hat{\beta}_{1,\mathrm{IV}} \bar{X}_i \tag{4.4.19}$$

对于多元回归模型：

$$\begin{aligned} Y_i &= \beta_0 + \beta_1 X_{1i} + \beta_2 X_{2i} + \cdots + \beta_k X_{ki} + u_i \\ &= \boldsymbol{X\beta} + \boldsymbol{u} \end{aligned} \tag{4.4.20}$$

式中，矩阵$\boldsymbol{X}$是$n \times (k+1)$维矩阵。假设变量X_j为内生解释变量，选择变量Z_j为工具变量，则用变量Z_j替换X_j列，从而得到新的工具变量矩阵$\boldsymbol{Z}$，矩阵$\boldsymbol{Z}$中所有列向量都为外生变量。此时，得到参数$\boldsymbol{\beta}$的工具变量估计量为

$$\hat{\boldsymbol{\beta}}_{\mathrm{IV}} = (\boldsymbol{Z'X})^{-1} \boldsymbol{Z'Y} \tag{4.4.21}$$

回顾第 3 章多元线性回归的最小二乘估计量$\hat{\boldsymbol{\beta}} = (\boldsymbol{X'X})^{-1} \boldsymbol{X'Y}$，二者相比，可以发现工具变量估计是将普通最小二乘估计量中与$\boldsymbol{X}$有关的部分替换为$\boldsymbol{Z}$，这与一元线性回归是一致的。需要注意的是，工具变量估计并不是将内生自变量替换为工具变量的最小二乘估计，因为从式（4.4.18）和式（4.4.21）可以看出，无论是一元线性回归还是多元线性回归，内生自变量$\boldsymbol{X}$依然在工具变量的参数估计值中扮演必不可少的角色，工具变量只是部分替换了内生自变量在线性回归中的作用。

在一元回归中，用工具变量法求得的斜率参数估计量$\hat{\beta}_{1,\mathrm{IV}}$与总体参数真值$\beta_1$之间的关系可以表示为

$$\hat{\beta}_{1,\mathrm{IV}} = \frac{\sum_{i=1}^{n} y_i z_i}{\sum_{i=1}^{n} x_i z_i} = \frac{\beta_1 \sum_{i=1}^{n} z_i x_i}{\sum_{i=1}^{n} x_i z_i} + \frac{\sum_{i=1}^{n} z_i u_i}{\sum_{i=1}^{n} x_i z_i} = \beta_1 + \frac{\sum_{i=1}^{n} z_i u_i}{\sum_{i=1}^{n} x_i z_i} \tag{4.4.22}$$

两边取概率极限得到

$$P\lim_{n\to\infty}(\hat{\beta}_{1,\mathrm{IV}}) = \beta_1 + \frac{P\lim\limits_{n\to\infty}\left(\sum_{i=1}^{n} z_i u_i\right)}{P\lim\limits_{n\to\infty}\left(\sum_{i=1}^{n} z_i x_i\right)} \tag{4.4.23}$$

如果工具变量有效，则有

$$P\lim_{n\to\infty}\left(\sum_{i=1}^{n} z_i u_i\right) = \mathrm{cov}(Z_i, u_i) = 0\text{，}\quad P\lim_{n\to\infty}\left(\sum_{i=1}^{n} x_i z_i\right) = \mathrm{cov}(X_i, Z_i) \neq 0 \tag{4.4.24}$$

因此，$P\lim\limits_{n\to\infty}(\hat{\beta}_{1,\mathrm{IV}}) = \beta_1$。在大样本情况下，工具变量估计为一致估计量，但在小样本情况下，由于

$$E\left(\frac{1}{\sum_{i=1}^{n} z_i x_i} \sum_{i=1}^{n} z_i u_i\right) = E\left(\frac{1}{\sum_{i=1}^{n} z_i x_i}\right) E\left(\sum_{i=1}^{n} z_i u_i\right) \neq 0 \tag{4.4.25}$$

因此小样本情况下，工具变量法得到的参数估计量仍然是有偏的。需要说明的是，式（4.4.21）不仅适用于单个工具变量处理单个内生自变量的情况，如果一个内生自变量 X_j 有多个工具变量 $Z_1,Z_2,\cdots,Z_h$ 与之对应，也同样适用。用 $Z_1,Z_2,\cdots,Z_h$ 作为内生自变量 X_j 的替代，得到新的工具变量矩阵 $\boldsymbol{Z}$，此时，修正后的工具变量参数估计为

$$\hat{\boldsymbol{\beta}}_{\mathrm{IV}}=(\boldsymbol{X}'\boldsymbol{P_Z}\boldsymbol{X})^{-1}\boldsymbol{X}'\boldsymbol{P_Z}\boldsymbol{Y} \tag{4.4.26}$$

其中，矩阵 $\boldsymbol{P_Z}$ 为投影矩阵（Projection Matrix），其表达式为

$$\boldsymbol{P_Z}=\boldsymbol{Z}(\boldsymbol{Z}'\boldsymbol{Z})^{-1}\boldsymbol{Z}' \tag{4.4.27}$$

2. 两阶段最小二乘法

在进行工具变量估计时，除了可以根据式（4.4.21）和式（4.4.26）进行计算外，还可以使用更为简便的方法，即使用两阶段最小二乘法（Two Stage Least Squares，2SLS），两阶段最小二乘法与工具变量估计是等价的，只是将工具变量估计的过程等价地分成两个阶段的普通最小二乘回归。

考虑如下形式的多元线性回归模型：

$$Y_i=\beta_0+\beta_1X_i+\beta_2W_{1i}+\cdots+\beta_{1+k}W_{ki}+u_i \tag{4.4.28}$$

式中，Y_i 为因变量；X_i 为内生自变量；$W_1,W_2,\cdots,W_k$ 为严格外生的自变量；$Z_1,Z_2,\cdots,Z_m$ 为内生自变量 X_i 的工具变量。将原始模型式（4.4.28）称为结构方程，结构方程是根据经济理论和行为规律建立的描述经济变量之间直接结构关系的计量经济学方程，因此方程中的自变量既有外生变量也有内生变量。结构方程通常存在内生性问题，利用两阶段最小二乘法解决该问题，具体步骤如下。

第一阶段回归：以内生自变量 X_i 为因变量，用普通最小二乘法建立 X_i 对所有工具变量 $Z_1,Z_2,\cdots,Z_m$ 和外生自变量 $W_1,W_2,\cdots,W_k$ 的回归，表示为

$$X_i=\pi_0+\pi_1Z_{1i}+\cdots+\pi_mZ_{mi}+\pi_{m+1}W_{1i}+\cdots+\pi_{m+k}W_{ki}+v_i \tag{4.4.29}$$

式（4.4.29）称为简化式模型，该模型将内生自变量 X_i 和全部外生变量（包括回归中的外生自变量 $W_1,W_2,\cdots,W_k$ 和工具变量 $Z_1,Z_2,\cdots,Z_m$）回归，其中 $\pi_0,\pi_1,\cdots,\pi_{m+k}$ 为简化式模型的回归系数，v_i 为随机误差项。由于简化式模型中的自变量没有内生变量，因此简化式模型消除了结构式模型中内生自变量与随机误差项相关所造成的参数估计有偏的问题，可以直接采用普通最小二乘法进行估计，得到该回归的预测值，即 $\hat{X}_i$。

第二阶段回归：以 Y_i 为因变量，用普通最小二乘法建立 Y_i 对内生自变量的拟合值 $\hat{X}_i$ 和外生自变量 $W_1,W_2,\cdots,W_k$ 的回归方程，表示为

$$Y_i=\beta_0+\beta_1\hat{X}_i+\beta_2W_{1i}+\cdots+\beta_{1+k}W_{ki}+u_i \tag{4.4.30}$$

式中，$\hat{X}_i$ 是第一阶段回归的拟合值。式（4.4.30）与式（4.4.28）形式相同，只是用内生变量的拟合值 $\hat{X}_i$ 替换了其实际观测值，得到的参数估计量 $\beta_0,\beta_1,\cdots,\beta_{1+k}$ 即两阶段最小二乘估计量 $\hat{\beta}_{\mathrm{2SLS}}$。由于 $\hat{X}_i$ 是第一阶段回归的拟合值，且第一阶段的回归中只包含外生变量，因此 $\mathrm{cov}(\hat{X}_i,u_i)=0$，从而避免了内生性问题。

需要说明的是，上述两阶段最小二乘法得到的估计量与基于式（4.4.26）计算得到的工具变量估计量相同，二者都是剔除内生性偏误后对式（4.4.28）系数的估计，该参数估计量在大样本情况下是一致估计量，但是在小样本中仍是有偏的，并且两阶段最小二乘法估计量 $\hat{\beta}_{2SLS}$ 的方差和标准差要高于普通最小二乘估计量。此外，两阶段最小二乘只有在一阶段和二阶段均为线性回归时才能得到一致估计量，对于非线性回归模型（如内生自变量为二元虚拟变量），需要将其转化为线性模型或者应用更一般的广义矩估计（Generalized Method of Moments，GMM）来对参数进行估计。由此可见，2SLS 是 GMM 的一种特殊估计方法。

3. 工具变量检验

（1） 解释变量内生性检验。

使用工具变量法的前提是存在内生解释变量，因此首先需要从统计上检验模型的自变量是否存在内生性。豪斯曼（Hausman，1978）从技术上给出了一个检验内生性的方法，该方法的思想是：如果方程中存在内生变量，则需要寻找外生变量作为工具变量进行工具变量法估计，此时工具变量的参数估计量更为有效；反之，若方程所有解释变量都是外生变量，则最小二乘估计量更有效。可见，通过将工具变量法的估计结果与普通最小二乘法的估计结果对比，看差异是否显著，如果两者有显著差异，则表明存在内生变量。由于工具变量法等价于两阶段最小二乘法，因此豪斯曼检验可以采用如下步骤进行。

① 考虑多元线性回归模型式（4.4.28），将怀疑是内生自变量的 X_i 与工具变量 $Z_1,Z_2,\cdots,Z_m$ 和外生变量 $W_1,W_2,\cdots,W_k$ 建立辅助回归，有

$$X_i=\pi_0+\pi_1Z_{1i}+\cdots+\pi_mZ_{mi}+\pi_{m+1}W_{1i}+\cdots+\pi_{m+k}W_{ki}+v_i \qquad (4.4.29)$$

得到残差项 $\hat{v}_i$，由于工具变量 $Z_1,Z_2,\cdots,Z_m$ 和外生变量 $W_1,W_2,\cdots,W_k$ 均与式（4.4.28）的随机误差项 u_i 不相关，因此 X_i 与 u_i 的相关性仅取决于辅助回归式（4.4.29）的随机误差项 v_i 与 u_i 的相关性。若 $\mathrm{cov}(v_i,u_i)=0$，则 $\mathrm{cov}(X_i,u_i)=0$，变量 X_i 为外生变量。

② 将式（4.4.29）的回归残差 $\hat{v}_i$ 代入多元线性回归模型式（4.4.28），得到

$$Y_i=\beta_0+\beta_1X_i+\beta_2W_{1i}+\cdots+\beta_{1+k}W_{ki}+\delta\hat{v}_i+\varepsilon_i \qquad (4.4.31)$$

假设式（4.4.31）随机误差项 ε_i 满足经典假定，即可利用普通最小二乘法对其进行估计，然后使用 t 统计量对 $\hat{v}_i$ 的参数 δ 进行显著性检验，原假设 $H_0\colon\delta=0$。如果拒绝原假设，则意味着 $\mathrm{cov}(v_i,Y_i)\neq0$，$v_i$ 与 Y_i 相关进而与原模型式（4.4.28）的 u_i 也相关，变量 X_i 为内生变量。否则，若 δ 显著为零，则变量 X_i 为外生变量。

（2） 工具变量相关性检验。

在工具变量回归中，工具变量越相关，则工具变量回归中可以利用的信息越多，$\hat{\boldsymbol{\beta}}_{\mathrm{IV}}$ 的精度也越高；反之，当工具变量与内生解释变量微弱相关时，工具变量的估计量 $\hat{\boldsymbol{\beta}}_{\mathrm{IV}}$ 的方差会变得很大，即使样本容量很大也很难收敛到真实的参数值，这种工具变量称为弱工具变量（Weak Instruments）。为避免这一问题，需要检验工具变量

的相关性。

考虑多元线性回归模型

$$Y_i=\beta_0+\beta_1X_i+\beta_2W_{1i}+\cdots+\beta_{1+k}W_{ki}+u_i \tag{4.4.28}$$

式中，X_i 是内生变量；$W_1,W_2,\cdots,W_k$ 是外生变量。假设 $Z_1,Z_2,\cdots,Z_m$ 是工具变量。

第一阶段建立 X_i 对所有工具变量 $Z_1,Z_2,\cdots,Z_m$ 和外生自变量 $W_1,W_2,\cdots,W_k$ 的回归，即

$$X_i=\pi_0+\pi_1Z_{1i}+\cdots+\pi_mZ_{mi}+\pi_{m+1}W_{1i}+\cdots+\pi_{m+k}W_{ki}+v_i \tag{4.4.29}$$

检验方程所有的工具变量（不含外生解释变量）的系数是否联合为零，即

原假设 $H_0:\pi_1=\pi_2=\cdots=\pi_m=0$

备择假设 $H_1:\pi_j(j=1,2,\cdots,m)$ 不全为零

由于工具变量的强弱程度可连续变化，因此很难确定明确的标准，一个经验法则是第一阶段的 F 统计量大于 10，则无须担心弱工具变量问题。

（3）　**工具变量外生性检验。**

使用工具变量的核心是要寻找到适当的工具变量，它应与原模型的随机误差项不同期相关。当一个内生解释变量存在多个工具变量时，就需要对该组工具变量的外生性进行检验，以保证模型中的工具变量都符合“排他性约束”（均与结构方程的随机误差项不相关），这就是过度识别检验（Overidentification Test）。过度识别检验的核心思想：如果所有工具变量都有效，可以使用不同工具变量组合进行工具变量法估计，参数估计量都会收敛到真实参数 β，所以可以检验不同工具变量的差是否收敛于 0；如果不是，说明不是所有工具变量都有效。此检验的前提是模型至少是恰好识别的，即有效工具变量至少与内生解释变量一样多。

过度识别检验的原假设和备择假设如下。

H_0：所有工具变量都是外生的。

H_1：至少某个工具变量不是外生的，与随机误差项相关。

首先，利用两阶段最小二乘法估计结构方程模型

$$Y_i=\beta_0+\beta_1\hat{X}_i+\beta_2W_{1i}+\cdots+\beta_{1+k}W_{ki}+u_i \tag{4.4.30}$$

式中，$\hat{X}_i$ 是第一阶段回归的拟合值。保留模型回归残差 $\hat{u}_i$，然后利用 2SLS 的回归残差 $\hat{u}_i$ 对所有外生变量（包括外生解释变量和工具变量）建立辅助回归，即

$$\hat{u}_i=\gamma_0+\gamma_1Z_{1i}+\cdots+\gamma_mZ_{mi}+\gamma_{m+1}W_{1i}+\cdots+\gamma_{m+k}W_{ki}+v_i \tag{4.4.32}$$

过度识别检验的原假设是所有工具变量都与结构方程模型中的随机误差项 u_i 无关，则原假设可写为

$$H_0:\ \gamma_1=\gamma_2=\cdots=\gamma_m=0$$

在原假设成立的条件下，记辅助回归的判定系数为 R^2，Sargan（1958）构造检验统计量为

$$nR^2\sim\chi^2(m-1) \tag{4.4.33}$$

式中，n 为样本容量；R^2 为辅助回归式（4.4.32）的判定系数；$m-1$ 为过度识别约束的个数，即方程外生工具变量个数减去内生解释变量的个数。如果无法拒绝原假设，说明工具变量与结构方程模型中的随机误差项无关，模型中的工具变量均为有效工具变量。

【例 4-4】教育投资回报率估计

例 4-4 讨论教育投资的回报率问题，在劳动经济学中，教育投资对收入的影响称为“教育投资回报率”，从中国家庭追踪调查（China Family Panel Studies，CFPS）数据库中随机抽取 5 861 位个体信息，包括月收入（wage_i，元）、个体受教育年限（educ_i，年）、年龄（age_i，岁）、母亲受教育年限（meduc_i，年）、父亲受教育年限（feduc_i，年）、性别（male_i，虚拟变量，男性 =1）、是否住在城市（urban_i，虚拟变量，住在城市 =1）。这里，性别和是否住在城市为虚拟变量，又称定性变量。关于虚拟变量的使用将在第 5 章中详细介绍。教育投资回报率的影响因素数据见表 4-4。

表 4-4 教育投资回报率的影响因素数据

序号	wage	educ	age	male	urban	meduc	feduc
1	1 600	12	24	0	1	9	9
2	3 000	9	20	1	1	9	9
3	2 000	16	26	1	1	12	12
4	1 000	9	44	0	1	6	12
⋮	⋮	⋮	⋮	⋮	⋮	⋮	⋮
5 858	1 500	9	25	1	1	6	0
5 859	1 200	3	40	1	0	0	0
5 860	1 000	9	24	1	0	9	0
5 861	1 800	9	39	1	0	0	0

数据来源：中国家庭追踪调查数据库。

为估计教育投资的回报率，核心自变量为个体受教育年限 educ_i，自变量 age_i、male_i、urban_i 为控制变量。首先在 Stata 中对月收入 wage_i 取对数，然后利用普通最小二乘法建立线性回归模型，即

$$\ln \text{wage}_i = \beta_0 + \beta_1 \text{educ}_i + \beta_2 \text{age}_i + \beta_3 \text{male}_i + \beta_4 \text{urban}_i + u_i \qquad (4.4.34)$$

在 Stata 命令窗口输入命令：

```
.gen lnwage=log（wage）
.reg lnwage educ age male urban
```

教育投资回报率 OLS 回归估计结果如图 4-30 所示。

图 4-30
教育投资回报率 OLS 回归估计结果

Source	SS	df	MS			
Model	800.337509	4	200.084377	Number of obs	=	5,861
Residual	3915.554	5,856	.668639686	F(4, 5856)	=	299.24
				Prob > F	=	0.0000
Total	4715.89151	5,860	.804759644	R-squared	=	0.1697
				Adj R-squared	=	0.1691
				Root MSE	=	.8177

lnwage	Coef.	Std. Err.	t	P>|t|	[95% Conf.	Interval]
educ	.0633264	.0027125	23.35	0.000	.0580088	.068644
age	.0017417	.0011323	1.54	0.124	-.0004781	.0039614
male	.3983586	.0218256	18.25	0.000	.3555723	.4411449
urban	.1888567	.0237912	7.94	0.000	.1422172	.2354963
_cons	6.25835	.051159	122.33	0.000	6.158059	6.35864

根据图 4-30 得到模型估计结果为

$$\widehat{\ln \text{wage}}_i = 6.258 + 0.063\text{educ}_i + 0.002\text{age}_i + 0.398\text{male}_i + 0.189\text{urban}_i$$
$$t = (122.33)\quad (23.35)\qquad (1.54)\qquad (18.25)\qquad (7.94)$$
$$R^2 = 0.170,\quad \bar{R}^2 = 0.169,\quad F = 299.24$$

根据图 4-30 可知，教育投资的回报率为 6.33%，且在 1% 水平下通过显著性检验。其含义是教育年限每增加一年，收入会增加 6.33%。由于教育存在内生性，即不可观测因素（能力或性格）可能同时影响个体的受教育程度和收入水平，因此借助工具变量法进行回归。考虑到先天遗传和家庭后天言传身教的影响，父母的教育水平与子女的教育水平存在正相关关系。此外，由于父母的受教育水平不是研究者个体所能决定的因素，因此与研究者的工资收入水平没有直接关系，可见父母受教育水平满足工具变量的相关性条件和外生性条件，因此将其作为工具变量是合理的，定义工具变量母亲受教育年限 meduc_i，父亲受教育年限 feduc_i，下面进行 2SLS 回归，使用稳健标准误差，并显示第一阶段回归结果。在 Stata 命令窗口输入命令：

```
.ivregress 2sls lnwage age male urban (educ=meduc feduc), first
```

其中，first 表示显示第一阶段回归结果。教育投资回报率 2SLS 回归估计结果如图 4-31 所示。

根据上述结果，利用 2SLS 修正后的教育投资回报率为 9.11%，且在 1% 水平下显著。由于内生自变量 educ_i 存在多个工具变量，因此需要进行过度识别检验，以保证模型中的工具变量都符合“排他性约束”。下面进行过度识别检验，在 Stata 命令窗口输入命令：

```
.estat overid
```

过度识别检验结果如图 4-32 所示。

由于 Sargan 统计量的 p 值为 0.650，因此接受原假设，认为 meduc_i 和 feduc_i 均为外生变量，与随机误差项无关。进一步考察工具变量的另外一个条件，即工具变量

图 4-31
教育投资回报率 2SLS 回归估计结果

```
First-stage regressions

                                                Number of obs     =      5,861
                                                F(   5,    5855)  =     538.47
                                                Prob > F          =     0.0000
                                                R-squared         =     0.3150
                                                Adj R-squared     =     0.3144
                                                Root MSE          =     3.5964

        educ        Coef.   Std. Err.      t    P>|t|     [95% Conf. Interval]

         age    -.0467095   .0050763    -9.20   0.000     -.056661   -.036758
        male     .3591298   .0960994     3.74   0.000     .1707396   .5475201
       urban     2.351341   .1014838    23.17   0.000     2.152395   2.550286
       meduc     .2269867   .0123445    18.39   0.000     .2027869   .2511864
       feduc     .2125604   .0133045    15.98   0.000     .1864787   .2386422
       _cons     7.005507   .2135095    32.81   0.000      6.58695   7.424065


Instrumental variables (2SLS) regression        Number of obs     =      5,861
                                                Wald chi2(4)      =     825.84
                                                Prob > chi2       =     0.0000
                                                R-squared         =     0.1548
                                                Root MSE          =     .82464

      lnwage        Coef.   Std. Err.      z    P>|z|     [95% Conf. Interval]

        educ     .0910983    .006701    13.59   0.000     .0779646   .1042321
         age      .004475   .0012909     3.47   0.001     .0019449   .0070052
        male     .3929733   .0220426    17.83   0.000     .3497706   .4361761
       urban     .0951137   .0316547     3.00   0.003     .0330717   .1571556
       _cons     5.965866   .0825366    72.28   0.000     5.804097   6.127635

Instrumented:  educ
Instruments:   age male urban meduc feduc
```

图 4-32
过度识别检验结果

```
Tests of overidentifying restrictions:

Sargan (score) chi2(1) =  .20573  (p = 0.6501)
Basmann chi2(1)        =  .205527  (p = 0.6503)
```

与内生自变量的相关性，从图 4-31 两阶段最小二乘法（2SLS）中的第一阶段回归结果可以看出，由于遗传和家庭教育等因素，因此工具变量 meduc_i 和 feduc_i 与子女的教育水平呈正相关，均在 1% 水平下显著。为检验是否存在弱工具变量问题，重新计算 2SLS 中第一阶段回归的 F 统计量，并进行弱工具变量验证，在 Stata 命令窗口输入命令：

```
.quietly ivregress 2sls lnwage age male urban (educ=meduc feduc)
.estat firststage
```

弱工具变量检验结果如图 4-33 所示。

图 4-33
弱工具变量检验结果

```
First-stage regression summary statistics

              |            Adjusted     Partial
     Variable |   R-sq.      R-sq.       R-sq.      F(2,5855)   Prob > F
--------------+-------------------------------------------------------------
         educ |  0.3150     0.3144      0.1667      585.436    0.0000
----------------------------------------------------------------------------


Minimum eigenvalue statistic = 585.436

Critical Values                        # of endogenous regressors:    1
Ho: Instruments are weak               # of excluded instruments:     2
---------------------------------------------------------------------
                                   |    5%     10%     20%     30%
2SLS relative bias                 |         (not available)
-----------------------------------+---------------------------------
                                   |   10%     15%     20%     25%
2SLS Size of nominal 5% Wald test  |  19.93   11.59    8.75    7.25
LIML Size of nominal 5% Wald test  |   8.68    5.33    4.42    3.92
---------------------------------------------------------------------
```

由于第一阶段回归的两个工具变量系数的联合显著性检验 F 统计量为 585.436，超过 10，因此认为不存在弱工具变量。需要说明的是，使用工具变量法的前提是存在内生自变量，因此需要从统计上检验模型的自变量是否存在内生性。下面利用豪斯曼检验考察变量的内生性，在 Stata 命令窗口输入命令：

```
.quietly reg lnwage educ age male urban
.estimates store ols
.quietly ivregress 2sls lnwage age male urban ( educ=meduc feduc )
.estimates store iv
.hausman iv ols，constant sigmamore
```

豪斯曼内生性检验结果如图 4-34 所示。

图 4-34
豪斯曼内生性检验结果

```
Note: the rank of the differenced variance matrix (1) does not equal the number of coefficients being tested
      (5); be sure this is what you expect, or there may be problems computing the test.  Examine the output
      of your estimators for anything unexpected and possibly consider scaling your variables so that the
      coefficients are on a similar scale.

                 ---- Coefficients ----
             |      (b)          (B)            (b-B)     sqrt(diag(V_b-V_B))
             |       iv          ols         Difference          S.E.
-------------+----------------------------------------------------------------
        educ |   .0910983     .0633264        .0277719        .0060658
         age |    .004475     .0017417        .0027333         .000597
        male |   .3929733     .3983586       -.0053853        .0011762
       urban |   .0951137     .1888567       -.0937431        .0204747
       _cons |   5.965866      6.25835       -.2924839        .0638824
------------------------------------------------------------------------------
                           b = consistent under Ho and Ha; obtained from ivregress
            B = inconsistent under Ha, efficient under Ho; obtained from regress

    Test:  Ho:  difference in coefficients not systematic

                  chi2(1) = (b-B)'[(V_b-V_B)^(-1)](b-B)
                          =       20.96
                Prob>chi2 =      0.0000
                (V_b-V_B is not positive definite)
```

根据图 4-34 可知，p 值为 0.000，因此在 1% 显著性水平下拒绝“所有解释变量均为外生”的原假设，个体受教育水平 educ_i 为内生变量。结论显示，教育和收入之间存在双向因果关系，经过 2SLS 修正后的教育投资回报率为 9.11%，且在 1% 水平下显著。

4.5 大数据场景案例分析——在线评论中蕴含的消费者情绪对消费者满意度的影响

4.5.1 案例背景

随着通信技术、信息技术的快速发展，O2O（Online to Offline）成为企业运用互联网的普遍模式。互联网的公开性使得消费者的评论呈爆炸式增长，作为一种新的网络口碑形式，消费者在线评论在消费者网络购物决策中扮演越来越重要的角色，尤其在服务业中，潜在消费者更多地依赖在线评论进行购物决策。负向评论会给企业带来负面影响，消费者针对服务失败做出的评论将会被大量的潜在消费者阅览，降低他们的购买意愿。

消费者评论是用户基于个人使用体验而生成的一种产品信息，主要包括两个方面：提供产品或服务的信息和提出购买建议。随着互联网技术的发展，消费者倾向于在网络平台上发表评论，即消费者在线评论，个体消费者在平台上发表评论，通常蕴含了消费者的情绪。当人们认为客观事物满足了自己的需求时，就会产生积极情绪；如果没有满足，则会产生消极情绪。研究表明，顾客对产品的满意程度会受到情绪的影响。但在进行研究时，由于情绪是一种心理感受，很难进行直接度量，因此需要将其具体化。通常，顾客在接受服务后做出的评论可以作为情绪的载体。基于评论内容的特点，将在线评论分为正向评论、负向评论、偏正向评论、偏负向评论。正向（负向）评论代表顾客处于积极（消极）情绪状态，偏正向（偏负向）评论代表顾客处于矛盾情绪状态，且积极（消极）情绪大于消极（积极）情绪。评论类型示例表见表 4-5。

表 4-5
评论类型示例表

分类类型	示例	特征
正向评论	帮朋友订的，环境好，很暖和，地理位置好	情感全是正向
负向评论	房间稍显狭小，楼层举架太低，有压抑感，设备略显陈旧	情感全是负向
偏正向评论	这次代朋友预定的，地理位置比较好，离西客站很近，方便出行。四星标准，设施和服务都不错，早餐也很丰富，就是房间小点	正向情感与负向情感都有，且正向情感多于负向情感
偏负向评论	周边没有商店或餐厅，只有酒店旁边一家餐馆。附近是工业区，打车也不太方便。不过酒店还可以的，只是性价比有点低	正向情感与负向情感都有，且负向情感多于正向情感

在线评论中的内容反映了顾客对服务的满意程度，本案例将验证消费者具体评价中蕴含的情绪对消费者满意度的影响。

4.5.2 数据收集与预处理

本案例采用自行开发的爬虫工具在 2017 年 1 月抓取了某在线旅游平台上所有位于北京的酒店的在线评论数据，抓取的数据包括每一条评论的评分、评论正文、酒店的名称、成立年份、星级、设施等数据。为以定量的方法研究顾客情绪与顾客满意度是否一致，将抓取的数据进行筛选整理，共获取 99 027 条顾客消费信息。

采用 SVM 机器学习方法将顾客评论进行数据分类。首先进行人工标注，三名同学对同一份数据按照表 4-5 所示样例及分类标准将评论标注为正向评论、偏正向评论、负向评论、偏负向评论四种类型，然后将三份结果进行比对分析，对于同一评论三人分类不一致时，再进一步讨论确认评论类型，最后将分类结果按照 2∶1 的比例分为训练集和测试集，用训练集建立分类模型，用测试集测试分类的准确率，通过增加训练集数据的方式反复训练模型并测试，当准确率达到 90% 以上后，停止更新，得到较为准确的分类。

处理后的部分样本数据见表 4-6。

评论类型描述统计表见表 4-7，其中发表的正向评论占 61.252%，发表负向评论和偏负向评论的比例分别为 11.702% 和 12.294%，偏正向评论占比 14.753%。

表 4-6 顾客消费信息部分样本数据

Hotel_star	Wifi	Parking_lot	Pick_up_service	Gym	Pool	Meeting	Canteen	Photo	Rating	Positive	Positive_A	Negative	Negative_A	Comment_len
0	1	1	0	0	0	1	1	0	5.0	0	0	0	1	77
0	1	1	0	0	0	1	1	0	3.3	0	0	1	0	20
0	1	1	0	0	0	0	0	0	2.8	0	0	0	1	25
0	1	1	1	0	0	0	1	0	5.0	0	0	1	0	239
0	1	1	0	0	0	0	0	0	5.0	1	0	0	0	3
0	0	1	0	0	0	1	0	0	4.8	1	0	0	0	2
0	1	1	0	0	0	0	0	0	4.8	0	1	0	0	42
0	0	1	0	1	0	1	0	0	4.0	0	0	0	1	39
0	1	1	1	0	0	0	0	0	3.8	1	0	0	0	54
0	0	1	0	0	0	1	0	0	2.8	1	0	0	0	3
0	0	1	0	0	0	1	0	0	3.8	0	1	0	0	25
0	0	1	0	0	0	1	0	0	4.0	1	0	0	0	5
0	0	1	0	0	0	1	0	0	4.5	0	1	0	0	88
0	0	1	0	0	0	1	0	0	5.0	1	0	0	0	40
0	0	1	0	0	0	1	0	0	4.5	0	1	0	0	53
0	0	1	0	0	0	1	0	0	5.0	1	0	0	0	181
0	0	1	0	0	0	1	0	0	4.5	0	1	0	0	68
0	0	1	0	0	0	1	0	0	5.0	1	0	0	0	223
0	0	1	0	0	0	1	0	0	3.5	1	0	0	0	59
⋮	⋮	⋮	⋮	⋮	⋮	⋮	⋮	⋮	⋮	⋮	⋮	⋮	⋮	⋮

注：具体变量含义见表 4-8。

表 4-7 评论类型描述统计表

评论类型	数量	百分比 /%
负向评论	11 588	11.702
偏负向评论	12 174	12.294
偏正向评论	14 609	14.753
正向评论	60 656	61.252
总计	99 027	100

4.5.3 模型估计

1. 变量定义

为定量研究顾客情绪对顾客满意度的影响，本案例将获取的数据数值化，变量分为自变量、因变量、控制变量，研究变量及测度指标见表 4-8。

表 4-8 研究变量及测度指标

变量类别	变量名称	测度指标
因变量	Rating	顾客对酒店的打分
自变量	Positive	顾客对酒店的评论是否为正向
	Negative	顾客对酒店的评论是否为负向
	Positive_A	顾客对酒店的评论是否为偏正向
	Negative_A	顾客对酒店的评论是否为偏负向
	Comment_len	顾客对酒店评论的长度
	Photo	顾客对酒店的评论是否带图片
控制变量	Hotel_star	酒店星级
	Wifi	酒店是否提供无线网络
	Parking_lot	酒店是否自带停车场
	Pick_up_service	酒店是否有接机服务
	Gym	酒店是否有健身房
	Pool	酒店是否自带游泳池
	Meeting	酒店是否自带会议室
	Canteen	酒店是否自带餐厅

（1） 自变量。

自变量包括正向评论（Positive）、负向评论（Negative）、偏正向评论（Positive_A）、偏负向评论（Negative_A）、评论长度（Comment_len）和顾客是否上传照片（Photo）。

（2） 因变量。

用户在旅行网上通过两种方式进行评论：一是用语言进行表达；二是对酒店设施、服务、环境等给予评分。一般来说，顾客对酒店越满意，给出的评分越高。酒店评分（Rating）以顾客入住酒店之后给出的评分衡量顾客的满意度。

（3）　**控制变量。**

控制变量也是影响因变量的因素，其本质上与自变量相同，但当研究只想考察部分自变量与因变量的关系时，就必须剔除其他因素对因变量的影响，也就是要控制住其他变量的影响。要将影响因变量的这些其他变量也引入模型，与所要研究的自变量一同估计，这些其他变量就是“控制变量”。本例控制变量包括酒店星级（Hotel_star），是否提供无线网络（Wifi）、停车场（Parking_lot）、接机服务（Pick_up_service）、健身房（Gym）、游泳池（Pool）、会议室（Meeting）、餐厅（Canteen）等。

2.　模型估计

在 Stata 命令窗口输入命令：

```
.regress Rating Positive Negative Negative_A Comment_len Photo Hotel_star Wifi Parking_lot Pick_up_service Gym Pool Meeting Canteen
```

顾客满意度影响因素基本回归结果如图 4-35 所示。

图 4-35 顾客满意度影响因素基本回归结果

Source	SS	df	MS			
				Number of obs	=	99,027
				F(13, 99013)	=	1501.29
Model	7529.4382	13	579.187554	Prob > F	=	0.0000
Residual	38198.4535	99,013	.385792305	R-squared	=	0.1647
				Adj R-squared	=	0.1645
Total	45727.8917	99,026	.461776622	Root MSE	=	.62112

Rating	Coef.	Std. Err.	t	P>|t|	[95% Conf.	Interval]
Positive	.2081392	.0058518	35.57	0.000	.1966697	.2196088
Negative	-.3527885	.0077313	-45.63	0.000	-.3679418	-.3376353
Negative_A	-.3339581	.0076809	-43.48	0.000	-.3490126	-.3189036
Comment_len	-.0002176	.0000493	-4.42	0.000	-.0003142	-.0001211
Photo	.076326	.0050154	15.22	0.000	.0664959	.0861561
Hotel_star	.143056	.0037308	38.34	0.000	.1357438	.1503683
Wifi	.0896339	.0051806	17.30	0.000	.07948	.0997879
Parking_lot	-.0185002	.0116317	-1.59	0.112	-.0412982	.0042978
Pick_up_service	.0090135	.004447	2.03	0.043	.0002976	.0177295
Gym	.0166882	.0056083	2.98	0.003	.005696	.0276804
Pool	-.0103165	.005781	-1.78	0.074	-.0216472	.0010141
Meeting	-.0545537	.0054647	-9.98	0.000	-.0652644	-.0438431
Canteen	-.0507892	.0047556	-10.68	0.000	-.06011	-.0414683
_cons	4.22051	.0132969	317.41	0.000	4.194448	4.246571

3.　多重共线性检验

首先检验自变量以及控制变量间是否存在多重共线性，在 Stata 命令窗口输入命令：

```
. estat vif
```

方差膨胀因子检验结果如图 4-36 所示。

图 4-36
方差膨胀因子检验结果

Variable	VIF	1/VIF
Hotel_star	2.34	0.427289
Positive	2.09	0.479341
Gym	2.00	0.499430
Pool	1.87	0.534302
Negative_A	1.63	0.612440
Negative	1.59	0.630798
Pick_up_se~e	1.26	0.795917
Canteen	1.23	0.812545
Wifi	1.20	0.832146
Meeting	1.17	0.851964
Parking_lot	1.07	0.933245
Comment_len	1.06	0.941666
Photo	1.00	0.996714
Mean VIF	1.50	

通过图 4-36 方差膨胀因子分析可以发现，变量的膨胀因子最大为 2.34，均小于 10，可以认为自变量及控制变量之间不存在多重共线性。

4. 异方差检验

本案例采用 White 检验法检验线性回归的异方差问题，在 Stata 命令窗口输入命令：

```
.estat imtest，white
```

White 检验结果如图 4-37 所示。

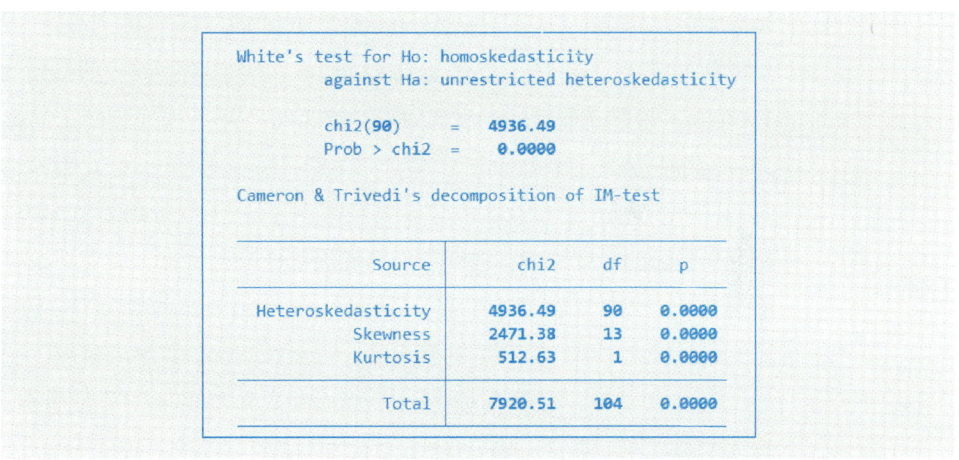

White's test for Ho: homoskedasticity
against Ha: unrestricted heteroskedasticity

chi2(90) = 4936.49
Prob > chi2 = 0.0000

Cameron & Trivedi's decomposition of IM-test

Source	chi2	df	p
Heteroskedasticity	4936.49	90	0.0000
Skewness	2471.38	13	0.0000
Kurtosis	512.63	1	0.0000
Total	7920.51	104	0.0000

图 4-37
White 检验结果

图 4-37 中 prob > chi2 = 0.000，说明拒绝原假设，存在异方差。可见，该线性回归模型存在异方差，该模型是低效且不稳定的，需要进一步进行异方差的处理。采用异方差稳健标准误差进行估计，在回归命令后面加上“robust”即可得到稳健的标准误差，在 Stata 命令窗口输入命令：

```
.reg Rating Positive Negative Negative_A Comment_len Photo Hotel_star Wifi Parking_lot Pick_up_service Gym Pool Meeting Canteen，robust
```

修正之后得到的标准误差结果如图 4-38 所示。

图 4-38
修正之后得到的方差结果

Linear regression

Number of obs	=	99,027
F(13, 99013)	=	1302.29
Prob > F	=	0.0000
R-squared	=	0.1647
Root MSE	=	.62112

Rating	Coef.	Robust Std. Err.	t	P>|t|	[95% Conf.	Interval]
Positive	.2081392	.0054458	38.22	0.000	.1974656	.2188129
Negative	-.3527885	.0080943	-43.59	0.000	-.3686532	-.3369239
Negative_A	-.3339581	.0095254	-35.06	0.000	-.3526278	-.3152883
Comment_len	-.0002176	.0000674	-3.23	0.001	-.0003497	-.0000855
Photo	.076326	.0050277	15.18	0.000	.0664717	.0861803
Hotel_star	.143056	.0037258	38.40	0.000	.1357535	.1503586
Wifi	.0896339	.0053119	16.87	0.000	.0792226	.1000452
Parking_lot	-.0185002	.0122054	-1.52	0.130	-.0424227	.0054223
Pick_up_service	.0090135	.0044785	2.01	0.044	.0002357	.0177914
Gym	.0166882	.0057007	2.93	0.003	.0055149	.0278615
Pool	-.0103165	.0056304	-1.83	0.067	-.021352	.0007189
Meeting	-.0545537	.0054815	-9.95	0.000	-.0652974	-.0438101
Canteen	-.0507892	.0048318	-10.51	0.000	-.0602595	-.0413188
_cons	4.22051	.0138261	305.26	0.000	4.193411	4.247609

比较图 4-35 和图 4-38 中系数的标准误差，发现修正的稳健标准误差要优于未修正的普通标准误差，可用于 t 检验。

4.5.4 结果分析与讨论

从多元线性回归模型结果可以看到：正向评论（Positive）的系数大于 0 且 $p<0.01$，说明正向评论对顾客满意度在 1% 水平下有显著的正向影响；偏负向评论（Negative_A）的系数小于 0 且 $p<0.01$，说明偏负向评论对顾客满意度有显著的负向影响；负向评论（Negative）的系数小于 0 且 $p<0.01$，说明负向评论对顾客满意度有显著的负向影响；三个自变量都显著影响因变量，说明评论类型对顾客满意度都具有一定的影响；评论长度（Comment_len）的系数小于 0 且 $p<0.01$，说明评论的篇幅长度显著影响顾客的满意度，并且负向影响顾客满意度。

控制变量中，除停车场（Parking_lot）对应的 p 值不显著外，其余控制变量的 p 值都显著。其中，酒店星级（Hotel_star）、无线网络（Wifi）、健身房（Gym）系数为正，且 $p<0.01$，接机服务（Pick_up_service）系数在 5% 水平下显著为正，说明酒店星级和部分设施与服务会正向影响顾客满意度；而会议室（Meeting）、餐厅（Canteen）系数为负，且 $p<0.01$，说明对于普通消费者来说，酒店聚集开会人员，会对普通消费者满意度产生负面影响，而酒店餐厅服务更是至关重要，需要加强服务才能提升顾客满意度。

本案例研究了在线评论中蕴含的消费者情绪与消费者满意度之间的关系，发现消费者积极情绪正向影响消费者的满意度，顾客的负向矛盾情绪和负面情绪都对满意度有显著的负向影响，一旦顾客的评论中存在负面情绪（无论这情绪占比多少），则其对所入住的酒店的满意度将保持在较低水平，并且消极情绪占比越大，其满意度越低，这就需要服务提供商不仅关注那些情绪极度负面的顾客，还要留意带有负面情绪的顾客，服务商并不能因为顾客看起来比较满意而忽略他们，从而不采取任何服务补救措施，这只会令顾客更加不满。

4.5.5 大样本情形

拟合大样本模型涉及的 p 值通常都比较小，但这并不一定意味着自变量与因变量之间具有显著的统计相关关系。假如样本规模特别大，由于因变量和自变量之间几乎所有的关系都是统计意义上显著的，因此实际上就不再需要用统计方法去辨别有意义的关系或似是而非的关系，这是因为回归参数 β_j 的估计量 $\hat{\beta}_j$ 潜在的变异取决于以下两个因素。

（1） **总体中的元素是怎样严格地遵守了由回归参数 β_j 反映出来的自变量 X_j 与因变量 Y 的关系。**

（2） **估计量 $\hat{\beta}_j$ 取值所依据的样本规模。**如果自变量 X_j 和因变量 Y 的取值一致地遵守了由回归参数 β_j 所反映出来的自变量 X_j 与因变量 Y 的关系，那么根据不同随机样本所得到的估计量 $\hat{\beta}_j$ 的差异就相对较小。在这种情况下，如果采用很多样本，并且计算出每个样本估计量 $\hat{\beta}_j$ 的值，那么这些估计值和回归参数 β_j 的差异相对比较小。然而，如果自变量 X_j 和因变量 Y 的值不能一致地遵守由回归参数 β_j 所反映出来的自变量 X_j 与因变量 Y 的关系，此时由不同随机样本所得到的 $\hat{\beta}_j$ 的差异相对较大。在这种情况下，如果采用很多样本并且计算每个样本估计量 $\hat{\beta}_j$ 的值，这些估计值和回归参数 β_j 的差异就会很大。

随着样本规模的增加，样本所包含的总体信息也随之增多，因此对于规模较大的不同随机样本，所得到的 $\hat{\beta}_j$ 差异性相对较小。如果估计量 $\hat{\beta}_j$ 值相对差异较小，$\hat{\beta}_j$ 和回归参数 β_j 的相对差异也相对较小。

如果用来估计回归模型的样本很大，那么由不同随机样本所得到的 $\hat{\beta}_j$ 几乎会越来越没有差别。因此，估计量 $\hat{\beta}_j$ 和回归参数 β_j 之间几乎没有差别。获取估计量取值可能存在的变异是通过统计推断原理进行的，要是样本规模越来越大，估计量 $\hat{\beta}_j$ 取值的变异性基本上会逐渐消失，所以对于非常大的样本，推断几乎没有意义。总之，当使用非常大的样本估计回归模型时，一般不再关心有效性推断条件是否得到满足。

随着样本规模越来越大，估计量的值越来越接近于总体参数的值，这种现象称为大数法则。

当回归模型建立在特别大的样本观察基础上时，因变量与自变量之间的关系无论是否真的存在，它们往往都会表现出显著性，但这并不意味着存在的关系是有意义的。

本章小结

本章介绍了实际的计量经济学问题中，在违背经典假定的情况下，模型可能产生的后果及相应的处理方法。

（1）当各自变量之间存在完全的共线性时，回归系数无法估计，因为它们的方差会变得无穷大。如果共线性是高度但不完全的，参数估计量仍然是线性无偏的，但高度的共线性会造成估计量的方差和标准差增大，进而导致 t 统计量和 F 统计量无效。为检验多重共线性，讨论了相关系数、辅助回归、方差膨胀因子等检验方法。在此基础上，也讨论了相应的解决办法，如增大样本容量、工具变量法、变量变换法、逐步回归法和岭回归分析。需要注意的是，多重共线性并不是一个统计问题，而是由数据缺陷造成的，经济研究中的数据无法做实验，而任何的修正也许导致“灾难性”的后果。因此，在解决共线性问题时，需要评估补救措施的实施所付出的代价。

（2）当异方差出现时并不会导致最小二乘估计量出现偏差，但是异方差会造成最小二乘估计量的方差有偏差，从而导致 t 统计量和 F 统计量失效。为解决这一问题，首先讨论了检验异方差的常见方法：帕克检验、戈列瑟检验、布罗施－帕甘检验和怀特检验。随后介绍了修正异方差的加权最小二乘法（WLS）、异方差稳健标准误差和对数变换法。

（3）当随机误差项存在自相关时，普通最小二乘的参数估计量也是无偏的，但参数估计量的方差将出现偏差，导致用于假设检验的 t 统计量和 F 统计量无效。在此基础上，介绍了检验一阶自相关常用的杜宾－沃特森检验（DW 检验），以及用于滞后因变量和高阶序列相关的拉格朗日乘数检验（BG 检验），最后介绍了自相关的修正方法。当自相关系数 ρ 已知时，可以采用广义差分法修正；当自相关系数 ρ 未知时，采用科克伦－奥科特迭代法或杜宾两步法求得 ρ 的估计值，然后再利用广义差分法消除序列相关。此外，在不能较好实施广义差分变换时，也可以采用自相关稳健标准误差的方法进行估计。

（4）当自变量和模型的随机误差项存在系统性相关时，认为模型违背了经典线性回归模型的基本假定，模型存在内生性。内生性产生的原因主要有三种：一是自变量与因变量之间存在反向因果关系；二是遗漏变量与模型中因变量和自变量存在同期相关；三是自变量出现度量误差。工具变量是解决内生性问题的重要方法，使用工具变量的前提是存在内生解释变量，可以通过豪斯曼检验来判定自变量是否存在内生性。在此基础上，筛选满足相关性检验和外生性检验的工具变量。在取得适当的工具变量后，通过两阶段最小二乘法剔除内生性的影响，从而得到对模型参数的无偏估计量。

习题

1. 多重共线性的实质是什么？为什么会出现多重共线性？
2. 完全和不完全多重共线性的区别是什么？
3. 多重共线性给回归参数的估计带来哪些影响？
4. 检验多重共线性的方法有哪些？
5. 当出现多重共线性时，能采取的补救措施有哪些？
6. 岭回归的基本思想是什么？它对降低多重共线性有什么作用？
7. 简述什么是异方差，异方差对普通最小二乘法会产生什么影响。
8. 布罗施－帕甘检验和怀特检验的步骤分别是什么？
9. 加权最小二乘法的基本思想是什么？怎样确定加权最小二乘法中的权数？

10. 什么是自相关？自相关会导致哪些后果？

11. 如何使用 DW 统计量来进行自相关检验？该检验方法的前提条件和局限性有哪些？

12. DW 检验和 BG 检验的思想是什么？两种检验方法相比有哪些不同？

13. 当出现自相关时，应如何进行修正？

14. 当随机误差项存在一阶自相关时，该如何确定自相关系数？当存在任意阶自相关时，如何确定自相关系数？

15. 对于四个自变量的回归模型

$$Y_t = \beta_0 + \beta_1 X_{1t} + \beta_2 X_{2t} + \beta_3 X_{3t} + \beta_4 X_{4t} + u_t$$

如果样本量 $n = 50$，给定显著性水平 $\alpha = 0.05$，当 DW 统计量为如下数值时，请判断模型中的自相关情况：

（1）$\mathrm{DW} = 1.05$；

（2）$\mathrm{DW} = 1.40$；

（3）$\mathrm{DW} = 2.50$；

（4）$\mathrm{DW} = 3.97$。

16. 以下陈述是否正确？请判断并说明理由。

（1）尽管存在完全多重共线性，但普通最小二乘估计量仍然是最优线性无偏估计量（BLUE）。

（2）在高度多重共线性的情况下，无法评估一个或多个偏回归系数的显著性。

（3）变量的两两高度相关并不表示高度多重共线性。

（4）如果其他条件不变，VIF 越高，OLS 估计量的方差越大。

（5）在存在异方差情况下，OLS 估计量是有偏的和无效的。

（6）随机误差项异方差会使 OLS 估计量的标准误差高估。

（7）如果从 OLS 回归中估计的残差呈现系统模式，则意味着数据中存在异方差。

（8）消除自相关的一阶差分变换假定自相关系数 ρ 必须等于 −1。

17. 什么是内生性问题？在哪些情况下可能产生内生性问题？

18. 如何检验模型是否存在内生解释变量问题？

19. 合格的工具变量应满足什么条件？如何检验工具变量是否具备这些条件？

20. 两阶段最小二乘法的基本思想和步骤是什么？

21. 2002—2019 年城镇居民人均消费支出 Y 与其相关影响因素数据见表 4-9（Stata 数据集习题 4-21.dta）。它包括城镇居民人均可支配收入 X_1、地区生产总值 X_2、零售商品价格指数 X_3 及人口自然增长率 X_4 的数据，请回答以下问题。

（1）利用上述数据建立回归模型

$$Y_t = \beta_0 + \beta_1 X_{1t} + \beta_2 X_{2t} + \beta_3 X_{3t} + \beta_4 X_{4t} + u_t$$

根据实践经验，你认为参数估计结果合理吗？

（2）分别采用简单相关系数检验法和方差膨胀因子法验证模型是否存在多重共线性。

（3）如果存在多重共线性，如何才能解决？

表 4-9 2002—2019 年城镇居民人均消费支出 Y 与其相关影响因素数据

年份	城镇居民人均消费支出 Y / 元	城镇居民人均可支配收入 X_1 / 元	地区生产总值 X_2 / 亿元	零售商品价格指数 X_3 /%	人口自然增长率 X_4 /%
2002	6 089	7 652	121 717.42	98.7	6.45
2003	6 587	8 406	137 422.03	99.91	6.01
2004	7 280	9 335	161 840.16	102.81	5.87
2005	8 068	10 382	187 318.9	100.78	5.89
2006	8 851	11 620	219 438.47	101.03	5.28
2007	10 196	13 603	270 092.32	103.79	5.17
2008	11 489	15 549	319 244.61	105.9	5.08
2009	12 558	16 901	348 517.74	98.8	4.87
2010	13 821	18 779	412 119.26	103.07	4.79
2011	15 554	21 427	487 940.18	104.94	4.79
2012	17 107	24 127	538 579.95	101.97	4.95
2013	18 488	26 467	592 963.23	101.43	4.92
2014	19 968	28 844	643 563.1	101	5.21
2015	21 392	31 195	688 858.22	100.07	4.96
2016	23 079	33 616	746 395.06	100.75	5.86
2017	24 445	36 396	832 035.95	101.08	5.32
2018	26 112	39 251	919 281.13	101.91	3.81
2019	28 063	42 359	986 515.2	102	3.34

数据来源：《中国统计年鉴 2020》《2020 中国住户调查主要数据》。

22. 为研究教育投资的回报率问题，收集了 523 个工人的小时工资与受教育年限和工龄的关系，数据见 Stata 数据集习题 4-22.dta（数据来源：达莫达尔 N. 古扎拉蒂，道恩 C. 波特，《经济计量学精要》（第 4 版），机械工业出版社，2010 年）。根据以上数据，建立如下线性回归模型：

$$\text{wage}_i = \beta_0 + \beta_1 \text{edu}_i + \beta_2 \text{exper}_i + u_i$$

（1）如何解释回归模型的估计结果？

（2）试分别用 White 检验法和 BP 检验法验证模型是否存在异方差。

（3）如果存在异方差，能否判断是哪些变量导致了异方差问题？

（4）将采用什么样的方法修正异方差？修正的效果如何？

23. 已知消费函数为 $Y_i = \beta_0 + \beta_1 X_i + u_i$。其中，$Y_i$ 为消费支出；X_i 为个人可支配收入。假设该模型中存在异方差问题，请回答以下问题。

（1）请用帕克检验方法检验异方差性。

（2）如果 $\text{Var}(u_i)=\sigma^2 X_i^2$（其中 σ^2 为常数），请选用适当的变换修正异方差，并写出变换过程。

24. 为分析城镇居民可支配收入 y 对消费性支出 c 的影响，采用 2014 年微观调查数据建立了如下的计量经济模型：

$$\hat{c}_i = 137{,}422 + 0.722 \times y_i$$
$$t = (5.875) \quad (127.09)$$
$$R^2 = 0.999, \quad \text{DW} = 1.205, \quad F = 16\,151$$

$$|e_i| = -451.9 + 0.871 \times y_i$$
$$t = (-0.283) \quad (5.103)$$
$$R^2 = 0.635, \quad \text{DW} = 1.91, \quad F = 26.041$$

（1）根据上述结果判断消费性支出对可支配收入的回归模型中存在什么问题，判断该问题的发生用了什么检验方法？请再举出两种能够判断存在该问题的检验方法。

（2）该问题会产生怎样的后果？

（3）进一步检验可知 $E(u_i^2)=\sigma^2 y_i^3$，则应采用什么方法进行修正？请写出修正的步骤。

25. 1991—2020 年地区生产总值 Y 与固定资产投资 X 的数据见表 4-10（Stata 数据集习题 4-25.dta）。

表 4-10 1991—2020 年地区生产总值 Y 与固定资产投资 X 的数据

年份	地区生产总值 Y / 亿元	固定资产投资 X / 亿元	年份	地区生产总值 Y / 亿元	固定资产投资 X / 亿元
1991	22 006	5 595	2006	219 438	109 998
1992	27 195	8 080	2007	270 092	137 324
1993	35 673	13 072	2008	319 245	172 828
1994	48 637	17 042	2009	348 518	224 599
1995	61 340	20 019	2010	412 119	251 684
1996	71 814	22 914	2011	487 940	311 485
1997	79 715	24 941	2012	538 580	374 695
1998	85 196	28 406	2013	592 963	446 294
1999	90 564	29 855	2014	643 563	512 021
2000	100 280	32 918	2015	688 858	562 000
2001	110 863	37 213	2016	746 395	606 466
2002	121 717	43 500	2017	832 036	641 238
2003	137 422	55 567	2018	919 281	645 675
2004	161 840	70 477	2019	986 515	560 874
2005	187 319	88 774	2020	1 015 986	527 270

数据来源：中经网统计数据库。

（1）建立地区生产总值的对数 $\ln Y$ 对固定资产投资的对数 $\ln X$ 的回归模型。

（2）该回归模型的残差存在一阶自相关吗？是如何知道的？

（3）如果存在自相关，请采用广义差分法处理模型中的自相关问题。

26. 根据某地 1980—2015 年共 36 年的总产出 Y、劳动投入 L 和资本投入 K 的年度数据，运用普通最小二乘法估计得出了如下回归方程：

$$\widehat{\ln Y_t} = -3.938 + 1.451 \ln L_t + 0.384 \ln K_t$$
$$se = (0.237) \quad (0.083) \quad (0.048)$$
$$R^2 = 0.995, \quad \mathrm{DW} = 0.858$$

在 5% 的显著性水平之下，由 DW 检验临界值表得 $d_{\mathrm{L}} = 1.38$，$d_{\mathrm{U}} = 1.60$。请回答以下问题。

（1）请检验该模型是否存在一阶自相关，并解释原因。

（2）通常使用 DW 统计量需要有哪些基础假设？

（3）自相关会对建立的计量经济模型产生哪些影响？

（4）如果随机误差项的生成机制为 AR(1)：$u_t = \rho u_{t-1} + v_t$，请对 ρ 进行估计，并依据 $\hat{\rho}$ 对模型的估计进行修正。

27. 一个关于某地区大学生就业增长影响因素分析的简单模型如下：

$$g\mathrm{EMP}_t = \beta_0 + \beta_1 g\mathrm{MIN}_{1t} + \beta_2 g\mathrm{POP}_t + \beta_3 g\mathrm{GDP}_{1t} + \beta_4 g\mathrm{GDP}_t + u_t$$

其中，EMP 为新就业大学生人数，MIN_1 为该地区最低工资，POP 为新毕业大学生人数，GDP_1 为该地区生产总值，GDP 为该国国内生产总值，gX 表示 X 的年增长率。请回答以下问题。

（1）如果该地区政府以不易观测的却对新毕业大学生就业有影响的因素作为基础来选择最低工资，则 OLS 估计将会存在什么问题？

（2）令 MIN 为该国的最低工资，它与随机误差项相关吗？

（3）按照法律，各地区最低工资不得低于国家最低工资，那么 $g\mathrm{MIN}$（国家最低工资年增长率）能成为 $g\mathrm{MIN}_1$ 的工具变量吗？

28. 为考查一个高中毕业生拥有计算机对其高中阶段平均成绩的影响，设定如下简单模型：

$$\mathrm{score}_i = \beta_0 + \beta_1 \mathrm{PC}_i + u_i$$

其中，score 为高中毕业生高中阶段的平均成绩，PC 为表示是否拥有计算机的虚拟变量。请回答以下问题。

（1）自变量 PC 与随机误差项 u 同期相关吗？为什么？

（2）PC 可能与父母的年收入相关吗？这是否意味着可用父母的年收入作为 PC 的工具变量？

（3）假设四年前学校为大约一半的学生提供了购买计算机的资助且是否获得资助是随机的，你将如何利用这一信息为 PC 构造一个工具变量？

29. Stata 数据集习题 4-29.dta 列出了 2006 年中国城镇居民人均消费支出（Y）、人均可支配收入（X_1），以及 2005 年人均可支配收入（Z_1）、人均政府消费支出（Z_2）的相关数据（单位：元）。如果设定 2006 年中国城镇居民人均消费支出函数的计量模型如下（资料来源：叶阿忠，吴相波，《计量经济学》，中国人民大学出版社，2021 年）：

$$Y = \beta_0 + \beta_1 X_1 + u$$

请回答以下问题：

（1）对上述模型进行 OLS 估计，该模型存在内生解释变量问题吗？

（2）如果认定人均可支配收入 X_1 是内生变量，请选择 2005 年人均可支配收入 Z_1 作为工具变量，对上述模型进行工具变量估计。

（3）如果另有一个工具变量为 2005 年人均政府消费支出 Z_2，请对上述模型进行两阶段最小二乘估计（2SLS）。

（4）请问能选取 Z_1 和 Z_2 作为 X_1 的工具变量吗？如何检验它们的“外生性”条件？

（5）请检验 X_1 的内生性。

30. 继续讨论教育投资回报率问题（Stata 数据集习题 4-30.dta），数据集的变量包括工资对数（$\ln w$）、教育年限（edu）、工龄（exper）、在现单位的工作年份数（tenure）、母亲受教育年限（med）、测试成绩（kww）（资料来源：陈强，《计量经济学及 Stata 应用》，高等教育出版社，2015 年）。根据以上数据建立教育投资回报率模型：

$$\ln w_i = \beta_1 + \beta_2 \text{edu}_i + \beta_3 \text{exper}_i + \beta_4 \text{tenure}_i + u_i$$

其中，核心解释变量为 edu，exper 和 tenure 为控制变量。

（1）请估计上述模型并解释 edu 的系数，分析模型可能存在的问题。

（2）假定母亲受教育年限（med）、测试成绩（kww）均为外生变量，它们是否满足工具变量的“相关性”和“外生性”条件？请使用适当的检验方法进行验证。

（3）采用豪斯曼检验判断模型是否存在内生性。

（4）请使用两阶段最小二乘法对该模型存在的问题进行修正。

即测即评

第 5 章 包含虚拟变量的回归模型

■ 在计量模型中，因变量不仅受到定量因素（如收入、成本、价格、产量等）的影响，还可能会受到一些定性因素的影响，如工资收入常与职业、学历等有关。另外，一些定性变量也可能是需要研究的被影响因素，如新产品在市场上是否畅销，贷款人的贷款申请是否被批准，大学毕业生是否回家乡工作，一项科学研究能否成功等。这些定性变量与定量变量一样可以作为模型的因变量或自变量。本章主要介绍定性变量作为自变量的情况。

5.1 虚拟变量概述

在回归分析中，影响因变量的因素除定量变量外，还有定性变量，定性变量的引入会使回归模型中的参数发生变化。为估计定性变量对因变量的影响，需要引入一类特殊的自变量——虚拟变量。

5.1.1 虚拟变量的概念和作用

1. 虚拟变量的概念

建立计量经济模型的一个基本要求就是模型中所有变量都是可以用数值计量的。定量变量是可以直接用数值计量的，如收入、产出、价格、利润等。但是，在实际研究中往往会涉及很多不能直接用数值计量的定性变量，如性别、职业、学历、婚姻状况、季节、经济政策的变动等。这些定性变量可能是某些问题的影响因素，如工资收入常与职业、学历等有关；冷饮销售量除受价格影响外，还受到季节因素影响；财政政策和货币政策的变动也会影响居民的消费支出等。因此，在建立计量模型时，不仅要考虑定量变量对因变量的影响，还要考虑定性因素对因变量的影响。

定性因素通常都是表示某种属性存在与否的非数值变量，如性别是男性或女性，受过高等教育或没有接受高等教育，职业是教师或非教师，已婚或未婚，经济政策不变或改变等。将这类属性变量直接纳入模型进行回归显然是不行的，为此，人们采取了一种构造人工变量的方法将这些属性变量进行量化，使其与数值变量一样在回归模型中得以应用。

一般用 1 表示出现某种属性，用 0 表示没有出现该属性。例如，对于性别变量，用 1 表示男性，用 0 表示女性；或者用 1 表示受过高等教育，用 0 表示没有接受高等教育。把这种只能取值为 0 或 1 的人工变量称为虚拟变量或哑变量，并用符号 D 表示。把赋值为 0 的一类称为基准类。需要注意的是，虚拟变量的赋值是人为的、任意的，根据人们的习惯而定。例如，前面所提到的性别变量，也可以用 1 表示女性，用 0 表示男性。

2. 引入虚拟变量的作用

模型中引入虚拟变量的主要目的是将定性因素或属性因素对因变量的影响数量化。一般当虚拟变量取值为 1 时，表示定性因素的影响发生作用，即代表某种属性的因素存在或某种定性因素发生作用；当虚拟变量取值为 0 时，则表示这种属性因素的影响不发生作用，即代表某种属性的因素不存在或某种定性因素不发生作用。在计量经济模型中引入虚拟变量的作用主要表现在以下几个方面。

（1） **描述和测量定性因素或属性因素对因变量的影响**。例如，性别、受教育程度对工资的影响，季节对冷饮销售量的影响等。

（2） 提高模型的精度。与分组回归相比，将虚拟变量引入模型，相当于将不同属性的样本合并，扩大了样本容量，增加了自由度，从而降低了误差方差。

（3） 分离异常因素的影响。由于某些突发因素的存在，如战争的爆发，地震、洪水等自然灾害的发生，可能会使原本比较稳定的经济关系产生比较大的变化。可以通过设置虚拟变量，将异常数据作为一个特殊的定性因素，来量化异常因素的影响。

5.1.2 虚拟变量的设置原则

当模型中需要引入虚拟变量时，虚拟变量的个数须按以下原则确定。

若定性因素有 m 个相互排斥的类型或属性且模型有截距项，则只能引入 $m-1$ 个虚拟变量；若模型中没有截距项，则可以引入 m 个虚拟变量。这是因为当模型中有截距项时，对于一个 m 分类的定性变量，如果设置 m 个虚拟变量，这 m 个虚拟变量和截距项之间会产生完全共线性，导致模型的参数估计无法得到唯一解。

例如，已知冷饮的销售量 Y 除受 k 种定量变量 $X_1, X_2, \cdots, X_k$ 的影响外，还受春、夏、秋、冬四季变化的影响，要考查该四季的影响，只需引入以下三个虚拟变量即可，即

$$D_{1t}=\begin{cases}1, & \text{春季}\\ 0, & \text{其他}\end{cases}$$

$$D_{2t}=\begin{cases}1, & \text{夏季}\\ 0, & \text{其他}\end{cases}$$

$$D_{3t}=\begin{cases}1, & \text{秋季}\\ 0, & \text{其他}\end{cases}$$

则冷饮销售量的模型为

$$Y_t=\beta_0+\beta_1 X_{1t}+\beta_2 X_{2t}+\cdots+\beta_k X_{kt}+\alpha_1 D_{1t}+\alpha_2 D_{2t}+\alpha_3 D_{3t}+u_t \tag{5.1.1}$$

在上述模型中，若再引入第四个虚拟变量

$$D_{4t}=\begin{cases}1, & \text{冬季}\\ 0, & \text{其他}\end{cases}$$

则冷饮销售模型变为

$$Y_t=\beta_0+\beta_1 X_{1t}+\beta_2 X_{2t}+\cdots+\beta_k X_{kt}+\alpha_1 D_{1t}+\alpha_2 D_{2t}+\alpha_3 D_{3t}+\alpha_4 D_{4t}+u_t \tag{5.1.2}$$

其矩阵形式为

$$\boldsymbol{Y}=(\boldsymbol{X}\ \ \boldsymbol{D})\begin{pmatrix}\boldsymbol{\beta}\\ \boldsymbol{\alpha}\end{pmatrix}+\boldsymbol{U}$$

其中

$$\boldsymbol{\beta}=\begin{pmatrix}\beta_0\\ \beta_1\\ \vdots\\ \beta_k\end{pmatrix} \qquad \boldsymbol{\alpha}=\begin{pmatrix}\alpha_1\\ \alpha_2\\ \alpha_3\\ \alpha_4\end{pmatrix}$$

为使问题简单，只取四个观测值，春、夏、秋、冬各取到一次，则式中有

$$(\boldsymbol{X}\ \ \boldsymbol{D})=\begin{bmatrix}1\ X_{11}\cdots X_{1k} & 1\ 0\ 0\ 0\\ 1\ X_{21}\cdots X_{2k} & 0\ 1\ 0\ 0\\ 1\ X_{31}\cdots X_{3k} & 0\ 0\ 1\ 0\\ 1\ X_{41}\cdots X_{4k} & 0\ 0\ 0\ 1\end{bmatrix} \tag{5.1.3}$$

从式（5.1.3）中可以看出，$(\boldsymbol{X}\ \ \boldsymbol{D})$ 中的第 1 列可表示成后 4 列的线性组合，从而 $(\boldsymbol{X}\ \ \boldsymbol{D})$ 不满秩，参数无法唯一求出，这就是所谓的“虚拟变量陷阱”。在设置虚拟变量时，应该避免这种情况发生。

5.2 虚拟变量的引入

在计量经济模型中，引入虚拟变量的方式有三种：加法方式、乘法方式、加法和乘法混合方式。不同的引入方式对计量经济模型的影响也不同。

5.2.1 加法方式

加法方式是指在所设定的计量经济模型中直接加入适当的虚拟变量，此时的虚拟自变量和其他自变量是相加关系。加法方式引入虚拟变量，会改变模型的截距系数。

【例 5-1】二分类定性变量的加法引入

设居民人均消费函数为

$$Y_i=\beta_0+\beta_1X_i+u_i \tag{5.2.1}$$

式中，Y_i 为第 i 个家庭的人均消费支出；X_i 为第 i 个家庭的人均可支配收入。为将城镇家庭和农村家庭对人均消费支出的影响反映到上述模型中，需要引入区分城镇家庭和农村家庭的虚拟变量，具体设置为

$$D_i=\begin{cases}1, & \text{城镇家庭}\\ 0, & \text{农村家庭}\end{cases}$$

此时，家庭人均消费函数为

$$Y_i=\beta_0+\beta_1X_i+\alpha D_i+u_i \tag{5.2.2}$$

与一般的回归模型一样，假定 $E(u_i)=0$，则农村家庭的人均消费支出为

$$E(Y_i\mid X_i,D_i=0)=\beta_0+\beta_1X_i$$

城镇家庭的人均消费支出为

$$E(Y_i\mid X_i,D_i=1)=(\beta_0+\alpha)+\beta_1X_i$$

从几何意义上看（图 5-1），假定 $\alpha>0$，则两个函数有相同的斜率，但是有不同的截距。这意味着，城镇家庭和农村家庭的人均消费支出对人均可支配收入的变化

率是一样的，但二者的平均消费水平相差 α，把 α 叫作差别截距系数。可以通过传统的假设检验，对 α 的统计显著性进行检验，以判断城镇家庭和农村家庭的人均消费水平是否存在显著差异。

图 5-1
城镇家庭和农村家庭人均消费支出示意图

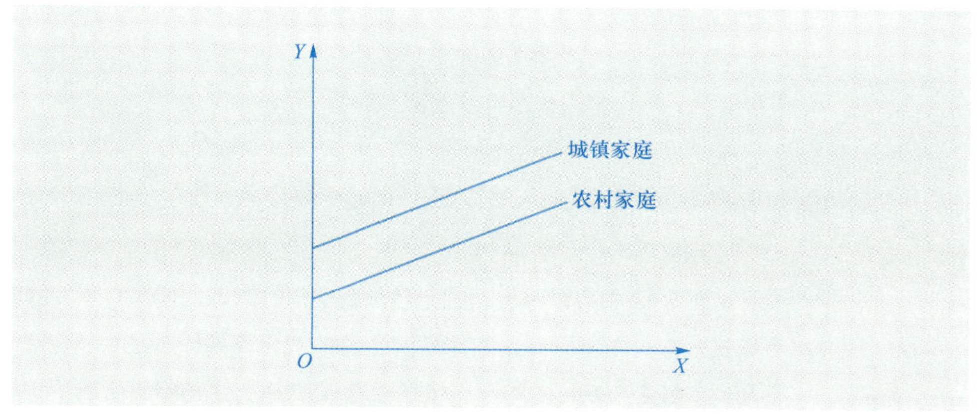

【例 5-2】多分类定性变量的加法引入

设职工薪金模型为

$$Y_i = \beta_0 + \beta_1 X_i + u_i \tag{5.2.3}$$

式中，Y_i 为第 i 个职工的年薪；X_i 为第 i 个职工的工龄。为将学历对职工薪金的影响反映到上述模型中，需要引入区分学历的虚拟变量，假设学历分为专科、本科、研究生三个层次，根据虚拟变量设置的原则，应该设置两个虚拟变量，具体为

$$D_{1i} = \begin{cases} 1, & \text{本科} \\ 0, & \text{其他} \end{cases}, \quad D_{2i} = \begin{cases} 1, & \text{研究生} \\ 0, & \text{其他} \end{cases}$$

此时，职工薪金模型为

$$Y_i = \beta_0 + \beta_1 X_i + \alpha_1 D_{1i} + \alpha_2 D_{2i} + u_i \tag{5.2.4}$$

在 $E(u_i) = 0$ 的初始假定下，可以分别得到专科生、本科生和研究生的平均年薪函数。

专科生为

$$E(Y_i \mid X_i, D_{1i} = 0, D_{2i} = 0) = \beta_0 + \beta_1 X_i$$

本科生为

$$E(Y_i \mid X_i, D_{1i} = 1, D_{2i} = 0) = (\beta_0 + \alpha_1) + \beta_1 X_i$$

研究生为

$$E(Y_i \mid X_i, D_{1i} = 0, D_{2i} = 1) = (\beta_0 + \alpha_2) + \beta_1 X_i$$

假定 $\alpha_2 > \alpha_1 > 0$，则其几何意义如图 5-2 所示。

图 5-2
不同学历职工平均年薪示意图

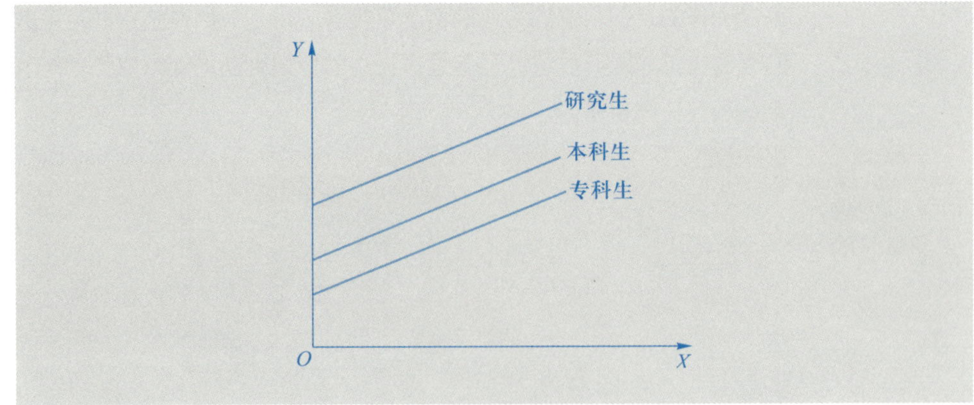

从图 5-2 中可以看出，三个函数有相同的斜率，但是有不同的截距。这意味着，专科生、本科生、研究生的年薪对工龄的变化率是一样的，但三者的平均年薪水平不同，本科生与专科生的平均年薪相差 α_1，研究生与专科生的平均年薪相差 α_2，研究生与本科生的平均年薪相差 $\alpha_2-\alpha_1$。可以通过传统的假设检验，对 α_1 和 α_2 的统计显著性进行检验，以判断专科生、本科生、研究生的平均年薪之间是否存在显著差异。

【例 5-3】多个定性变量的加法引入

在例 5-2 的基础上，再引入表示性别的虚拟变量 D_3，具体设置为

$$D_{3i}=\begin{cases}1, & 男\\0, & 女\end{cases}$$

则职工薪金的回归模型为

$$Y_i=\beta_0+\beta_1X_i+\alpha_1D_{1i}+\alpha_2D_{2i}+\alpha_3D_{3i}+u_i \tag{5.2.5}$$

在 $E(u_i)=0$ 的初始假定下，可以分别得到不同学历、不同性别的平均年薪函数。

专科学历女职工的平均年薪为

$$E(Y_i\mid X_i,D_{1i}=0,D_{2i}=0,D_{3i}=0)=\beta_0+\beta_1X_i$$

专科学历男职工的平均年薪为

$$E(Y_i\mid X_i,D_{1i}=0,D_{2i}=0,D_{3i}=1)=(\beta_0+\alpha_3)+\beta_1X_i$$

本科学历女职工的平均年薪为

$$E(Y_i\mid X_i,D_{1i}=1,D_{2i}=0,D_{3i}=0)=(\beta_0+\alpha_1)+\beta_1X_i$$

本科学历男职工的平均年薪为

$$E(Y_i\mid X_i,D_{1i}=1,D_{2i}=0,D_{3i}=1)=(\beta_0+\alpha_1+\alpha_3)+\beta_1X_i$$

研究生学历女职工的平均年薪为

$$E(Y_i\mid X_i,D_{1i}=0,D_{2i}=1,D_{3i}=0)=(\beta_0+\alpha_2)+\beta_1X_i$$

研究生学历男职工的平均年薪为

$$E(Y_i\mid X_i,D_{1i}=0,D_{2i}=1,D_{3i}=1)=(\beta_0+\alpha_2+\alpha_3)+\beta_1X_i$$

在本例中，以专科学历女职工为基准类别，并假设各类职工的年薪函数只是截距不同，年薪对工龄的变化率相同，即各个模型的斜率相同。可以通过 t 检验分别检验 α_1、α_2 和 α_3 的统计显著性来验证性别和学历两个定性变量对职工的平均年薪是否有显著影响。

5.2.2 乘法方式

以乘法方式引入虚拟变量，是指在所设定的计量经济模型中，将虚拟变量与其他自变量的乘积作为新的自变量引入，以表示模型中斜率系数的差异。以乘法方式引入虚拟变量，可以对因素间的交互影响进行分析，可以检验经济结构的变化，从而提高模型对现实经济现象的描述精度。

【例 5-4】二分类定性变量的乘法引入

沿用例 5-1 中家庭人均消费支出的例子，如果城镇家庭和农村家庭的边际消费倾向不同，则式（5.2.1）就变为

$$Y_i = \beta_0 + \beta_1 X_i + \alpha_1 D_i X_i + u_i \qquad (5.2.6)$$

在 $E(u_i) = 0$ 的假定下，农村家庭的人均消费支出为

$$E(Y_i \mid X_i, D_i = 0) = \beta_0 + \beta_1 X_i$$

城镇家庭的人均消费支出为

$$E(Y_i \mid X_i, D_i = 1) = \beta_0 + (\beta_1 + \alpha_1) X_i$$

从几何意义上看（图 5-3），假定 $\alpha_1 > 0$，则两个函数有相同的截距，但是有不同的斜率。这意味着，城镇家庭和农村家庭的人均消费支出对人均可支配收入的变化率是不同的，农村家庭的边际消费倾向为 β_1，城镇家庭的边际消费倾向为 $\beta_1 + \alpha_1$，二者相差 α_1，把 α_1 叫作差别斜率系数。可以通过传统的假设检验，对 α_1 的统计显著性进行检验，以判断城镇家庭和农村家庭的边际消费倾向是否存在显著差异。

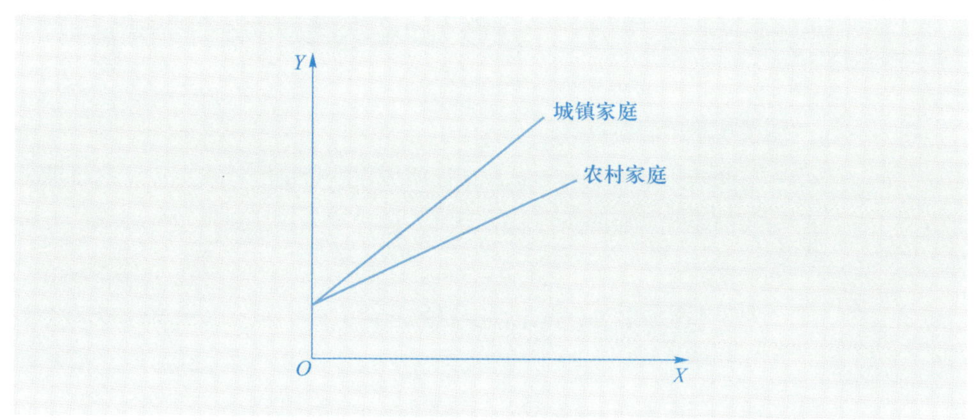

图 5-3 城镇家庭和农村家庭人均消费支出示意图（乘法引入）

【例 5-5】多分类定性变量的乘法引入

沿用例 5-2 职工薪金的例子，如果不同学历的职工随着工龄增加，年薪的增加速度不同，则应采用乘法方式将表示学历的虚拟变量引入模型。此时，职工薪金模型为

$$Y_i = \beta_0 + \beta_1 X_i + \alpha_1 D_{1i} X_i + \alpha_2 D_{2i} X_i + u_i \tag{5.2.7}$$

在 $E(u_i)=0$ 的初始假定下，可以分别得到专科生、本科生和研究生的平均年薪函数。

专科生为

$$E(Y_i \mid X_i, D_{1i}=0, D_{2i}=0) = \beta_0 + \beta_1 X_i$$

本科生为

$$E(Y_i \mid X_i, D_{1i}=1, D_{2i}=0) = \beta_0 + (\beta_1 + \alpha_1) X_i$$

研究生为

$$E(Y_i \mid X_i, D_{1i}=0, D_{2i}=1) = \beta_0 + (\beta_1 + \alpha_2) X_i$$

假定 $\alpha_2 > \alpha_1 > 0$，则其几何意义如图 5-4 所示。

图 5-4
不同学历职工的平均年薪示意图（乘法引入）

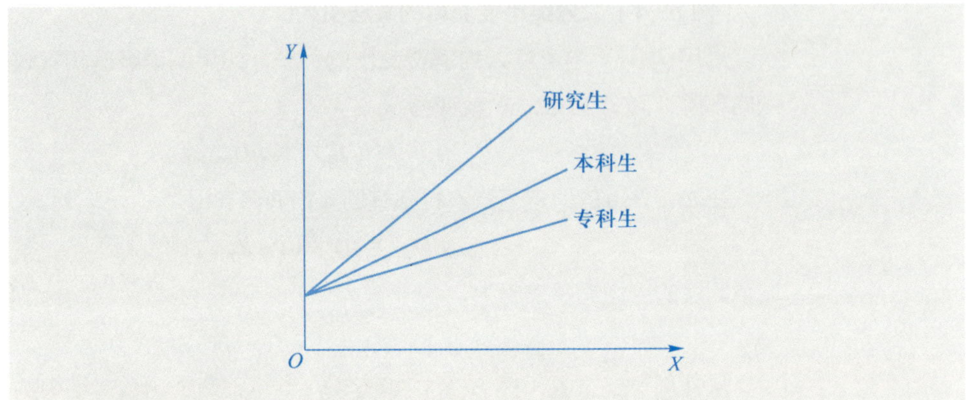

从图 5-4 中可以看出，三个函数有相同的截距，但是有不同的斜率。这意味着，专科生、本科生、研究生的年薪对工龄的变化率是不一样的，本科生与专科生的年薪变化率相差 α_1，研究生与专科生的年薪变化率相差 α_2，研究生与本科生的年薪变化率相差 $\alpha_2 - \alpha_1$。可以通过传统的假设检验，对 α_1 和 α_2 的统计显著性进行检验，以判断专科生、本科生、研究生的年薪变化率之间是否存在显著差异。

5.2.3 加法和乘法混合方式

加法和乘法混合方式是指在所设定的计量经济模型中，把虚拟变量以及虚拟变量与其他解释变量的乘积同时引入，这种引入方式既能改变模型的截距，又能改变模型的斜率。

【例 5-6】二分类定性变量的混合引入

沿用例 5-1 中家庭人均消费支出的例子，如果城镇家庭和农村家庭的自发消费支出和边际消费倾向都不同，则式（5.2.1）就变为

$$Y_i = \beta_0 + \beta_1 X_i + \alpha_1 D_i + \alpha_2 D_i X_i + u_i \tag{5.2.8}$$

在 $E(u_i)=0$ 的假定下，农村家庭的人均消费支出为

$$E(Y_i \mid X_i, D_i=0) = \beta_0 + \beta_1 X_i$$

城镇家庭的人均消费支出为

$$E(Y_i \mid X_i, D_i = 1) = (\beta_0 + \alpha_1) + (\beta_1 + \alpha_2) X_i$$

从几何意义上看（图 5-5），假定 $\alpha_1 > 0$，$\alpha_2 > 0$，则两个函数既有不同的截距，又有不同的斜率。这意味着，城镇家庭和农村家庭的自发消费支出和边际消费倾向都不同。

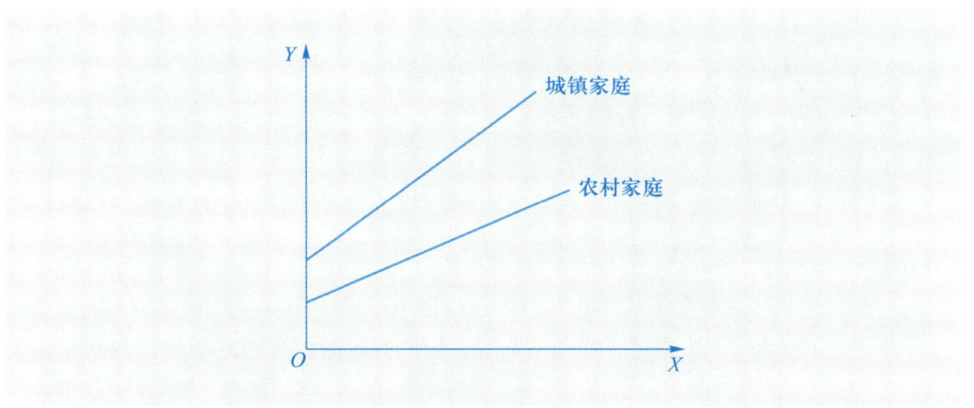

图 5-5 城镇家庭和农村家庭人均消费支出示意图（混合引入）

【例 5-7】多分类定性变量的混合引入

沿用例 5-2 职工薪金的例子，如果不同学历的职工初始年薪不同，而且随着工龄增加，年薪的增加速度也不同，则应采用加法和乘法混合方式将表示学历的虚拟变量引入模型。此时，职工薪金模型为

$$Y_i = \beta_0 + \beta_1 X_i + \alpha_1 D_{1i} + \alpha_2 D_{2i} + \alpha_3 D_{1i} X_i + \alpha_4 D_{2i} X_i + u_i \tag{5.2.9}$$

在 $E(u_i) = 0$ 的初始假定下，可以分别得到专科生、本科生和研究生的平均年薪函数。

专科生为

$$E(Y_i \mid X_i, D_{1i} = 0, D_{2i} = 0) = \beta_0 + \beta_1 X_i$$

本科生为

$$E(Y_i \mid X_i, D_{1i} = 1, D_{2i} = 0) = (\beta_0 + \alpha_1) + (\beta_1 + \alpha_3) X_i$$

研究生为

$$E(Y_i \mid X_i, D_{1i} = 0, D_{2i} = 1) = (\beta_0 + \alpha_2) + (\beta_1 + \alpha_4) X_i$$

假定 $\alpha_2 > \alpha_1 > 0$，$\alpha_4 > \alpha_3 > 0$，则其几何意义如图 5-6 所示。

从图 5-6 中可以看出，三个函数既有不同的截距，又有不同的斜率。这意味着，专科生、本科生、研究生的初始年薪不同，年薪对工龄的变化率也不同，本科生与专科生的初始年薪相差 α_1，研究生与专科生的初始年薪相差 α_2，研究生与本科生的初始年薪相差 $\alpha_2 - \alpha_1$；本科生与专科生的年薪变化率相差 α_3，研究生与专科生的年薪变化率相差 α_4，研究生与本科生的年薪变化率相差 $\alpha_4 - \alpha_3$。可以通过 t 检验，对 α_1、α_2、α_3、α_4 的统计显著性进行检验，以判断专科生、本科生、研究生的初始年薪和年薪变化率之间是否存在显著差异。

图 5-6
不同学历职工的平均年薪示意图（混合引入）

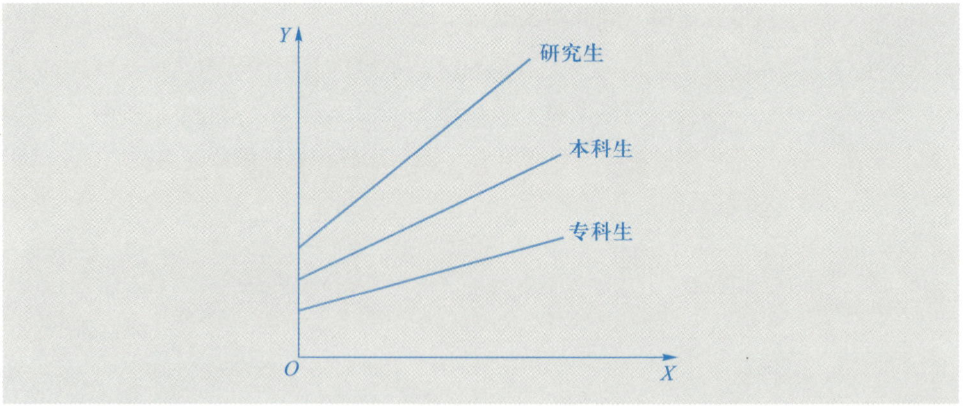

实际应用中，事先往往难以确定定性因素的影响类型，最好先根据散点图或经济分析大致判断定性因素的影响类型，然后再利用加法方式、乘法方式或加法和乘法混合方式将虚拟变量引入模型。也可以直接用加法和乘法混合方式引入，再利用 t 检验判断其系数是否显著不为零，进而确定虚拟变量的具体引入方式。

5.3 虚拟变量的特殊应用

5.3.1 模型结构稳定性检验

在同一个总体中，利用不同的样本数据估计同一形式的计量模型，可能会得到不同的估计结果。如果估计的参数之间存在着显著差异，则称模型结构是不稳定的；反之，则称模型是稳定的。模型结构的稳定性检验一方面可以分析模型结构对样本变化的敏感性，如多重共线性检验；另一方面可以比较两个模型之间的差异，即分析模型结构是否发生了显著变化。

【例 5-8】我国改革开放前后储蓄函数的变化

利用我国改革开放前后的统计数据分别建立储蓄函数，研究改革开放前后储蓄和收入总量间的函数关系是否发生了变化。模型设定如下。

（1） 改革开放前为

$$Y_t = \alpha_0 + \alpha_1 X_t + u_{1t}, \quad t = 1,2,\cdots,n_1 \tag{5.3.1}$$

式中，Y_t 为第 t 年的储蓄总额；X_t 为第 t 年的收入总额。

（2） 改革开放后为

$$Y_t = \beta_0 + \beta_1 X_t + u_{2t}, \quad t = 1,2,\cdots,n_2 \tag{5.3.2}$$

如果分别对式（5.3.1）和式（5.3.2）在不同的时间区间内回归，可能得到以下四种结果。

① $\alpha_0 = \beta_0$ 且 $\alpha_1 = \beta_1$，即两个回归相同，称为重合回归。

② $\alpha_0 \neq \beta_0$ 但 $\alpha_1 = \beta_1$，即两个回归斜率相同，截距不同，称为平行回归。

③ $\alpha_0 = \beta_0$ 但 $\alpha_1 \neq \beta_1$，即两个回归截距相同，斜率不同，称为共点回归。

④ $\alpha_0 \neq \beta_0$ 且 $\alpha_1 \neq \beta_1$，即两个回归截距和斜率都不相同，称为相异回归。

以上四种情形可以用图示法描述，具体如图 5-7 所示。

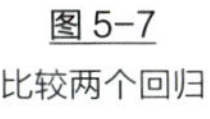

图 5-7
比较两个回归

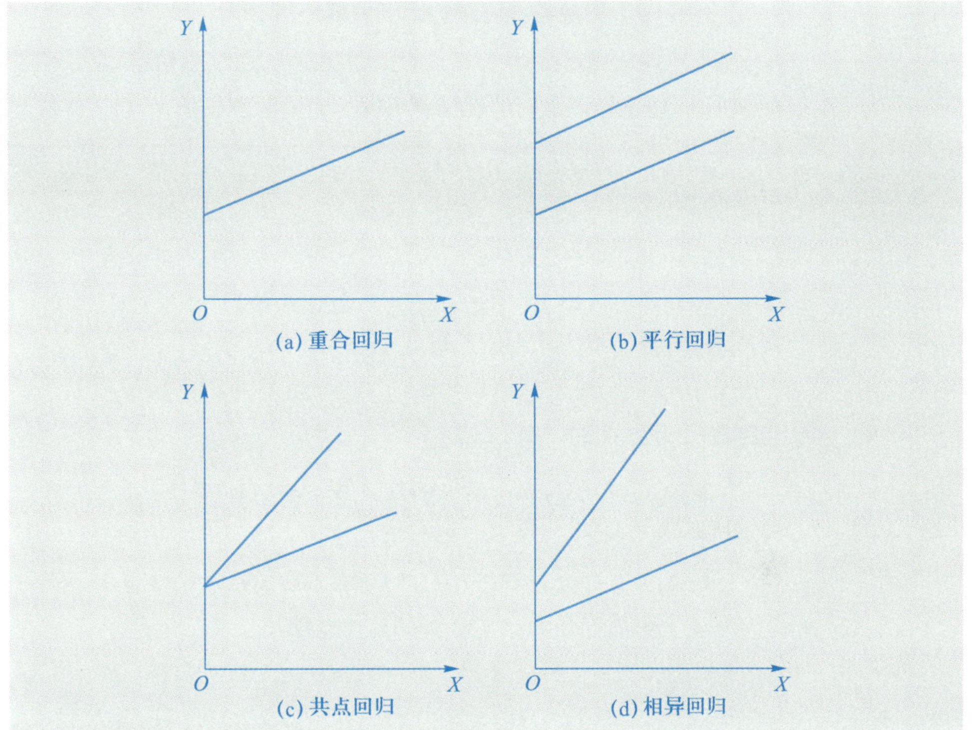

利用一些特殊的统计检验，如邹至庄检验，可以检验模型的结构稳定性，也可以通过在模型中引入虚拟变量来解决这个问题，具体方法如下。

将本例中改革开放前和改革开放后的样本合并，并设置虚拟变量 D_t 为

$$D_t = \begin{cases} 1, & \text{改革开放以后} \\ 0, & \text{改革开放以前} \end{cases}$$

模型设置为

$$Y_t = \beta_0 + \beta_1 X_t + \alpha_1 D_t + \alpha_2 D_t X_t + u_t \tag{5.3.3}$$

在 $E(u_t) = 0$ 的假定下，改革开放前的平均储蓄函数为

$$E(Y_t \mid X_t, D_t = 0) = \beta_0 + \beta_1 X_t$$

改革开放后的平均储蓄函数为

$$E(Y_t \mid X_t, D_t = 1) = (\beta_0 + \alpha_1) + (\beta_1 + \alpha_2) X_t$$

很显然，本例中采用加法和乘法混合的方式引入虚拟变量，α_1 和 α_2 分别是差别截距系数和差别斜率系数，分别代表改革开放前后储蓄函数截距和斜率的差异。可以通过 t 检验对 α_1 和 α_2 的统计显著性进行检验，从而判断改革开放前后储蓄函数是否存在显著差异，检验经济结构是否稳定。

5.3.2 分段线性回归

在经济关系中常有这样的情况：当自变量 X 的值达到某水平 X^* 之前，与因变量 Y 之间存在某种线性关系；当自变量 X 的值达到或超过 X^* 以后，与因变量的关系就会发生变化。为区分不同阶段的截距和斜率，可以利用虚拟变量进行分段线性回归。

【例 5-9】奖金与销售额的比例关系

某公司为激励销售人员，按其销售额的一定比例计提奖金，但是销售额在某一目标水平 X^* 以下和以上时计提比例不同。当销售额高于 X^* 时，计提比例一般高于销售额低于 X^* 时的比例。为确切描述奖金 Y 与销售额 X 之间的关系，需要分段进行回归。可设置虚拟变量为

$$D_i=\begin{cases}1, & X \geqslant X^* \\ 0, & X < X^*\end{cases}$$

则奖金 Y 与销售额 X 之间的关系式可以统一表示为

$$Y_i=\beta_0+\beta_1 X_i+\beta_2(X_i-X^*)D_i+u_i \tag{5.3.4}$$

（1） 当销售额低于 X^* 时，有

$$E(Y_i \mid X_i, D_i=0)=\beta_0+\beta_1 X_i$$

（2） 当销售额高于 X^* 时，有

$$E(Y_i \mid X_i, D_i=1)=(\beta_0-\beta_2 X^*)+(\beta_1+\beta_2)X_i$$

奖金与销售额的关系示意图如图 5-8 所示。

图 5-8
奖金与销售额的关系示意图

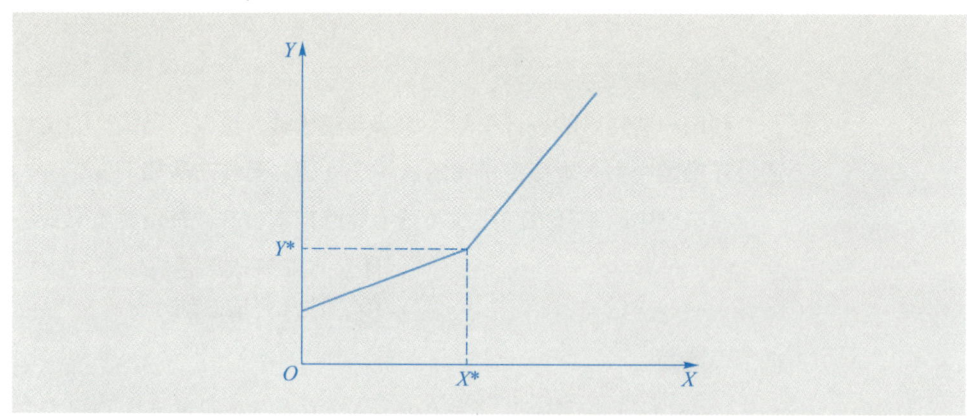

从图 5-8 中可以看出，两段回归的截距和斜率都不相同，β_1 是第一段回归直线的斜率，$\beta_1+\beta_2$ 是第二段回归直线的斜率。只要检验 β_2 的统计显著性，就可以判断在所设定的临界水平 X^* 处是否存在着“突变”。另外，分段回归可以由两段推广到 k 段，设置 $k-1$ 个虚拟变量即可。

【例 5-10】经济发展对就业的作用分析

就业是依赖于经济发展水平的，经济发展对就业有正向促进作用。本例使用我国国内生产总值（ X ）来描述经济发展水平，使用就业总人数（ Y ）描述就业情况，建

立模型研究经济发展水平对就业的影响。数据集（Stata 数据集例 5-10.dta）见表 5-1。

表 5-1
1990—2015 年中国国内生产总值与就业总人数

年份	国内生产总值 X / 亿元	就业总人数 Y / 万人	年份	国内生产总值 X / 亿元	就业总人数 Y / 万人
1990	18 872.9	64 749	2003	137 422	73 736
1991	22 005.6	65 491	2004	161 840	74 264
1992	27 194.5	66 152	2005	187 318.9	74 647
1993	35 673.2	66 808	2006	219 438.5	74 798
1994	48 637.5	67 455	2007	270 092.3	75 321
1995	61 339.9	68 065	2008	319 244.6	75 564
1996	71 813.6	68 950	2009	348 517.7	75 828
1997	79 715	69 820	2010	412 119.3	76 105
1998	85 195.5	70 637	2011	487 940.2	76 420
1999	90 564.4	71 394	2012	538 580	76 704
2000	100 280.1	72 085	2013	592 963.2	76 977
2001	110 863.1	72 797	2014	643 563.1	77 253
2002	121 717.4	73 280	2015	688 858.2	77 451

数据来源：《中国统计年鉴 2016》

首先绘制 X 与 Y 的散点图，在 Stata 命令窗口输入如下命令：

```
.scatter Y X
```

散点图如图 5-9 所示。

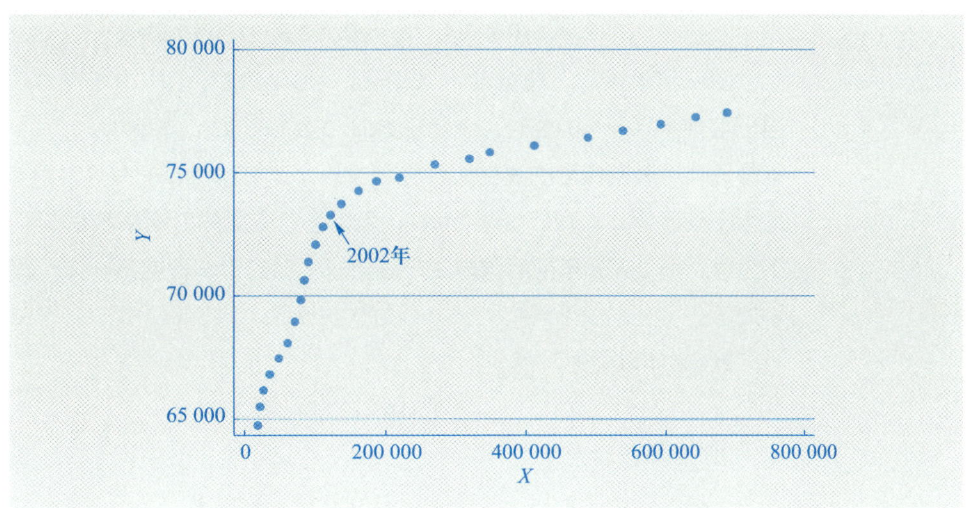

图 5-9
X 与 Y 的散点图

从图 5-9 中可以发现，国内生产总值 X 与就业总人数 Y 之间存在较明显的折线关系，转折点出现在 2002 年，转折点前后分别近似线性形式。因此，可以考虑在 2002 年之前，即 $X_t < 121\,717.4$ 时，用一条直线对数据进行拟合；而在

$X_t \geqslant 121\ 717.4$ 时，用另一条直线对数据进行拟合。建立模型为

$$Y_t = \beta_0 + \beta_1 X_t + \beta_2 (X_t - X_{2002}) D_t + u_t \tag{5.3.5}$$

式中，Y_t为第t年就业总人数；X_t为第t年国内生产总值；D_t为虚拟变量，设置为

$$D_t = \begin{cases} 1, & t \geqslant 2\ 002 \\ 0, & t < 2\ 002 \end{cases}$$

在 Stata 命令窗口输入命令：

```
.generate DX=D*（X-121717.4）
.regress Y X DX
```

估计结果如图 5-10 所示。

图 5-10 国内生产总值对就业影响的回归结果

Source	SS	df	MS
Model	405612768	2	202806384
Residual	2696238.24	23	117227.75
Total	408309007	25	16332360.3

Number of obs =	26
F(2, 23) =	1730.02
Prob > F =	0.0000
R-squared =	0.9934
Adj R-squared =	0.9928
Root MSE =	342.39

Y	Coef.	Std. Err.	t	P>|t|	[95% Conf.	Interval]
X	.0866576	.0022178	39.07	0.000	.0820696	.0912455
DX	-.0797943	.0024786	-32.19	0.000	-.0849217	-.074667
_cons	63322.78	196.8306	321.71	0.000	62915.6	63729.95

根据图 5-10 得到模型回归结果为

$$\hat{Y}_t = 63\ 322.78 + 0.087 X_t - 0.08 D_t (X_t - 121\ 717.4)$$
$$t = (321.71) \quad (39.07) \quad (-32.19)$$
$$R^2 = 0.993\ 4, \quad \bar{R}^2 = 0.992\ 8, \quad F = 1\ 730.02$$

回归结果表明，总就业人数变化的 99.34% 可由国内生产总值的变化来解释。当显著性水平 $\alpha = 0.05$ 时，统计量 $F_{0.05}(2,23) = 3.42$，本例中，$F = 1\ 730.02$，远大于该临界值，表明模型的线性关系显著成立。X_t和$D_t(X_t - 121\ 717.4)$参数估计量的t值均大于临界值$t_{0.025}(26-3) = 2.069$，表明各自变量的斜率系数在 5% 显著水平下显著不为零，即 2002 年前后国内生产总值对就业的影响程度不一样，两个阶段的模型分别如下。

2002 年以前为

$$\hat{Y}_t = 63\ 322.78 + 0.087 X_t$$

2002 年以后为

$$\hat{Y}_t = 73\ 060.17 + 0.007 X_t$$

5.3.3 交互效应分析

当分析自变量对因变量的影响时，大多数情形只是分析了自变量本身变动对因变

量的影响作用，很少分析自变量之间的相互作用对因变量的影响。前面讨论的两个定性变量对因变量影响的模型中，暗含着一个假定：两个定性变量是独立影响因变量的。但是，在实际的经济活动中，两个定性变量对因变量的影响可能存在一定的交互作用，即一个自变量的边际效应有时可能要依赖于另一个自变量。为描述这种交互作用，可以把两个虚拟变量的乘积引入模型。

【例 5-11】性别和学历的交互作用分析

沿用职工薪金的例子，为描述简单，将学历分为两类：本科以上（含）和本科以下。再引入描述性别的虚拟变量，则职工薪金的回归模型设置为

$$Y_i = \beta_0 + \beta_1 X_i + \alpha_1 D_{1i} + \alpha_2 D_{2i} + u_i \tag{5.3.6}$$

式中，Y_i 为第 i 个职工的年薪；X_i 为第 i 个职工的工龄；D_{1i} 和 D_{2i} 分别是代表性别和学历的虚拟变量，具体设置为

$$D_{1i} = \begin{cases} 1，男 \\ 0，女 \end{cases}，\quad D_{2i} = \begin{cases} 1，本科以上（含） \\ 0，本科以下 \end{cases}$$

在式（5.3.6）中，虚拟变量 D_{1i} 和 D_{2i} 是以加法方式引入的，暗含着假设：性别和学历是独立影响职工薪金的。即学历对薪金的影响，对男性女性的作用强度是相同的，或者反过来，性别对薪金的影响，对不同学历的职工作用强度也是相同的。但实际上，学历对男女薪金的影响强度可能是不一样的，学历和性别之间可能存在着交互作用，为描述这种交互作用对被解释变量的影响，在式（5.3.6）中引入两个虚拟变量的乘积，即

$$Y_i = \beta_0 + \beta_1 X_i + \alpha_1 D_{1i} + \alpha_2 D_{2i} + \alpha_3 D_{1i} D_{2i} + u_i \tag{5.3.7}$$

在 $E(u_i) = 0$ 的初始假定下，可以分别得到不同性别和学历的平均年薪函数。

本科以下女职工的平均年薪为

$$E(Y_i \mid X_i, D_{1i} = 0，D_{2i} = 0) = \beta_0 + \beta_1 X_i$$

本科以下男职工的平均年薪为

$$E(Y_i \mid X_i, D_{1i} = 1，D_{2i} = 0) = (\beta_0 + \alpha_1) + \beta_1 X_i$$

本科以上女职工的平均年薪为

$$E(Y_i \mid X_i, D_{1i} = 0，D_{2i} = 1) = (\beta_0 + \alpha_2) + \beta_1 X_i$$

本科以上男职工的平均年薪为

$$E(Y_i \mid X_i, D_{1i} = 1，D_{2i} = 1) = (\beta_0 + \alpha_1 + \alpha_2 + \alpha_3) + \beta_1 X_i$$

式中，α_1 为性别对职工薪金的独立影响；α_2 为学历对职工薪金的独立影响；α_3 为性别和学历的交互作用对职工薪金的影响，把 α_3 称为交互效应系数。交互效应是否存在，可以通过交互效应系数的显著性检验来进行判断，如果 α_3 显著不为零，则说明性别和学历的交互作用对职工薪金存在显著影响。另外，交互项不仅可以以加法方式改变回归函数的截距，也可以通过乘法方式改变回归函数的斜率，或者以加法和乘法混合方式影响回归函数的截距和斜率。

5.4 虚拟变量引入的综合案例

本案例采用个人收入及其他相关信息的数据（见 Stata 数据集例 5-12.dta），主要分析工作年限、职位、学历等因素对个人收入的影响，变量说明表见表 5-2，个人收入信息表见表 5-3。通过本案例的学习，可以帮助读者理解并掌握虚拟变量在计量模型中的引入方法及对实证结果的分析。

表 5-2
变量说明表

	变量名	变量定义	具体说明
因变量	Y	收入	平均月收入
自变量	X	工龄	参加工作年限
	D_1	职位	1：经理；0：非经理
	D_2	学历	1：本科及以上（含本科）；0：本科以下

表 5-3
个人收入信息表

序号	Y	X	D_1	D_2	序号	Y	X	D_1	D_2
1	13 876	1	1	0	24	22 884	6	1	1
2	11 608	1	0	1	25	16 978	7	1	0
3	18 701	1	1	1	26	14 803	8	0	1
4	11 283	1	0	1	27	17 404	8	1	0
5	11 767	1	0	1	28	22 184	8	1	1
6	20 872	2	1	1	29	13 548	8	0	0
7	11 772	2	0	1	30	14 467	10	0	0
8	10 535	2	0	0	31	15 942	10	0	1
9	12 195	2	0	1	32	23 174	10	1	1
10	12 313	3	0	1	33	23 780	10	1	1
11	14 975	3	1	0	34	25 410	11	1	1
12	21 371	3	1	1	35	14 861	11	0	0
13	19 800	3	1	1	36	16 882	12	0	1
14	11 417	4	0	0	37	24 170	12	1	1
15	20 263	4	1	1	38	15 990	13	0	0
16	13 231	4	0	1	39	26 330	13	1	1
17	12 884	4	0	1	40	17 949	14	0	1
18	13 245	5	0	1	41	25 685	15	1	1
19	13 677	5	0	1	42	27 837	16	1	1
20	15 965	5	1	0	43	18 838	16	0	1
21	12 336	6	0	0	44	17 483	16	0	0
22	21 352	6	1	1	45	19 207	17	0	1
23	13 839	6	0	1	46	19 346	20	0	0

1. 虚拟变量的加法引入

（1） 加法引入虚拟变量 D_1 。

模型设定为

$$Y_i = \beta_0 + \beta_1 X_i + \alpha_1 D_{1i} + u_i \tag{5.4.1}$$

在 Stata 命令窗口输入命令：

```
.regress Y X D1
```

估计结果如图 5-11 所示。

图 5-11
加法引入 D_1 的估计结果

Source	SS	df	MS
Model	866290615	2	433145307
Residual	134806963	43	3135045.64
Total	1.0011e+09	45	22246612.8

Number of obs	=	46
F(2, 43)	=	138.16
Prob > F	=	0.0000
R-squared	=	0.8653
Adj R-squared	=	0.8591
Root MSE	=	1770.6

Y	Coef.	Std. Err.	t	P>|t|	[95% Conf.	Interval]
X	527.1081	51.10628	10.31	0.000	424.0425	630.1737
D1	7145.015	527.3204	13.55	0.000	6081.572	8208.458
_cons	10210.36	525.9995	19.41	0.000	9149.578	11271.14

根据图 5-11 得到模型估计结果为

$$\hat{Y}_i = 10\ 210.36 + 527.108 X_i + 7\ 145.015 D_{1i}$$
$$t = \quad (19.41) \qquad (10.31) \qquad (13.55)$$
$$R^2 = 0.865, \quad \bar{R}^2 = 0.859, \quad F = 138.16$$

回归结果表明，$F = 138.16 > F_{0.05}(2,43) \approx 3.22$，模型的总体线性关系显著成立。$X$和 D_1 参数估计量的 t 值均大于临界值 $t_{0.025}(46-3) \approx 2.021$，表明各自变量的斜率系数在 5% 显著水平下显著不为零，即两个自变量对个人收入都有显著影响。在职位不变的条件下，工龄每增加一年，个人收入平均增加 527.108 元；在工龄不变的条件下，经理比非经理的收入平均高 7 145.015 元。

（2） 加法引入虚拟变量 D_1 和 D_2 。

模型设定为

$$Y_i = \beta_0 + \beta_1 X_i + \alpha_1 D_{1i} + \alpha_2 D_{2i} + u_i \tag{5.4.2}$$

在 Stata 命令窗口输入命令：

```
.regress Y X D1 D2
```

估计结果如图 5-12 所示。

图 5-12
加法引入 D_1 和 D_2 的估计结果

Source	SS	df	MS
Model	957663359	3	319221120
Residual	43434218.5	42	1034148.06
Total	1.0011e+09	45	22246612.8

Number of obs	=	46
F(3, 42)	=	308.68
Prob > F	=	0.0000
R-squared	=	0.9566
Adj R-squared	=	0.9535
Root MSE	=	1016.9

Y	Coef.	Std. Err.	t	P>|t|	[95% Conf.	Interval]
X	548.7853	29.44286	18.64	0.000	489.3672	608.2034
D1	6859.495	304.3808	22.54	0.000	6245.229	7473.76
D2	3089.068	328.6325	9.40	0.000	2425.861	3752.275
_cons	8023	381.3357	21.04	0.000	7253.434	8792.567

根据图 5-12 得到模型估计结果为

$$\hat{Y}_i = 8\ 023 + 548.785X_i + 6\ 859.495D_{1i} + 3\ 089.068D_{2i}$$
$$t = (21.04) \quad (18.64) \quad (22.54) \quad (9.40)$$
$$R^2 = 0.957, \quad \bar{R}^2 = 0.954, \quad F = 308.68$$

从模型的估计结果中可以看出，$F = 308.68 > F_{0.05}(3,42) = 2.83$，表明模型的总体线性关系显著成立。$X$、$D_1$ 和 D_2 参数估计量的 t 值均大于临界值 $t_{0.025}(46-4) \approx 2.021$，表明各自变量的斜率系数在 5% 显著水平下显著不为零，即三个自变量对个人收入都有显著影响。在职位和学历不变的条件下，工龄每增加一年，个人收入平均增加 548.785 元；在其他条件不变的情况下，经理比非经理的收入平均高 6 859.495 元，本科以上学历的个人比本科以下的收入平均高 3 089.068 元。

2. 虚拟变量的乘法引入

（1） 乘法引入虚拟变量 D_1。

模型设定为

$$Y_i = \beta_0 + \beta_1 X_i + \alpha_1 D_{1i} X_i + u_i \tag{5.4.3}$$

首先生成新变量 D1x，在 Stata 命令窗口输入命令：

```
.generate D1X=D1*X
```

然后进行参数估计：

```
.regress Y X D1X
```

估计结果如图 5-13 所示。

根据图 5-13 得到模型估计结果为

$$\hat{Y}_i = 12\ 916.36 + 270.669X_i + 742.330D_{1i}X_i$$
$$t = (21.43) \quad (3.88) \quad (9.63)$$
$$R^2 = 0.775, \quad \bar{R}^2 = 0.765, \quad F = 74.14$$

从估计结果中可以看出，$F = 74.14 > F_{0.05}(2,43) \approx 3.22$，表明模型的总体线性关系显著成立。$X$ 和 D_1X 参数估计量的 t 值均大于临界值 $t_{0.025}(46-3) \approx 2.021$，表明各

图 5-13 乘法引入 D_1 的估计结果

Source	SS	df	MS
Model	776043675	2	388021837
Residual	225053902	43	5233811.69
Total	1.0011e+09	45	22246612.8

Number of obs	=	46
F(2, 43)	=	74.14
Prob > F	=	0.0000
R-squared	=	0.7752
Adj R-squared	=	0.7647
Root MSE	=	2287.8

Y	Coef.	Std. Err.	t	P>|t|	[95% Conf.	Interval]
X	270.6691	69.81879	3.88	0.000	129.8661	411.4721
D1X	742.3302	77.08839	9.63	0.000	586.8666	897.7937
_cons	12916.36	602.667	21.43	0.000	11700.97	14131.75

自变量的斜率系数在 5% 显著水平下显著不为零，即两个自变量对个人收入都有显著影响。自变量 D_1X 的斜率系数显著不为零，说明经理与非经理的收入对工龄的变化率是不一样的，经理的收入增加速度比非经理平均高 742.330 元。

（2） **乘法引入虚拟变量 D_1 和 D_2。**

模型设定为

$$Y_i = \beta_0 + \beta_1 X_i + \alpha_1 D_{1i} X_i + \alpha_2 D_{2i} X_i + u_i \qquad (5.4.4)$$

首先生成新变量 D_1X、D_2X，在 Stata 命令窗口输入命令：

```
.generate D1X=D1*X
.generate D2X=D2*X
```

然后进行参数估计：

```
.regress Y X D1X D2X
```

估计结果如图 5-14 所示。

图 5-14 乘法引入 D_1 和 D_2 的估计结果

Source	SS	df	MS
Model	792671091	3	264223697
Residual	208426486	42	4962535.38
Total	1.0011e+09	45	22246612.8

Number of obs	=	46
F(3, 42)	=	53.24
Prob > F	=	0.0000
R-squared	=	0.7918
Adj R-squared	=	0.7769
Root MSE	=	2227.7

Y	Coef.	Std. Err.	t	P>|t|	[95% Conf.	Interval]
X	194.4404	79.72622	2.44	0.019	33.54638	355.3344
D1X	682.7712	81.81263	8.35	0.000	517.6666	847.8758
D2X	151.8649	82.96534	1.83	0.074	-15.56598	319.2957
_cons	12911.9	586.8457	22.00	0.000	11727.59	14096.2

根据图 5-14 得到模型估计结果为

$$\hat{Y}_i = 12\,911.9 + 194.440X_i + 682.771D_{1i}X_i + 151.865D_{2i}X_i$$
$$t = (22.00) \qquad (2.44) \qquad (8.35) \qquad (1.83)$$
$$R^2 = 0.792, \quad \bar{R}^2 = 0.777, \quad F = 53.24$$

从估计结果中可以看出，$F=53.24>F_{0.05}(3,42)=2.83$，表明模型的总体线性关系显著成立。$X$和$D_1X$参数估计量的$t$值均大于临界值$t_{0.025}(46-4)\approx 2.021$，$D_2X$参数估计量的$t$值大于临界值$t_{0.05}(46-4)\approx 1.684$，表明自变量$X$和$D_1X$的斜率系数在5% 显著水平下显著不为零，自变量$D_2X$的斜率系数在 10% 显著水平下显著不为零，即三个自变量对个人收入都有显著影响。自变量D_1X的斜率系数显著不为零，说明不同职位的个人，其收入对工龄的变化率是不一样的，经理的年收入增加速度比非经理平均高 682.771 元；自变量D_2X的斜率系数显著不为零，说明不同学历的个人，其收入对工龄的变化率也是不一样的，本科以上的个人年收入增加速度比本科以下的平均高 151.865 元。

3. 虚拟变量的混合引入

混合引入虚拟变量D_1，模型设定为

$$Y_i=\beta_0+\beta_1X_i+\alpha_1D_{1i}+\alpha_2D_{1i}X_i+u_i \tag{5.4.5}$$

在 Stata 命令窗口输入命令：

```
.regress Y X D1 D1X
```

估计结果如图 5-15 所示。

图 5-15 混合引入D_1的估计结果

Source	SS	df	MS
Model	879542320	3	293180773
Residual	121555257	42	2894172.79
Total	1.0011e+09	45	22246612.8

Number of obs	=	46
F(3, 42)	=	101.30
Prob > F	=	0.0000
R-squared	=	0.8786
Adj R-squared	=	0.8699
Root MSE	=	1701.2

Y	Coef.	Std. Err.	t	P>|t|	[95% Conf.	Interval]
X	452.6582	60.18073	7.52	0.000	331.2086	574.1079
D1	5501.771	920.0203	5.98	0.000	3645.095	7358.447
D1X	222.7401	104.0938	2.14	0.038	12.67036	432.8098
_cons	10785.91	572.5083	18.84	0.000	9630.543	11941.28

根据图 5-15 得到模型估计结果为

$$\begin{aligned}\hat{Y}_i&=10\ 785.91+452.658X_i+5\ 501.771D_{1i}+222.740D_{1i}X_i\\ t&=\quad(18.84)\qquad(7.52)\qquad(5.98)\qquad(2.14)\\ R^2&=0.879,\quad \bar{R}^2=0.870,\quad F=101.30\end{aligned}$$

从估计结果中可以看出，$F=101.3>F_{0.05}(3,42)=2.83$，表明模型的总体线性关系显著成立。$X$、$D_1$和$D_1X$参数估计量的$t$值均大于临界值$t_{0.025}(46-4)\approx 2.021$，表明各自变量的斜率系数在 5% 显著水平下显著不为零，即三个自变量对个人收入都有显著影响。自变量D_1和D_1X的斜率系数都显著不为零，说明虚拟变量D_1不仅对收入的平均值有显著影响，对收入随工龄的变化率也有显著影响。在其他条件不变的情况下，经理比非经理的收入平均高 5 501.771 元，经理的收入增加速度比非经理平均高 222.740 元。

4. 虚拟变量的交互效应

引入变量 D_1D_2，模型设定为

$$Y_i = \beta_0 + \beta_1 X_i + \alpha_1 D_{1i} + \alpha_2 D_{2i} + \alpha_3 D_{1i} D_{2i} + u_i \tag{5.4.6}$$

（1） 生成新变量 DD。

在 Stata 命令窗口输入命令：

```
.generate  DD=D1*D2
```

（2） 参数估计。

在 Stata 命令窗口输入命令：

```
.regress  Y  X  D1  D2  DD
```

估计结果如图 5-16 所示。

图 5-16 交互效应估计结果

Source	SS	df	MS
Model	991230052	4	247807513
Residual	9867524.79	41	240671.336
Total	1.0011e+09	45	22246612.8

Number of obs =	46
F(4, 41) =	1029.65
Prob > F =	0.0000
R-squared =	0.9901
Adj R-squared =	0.9892
Root MSE =	490.58

Y	Coef.	Std. Err.	t	P>|t|	[95% Conf.	Interval]
X	497.5174	14.85227	33.50	0.000	467.5227	527.5122
D1	3984.135	284.3242	14.01	0.000	3409.931	4558.34
D2	1486.181	208.6993	7.12	0.000	1064.705	1907.658
DD	4003.03	338.9586	11.81	0.000	3318.489	4687.57
_cons	9467.381	220.9078	42.86	0.000	9021.249	9913.514

根据图 5-16 得到模型估计结果为

$$\hat{Y}_i = 9\,467.381 + 497.517X_i + 3\,984.135D_{1i} + 1\,486.181D_{2i} + 4\,003.03D_{1i}D_{2i}$$
$$t = (42.86) \quad (33.50) \quad (14.01) \quad (7.12) \quad (11.81)$$
$$R^2 = 0.990, \quad \bar{R}^2 = 0.989, \quad F = 1\,029.65$$

从估计结果中可以看出，$F = 1\,029.65 > F_{0.05}(4,41) \approx 2.61$，表明模型的总体线性关系显著成立。$X$、$D_1$、$D_2$ 和 D_1D_2 参数估计量的 t 值均大于临界值 $t_{0.025}(46-5) \approx 2.021$，表明各自变量的斜率系数在 5% 显著水平下显著不为零，即四个自变量对个人收入都有显著影响。自变量 D_1D_2 的斜率系数显著不为零，说明虚拟变量 D_1 和 D_2 之间存在交互效应，即虚拟变量 D_1 和 D_2 不仅对因变量产生独立影响，还通过二者的交互作用对因变量产生联合影响，具体结果见表 5-4。从表 5-4 中可以看出，本科以上经理职位的个人平均收入是最高的，由三部分组成，分别是职位和学历对平均收入的独立影响，以及职位和学历对收入的联合影响。

表 5-4 交互影响结果分析表

职位	学历	估计方程
非经理：$D_{1i}=0$	本科以下：$D_{2i}=0$	$\hat{Y}_i = 9\ 467.381 + 497.517X_i$
	本科以上：$D_{2i}=1$	$\hat{Y}_i = 10\ 953.562 + 497.517X_i$
经理：$D_{1i}=1$	本科以下：$D_{2i}=0$	$\hat{Y}_i = 13\ 451.516 + 497.517X_i$
	本科以上：$D_{2i}=1$	$\hat{Y}_i = 18\ 940.727 + 497.517X_i$

本章小结

本章重点讨论了虚拟变量的概念、作用、赋值原则及引入模型的方式。虚拟变量是在回归模型中引入定性变量的一种手段，实质上是“数据分类器”，它根据样本的属性或特征将样本分为各个不同的子群体并对每个子群体进行回归分析。各个子群体的因变量对自变量的不同反应表现为各子群体截距或斜率系数存在差别。虚拟变量引入模型的方式有三种：加法引入、乘法引入、加法和乘法混合引入。加法引入影响的是截距系数，乘法引入影响的是斜率系数，加法和乘法混合引入则对截距和斜率都有影响。此外，虚拟变量在模型结构稳定性检验、分段线性回归、交互效应分析中也有广泛的应用。

虽然虚拟变量技术非常有用，但在使用时仍需谨慎。第一，如果回归模型包含了常数项，那么虚拟变量的个数必须比每个定性变量的分类数少一；第二，虚拟变量系数的解释必须与基准类（所有虚拟变量都取零的一类）相关；第三，若模型中包含多个定性变量，而且每个定性变量有多种分类，则引入模型的虚拟变量将消耗大量的自由度。因此，应当根据样本观察值的个数权衡进入模型的虚拟变量个数。

习题

1. 什么是虚拟变量？虚拟变量的作用是什么？
2. 虚拟变量的设置原则是什么？
3. 回归模型中引入虚拟变量的方式有哪几种？各适用于什么情况？
4. 进行交互效应分析时，如何将虚拟变量引入模型？
5. 现有若干年月度数据，检验如下假设需要引入几个虚拟变量？
   （1）一年中的 12 个月均呈现季节模式；
   （2）只有 1 月、3 月、5 月、7 月、9 月、11 月呈现季节模式。
6. 考虑下面的模型：

$$Y_i = \beta_0 + \beta_1 X_i + \beta_2 D_{2i} + \beta_3 D_{3i} + \beta_4 D_{4i} + u_i$$

式中，Y_i表示大学教师的年薪收入；X_i表示工龄。为研究大学教师的年薪是否受到性

别（男、女）、学历（本科、硕士、博士）的影响。按照下面的方式引入虚拟变量，即

$$D_2=\begin{cases}1, & 男\\0, & 女\end{cases}, \quad D_3=\begin{cases}1, & 硕士\\0, & 其他\end{cases}, \quad D_4=\begin{cases}1, & 博士\\0, & 其他\end{cases}$$

（1）基准类是什么?

（2）解释各系数所代表的含义，并预期各系数的符号。

（3）若 $\beta_4>\beta_3$，你得出什么结论?

7. 试在家庭对某商品的消费需求函数 $Y=\alpha+\beta X+\mu$ 中(以加法形式)引入虚拟变量，用以反映季节因素（淡、旺季）和收入层次差距（高、低）对消费需求的影响。

8. 某行业利润 Y 不仅与销售额 X 有关，而且与季度因素有关。

（1）如果认为季度因素使利润平均值发生变异，应如何引入虚拟变量?

（2）如果认为季度因素使利润对销售额的变化率发生变异，应如何引入虚拟变量?

（3）如果认为上述两种情况都存在，又应如何引入虚拟变量? 对上述三种情况分别设定利润模型。

9. 一个由容量为 209 的样本估计的解释 CEO 薪水的方程为

$$\ln\hat{Y}=4.59+0.257\ln X_1+0.011X_2+0.158D_1+0.181D_2-0.283D_3$$
$$t=(15.3)\quad(8.03)\qquad(2.75)\qquad(1.775)\qquad(2.13)\qquad(-2.895)$$

其中，Y 表示年薪水平（单位：万元）；X_1 表示年收入（单位：万元）；X_2 表示公司股票收益（单位：万元）；D_1、D_2、D_3 均为虚拟变量，分别表示金融业、消费品工业和公用事业。假设对比产业为交通运输业。

（1）解释三个虚拟变量参数的经济含义。

（2）保持 X_1 和 X_2 不变，计算公用事业和交通运输业之间估计薪水的近似百分比差异。这个差异在 1% 的显著性水平下是统计显著的吗?

（3）消费品工业和金融业之间估计薪水的近似百分比差异是多少?

10. 在一项对北京某大学学生月消费支出的研究中，认为学生的消费支出除受其家庭的月收入水平影响外，还受在学校是否得奖学金，来自农村还是城市，是经济发达地区还是欠发达地区，以及性别等因素的影响。试设定适当的模型，并导出如下情形下学生消费支出的平均水平：

（1）来自欠发达农村地区的女生，未得奖学金；

（2）来自欠发达城市地区的男生，得到奖学金；

（3）来自发达地区的农村女生，得到奖学金；

（4）来自发达地区的城市男生，未得奖学金。

11. 根据 1995 年 3 月美国当期人口调查的数据，保罗（Paul Rudd）从中抽取了 18~65 岁年龄段的 1 289 个样本（Stata 数据集习题 5-11.dta），具体信息包括 wage（小时工资（美元））、age（年龄）、female（女性）、nowhite（非白人）、union（工会会员）、education（受教育年限）、experience（工作年限）。

（1）根据这些数据，估计下面的模型：

$$\ln wage = \beta_0 + \beta_1 age + \beta_2 female + \beta_3 nowhite + \beta_4 education + \beta_5 experience + \beta_6 union + u_i$$

（2）在 5% 的显著性水平下，哪些系数是显著的?

（3）解释每个回归系数的含义。

（4）平均而言，工会会员的小时工资相对较高吗?

（5）平均而言，男职工比女职工收入高吗?

（6）非白人女工的平均小时工资比白人女工的低吗？为什么?

12. 现有 46 个中产阶级个人收入及其他相关信息的数据（Stata 数据集习题 5-12.dta），自变量包括 experience（工作年限）、management（1：经理；0：非经理）、education（1：高中；2：大学；3：研究生）。

（1）利用表中列出的教育数据进行回归分析有意义吗？会导致什么样的问题?

（2）利用工作年限、是否是管理人员及变化后的教育变量进行线性回归，给出回归结果。

（3）如果考虑经理和非经理因工作年限导致的收入差异，该如何建立模型？回归结果是怎样的?

（4）如果考虑不同受教育水平因工作年限导致的收入差异，该如何建立模型？回归结果是怎样的?

即测即评

6

第 6 章 离散与受限因变量模型

■ 第 5 章介绍了自变量为虚拟变量的模型，对于因变量而言，有时也会对其取值进行限制。例如经常遇到的二元选择问题，如是否购买住房、是否参加商业保险等，这类问题的因变量是离散变量，相应的模型称为离散选择模型；还有一种情况是因变量的取值被限定在某个特殊范围，称这类模型为受限因变量模型。

■ 本章介绍几种常见的离散选择模型和受限因变量模型，主要包括线性概率模型、Logit 模型、Probit 模型和 Tobit 模型。

6.1 线性概率模型

在实际生活中，经常遇到二元选择或虚拟因变量问题，如消费者对某种商品的购买决策问题。决定购买与否，一般取决于两类因素：一类是该商品本身所具有的属性，如性能、价格等；另一类是消费者个体所具有的属性，如收入水平、消费习惯、对该商品的偏好程度等。再如，企业申请贷款是否获批问题。企业申请贷款是否被批准，一般既取决于贷款项目本身的盈利能力、发展前景等因素，也取决于贷款企业的财务状况和经营管理水平等因素。从大量的统计中可以发现，选择结果与影响因素之间具有一定的因果关系。为揭示这些因果关系并对结果进行预测，就需要建立虚拟因变量模型。本节主要介绍线性概率模型。

6.1.1 线性概率模型的定义

对于二元选择问题，一种最简单的分析方法是不加任何特殊处理而直接使用普通线性回归模型的设定，即

$$Y_i = \beta_0 + \beta_1 X_{1i} + \beta_2 X_{2i} + \cdots + \beta_k X_{ki} + u_i = \boldsymbol{X}_i \boldsymbol{\beta} + u_i \qquad (6.1.1)$$

式中，$X_1, X_2, \cdots, X_k$ 是自变量；u_i 是相互独立且均值为0的随机误差项；$\boldsymbol{X}_i = (1, X_{1i}, X_{2i}, \cdots, X_{ki})$，$\boldsymbol{\beta} = (\beta_0, \beta_1, \beta_2, \cdots, \beta_k)'$；$Y_i$ 是取值为 0 或 1 的虚拟因变量，一般设为

$$Y_i = \begin{cases} 1, & \text{第一种选择} \\ 0, & \text{第二种选择} \end{cases}$$

对式（6.1.1）两边取条件期望可得

$$E(Y_i \mid \boldsymbol{X}_i) = \boldsymbol{X}_i \boldsymbol{\beta} \qquad (6.1.2)$$

因为 Y_i 只能取两个值，即 0 和 1，所以 Y_i 服从二项分布。假设对于第 i 个个体，第一种选择发生的概率为 p_i，则第二种选择发生的概率为 $1-p_i$。Y_i 的条件分布见表 6-1。

表 6-1 Y_i 的条件分布

取值	概率
1	p_i
0	$1-p_i$

Y_i 的条件期望值为

$$E(Y_i \mid \boldsymbol{X}_i) = 1(p_i) + 0(1-p_i) = p_i \qquad (6.1.3)$$

结合式（6.1.2）和式（6.1.3），则有

$$p_i = \boldsymbol{X}_i \boldsymbol{\beta} \qquad (6.1.4)$$

由式（6.1.4）可以看出，$Y_i = 1$（即第一种选择发生）的概率是所有自变量的线性函数。这说明，如果不再把因变量中的 0 和 1 看作离散的数值，而是将其看

作一个概率值，式（6.1.1）中的因变量就被赋予了概率的含义。把因变量取值为 0 或 1，而其数学期望为概率的线性回归模型称为线性概率模型（Linear Probability Model，LPM）。

在线性概率模型中，Y_i只能取两个值，即 0 或 1，所以不能把斜率系数解释为X的单位变动引起Y的条件均值的变化，可以解释为X单位变动引起的$Y=1$概率的变化。以$p_i=-0.2+0.05X_i$为例，说明X_i每增加一个单位，则第一种选择发生的概率增加 0.05。

6.1.2 线性概率模型的估计

从形式上看，线性概率模型与普通的线性回归模型是一样的，是否能够直接运用 OLS 法对其进行估计呢？答案是否定的。由于直接采用 OLS 法对线性概率模型进行估计，会遇到一些特殊的问题，估计结果会失去合理的经济解释，因此需要寻求相应的解决方法。具体的问题和解决方法如下。

1. 随机误差项u_i是非正态分布的

在线性概率模型中，关于u_i的正态性假设不再成立，因为式（6.1.1）的随机误差项为

$$u_i=Y_i-\boldsymbol{X}_i\boldsymbol{\beta} \tag{6.1.5}$$

由于Y_i是二分变量，因此u_i也只有两个取值，具体为

$$u_i=\begin{cases}1-\boldsymbol{X}_i\boldsymbol{\beta}, & Y_i=1\\ -\boldsymbol{X}_i\boldsymbol{\beta}, & Y_i=0\end{cases} \tag{6.1.6}$$

由式（6.1.6）可以看出，u_i不服从正态分布，服从的是二项分布。

线性概率模型中的随机误差项u_i不服从正态分布，对参数估计并不产生影响，OLS 法本身并不要求u_i服从正态分布，即 OLS 估计量在u_i非正态分布条件下依然是最优线性无偏估计量。但是，对参数的假设检验和区间估计要求随机误差项u_i服从正态分布。不过，当样本容量足够大时，根据中心极限定理，OLS 估计量的概率分布将会趋近于正态分布。因此，在大样本条件下，线性概率模型的统计推断仍然可以按照正态性假设条件下 OLS 法的统计推断方式进行。

2. 随机误差项u_i存在异方差性

由Y_i的分布可以推得u_i的分布，具体见表 6-2。

表 6-2
u_i的分布

取值	概率
$1-\boldsymbol{X}_i\boldsymbol{\beta}$	p_i
$-\boldsymbol{X}_i\boldsymbol{\beta}$	$1-p_i$

根据方差定义可得

$$
\begin{aligned}
\mathrm{Var}(u_i) &= E[u_i - E(u_i)]^2 \\
&= E(u_i^{\ 2}) \\
&= (1-\boldsymbol{X}_i\boldsymbol{\beta})^2 p_i + (-\boldsymbol{X}_i\boldsymbol{\beta})^2(1-p_i) \\
&= (1-\boldsymbol{X}_i\boldsymbol{\beta})^2(\boldsymbol{X}_i\boldsymbol{\beta}) + (-\boldsymbol{X}_i\boldsymbol{\beta})^2(1-\boldsymbol{X}_i\boldsymbol{\beta}) \\
&= (1-\boldsymbol{X}_i\boldsymbol{\beta})(\boldsymbol{X}_i\boldsymbol{\beta}) \\
&= (1-p_i)p_i
\end{aligned}
\tag{6.1.7}
$$

上面的推导中用到了式（6.1.4）：$p_i = \boldsymbol{X}_i\boldsymbol{\beta}$。由式（6.1.7）可知，随机误差项 u_i 的方差是 Y_i 的条件期望的函数，存在异方差。此时，OLS 估计量将不再是最小方差的，统计检验也是不可靠的。要消除异方差的影响，可使用加权最小二乘法进行参数估计。在总体回归模型未知的情况下，p_i 是未知的，不能直接进行加权变换。通常先采用普通最小二乘法进行参数估计，得到 p_i 的估计值 $\hat{p}_i$，然后求得 $\sqrt{\hat{p}_i(1-\hat{p}_i)}$，取加权系数为 $w_i = \dfrac{1}{\sqrt{\hat{p}_i(1-\hat{p}_i)}}$，对原模型使用加权最小二乘法进行参数估计。

3. 无法保证 Y 的估计值介于 0 和 1 之间

在线性概率模型中，由于 $E(Y_i \mid X_i) = p_i$，因此 $E(Y_i \mid X_i)$ 的取值范围应为 $[0,1]$。但线性概率模型的样本回归线并不能满足这一约束条件，即 $\hat{Y}_i$ 可能不在 0 和 1 之间，可能大于 1，也可能小于 0。这是线性概率模型用 OLS 法估计存在的核心问题之一。通常使用断尾或约束法来解决这类问题，具体设置为

$$
\hat{Y}_i = \begin{cases} 1, & \hat{Y}_i \geqslant 1 \\ \boldsymbol{X}_i\hat{\boldsymbol{\beta}}, & 0 < \hat{Y}_i < 1 \\ 0, & \hat{Y}_i \leqslant 0 \end{cases}
\tag{6.1.8}
$$

这种解决方法人为地把大概率事件当作必然事件，把小概率事件当作不可能事件。然而这样做是有问题的，假设预测某个事件发生的概率等于 1，但是实际中该事件可能根本不会发生；反之，预测某个事件发生的概率等于 0，但是实际中该事件却可能发生了。虽然估计过程是无偏的，但是由估计过程得出的预测结果却是有偏的。

虽然可以采用加权最小二乘法解决异方差问题，通过增大样本容量减轻非正态性问题，通过约束迫使 Y_i 的估计值介于 0 和 1 之间，但是在线性概率模型中，p_i 是随着 X_i 线性变化的，即每个解释变量始终保持恒定的边际效应。这一点与经济系统的实际运行状态可能会不相符。在实际经济系统的运行中，概率的增加可能是非线性的。例如，对于低收入家庭，拥有住房的概率很小，并且收入的增加对拥有住房的概率增加也很小；当收入达到很高水平时，家庭拥有住房的概率会很大，并且再增加收入对拥有住房的概率影响也不大。因此，在收入分布的两端，收入水平的稍许增加不会对拥有住房的概率产生实质性影响。

由于线性概率模型的上述缺点，因此希望能找到一种变换方法：①使解释变量 X_i 所对应的所有预测值（概率值）都落在 $[0,1]$ 区间；②同时对于所有的 X_i，当 X_i 增

加时，希望 Y_i 也单调增加或单调减少。显然，累积概率分布函数能满足这样的要求。通常选择逻辑分布（Logistic Distribution）和累积正态概率分布的分布函数去设定二元选择模型。采用 Logistic 函数的模型称作 Logit 模型，采用累积正态概率分布函数的模型称作 Probit 模型。

【例 6-1】基于线性概率模型的员工离职影响因素分析

本例采用某医药企业 2018 年 8 月到 2020 年 8 月的员工离职信息（Stata 数据集例 6-1.dta），变量说明表见表 6-3，部分样本数据见表 6-4，主要分析职工年龄、出差频率、单位与住处之间的距离、工作满意度及婚姻状况等因素对离职概率的影响。

表 6-3
变量说明表

	变量名	变量定义	具体说明
因变量	label	是否离职	1：离职；0：未离职
自变量	age	年龄	年龄
	travel	出差频率	1：经常出差；0：很少出差
	distance	距离	单位与住处之间的实际距离（千米）
	jobsatisfaction	工作满意度	从 1 到 4，1 代表满意程度最低，4 代表满意程度最高
	hf	婚否	1：已婚；0：未婚

表 6-4
员工离职数据示例

obs	label	age	travel	distance	jobsatisfaction	hf
1	0	37	0	1	3	0
2	0	54	1	1	3	0
3	1	34	1	7	3	0
4	0	39	0	1	4	1
5	1	28	1	1	2	0
6	0	24	0	4	3	1
7	0	29	0	9	4	0
⋮	⋮	⋮	⋮	⋮	⋮	⋮
1 100	1	26	1	2	1	1

（1） **模型构建。**

本例的因变量 label 只有离职和未离职两种结果，可以构建线性概率模型，具体形式为

$$\text{label}_i = \beta_0 + \beta_1\text{age}_i + \beta_2\text{travel}_i + \beta_3\text{distance}_i + \beta_4\text{jobsatisfaction}_i + \beta_5\text{hf}_i + u_i \quad (6.1.9)$$

（2） **参数估计与假设检验。**

在 Stata 命令窗口输入命令：

```
.reg label age travel distance jobsatisfaction hf
```

估计结果如图 6-1 所示。

图 6-1
线性概率模型估计结果

```
      Source |       SS           df       MS      Number of obs   =     1100
-------------+----------------------------------   F(  5,   1094)  =    15.72
       Model |  10.001395         5    2.000279   Prob > F        =   0.0000
    Residual | 139.194969      1094  .127234889   R-squared       =   0.0670
-------------+----------------------------------   Adj R-squared   =   0.0628
       Total | 149.196364      1099  .135756473   Root MSE        =    .3567

------------------------------------------------------------------------------
       label |      Coef.   Std. Err.      t    P>|t|     [95% Conf. Interval]
-------------+----------------------------------------------------------------
         age |  -.0068469   .0011947    -5.73   0.000    -.0091911   -.0045026
      travel |   .0697356   .0276696     2.52   0.012     .0154441    .124027
    distance |   .0041173   .0013138     3.13   0.002     .0015395    .0066951
jobsatisfaction | -.0420607  .0096974   -4.34   0.000    -.0610883   -.0230331
          hf |  -.0596937   .0217101    -2.75   0.006    -.1022918   -.0170957
       _cons |   .5054085   .0547329     9.23   0.000     .3980151    .6128019
------------------------------------------------------------------------------
```

根据图 6-1 得到模型估计结果为

$$\hat{p}(\text{label}_i=1)=0.505-0.007\text{age}_i+0.070\text{travel}_i+0.004\text{distance}_i-0.042\text{jobsatisfaction}_i-0.060\text{hf}_i$$
$$t=(9.23)\quad(-5.73)\quad(2.52)\quad(3.13)\quad(-4.34)\quad(-2.75)$$
$$R^2=0.067,\quad \bar{R}^2=0.063,\quad F=15.72$$

从估计结果可以看出，所有自变量参数估计量的 t 值均大于临界值 $t_{0.025}(1100-6)\approx 1.96$，表明各自变量的斜率系数在 5% 显著水平下显著不为零，即职工年龄、出差频率、单位与住处之间的距离、工作满意度和婚姻状况等因素对离职的概率都有显著影响。在其他条件不变的情况下，年龄每增加 1 岁，离职概率平均下降 0.007；经常出差的职工离职概率比不经常出差的职工平均高出 0.070；单位与住处之间的距离每增加 1 km，离职概率平均增加 0.004；工作满意度每提高一个级别，离职概率平均下降 0.042；已婚职工的离职概率比未婚职工平均低 0.060。

6.2 Logit 模型

6.2.1 Logit 模型的基本形式

Logit 模型是一个离散选择模型，主要用来解决分类问题。该模型的因变量是取值为 0 或 1 的二元变量，自变量没有限制，虚拟变量或连续变量均可。其采用的是 Logistic 累积概率分布函数，基本形式为

$$p_i=F(Z_i)=\frac{1}{1+\mathrm{e}^{-Z_i}} \tag{6.2.1}$$

式中，$Z_i=\beta_0+\beta_1X_{1i}+\beta_2X_{2i}+\cdots+\beta_kX_{ki}=\boldsymbol{X}_i\boldsymbol{\beta}$；$F(\cdot)$ 为 Logistic 累积概率分布函数，其分布规律如图 6-2 所示。

图 6-2
Logistic 累积概率分布函数

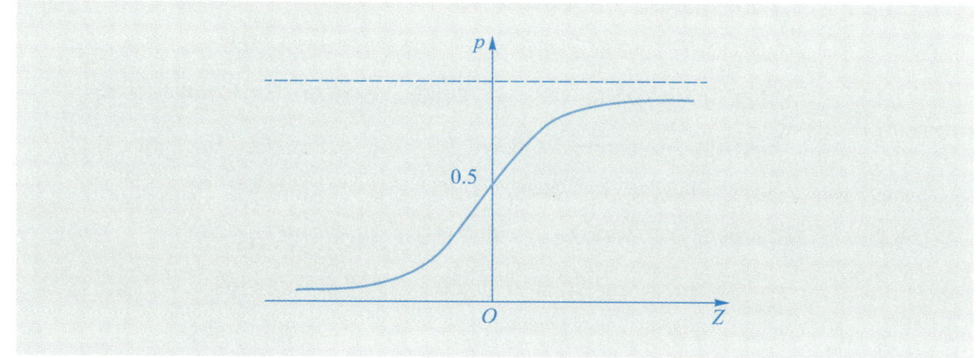

由图 6-2 可以看出：

（1）随着 $Z_i\to+\infty$，$p_i\to1$，反之，$Z_i\to-\infty$，$p_i\to0$，$Z_i=0$ 时，$p_i=0.5$；

（2）Logistic 累积概率分布函数的斜率在 $p_i=0.5$ 时最大，在累积分布两个尾端的斜率逐渐减小，在 $p_i=0.5$ 附近，自变量 X_i 的变化对概率的影响较大，而 p_i 接近 0 或 1 附近的 X_i 值的变化对概率的影响较小。

为了模型估计和解释的便利，对式（6.2.1）做如下变换。

设 p_i 为事件发生的概率，则 $1-p_i$ 为事件没有发生的概率。由式（6.2.1）可得

$$p_i=\frac{1}{1+e^{-Z_i}}=\frac{e^{Z_i}}{1+e^{Z_i}} \tag{6.2.2}$$

$$1-p_i=1-\frac{1}{1+e^{-Z_i}}=\frac{1}{1+e^{Z_i}} \tag{6.2.3}$$

式（6.2.2）除以式（6.2.3）可得

$$\frac{p_i}{1-p_i}=e^{Z_i} \tag{6.2.4}$$

对式（6.2.4）两边取自然对数，得

$$L_i=\ln\frac{p_i}{1-p_i}=Z_i=\beta_0+\beta_1X_{1i}+\beta_2X_{2i}+\cdots+\beta_kX_{ki} \tag{6.2.5}$$

称 $\frac{p_i}{1-p_i}$ 为概率比（Odds Ratio），即事件发生的概率与没有发生的概率之比。概率比的对数 $L_i=\ln\frac{p_i}{1-p_i}$ 称为分对数或对数单位，因此 Logit 模型又称分对数模型或对数单位模型。

6.2.2 Logit 模型的估计

由于 Logit 模型属于非线性模型，因此不能用普通最小二乘法对其进行估计，一

般用极大似然估计法。极大似然估计与最小二乘估计相似，是一种基于给定样本数据和回归模型来确定模型参数的估计方法。但是，与最小二乘法不同的是，极大似然估计法的基本思想不是将回归残差的平方和最小化，而是希望通过确定模型的参数使该模型产生已知样本的概率最大。极大似然估计法的主要步骤如下。

（1） 依据对随机误差项的统计分布假定，计算单个样本的概率密度。

（2） 将所有样本的概率密度累乘得到样本的似然函数（Likelihood）。

（3） 将似然函数进行对数转换，从而得到对数似然函数（Log-likelihood）。

（4） 将对数似然函数最大化，求得参数的极大似然估计值。

假设对 n 个决策者进行观测，得到 n 个观测值，Y_i 为第 i 个决策者的选择结果，Y_i 服从概率为 p_i 的贝努利分布，于是 n 次观测的 Y 值的联合概率，即似然函数为

$$f(Y_1,Y_2,\cdots,Y_n)=\prod_{i=1}^{n}(p_i)^{Y_i}(1-p_i)^{1-Y_i} \tag{6.2.6}$$

对式（6.2.6）取自然对数，得到对数似然函数为

$$\ln L=\ln f(Y_1,Y_2,\cdots,Y_n)=\sum_{i=1}^{n}[Y_i\ln p_i+(1-Y_i)\ln(1-p_i)] \tag{6.2.7}$$

在二元 Logit 模型中，有

$$\begin{aligned}p_i&=\frac{1}{1+\mathrm{e}^{-z_i}}=\frac{1}{1+\mathrm{e}^{-(\beta_0+\beta_1X_{1i}+\beta_2X_{2i}+\cdots+\beta_kX_{ki})}}\\&=\frac{\mathrm{e}^{\beta_0+\beta_1X_{1i}+\beta_2X_{2i}+\cdots+\beta_kX_{ki}}}{1+\mathrm{e}^{\beta_0+\beta_1X_{1i}+\beta_2X_{2i}+\cdots+\beta_kX_{ki}}}\end{aligned}$$

于是有

$$\ln L=\sum_{i=1}^{n}Y_i(\beta_0+\beta_1X_{1i}+\beta_2X_{2i}+\cdots+\beta_kX_{ki})-\sum_{i=1}^{n}\ln(1+\mathrm{e}^{\beta_0+\beta_1X_{1i}+\beta_2X_{2i}+\cdots+\beta_kX_{ki}}) \tag{6.2.8}$$

根据式（6.2.8）可知，在给定各自变量的条件下，将对数似然函数 $\ln L$ 对每个未知的参数 $\beta_0,\beta_1,\beta_2,\cdots,\beta_k$ 求偏微分，再令这些式子为零，得到 $k+1$ 个方程，求解这个由 $k+1$ 个方程组成的方程组即可得到参数的估计值。但是，这些方程对于参数 $\beta_0,\beta_1,\beta_2,\cdots,\beta_k$ 来说是非线性的，无法直接求解，需要运用牛顿迭代法来求解。如果模型设定正确，在大样本情况下，估计值具有无偏性和有效性，并呈现正态分布特征，可以使用经典的假设检验方法来进行统计检验。

6.2.3 Logit 模型的边际效应

边际效应是指自变量变动一个单位对因变量的影响。与线性概率模型不同，Logit 模型中的系数 β 并不直接代表自变量 X 对于 $P(Y=1|X)$ 的边际效应，而只代表 X 对于机会比对数 $\ln\frac{p_i}{1-p_i}$ 的边际效应。为得到 X 对于 $P(Y=1|X)$ 的边际效应，将

$P(Y=1|X)$ 对自变量求偏微分，得到

$$\frac{\partial P(Y=1|X)}{\partial X_j}=\frac{\partial F(\boldsymbol{X\beta})}{\partial X_j}=\frac{\mathrm{d}F(\boldsymbol{X\beta})}{\mathrm{d}(\boldsymbol{X\beta})}\frac{\partial(\boldsymbol{X\beta})}{\partial X_j}=\frac{\mathrm{d}F(\boldsymbol{X\beta})}{\mathrm{d}(\boldsymbol{X\beta})}\beta_j=f(\boldsymbol{X\beta})\beta_j \qquad (6.2.9)$$

式中，$F(x)$ 为累积概率分布函数；$f(x)$ 为对应的概率密度函数。在 Logit 模型中，有

$$f(x)=\frac{\mathrm{e}^x}{(1+\mathrm{e}^x)^2} \qquad (6.2.10)$$

从式（6.2.9）中可以总结出以下结论。

（1） 斜率系数 β_j 必须乘以一个概率密度函数以后才表示 X 对于 $P(Y=1|X)$ 的边际效应。由于概率密度函数总是正的，因此 β_j 的符号与 X 对于 $P(Y=1|X)$ 的边际效应的符号是相同的。同时，由于概率密度函数总是在 0 和 1 之间，因此边际效应的绝对值总是不大于 β_j 的绝对值。

（2） 边际效应的表达式中含有 $f(\boldsymbol{X\beta})$，这意味着在 Logit 模型中，某个自变量的边际效应不仅与其自身大小有关，而且与其他自变量 X_j 的取值也相关。实际上，这是很多非线性回归模型共有的特点，该特点也保证了 Logit 模型对边际效应的估计值会随概率区间的变化而变化，这也是 Logit 模型相对于线性概率模型的一大优势。

（3） 由于以上特点，在计算边际效应时，需要决定 $f(\boldsymbol{X\beta})$ 中各个自变量的取值。一般而言，可以有以下三种选择。

① 所有自变量均取样本均值，所得边际效应称为均值边际效应（Marginal Effect at the Mean），它是 X 的变动在样本均值附近的边际效应。

② 依据各样本个体的自变量取值分别计算个体边际效应，然后将个体边际效应取样本均值，得到平均边际效应（Average Marginal Effect），这是在实际研究中最常用的计算方法。

③ 根据研究需要，可以选择特定的 X 取值，得到在该 X 值附近的边际效应，该方法在研究特定群体的行为时常常被使用。

6.2.4 Logit 模型的假设检验

类似于经典的单方程模型，Logit 模型也需要进行检验。主要的检验包括拟合优度检验、总体显著性检验、变量的显著性检验等。其中，变量的显著性检验与经典的单方程模型相同。这里只介绍拟合优度检验和总体显著性检验。

需要说明的是，经典单方程模型主要采用以最小二乘原理为基础的模型估计方法，其检验统计量大多是基于残差平方和构建的，如拟合优度检验的 R^2 统计量、总体显著性检验的 F 统计量、变量显著性检验的 t 统计量或 z 统计量等。而包括 Logit 模型在内的非经典计量模型主要采用以最大似然原理为基础的模型估计方法，其检验统计量大多是基于似然函数值构建的，如 Wald 统计量、似然比（Likelihood Ratio，LR）统计量、拉格朗日乘子（Lagrange Multiplier，LM）统计量等。

1. 拟合优度检验

对于非线性模型，平方和分解公式不成立，无法定义通常的拟合优度 R^2。依据极大似然估计的原理，可以使用样本的拟合似然值（Fitted Likelihood）来对模型的拟合优度进行比较。为区别于通常的拟合优度 R^2，称样本的拟合似然值为准 R^2，在 Stata 软件给出的估计结果中记为 Pseudo R^2，有

$$准 R^2 = 1 - \frac{\ln L}{\ln L_0} \tag{6.2.11}$$

式中，$\ln L_0$ 为只有截距项模型的对数似然函数值；$\ln L$ 为原模型的对数似然函数值。

在二元选择模型中，有

$$\ln L = \sum_{i=1}^{n} [Y_i \ln p_i + (1 - Y_i) \ln(1 - p_i)]$$

由于 $Y_i = 0$ 或 1，$0 < p_i < 1$，因此 $\ln L_0$ 和 $\ln L$ 均为负值，且 $0 \leqslant \frac{\ln L}{\ln L_0} \leqslant 1$。如果模型完全不拟合样本观测值，则 $L = L_0$，即准 $R^2 = 0$；如果模型完全拟合样本观测值，则 $L = 1$，即准 $R^2 = 1$。通常在 Logit 模型中，$\ln L$ 不能达到 0，因为这要求当 $Y_i = 1$ 时估计的概率都等于 1，当 $Y_i = 0$ 时估计的概率都等于 0，这在现实中几乎是不可能的。因此，准 R^2 可以作为检验模型拟合优度的统计量，准 R^2 越接近于 1，模型的拟合效果越好。

2. 总体显著性检验

在非线性模型中，似然比（LR）检验、Wald 检验或拉格朗日乘子（LM）检验都可以进行总体显著性检验，本书以似然比检验为例来介绍模型的总体显著性检验。

似然比检验类似于检验模型整体显著性的 F 检验，原假设为全部解释变量的系数均为 0，即

$$H_0: \beta_1 = \beta_2 = \cdots = \beta_k = 0$$
$$H_1: \beta_j (j = 1, 2, \cdots, k) \text{ 不全为 } 0$$

检验的似然比统计量 LR 为

$$\mathrm{LR} = 2(\ln L - \ln L_0) \tag{6.2.12}$$

式中，$\ln L_0$ 为只有截距项模型的对数似然函数值；$\ln L$ 为原模型的对数似然函数值。当原假设成立时，LR 服从自由度为 k 的 χ^2 分布（k 为自变量个数）。直观上看，LR 较大，表明 L 与 L_0 的差距较大，倾向于拒绝原假设而接受模型整体显著的备择假设。

【例 6-2】基于 Logit 模型的员工离职影响因素分析

本例仍然采用例 6-1 中的数据，通过构建 Logit 模型分析职工年龄、出差频率、单位与住处之间的距离、工作满意度及婚姻状况等因素对个人离职的影响。

（1）　模型构建。

本例的被解释变量 label 只有离职和未离职两种结果，符合 Logit 模型的应用条件，因此构建模型为

$$\ln\frac{p_i}{1-p_i}=\beta_0+\beta_1\text{age}_i+\beta_2\text{travel}_i+\beta_3\text{distance}_i+\beta_4\text{jobsatisfaction}_i+\beta_5\text{hf}_i+u_i \quad (6.2.13)$$

（2）　参数估计。

在 Stata 命令窗口输入命令：

```
. logit  label age travel distance  jobsatisfaction  hf
```

估计结果如图 6-3 所示。

图 6-3
Logit 模型估计结果

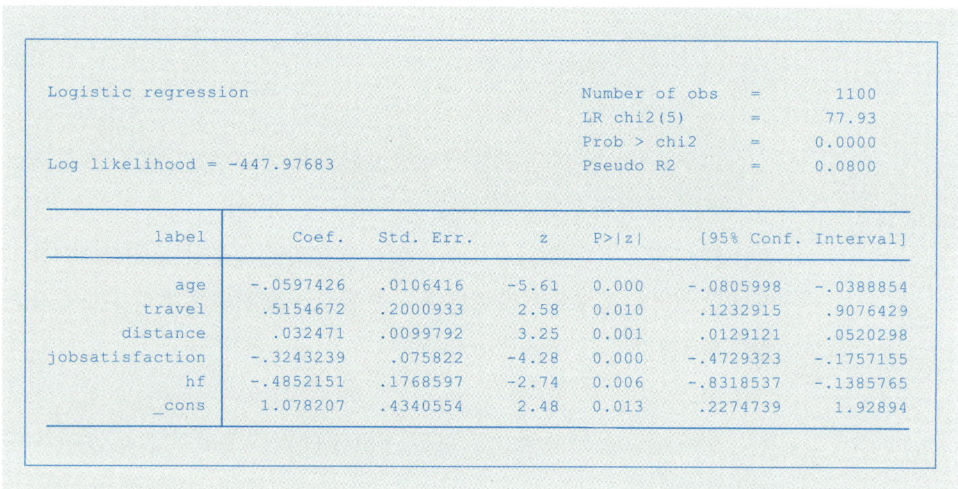

Logistic regression　　Number of obs = 1100
　　LR chi2(5) = 77.93
　　Prob > chi2 = 0.0000
Log likelihood = -447.97683　　Pseudo R2 = 0.0800

label	Coef.	Std. Err.	z	P>|z|	[95% Conf.	Interval]
age	-.0597426	.0106416	-5.61	0.000	-.0805998	-.0388854
travel	.5154672	.2000933	2.58	0.010	.1232915	.9076429
distance	.032471	.0099792	3.25	0.001	.0129121	.0520298
jobsatisfaction	-.3243239	.075822	-4.28	0.000	-.4729323	-.1757155
hf	-.4852151	.1768597	-2.74	0.006	-.8318537	-.1385765
_cons	1.078207	.4340554	2.48	0.013	.2274739	1.92894

根据图 6-3 可以得到模型估计结果为

$$\ln\frac{\hat{p}}{1-\hat{p}}=1.078-0.060\text{age}_i+0.515\text{travel}_i+0.032\text{distance}_i-0.324\text{jobsatisfaction}_i-0.485\text{hf}_i$$

$$z=(2.48)\quad(-5.61)\qquad(2.58)\qquad(3.25)\qquad(-4.28)\qquad(-2.74)$$

$$\text{Pseudo } R^2=0.08,\qquad \text{LR}(5)=77.93$$

从估计结果中可以看出，$\text{LR}=77.93>\chi^2(5)=11.07$，表明方程总体上是显著的。各参数估计量的 z 值均大于临界值 1.96，表明各个自变量的斜率系数在 5% 的显著性水平下都显著不为零，即职工年龄、出差频率、单位与住处之间的距离、工作满意度和婚姻状况等因素对离职的概率都有显著影响。值得注意的是，该模型中的斜率系数表示的是自变量增加一个单位，员工离职的对数概率比增加或减少的数值，而不是员工离职概率的变化值。各因素变化对离职概率的影响可以通过边际效应来分析。

3.　边际效应

（1）　平均边际效应。

为与线性概率模型的回归系数比较，可以计算 Logit 模型的平均边际效应。在 Stata 命令窗口输入命令：

.margins，dydx（*）

输出结果如图 6-4 所示。

图 6-4
平均边际效应

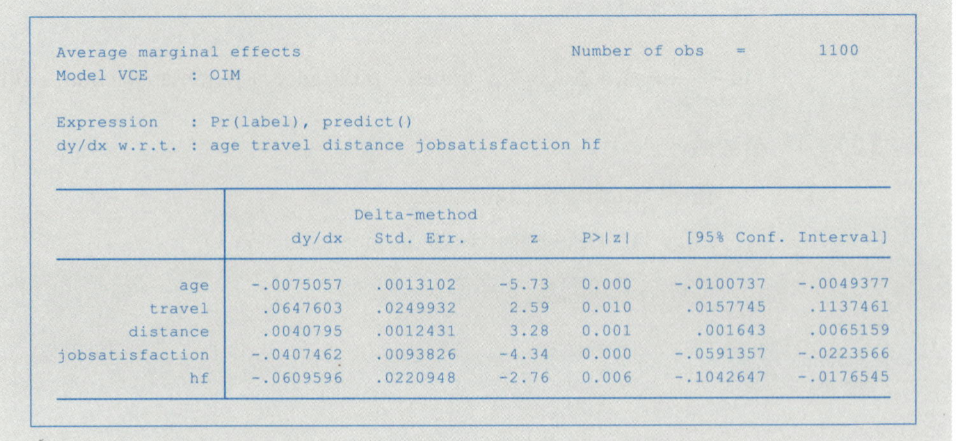

```
Average marginal effects                        Number of obs     =      1100
Model VCE    : OIM

Expression   : Pr(label), predict()
dy/dx w.r.t. : age travel distance jobsatisfaction hf

------------------------------------------------------------------------------
                |            Delta-method
                |      dy/dx   Std. Err.      z    P>|z|     [95% Conf. Interval]
----------------+-------------------------------------------------------------
            age |  -.0075057   .0013102    -5.73   0.000    -.0100737   -.0049377
         travel |   .0647603   .0249932     2.59   0.010     .0157745    .1137461
       distance |   .0040795   .0012431     3.28   0.001      .001643    .0065159
jobsatisfaction |  -.0407462   .0093826    -4.34   0.000    -.0591357   -.0223566
             hf |  -.0609596   .0220948    -2.76   0.006    -.1042647   -.0176545
------------------------------------------------------------------------------
```

对于平均边际效应的解释与线性概率模型的系数类似，即在其他条件不变的情况下，年龄每增加 1 岁，离职概率平均下降 0.008；经常出差的职工离职概率比不经常出差的职工平均高出 0.065；单位与住处之间的距离每增加 1 km，离职概率平均增加 0.004；工作满意度每提高一个级别，离职概率平均下降 0.041；已婚职工的离职概率比未婚职工平均低 0.061。

（2） **均值边际效应。**

除平均边际效应外，还可以计算在样本均值处的边际效应。在 Stata 命令窗口输入命令：

.margins，dydx（*）atmeans

输出结果如图 6-5 所示。

图 6-5
均值边际效应

```
Conditional marginal effects                    Number of obs     =      1100
Model VCE    : OIM

Expression   : Pr(label), predict()
dy/dx w.r.t. : age travel distance jobsatisfaction hf
at           : age             =    36.99909 (mean)
               travel          =    .1863636 (mean)
               distance        =    9.427273 (mean)
               jobsatisfa~n    =    2.732727 (mean)
               hf              =    .4545455 (mean)

------------------------------------------------------------------------------
                |            Delta-method
                |      dy/dx   Std. Err.      z    P>|z|     [95% Conf. Interval]
----------------+-------------------------------------------------------------
            age |  -.0070817   .0011883    -5.96   0.000    -.0094107   -.0047527
         travel |   .0611016     .02357     2.59   0.010     .0149053    .1072979
       distance |    .003849   .0011676     3.30   0.001     .0015605    .0061375
jobsatisfaction |  -.0384442   .0088059    -4.37   0.000    -.0557035   -.0211848
             hf |  -.0575156   .0207476    -2.77   0.006    -.0981803    -.016851
------------------------------------------------------------------------------
```

（3）　特定取值的边际效应。

可以选择特定的 X 取值，得到在该 X 值附近的边际效应。例如，计算在“age=35”处的边际效应，在 Stata 命令窗口输入命令：

```
.margins , dydx ( age ) at( age=35 )
```

输出结果如图 6-6 所示。

图 6-6
特定 X 值（age=35）的边际效应

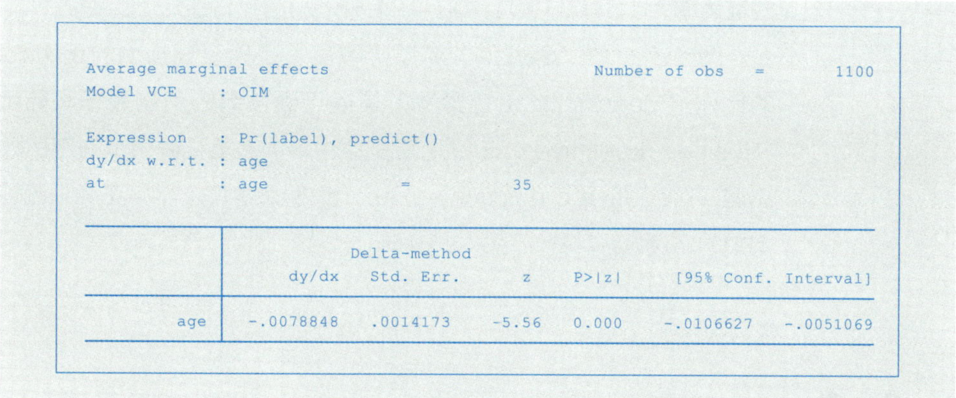

```
Average marginal effects                        Number of obs    =      1100
Model VCE     : OIM

Expression    : Pr(label), predict()
dy/dx w.r.t. : age
at            : age             =         35

              |            Delta-method
              |      dy/dx   Std. Err.      z    P>|z|     [95% Conf. Interval]
--------------+----------------------------------------------------------------
          age |  -.0078848   .0014173   -5.56   0.000    -.0106627   -.0051069
```

对比图 6-4、图 6-5 和图 6-6 可以看出，变量 age 在“age=35”处的边际效应并不等于该变量的平均边际效应，也不等于在样本均值处的边际效应。

4.　预测准确率

建立 Logit 模型不仅是为分析各因素对被解释变量的影响，预测也是一个很重要的目的。可以计算 Logit 模型的预测准确率，在 Stata 命令窗口输入命令：

```
. estat clas
```

输出结果如图 6-7 所示。

图 6-7
Logit 模型的预测准确率

```
               ———— True ————
Classified |         D            ~D  |      Total
-----------+--------------------------+-----------
     +     |         5             1  |          6
     -     |       173           921  |       1094
-----------+--------------------------+-----------
   Total   |       178           922  |       1100

Classified + if predicted Pr(D) >= .5
True D defined as label != 0
--------------------------------------------------
Sensitivity                     Pr( +| D)    2.81%
Specificity                     Pr( -|~D)   99.89%
Positive predictive value       Pr( D| +)   83.33%
Negative predictive value       Pr(~D| -)   84.19%
--------------------------------------------------
False + rate for true ~D        Pr( +|~D)    0.11%
False - rate for true D         Pr( -| D)   97.19%
False + rate for classified +   Pr(~D| +)   16.67%
False - rate for classified -   Pr( D| -)   15.81%
--------------------------------------------------
Correctly classified                        84.18%
--------------------------------------------------
```

在图 6-7 中，“D”和“~D”是实际值。“D”表示 label! = 0（正例），即离职；“~D”表示 label = 0（负例），即未离职。“+”和“−”表示预测值。“+”表示预测的离职概率大于等于 0.5，即离职；“−”表示预测的离职概率小于 0.5，即未离职。预测正确的情况有两种，一种是实际值和预测值均为“离职”，另一种是实际值和预测值均为“未离职”。在本例中，这两种情况对应的样本数分别为 5 和 921，所以预测准确率为（5+921）/1 100 = 84.18%。

图 6-7 中的“Sensitivity”（灵敏度）是指正确预测的正例数在实际正例数中的比例；“Specificity”（特异性）是指正确预测的负例数在实际负例数中的比例；“Positive predictive value”（正例命中率）是指正确预测的正例数在预测正例中的比例；“Negative predictive value”（负例命中率）是指正确预测的负例数在预测负例中的比例。

6.3 Probit 模型

6.3.1 Probit 模型的基本形式

Probit 模型又称概率单位模型，与 Logit 模型一样，该模型也是离散选择模型，其被解释变量是取值为 0 或 1 的二元变量，解释变量没有限制，虚拟变量或连续变量均可。该模型采用的是累积标准正态分布函数，基本形式为

$$p_i = \Phi(Z_i) = \frac{1}{\sqrt{2\pi}}\int_{-\infty}^{Z_i} \mathrm{e}^{-\frac{t^2}{2}}\mathrm{d}t \tag{6.3.1}$$

式中，$Z_i = \beta_0 + \beta_1 X_{1i} + \beta_2 X_{2i} + \cdots + \beta_k X_{ki} = \boldsymbol{X}_i \boldsymbol{\beta}$；$\Phi(\cdot)$ 是累积标准正态分布函数；t 为服从标准正态分布的随机变量。累积标准正态分布函数曲线如图 6-8 所示。

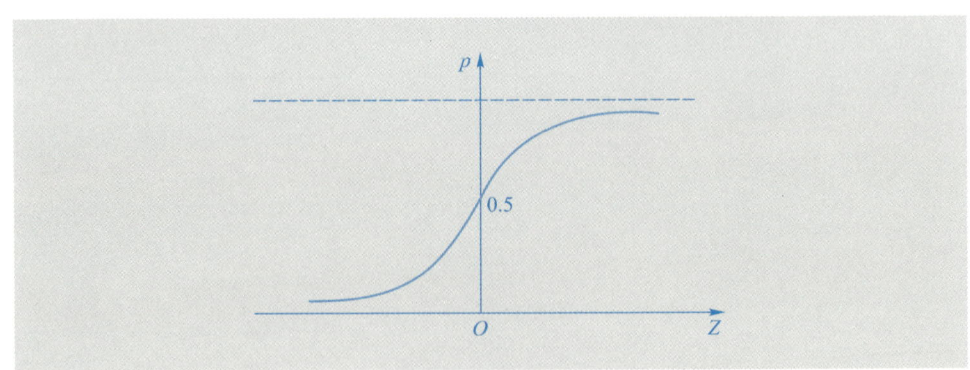

图 6-8 累积标准正态分布函数曲线

由图 6-8 可以看出：

（1）随着 $Z_i \to +\infty$ 时，$p_i \to 1$，反之，$Z_i \to -\infty$，$p_i \to 0$，$Z_i = 0$ 时，$p_i = 0.5$。

（2）累积标准正态分布曲线与 Logistic 曲线很相似，两条曲线都是在 $p_i = 0.5$ 处有拐点，

即斜率在 $p_i=0.5$ 时最大，在累积分布两个尾端斜率逐渐减小，因此 Probit 曲线和 Logit 曲线也很相似，但 Logit 曲线在两个尾部要比 Probit 曲线厚，具体概率值见表 6-5，曲线对比如图 6-9 所示。

表 6-5
Probit 模型和 Logit 模型概率值

Z_i	标准正态分布函数 $p_i=\frac{1}{\sqrt{2\pi}}\int_{-\infty}^{Z_i}e^{-\frac{t^2}{2}}dt$	逻辑概率分布 $p_i=\frac{1}{1+e^{-Z_i}}$
-3.0	0.001 3	0.047 4
-2.0	0.022 8	0.119 2
-1.5	0.066 8	0.182 4
-1.0	0.158 7	0.268 9
-0.5	0.308 5	0.377 5
0.0	0.500 0	0.500 0
0.5	0.691 5	0.622 5
1.0	0.841 3	0.731 1
1.5	0.933 2	0.817 6
2.0	0.977 2	0.880 8
3.0	0.998 7	0.952 6

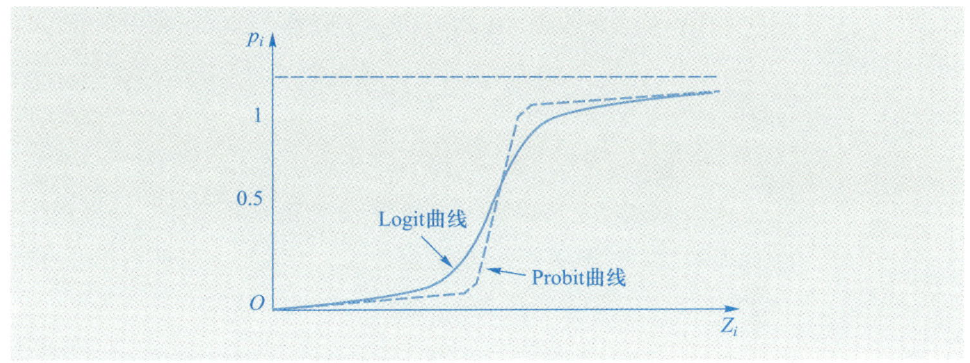

图 6-9
Probit 曲线和 Logit 曲线比较示意图

6.3.2 Probit 模型的估计

由式（6.3.1）可知，p_i 与各解释变量 $X_1,X_2,\cdots,X_k$ 之间是非线性关系，因此 Probit 模型与 Logit 模型一样，属于非线性模型。非线性模型不能用最小二乘法对其进行估计，比较常用的是极大似然估计。

和前面一样，仍然假设对 n 个决策者进行观测，得到 n 个观测值，Y_i 为第 i 个决策者的选择结果，则 Y_i 服从概率为 p_i 的贝努利分布，于是 n 次观测的 Y 值的联合概率，即似然函数为

$$f(Y_1,Y_2,\cdots,Y_n)=\prod_{i=1}^{n}(p_i)^{Y_i}(1-p_i)^{1-Y_i} \tag{6.3.2}$$

对式（6.3.2）取自然对数，得到对数似然函数为

$$\ln L = \ln f(Y_1, Y_2, \cdots, Y_n) = \sum_{i=1}^{n}[Y_i \ln p_i + (1-Y_i)\ln(1-p_i)] \tag{6.3.3}$$

在二元 Probit 模型中，有

$$p_i = \Phi(Z_i) = \Phi(\beta_0 + \beta_1 X_{1i} + \beta_2 X_{2i} + \cdots + \beta_k X_{ki}) \tag{6.3.4}$$

则有

$$\ln f(Y_1, Y_2, \cdots, Y_n) = \sum_{i=1}^{n}[Y_i \ln \Phi(Z_i) + \sum_{i=1}^{n}(1-Y_i)\ln(1-\Phi(Z_i))] \tag{6.3.5}$$

在给定各自变量 X 的条件下，对数似然函数 $\ln[f(Y_1, Y_2, \cdots, Y_n)]$ 是关于参数 $\beta_0, \beta_1, \beta_2, \cdots, \beta_k$ 的函数。我们的目的是求出使得对数函数 $\ln f(Y_1, Y_2, \cdots, Y_n)$ 最大的参数估计 。接下来，就式（6.3.5）对每个未知的参数 $\beta_0, \beta_1, \beta_2, \cdots, \beta_k$ 求偏微分，并且令这些式子为零，求解得到的方程组，就可以得到模型的参数估计。然而，在实际的运算过程中会发现，这些式子对于参数 $\beta_0, \beta_1, \beta_2, \cdots, \beta_k$ 来说是非线性的，无法得到参数的确切解。因此，需要运用最大似然法的非线性估计牛顿迭代法来求解参数。

6.3.3 Probit 模型的边际效应

与线性概率模型不同，Probit 模型中的系数 β 并不直接代表自变量 X 对于 $P(Y=1|X)$ 的边际效应，由式（6.3.4）可得

$$Z_i = \Phi^{-1}(p_i) \tag{6.3.6}$$

即

$$\Phi^{-1}(p_i) = \beta_0 + \beta_1 X_{1i} + \beta_2 X_{2i} + \cdots + \beta_k X_{ki} \tag{6.3.7}$$

从式（6.3.7）可以看出，$\Phi^{-1}(p_i)$ 与各解释变量之间是线性关系，所以系数 β 代表的是 X 对于 $\Phi^{-1}(p_i)$ 的边际效应。为得到 X 对于 $P(Y=1|X)$ 的边际效应，将 $P(Y=1|X)$ 对自变量求偏微分，得到

$$\frac{\partial P(Y=1|X)}{\partial X_j} = \frac{\partial \Phi(\boldsymbol{X\beta})}{\partial X_j} = \frac{d\Phi(\boldsymbol{X\beta})}{d(\boldsymbol{X\beta})}\frac{\partial(\boldsymbol{X\beta})}{\partial X_j} = \frac{d\Phi(\boldsymbol{X\beta})}{d(\boldsymbol{X\beta})}\beta_j = \varphi(\boldsymbol{X\beta})\beta_j \tag{6.3.8}$$

式中，$\Phi(x)$ 为累积标准正态分布函数；$\varphi(x)$ 为标准正态分布的概率密度函数，即

$$\varphi(x) = \frac{1}{\sqrt{2\pi}}\mathrm{e}^{-\frac{x^2}{2}} \tag{6.3.9}$$

从式（6.3.8）中可以看出，在 Probit 模型中，斜率系数 β_j 必须乘以概率密度函数以后才表示 $P(Y=1|X)$ 的边际效应。由于边际效应的表达式中含有 $\varphi(\boldsymbol{X\beta})$，因此在 Probit 模型中，某个自变量 X_j 的边际效应不仅与其自身大小有关，而且与其他自变量 X 的取值也相关。该特点保证了 Probit 模型对边际效应的估计值会随概率区间的变化而变化，这也是该模型相对于线性概率模型的一大优势。

注：Probit 模型的检验与 Logit 模型基本相同，主要包括拟合优度检验、总体显著性检验、变量的显著性检验等。其中，变量的显著性检验与经典的单方程模型相同，通过 t 检验来进行；拟合优度采用样本拟合似然值（Pseudo R^2）来进行衡量；总体显著性水平通过 Wald 统计量、LR 统计量、LM 统计量等进行检验。具体方法与 Logit 模型的检验方法相同，这里就不详细介绍了。

【例 6-3】基于 Probit 模型的员工离职影响因素分析

本例仍然采用例 6-1 中的数据，通过构建 Probit 模型分析职工年龄、出差频率、单位与住处之间的距离、工作满意度及婚姻状况等因素对个人离职的影响。

（1） **模型构建。**

本例的被解释变量 label 只有离职和未离职两种结果，符合 Probit 模型的应用条件，构建模型为

$$p_i = \frac{1}{\sqrt{2\pi}}\int_{-\infty}^{Z_i} \mathrm{e}^{-\frac{t^2}{2}}\mathrm{d}t \tag{6.3.10}$$

式中

$$Z_i = \beta_0 + \beta_1 \text{age}_i + \beta_2 \text{travel}_i + \beta_3 \text{distance}_i + \beta_4 \text{jobsatisfaction}_i + \beta_5 \text{hf}_i$$

（2） **参数估计。**

在 Stata 命令窗口输入命令：

```
. probit  label age travel distance  jobsatisfaction  hf
```

输出结果如图 6-10 所示。

图 6-10
Probit 模型估计结果

```
Probit regression                               Number of obs   =       1100
                                                LR chi2(5)      =      73.77
                                                Prob > chi2     =     0.0000
Log likelihood = -450.05349                     Pseudo R2       =     0.0758
```

label	Coef.	Std. Err.	z	P>|z|	[95% Conf.	Interval]
age	-.0299201	.0054498	-5.49	0.000	-.0406016	-.0192386
travel	.2658292	.114966	2.31	0.021	.0405	.4911584
distance	.0171533	.0056001	3.06	0.002	.0061773	.0281294
jobsatisfaction	-.1760574	.0420101	-4.19	0.000	-.2583957	-.0937191
hf	-.2564642	.0965988	-2.65	0.008	-.4457944	-.067134
_cons	.4302855	.2356407	1.83	0.068	-.0315617	.8921328

从估计结果可以看出， $\text{LR} = 73.77 > \chi^2(5) = 11.07$ ，表明方程总体上是显著的。除截距项外，各参数估计量的 z 值均大于临界值 1.96，表明各个自变量的斜率系数在 5% 的显著性水平下都显著不为零，即职工年龄、出差频率、单位与住处之间的距离、工作满意度和婚姻状况等因素对离职的概率都有显著影响。其中，出差频率、单位与住处之间的距离对离职概率有显著的正向影响，年龄、工作满意度和婚姻状况对离职概率有显著的负向影响。

（3） **边际效应。**

Probit 模型计算边际效应的命令与 Logit 模型相同，这里只介绍平均边际效应。在 Stata 命令窗口输入命令：

```
.margins，dydx（*）
```

输出结果如图 6-11 所示。

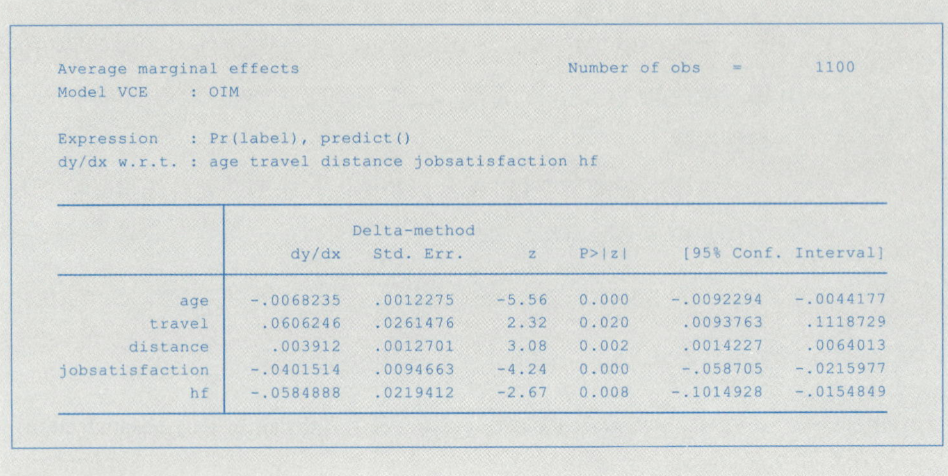

```
Average marginal effects                          Number of obs     =       1100
Model VCE      : OIM

Expression     : Pr(label), predict()
dy/dx w.r.t.   : age travel distance jobsatisfaction hf
```

	dy/dx	Delta-method Std. Err.	z	P>|z|	[95% Conf.	Interval]
age	-.0068235	.0012275	-5.56	0.000	-.0092294	-.0044177
travel	.0606246	.0261476	2.32	0.020	.0093763	.1118729
distance	.003912	.0012701	3.08	0.002	.0014227	.0064013
jobsatisfaction	-.0401514	.0094663	-4.24	0.000	-.058705	-.0215977
hf	-.0584888	.0219412	-2.67	0.008	-.1014928	-.0154849

图 6-11
Probit 模型的平均边际效应

（4） **预测准确率。**

在 Stata 命令窗口输入命令：

```
.estat clas
```

输出结果如图 6-12 所示。

Classified	True D	True ~D	Total
+	2	0	2
-	176	922	1098
Total	178	922	1100

```
Classified + if predicted Pr(D) >= .5
True D defined as label != 0

Sensitivity                     Pr( +| D)    1.12%
Specificity                     Pr( -|~D)  100.00%
Positive predictive value       Pr( D| +)  100.00%
Negative predictive value       Pr(~D| -)   83.97%

False + rate for true ~D        Pr( +|~D)    0.00%
False - rate for true D         Pr( -| D)   98.88%
False + rate for classified +   Pr(~D| +)    0.00%
False - rate for classified -   Pr( D| -)   16.03%

Correctly classified                        84.00%
```

图 6-12
Probit 模型的预测准确率

图 6-12 与图 6-7 类似，各符号及指标的具体含义就不赘述了。在本例中，实际值和预测值均为“离职”的样本数为 2，实际值和预测值均为“未离职”的样本数是 922，所以预测准确率为（2 + 922）/1 100 = 84.00%。

（5） Logit 模型与 Probit 模型对比

Logit 模型与 Probit 模型对比见表 6-6。

表 6-6 Logit 模型与 Probit 模型对比

变量	Logit 模型		Probit 模型	
	回归系数	平均边际效应	回归系数	平均边际效应
age	−0.059 7	−0.007 5	−0.029 9	−0.006 8
travel	0.515 5	0.064 8	0.265 8	0.060 6
distance	0.032 5	0.004 1	0.017 2	0.003 9
jobsatisfaction	−0.324 3	−0.040 7	−0.176 1	−0.040 2
hf	−0.485 2	−0.061 0	−0.256 5	−0.058 5
预测准确率	84.18%		84.00%	
准 R^2	0.08		0.0758	

从表 6-6 中可以看出，Logit 模型与 Probit 模型的平均边际效应、准 R^2 及预测准确率都比较接近，因此两个模型可视为基本等价（二者的估计系数有差距，但是估计系数没有可比性）。

6.4 Tobit 模型

6.4.1 截取数据与断尾数据

前几节介绍了处理离散因变量的二元选择模型。本节要介绍 Tobit 模型。Tobit 模型属于受限因变量模型，受限因变量所对应的数据因受到主观或客观的限制而无法完整地反映该变量的真实总体分布，主要包括断尾（Truncated）数据和截取（Censored）数据。

断尾数据是指数据的头部或尾部因主观或客观原因而不能进入样本的数据。采集数据时，如果只收集大于或者是小于某个阈值的数据，而丢失了那些处于阈值之外的数据，此时收集的数据就是断尾数据。例如，研究居民收入时，如果取到的样本只包括那些缴纳了个人所得税的人，而忽略了收入低于个人所得税起征点的人，那么得到的收入数据就是断尾的，因为有一部分人被明显地排除在样本之外了。

截取数据与断尾数据相似，同样存在一个取样的阈值，当变量的真实值低于或超过该阈值时，数据虽然不会被删除出样本，但是它会变为阈值的取值而非样本的真实取值。仍以居民收入的研究为例，如果报告者的收入高于某个阈值，为保护隐私，就将其收入记为该阈值。这样，本来真实的收入分布可以是零至无穷大，但取样得到的数据分布被抑制了，范围变成了零到阈值。

断尾和截取是两个很容易混淆的概念。截取数据中某些样本的取值因超出阈值的缘故而被抑制，但样本观测个体本身并没有丢失。而断尾数据则丢失了那些取值超出阈值的样本点。

6.4.2 Tobit 模型的基本形式

Tobit 模型是指因变量虽然在正值上大致连续分布，但包含一部分以正概率取值为 0 的观察值的一类模型。例如，在任一给定年份，有相当数量家庭的商业医疗保险支出为 0。因此，虽然年度家庭商业医疗保险支出的总体分布于一个很大的正数范围内，但在数字 0 上却相当集中。Tobit 模型又称截尾回归模型或删失回归模型（Censored Regression Model），属于受限因变量回归的一种。

经典的 Tobit 模型是 James Tobin 在分析家庭耐用品支出情况时对 Probit 回归进行的一种推广（Tobit 一词源自 Tobin's Probit），其后又被扩展成多种情况。标准的 Tobit 回归模型为

$$Y_i^* = \boldsymbol{X}_i\boldsymbol{\beta} + u_i, \quad u_i \sim N(0,\sigma^2)$$
$$Y_i = \begin{cases} 0\,, & Y_i^* \leqslant 0 \\ Y_i^*\,, & Y_i^* > 0 \end{cases} \tag{6.4.1}$$

式中，Y_i^* 称为潜变量，并且满足经典线性模型假定；Y_i是被截取后的被解释变量。样本观测值以 0 为界，凡小于 0 的都截取为 0，大于 0 的则为实际值。$\boldsymbol{X}_i = (1, X_{1i}, X_{2i}, \cdots, X_{ki})$，$\boldsymbol{\beta} = (\beta_0, \beta_1, \beta_2, \cdots, \beta_k)'$。该模型也可以做如下简化表达，即

$$Y_i = \max(0, Y_i^*) \tag{6.4.2}$$

Tobit 模型是截取数据模型的一种特殊情况，即截取下限为 0，低于 0 的因变量取值均被截取为 0。对于更一般的情况，可以在任意有限点的左边和右边截取，即

$$Y_i = \begin{cases} a\,, & Y_i^* \leqslant a \\ Y_i^*\,, & a < Y_i^* < b \\ b\,, & Y_i^* \geqslant b \end{cases} \tag{6.4.3}$$

式中，a 和 b 代表截取点，是常数。如果没有左截取点，可以设为 $a = -\infty$；如果没有右截取点，可以设为 $b = \infty$。当 $a = 0$，$b = \infty$ 时，便得到式（6.4.1）。

6.4.3 Tobit 模型的估计

对于 Tobit 模型，直接使用最小二乘法估计是行不通的，因为古典线性回归假定中要求 $E(u_i \mid \boldsymbol{X}) = 0$，OLS 才是无偏估计量。在 Tobit 模型中，由于必须保证 $Y_i = \boldsymbol{X}_i\boldsymbol{\beta} + u_i \geqslant 0$，因此 $u_i \geqslant -\boldsymbol{X}_i\boldsymbol{\beta}$。显然，对于不同的 $\boldsymbol{X}_i$，随机误差项 u_i 的均值可以取到正值、负值或零，不再满足“零期望值”假设，导致 OLS 估计量出现偏误。

另外，OLS 估计无法保证 Y_i 的预测值为非负数，因为对于特定的自变量取值，Y_i 可能是一个小于零的数，而这恰恰违背了对 Y_i 的定义，这一点与在二元选择模型中运用 OLS 方法所产生的问题类似。

估计 Tobit 模型的最佳方法是极大似然估计。由于模型中因变量的取值存在分段问题，因此首先需要计算因变量在不同取值范围的概率密度函数。对于 $Y_i > 0$ 的部分，其取值的概率密度就是正态分布的概率密度，即

$$P(Y = Y_i \mid \boldsymbol{X}) = \frac{1}{\sqrt{2\pi\sigma^2}} \mathrm{e}^{-\frac{(Y_i - \boldsymbol{X}_i\boldsymbol{\beta})^2}{2\sigma^2}} = \frac{1}{\sigma}\varphi\left(\frac{Y_i - \boldsymbol{X}_i\boldsymbol{\beta}}{\sigma}\right) \tag{6.4.4}$$

式中，$\varphi(\cdot)$ 为标准正态分布的概率密度函数。

对于 $Y_i = 0$ 这部分，有

$$\begin{aligned} P(Y_i = 0) &= P(Y_i^* \leqslant 0) \\ &= P\left(\frac{Y_i^* - \boldsymbol{X}_i\boldsymbol{\beta}}{\sigma} \leqslant \frac{0 - \boldsymbol{X}_i\boldsymbol{\beta}}{\sigma}\right) \\ &= \Phi\left(-\frac{\boldsymbol{X}_i\boldsymbol{\beta}}{\sigma}\right) \\ &= 1 - \Phi\left(\frac{\boldsymbol{X}_i\boldsymbol{\beta}}{\sigma}\right) \end{aligned} \tag{6.4.5}$$

式中，$\Phi(\cdot)$ 为标准正态分布的累积分布函数，以上推导利用了累积分布函数的定义。

有了分段的概率密度表达式，就可以写出样本的似然函数，即

$$L = \prod_{Y_i = 0}\left[1 - \Phi\left(\frac{\boldsymbol{X}_i\boldsymbol{\beta}}{\sigma}\right)\right] \cdot \prod_{Y_i > 0}\left[\frac{1}{\sigma}\varphi\left(\frac{Y_i - \boldsymbol{X}_i\boldsymbol{\beta}}{\sigma}\right)\right] \tag{6.4.6}$$

相应的对数似然函数为

$$\ln L = \sum_{Y_i = 0}\ln\left[1 - \Phi\left(\frac{\boldsymbol{X}_i\boldsymbol{\beta}}{\sigma}\right)\right] + \sum_{Y_i > 0}\ln\left[\frac{1}{\sigma}\varphi\left(\frac{Y_i - \boldsymbol{X}_i\boldsymbol{\beta}}{\sigma}\right)\right] \tag{6.4.7}$$

通过最大化以上对数似然函数，即可得到参数 $\boldsymbol{\beta}$ 和 σ 的极大似然估计值。

由以上估计过程可以看出，Tobit 模型的估计实质上依赖于其背后潜变量模型的正态性与同方差性假定。在一般线性模型 $E(Y \mid \boldsymbol{X}) = \boldsymbol{X\beta}$ 中，Y 的正态性和同方差性假定并不影响 OLS 估计量的无偏性、一致性和最小方差性。但是在 Tobit 模型中，如果式（6.4.1）中的任一假定不成立，就很难得到准确的估计值。

6.4.4 Tobit 模型的边际效应

与 Logit 模型和 Probit 模型一样，Tobit 模型也是非线性模型，估计量 $\boldsymbol{\beta}$ 无法直接作为被解释变量 Y 的边际效应，但可以作为潜变量 Y_i^* 的边际效应，因为由式（6.4.1）可得

$$E(Y_i^* \mid \boldsymbol{X}) = \boldsymbol{X\beta} \tag{6.4.8}$$

即$\boldsymbol{\beta}$与潜变量Y_i^*是线性关系。

为分析 Tobit 模型的边际效应，首先要求出因变量的期望值。对于 Tobit 模型，主要关注两种期望函数：一种是条件期望，即在$Y>0$的条件下Y的期望值；另一种是无条件期望，即考虑Y的各种取值可能性时Y的期望值。对于条件期望，有

$$\begin{aligned}E(Y \mid Y>0,\boldsymbol{X}) &= \boldsymbol{X\beta}+E(u \mid u>-\boldsymbol{X\beta}) \\ &= \boldsymbol{X\beta}+\sigma E\left(\frac{u}{\sigma} \mid \frac{u}{\sigma}>-\frac{\boldsymbol{X\beta}}{\sigma}\right) \\ &= \boldsymbol{X\beta}+\sigma\frac{\varphi\left(-\frac{\boldsymbol{X\beta}}{\sigma}\right)}{1-\Phi\left(-\frac{\boldsymbol{X\beta}}{\sigma}\right)} \\ &= \boldsymbol{X\beta}+\sigma\frac{\varphi\left(\frac{\boldsymbol{X\beta}}{\sigma}\right)}{\Phi\left(\frac{\boldsymbol{X\beta}}{\sigma}\right)} \\ &= \boldsymbol{X\beta}+\sigma\lambda\left(\frac{\boldsymbol{X\beta}}{\sigma}\right)\end{aligned} \tag{6.4.9}$$

式中，$\lambda(\cdot)$是标准正态分布的概率密度函数与累积分布函数之比，称为逆米尔斯比率（Inverse Mills Ratio）。从以上条件期望的结果中也可以看出，如果用普通最小二乘估计来处理截取数据，将得到有偏的估计，因为 OLS 所对应的条件期望将忽略上式包含逆米尔斯比率的部分。基于式（6.4.9），可以进一步求出Y的无条件期望，即

$$\begin{aligned}E(Y \mid \boldsymbol{X}) &= P(Y>0 \mid \boldsymbol{X}) \cdot E(Y \mid Y>0,\boldsymbol{X})+P(Y=0 \mid \boldsymbol{X}) \times 0 \\ &= \Phi\left(\frac{\boldsymbol{X\beta}}{\sigma}\right) \cdot \left[\boldsymbol{X\beta}+\sigma\frac{\varphi\left(\frac{\boldsymbol{X\beta}}{\sigma}\right)}{\Phi\left(\frac{\boldsymbol{X\beta}}{\sigma}\right)}\right] \\ &= \Phi\left(\frac{\boldsymbol{X\beta}}{\sigma}\right) \cdot \boldsymbol{X\beta}+\sigma\varphi\left(\frac{\boldsymbol{X\beta}}{\sigma}\right)\end{aligned} \tag{6.4.10}$$

对于连续型自变量，对式（6.4.10）求偏微分，经过推导后可得边际效应为

$$\frac{\partial E(Y \mid \boldsymbol{X})}{\partial X_j} = \beta_j \cdot \Phi\left(\frac{\boldsymbol{X\beta}}{\sigma}\right) \tag{6.4.11}$$

式（6.4.11）表明，Tobit 模型的边际效应不仅依赖于自变量的系数，还依赖于模型中所有自变量的取值。这一方面体现了 Tobit 模型在预测边际效应时的非线性性质，同时也要求在计算边际效应时选择恰当的X变量取值，以满足研究需要。另外，Tobit 模型中的边际效应还与参数σ相关，σ称为附属参数，σ的估计值可以用极大似然估计方法得到。

对于虚拟自变量X_j，其边际效应可以由差分法求得，即

$$E(Y \mid \boldsymbol{X}, X_j=1)-E(Y \mid \boldsymbol{X}, X_j=0) \tag{6.4.12}$$

注：Tobit 模型的假设检验与 Logit 模型基本相同，这里就不详细介绍了。

【例 6-4】商业医疗保险支出影响因素分析

本例采用 2017 年中国家庭金融调查数据库中的商业医疗保险数据（Stata 数据集例 6-4.dta），变量说明表见表 6-7，部分样本数据见表 6-8，主要分析文化程度、婚姻状况、健康状况及个人收入等因素对年度商业医疗保险支出的影响。

表 6-7
变量说明表

类别	变量名	变量定义	具体说明
因变量	insure	年度商业医疗保险支出	2016 年商业医保（个人购买）缴纳保费（元）
自变量	edu	文化程度	1. 没上过学　2. 小学 3. 初中　4. 高中 5. 中专 / 职高　6. 大专 / 高职 7. 大学本科　8. 硕士研究生 9. 博士研究生
	married	婚姻状况	1. 未婚　2. 已婚 3. 同居　4. 分居 5. 离婚　6. 丧偶 7. 再婚
	healthy	健康状况	1. 非常好　2. 好 3. 一般　4. 不好 5. 非常不好
	income	收入	平均月收入（元）

表 6-8
商业医疗保险数据示例

obs	insure	edu	married	healthy	income
1	600	6	2	2	4 800
2	6 000	4	2	1	5 000
3	4 800	3	2	3	2 000
4	0	3	2	3	6 000
5	1 500	3	2	2	2 500
6	7 000	4	1	2	7 000
7	6 500	3	2	2	3 500
⋮	⋮	⋮	⋮	⋮	⋮
1545	7 000	7	1	2	15 000

数据来源：2017 年中国家庭金融调查数据库。

1.　模型构建

本例中的因变量是商业医疗保险支出，虽然商业医疗保险支出的总体分布于一个很大的正数范围内，但是有相当数量的个人商业医疗保险支出为 0，相当于在 $Y=0$ 处存在左边截取，符合 Tobit 模型的应用条件，构建模型为

$$Y_i^* = \beta_0 + \beta_1 \text{edu}_i + \beta_2 \text{married}_i + \beta_3 \text{healthy}_i + \beta_4 \text{income}_i + u_i$$

$$Y_i = \begin{cases} 0, & Y_i^* \leqslant 0 \\ Y_i^*, & Y_i^* > 0 \end{cases} \tag{6.4.13}$$

2. 参数估计

在 Stata 命令窗口输入命令：

.tobit insure edu married healthy income，ll（0）

输出结果如图 6-13 所示。

图 6-13
Tobit 模型估计结果

```
Tobit regression                              Number of obs   =       1545
                                              LR chi2(4)      =     121.56
                                              Prob > chi2     =     0.0000
Log likelihood =  -14582.68                   Pseudo R2       =     0.0042

------------------------------------------------------------------------------
      insure |      Coef.   Std. Err.      t    P>|t|     [95% Conf. Interval]
-------------+----------------------------------------------------------------
         edu |   383.5314   92.75331     4.13   0.000     201.5954    565.4675
     married |   549.2085   213.9024     2.57   0.010      129.638     968.779
     healthy |  -205.3086   190.0463    -1.08   0.280    -578.0853    167.4681
      income |   .3991345     .05398     7.39   0.000     .2932524    .5050165
       _cons |   216.0445   776.7113     0.28   0.781    -1307.478    1739.567
-------------+----------------------------------------------------------------
      /sigma |   5733.509   108.2211                      5521.233    5945.785
------------------------------------------------------------------------------
  Obs. summary:        108  left-censored observations at insure<=0
                      1437     uncensored observations
                         0 right-censored observations
```

根据图 6-13 得到模型估计结果为

$$\hat{Y}_i = 216.045 + 383.531\text{edu}_i + 549.209\text{married}_i - 205.309\text{healthy}_i + 0.399\text{income}_i$$

$$t = \ (0.28) \qquad (4.13) \qquad (2.57) \qquad (-1.08) \qquad (7.39)$$

$$\text{Pseudo } R^2 = 0.004, \quad LR(4) = 121.56$$

从估计结果中可以看出，$\text{LR} = 121.56 > \chi^2(4) = 9.49$，表明方程总体上是显著的。edu、married、income 等参数估计量的 t 值均大于临界值 $t_{0.025}(1\,545-5) \approx 1.96$，表明这三个自变量的斜率系数显著不为零，即文化程度、婚姻状况和个人收入等因素对商业医疗保险支出具有显著影响。healthy 的参数估计量对应的 t 的绝对值小于 1.96，不能拒绝 $\beta_3 = 0$ 的原假设，表明个人健康状况对商业医保支出没有显著影响。

本章小结

本章主要介绍了线性概率模型、Logit 模型、Probit 模型和 Tobit 模型的基本形式、估计方法、适用条件、边际效应、假设检验等内容。其中，线性概率模型、Logit 模型、Probit 模型属于二元选择模型，因变量只有两种情况，用 0 和 1 表示。由于线性概率模型与 Logit 模型和 Probit 模型在参数的含义上有所不同，因此在计算自变量的边际效应和比较不同模型的估计结果时需要加以注意。Tobit 模型是指因变量虽然在正值上大致连续分布，但包含一部分以正概率取值为 0 的观察值的一类模型，属于受限因变量模型的一种。在受限因变量模型中，因变量的取值被限定在某个特殊范围，数据因为阈值点的限制而导致因变量的样本分布被“扭曲”。对于这类模型的解决方法是先对真实样本的分布做出假设，然后根据截取或断尾的具体情况对相应取值区域的样本概率密度函数进行修正。根据这一思路，Tobit 模型通过构造潜在变量将样本分布与真实分布联系起来，通过极大似然法对模型参数进行估计。

习题

1. 使用普通最小二乘法估计线性概率模型会导致什么问题?
2. 线性概率模型与 Logit 模型和 Probit 模型相比有哪些优点和缺点?
3. Logit 模型和 Probit 模型的基本思想是什么？如何在这两个模型中计算自变量的边际效应?
4. 线性概率模型、Logit 模型和 Probit 模型的系数估计值具有相同的含义吗？如何对不同模型的估计结果进行比较?
5. 截取数据与断尾数据有什么区别与联系？你能举出实际生活中的例子吗?
6. Tobit 模型的边际效应是什么？与哪些因素有关?
7. 数据集（Stata 数据集习题 6-7.dta）给出了关于妇女参加工作问题的调查数据。其中，因变量是 work（1 表示参加工作；0 表示未参加工作）；自变量是妇女年龄（age）、孩子个数（children）、婚姻状况（married）和受教育年限（education）。
   （1）利用这些数据，分别估计线性概率模型、Logit 模型和 Probit 模型，并对系数进行解释；
   （2）分别求出各模型中自变量对因变量的边际效应；
   （3）如果 Lisa 是一个 36 岁、已婚、有 2 个小孩、受过 12 年教育的妇女，请分别用 Logit 模型和 Probit 模型预测她参加工作的可能性有多大。
8. 现有 50 个调查数据（Stata 数据集习题 6-8.dta），见表 6-9。其中，Y 表示已婚妇女的工作时间，X_1、X_2、X_3、X_4 分别表示已婚妇女的未成年子女个数、年龄、受教育年限和丈夫的收入（元）。如果已婚妇女没有提供工作时间，则将其工作时间设为 0，建立计量模型为

$$Y_i = \beta_0 + \beta_1 X_{1i} + \beta_2 X_{2i} + \beta_3 X_{3i} + \beta_4 X_{4i} + u_i$$

（1）试进行 OLS 回归；

（2）假设在因变量“$Y=0$”处存在左边截取，试进行截取回归（Tobit 模型）。

表 6-9 已婚妇女工作时间的相关数据

obs	Y	X_1	X_2	X_3	X_4	obs	Y	X_1	X_2	X_3	X_4
1	0	0	69	16	0	26	4	2	23	11	2 300
2	40	0	27	12	37 400	27	0	2	32	14	11 000
3	0	0	58	12	30 000	28	40	1	34	20	8 809
4	40	2	29	12	18 000	29	0	1	37	11	32 800
5	20	0	58	12	60 000	30	3	0	53	11	0
6	0	1	36	12	55 000	31	45	0	26	12	15 704
7	38	0	52	13	33 000	32	0	5	42	13	41 000
8	37	0	29	16	28 000	33	32	2	47	12	48 200
9	37	0	46	14	33 000	34	38	1	43	14	0
10	0	0	67	7.5	0	35	0	0	62	12	0
11	0	0	65	12	0	36	8	1	29	12	0
12	38	0	51	12	29 650	37	0	0	63	13	0
13	5	2	36	13	0	38	0	0	57	10	20 000
14	6	0	22	2.5	12 000	39	0	3	34	16	60 000
15	32	1	30	14	45 000	40	50	3	32	16	33 000
16	40	2	34	12	39 000	41	45	0	60	12	0
17	0	3	38	16	39 750	42	20	0	53	12	45 000
18	14	5	34	11	1 200	43	29	1	37	12	25 400
19	0	0	48	11	0	44	0	0	70	12	0
20	0	3	27	12	14 500	45	45	3	28	12	24 000
21	48	1	43	13	16 887	46	15	0	52	11	0
22	40	2	33	12	28 320	47	0	1	38	13	14 000
23	0	0	58	12	500	48	40	0	57	16	0
24	10	0	46	13	1 000	49	40	1	52	16	22 000
25	50	0	52	21	99 999	50	9	1	54	12	0

即测即评

第7章

计数模型

■ 实际问题中，经常需要处理计数型随机数据，即变量取值为 0,1,2,3,…的非负整数，如居民一周内运动的次数、病人看病的次数、孩子出生的数目等。由于计数型变量自身的特性，回归模型无法满足经典线性回归的基本假设，因此使用一般线性回归模型对计数数据进行分析，会导致估计结果非有效或有偏。为揭示计数型因变量与一组自变量之间的内在联系，必须研究计数模型。基本的计数模型是泊松回归模型，但泊松回归模型要求泊松分布的均值等于方差，这在现实应用中有较大的局限性。相比泊松回归模型，负二项回归模型在模拟方差和均值之间的关系时有更大的灵活度，是对泊松回归模型的一种扩展。在实际应用中，还通常会遇到零个数过多的数据样本。此时，样本中零的个数无法用传统的泊松回归模型或是负二项回归模型进行拟合。为此，又有学者提出了零膨胀回归模型。

■ 本章将依次介绍泊松回归模型、负二项回归模型与零膨胀回归模型及其相关知识。本章的教学目标是帮助学生了解计数模型的基本形式，并能够根据样本数据的特征去选择合适的计数模型，对模型进行估计。

7.1 泊松回归模型

7.1.1 泊松回归模型简介

在计量分析建模的过程中，有些因变量只能取非负整数，即 $0,1,2,\cdots$，如病人看病的次数、企业申请专利的个数、获得的投票张数等。对于这一类计数数据，常使用“泊松回归”（Poisson Regression）。对个体 i，记因变量为 Y_i，假设观察值来自参数为 λ_i 的泊松分布，即

$$P(Y_i = h \mid \boldsymbol{X}_i) = \frac{\mathrm{e}^{-\lambda_i}\lambda_i^{\ h}}{h!}, \quad h = 0,1,2,\cdots \tag{7.1.1}$$

式中，$\lambda_i > 0$ 为“泊松分布到达率”，表示事件发生的平均次数，由自变量 $\boldsymbol{X}_i$ 决定。泊松分布的重要性质是泊松分布的均值和方差都等于泊松分布到达率，即

$$E(Y_i \mid \boldsymbol{X}_i) = \mathrm{Var}(Y_i \mid \boldsymbol{X}_i) = \lambda_i$$

为保证 λ_i 非负，假设的条件期望函数为

$$E(Y_i \mid \boldsymbol{X}_i) = \lambda_i = \mathrm{e}^{\boldsymbol{X}_i\beta} \tag{7.1.2}$$

因此

$$\ln \lambda_i = \boldsymbol{X}_i\beta$$

假定样本为独立同分布的，则样本的似然函数为

$$L(\beta) = \frac{\mathrm{e}^{-\sum_{i=1}^{n}\lambda_i} \cdot \prod_{i=1}^{n} \lambda_i^{Y_i}}{\prod_{i=1}^{n} Y_i!} \tag{7.1.3}$$

其对数似然函数为

$$\ln L(\beta) = \sum_{i=1}^{n}\left[-\lambda_i + Y_i \ln \lambda_i - \ln(Y_i!)\right] = \sum_{i=1}^{n}[-\mathrm{e}^{\boldsymbol{X}_i\beta} + Y_i\boldsymbol{X}_i\beta - \ln(Y_i!)] \tag{7.1.4}$$

最大化的一阶条件为

$$\sum_{i=1}^{n}\left[Y_i - \mathrm{e}^{\boldsymbol{X}_i\beta}\right]\boldsymbol{X}_i = 0 \tag{7.1.5}$$

通过极大似然法（MLE）可得 $\hat{\beta}$。根据 MLE 原理，如果似然函数正确，则 $\hat{\beta}$ 为一致估计量，并可以用常规方法（如 BHHH 法）计算其协方差矩阵，得到普通的标准差。事实上，只要条件期望函数 $\lambda_i = \mathrm{e}^{\boldsymbol{X}_i\beta}$ 正确，根据“准最大似然估计”原理，$\hat{\beta}$ 就是一致的。在准最大似然估计基础上计算的协方差矩阵的标准差又称稳健标准差，即对于似然函数是否正确而言是比较稳健的。

显然，$\hat{\beta}$ 并不表示边际效应。由于 $\ln \lambda_i = \mathbf{X}_i\beta$，因此 $\dfrac{\partial \ln \lambda_i}{\partial x_k} = \beta_k$，可以将 β_k 解释为半弹性，即当自变量增加微小量时，事件的平均发生次数将增加多少个百分

点。另外，由于泊松分布到达率 $\lambda_i = e^{\boldsymbol{x}_i \beta}$，因此也可以计算 e^{β_k}，称为“发生率比”（Incidence Rate Ratio，IRR），表示当 x_k 增加一单位（即从 x_k 增加到 $x_k + 1$）时，事件的平均发生次数将是原来的多少倍，因为 $\frac{e^{(x_k+1)\beta_k}}{e^{x_k \beta_k}} = e^{\beta_k}$。对模型拟合优度的衡量可以通过准 R^2 来进行。

泊松回归的 Stata 命令如下：

```
. poisson y x1 x2 x3, r irr
. poisson y x1 x2 x3, r exposure (x1)
. poisson y x1 x2 x3, r offset (x1)
```

其中，选项“r”表示使用稳健标准差；选项“irr”表示显示发生率比；选项“exposure（x1）”表示把 ln（x1）作为自变量，并令其系数为 1；选项“offset（x1）”表示把 x1 作为自变量，并令其系数为 1。

7.1.2 泊松回归模型示例

本例选取的数据集为轰炸机打击及破坏目标个数数据集。因变量 y 为轰炸机所打击并破坏的目标个数，x_1 为虚拟变量，表示轰炸机类型，A-4 轰炸机为 0，而 A-6 轰炸机为 1；x_2 为炸弹负重；x_3 为机组人员飞行经验积累的总月数。详细数据集见表 7-1。

表 7-1 轰炸机打击及破坏目标情况数据

y	x_1	x_2	x_3
0	0	4	91.5
1	0	4	84
0	0	4	76.5
0	0	5	69
0	0	5	61
0	0	5	80
1	0	6	72.5
0	0	6	65
0	0	6	57.5
2	0	7	50
1	0	7	103
1	0	7	95.5
1	0	8	88
1	0	8	80.5
2	1	8	73
3	1	7	116.1
1	1	7	100.6
1	1	7	85

续表

y	x_1	x_2	x_3
1	1	10	69.4
2	1	10	53.9
0	1	10	112.3
1	1	12	96.7
1	1	12	81.1
2	1	12	65.6
5	1	8	50
1	1	8	120
1	1	8	104.4
5	1	14	88.9
5	1	14	73.7
7	1	14	57.8

数据来源：道格拉斯 C. 蒙哥马利，伊丽莎白 A. 派克，G. 杰弗里 · 瓦伊宁，《线性回归分析导论》（原书第五版），机械工业出版社，2016 年。

首先，查看因变量 y 的统计特征与分布，在 Stata 命令窗口中输入如下两条命令：

.summarize y

.tab y

命令的输出结果如图 7-1 和图 7-2 所示。

图 7-1
因变量 y 的描述性统计

```
    Variable |        Obs        Mean    Std. Dev.       Min        Max
-------------+--------------------------------------------------------
           y |         30    1.533333    1.775957          0          7
```

图 7-2
因变量 y 取值的分布

```
          y |      Freq.     Percent        Cum.
------------+-----------------------------------
          0 |          8       26.67       26.67
          1 |         13       43.33       70.00
          2 |          4       13.33       83.33
          3 |          1        3.33       86.67
          5 |          3       10.00       96.67
          7 |          1        3.33      100.00
------------+-----------------------------------
      Total |         30      100.00
```

本例中因变量为计数变量，且从图 7-2 中可以看出，y 的均值为 1.533，方差为 3.154（即 1.776^2），方差与均值较为接近，因此考虑选择用泊松回归模型进行分析。在 Stata 命令窗口中输入如下命令：

.poisson y x1 x2 x3，r

输出结果如图 7-3 所示。

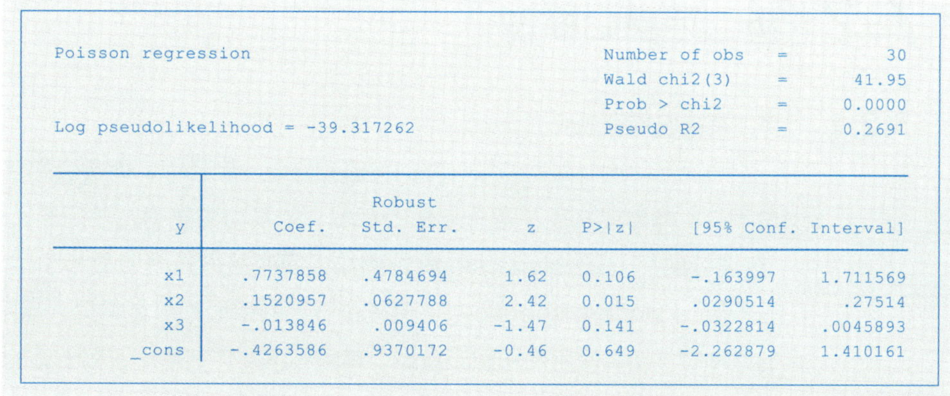

Poisson regression

Number of obs	= 30
Wald chi2(3)	= 41.95
Prob > chi2	= 0.0000
Pseudo R2	= 0.2691

Log pseudolikelihood = -39.317262

y	Coef.	Robust Std. Err.	z	P>|z|	[95% Conf.	Interval]
x1	.7737858	.4784694	1.62	0.106	-.163997	1.711569
x2	.1520957	.0627788	2.42	0.015	.0290514	.27514
x3	-.013846	.009406	-1.47	0.141	-.0322814	.0045893
_cons	-.4263586	.9370172	-0.46	0.649	-2.262879	1.410161

图 7-3
泊松回归估计结果

由估计结果可以看出，自变量 x_1 和 x_3 的系数不显著，而 x_2 的系数在 5% 的显著性水平下显著。准 R^2 为 0.269，模型拟合效果较好。针对 x_1 进行分析，其为虚拟变量，而 A-6 轰炸机从机型上大于 A-4 轰炸机，故炸弹装载质量应大于 A-4 轰炸机，同时会携带更多机乘人员，与 x_2、x_3 有较强的多重共线性。因此，在 Stata 命令窗口中输入如下命令，以检验自变量间的相关性：

```
.corr x1 x2 x3
```

自变量 x_1、x_2 和 x_3 的相关系数矩阵如图 7-4 所示。

图 7-4
自变量的相关系数矩阵

	x1	x2	x3
x1	1.0000		
x2	0.7117	1.0000	
x3	0.1973	-0.0315	1.0000

从图 7-4 中可以看出，x_1 与 x_2 的相关系数为 0.71。利用逐步回归法筛选变量，最终选取单变量 x_2 进行回归，在 Stata 中输入如下命令，得到图 7-5 所示估计结果。

```
.poisson y x2, r
```

图 7-5
单变量 x_2 泊松回归估计结果

Poisson regression

Number of obs	= 30
Wald chi2(1)	= 32.81
Prob > chi2	= 0.0000
Pseudo R2	= 0.2294

Log pseudolikelihood = -41.450978

y	Coef.	Robust Std. Err.	z	P>|z|	[95% Conf.	Interval]
x2	.2311225	.0403524	5.73	0.000	.1520333	.3102117
_cons	-1.700966	.4834802	-3.52	0.000	-2.64857	-.753362

从估计结果中可以看出，尽管模型的拟合优度略有下降（准 R^2 为 0.229），但自变量 x_2 的系数显著。进一步分析可知，炸弹负重，即 x_2 每增加一个单位，轰炸机所打击并破坏的目标个数的均值为原来的 $e^{0.23} \approx 1.25$ 倍。

7.2 负二项回归模型

7.2.1 负二项回归模型简介

泊松回归的局限是泊松分布的均值和方差一定相等，而实际的数据常常与这一假设不符，常出现方差不等于均值的情况。如果因变量的方差明显大于均值，则存在“过度分散”（Overdispersion）；而如果因变量的方差明显小于均值，则存在“散布不足”（Underdispersion），但散布不足的情形不那么常见。当存在“过度分散”的情形时，如仍使用泊松回归模型，其回归系数仍然是一致和无偏的，但其标准误差会被低估，导致统计检验不准确。通常的处理方法是在条件期望函数的对数表达式中加入一项，即

$$\ln\lambda_i = \boldsymbol{X}_i\beta + \varepsilon_i \tag{7.2.1}$$

式中，随机变量 ε_i 表示条件期望函数中的不可观测部分或个体的异质性，则有

$$\lambda_i = \mathrm{e}^{\boldsymbol{X}_i\beta}\cdot\mathrm{e}^{\varepsilon_i} = u_i v_i \tag{7.2.2}$$

式中，令 $u_i = \mathrm{e}^{\boldsymbol{X}_i\beta}$ 为 $\boldsymbol{X}_i$ 的确定性函数，而 $v_i = \mathrm{e}^{\varepsilon_i} > 0$ 仍为随机变量。给定 $\boldsymbol{X}_i$ 与 v_i，则 Y_i 依然服从泊松分布，即

$$P(Y_i = h\,|\,\boldsymbol{X}_i, v_i) = \frac{\mathrm{e}^{-u_i v_i}(u_i v_i)^h}{h!},\quad h = 0,1,2,\cdots \tag{7.2.3}$$

但由于 v_i 不可观测，因此无法对上式进行估计，为此，假设 $v_i \sim \mathrm{Gamma}\left(\frac{1}{\alpha},\alpha\right)$，$\alpha > 0$，且有 $E(v_i)=1$，$\mathrm{Var}(v_i)=\alpha$，可证明此时 Y_i 服从负二项分布（Negative Binomial Distribution），然后进行 MLE 估计，称为“负二项回归”（Negative Binomial Regression）。

负二项分布的概率密度函数为

$$P(Y_i = h\,|\,\boldsymbol{X}_i) = \frac{\Gamma(h+\alpha)}{\Gamma(h+1)\Gamma(\alpha)}\left(\frac{u_i}{u_i+\alpha}\right)^h\left(\frac{\alpha}{u_i+\alpha}\right)^\alpha,\quad h = 0,1,2,\cdots \tag{7.2.4}$$

负二项回归模型的条件期望和条件方差分别为

$$E(Y_i\,|\,\boldsymbol{X}_i) = \lambda_i = \mathrm{e}^{\boldsymbol{X}_i\beta} \tag{7.2.5}$$

$$\mathrm{Var}(Y_i\,|\,\boldsymbol{X}_i) = \lambda_i + \alpha\lambda_i^2 \tag{7.2.6}$$

这表明，在负二项回归中，条件方差大于条件期望。条件方差是参数 α 的增函数，故 α 称为“过度分散参数”。特别地，当 $\alpha \to 0$ 时，$E(Y_i\,|\,\boldsymbol{X}_i) = \mathrm{Var}(Y_i\,|\,\boldsymbol{X}_i)$，泊松回归实际上是负二项回归的特例。因此，在进行负二项回归后，只要对原假设“$H_0:\alpha = 0$”进行检验，就可以确定是应该使用泊松回归还是使用负二项回归。Stata 提供了一个 LR 检验，LR 检验的原假设为“不存在过度分散，应该使用泊松分布”。在进行负二项回归后，Stata 可输出检验结果“LR test of alpha=0”。其中，alpha=0 对应于泊松回归。

负二项回归的 Stata 命令如下：

```
. nbreg y x1 x2 x3, r exposure (x1)
. nbreg y x1 x2 x3, r offset (x1)
```

其中，选项“r”表示使用稳健标准差；选项“exposure（x1）”表示把 ln（x1）作为自变量，并令其系数为 1；选项“offset（x1）”表示把 x1 作为自变量，并令其系数为 1。

7.2.2 负二项回归模型示例

本例选取的是学生缺勤情况的数据集，该数据集中包含 math（学生的数学成绩）、daysabs（学生缺勤天数）和虚拟变量 prog（学生参与的培养项目，取值为 1、2 和 3），共 314 个样本。部分数据见表 7-2。

表 7-2
学生缺勤情况部分数据样例

id	math	daysabs	prog
1001	64	3	2
1002	27	4	2
1003	20	2	2
1004	16	3	2
⋮	⋮	⋮	⋮

数据来源：UCLA（加利福尼亚大学洛杉矶分校）统计方法与数据分析课程网站。

首先，查看因变量 daysabs 的统计特征与分布，在 Stata 命令窗口中输入如下两条命令：

```
.summarize daysabs, detail
.histogram daysabs, discrete freq
```

命令的输出结果如图 7-6 和图 7-7 所示。

从图 7-6 中可以看出，因变量 daysabs 的方差（49.519）远大于均值（5.955），故考虑使用负二项回归模型进行分析，在 Stata 命令窗口中输入如下命令，得到图 7-8 所示估计结果：

```
.nbreg daysabs math i.prog
```

图 7-6
因变量 daysabs 的描述性统计

```
                     number days absent
-------------------------------------------------------------
      Percentiles      Smallest
 1%            0              0
 5%            0              0
10%            0              0       Obs                 314
25%            1              0       Sum of Wgt.         314

50%            4                      Mean           5.955414
                        Largest       Std. Dev.      7.036958
75%            8             34
90%           15             34       Variance       49.51877
95%           21             35       Skewness       1.927819
99%           34             35       Kurtosis       6.953116
```

图 7-7
因变量 daysabs
取值分布

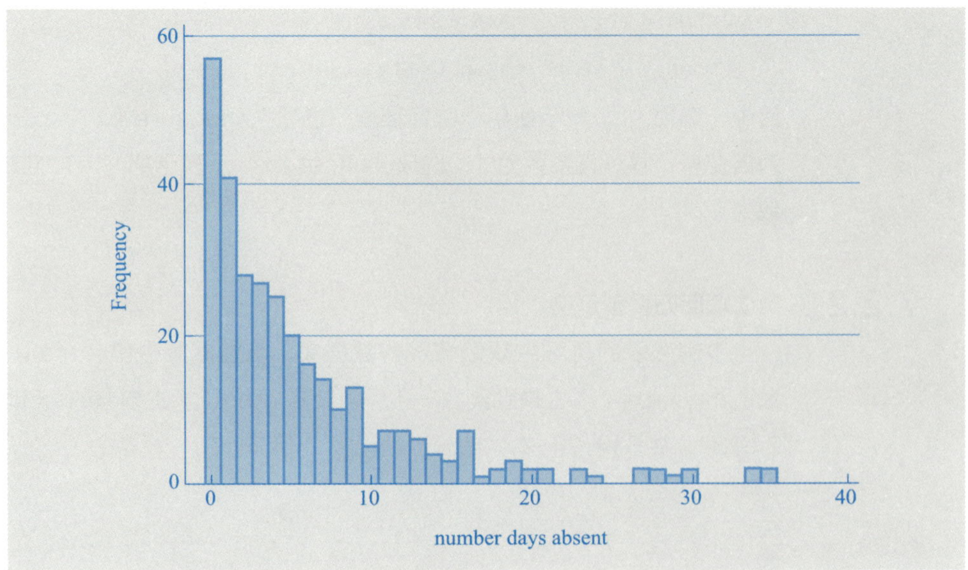

图 7-8
负二项回归的
估计结果

```
Negative binomial regression                    Number of obs     =        314
                                                LR chi2(3)        =      61.69
Dispersion     = mean                           Prob > chi2       =     0.0000
Log likelihood = -865.6289                      Pseudo R2         =     0.0344

------------------------------------------------------------------------------
     daysabs |      Coef.   Std. Err.      z    P>|z|     [95% Conf. Interval]
-------------+----------------------------------------------------------------
        math |   -.005993   .0025072    -2.39   0.017    -.010907   -.001079
             |
        prog |
          2  |    -.44076    .182576    -2.41   0.016   -.7986025  -.0829175
          3  |  -1.278651   .2019811    -6.33   0.000   -1.674526   -.882775
             |
       _cons |   2.615265   .1963519    13.32   0.000    2.230423   3.000108
-------------+----------------------------------------------------------------
    /lnalpha |  -.0321895   .1027882                     -.2336506   .1692717
-------------+----------------------------------------------------------------
       alpha |   .9683231   .0995322                      .7916384   1.184442
------------------------------------------------------------------------------
Likelihood-ratio test of alpha=0:  chibar2(01) =  926.03 Prob>=chibar2 = 0.000
```

从图 7-8 中可以看出，模型整体显著（ $\text{LR chi-square} = 61.69, p < 0.01$ ），模型的准 R^2 为 0.034。自变量 math 的系数显著（ $\beta = -0.006, p = 0.017$ ）。与参照组（ $\text{prog} = 1$ ）相比，当 $\text{prog} = 2$ 和 $\text{prog} = 3$ 时，系数均显著。alpha 的 95% 的置信区间为 [0.792，1.184]，且 LR 检验的 $p < 0.01$，故可在 5% 的显著性水平下拒绝“ $\text{alpha} = 0$ ”的原假设，即认为负二项回归比泊松回归更适用。

为便于解释系数，下面计算负二项回归的发生率比（IRR），在 Stata 命令窗口中输入如下命令，结果如图 7-9 所示：

. nbreg daysabs math i.prog，irr

图 7-9
负二项回归的发生率比

```
Negative binomial regression                    Number of obs     =        314
                                                LR chi2(3)        =      61.69
Dispersion     = mean                           Prob > chi2       =     0.0000
Log likelihood = -865.6289                      Pseudo R2         =     0.0344

------------------------------------------------------------------------------
     daysabs |        IRR   Std. Err.      z    P>|z|     [95% Conf. Interval]
-------------+----------------------------------------------------------------
        math |   .9940249   .0024922    -2.39   0.017     .9891523    .9989216
             |
        prog |
          2  |   .6435471   .1174963    -2.41   0.016     .4499573     .920427
          3  |   .2784127   .0562341    -6.33   0.000     .1873969    .4136335
             |
       _cons |   13.67084   2.684297    13.32   0.000     9.303798    20.08771
-------------+----------------------------------------------------------------
    /lnalpha |  -.0321895   .1027882                     -.2336506    .1692717
-------------+----------------------------------------------------------------
       alpha |   .9683231   .0995322                      .7916384    1.184442
------------------------------------------------------------------------------
Likelihood-ratio test of alpha=0:  chibar2(01) =  926.03 Prob>=chibar2 = 0.000
```

如图 7-9 所示，当 prog = 2 和 prog = 3 时的发生率比分别是参照组，即 prog = 1 时发生率比的 0.64 和 0.28。数学成绩（math）每增加一个单位，学生缺勤的次数为原来的 0.99，即随着数学成绩的增加，学生的缺勤次数会降低。

7.3 零膨胀回归模型

7.3.1 零膨胀回归模型简介

在实际问题中，还经常会出现计数数据中含有大量的“0”值的现象，这会超出泊松回归或负二项回归模型的预测能力（零发生的概率常被低估）。因此，当计数数据中含有大量的“0”时，应考虑使用零膨胀模型（即“零膨胀泊松回归”或“零膨胀负二项回归”）。零膨胀模型认为计数数据中随机变量取值的“0”来自两部分：一部分随机变量的取值只为 0，此时的 0 称为“结构零”；另一部分随机变量的取值来自一个离散分布，此时的 0 称为“抽样零”。因此，决策可以分两阶段进行：首先，决定是取“0”还是取“正整数”，这相当于二值选择，可用 Logit 或 Probit 模型解决自变量影响事件发生与否的问题；其次，如果决定取“正整数”，则进一步确定具体选择哪个正整数，可用泊松回归或负二项回归模型解决自变量影响事件发生次数多寡的问题。为此，假定零膨胀回归模型中因变量服从以下混合分布，即

$$\begin{cases} P(Y=0)=\pi+(1-\pi)P(K=0) \\ P(Y=K)=(1-\pi)P(K=h), \quad h=1,2,3,\cdots \end{cases} \tag{7.3.1}$$

数据中的 0 来自两部分：一部分来源于不可能发生事件的个体，概率为 π；另一部

分来源于在泊松或负二项分布下没有发生事件的个体，概率为 $(1-\pi)$ 。

其中，$\pi(0<\pi<1)$ 为零膨胀系数，π 越大，表示计数数据中“0”占的比例越大，其取值依赖于自变量 $\boldsymbol{Z}_i$ ，即 $\pi=F(\boldsymbol{Z}_i\omega)$ ，F 为零膨胀连接函数，可选择 Logit 或 Probit 模型，$\boldsymbol{Z}_i$ 为影响事件发生与否的自变量（ $\boldsymbol{Z}_i$ 可以等于 $\boldsymbol{X}_i$ 或与 $\boldsymbol{X}_i$ 有重叠部分）。K 服从一个离散分布，如 K 服从泊松分布，则为零膨胀泊松回归模型；如 K 服从负二项分布，则为零膨胀负二项回归模型。零膨胀回归模型可用 MLE 来估计。

究竟应该使用标准的泊松回归（或标准的负二项回归）还是零膨胀泊松回归（或零膨胀负二项回归），可以根据 Vuong 统计量来判断，其渐近分布为标准正态分布。如果 Vuong 统计量很大（为正数），则应选择零膨胀泊松回归（或零膨胀负二项回归）；反之，如果 Vuong 统计量很小（为负数），则应选择标准的泊松回归（或标准的负二项回归）。

零膨胀回归的 Stata 命令如下：

```
. zip y x1 x2 x3，inflate（varlist）forcevuong     （零膨胀泊松回归）
. zinb y x1 x2 x3，inflate（varlist）forcevuong    （零膨胀负二项回归）
```

其中，选项 inflate（varlist）必不可少，它列出 $\boldsymbol{Z}_i$ 中的所有自变量，如果 $\boldsymbol{Z}_i$ 中只有常数项，则使用“inflate（_cons）”；选项“forcevuong”表示显示 Vuong 统计量。

7.3.2 零膨胀回归模型示例

本例选取的是对游玩者在国家公园中钓鱼情况的调查数据，该数据集中共有 250 个样本，包括 count（钓鱼条数）、camper（同游者中是否有野营者，取值为 0 或 1）、child（被调查者在游玩中携带的孩子的个数）及 persons（含被调查者在内的同游者的人数）。部分数据见表 7-3。

表 7-3 钓鱼数据集部分数据样例

count	camper	persons	child
0	0	1	0
0	1	2	1
1	0	1	0
30	1	3	0
0	0	3	1
⋮	⋮	⋮	⋮

数据来源：Stata 官方数据集。

首先，查看四个变量的统计特征，在 Stata 中输入如下命令，结果如图 7-10 所示：

```
.summarize count child persons camper
```

本例以 count 为因变量，在 Stata 中输入如下命令来查看因变量取值的分布情况，结果如图 7-11 所示：

```
.histogram count，discrete freq
```

图 7-10
各变量的描述性统计

Variable	Obs	Mean	Std. Dev.	Min	Max
count	250	3.296	11.63503	0	149
child	250	.684	.8503153	0	3
persons	250	2.528	1.11273	1	4
camper	250	.588	.4931824	0	1

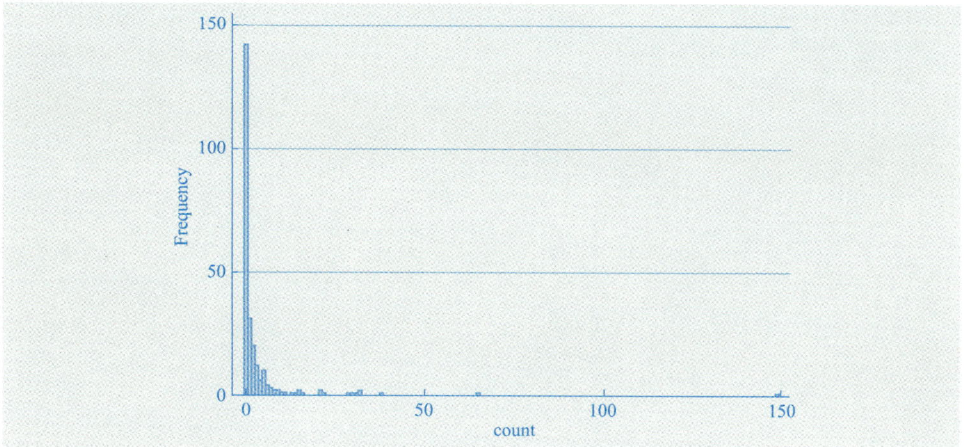

图 7-11
因变量 count 取值分布

从图 7-11 中可以看出，因变量 count 的取值中有大量的 0 值。本例中因变量取 0 值的情况有两种：一是未钓过鱼；二是钓过鱼但未钓到鱼。基于此，首先考虑选取零膨胀泊松回归模型，并以变量 persons 作为影响被调查者是否钓过鱼的自变量，以变量 child 和 camper 作为影响钓鱼数量的自变量。在 Stata 中输入如下命令，估计结果如图 7-12 所示：

.zip count child camper，inflate（persons）forcevuong

图 7-12
零膨胀泊松回归估计结果

```
Zero-inflated Poisson regression                Number of obs    =      250
                                                Nonzero obs      =      108
                                                Zero obs         =      142

Inflation model = logit                         LR chi2(2)       =   187.85
Log likelihood  = -1031.608                     Prob > chi2      =   0.0000
```

count	Coef.	Std. Err.	z	P>|z|	[95% Conf. Interval]	
count						
child	-1.042838	.0999883	-10.43	0.000	-1.238812	-.846865
camper	.8340222	.0936268	8.91	0.000	.650517	1.017527
_cons	1.597889	.0855382	18.68	0.000	1.430237	1.76554
inflate						
persons	-.5643472	.1629638	-3.46	0.001	-.8837503	-.244944
_cons	1.297439	.3738522	3.47	0.001	.5647022	2.030176

Vuong test of zip vs. standard Poisson: z =   3.57 Pr>z = 0.0002

从图 7-12 中可以看出，模型整体显著（$\text{LR chi-square} = 187.85,\ p < 0.01$）。自变量 child 对因变量 count 的影响为负向且显著，自变量 camper 对因变量 count

的影响为正向且显著。Vuong 统计量的值为 3.57（$p<0.01$），故拒绝泊松回归，应该使用零膨胀泊松回归。

在本例中，因变量的方差远大于均值，故进一步考虑使用零膨胀负二项回归，在 Stata 中输入如下命令，估计结果如图 7-13 所示：

```
.zinb count child camper，inflate（persons）forcevuong
```

图 7-13
零膨胀负二项回归估计结果

```
Zero-inflated negative binomial regression        Number of obs     =       250
                                                  Nonzero obs       =       108
                                                  Zero obs          =       142

Inflation model = logit                           LR chi2(2)        =     61.72
Log likelihood  = -432.8909                       Prob > chi2       =    0.0000

------------------------------------------------------------------------------
       count |      Coef.   Std. Err.      z    P>|z|     [95% Conf. Interval]
-------------+----------------------------------------------------------------
count        |
       child |  -1.515255   .1955912    -7.75   0.000    -1.898606   -1.131903
      camper |   .8790514   .2692731     3.26   0.001     .3512857    1.406817
       _cons |   1.371048   .2561131     5.35   0.000     .8690758    1.873021
-------------+----------------------------------------------------------------
inflate      |
     persons |  -1.666563   .6792833    -2.45   0.014    -2.997934   -.3351922
       _cons |   1.603104   .8365065     1.92   0.055    -.036419    3.242626
-------------+----------------------------------------------------------------
    /lnalpha |   .9853533     .17595     5.60   0.000     .6404975    1.330209
-------------+----------------------------------------------------------------
       alpha |   2.678758   .4713275                      1.897425    3.781834
------------------------------------------------------------------------------
Vuong test of zinb vs. standard negative binomial: z =     1.70  Pr>z = 0.0444
```

如图 7-13 所示，各自变量的系数仍显著。alpha 的 95% 的置信区间为 [1.897，3.782]，故可在 5% 的显著性水平下拒绝“$alpha=0$”的原假设，即认为负二项回归比泊松回归更适用。Vuong 统计量的 p 值显著，故认为零膨胀负二项回归比负二项回归更适用。因此，本例应该使用零膨胀负二项回归模型。

7.4 计数模型综合示例

下面以有关学生缺勤情况的数据集为例，使用 Stata 来处理和分析计数数据。该数据集包含 Daysabs（学生缺勤的天数）、Male（是否为男性，1 为男性，0 为女性）和 Langarts（语言课程成绩）等变量。部分样本数据见表 7-4。

表 7-4
学生缺勤情况数据集部分数据样例

Daysabs	Male	Langarts
4	1	42.450 86
2	0	43.566 57
13	0	48.414 82
…	…	…

数据来源：陈强，《高级计量经济学及 Stata 应用》，高等教育出版社，2010 年。

首先在 Stata 中输入如下命令，查看因变量 daysabs 的分布，如图 7-14 所示：

.tab daysabs

图 7-14
因变量 daysabs 取值的分布

days absent	Freq.	Percent	Cum.
0	62	19.62	19.62
1	46	14.56	34.18
2	31	9.81	43.99
3	26	8.23	52.22
4	22	6.96	59.18
5	20	6.33	65.51
6	15	4.75	70.25
7	12	3.80	74.05
8	9	2.85	76.90
9	11	3.48	80.38
10	5	1.58	81.96
11	6	1.90	83.86
12	8	2.53	86.39
13	9	2.85	89.24
14	3	0.95	90.19
15	1	0.32	90.51
16	5	1.58	92.09
17	1	0.32	92.41
18	3	0.95	93.35
19	2	0.63	93.99
20	2	0.63	94.62
21	1	0.32	94.94
23	2	0.63	95.57
24	1	0.32	95.89
25	1	0.32	96.20
26	1	0.32	96.52
27	3	0.95	97.47
28	1	0.32	97.78
30	1	0.32	98.10
31	1	0.32	98.42
34	1	0.32	98.73
35	2	0.63	99.37
41	1	0.32	99.68
45	1	0.32	100.00
Total	316	100.00	

从图 7-14 中可以看出，在 316 人的样本中，有 62 人从未缺勤，最高缺勤记录为 45 次。图 7-15 所示的直方图更加直观地展示了因变量的分布情况。

.histogram daysabs，discrete frequency

图 7-15
因变量 daysabs 取值的直方图

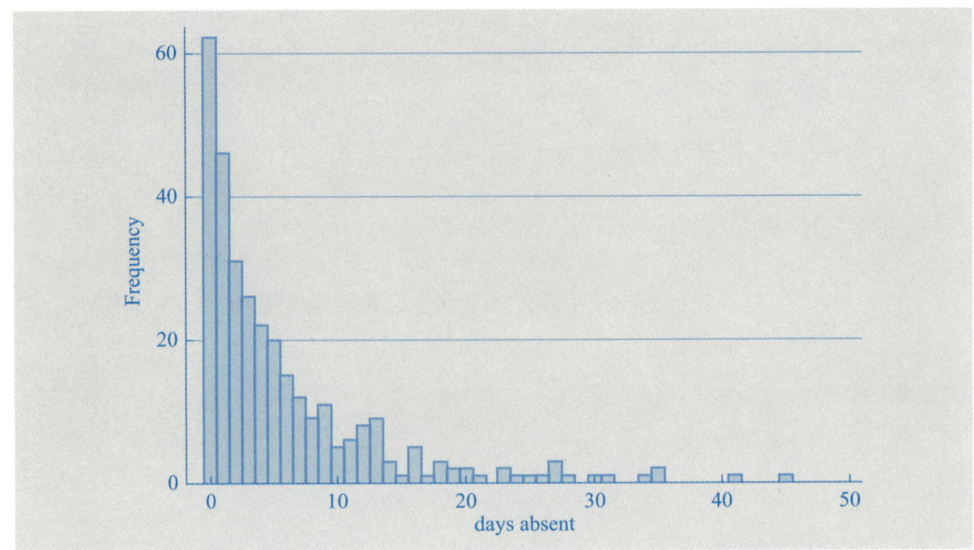

因变量为计数变量，但为了对照，所以先进行线性回归，结果如图 7-16 所示。

.reg daysabs male langarts，r

图 7-16
线性回归估计结果

Linear regression

Number of obs	=	316
F(2, 313)	=	11.52
Prob > F	=	0.0000
R-squared	=	0.0572
Root MSE	=	7.256

daysabs	Coef.	Robust Std. Err.	t	P>|t|	[95% Conf.	Interval]
male	-2.34119	.8096857	-2.89	0.004	-3.934305	-.7480754
langarts	-.0865322	.02134	-4.05	0.000	-.1285202	-.0445441
_cons	11.28322	1.360851	8.29	0.000	8.605643	13.96079

下面进行泊松回归，并计算稳健标准差，结果如图 7-17 所示：

.poisson daysabs male langarts，r

图 7-17
泊松回归估计结果

Poisson regression

Log pseudolikelihood = -1549.8567

Number of obs	=	316
Wald chi2(2)	=	27.31
Prob > chi2	=	0.0000
Pseudo R2	=	0.0524

daysabs	Coef.	Robust Std. Err.	z	P>|z|	[95% Conf.	Interval]
male	-.4093528	.1354388	-3.02	0.003	-.674808	-.1438975
langarts	-.01467	.0034382	-4.27	0.000	-.0214087	-.0079313
_cons	2.646977	.1826364	14.49	0.000	2.289016	3.004937

为便于对泊松回归和线性回归的系数进行比较，计算泊松回归的平均边际效应，在 Stata 中输入如下命令，结果如图 7-18 所示：

.margins，dydx（*）

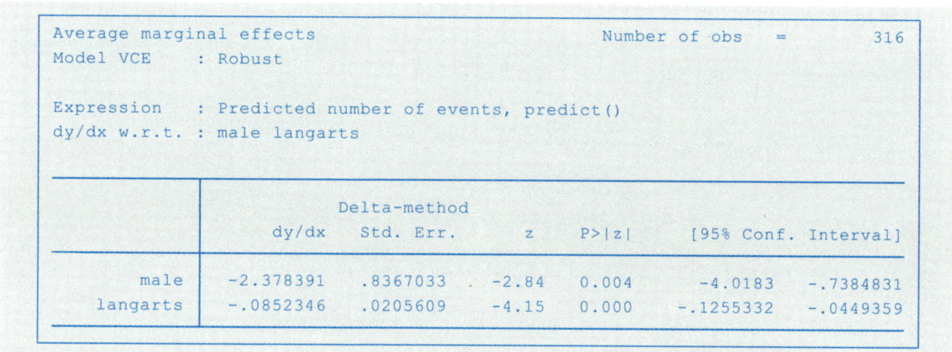

```
Average marginal effects                          Number of obs     =        316
Model VCE      : Robust

Expression     : Predicted number of events, predict()
dy/dx w.r.t.   : male langarts

--------------------------------------------------------------------------------
             |            Delta-method
             |      dy/dx   Std. Err.      z    P>|z|     [95% Conf. Interval]
-------------+------------------------------------------------------------------
        male |  -2.378391    .8367033    -2.84   0.004     -4.0183    -.7384831
    langarts |  -.0852346    .0205609    -4.15   0.000    -.1255332   -.0449359
--------------------------------------------------------------------------------
```

图 7-18
泊松回归的平均边际效应

从图 7-18 中可知，泊松回归的平均边际效应与线性回归的系数很接近。为便于解释系数，下面计算泊松回归的发生率比（IRR），在 Stata 中输入如下命令，结果如图 7-19 所示：

.poisson daysabs male langarts，r irr

```
Poisson regression                                Number of obs     =        316
                                                  Wald chi2(2)      =      27.31
                                                  Prob > chi2       =     0.0000
Log pseudolikelihood = -1549.8567                 Pseudo R2         =     0.0524

--------------------------------------------------------------------------------
             |               Robust
     daysabs |        IRR   Std. Err.      z    P>|z|     [95% Conf. Interval]
-------------+------------------------------------------------------------------
        male |   .6640799    .0899422    -3.02   0.003     .5092542    .8659765
    langarts |   .9854371    .0033881    -4.27   0.000     .9788188    .9921001
       _cons |   14.11131    2.577239    14.49   0.000     9.865223    20.18495
--------------------------------------------------------------------------------
```

图 7-19
泊松回归的发生率比

使用泊松回归的前提之一是因变量的均值与方差相等。为此，考查因变量 daysabs 的统计特征，结果如图 7-20 所示：

.sum daysabs，detail

```
                          days absent
-------------------------------------------------------------
      Percentiles      Smallest
 1%            0              0
 5%            0              0
10%            0              0       Obs                 316
25%            1              0       Sum of Wgt.         316

50%            3                      Mean           5.810127
                        Largest       Std. Dev.      7.449003
75%            8             35
90%           14             35       Variance       55.48764
95%           23             41       Skewness       2.250587
99%           35             45       Kurtosis       8.949302
```

图 7-20
因变量 daysabs 的描述性统计

从图 7-20 中可以看出，因变量的方差远远大于其均值，存在“过度分散”现象。因此，下面进行负二项回归，结果如图 7-21 所示：

.nbreg daysabs male langarts，r

图 7-21
负二项回归估计结果

```
Negative binomial regression                    Number of obs   =        316
Dispersion           = mean                     Wald chi2(2)    =      25.52
Log pseudolikelihood = -880.9274                Prob > chi2     =     0.0000

------------------------------------------------------------------------------
             |               Robust
     daysabs |      Coef.   Std. Err.      z    P>|z|     [95% Conf. Interval]
-------------+----------------------------------------------------------------
        male |  -.4312069   .1402156    -3.08   0.002    -.7060245   -.1563893
    langarts |  -.0156493   .0036558    -4.28   0.000    -.0228145   -.0084841
       _cons |    2.70344    .201678    13.40   0.000     2.308158    3.098722
-------------+----------------------------------------------------------------
    /lnalpha |     .25394   .0915708                      .0744646    .4334154
-------------+----------------------------------------------------------------
       alpha |   1.289094   .1180434                      1.077307    1.542517
```

图 7-21 显示，alpha 的 95% 的置信区间为 [1.077，1.543]，故可在 5% 的显著性水平下拒绝“alpha = 0”的原假设，即认为负二项回归比泊松回归更适用。

进一步地，由于因变量取 0 值的较多，因此考虑采用零膨胀泊松回归，结果如图 7-22 所示：

.zip daysabs male langarts，inf（_cons）forcevuong

图 7-22
零膨胀泊松估计结果

```
Zero-inflated Poisson regression                Number of obs   =        316
                                                Nonzero obs     =        254
                                                Zero obs        =         62

Inflation model = logit                         LR chi2(2)      =      69.27
Log likelihood  =  -1356.24                     Prob > chi2     =     0.0000

------------------------------------------------------------------------------
     daysabs |      Coef.   Std. Err.      z    P>|z|     [95% Conf. Interval]
-------------+----------------------------------------------------------------
daysabs      |
        male |   -.248641   .0487665    -5.10   0.000    -.3442217   -.1530604
    langarts |  -.0097555   .0013166    -7.41   0.000    -.0123359    -.007175
       _cons |    2.54394   .0708915    35.88   0.000     2.404995    2.682885
-------------+----------------------------------------------------------------
inflate      |
       _cons |  -1.423946   .1432554    -9.94   0.000    -1.704721    -1.14317
------------------------------------------------------------------------------
Vuong test of zip vs. standard Poisson:             z =     5.49  Pr>z = 0.0000
```

从图 7-22 中可以看出，Vuong 统计量的值为 5.49，并且显著，故拒绝泊松回归，应该使用零膨胀泊松回归。

进一步地，进行零膨胀负二项回归，结果如图 7-23 所示：

.zinb daysabs male langarts，inf（_cons）forcevuong

图 7-23
零膨胀负二项估计结果

```
Zero-inflated negative binomial regression        Number of obs     =        316
                                                  Nonzero obs       =        254
                                                  Zero obs          =         62

Inflation model = logit                           LR chi2(2)        =      20.63
Log likelihood  = -880.9274                       Prob > chi2       =     0.0000

------------------------------------------------------------------------------
     daysabs |      Coef.   Std. Err.      z    P>|z|     [95% Conf. Interval]
-------------+----------------------------------------------------------------
daysabs      |
        male |  -.4311984    .139692    -3.09   0.002    -.7049897   -.1574072
    langarts |  -.0156489   .0039485    -3.96   0.000    -.0233878     -.00791
       _cons |   2.703422   .2292769    11.79   0.000     2.254047    3.152796
-------------+----------------------------------------------------------------
inflate      |
       _cons |  -21.83042    10905.7    -0.00   0.998     -21396.6    21352.94
-------------+----------------------------------------------------------------
    /lnalpha |   .2539475   .0955091     2.66   0.008     .0667532    .4411419
-------------+----------------------------------------------------------------
       alpha |   1.289104   .1231211                      1.069032    1.554481
------------------------------------------------------------------------------
Vuong test of zinb vs. standard negative binomial: z =    -0.00  Pr>z = 0.5001
```

从图 7-23 中可以看出，alpha 的 95% 的置信区间为 [1.069，1.554]，故可在 5% 的显著性水平下拒绝“$alpha = 0$”的原假设，即认为负二项回归比泊松回归更适用。而 Vuong 统计量的值为负数，故拒绝零膨胀负二项回归，认为应该使用标准的负二项回归。综上，在各种模型设定中，本例更倾向于使用负二项回归模型。

7.5 大数据场景案例分析——在线评论有用性的影响因素分析

7.5.1 案例背景

在线评论（Online Review）是网络口碑的一种重要形式，已经成为消费者在选择、购买产品或服务时的重要信息源。随着在线评论的普及，消费者可以很容易地在网上找到各种产品或服务的评论信息来帮助他们做出购买决策，但这也带来了另一个严重的问题，即信息过载。评论数量过多、垃圾评论和虚假评论等使消费者很难从在线评论中找到对他们的决策有帮助的信息。为解决这一问题，很多提供在线评论的网站都会在每条评论的旁边设置评论是否有用的投票，消费者能够根据有用性筛选或排序评论，这有助于解决信息过载的问题，提升消费者对网站的使用体验以及服务满意度。鉴于有用评论对消费者和网站的重要性，本案例将对影响在线评论有用性的因素进行分析。

7.5.2 数据收集与预处理

本案例采用自行开发的爬虫工具在 2016 年 6 月抓取了某在线旅游平台上所有位于北京的酒店的在线评论数据，基本覆盖了抓取点之前北京市 537 家酒店，共计 1 048 575 条评论。抓取的数据包括每一条评论的星级评分、评论正文、发表时间、评论者 ID 和有用投票数等，还抓取了每一家酒店的名称、成立年份、总的评论数量、平均星级等数据。为保证研究的有效性，首先剔除了评论的星级评分为 0 的样本及缺少评论正文内容的样本；其次去掉了非中文撰写的评论样本；再次由于近期的评论没有足够的时间来累积有用投票数，因此剔除了在数据抓取日期前两个月内发表的评论，最终共计保留了 805 277 条有效的在线评论。对评论的文本内容，首先使用 NLPIR 分词工具对中文文本进行分词，然后使用台湾大学情感词典和 Hownet 情感词典识别评论中出现的正面情感词汇和负面情感词汇。在经过预处理之后，部分样本数据见表 7-5。

本案例将获取的数据数值化，案例中使用的各变量的定义见表 7-6。

（1） **因变量。**

在线评论有用性（helpfulvotes）以一条评论累积的有用投票数来度量。

（2） **自变量。**

自变量包括评分不一致性、评论的长度、平均句子长度、评论发表天数和平均星级。

（3） **调节变量。**

当自变量与因变量间的关系受第三个变量的影响时，这第三个变量就是调节变量，它会影响自变量与因变量间关系的方向或强弱。在估计时，要将调节变量及其与自变量的交叉项加入模型中，交叉项的系数可解释调节变量的作用。本案例考查了三个调节变量，即产品的评论总量（total_comments）、正面情感强度（pos_per）及负面情感强度（neg_per），认为这三个调节变量会影响自变量评分不一致性与因变量之间关系的强弱。

表 7-5
部分样本数据示例

id	hid	helpfulvotes	rating_incons	total_comments	pos_per	neg_per	comments_len	avg_words	edays	avgrating
1	北京世纪莲花酒店	17	0.2	871	0.10	0.01	433	7.86	120	4.6
2	北京世纪莲花酒店	7	0.2	871	0.15	0.02	245	5.69	115	4.6
3	北京世纪莲花酒店	10	0.2	871	0.14	0.03	293	7.10	135	4.6
7	北京世纪莲花酒店	3	0.4	871	0.26	0.00	27	6.33	68	4.6
5	北京世纪莲花酒店	4	0.1	871	0.19	0.07	106	5.21	120	4.6
6	北京世纪莲花酒店	0	0.6	871	0.12	0.02	241	8.05	66	4.6
⋮	⋮	⋮	⋮	⋮	⋮	⋮	⋮	⋮	⋮	⋮
19 830	桔子水晶酒店（北京安贞店）	0	0.4	5 084	1.00	0.00	7	1.00	721	4.6
19 831	桔子水晶酒店（北京安贞店）	0	0.4	5 084	0.67	0.00	36	3.00	1 057	4.6
19 832	桔子水晶酒店（北京安贞店）	0	0.4	5 084	0.18	0.00	19	3.67	723	4.6
19 833	桔子水晶酒店（北京安贞店）	0	0.6	5 084	0.29	0.00	46	7.00	657	4.6
…	…	…	…	…	…	…	…	…	…	…

表 7-6 研究变量与测度指标

变量类别	变量名称	测度指标
因变量	在线评论有用性（helpfulvotes）	在线评论的累积有用投票数
自变量	评分不一致性（rating_incons）	每条评论的星级评分和酒店的平均星级之间差值的绝对值
	评论的长度（comments_len）	评论全文的字数
	平均句子长度（avg_words）	评论中所有句子的长度的平均值
	评论发表天数（edays）	抓取日期和评论发表日期之差
	平均星级（avgrating）	酒店的平均星级，取值为 1~5
调节变量	产品的评论总量（total_comments）	每个酒店累积的评论的个数
	正面情感强度（pos_per）	正面情感词汇的个数 / 总词汇个数
	负面情感强度（neg_per）	负面情感词汇的个数 / 总词汇个数

首先，在 Stata 命令窗口中输入如下命令，得到模型中各变量的描述性统计，如图 7-24 所示：

.sum helpfulvotes rating_incons total_comments pos_per neg_per comments_len avg_words edays avgrating

图 7-24 模型中各变量的描述性统计

```
    Variable |        Obs        Mean    Std. Dev.       Min        Max
-------------+---------------------------------------------------------
 helpfulvotes|     805277    .1649606    .9269751          0        100
 rating_inc~s|     805277    .6038111    .4996483          0        3.8
 total_comm~s|     805277    4461.437      3300.5        287      14358
      pos_per|     805277    .2503539    .2284125          0          1
      neg_per|     805277    .0309152    .0721368          0          1
-------------+---------------------------------------------------------
 comments_len|     805277    25.88992    46.23925          1       4812
    avg_words|     805277    5.299648    5.439962          1        577
        edays|     805277    534.4604    279.8959         61       1258
    avgrating|     805277    4.353186    .2238414        2.9        4.8
```

接着看因变量的分布，在 Stata 命令窗口中输入如下命令：

.tab helpfulvotes

结果如图 7-25 所示。

从图 7-24 和图 7-25 中可以看出，本案例中的因变量在线评论有用性是一个计数变量。从其分布来看，在数据集 91.60% 的样本中，因变量的取值为 0 值，且因变量的均值为 0.165，方差为 0.859，存在零值过多且过度分散的问题。因此，选用零膨胀负二项回归模型更为合适。

零膨胀负二项回归是分两步进行的，在本案例中，第一步先决定因变量取 0 值是因该条评论没有被阅读而没有有用性投票，还是因该条评论被阅读了但是被消费者认为无用而没有有用性投票，这相当于二值选择；第二步再决定在那些被消费者阅读

图 7-25
因变量的分布情况

helpfulvotes	Freq.	Percent	Cum.
0	737,672	91.60	91.60
1	46,541	5.78	97.38
2	9,091	1.13	98.51
3	4,113	0.51	99.02
4	2,417	0.30	99.32
5	1,557	0.19	99.52
6	1,003	0.12	99.64
7	738	0.09	99.73
8	472	0.06	99.79
9	329	0.04	99.83
10	292	0.04	99.87
11	202	0.03	99.89
12	151	0.02	99.91
13	123	0.02	99.93
14	87	0.01	99.94
15	80	0.01	99.95
16	66	0.01	99.96
17	58	0.01	99.96
18	44	0.01	99.97
19	33	0.00	99.97
20	30	0.00	99.98
21	11	0.00	99.98
22	16	0.00	99.98
23	22	0.00	99.98
24	8	0.00	99.98
25	13	0.00	99.99
26	9	0.00	99.99
27	8	0.00	99.99
28	22	0.00	99.99
29	10	0.00	99.99
30	10	0.00	99.99
31	2	0.00	99.99
32	3	0.00	99.99
33	5	0.00	100.00
34	3	0.00	100.00
35	6	0.00	100.00
36	1	0.00	100.00
37	1	0.00	100.00
38	4	0.00	100.00
41	1	0.00	100.00
42	3	0.00	100.00
43	3	0.00	100.00
44	1	0.00	100.00
45	2	0.00	100.00
46	3	0.00	100.00
47	3	0.00	100.00
49	2	0.00	100.00
51	1	0.00	100.00
52	1	0.00	100.00
72	1	0.00	100.00
73	1	0.00	100.00
94	1	0.00	100.00
100	1	0.00	100.00
Total	805,277	100.00	

了的评论中有用性投票数的多少。因变量的混合分布为

$$\begin{cases} P(Y=0)=\pi+(1-\pi)\left(\dfrac{\alpha}{\alpha+\lambda}\right)^{\alpha} \\ P(Y=h)=(1-\pi)\dfrac{\Gamma(h+\alpha)}{\Gamma(\alpha)\Gamma(h+1)}\left(\dfrac{\alpha}{\alpha+\lambda}\right)^{\alpha}\left(\dfrac{\lambda}{\alpha+\lambda}\right)^{h}, \quad h=1,2,3,\cdots \end{cases} \tag{7.5.1}$$

式中，π为零膨胀系数；α为负二项分布中的过度分散参数；$\lambda=\mathrm{e}^{\boldsymbol{X}\beta+\varepsilon}$，$\boldsymbol{X}$可包含模型中的自变量和调节变量。$\pi$、$\alpha$和$\beta$均为待估计的参数。

7.5.3 模型估计

为去除各变量取值量纲的影响，在回归前，首先对产品的评论总量（total_comments）、评论长度（comments_len）、平均句子长度（avg_words）和评论发表天数（edays）四个变量取其自然对数，分别用 lntotal_comments、lncomments_len、lnavg_words 和 lnedays 表示。在 Stata 中输入如下命令：

```
. gen lntotal_comments=ln（total_comments）
. gen lncomments_len=ln（comments_len）
. gen lnavg_words=ln（avg_words）
. gen lnedays=ln（edays）
```

为检验产品的评论总量这一连续型变量的调节作用，本案例遵循已有研究将自变量评分不一致性和调节变量产品的评论总量以及正、负面情感强度做了去中心化处理，在 Stata 中输入如下命令，去中心化后的变量用 rating_incons1，lntotal_comments1，pos_per1 和 neg_per1 来表示：

```
. center rating_incons，generate（rating_incons1）
. center lntotal_comments，generate（lntotal_comments1）
. center pos_per，generate（pos_per1）
. center neg_per，generate（neg_per1）
```

计算自变量与调节变量的交叉项，在 Stata 命令窗口中输入如下命令：

```
. gen incons_num=rating_incons1*lntotal_comments1
. gen incons_pos=rating_incons1*pos_per1
. gen incons_neg=rating_incons1*neg_per1
```

本案例采用分层回归的方法来检验自变量的主效应和产品的评论总量及正、负面情感强度的调节效应。在零膨胀负二项回归的第一步，本案例选用的是 Logit 模型，并选取了 rating_incons1、lntotal_comments1、lnedays、lncomments_len、lnavg_words 和 avgrating 这六个变量作为会影响一条评论是否会被消费者阅读的自变量。

首先将除 rating_incons1 外的自变量加入回归模型中，即$\boldsymbol{X}$包括 lncomments_ len、lnavg_words、lnedays 和 avgrating 四个变量，得到模型 1。在 Stata 中输入如下命令，模型 1 的估计结果如图 7-26 所示：

. zinb helpfulvotes lncomments_len lnavg_words lnedays avgrating，inflate（rating_incons1 lntotal_comments1 lnedays lncomments_len lnavg_words avgrating）forcevuong

图 7-26
模型 1 的估计结果

```
Zero-inflated negative binomial regression      Number of obs     =     805277
                                                Nonzero obs       =      67605
                                                Zero obs          =     737672

Inflation model = logit                         LR chi2(4)        =    8581.78
Log likelihood  =  -305885                      Prob > chi2       =     0.0000

------------------------------------------------------------------------------
   helpfulvotes |      Coef.   Std. Err.      z    P>|z|     [95% Conf. Interval]
----------------+-------------------------------------------------------------
helpfulvotes    |
 lncomments_len |   .4604628   .0065934    69.84   0.000      .44754    .4733856
    lnavg_words |  -.0761479   .0126571    -6.02   0.000   -.1009553   -.0513404
        lnedays |   .4289545   .0143523    29.89   0.000    .4008245    .4570845
      avgrating |   .5337573   .0256688    20.79   0.000    .4834473    .5840672
          _cons |   -7.34667   .1591003   -46.18   0.000   -7.658501   -7.034839
----------------+-------------------------------------------------------------
inflate         |
  rating_incons1|  -.1542818    .014041   -10.99   0.000   -.1818017    -.126762
lntotal_comments1|  .3683632   .0098773    37.29   0.000     .349004    .3877225
        lnedays |   .3970534   .0283449    14.01   0.000    .3414983    .4526084
 lncomments_len |   -.391373   .0101992   -38.37   0.000   -.4113631   -.3713829
    lnavg_words |   .3221036   .0197371    16.32   0.000    .2834197    .3607876
      avgrating |  -.5729852   .0423932   -13.52   0.000   -.6560744   -.4898961
          _cons |   .7259563   .2961168     2.45   0.014    .1455781    1.306335
----------------+-------------------------------------------------------------
       /lnalpha |   1.512421   .0187889    80.50   0.000    1.475595    1.549246
----------------+-------------------------------------------------------------
          alpha |   4.537701   .0852584                      4.373637    4.707919
------------------------------------------------------------------------------
Vuong test of zinb vs. standard negative binomial: z =    24.41  Pr>z = 0.0000
```

然后再将自变量 rating_incons1 和调节变量加入模型中进行回归，即 $\boldsymbol{X}$ 包括自变量 rating_incons1 和 lntotal_comments1、pos_per1 和 neg_per1 三个调节变量，以及 lncomments_len、lnavg_words、lnedays 和 avgrating 四个变量，得到模型 2。在 Stata 中输入如下命令，对模型 2 进行估计：

. zinb helpfulvotes rating_incons1 lntotal_comments1 pos_per1 neg_per1 lncomments_len lnavg_words lnedays avgrating，inflate（rating_incons1 lntotal_comments1 lnedays lncomments_len lnavg_words avgrating）forcevuong

模型 2 的估计结果如图 7-27 所示。

最后再将自变量 rating_incons1 和调节变量的交叉项加入模型，即在模型 2 的基础上，在 $\boldsymbol{X}$ 中加入 incons_num、incons_pos 和 incons_neg 三个交叉项，得到模型 3。在 Stata 中输入如下命令，对模型 3 进行估计：

. zinb helpfulvotes rating_incons1 lntotal_comments1 pos_per1 neg_per1 incons_num incons_pos incons_neg lncomments_len lnavg_words lnedays avgrating，inflate（rating_incons1 lntotal_comments1 lnedays lncomments_len lnavg_words avgrating）forcevuong

模型 3 的估计结果如图 7-28 所示。

图 7-27
模型 2 的估计结果

Zero-inflated negative binomial regression　　Number of obs = 805277
Nonzero obs = 67605
Zero obs = 737672

Inflation model = logit　　LR chi2(8) = 10155.12
Log likelihood = -305098.4　　Prob > chi2 = 0.0000

helpfulvotes	Coef.	Std. Err.	z	P>|z|	[95% Conf.	Interval]
helpfulvotes						
rating_incons1	-.1274631	.0095825	-13.30	0.000	-.1462444	-.1086818
lntotal_comments1	-.0205412	.0078304	-2.62	0.009	-.0358885	-.005194
pos_per1	1.126061	.030918	36.42	0.000	1.065463	1.18666
neg_per1	1.107331	.0780972	14.18	0.000	.9542632	1.260398
lncomments_len	.5141797	.0069106	74.40	0.000	.5006351	.5277243
lnavg_words	.0380694	.0136798	2.78	0.005	.0112575	.0648814
lnedays	.4652145	.0157998	29.44	0.000	.4342475	.4961815
avgrating	.4703293	.0277887	16.93	0.000	.4158644	.5247943
_cons	-7.60637	.1868686	-40.70	0.000	-7.972625	-7.240114
inflate						
rating_incons1	-.2731318	.0172347	-15.85	0.000	-.3069113	-.2393524
lntotal_comments1	.3413448	.0126193	27.05	0.000	.3166115	.3660781
lnedays	.4477941	.0323512	13.84	0.000	.3843869	.5112012
lncomments_len	-.3975287	.0103169	-38.53	0.000	-.4177495	-.3773078
lnavg_words	.3155442	.0201777	15.64	0.000	.2759966	.3550919
avgrating	-.5552221	.043645	-12.72	0.000	-.6407648	-.4696795
_cons	.3765681	.3381441	1.11	0.265	-.2861822	1.039318
/lnalpha	1.475829	.0197464	74.74	0.000	1.437126	1.514531
alpha	4.37466	.0863838			4.208585	4.547288

Vuong test of zinb vs. standard negative binomial: z = 20.58 Pr>z = 0.0000

图 7-28
模型 3 的估计结果

Zero-inflated negative binomial regression　　Number of obs = 805277
Nonzero obs = 67605
Zero obs = 737672

Inflation model = logit　　LR chi2(11) = 10355.55
Log likelihood = -304998.1　　Prob > chi2 = 0.0000

helpfulvotes	Coef.	Std. Err.	z	P>|z|	[95% Conf.	Interval]
helpfulvotes						
rating_incons1	-.2173577	.0119366	-18.21	0.000	-.240753	-.1939624
lntotal_comments1	-.0216721	.0078623	-2.76	0.006	-.037082	-.0062622
pos_per1	1.108248	.0310028	35.75	0.000	1.047484	1.169013
neg_per1	.7188775	.0863032	8.33	0.000	.5497264	.8880286
incons_num	-.0313452	.0087097	-3.60	0.000	-.0484159	-.0142744
incons_pos	-.5040627	.060616	-8.32	0.000	-.6228678	-.3852576
incons_neg	.6270717	.0788753	7.95	0.000	.4724789	.7816644
lncomments_len	.5165985	.0069426	74.41	0.000	.5029912	.5302057
lnavg_words	.0459735	.0137155	3.35	0.001	.0190915	.0728554
lnedays	.4712661	.0158232	29.78	0.000	.4402531	.5022791
avgrating	.4518741	.0280109	16.13	0.000	.3969738	.5067744
_cons	-7.60083	.187997	-40.43	0.000	-7.969297	-7.232362
inflate						
rating_incons1	-.2955844	.0178513	-16.56	0.000	-.3305722	-.2605965
lntotal_comments1	.3407829	.0126972	26.84	0.000	.3158969	.3656689
lnedays	.4636566	.0331481	13.99	0.000	.3986874	.5286258
lncomments_len	-.3955955	.0103809	-38.11	0.000	-.4159417	-.3752492
lnavg_words	.3157571	.0203016	15.55	0.000	.2759666	.3555475
avgrating	-.5399886	.0440254	-12.27	0.000	-.6262767	-.4537005
_cons	.1932906	.3455457	0.56	0.576	-.4839665	.8705477
/lnalpha	1.477847	.0198531	74.44	0.000	1.438936	1.516759
alpha	4.383498	.0870261			4.216206	4.557428

Vuong test of zinb vs. standard negative binomial: z = 20.75 Pr>z = 0.0000

7.5.4 结果分析

模型 1、2、3 估计结果的对比见表 7–7。从表 7–7 中可以看出，三个模型中 LR 检验的结果和 Vuong 统计量的值均表明选择零膨胀负二项回归模型是适合的。以模型 3 的估计结果为例，alpha 的 95% 的置信区间为 [4.216，4.557]，故可以在 5% 的显著性水平下拒绝“ $alpha = 0$ ”的原假设，即认为应该使用负二项回归。另外，Vuong 统计量为 20.75，在 1% 的显著性水平下显著，这说明零膨胀负二项回归模型要优于负二项回归模型。

表 7–7
模型 1、2、3 估计结果的对比分析

变量	模型 1	模型 2	模型 3
评分不一致性（rating_incons）		−0.127***	−0.217***
产品的评论总量（lntotal_comments）		−0.021**	−0.022**
评论的正面情感强度（pos_per）		1.126***	1.108***
评论的负面情感强度（neg_per）		1.107***	0.719***
评分不一致性与评论总量的交叉项（rating_incons × lntotal_comments）			−0.031***
评分不一致性与正面情感强度的交叉项（rating_incons × pos_per）			−0.504***
评分不一致性与负面情感强度的交叉项（rating_incons × neg_per）			0.627***
评论的长度（lncomments_len）	0.460***	0.514***	0.517***
平均句子长度（lnavg_words）	−0.076***	0.038**	0.046**
评论发表天数（lnedays）	0.429***	0.465***	0.471***
平均星级（avgrating）	0.534***	0.470***	0.452***
常数项	−7.347***	−7.606***	−7.601***
Log Likelihood	−305 885.0	−305 098.4	−304 998.1
LR 检验	[4.373，4.708]***	[4.208，4.547]***	[4.216，4.557]***
Vuong 检验	24.41***	20.58***	20.75***

注：*** 表示 $p<0.01$，** 表示 $p<0.05$。

表 7–7 显示三个模型中各主要变量的估计系数的符号和显著性水平基本一致，故下面仅以模型 3 为例，对结果进行讨论。模型 3 的估计结果表明，四个自变量即评论的长度（comments_len）、平均句子长度（avg_words）、评论发表天

数（edays）和平均星级（avgrating）对因变量的影响都是正向且显著的。自变量评分不一致性（rating_incons）会负向影响因变量评论有用投票数，回归系数为 -0.217，且在 1% 的显著性水平下显著，即评论评分与酒店的星级评分间的不一致性越高，评论获得的有用投票数越少。模型 3 中评分不一致性与产品的评论总量的交叉项的系数为 -0.031 且在 1% 的水平下显著，说明产品的评论总量强化了评分不一致性对因变量的负向影响，即产品的评论总量越高，评分不一致性对在线评论有用性的负向影响越大。评分不一致性与评论的正面情感强度的交叉项的系数为 -0.504 且在 1% 的水平下显著，说明正面情感强度也强化了评分不一致性对因变量的负向影响。而评分不一致性与评论的负面情感强度的交叉项的系数为 0.627 且在 1% 的水平下显著，说明负面情感强度弱化了评分不一致性对因变量的负向影响，即评论的负面情感强度越强，评分不一致性对因变量的负向影响越弱。

本章小结

许多经济、社会问题的描述变量是取值为非负整数的计数变量。以计数变量为因变量，研究它们的影响因素，构成了计量经济学中的一类问题。本章介绍了用于分析计数型因变量的计数回归模型，包括泊松回归模型、负二项回归模型和零膨胀回归模型。通过本章的学习，希望读者们能够掌握不同的计数回归模型的原理及其各自的适用情景。

习题

1. 泊松回归模型的估计结果中的系数 $\hat{\beta}$ 的含义应如何解释?
2. 如何确定是应该使用泊松回归还是使用负二项回归模型?
3. 什么情况下应该使用零膨胀回归模型？在 Stata 中如何进行检验?
4. 使用习题 7-4.dta 数据集，研究轮船发生故障的次数与轮船的特征属性及运行时间之间的关系。因变量为平均每月轮船发生事故数，自变量包括轮船类型、建造时间、使用时期和运行时间。轮船类型有五种，分别用 $x_1 \sim x_5$ 表示；四个建造时间，分别用 $y_1 \sim y_4$ 表示；z_1 、z_2 表示两个使用日期；da 表示运行时间。请估计泊松回归模型（本例选自易丹辉，《数据分析与 EViews 应用》，中国统计出版社，2002 年）。
5. 使用习题 7-5.dta 数据集估计影响年轻人被捕次数的决定因素。因变量 narr86 表示一个人在 1986 年被捕的次数。自变量包括：pcnv，表示有前科的比例；

avgsen，表示平均判刑月数；tottime，表示 18 岁以来入狱月数；ptime86，表示 1986 年入狱月数；qemp86，表示 1986 年就业季度数；inc86，表示 1986 年合法收入；black，表示是否为黑人；hispan，表示是否为拉丁裔；born60，表示是否生于 1960 年（本例选自杰弗里 · M. 伍德里奇,《计量经济学导论》（第四版），中国人民大学出版社，2010 年）。

（1）估计泊松回归模型。

（2）解释自变量 black 的泊松回归系数的含义。

（3）计算因变量的均值和方差，是否方差比均值大很多?

（4）估计负二项回归模型。

（5）根据 LR 检验，本例应该使用泊松回归还是负二项回归?

6. 习题 7-6.dta 给出了某国家公园游客捕鱼情况的数据集，该数据集包括如下变量：count，表示各群游客捕鱼的数量；persons，表示该群游客的数量；child，表示该群游客中儿童的数量；livebait，表示是否使用活饵；camper，表示是否露营。本例认为影响捕获的鱼的数量（count）的因素为该群游客的数量（persons）及是否使用活饵（livebait），而影响是否捕鱼的因素为该群游客中儿童的数量（child）和是否露营（camper）。

（1）查看因变量 count 的分布情况。

（2）估计零膨胀泊松回归模型。

（3）根据 Vuong 统计量，本例应采用泊松回归还是零膨胀泊松回归?

（4）估计零膨胀负二项回归模型。

即测即评

第 8 章 高维数据的套索回归模型

■ 大数据的一种表现形式为高维数据，变量个数很多，甚至大于样本容量。例如，某些研究收集了 100 位病人的信息，其中每位病人均有 2 万条基因的数据。在经济管理领域，这类高维数据也越来越多。有些数据本身可能就是高维的，如人口普查、工业调查或家庭调查数据，通常会包括每位个体的数百个变量。又如，网购数据、社交媒体数据、文本挖掘的数据等，其变量个数可能成千上万甚至更多。在回归建模过程中，为尽量减少因自变量缺少而导致的模型偏差，传统的策略是基于经济学理论或直观经验在回归模型中加入原始变量的平方项、交互项或高次项等变量形式，或者是更多具有潜在可能性的自变量，从而增加了变量的个数。

■ 众多的变量提供了更多的信息，但同时也为回归估计带来了新的挑战。以套索回归为代表的惩罚回归方法为解决高维数据提供了方法。本章首先介绍了高维数据以及处理高维数据的正则化方法，然后介绍了套索回归模型及相关超参数的设定和模型评估方法，最后给出了两个应用套索回归建模的案例。

8.1 高维数据与正则化方法

8.1.1 高维数据问题

1. 维度灾难

高维数据的显著特性之一是样本点在高维空间的分布常常具有稀疏性，特征变量越多，样本密度往往越小。如何理解高维数据分布的稀疏性呢？假设将 100 个样本置于 [0,1] 的一维区间内，并且把 [0,1] 区间分成以 0.1 为间隔的 10 个子区间，那么很有可能每个区间都会存在一些样本点。但是，如果仍然是这 100 个样本点，将其置于 [0,1] × [0,1] 的二维空间内，那么边长为 0.1 的单位空间就有 100 个，此时，每个单位空间都有一些样本点则几乎是不可能的。更进一步，如果将这 100 个样本点置于三维空间，相对于边长为 0.1 的 1 000 个单位空间而言，100 个样本点更是顾此失彼了。因此，有限的样本点在高维空间往往会呈现出许多在低维空间无法想象的特殊性质，最显著的特征则是，高维空间中的数据分布是稀疏的，这导致基于大样本理论的一些统计方法是失效的，如核方法、近邻法等，因为这些方法的隐含假设是空间中每一个样本点附近有足够多的样本点。

进一步而言，高维数据呈现出的空间分布的稀疏性更倾向于中心区域稀疏，也就是说，数据在高维空间的中心区域比在边缘区域具有更大的稀疏性。为什么会出现这样的现象呢？假设一个正方形代表二维特征空间，特征空间的平均值是这个正方形的中心，到中心的距离小于等于一个单位长度的样本点分布在这个单位圆内，没有落在单位圆内的样本点则位于非中心区域，它们更接近正方形的边角。相对于落入单位内切圆的样本点，这些位于边角处的样本由于特征值差异较大而较难分类。随着特征维度的增加，正方形（超立方体）中的圆（超球形）的体积如何变化？超立方体的体积始终为 1，而这个 d 维超立方体的内切超球形的体积（半径为 0.5）的计算公式为

$$V(d)=\frac{\pi^{d/2}}{\Gamma\left(\frac{d}{2}+1\right)}0.5^{d} \qquad (8.1.1)$$

可见，随着特征变量增加，维度增加，超立方体的体积保持不变，而超球形的体积则趋近于零。这意味着，在高维空间中，超球形的体积会远小于超立方体。因此，大多数样本点会落入超立方体的边角区域，而落入边角区域的样本相对于超球形内部的样本则更加难以分类。样本点到中点的最大和最小欧几里得距离的差与样本到中点的最小欧几里得距离之比趋于 0，距离测度失去了度量差异性的能力，导致基于这些距离度量（如欧几里得距离、马氏距离、曼哈顿距离）的分类算法在高维空间中很难实现，这也就是所谓的维度灾难。

2. 多重共线性

高维数据的另一个表现是多重共线性。为获得更全面的信息，模型中往往会引入

过多的解释变量或原始变量的数学变形，这一方面增加了数据收集的难度和成本投入，另一方面也会引发自变量间的信息重叠（多重共线）。

对于回归模型，有

$$y=\beta_0+\beta_1x_1+\cdots+\beta_px_p+\varepsilon \tag{8.1.2}$$

存在不全为零的 p 个常数 $k_1,k_2,\cdots,k_p$，使得

$$k_1x_{i1}+k_2x_{i2}+\cdots+k_px_{ip}=0,\quad i=1,2,\cdots,n \tag{8.1.3}$$

则设计矩阵 $\boldsymbol{X}$ 的秩 $\operatorname{rank}(\boldsymbol{X})<p+1$，$(\boldsymbol{X}^{\mathrm{T}}\boldsymbol{X})^{-1}$ 不存在。因此，完全多重共线的结果是，无法得到回归参数的估计量 $\hat{\beta}=(\boldsymbol{X}^{\mathrm{T}}\boldsymbol{X})^{-1}\boldsymbol{X}^{\mathrm{T}}\boldsymbol{Y}$，同时也导致估计的参数向量的方差 $D(\hat{\beta})=\sigma^2(\boldsymbol{X}^{\mathrm{T}}\boldsymbol{X})^{-1}$ 失效。严重的多重共线的结果是，模型或数据的微小变化可能造成系数估计有较大的反应，模型的参数估计和预测都表现得非常不稳定。

多重共线性的诊断通常采用以下方法进行。

容忍度为

$$\text{tolerance}=1-R_j^{\,2} \tag{8.1.4}$$

方差膨胀因子为

$$\text{VIF}_j=\frac{1}{1-R_j^{\,2}} \tag{8.1.5}$$

经验法则是，容忍度小于 0.2 或 0.1，方差膨胀因子 VIF 大于 5 或 10，则确诊存在多重共线性。其中，R_j^2 是第 j 个解释变量对其余解释变量做回归时的判定系数。

条件数（Condition Number）为

$$k=\sqrt{\frac{\lambda_{\max}}{\lambda_{\min}}} \tag{8.1.6}$$

式中，λ 为 $\boldsymbol{X}^{\mathrm{T}}\boldsymbol{X}$ 的特征值。显然，当自变量矩阵正交，即条件数 $k>15$ 时，可能存在多重共线性；当 $k>30$ 时，可能存在严重的多重共线问题。

3. 过度拟合

对于高维数据，建立回归也很容易出现过度拟合现象。回归模型的拟合优度会随着解释变量个数的增加而递增，至少是不减的。如果从机器学习的角度理解，为得到优化损失函数使其达到最小，即等同于使训练误差尽可能小，模型训练过程会充分学习样本特征，模型千方百计地去拟合训练数据，致使模型复杂程度一而再再而三地增加，模型的稳定性和泛化能力则开始转而下降。因此，对于高维数据，过多的解释变量会使传统的 OLS 回归在外推预测时表现较差，尽管样本内的拟合效果看似很好。

模型的期望预测误差是体现模型预测能力的指标。模型复杂度与预测误差的关系如图 8-1 所示，通常在模型过于简单（欠拟合）时，模型的预测误差偏高，但是随着模型复杂度的增加，预测误差先下降然后转而升高。无论是欠拟合还是过拟合，模

型的外推预测能力都比较差。因此，人们试图权衡偏差与方差，寻找一个复杂度适中的模型，使其期望预测误差达到最小。

图 8-1
模型复杂度与预测误差的关系

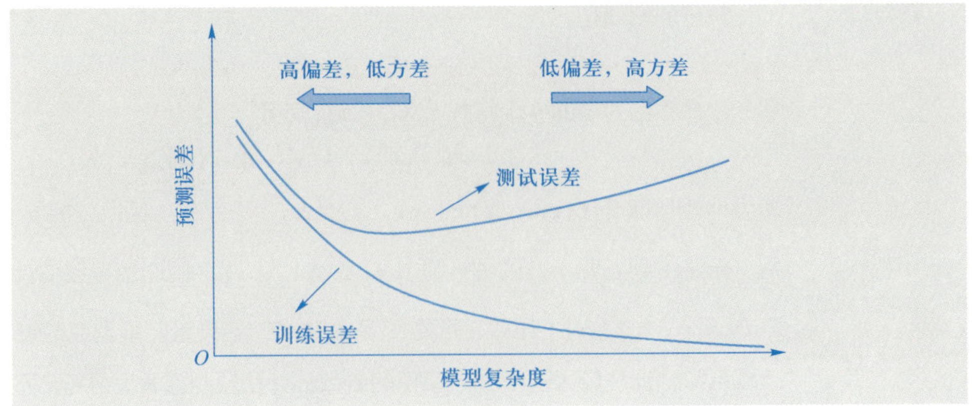

8.1.2 正则化方法

在计量经济学中，控制解释变量个数的方法通常有变量选择和变量构造两类。变量选择属于比较传统的回归方法，包括逐步回归和属性子集法，对可能的部分子集拟合线性模型，然后利用判别准则如 AIC、BIC 等指标识别重要变量，从而决定最优模型。此时，变量只有两种选择，要么进入模型，要么不进入模型。变量选择的目的是使用最少的变量来优化解释效果和预测能力，即奥卡姆剃刀原则（Occam's Razor）："如无必要，勿增实体。"变量构造则是将原始变量进行某种映射或转换，把原数据变换或投影到维度较小的空间以实现维度缩减，如主成分方法、因子分析和偏最小二乘回归等方法。

正则化方法又称压缩估计方法，通过调节惩罚项来对膨胀的估计参数进行规制和压缩。例如，岭回归（Ridge Regression）和套索回归（Lasso Regression），在损失函数上附加不同的惩罚项从而寻求模型的稀疏表达。通过构造一个基于模型复杂度的惩罚函数，即加上一个对参数的约束项，又称正则化项，可以将变量的系数进行调整或缩小从而使某些回归系数变为零或趋于零，进而达到变量选择的目的，降低模型复杂度。

以线性回归模型为例，通常有两种不同的正则化项：一是加上所有参数（不包括 β_0）的绝对值之和，即 L1 范式，此时为套索回归；二是加上所有参数（不包括 β_0）的平方和，即 L2 范式，此时为岭回归。其中，L1 范式遵循拉普拉斯分布先验，L2 范式遵循高斯分布先验。

$$\min\left[\sum_{i=1}^{n}(y_i-\sum_{i=1}^{n}\sum_{j=1}^{p}\beta_j x_{ij})^2+\lambda\sum_{j=1}^{p}\left|\beta_j\right|\right] \tag{8.1.7}$$

$$\min\left[\sum_{i=1}^{n}(y_i-\sum_{i=1}^{n}\sum_{j=1}^{p}\beta_j x_{ij})^2+\lambda\sum_{j=1}^{p}{\beta_j}^2\right] \tag{8.1.8}$$

二者的正则化项表达式不同。其中，$\lambda\sum_{j=1}^{p}\left|\beta_j\right|$是套索回归的正则化项；$\lambda\sum_{j=1}^{p}\beta_j^2$是岭回归的正则化项；$\lambda$是正则化参数，$\lambda\in[0,\infty]$，其取值可以权衡惩罚项的相对贡献，越大的$\lambda$对应越严格的系数惩罚。按照惯例，通常不惩罚$\beta_0$，它会额外增加回归约束。事实上，是否包含$\beta_0$项只有非常小的差异。更一般地，有

$$\tilde{\beta}=\arg\min\left\{\sum_{i=1}^{n}\left(y_i-\sum_{j=1}^{p}x_{ij}\beta_j\right)^2+\lambda\sum_{j=1}^{p}\left|\beta_j\right|^q\right\}\quad(8.1.9)$$

随着q的取值变化，可以形成不同的约束区域。其中，q=1 时是 L1 范式的套索回归，q=2 时是 L2 范式的岭回归，还有将二者结合起来的弹性网络。

岭回归由 Hoerl 和 Kennard 在 1970 年提出，其目的是解决传统回归的多重共线性问题。岭回归的正则化项，在矩阵$\boldsymbol{X}^{\mathrm{T}}\boldsymbol{X}$的主对角线上加上常数$\lambda$，可以保证矩阵$\boldsymbol{X}^{\mathrm{T}}\boldsymbol{X}+\lambda\boldsymbol{I}$可逆，于是岭回归估计量为$\hat{\beta}_{\text{ridge}}=(\boldsymbol{X}^{\mathrm{T}}\boldsymbol{X}+\lambda\boldsymbol{I})^{-1}\boldsymbol{X}^{\mathrm{T}}\boldsymbol{Y}$。OLS 虽然是无偏估计，但在多重共线性条件下会导致方差膨胀，而岭回归估计量虽然有偏，但可减小方差，因此它的均方误差（方差加上偏差的平方）可能更小。多重共线性是高维回归的常见问题，岭回归在求解方面具有唯一解，同时能降低方差及缓解过拟合，因此是高维回归的有效解决方法。但在变量选择方面，岭回归存在局限，它一般不能把系数压缩到零，因此也就无法实现变量选择。高维回归的解释变量往往较多，如果所有的变量系数都是非零值，那么模型的解释会变得非常困难。例如，基因识别需要对几十万个单核苷酸多态性基因变量做出解释。因此，期望得到的是一个稀疏估计的结果，即从数十万个基因变量中筛选出影响疾病预测的关键解释变量，在参数估计的同时对变量进行选择。

8.2 套索回归模型

1996 年，Robert Tibshirani 基于 Leo Breiman 的非负参数推断（Nonnegative Garrote，NNG）提出套索（Least Absolute Shrinkage and Selection Operator，Lasso）回归。套索回归能同时进行变量选择（Selection）和压缩估计（Shrinkage），很好地解决了变量选择与模型解释的问题，旨在降低模型复杂度和不稳定程度，增强回归模型的可解释性和回归准确性。所谓“套索”（Lasso），指套马的绳索，形象地展现出套索回归的收缩功能。由于经济学通常更重视模型的解释能力，因此套索回归在经济学中也有较为广泛的应用。

套索回归可以看作一个以残差平方和（RSS）为目标函数，以惩罚项为约束的优化问题。在追求 RSS 最小化的目标下加入 L1 范数惩罚项，即回归系数绝对值之和作为惩罚项，又称绝对值收缩。等价地有

$$\min\left[\sum_{i=1}^{n}\left(y_i-\sum_{i=1}^{n}\sum_{j=1}^{p}\beta_j x_{ij}\right)^2+\lambda\sum_{j=1}^{p}\left|\beta_j\right|\right] \tag{8.2.1}$$

$$\hat{\beta}_{\text{Lasso}}=\arg\min_{\beta}\left\{\sum_{i=1}^{n}\left(y_i-\sum_{i=1}^{n}\sum_{j=1}^{p}\beta_j x_{ij}\right)^2+\lambda\sum_{j=1}^{p}\left|\beta_j\right|\right\} \tag{8.2.2}$$

$$\hat{\beta}_{\text{Lasso}}=\arg\min_{\beta}\left\{\sum_{i=1}^{n}\left(y_i-\sum_{i=1}^{n}\sum_{j=1}^{p}\beta_j x_{ij}\right)^2\right\}\text{ subject to }\sum_{j=1}^{p}\left|\beta_j\right|\leqslant t \tag{8.2.3}$$

$$\arg\min\left\{\frac{1}{2n}\|y-x\beta\|^2\right\}\text{ subject to }\|\beta\|\leqslant t \tag{8.2.4}$$

式中，控制参数 t 与 λ 一一对应，控制模型的复杂程度。t 值越大，约束越松，相对约束 $\|\hat{\beta}\|_1/\|\tilde{\beta}\|_1$ 越接近于 1，越近似于 OLS 估计结果。反之，如果 t 值越小，约束越紧，相对约束 $\|\hat{\beta}\|_1/\|\tilde{\beta}\|_1$ 越接近于 0，模型就越稀疏。因此，t 值太大（对变量进入模型太放松）可能会倾向于过拟合（不仅拟合了数据中的信息，同时也拟合了数据中的噪声），而 t 值太小可能又会使模型丢失太多信息（欠拟合），这两种情况都会使测试误差偏大。

尽管 Lasso 回归的表达式有不同的形式，一些表达式的分母为 $1/2n$，另一些则用 1/2 或 1 替代，但是没有实质性的影响，主要是后者在交叉验证法选择 λ 值时对不同样本量的适应性更强。通常，需要对目标变量标准化，使得目标变量服从均值为 0、方差为 1 的概率分布。至于是否服从正态分布，则没有那么强的特殊约束条件。即便变量的测度单位是相同的，也建议将其标准化，因为令目标变量标准化可以在优化的过程中忽略掉常数。当然，标准化后的套索回归最优解需要再转换为正常量纲下的估计值。

以两个参数 β_1、β_2 的套索回归估计为例，估计值参数约束区域 $(\sum_{j=1}^{p}\left|\beta_j\right|\leqslant t)$ 是正方形。如图 8-2（a）所示 $\hat{\beta}$ 为最小二乘估计系数，围绕 $\hat{\beta}$ 的椭圆是残差平方和的“等高线”。随着椭圆与最小二乘系数估计值 $\hat{\beta}$ 越来越远，RSS 逐渐增大。RSS 的等值椭圆曲线与正方形的约束区域会相切于坐标轴上，使得 Lasso 估计量的某些回归系数有机会等于零，从而得到一个稀疏模型，如图 8-2（a）所示。Lasso 的这种独特性质使得它具备了变量选择的功能，而另一些参数估计值的绝对值也小于其对应的最小二乘估计的绝对值，起到了压缩估计的作用。对于更高维度的变量，约束区域由正方形变为高维立方体，等值椭圆线变为高维球体。变量维数越高，套索回归估计值越容易相切在坐标轴上（高维立方体的顶点），变量筛选作用越强。

与 L1 范数的套索回归不同，L2 范数的岭回归约束是将求解范围限制在半径为 $\sqrt{\lambda}$ 的圆内（$\beta_1^2+\beta_2^2\leqslant t$），如图 8-2（b）所示。岭回归的解不会出现在坐标轴上，

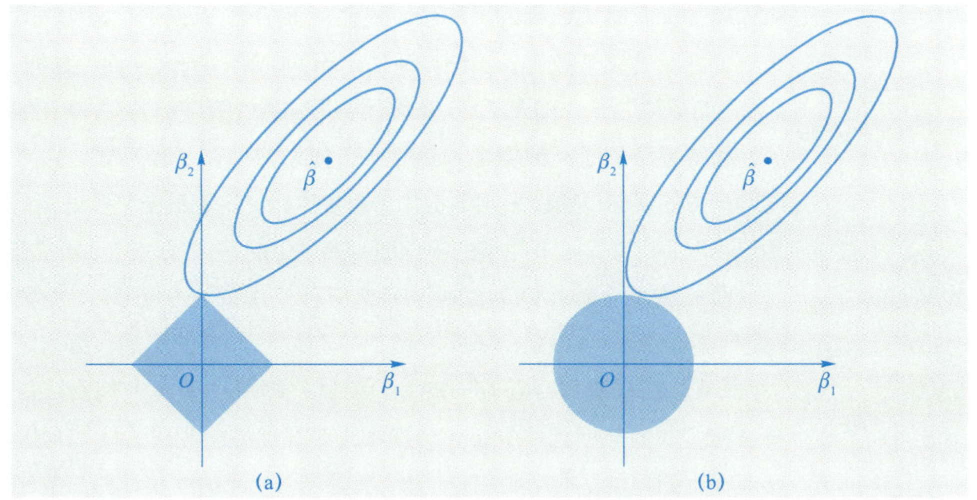

图 8-2
套索回归的几何解释

意味着最优参数只能无限接近于零而不会等于零。在这种情况下，如果同时引入 p 个变量，惩罚约束项 L2 可以收缩这些变量的待估系数使其无限接近零，但无法等于零，除非 λ 无穷大。而 L1 范数正则项下的最优参数则会落在坐标轴上，出现零系数值，从而起到变量选择的作用。两种范式相比，岭回归 L2 范数是从压缩系数值的角度控制模型复杂度，而非控制变量个数，虽然对于模型预测精度影响不大，但在模型的可解释性方面存在不足，并没有真正解决变量选择的问题。岭回归与套索回归都是一种改良的最小二乘法，通过放弃最小二乘法的无偏性，以损失部分信息和精度为代价，获得更为稳健的回归系数。

8.3 超参数的设定

λ 是控制模型复杂程度的重要参数，不同的 λ 取值，可以得到不同的回归系数估计值。当 λ=0 时，不存在惩罚项，故此时套索回归与最小二乘法的结果等价；当 λ 趋于无穷时，由于惩罚力度过大，所有变量系数均被压缩为零，因此确定一个合适的 λ 值很重要，套索回归模型通常使用交叉验证法（Cross Validation）确定 λ 的最优解，进而得到最优模型。

交叉验证法可以虚拟增加数据样本，减少因训练集的变动而导致的学习性能变化，解决了数据扰动所造成的影响。同时，交叉验证法中模型的预测是所有数据训练结果的平均值，也解决了偏差的问题。

以 k 折交叉验证（K-Fold Cross Validation）为例，具体做法是：将数据集 Q 划分为 k 个大小相近的子集。每次将其中的 k–1 个子集的并集作为训练集，将剩余子集作为测试集，这样就得到 k 组训练集 / 测试集，形成 k 次预测结果，最终得到的测

试误差为 k 次测试结果的平均值。显然，该结果在评价模型推广预测能力方面具有更强的稳定性和有效性。当然，评估结果的稳定性很大程度上也取决于 k 值的大小，k 通常的取值为 5、10 和 20。最常用的取值为 10，此时称为 10 折交叉验证。

值得注意的是，数据集 Q 的 k 个子集划分存在多种形式，为减小因子集划分不同而产生的误差，建议采用随机划分重复进行 p 次 k 折交叉验证，最后测试评估结果为这 p 次 k 折交叉验证结果的平均值，如常见的有“10 次 10 折交叉验证”。

留一法（Leave-One-Out）是交叉验证法的一个特例，即假定数据集 Q 包含 s 个样本，令 $k = s$。留一法不受随机样本划分方式的影响，因为将 s 个样本划分为 s 个子集，各子集只存在唯一的划分方式，即每个子集中有且只有一个样本。训练集与初始数据集相比只少了一个样本，这样训练出的模型就非常接近于原始数据集 Q 训练出的模型。s 组训练集 / 测试集得到 s 个评估结果，最终的结果是 s 个评价结果的均值。因此，留一法的评价结果往往被认为比较准确。当然，留一法有着很明显的局限性，它更适用于样本量并不太大的数据集，当样本量足够大时，训练模型的工作量是难以想象的。若再考虑参数调整，计算成本更是难以想象。

在选择 λ 值时，其目标是在简化模型和训练数据拟合之间达到适当的平衡。如果 λ 值过高，则模型会非常简单，但是将面临数据欠拟合的风险，模型无法从训练数据中获得足够的信息进行预测；如果 λ 值过低，则模型会比较复杂，将面临数据过拟合的风险，因获得过多训练数据的细节特征而无法应用于新数据的推广预测。理想的 λ 值是使得训练模型可以很好地在新数据中推广预测。

建议一开始可以将正则项系数 λ 设置为零，先确定一个比较合适的学习率，然后固定该学习率，如给定 λ 值为 1，然后根据验证集的准确率，将 λ 增大到 10 倍或减小到 1/10（粗调节），当确定了 λ 的合适的数量级后，如 $\lambda = 0.01$，再进一步细调节，如调节为 0.02，0.03，0.09 等。

8.4 模型估计与评估

套索回归求解，若采用偏导求极值，则存在部分点不可导的情况。事实上，套索回归的求解是带有凸约束的二次规划问题，从解的过程上来看，最小角回归（Least Angle Regression，LARS）是套索回归的一种高效解法。最小角回归由 Efron 于 2004 年提出，可以看作向前逐步回归（Forward Stepwise）的改进版，是一种很有效率的数值迭代算法。

向前逐步回归的操作思路是每次选择最“合适”的变量（残差平方和最小的变量子集）进入模型，最小角回归的策略类似，它的特点是每次每个变量只加到它能够加到的程度。首先找出和因变量相关度最高的那个变量，但是最小角回归不是直接计算这个变量的最小二乘估计，而是让估计值从零逐渐增加，从而使得这个变量和新的残差之间的相关性逐渐减小，直到有另一个新的变量和新的残差之间的相关性与这个变量与残差之间的相关性相同时停止迭代，引入这个新的变量进入模型，两个变量的估计系数再同时变化，使得它们与残差的相关性继续下降。直到最后所有自变量被选中为止，最后的估计与最小二乘是一致的。算法流程如下。

第一步：对所有自变量进行标准化（去除不同量纲的影响），对目标变量进行中心化（去除截距项的影响），设定系数估计 $\hat{\beta}_1 = \hat{\beta}_2 = \cdots = \hat{\beta}_p = 0$ ，初始残差 $r = y - \bar{y}$。

第二步：找到与残差 r 最相关的变量 X_j。

第三步：令 X_j 的系数 $\hat{\beta}_j$ 从 0 开始沿着它的最小二乘估计值方向变化，直到一个新的自变量 X_k 和当前残差的相关性与 X_j 和当前残差的相关性相同。

第四步：令 X_j 和 X_k 的系数 $\hat{\beta}_j$ 和 $\hat{\beta}_k$ 沿着它们联合的最小二乘估计的方向增加，直到一个新的变量 X_l 和当前残差的相关与 X_j 和 X_k 这两个变量和当前残差的相关性相同。如果一个非零的系数估计变为 0，则不用引入该系数对应的变量，重新计算当前的最小二乘方向。

第五步：持续上述过程，直到所有 p 个变量全部进入模型，得到最终的最小二乘解。

随着高维数据的兴起和发展，作为高维回归方法的套索回归炙手可热。套索回归提出后，针对不同的研究对象和数据特点，一系列关于套索回归的推广与变形也相继提出，如弹性网络、组变量 Lasso、时间序列 Lasso 等。其中，弹性网络是套索回归和岭回归两种正则化的融合方法，对于这两种算法起到了很好的折中作用。

如何进行最优模型评估与选择？在对同一组数据进行分析时，往往有很多种学习算法可供选择，而对于每一种学习算法，又对应不同的参数配置，这样就会产生不同的模型。如何选择学习算法及其对应的参数配置，就涉及模型选择问题。当然，要选择泛化误差最小的模型，而训练误差易出现过拟合，因此不适合作为评价标准，由于无法直接获得泛化误差，对于通过训练集训练出的模型，可用测试数据集进行测试以评估模型的预测精准度（推广预测能力），通常以测试集上的“测试误差”作为泛化误差的替代。

测试样本和训练样本应来源于同一样本分布，并且相互独立。同时，尽可能保证测试集与训练集互斥，即训练集中不出现测试集数据。怎样划分训练集与测试集更合理呢？划分过程主要考虑三个方面：一是划分分布；二是划分方式；三是划分比例。

1. 划分分布

训练集、测试集的划分要尽可能与初始数据集的分布保持一致，避免引入额外误差对最终结果产生影响。若训练集和测试集样本比例差异过大，则误差估计将因训练、测试误差数据分布差异而产生偏差。因此，要采用分层抽样的思路构建训练集、测试集。例如，数据集包含正例 80% 和反例 20%，那么训练集、测试集的正反例比例应与原始数据集的正反例比例一致，可以通过对数据集进行分层抽样实现，获得含 70% 样本的训练集 S 和 30% 样本的测试集 T。

2. 划分方式

即便给定训练集和测试集的划分比例分别为 70% 和 30%，仍存在多种对于原始训练集的划分方式。例如，训练集包含 1 000 个正例，可以是排序为前 1 000 的正例，可以是排序为中间的 1 000 个正例，也可以是排序为最后的 1 000 个正例，还可以是简单随机抽样得到的 1 000 个正例，不同的划分方式将形成不同的训练集、测试集，模型评估结果自然也不同，因此仅通过一次划分方式得出的估计结果并不足够稳定可靠。通常对原始数据集进行若干次随机重复划分，取多次结果的均值作为最终模型评估的结果。例如，对原始数据集随机进行 100 次重复性划分，相应得到 100 组训练集、测试集，这 100 次模型评估结果的均值就是最终的模型评价结果。

3. 划分比例

合适的划分比例既可以保证利用训练集能够训练出表现良好的模型，又可以保证测试集用以检验模型评估效果的有效性。若令训练集 S 包含绝大多数样本，则训练集 S 训练出的模型会更接近于原始数据集 Q，但也会造成过少的测试集无法稳定准确评价模型效果；若令测试集 T 包含更多的样本，则训练集 S 训练出的模型会与原始数据集 Q 产生很大的偏差，从而导致测试集评价的结果不够真实。

在有效可行的交叉验证估计方法基础上，还需要有衡量模型效果的评价标准，通常回归任务中使用均方误差（MSE）、标准化均方误差（NMSE）进行判断，MSE 和 NMSE 越小说明模型拟合效果越好。套索回归分析的 k 折交叉验证，不同 λ 值对应不同的训练模型，每个训练模型经过 k 个测试集进行模型效果测试，k 个测试集的均方误差平均值即为该模型的预测效果评价，经过不同模型的比较，最终确定均方误差平均值最小的模型及其对应的 λ。

8.5 案例分析

8.5.1 案例 1　棒球运动员收入的影响因素分析

本案例以 1986 年和 1987 年赛季美国职业棒球大联盟数据建立套索回归模型探究棒球运动员收入的影响因素。数据集（Stata 数据集例 8-1.dta）中包含 322 位运动员的 20 个与收入有关的变量信息。其中，atbat 是打数（命中次数）；hits 是安打次数（指打击手把投手投出来的球击出到界内，使打者本身能至少安全上到一垒的情形）；hmrun 是全垒打的数目（全垒打是一种打者可环绕内场，按一垒、二垒、三垒、本垒的顺序，踩上所有垒包一周的安打）；runs 是投手犯规失分次数；rbi 是打者打点的次数；walks 是打击手被保送的次数；years 是打联盟的年数；catbat 是球员职业生涯中的打数；chits 是球员职业生涯中安打 / 投手被安打 / 中继成功的数目；chmrun 是球员职业生涯中全垒打的数量；cruns 是球员职业生涯中得分 / 投手失分的数目；crbi 是在他的职业生涯中打者打点 / 投手被打点的数量；cwalks 是在他的职业生涯中保送 / 打击手被保送的数量；league 是联盟；division 是所属地区（东部还是西部）；putouts 是使出局数；assists 是助杀数；errors 是失误数；salary 是收入；newleague 是新联盟。

部分样本数据如表 8-1 所示。

表 8-1
棒球运动员收入数据集部分数据样例

变量 \ 序号	1	2	3	4	5	6	7	8	9	10
atbat	293	315	479	496	321	594	185	298	323	401
hits	66	81	130	141	87	169	37	73	81	92
hmrun	1	7	18	20	10	4	1	0	6	17
runs	30	24	66	65	39	74	23	24	26	49
rbi	29	38	72	78	42	51	8	24	32	66
walks	14	39	76	37	30	35	21	7	8	65
years	1	14	3	11	2	11	2	3	2	13
catbat	293	3 449	1 624	5 628	396	4 408	214	509	341	5 206
chits	66	835	457	1 575	101	1 133	42	108	86	1 332
chmrun	1	69	63	225	12	19	1	0	6	253
cruns	30	321	224	828	48	501	30	41	32	784
crbi	29	414	266	838	46	336	9	37	34	890
cwalks	14	375	263	354	33	194	24	12	8	866
league	A	N	A	N	N	A	N	A	N	A
division	E	W	W	E	E	W	E	W	W	E
putouts	446	632	880	200	805	282	76	121	143	0
assists	33	43	82	11	40	421	127	283	290	0
errors	20	10	14	3	4	25	7	9	19	0
salary		475	480	500	91.5	750	70	100	75	1 100
newleague	A	N	A	N	N	A	A	A	N	A

利用 Stata16 版本增加的 Lasso 分析模块和 Lasso 相关命令语句进行数据分析与建模。点击菜单栏的文件，载入数据集例 8-1.dta。

首先查看数据情况，Stata 命令窗口输入 .sum。从输出结果可以看出，salary 变量数据的观测值数量为 263，其他变量的观测值数量为 322，说明 salary 变量存在缺失值，删除 salary 变量缺失值对应的观测。

在 Stata 命令窗口输入：

```
. egen mis=rowmiss（_all）
. drop if mis
```

输入命令后，59 行 salary 变量空值对应的观测被删除。由于 league、division 和 newleague 变量是分类变量，因此需要转换为数值变量。赋值 newleague 为 A 时是 1，league 为 A 时是 1，division 为 E 时是 1。

在 Stata 命令窗口输入：

```
.gen Anewleague=（newleague=="A"）
.gen Aleague=（league=="A"）
.gen Adivision=（division=="E"）
```

删除缺失值处理时生成的 mis 变量，以及原分类变量 league、division 和 newleague，在 Stata 命令窗口输入：

```
.drop mis
.drop newleague
.drop division
.drop league
```

再查看数据预处理后的数据情况，Stata 命令窗口输入 .sum，观察各变量的集中和离散趋势情况，如图 8-3 所示。

从图 8-3 可以看出，各变量数据的观测值数量均为 263，数据无缺失值，描述统计中包含各变量的平均值、标准差、最小值和最大值的概括度量值。运动员的命

图 8-3

描述统计

Variable	Obs	Mean	Std. Dev.	Min	Max
atbat	263	403.6426	147.3072	19	687
hits	263	107.8289	45.12533	1	238
hmrun	263	11.61977	8.757108	0	40
runs	263	54.74525	25.53982	0	130
rbi	263	51.48669	25.88271	0	121
walks	263	41.11407	21.71806	0	105
years	263	7.311787	4.793616	1	24
catbat	263	2657.544	2286.583	19	14053
chits	263	722.1863	648.1996	4	4256
chmrun	263	69.23954	82.19758	0	548
cruns	263	361.2205	331.1986	2	2165
crbi	263	330.4183	323.3677	3	1659
cwalks	263	260.2662	264.0559	1	1566
putouts	263	290.711	279.9346	0	1377
assists	263	118.7605	145.0806	0	492
errors	263	8.593156	6.606574	0	32
salary	263	535.9259	451.1187	67.5	2460
Anewleague	263	.5361217	.4996443	0	1
Aleague	263	.5361217	.4996443	0	1
Adivision	263	.4904943	.5008628	0	1

中次数平均数为 403.642 6，最小值为 19，最大值为 687，标准差为 147.307 2，运动员的命中次数偏差较大。打击手被保送的次数最少为 0 次，最多为 105 次，运动员平均被保送次数为 41 次。打联盟的年数平均为 7.31，不到 7 年半，其中最少年数为 1 年，最多打联盟的年数为 24 年。运动员平均失误数为 8.59，最小值为 0，最大值为 32。运动员收入平均值为 535.925 9，最小值为 67.5，最大值为 2 460，标准差为 535.925 9，运动员之间的收入存在较大的差距。从 Anewleague、Aleague 和 Adivision 变量的平均值中可以看出，样本中 Anewleague 变量为 A 的比例是 53.6%，为 N 的比例是 46.4%；Aleague 变量为 A 的比例是 53.6%，为 N 的比例是 46.4%；Adivision 为 E 的比例是 49%，为 W 的比例是 51%。

首先构造简单线性回归模型作为基准参照模型。菜单栏中选择统计选项，点击线性模型及相关中的线性回归模型选项，模型的因变量为 salary，自变量则输入其余的 19 个变量；SE/Robust 选项，选择“普通最小二乘法（OLS）”，最后点击确定，如图 8–4 所示。

图 8–4
线性回归模型

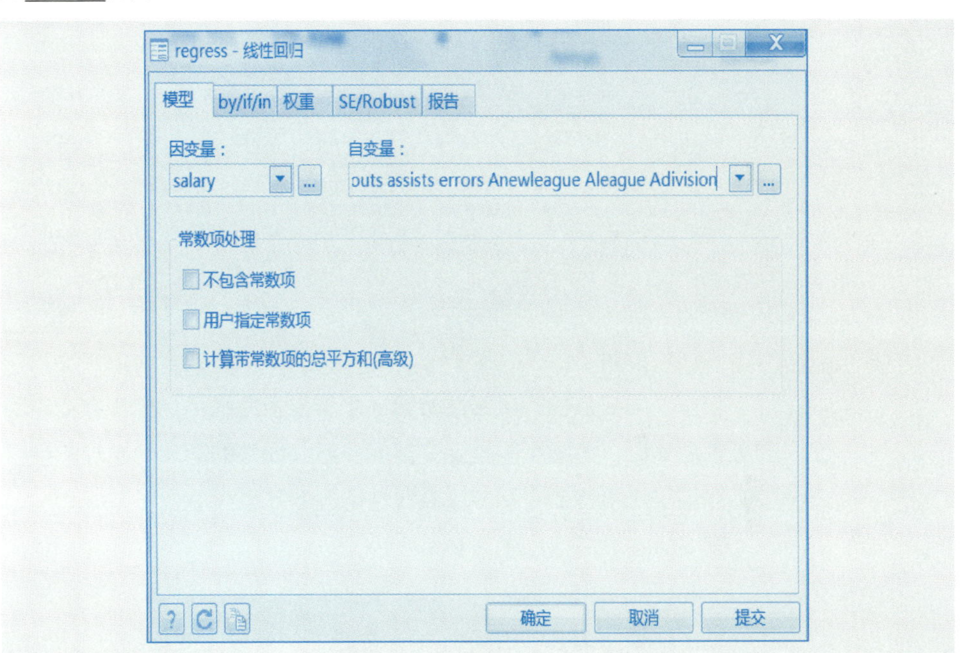

图 8–5 所示为回归方程显著性检验结果，由于解释变量间存在多重共线性，因此 Aleague 变量已被移除，被解释变量的总离差平方和为 53 319 112.9，回归平方和为 29 056 292.2，残差平方和为 24 262 820.7。回归方程显著性检验的 F 统计

图 8–5
回归方程显著性检验结果

Source	SS	df	MS			
				Number of obs	=	263
				F(18, 244)	=	16.23
Model	29056292.2	18	1614238.46	Prob > F	=	0.0000
Residual	24262820.7	244	99437.7897	R-squared	=	0.5450
				Adj R-squared	=	0.5114
Total	53319112.9	262	203508.064	Root MSE	=	315.34

量的观测值为 16.23，其对应的概率 p 值近似为 0。若显著性水平为 0.05，因概率 p 值小于 0.05，拒绝回归方程显著性检验的原假设，即回归系数不同时为 0，解释变量全体与被解释变量间存在显著的线性关系。

图 8–6 所示为回归系数显著性检验的结果，其中第二列为回归系数，第三列为回归系数的标准误差，二者相除得到第四列的 t 统计量，第五列为 t 统计量观测值对应的双侧概率 p 值。检验结果显示截距和大多数自变量 t 统计量对应的 p 值大于 0.05，无法拒绝回归系数显著性检验的原假设，即回归系数为 0，众多变量无法通过显著性检验。

图 8–6
回归系数显著性检验的结果

salary	Coef.	Std. Err.	t	P>|t|	[95% Conf.	Interval]
atbat	-2.027955	.6305615	-3.22	0.001	-3.269993	-.7859162
hits	7.630706	2.370005	3.22	0.001	2.962426	12.29899
hmrun	4.422705	6.195575	0.71	0.476	-7.780931	16.62634
rbi	-1.079805	2.598497	-0.42	0.678	-6.198152	4.038542
runs	-2.473447	2.975914	-0.83	0.407	-8.335207	3.388313
walks	6.264883	1.826599	3.43	0.001	2.666968	9.862797
years	-3.995431	12.38605	-0.32	0.747	-28.39266	20.4018
catbat	-.1639628	.1348098	-1.22	0.225	-.4295021	.1015766
chits	.0900647	.671737	0.13	0.893	-1.233079	1.413208
chmrun	-.2518057	1.6129	-0.16	0.876	-3.42879	2.925179
cruns	1.479443	.7492041	1.97	0.049	.0037096	2.955175
crbi	.8440545	.6905554	1.22	0.223	-.516156	2.204265
cwalks	-.8132193	.3278228	-2.48	0.014	-1.458943	-.1674956
putouts	.2838435	.0773415	3.67	0.000	.1315014	.4361856
assists	.3689119	.2210113	1.67	0.096	-.0664216	.8042454
errors	-2.984758	4.362384	-0.68	0.494	-11.57749	5.607977
Anewleague	-28.32549	41.47874	-0.68	0.495	-110.0276	53.37659
Aleague	0	(omitted)				
Adivision	117.1518	40.334	2.90	0.004	37.70455	196.5991
_cons	86.46783	86.08168	1.00	0.316	-83.09019	256.0259

当整个回归方程的显著性检验 p 小于显著性水平，但多数变量回归系数的检验无显著性意义时，考虑可能是受变量间多重共线性的影响而出现的结果。进一步通过方差膨胀因子法检验变量间多重共线性问题的严重程度。

在 Stata 命令窗口输入：

```
.estat vif
```

输出结果如图 8–7 所示。输出显示，一半以上变量的方差膨胀因子大于 10，其中 chits、catbat、cruns、crbi 变量的方差膨胀因子甚至大于 100。VIF 值越大，多重共线性越严重。一般认为 VIF 大于 10 时，代表模型存在严重的共线性问题。变量的方差膨胀因子平均值为 67.73，说明变量间存在很严重的多重共线性。

由于变量间可能存在共线性，因此构建能够同时进行变量筛选和压缩估计的套索回归模型。点击菜单栏的统计选项，选择 Lasso 回归，模型形式为 linear，因变量为 salary，“Lasso 选择的变量”输入其余 19 个变量，如图 8–8 所示。λ 值的选择方法为交叉验证法（CV）。交叉验证选项中交叉验证的折数为 10，如图 8–9 所示。优化选项，随机数种子设为 100，便于重复结果，如图 8–10 所示，最后点击确定。

图 8-7
多重共线性检验

Variable	VIF	1/VIF
chits	499.54	0.002002
catbat	250.36	0.003994
cruns	162.23	0.006164
crbi	131.38	0.007611
chmrun	46.31	0.021593
hits	30.14	0.033183
atbat	22.73	0.043989
cwalks	19.74	0.050650
runs	15.22	0.065701
rbi	11.92	0.083905
years	9.29	0.107661
hmrun	7.76	0.128933
walks	4.15	0.241169
assists	2.71	0.369150
errors	2.19	0.456930
putouts	1.24	0.809678
Anewleague	1.13	0.883644
Adivision	1.08	0.929972
Mean VIF	67.73	

图 8-8
套索回归模型

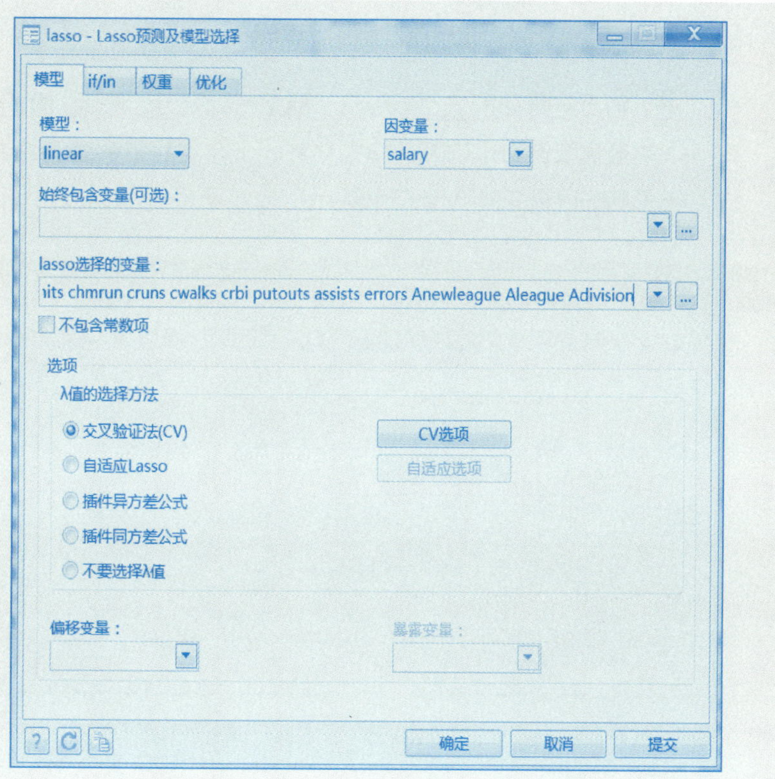

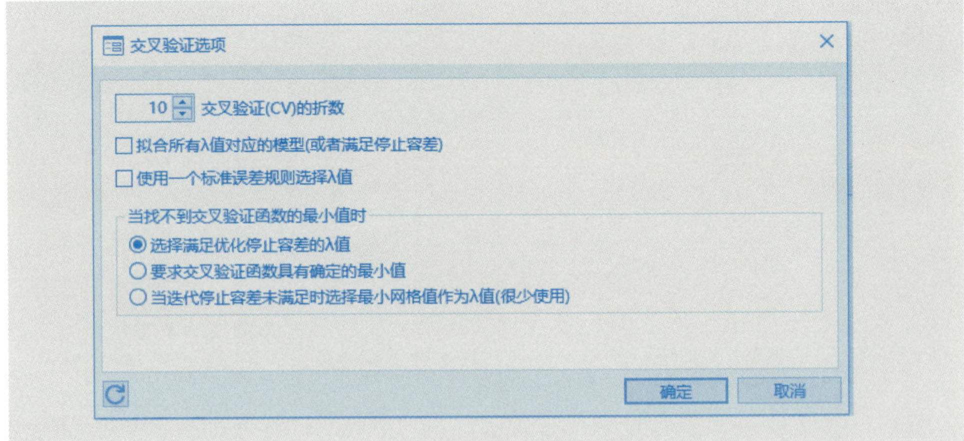

图 8-9
交叉验证选项

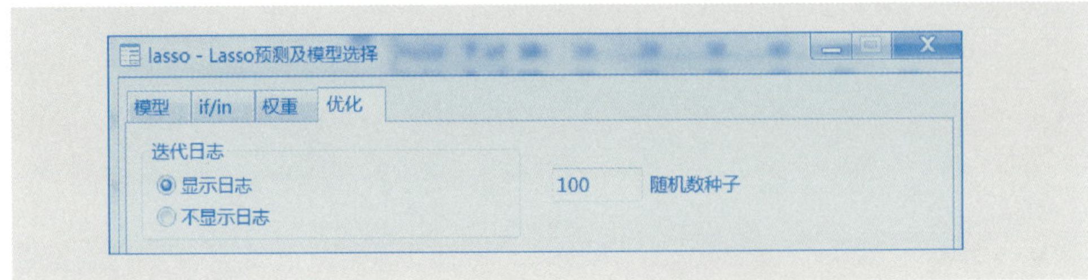

图 8-10
Lasso 预测与模型选择

输出结果如图 8-11 所示。标星号处显示，根据 10 折交叉验证得到调节参数 λ 的最优取值为 17.191 08，共有 6 个非零回归系数，说明套索回归对一些没有显著影响的解释变量进行了筛选。

图 8-11
Lasso 回归模型结果

```
Lasso linear model                          No. of obs         =        263
                                            No. of covariates  =         18
Selection: Cross-validation                 No. of CV folds    =         10

--------------------------------------------------------------------------
         |                                No. of     Out-of-      CV mean
         |                               nonzero      sample   prediction
      ID |     Description      lambda     coef.   R-squared        error
---------+----------------------------------------------------------------
       1 |    first lambda    255.2821         0      0.0070       201313
      29 |   lambda before    18.86719         6      0.4203     117524.9
    * 30 | selected lambda    17.19108         6      0.4204     117497.3
      31 |    lambda after    15.66387         6      0.4202     117554.9
      34 |     last lambda    11.84915         8      0.4182     117951.9
--------------------------------------------------------------------------
* lambda selected by cross-validation.
```

绘制 Lambda 取值的交叉验证图，在 Stata 命令窗口输入：

.cvplot

输出结果如图 8-12 所示。交叉验证图标记了调节参数 Lambda 的最优值，即在该取值下交叉验证损失函数结果最小。在调节参数取值为 17 附近，交叉验证的测试结果均值趋于平坦，此时模型推广预测能力最强。

图 8-12
交叉验证图

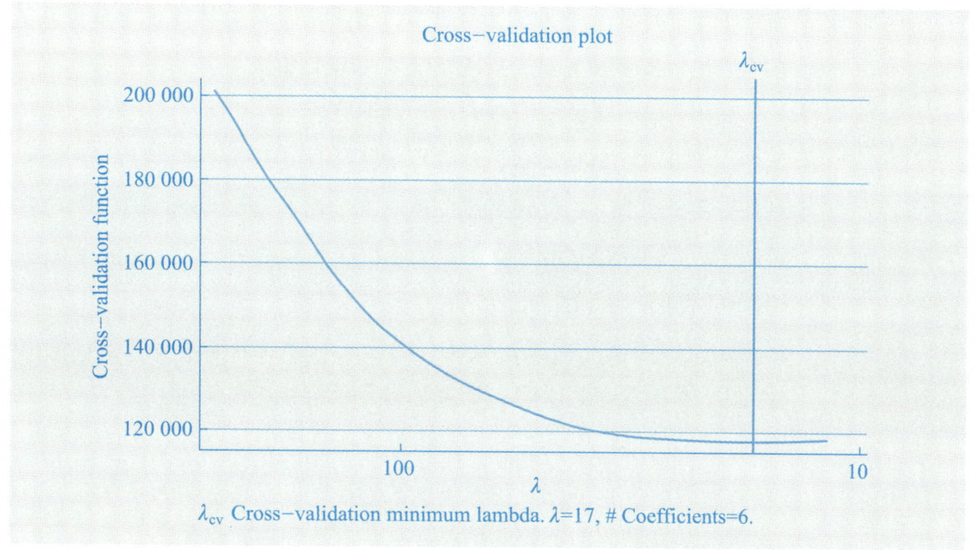

Lambda 值确定后，进行套索回归系数的估计。首先通过可视化的方式展示回归系数值随 Lambda 值的变化。

在 Stata 命令窗口输入：

```
.coefpath
```

以调节参数 Lambda 作为横轴，观察回归系数路径变化，并在 Lambda 最优值 17.191 08 处画一条垂直线。在 Stata 命令窗口输入：

```
.coefpath, legend (on position (12) cols (3)) xunits (lnlambda) xline (17.19108)
```

其中，选择项“legend(on position(12)cols(3))”表示将图例放在图像正上方，并以 3 列表示。

输出结果如图 8-13 所示。

图 8-13
套索回归的系数路径

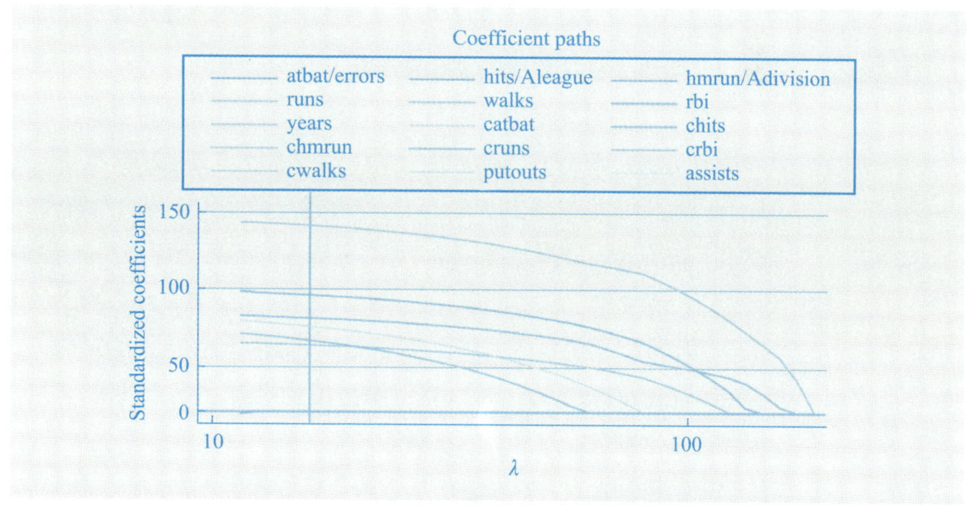

扫描二维码
查看彩图

从图 8-13 中可知，当 Lambda 值足够大时，惩罚力度过大，所有回归系数均为 0。当 Lambda 值趋于较小值时，惩罚力度会逐渐减弱，也会有越来越多的变量

进入模型之中。当 Lambda 值为 17.191 08 时，共有 6 个变量系数不为 0。显示套索回归估计的变量系数，在 Stata 命令窗口输入：

.lassocoef，display（coef）sort（coef）

其中，选择项“display（coef）”表示显示回归系数（默认仅显示选中的变量，即系数非零的变量）；而选择项“sort（coef）”表示将变量按照系数大小排列。此时，输出的回归系数为标准化的系数值。对于惩罚回归，变量的单位或取值范围对回归结果有实质影响（因为回归系数为惩罚对象），故一般在进行套索回归之前，所有变量已进行标准化，即减去其样本均值，再除以其样本标准差，使得每个变量的均值都为 0，而标准差均为 1。如果想显示标准化之前的回归系数，可在 Stata 命令窗口输入：

.lassocoef，display（coef，penalized）sort（coef，penalized）

输出结果如图 8-14 所示。

图 8-14
套索回归系数估计

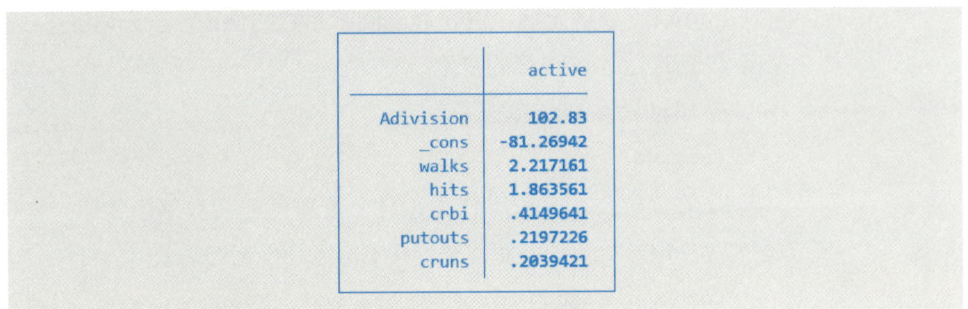

	active
Adivision	102.83
_cons	-81.26942
walks	2.217161
hits	1.863561
crbi	.4149641
putouts	.2197226
cruns	.2039421

综上，在运动员收入影响因素分析中发现，Adivision、walks、hits、crbi、putouts 和 cruns 这 6 个影响因素均对运动员收入起到影响作用，其中运动员所属地区 Adivision=1 即为东部时，对运动员收入影响最大。

8.5.2 案例 2 前列腺癌治愈方案的判定分析

本案例使用的数据集来自 Hastie 等（2008）所著的 *The Elements of Statistical Learning: Data Mining, Inference, and Prediction*，该数据集是 Lasso 的开发者 Tibshirani（1996）曾使用的，所以选择这个数据集作为案例解释，数据集可从斯坦福大学网站获取。该数据集记录了 97 名男性的前列腺特异性抗原水平（the level of prostate-specific antigen）和一些相关的临床变量，用以考查是否可以接受根治性前列腺切除术治疗。其中，因变量是前列腺特异性抗原的对数（lpsa），自变量包括癌症体积的对数（lcavol）、前列腺重量的对数（lweight）、年龄（age）、良性前列腺增生量的对数（lbph）、精囊腺侵犯（svi）、包膜穿透的对数（lcp）、Gleason 得分（gleason）和 Gleason 得分为 4 或 5 的百分比（pgg45）8 个变量。svi 是虚拟变量，gleason 是有序分类变量，其余均为连续变量。

部分样本数据如表 8-2 所示。

表 8-2 前列腺癌数据集部分数据样例

V1	lcavol	lweight	age	lbph	svi	lcp	gleason	pgg45	lpsa	train
1	−0.579 818 495	2.769 459	50	−1.386 294 36	0	−1.386 294 36	6	0	−0.430 782 9	T
2	−0.994 252 273	3.319 626	58	−1.386 294 36	0	−1.386 294 36	6	0	−0.162 518 9	T
3	−0.510 825 624	2.691 243	74	−1.386 294 36	0	−1.386 294 36	7	20	−0.162 518 9	T
4	−1.203 972 804	3.282 789	58	−1.386 294 36	0	−1.386 294 36	6	0	−0.162 518 9	T
5	0.751 416 089	3.432 373	62	−1.386 294 36	0	−1.386 294 36	6	0	0.371 563 6	T
6	−1.049 822 124	3.228 826	50	−1.386 294 36	0	−1.386 294 36	6	0	0.765 467 8	T
7	0.737 164 066	3.473 518	64	0.615 185 64	0	−1.386 294 36	6	0	0.765 467 8	F
8	0.693 147 181	3.539 509	58	1.536 867 22	0	−1.386 294 36	6	0	0.854 415 3	T
9	−0.776 528 789	3.539 509	47	−1.386 294 36	0	−1.386 294 36	6	0	1.047 319	F
10	0.223 143 551	3.244 544	63	−1.386 294 36	0	−1.386 294 36	6	0	1.047 319	F

首先点击菜单栏的“文件”，载入数据集例 8-2.dta，该数据集包含 97 行观测样本和 11 个变量。其中，V1 是序号变量；train 变量用于识别该行观测样本是用于训练集（T）还是测试集（F）；解释变量共有 8 个，分别为 lcavol、lweight、age、lbph、svi、lcp、gleason 和 pgg45；因变量为 lpsa。进一步，点击菜单栏的数据选项，选择数据编辑器中的数据编辑器（浏览），可查看全部数据的取值与特性。删除变量 v1 后，在命令窗口中输入 sum，可以观察各变量的统计特征。

在 Stata 命令窗口中输入命令：

```
.drop v1
.sum
```

输出结果如图 8-15 所示。

图 8-15
描述统计

Variable	Obs	Mean	Std. Dev.	Min	Max
lcavol	97	1.35001	1.178625	-1.347074	3.821004
lweight	97	3.628943	.4284112	2.374906	4.780383
age	97	63.86598	7.445117	41	79
lbph	97	.1003556	1.450807	-1.386294	2.326302
svi	97	.2164948	.4139949	0	1
lcp	97	-.1793656	1.39825	-1.386294	2.904165
gleason	97	6.752577	.7221341	6	9
pgg45	97	24.38144	28.20403	0	100
lpsa	97	2.478387	1.154329	-.4307829	5.582932
train	0				

由图 8-15 可见，精囊腺侵犯（svi）有 21.65% 取值为 1，Gleason 得分（gleason）的取值范围为 6 ~ 9，Gleason 得分为 4 或 5 的百分比的均值为 24.38%，标准差为 28.20，因变量前列腺特异性抗原（lpsa）因为取了对数，所以其变化范围为 [-0.43, 5.58]，年龄（age）的取值范围是 41 ~ 79 岁。

接下来是考查变量相关性分析，在 Stata 命令窗口输入：

```
.logout，save（mytable）word replace:pwcorr lpsa lcavol lweight age lbph svi lcp gleason pgg45
```

点击结果下方的 mytable.rtf，得到变量相关系数表，见表 8-3。

表 8-3
相关系数表

	lpsa	lcavol	lweight	age	lbph	svi	lcp	gleason	pgg45
lpsa	1								
lcavol	0.735	1							
lweight	0.433	0.281	1						
age	0.170	0.225	0.348	1					
lbph	0.180	0.027 3	0.442	0.350	1				
svi	0.566	0.539	0.155	0.118	−0.085 8	1			

续表

	lpsa	lcavol	lweight	age	lbph	svi	lcp	gleason	pgg45
lcp	0.549	0.675	0.165	0.128	−0.007	0.673	1		
gleason	0.369	0.432	0.056 9	0.269	0.077 8	0.320	0.515	1	
pgg45	0.422	0.434	0.107	0.276	0.078 5	0.458	0.631	0.752	1

绘制相关系数矩阵的可视化图，在 Stata 命令窗口输入：

```
.graph matrix lpsa lcavol lweight age lbph svi lcp gleason pgg45
```

输出结果如图 8-16 所示。建立回归模型之前，首先观察变量之间的相关关系。因变量与其他解释变量之间的相关程度都比较高，尤其是癌症体积的对数（lcavol）、精囊腺侵犯（svi）和包膜穿透的对数（lcp），年龄（age）和良性前列腺增生量的对数（lbph）稍弱一些，但仍然是统计显著的。解释变量的相关系数矩阵大致是可以接受的，个别变量存在较高的相关性。例如，精囊腺侵犯（svi）和包膜穿透的对数（lcp）的相关系数为 0.67，Gleason 得分（gleason）和 Gleason 得分为 4 或 5 的百分比（pgg45）的相关系数为 0.75（svi、lcp、gleason 和 pgg45 这四个变量的相关程度较高），不过这也正是 Lasso 回归这类压缩方法擅长处理的。

图 8-16
变量相关图谱

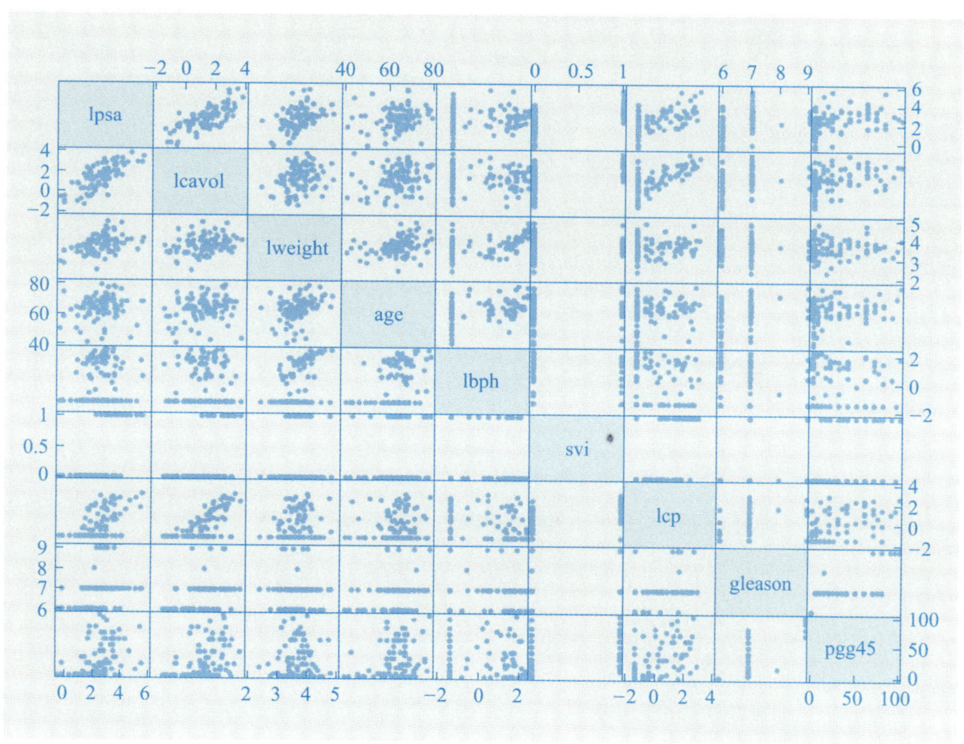

下面确定 Lambda 值并进行 Lasso 估计。

1. 基于可视化方式初步确定 Lambda 值

Lassopack 包中的 lasso2 可进行 Lasso 估计，在 Stata 命令窗口输入：

.lasso2 lpsa lcavol lweight age lbph svi lcp gleason pgg45，long

由于 Lasso 求解得到的结果较长，因此截取部分结果作为展示，如图 8–17 所示。随着 Lambda 值的变化，进入模型的变量数量也随之发生变化，当 Lambda 值逐渐减少时，筛选力度减弱，Lasso 估计也筛选出越来越多的变量进入模型。根据变量筛选结果表，当 Lambda 值为 163.62 时，进入模型的变量数量为 0，此时所有变量的系数均压缩为 0，意味着当 Lambda 取值大于某一阈值时，惩罚力度无法使任何变量进入模型。当 Lambda 值等于 149.09 时，lcavol 变量首先进入模型；而当 Lambda 值降为 77.74 时，svi 变量进入模型，按此规律随后有更多的变量逐渐进入模型。

图 8–17
Lasso 求解过程

Knot	ID	Lambda	s	L1-Norm	EBIC	R-sq	Action
> —							
1	1	163.62492	0	0.00000	31.41226	0.0000	Added _cons.
2	2	149.08894	1	0.06390	26.66962	0.0916	Added lcavol.
	3	135.84429	1	0.12213	18.19047	0.1676	
	4	123.77625	1	0.17518	10.54017	0.2307	
	5	112.78031	1	0.22352	3.69568	0.2832	
	6	102.76122	1	0.26757	-2.37828	0.3267	
	7	93.63220	1	0.30770	-7.72701	0.3628	
	8	85.31417	1	0.34427	-12.40327	0.3928	
3	9	77.73509	2	0.40800	-12.63533	0.4221	Added svi.
	10	70.82932	2	0.48389	-17.25324	0.4490	
4	11	64.53704	3	0.60174	-18.31145	0.4801	Added lweight.
	12	58.80375	3	0.71293	-23.37859	0.5066	
	13	53.57979	3	0.81423	-27.79633	0.5285	
	14	48.81991	3	0.90654	-31.62332	0.5468	
	15	44.48288	3	0.99065	-34.91944	0.5619	
	16	40.53114	3	1.06728	-37.74368	0.5745	
	17	36.93047	3	1.13711	-40.15255	0.5849	
	18	33.64967	3	1.20073	-42.19891	0.5936	
	19	30.66032	3	1.25870	-43.93126	0.6008	
	20	27.93654	3	1.31152	-45.39336*	0.6067	
5	21	25.45474	4	1.35340	-42.20238	0.6123	Added

接下来绘制 Lambda 值与 Lasso 回归系数的动态变化图，这样可以更加清晰地还原整个 Lasso 估计的求解过程，在命令窗口输入：

.lasso2 lpsa lcavol lweight age lbph svi lcp gleason pgg45，plotpath（lambda）

输出结果如图 8–18 所示。

通过可视化方法观察 Lambda 值对 Lasso 回归系数的影响。其中，当 Lambda 值为 0 时，不存在惩罚项，故此时 Lasso 回归等价于 OLS 回归；而当 Lambda 值很大时，由于惩罚力度过大，所有变量系数均归于 0。根据 Lasso 估计结果，可初步确定 Lambda 取值。但事实上，可视化确定 Lambda 参数值存在如何确定 Lambda 值的初始值及间隔步长的问题。

图 8-18
回归系数的动态变化图

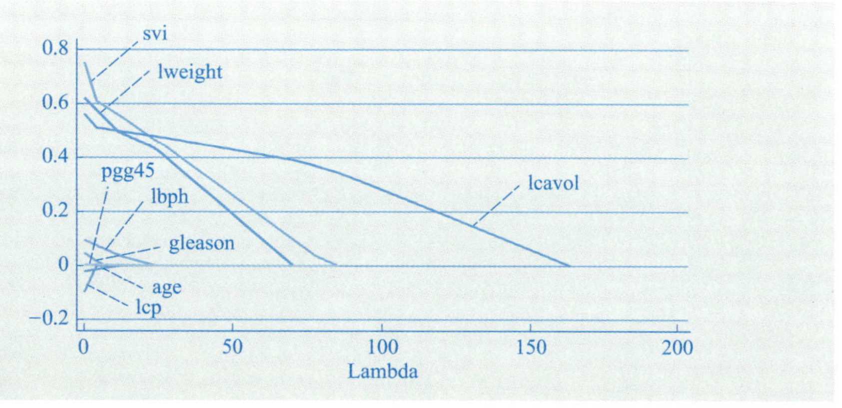

2. 基于交叉验证法确定 Lambda 值

交叉验证方法可以防止模型因过度复杂而引起的过拟合，从而提升训练集的模型性能。通常选择 5 折或 10 折交叉验证，这里选择 10 折交叉验证法，模型评估选择均方误差。通过输出结果可以进一步观察可视化方法和交叉验证法确定的最佳 λ 值是否一致。

Lassopack 包中的 cvlasso 可进行 k 折交叉验证，在命令窗口输入：

.cvlasso lpsa lcavol lweight age lbph svi lcp gleason pgg45，lopt seed（123）

其中，选择项 "lopt"（为 lambda optimal 之缩写）表示选择使 MSPE 最小的 Lambda 值。交叉验证选项中交叉验证的折数默认为 10，随机数种子设为 123，便于重复结果。

输出结果如图 8-19 所示。

根据 10 折交叉验证输出结果，带星号处显示，调节参数 Lambda 的最优取值为 14.566。Lasso 系数估计结果如图 8-20 所示，除常数项外，只有 5 个变量的系数为非零，即变量 lcavol、lweight、lbph、svi、pgg45 进入模型，其余 3 个变量（未出现在表中，被删除）的系数则为零。表中第 2 列即为 Lasso 系数的估计结果。表中第 3 列是 Post Lasso 系数估计结果，即先通过 Lasso 变量筛选后再进行 OLS 估计，避免收缩估计量 Lasso 造成的估计偏差。

癌症体积的对数（lcavol）、前列腺重量的对数（lweight）、良性前列腺增生量的对数（lbph）、精囊腺侵犯（svi）和 Gleason 得分为 4 或 5 的百分比（pgg45）这 5 个变量在考查是否可以接受根治性前列腺切除术治疗中起到关键性的作用，尤其是癌症体积的对数（lcavol）、前列腺重量的对数（lweight）和精囊腺侵犯（svi）的影响作用更显著。

图 8-19
10 折交叉验证

```
K-fold cross-validation with 10 folds. Elastic net with alpha=1.
Fold 1 2 3 4 5 6 7 8 9 10
```

	Lambda	MSPE	st. dev.	
1	163.62492	1.3162136	.13064798	
2	149.08894	1.2141972	.12282686	
3	135.84429	1.114079	.11387635	
4	123.77625	1.0312944	.10651098	
5	112.78031	.96287074	.10041915	
6	102.76122	.90634254	.09536705	
7	93.632197	.85966547	.09117793	
8	85.314171	.82129033	.0877022	
9	77.735095	.78708372	.08506697	
10	70.829323	.75291882	.08392608	
11	64.537041	.71887806	.0813633	
12	58.803749	.68700879	.07790452	
13	53.579786	.65764718	.07375266	
14	48.819905	.63330437	.07019418	
15	44.482879	.61317019	.06718914	
16	40.531143	.59652336	.06467746	
17	36.930468	.58283964	.06260595	^
18	33.649667	.5717589	.06094276	
19	30.660323	.56283992	.05958147	
20	27.936545	.55552194	.05855043	
21	25.454739	.54987747	.05788939	
22	23.19341	.5456319	.05748559	
23	21.132972	.54242135	.05725761	
24	19.255577	.53995063	.0571638	
25	17.544964	.53745024	.05733042	
26	15.986318	.53488267	.05776712	
27	14.566138	.53408884	.05830419	*
28	13.272122	.53437964	.05895557	
29	12.093063	.53466513	.059704	
30	11.018749	.53482249	.06043734	
31	10.039874	.53504671	.06111261	
32	9.1479589	.53494045	.06197097	
33	8.3352794	.53507139	.06276424	
34	7.5947962	.53534028	.06349671	
35	6.9200954	.53576147	.06417186	
36	6.3053332	.53723399	.0653076	
37	5.7451848	.53890864	.06645714	
38	5.2347984	.54057406	.06752467	
39	4.7697533	.54229439	.06848636	
40	4.3460216	.5440321	.06935466	

图 8-20
Lasso 系数
估计结果

Estimate lasso with lambda=14.566 (lopt).

Selected	Lasso	Post-est OLS
lcavol	0.4913155	0.5125769
lweight	0.4800624	0.5490809
lbph	0.0287509	0.0721513
svi	0.5367957	0.6496250
pgg45	0.0012000	0.0024450
Partialled-out*		
_cons	-0.0753696	-0.4136749

本章小结

在经济管理领域，高维数据越来越多，众多的变量提供更多信息的同时，也为传统回归估计带来了新的挑战，如维度灾难、多重共线性及过拟合，以套索回归为代表的惩罚回归方法为解决高维数据提供了方法，能够增强统计模型的准确性和可解释性。本章介绍了用于处理高维数据的正则化方法套索回归模型，包括套索回归的模型理论、超参数的设定和模型评估方法。通过本章的学习，希望读者们能够掌握同时进行特征选择和压缩估计的套索回归模型的基本原理及其应用场景。

习题

波士顿房地产市场竞争激烈，销售方希望能为房产制定最佳售价。数据集（习题8-1.dta）为波士顿房价的二手数据，包含波士顿郊区多个特征维度的房价数据，为准确预测房价，请筛选并分析影响房价的关键因素。

（1）进行多重共线性判断。

（2）使用套索回归方法得到筛选后变量。

（3）分析决定房价预测的影响因素。

即测即评

第 9 章 面板数据模型

■ 随着经济现象的日益复杂化和经济学理论的不断深化，单纯应用截面数据或时间序列数据来检验经济理论、寻找经济规律、预测经济发展趋势已经不能满足研究的需要。为更好地分析经济变量之间的关系，自 1968 年以来，经济学家开始关注面板数据。目前，面板数据模型已经成为计量经济学研究的重要内容之一，应用领域不断扩展。有关面板数据模型的内容非常丰富，本章主要介绍面板数据模型的基本分析方法，包括固定效应模型和随机效应模型。

9.1 面板数据概述

在经典线性计量模型中，所用到的数据是截面数据或时间序列数据。但在经济研究中，只用截面数据分析会漏掉随时间变化的特点；只用时间序列数据分析会漏掉不同个体间的联系与区别。例如，分析生产成本问题，只用截面数据，即选择同一时间点上不同规模的企业数据作为样本观测值，可以分析成本和企业规模之间的关系，但是不能分析技术进步对成本的影响；只用时间序列数据，即选择同一企业在不同时间点的数据作为样本观测值，可以分析成本和技术进步之间的关系，但是不能分析企业规模对成本的影响。为解决这些问题，可采用面板数据进行分析，即选择不同规模的企业在不同时间点上的数据作为样本观测值，这样既可以分析成本和规模之间的关系，又可以分析成本和技术进步之间的关系。

9.1.1 面板数据的定义

面板数据（Panel Data）又称平行数据，是将时间序列数据和横截面数据综合起来的一种数据类型，是对 n 个相同的观测对象在 T 期（$T \geqslant 2$）的观测。面板数据示意图如图 9-1 所示。面板数据从横截面（Cross Section）上看，是由若干个体（Individual）在某一时间点构成的截面观测值，从纵剖面（Longitudinal Section）上看是一个时间序列。

图 9-1
面板数据示意图

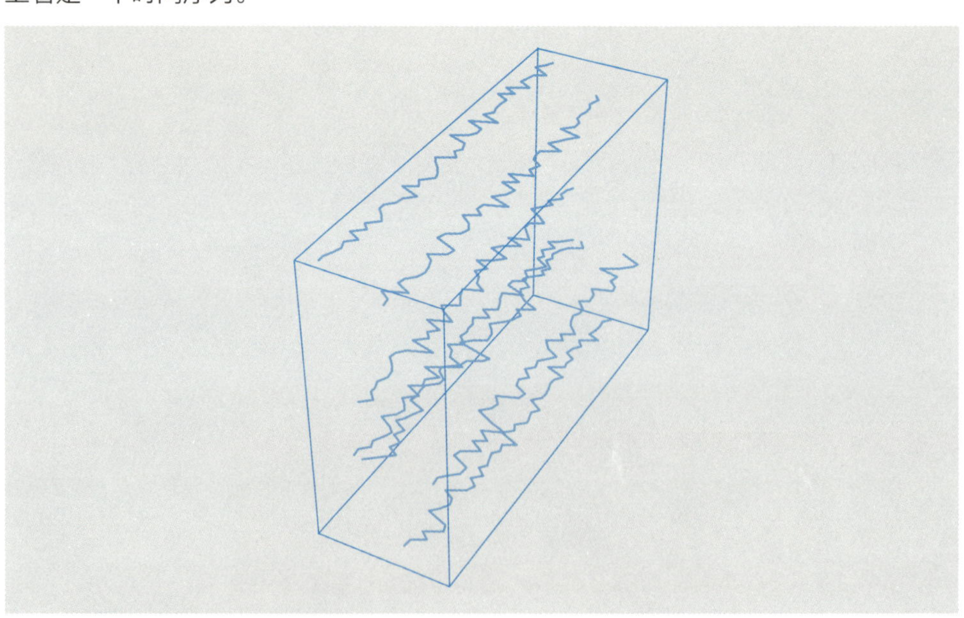

面板数据用双下标变量表示。例如

$$Y_{it},\quad i=1,2,\cdots,N;\quad t=1,2,\cdots,T$$

表示面板数据中含有 N 个个体，T 表示时间序列的最大长度。若固定 t 不变，$Y_i(i=1,2,\cdots,N)$ 是横截面上的 N 个个体数据；若固定 i 不变，$Y_t(t=1,2,\cdots,T)$ 是纵剖面上的一个时间序列。

例如，2015—2019 年我国华东地区（山东、江苏、上海、浙江、安徽、福建、江西）各省市的 GDP 数据就是面板数据，见表 9-1。固定在某一年份上，它是由该年份 7 个省市 GDP 组成的截面数据；固定在某一省份上，它是由该省份 5 年 GDP 组成的时间序列，共有 35 个观测值。

表 9-1 华东地区各省市 2015—2019 年 GDP 数据

单位：亿元

省市	2015 年	2016 年	2017 年	2018 年	2019 年
上海	19 195.69	28 178.65	30 632.99	32 679.87	38 155.32
江苏	49 110.27	77 388.28	85 869.76	92 595.40	99 631.52
浙江	32 318.85	47 251.36	51 768.26	56 197.15	62 351.74
安徽	15 300.65	24 407.62	27 018.00	30 006.82	37 113.98
福建	17 560.18	28 810.58	32 182.09	35 804.04	42 395.00
江西	11 702.82	18 499.00	20 006.31	21 984.78	24 757.50
山东	45 361.85	68 024.49	72 634.15	76 469.67	71 067.53

数据来源：《中国统计年鉴（2016—2020）》。

在这里，有必要区分面板数据与混合截面数据。后者虽然也是对时间序列数据和横截面数据的一种综合，但是在不同的观测期内，观测对象是不同的，即不同时点的观测样本是独立的。例如，将 2018 年我国东北地区各省份的 GDP 数据与 2019 年华北地区各省份的 GDP 数据合并起来的数据集就是一个混合截面数据，两期的观测对象不同，因此不是面板数据。在面板数据中，每个时期观测的对象都是相同的，因此面板数据是通过对同一组样本进行追踪调查得到的，各期观测个体之间不具有独立性。

9.1.2 面板数据的分类

1. 短面板和长面板

通常的面板数据 T 较小，而 N 较大，即样本期较短，样本个数多，这种面板数据称为“短面板”（Short Panel）；反之，如果 T 较大，而 N 较小，即样本期较长，样本个数少，则被称为“长面板”（Long Panel）。

2. 平衡面板和非平衡面板

对于面板数据 $Y_{it}(i=1,2,\cdots,N;t=1,2,\cdots,T)$ 来说，如果从横截面上看，每个个体都有观测值，从纵剖面上看，每一期都有观测值，则称此面板数据为“平衡面板数据”（Balanced Panel Data）。若在面板数据中丢失若干个观测值，则称此面板数据为“非平衡面板数据”（Unbalanced Panel Data）。

3. 静态面板和动态面板

在面板数据模型中，如果自变量中包含因变量的滞后值，则称为“动态面板”（Dynamic Panel）；反之，则称为“静态面板”（Static Panel）。

9.1.3 面板数据的优点

相对于单纯的截面数据或时间序列数据而言，面板数据具有以下优点。

1. 扩展了样本容量

计量经济建模实践中，经常受到样本容量不足的困扰，尤其是时间序列数据，由于时间的不可逆性，数据生成过程不能重复，扩展样本长度几乎是不可能的。面板数据可以在时间和个体两个维度对样本规模进行扩展，有助于解决样本容量不足的问题。

2. 提供更多个体动态行为的信息

由于面板数据同时具有时间和个体两个维度的信息，因此有时可以解决单独的截面数据或时间序列数据所不能解决的问题。例如，对于失业问题，截面数据能告诉我们在某个时点上哪些人失业，而时间序列数据能告诉我们某个人就业与失业的历史，但是这两种数据均无法告诉我们失业的是同一批人还是失业的人群总在变动。如果是面板数据，则可以把这些问题都解决。

3. 可以解决遗漏变量问题

计量经济建模实践中，遗漏变量偏差是一个普遍存在的问题。虽然可以通过工具变量法解决，但是有效的工具变量常常很难找到。遗漏变量通常是由不可观测的个体差异或异质性造成的，如果这种个体差异不随时间变化，则可以通过建立面板数据模型来解决。

尽管面板数据模型的理论和应用发展较快，但目前仍然存在一些问题需要解决。例如，样本数据通常不能满足经典计量模型所要求的独立同分布假定，因为同一个体在不同时期的随机误差项一般存在自相关；间隔较远时期数据的指标含义、统计口径和范围及数据质量可比性较差；另外，面板数据的收集成本通常较高，不易获得。

9.2 面板数据模型的形式及分类

从建模方法论角度，面板数据模型可以分为经典面板数据模型和非经典面板数据模型两大类。经典面板数据模型是指建立在古典假定基础上的线性面板数据模型；非经典面板数据模型主要包括非平稳面板数据模型、特殊因变量面板数据模型（如面板 Logit 模型、面板计数模型等）、面板分位数回归模型等。由于篇幅所限，本书主要介绍经典面板数据模型。

由于面板数据同时具有个体和时间两个维度的信息，因此可能同时存在个体效应和时间效应。个体效应是指个体之间客观存在，不随时间变化的差异，又称个体异质性；时间效应是指不同时期客观存在，不因个体不同而改变的差异，又称时间异质

性。为简化分析，只考虑个体效应，则面板数据模型的一般形式为

$$Y_{it} = \alpha_i + \boldsymbol{X}_{it}\boldsymbol{\beta}_i + \varepsilon_{it} \tag{9.2.1}$$

式中，$\boldsymbol{X}_{it}$ 为 $1\times k$ 向量，$\boldsymbol{X}_{it}=(X_{1it},X_{2it},\cdots,X_{kit})$，$k$ 为自变量个数；$\boldsymbol{\beta}_i=(\beta_{1i},\beta_{2i},\cdots,\beta_{ki})'$；$\varepsilon_{it}$ 为满足古典假定的随机误差项。

现假设 i 和 j 代表任意两个不同的个体，式（9.2.1）一般会有以下三种情形。

（1） $\alpha_i=\alpha_j,\beta_i=\beta_j$。

此时，模型称为不变系数模型，即

$$Y_{it} = \alpha + \boldsymbol{X}_{it}\boldsymbol{\beta} + \varepsilon_{it} \tag{9.2.2}$$

对于不变系数模型，在横截面上无个体影响，无结构变化，不存在个体效应，可以直接使用普通最小二乘法进行估计，相当于将多个时期的截面数据混合在一起作为样本数据。

（2） $\alpha_i\neq\alpha_j,\beta_i=\beta_j$。

此时，模型称为变截距模型，即

$$Y_{it} = \alpha_i + \boldsymbol{X}_{it}\boldsymbol{\beta} + \varepsilon_{it} \tag{9.2.3}$$

对于变截距模型，每个个体有不同的截距系数，个体异质性表现为模型中被忽略的反映个体差异的变量的影响。

（3） $\alpha_i\neq\alpha_j,\beta_i\neq\beta_j$。

此时，模型称为变系数模型，即

$$Y_{it} = \alpha_i + \boldsymbol{X}_{it}\boldsymbol{\beta}_i + \varepsilon_{it} \tag{9.2.4}$$

对于变系数模型，个体异质性不仅表现在截距上，每个个体对应的斜率系数也不同，相当于每个个体拥有彼此完全不同的回归方程，属于一种极端情况。

个体异质性是如何产生的呢？对于个体异质性的来源有两种假定：一种是固定效应假定，即个体异质性是由于每个个体具有的某些与自变量 X 相关的确定性因素造成的，满足该假定的模型称为固定效应模型；另一种是随机效应假定，即认为个体异质性是由某些偶然性因素造成的，且这些偶然性因素与 X 无关，满足该假定的模型称为随机效应模型。

将对系数的约束和异质性来源的不同假定结合起来，可将面板数据模型做表 9-2 所示的分类。

表 9-2 面板数据模型的分类

模型类型		模型假定	模型特点
不变系数模型		不存在个体异质性	所有个体的回归系数相同
变截距模型	固定效应变截距模型	与 X 相关的固定因素引起的个体异质性改变截距	所有个体的斜率系数相同，但截距各不相同
	随机效应变截距模型	与 X 不相关的随机因素引起的个体异质性改变截距	

续表

模型类型		模型假定	模型特点
变系数模型	固定效应变系数模型	与 X 相关的固定因素引起的个体异质性改变截距和斜率	每一个个体的截距和斜率都不相同
	随机效应变系数模型	与 X 不相关的随机因素引起的个体异质性改变截距和斜率	

以上分类是假定面板数据模型中只存在个体异质性，如果模型中只存在时间异质性或个体异质性与时间异质性同时存在，都可以通过类似的假定进行分类。

9.3 面板数据模型的估计方法

估计面板数据的一个极端策略是将其看成截面数据而进行“混合回归”（Pooled Regression），即要求样本中每个个体都拥有完全相同的回归方程；另一极端策略则是为每个个体估计一个单独的回归方程。前者忽略了个体间不可观测或被遗漏的“异质性”，而该异质性可能与自变量相关从而导致估计不一致；后者则忽略了个体间的共性，既损失自由度，也影响模型的实际应用。实践中常采用折中的估计策略，即假定个体的回归方程拥有相同的斜率，但可以有不同的截距项，以此来捕捉异质性，如图 9-2 所示。这种模型就是上一节提到的变截距模型，本节主要介绍变截距模型的估计方法。

图 9-2
变截距模型示意图

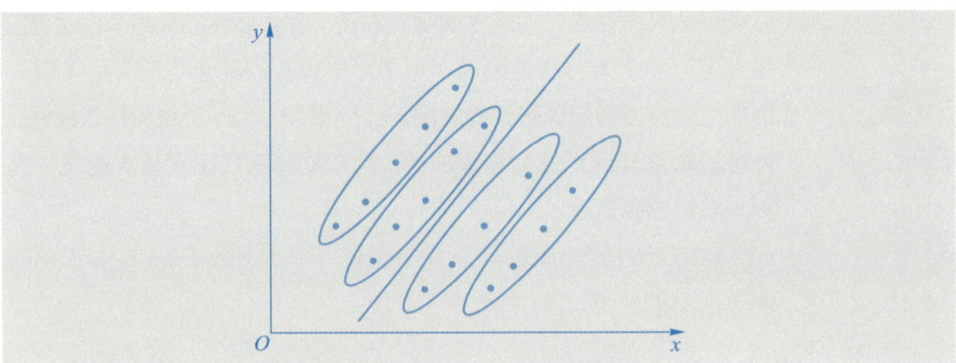

9.3.1 固定效应变截距模型的估计方法

根据异质性的来源不同，把面板数据模型分为固定效应模型和随机效应模型。所谓固定效应模型，是指模型中的个体或时间异质性是由某些与自变量 X 相关的确定性因素造成的。例如，消费函数中，家庭的消费习惯影响自发消费（截距项），在一定时期内基本固定，且消费习惯与家庭的收入水平（自变量）有关，是在一个较长时期养成的，需要一个过程才能改变，所以不同家庭的消费习惯对消费的影响可以看作固定效应。而随机效应模型中的个体或时间异质性是由某些与自变量 X 不相关的随机因素造成的。

为便于叙述，仍然假设模型中只存在个体异质性，不存在时间异质性，则个体固定效应变截距模型（以下简称个体固定效应模型）的一般形式为

$$Y_{it} = \alpha + \boldsymbol{X}_{it}\boldsymbol{\beta} + u_i + \varepsilon_{it} \tag{9.3.1}$$

式中，α 是公共截距项，$\boldsymbol{\beta}$ 是公共斜率列向量，α 和 $\boldsymbol{\beta}$ 均不随个体改变；u_i 代表第 i 个个体的异质性（不随时间变化），与 $\boldsymbol{X}_{it}$ 相关；ε_{it} 则是一个与个体和时间有关的随机误差项，满足古典线性模型假定。$u_i + \varepsilon_{it}$ 通常称为混合误差项。

固定效应模型的估计方法主要有以下三种。

1. 一阶差分法

在估计面板数据模型时，如果忽略了混合误差项中的固定效应，就可能引起估计偏误，这种偏误通常称为异质性偏误。由于 u_i 不可观测，因此无法通过添加自变量的方法将 u_i 对 Y 的影响加以控制。针对 u_i 的特殊性质（只针对特定个体而不随时间改变），可以将相邻两个时期的数据进行差分，从而消除固定效应的影响。具体方法如下。

对于个体固定效应模型，有

$$Y_{it} = \alpha + \boldsymbol{X}_{it}\boldsymbol{\beta} + u_i + \varepsilon_{it}$$

取其滞后一期关系式，有

$$Y_{it-1} = \alpha + \boldsymbol{X}_{it-1}\boldsymbol{\beta} + u_i + \varepsilon_{it-1}$$

将以上两个式子相减，可得

$$Y_{it} - Y_{it-1} = (\boldsymbol{X}_{it} - \boldsymbol{X}_{it-1})\boldsymbol{\beta} + (\varepsilon_{it} - \varepsilon_{it-1}) \tag{9.3.2}$$

即

$$\Delta Y_{it} = \Delta\boldsymbol{X}_{it}\boldsymbol{\beta} + \Delta\varepsilon_{it} \tag{9.3.3}$$

上述差分方程消除了固定效应，其随机误差项 $\Delta\varepsilon_{it}$ 满足古典线性回归的各个假定，因此可以直接使用普通最小二乘法对式（9.3.3）进行估计，求得的公共斜率系数 $\hat{\boldsymbol{\beta}}$ 称为一阶差分估计量，记为 $\hat{\boldsymbol{\beta}}_{\mathrm{FD}}$。

如果关注每个个体的截距项系数，可以先求出每个个体自变量和因变量的平均数（组内平均数）$\bar{\boldsymbol{X}}_i$ 和 $\bar{Y}_i$，由

$$\bar{Y}_i = \hat{\alpha} + \bar{\boldsymbol{X}}_i\hat{\boldsymbol{\beta}} + \hat{u}_i \tag{9.3.4}$$

可以推出每个个体的可变截距为

$$\hat{\alpha}_i = \hat{\alpha} + \hat{u}_i = \bar{Y}_i - \bar{\boldsymbol{X}}_i\hat{\boldsymbol{\beta}} \tag{9.3.5}$$

个体异质性为

$$\hat{u}_i = \hat{\alpha}_i - \hat{\alpha} \tag{9.3.6}$$

注：Stata 软件没有给出一阶差分法的程序，需要用命令或编写程序文件完成上述步骤。

2. 离差变换法

所谓离差变换法，是指先把面板数据中每个个体的观测值变换为对其组内平均数的离差，再利用离差变换数据进行参数估计的方法，又称组内中心化法。具体步骤如下。

对于个体固定效应模型，有

$$Y_{it} = \alpha + \boldsymbol{X}_{it}\boldsymbol{\beta} + u_i + \varepsilon_{it}$$

计算每个个体的组内平均数，可得

$$\bar{Y}_i = \alpha + \bar{\boldsymbol{X}}_i\boldsymbol{\beta} + u_i + \bar{\varepsilon}_i$$

以上两式相减，可得

$$Y_{it} - \bar{Y}_i = (\boldsymbol{X}_{it} - \bar{\boldsymbol{X}}_i)\boldsymbol{\beta} + (\varepsilon_{it} - \bar{\varepsilon}_i) \tag{9.3.7}$$

令 $Y_{it}^* = Y_{it} - \bar{Y}_i$，$\boldsymbol{X}_{it}^* = \boldsymbol{X}_{it} - \bar{\boldsymbol{X}}_i$，$\varepsilon_{it}^* = \varepsilon_{it} - \bar{\varepsilon}_i$，则有

$$Y_{it}^* = \boldsymbol{X}_{it}^*\boldsymbol{\beta} + \varepsilon_{it}^* \tag{9.3.8}$$

对离差变换后的数据 $\{(\boldsymbol{X}_{it}^*, Y_{it}^*):\ i=1,2,\cdots,N;t=1,2,\cdots,T\}$ 进行 OLS 回归，估计出公共斜率 $\hat{\boldsymbol{\beta}}$，称为固定效应估计量，又称组内估计量，记为 $\hat{\boldsymbol{\beta}}_{\mathrm{FE}}$。与一阶差分法相同，每个个体的可变截距 $\hat{\alpha}_i = \bar{Y}_i - \bar{\boldsymbol{X}}_i\hat{\boldsymbol{\beta}}$，个体异质性 $\hat{u}_i = \hat{\alpha}_i - \hat{\alpha}$。

离差变换有一个“副作用”，即模型的截距项与其他不随时间变化的自变量也会被消掉，因此式（9.3.8）是不含有截距项的 OLS 回归，并且不能包含任何在各个时期固定不变的自变量。

Stata 软件的离差变换法估计命令是 xtreg。

【例 9-1】人均可支配收入对人均消费的影响分析（离差变换法）

本例采用 2013—2019 年中国东北、华北、华东 15 个省级地区的居民家庭人均消费和人均可支配收入数据（Stata 数据集例 9-1.dta），数据集见表 9-3 和表 9-4。数据是 7 年的，每一年都有 15 个数据，共 105 组观测值。主要分析居民人均可支配收入对人均消费的影响。

单位：元

表 9-3 2013—2019 年中国东北、华北、华东 15 个省级地区的居民家庭人均消费数据

地区名称	2013 年	2014 年	2015 年	2016 年	2017 年	2018 年	2019 年
北京	29 175.6	31 102.9	33 802.8	35 415.7	37 425.3	39 842.7	43 038.3
天津	20 418.7	22 343	24 162.5	26 129.3	27 841.4	29 902.9	31 853.6
河北	10 872.2	11 931.5	13 030.7	14 247.5	15 437	16 722	17 987.2
山西	10 118.3	10 863.8	11 729.1	12 682.9	13 664.4	14 810.1	15 862.6
内蒙古	14 877.7	16 258.1	17 178.5	18 072.3	18 945.5	19 665.2	20 743.4
辽宁	14 950.2	16 068	17 199.8	19 852.8	20 463.4	21 398.3	22 202.8
吉林	12 054.3	13 026	13 763.9	14 772.6	15 631.9	17 200.4	18 075.4
黑龙江	12 037.2	12 768.8	13 402.5	14 445.8	15 577.5	16 994	18 111.5
上海	30 399.9	33 064.8	34 783.6	37 458.3	39 791.9	43 351.3	45 605.1

续表

地区名称	2013 年	2014 年	2015 年	2016 年	2017 年	2018 年	2019 年
江苏	17 925.8	19 163.6	20 555.6	22 129.9	23 468.6	25 007.4	26 697.3
浙江	20 610.1	22 552	24 116.9	25 526.6	27 079.1	29 470.7	32 025.8
安徽	10 544.1	11 727	12 840.1	14 711.5	15 751.7	17 044.6	19 137.4
福建	16 176.6	17 644.5	18 850.2	20 167.5	21 249.3	22 996	25 314.3
江西	10 052.8	11 088.9	12 403.4	13 258.6	14 459	15 792	17 650.5
山东	11 896.8	13 328.9	14 578.4	15 926.4	17 280.7	18 779.8	20 427.5

数据来源：《中国统计年鉴 2020》。

表 9-4
2013—2019 年中国东北、华北、华东 15 个省级地区的居民家庭人均可支配收入数据

单位：元

地区名称	2013 年	2014 年	2015 年	2016 年	2017 年	2018 年	2019 年
北京	40 830	44 488.6	48 458	52 530.4	57 229.8	62 361.2	67 755.9
天津	26 359.2	28 832.3	31 291.4	34 074.5	37 022.3	39 506.1	42 404.1
河北	15 189.6	16 647.4	18 118.1	19 725.4	21 484.1	23 445.7	25 664.7
山西	15 119.7	16 538.3	17 853.7	19 048.9	20 420	21 990.1	23 828.5
内蒙古	18 692.9	20 559.3	22 310.1	24 126.6	26 212.2	28 375.7	30 555
辽宁	20 817.8	22 820.2	24 575.6	26 039.7	27 835.4	29 701.4	31 819.7
吉林	15 998.1	17 520.4	18 683.7	19 967	21 368.3	22 798.4	24 562.9
黑龙江	15 903.4	17 404.4	18 592.7	19 838.5	21 205.8	22 725.8	24 253.6
上海	42 173.6	45 965.8	49 867.2	54 305.3	58 988	64 182.6	69 441.6
江苏	24 775.5	27 172.8	29 538.9	32 070.1	35 024.1	38 095.8	41 399.7
浙江	29 775	32 657.6	35 537.1	38 529	42 045.7	45 839.8	49 898.8
安徽	15 154.3	16 795.5	18 362.6	19 998.1	21 863.3	23 983.6	26 415.1
福建	21 217.9	23 330.9	25 404.4	27 607.9	30 047.7	32 643.9	35 616.1
江西	15 099.7	16 734.2	18 437.1	20 109.6	22 031.4	24 079.7	26 262.4
山东	19 008.3	20 864.2	22 703.2	24 685.3	26 929.9	29 204.6	31 597

数据来源：《中国统计年鉴 2020》。

（1） 模型设定。

$$\mathrm{CP}_{it}=\alpha+\beta\mathrm{IP}_{it}+u_i+\varepsilon_{it} \tag{9.3.9}$$

式中，CP 表示居民家庭人均消费；IP 表示居民家庭人均可支配收入。

（2） 参数估计。

在 Stata 命令窗口输入命令：

.encode province，gen（id） //province（省份）是字符串格式，需要将其数值化

.xtset id year // 定义个体变量和时间变量，声明面板数据

.xtreg CP IP，fe robust //fe 代表 fixed effects，robust 用于计算对异方差稳健的标准误差，等价于 vce（cluster id）

参数估计结果如图 9-3 所示。

图 9-3 离差变换法估计结果

```
Fixed-effects (within) regression               Number of obs      =       105
Group variable: id                              Number of groups   =        15

R-sq:  within  = 0.9743                         Obs per group: min =         7
       between = 0.9837                                        avg =       7.0
       overall = 0.9805                                        max =         7

                                                F(1,14)            =    551.73
corr(u_i, Xb)  = 0.6043                         Prob > F           =    0.0000

                                  (Std. Err. adjusted for 15 clusters in id)
------------------------------------------------------------------------------
             |               Robust
          CP |      Coef.   Std. Err.      t    P>|t|     [95% Conf. Interval]
-------------+----------------------------------------------------------------
          IP |   .5869219   .0249872    23.49   0.000     .5333297    .6405142
       _cons |   3237.636   729.8535     4.44   0.001     1672.255    4803.016
-------------+----------------------------------------------------------------
     sigma_u |  1341.4757
     sigma_e |  533.60083
         rho |  .86339219   (fraction of variance due to u_i)
------------------------------------------------------------------------------
```

从图 9-3 中可以看出，模型的整体线性关系显著成立，自变量 IP 的斜率系数在 1% 的显著性水平下显著不为零，即居民家庭人均可支配收入对人均消费有显著影响，15 个省级地区的平均边际消费倾向是 0.587。

图 9-3 下半部分的 sigma_u 是个体固定效应 u_i 的标准差 σ_u；sigma_e 是纯随机误差项 ε_{it} 的标准差 σ_ε；rho 是二者的函数，衡量个体异质性方差在复合误差项方差中的相对比重，即

$$\text{rho} = \frac{{\sigma_u}^2}{{\sigma_u}^2 + {\sigma_\varepsilon}^2} \tag{9.3.10}$$

rho 数值越大，说明个体异质性对复合误差 $(u_i + \varepsilon_{it})$ 波动的贡献越大，即个体异质性越明显。

参数估计出来以后，可以用 predict 命令进行预测，具体格式如下：

predict var[, option]

其中，var 是被预测的变量；[, option] 代表估计的选项。

在 Stata 命令窗口输入命令：

.predict ui, u　// 估计每个个体的固定效应 $\hat{u}_i$

.generate a_fe=_b[_cons]+ui // 计算每个个体的可变截距 $\hat{\alpha}_i = \hat{\alpha} + \hat{u}_i$

.table id , content (mean ui mean a_fe) // 列表显示每个个体的 $\hat{u}_i$ 和 $\hat{\alpha}_i$，具体如图 9-4 所示

.graph bar ui, over (id) // 个体异质性 $\hat{u}_i$ 的条形图，如图 9-5 所示

.graph bar a_fe, over (id) // 可变截距 $\hat{\alpha}_i$ 的条形图，如图 9-6 所示

图 9-4
个体固定效应和截距

id	mean(ui)	mean(a_fe)
安徽	-655.1396	2582.496
北京	1119.169	4356.804
福建	682.1794	3919.815
河北	-680.832	2556.803
黑龙江	-207.2474	3030.388
吉林	-119.3635	3118.272
江苏	-225.512	3012.124
江西	-1677.68	1559.955
辽宁	243.8908	3481.526
内蒙古	401.76	3639.396
山东	-1878.841	1358.795
山西	-1721.265	1516.37
上海	2267.294	5504.93
天津	2775.154	6012.789
浙江	-323.5656	2914.07

图 9-5
个体异质性条形图

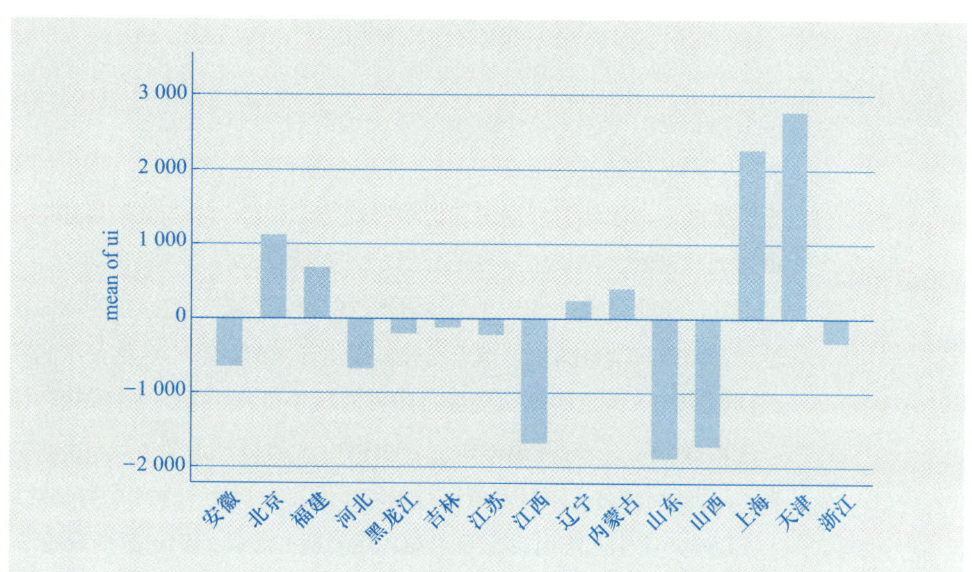

图 9-6
个体截距条形图

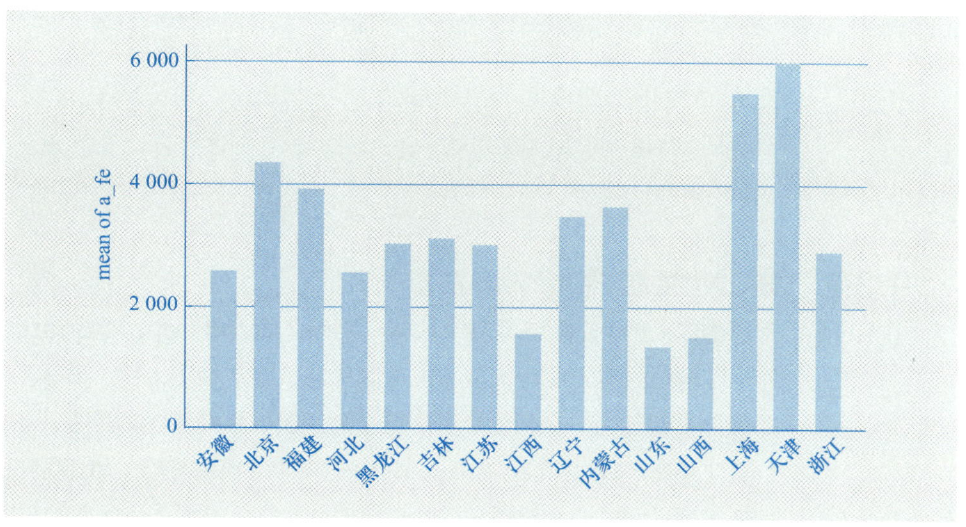

3. 虚拟变量估计法

以上介绍的离差变换法是现代计量经济学对固定效应模型的主流估计方法，其假设是将 u_i 看作一个与 X 相关的随机变量，并与 ε_{it} 一起构成模型的混合误差项。然而，在早期的计量经济学分析中，人们并不这样认为。传统上，u_i 被视为一个非随机变量（因而称为“固定效应”），并相应地被视为模型截距项的一部分。在这种理解下，个体异质性 u_i 可以通过最小二乘虚拟变量（Least Squares Dummy Variable，LSDV）方法进行估计。与离差变换法不同，LSDV 方法的本质是将 u_i 视为待估计的截距项，进而使用一系列虚拟变量来估计截距值。模型设定为

$$Y_{it} = (\alpha + \gamma_2 D_2 + \gamma_3 D_3 + \cdots + \gamma_N D_N) + \boldsymbol{X}_{it}\boldsymbol{\beta} + \varepsilon_{it} \tag{9.3.11}$$

式中，虚拟变量 $D_2, D_3, \cdots, D_N$ 表示各个观测对象（以第一个观测个体为基准组），即

$$D_i = \begin{cases} 1, & \text{如果观测值属于第 } i \text{ 个个体} \\ 0, & \text{其他} \end{cases}$$

ε_{it} 是与 i 和 t 有关的随机误差项。利用式（9.3.11）进行 OLS 回归获得的估计量称为 LSDV 估计量，是对固定效应模型的传统估计方法。

LSDV 估计的优点在于其可以直接估计出固定效应（即个体异质性）的大小和统计显著性，因此可以通过 F 检验对式（9.3.11）中的虚拟变量 $D_2, D_3, \cdots, D_N$ 进行联合显著性检验，如果结果是不显著的，说明个体异质性并不明显。当然，严格来讲，LSDV 的这个优点有悖于对个体异质性的直观理解，因为 u_i 的本质是不可观测的个体差异，所以其本身的大小是无法被直接估计出的。LSDV 估计法的另一个特点是需要在回归中加入大量的虚拟变量（如果数据中有 N 个观测个体，那么就需要加入 $N-1$ 个虚拟变量），这样做虽然可以提高模型的拟合优度（R^2 随自变量个数的增加而增加），但是可能会因解释变量的数量过多而影响其自由度和系数估计值的显著性。

【例 9-2】人均可支配收入对人均消费的影响分析（虚拟变量法）

本例仍然采用例 9-1 中 2013—2019 年中国东北、华北、华东 15 个省级地区的居民家庭人均消费和人均可支配收入数据（Stata 数据集例 9-1.dta），用 LSDV 方法估计固定效应模型，估计结果如图 9-7 所示。

在 Stata 命令窗口输入命令：

```
.regress CP IP i.id, vce (cluster id) //i.id 产生对应于每一个 id 的虚拟变量
```

9.3.2 随机效应变截距模型的估计方法

1. 可行的广义最小二乘法（Feasible Generalized Least Square，FGLS）

在随机效应变截距模型（以下简称随机效应模型）中，个体不可观测的异质性 u_i 依然被假定为一个随机变量，但是与固定效应模型不同的是，u_i 被假定为与所有的自变量在所有时期都不相关。这是一个很强的限制假定，也是随机效应模型与固定效应模型之间的最大区别。在此假定下，不需要考虑个体异质性所造成的回归偏误，

图 9-7
LSDV 方法估计结果

Linear regression					Number of obs =	105
					F(0, 14) =	.
					Prob > F =	.
					R-squared =	0.9964
					Root MSE =	533.6

(Std. Err. adjusted for 15 clusters in id)

CP	Coef.	Robust Std. Err.	t	P>|t|	[95% Conf.	Interval]
IP	.5869219	.0268807	21.83	0.000	.5292685	.6445754
id						
北京	1774.308	887.3771	2.00	0.065	-128.9263	3677.543
福建	1337.319	204.6635	6.53	0.000	898.3596	1776.279
河北	-25.69238	8.822644	-2.91	0.011	-44.61507	-6.769689
黑龙江	447.8923	10.16975	44.04	0.000	426.0803	469.7042
吉林	535.7761	6.427186	83.36	0.000	521.9912	549.5611
江苏	429.6277	328.346	1.31	0.212	-274.6044	1133.86
江西	-1022.541	.6973633	-1466.30	0.000	-1024.036	-1021.045
辽宁	899.0304	157.5876	5.70	0.000	561.0386	1237.022
内蒙古	1056.9	108.5187	9.74	0.000	824.1502	1289.649
山东	-1223.701	124.4962	-9.83	0.000	-1490.719	-956.6832
山西	-1066.126	29.8503	-35.72	0.000	-1130.148	-1002.103
上海	2922.433	930.6559	3.14	0.007	926.3751	4918.492
天津	3430.293	372.1731	9.22	0.000	2632.061	4228.525
浙江	331.574	505.7823	0.66	0.523	-753.2212	1416.369
_cons	2582.496	547.4936	4.72	0.000	1408.239	3756.753

可以将 u_i 与 ε_{it} 合并为统一的混合误差项 v_{it}，从而得到以下回归方程，即

$$Y_{it}=\alpha+\boldsymbol{X}_{it}\boldsymbol{\beta}+v_{it} \tag{9.3.12}$$

式中，$v_{it}=u_i+\varepsilon_{it}$。由于 u_i 不随时间变化，因此混合误差项 v_{it} 存在序列自相关。可以计算得到任意两期误差项的相关系数，即

$$\mathrm{Corr}(v_{it},v_{is})=\frac{\mathrm{Cov}(v_{it},v_{is})}{\sigma_{v_{it}}\sigma_{v_{is}}}=\frac{{\sigma_u}^2}{{\sigma_u}^2+{\sigma_\varepsilon}^2},\quad t\neq s \tag{9.3.13}$$

为消除序列相关性带来的影响，需要对式（9.3.12）进行准中心化（Quasi-demeaned）变换，即将模型的自变量和因变量分别减去其跨期均值的 λ 倍（$\lambda\in[0,1]$），具体步骤如下。

（1） 定义 λ 为

$$\lambda=1-\frac{\sigma_\varepsilon}{(T{\sigma_u}^2+{\sigma_\varepsilon}^2)^{1/2}} \tag{9.3.14}$$

（2） 用 λ 乘以式（9.3.12）对应的组内均值方程，得

$$\lambda\bar{Y}_i=\lambda\alpha+\lambda\bar{\boldsymbol{X}}_i\boldsymbol{\beta}+\lambda\bar{v}_i \tag{9.3.15}$$

（3） 用式（9.3.12）减去式（9.3.15），得

$$Y_{it}-\lambda\bar{Y}_i=(1-\lambda)\alpha+(\boldsymbol{X}_{it}-\lambda\bar{\boldsymbol{X}}_i)\boldsymbol{\beta}+(v_{it}-\lambda\bar{v}_i) \tag{9.3.16}$$

令 $Y_{it}^*=Y_{it}-\lambda\bar{Y}_i$，$\boldsymbol{X}_{it}^*=\boldsymbol{X}_{it}-\lambda\bar{\boldsymbol{X}}_i$，$v_{it}^*=v_{it}-\lambda\bar{v}_i$，则有

$$Y_{it}^*=\alpha^*+\boldsymbol{X}_{it}^*\boldsymbol{\beta}+v_{it}^* \tag{9.3.17}$$

可以证明，转化后得到的模型（9.3.17）不再具有序列自相关性，因此可以直接用于 OLS 估计。

λ一般是未知的，可用固定效应变截距模型（其参数估计具有一致性）的均方误差 MSE 来估计 $\sigma_\varepsilon{}^2$，记为 $\hat{\sigma}_\varepsilon{}^2$；利用混合回归的 MSE 来估计 $(\sigma_u{}^2+\sigma_\varepsilon{}^2)$，记为 $(\hat{\sigma}_u{}^2+\hat{\sigma}_\varepsilon{}^2)$。进而得到$\lambda$的一致估计量为

$$\hat{\lambda}=1-\frac{\hat{\sigma}_\varepsilon}{(T\hat{\sigma}_u{}^2+\hat{\sigma}_\varepsilon{}^2)^{1/2}} \tag{9.3.18}$$

用 $\hat{\lambda}$ 代替 λ 对 x 和 y 进行组内准中心化变换，得到 $\boldsymbol{X}_{it}^*$ 和 Y_{it}^*，然后对式（9.3.17）进行 OLS 回归即可。

比较固定效应模型和随机效应模型可以发现，前者在进行组内估计时需要减去一个时间均值，而随机效应则类似地减去时间均值的λ倍。由于λ的取值依赖于误差项的方差和面板数据的时期数 T，因此可以依据λ的取值建立随机效应模型、固定效应模型与混合 OLS 模型的联系。可以证明，当 $\lambda\to 1$ 时，随机效应估计值接近于固定效应模型的估计结果，因为在这种情形下，$\sigma_\varepsilon{}^2\to\infty$，未观测到的个体效应非常明显，准中心化转换实际上等价于去时间均值转换。此外，当 $\lambda\to 0$ 时，则随机效应估计值接近于基于混合截面数据的 OLS 估计结果，因为此时 $\sigma_\varepsilon{}^2\to 0$，未观测到的个体效应几乎可以忽略，因此混合误差项 v_{it} 不再具有序列相关性。

【例 9-3】人均可支配收入对人均消费的影响分析（可行的广义最小二乘法）

本例沿用例 9-1 中 2013—2019 年中国东北、华北、华东 15 个省级地区的居民家庭人均消费和人均可支配收入数据（Stata 数据集例 9-1.dta），用 FGLS 方法估计随机效应模型，估计结果如图 9-8 所示。

图 9-8
FGLS 方法
估计结果

```
Random-effects GLS regression                   Number of obs      =       105
Group variable: id                              Number of groups   =        15

R-sq:  within  = 0.9743                         Obs per group: min =         7
       between = 0.9837                                        avg =       7.0
       overall = 0.9805                                        max =         7

                                                Wald chi2(1)       =    745.73
corr(u_i, X)   = 0 (assumed)                    Prob > chi2        =    0.0000
theta          = .80637378

                                    (Std. Err. adjusted for 15 clusters in id)
------------------------------------------------------------------------------
             |               Robust
          CP |      Coef.   Std. Err.      z    P>|z|     [95% Conf. Interval]
-------------+----------------------------------------------------------------
          IP |   .5985845   .0219197    27.31   0.000     .5556226    .6415463
       _cons |   2896.983   760.1794     3.81   0.000     1407.059    4386.908
-------------+----------------------------------------------------------------
     sigma_u |  1021.8936
     sigma_e |  533.60083
         rho |  .78575575   (fraction of variance due to u_i)
------------------------------------------------------------------------------
```

.xtreg CP IP，re robust theta //re 代表随机效应，robust 表示计算稳健标准误差，theta 表示显示 $\hat{\lambda}$ 的值。

图 9-8 给出了公共截距 $\hat{\alpha}$ 和公共斜率 $\hat{\beta}$ 的估计值，如果关注个体截距，需要在此基础上进行计算。在 Stata 命令窗口输入如下命令：

.predict ui，u // 得到每个个体随机效应 $\hat{u}_i$ 的估计值

.generate a_re=_b[_cons]+ui // 计算每个个体的截距 $\hat{\alpha}_i=\hat{\alpha}+\hat{u}_i$

.table id，content（mean ui mean a_re）// 列表显示每个个体的 $\hat{u}_i$ 和 $\hat{\alpha}_i$，具体如图 9-9 所示

图 9-9
个体随机效应和截距

id	mean(ui)	mean(a_re)
安徽	-531.3282	2365.655
北京	805.894	3702.877
福建	670.3865	3567.37
河北	-552.3731	2344.61
黑龙江	-95.98112	2801.002
吉林	-12.955	2884.028
江苏	-254.9238	2642.06
江西	-1515.824	1381.16
辽宁	268.1885	3165.172
内蒙古	440.6301	3337.614
山东	-1761.141	1135.843
山西	-1545.018	1351.965
上海	1892.902	4789.885
天津	2614.941	5511.925
浙江	-423.3981	2473.585

还可以进一步通过条形图显示个体随机效应与截距，具体命令如下：

.graph bar ui，over（id）// 个体异质性 $\hat{u}_i$ 的条形图，如图 9-10 所示

.graph bar a_fe，over（id）// 可变截距 $\hat{\alpha}_i$ 的条形图，如图 9-11 所示

图 9-10
个体随机效应条形图

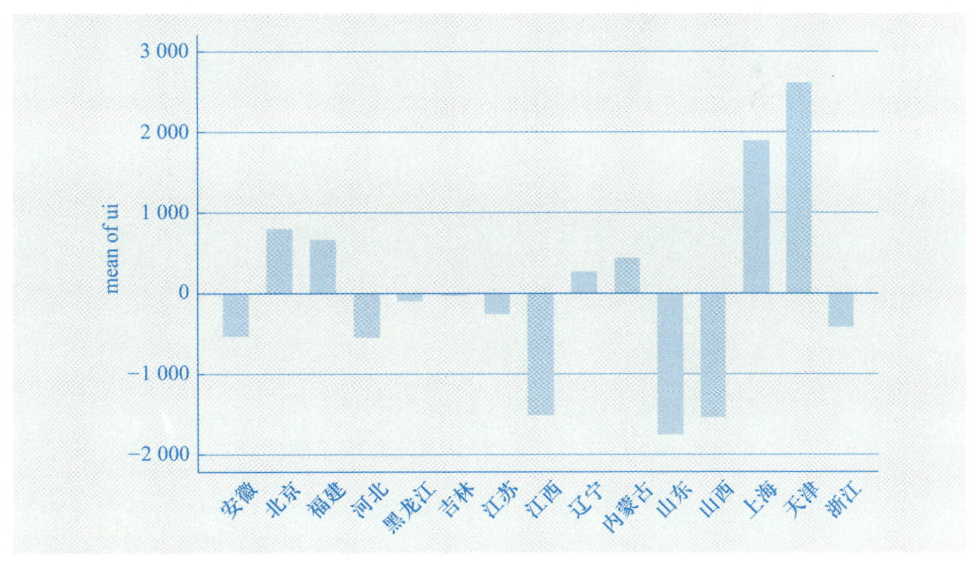

图 9-11
随机效应模型
个体截距条形图

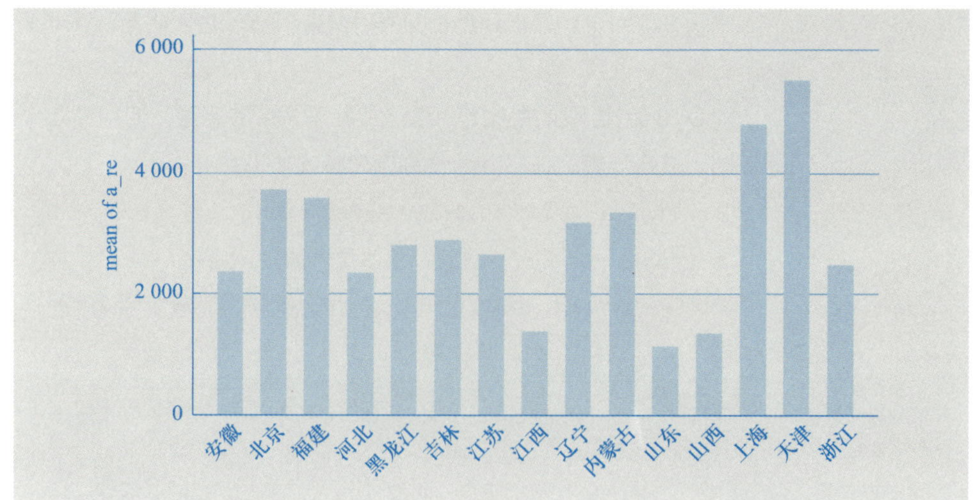

2. 极大似然估计

如果随机误差项的概率分布已知，可以用极大似然法（ML）估计随机效应变截距模型的参数。在 Stata 命令窗口输入命令：

xtreg CP IP，mle

估计结果如图 9-12 所示。

图 9-12
极大似然估计结果

```
Random-effects ML regression                    Number of obs      =       105
Group variable: id                              Number of groups   =        15

Random effects u_i ~ Gaussian                   Obs per group: min =         7
                                                               avg =       7.0
                                                               max =         7

                                                LR chi2(1)         =    383.47
Log likelihood  = -835.37464                    Prob > chi2        =    0.0000

------------------------------------------------------------------------------
          CP |      Coef.   Std. Err.      z    P>|z|     [95% Conf. Interval]
-------------+----------------------------------------------------------------
          IP |   .5956125   .0100106    59.50   0.000      .575992     .615233
       _cons |   2983.793   432.1835     6.90   0.000     2136.729    3830.857
-------------+----------------------------------------------------------------
    /sigma_u |   1216.037   239.0839                      827.1659    1787.725
    /sigma_e |   532.8319    40.0367                      459.8661     617.375
         rho |   .8389305   .0577895                      .7007567    .9269666
------------------------------------------------------------------------------
Likelihood-ratio test of sigma_u=0: chibar2(01)=  106.02 Prob>=chibar2 = 0.000
```

3. 组间估计方法（Between Estimators，BE）

组间估计首先对每一个个体计算观测值的序时平均数，得到所有的 N 个个体的组内平均数 $\{(\bar{X}_i,\bar{Y}_i)$：$i=1,2,\cdots,N$；$t=1,2,\cdots,T\}$，然后将其看作横截面数据进行 OLS 回归。由于组间估计方法将面板数据合成为横截面数据，损失较多信息，而且组间估计量往往是不一致的，因此该方法在建模实践中应用较少，一般只作为一种参考性的方法。

在 Stata 命令窗口输入命令：

.xtreg CP IP，be

估计结果如图 9-13 所示。

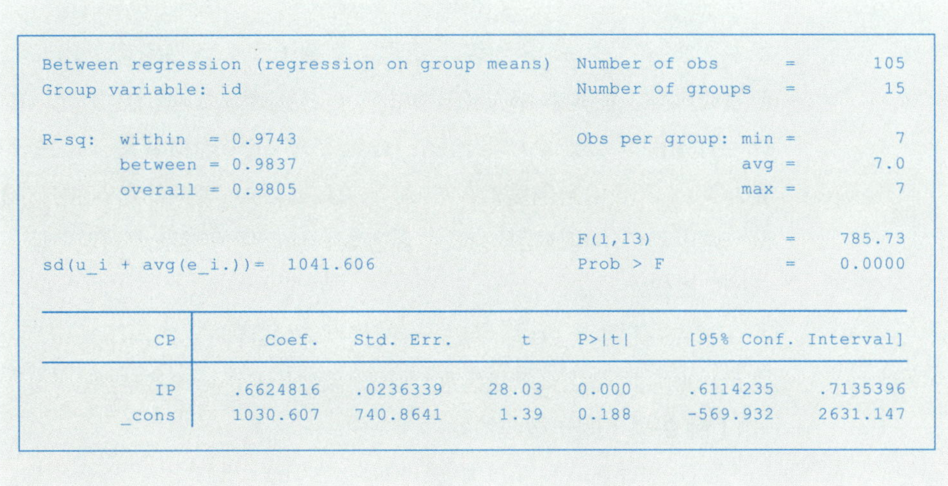

```
Between regression (regression on group means)  Number of obs      =       105
Group variable: id                              Number of groups   =        15

R-sq:  within  = 0.9743                         Obs per group: min =         7
       between = 0.9837                                        avg =       7.0
       overall = 0.9805                                        max =         7

                                                F(1,13)            =    785.73
sd(u_i + avg(e_i.))=  1041.606                  Prob > F           =    0.0000

-------------+----------------------------------------------------------------
          CP |      Coef.   Std. Err.      t    P>|t|     [95% Conf. Interval]
-------------+----------------------------------------------------------------
          IP |   .6624816   .0236339    28.03   0.000     .6114235    .7135396
       _cons |   1030.607   740.8641     1.39   0.188    -569.932     2631.147
```

图 9-13 组间估计方法的估计结果

9.4 面板数据模型的设定检验

9.4.1 固定效应模型的设定检验

固定效应模型的设定检验是指混合回归模型与固定效应变截距模型之间的选择。混合回归的前提是不存在个体和时间的异质性，否则会产生遗漏变量偏误，影响 OLS 估计量的统计性质。因此，对于给定的面板数据样本，必须检验其是否存在个体或时间异质性。可以把混合回归模型看作是固定效应模型的受约束模型，通过约束条件的 F 检验完成模型选择。

固定效应模型的三种估计方法中，一阶差分法和离差变换法的因变量都经过了一定的变换，只有虚拟变量估计法的因变量没有经过变换，与混合回归的因变量相同。因此，这个 F 检验实际上是基于 LSDV 与混合回归模型的残差平方和（RSS）比较。

原假设 H_0：不同个体的模型截距项相同（建立混合回归模型），即施加了约束条件 $u_1 = u_2 = \cdots = u_N = 0$。

备择假设 H_1：不同个体的模型截距项不同（建立个体固定效应模型）。

F 统计量定义为

$$F=\frac{(\mathrm{RSS}_r-\mathrm{RSS}_u)/(\mathrm{df}_r-\mathrm{df}_u)}{\mathrm{RSS}_u/\mathrm{df}_u}$$

$$=\frac{(\mathrm{RSS}_r-\mathrm{RSS}_u)/[(NT-k-1)-(NT-k-N)]}{\mathrm{RSS}_u/(NT-k-N)}$$

$$=\frac{(\mathrm{RSS}_r-\mathrm{RSS}_u)/(N-1)}{\mathrm{RSS}_u/(NT-k-N)} \qquad (9.4.1)$$

式中，RSS_r、RSS_u 分别表示受约束模型（混合回归模型）和非约束模型（个体固定效应模型）的残差平方和；df_r、df_u 分别表示二者的自由度。二者自由度之差为 $(N-1)$ 是因为 LSDV 比混合回归增加了 $N-1$ 个虚拟变量。该统计量服从分子自由度为 $N-1$，分母自由度为 $NT-k-N$ 的 F 分布，可据此对 H_0 进行检验。若拒绝原假设，则表明个体间截距项存在显著差异，模型中需要考虑固定效应；反之，则混合回归模型更优。

Stata 在用 xtreg 命令进行组内中心化估计时，如果不加选项 vce（cluster id）或 robust，回归结果表格后面会自动给出上述 F 检验的结果。

【例 9-4】固定效应检验

本例仍然采用例 9-1 中 2013—2019 年中国东北、华北、华东 15 个省级地区的居民家庭人均消费和人均可支配收入数据（Stata 数据集例 9-1.dta），通过 F 检验在混合回归模型和固定效应模型之间进行选择，具体结果如图 9-14 所示。

在 Stata 命令窗口输入命令：

```
.xtreg CP IP , fe
```

图 9-14

F 检验结果

```
Fixed-effects (within) regression               Number of obs      =       105
Group variable: id                              Number of groups   =        15

R-sq:  within  = 0.9743                         Obs per group: min =         7
       between = 0.9837                                        avg =       7.0
       overall = 0.9805                                        max =         7

                                                F(1,89)            =   3378.91
corr(u_i, Xb)  = 0.6043                         Prob > F           =    0.0000

------------------------------------------------------------------------------
          CP |      Coef.   Std. Err.      t    P>|t|     [95% Conf. Interval]
-------------+----------------------------------------------------------------
          IP |   .5869219    .010097    58.13   0.000     .5668594    .6069845
       _cons |   3237.636   299.4861    10.81   0.000     2642.563    3832.708
-------------+----------------------------------------------------------------
     sigma_u |  1341.4757
     sigma_e |  533.60083
         rho |  .86339219   (fraction of variance due to u_i)
------------------------------------------------------------------------------
F test that all u_i=0:     F(14, 89) =    28.09              Prob > F = 0.0000
```

从图 9-14 中可以看出，F 统计量的值为 28.09，在 1% 显著性水平下拒绝原假设，表明个体间截距项存在显著差异，模型中需要考虑固定效应，因此应该建立固定效应模型。

9.4.2 随机效应模型的设定检验

随机效应模型的设定检验是指混合回归模型与随机效应变截距模型之间的选择，等价于对以下假设进行检验。

原假设 H_0： $\mathrm{var}(u_i)=\sigma_u{}^2=0$（不存在个体异质性，适用混合回归）。

备择假设 H_1： $\mathrm{var}(u_i)=\sigma_u{}^2\neq 0$（存在个体异质性，适用随机效应变截距模型）。

Breusch 和 Pagan（1980）基于拉格朗日乘数（Lagrange Multiplier）方法提出了个体随机效应的检验统计量，即

$$\mathrm{LM}=\frac{NT}{2(T-1)}\left[\frac{\sum_{i=1}^{N}\left(\sum_{t=1}^{T}e_{it}\right)^2}{\sum_{i=1}^{N}\sum_{t=1}^{T}e_{it}{}^2}-1\right]^2 \tag{9.4.2}$$

式中， e_{it} 是原假设为真条件下（运行混合回归）得到的 OLS 残差，在 H_0 下， LM 服从自由度为 1 的 χ^2 分布，即 $\mathrm{LM}\sim\chi^2(1)$。如果拒绝原假设，则应该建立个体随机效应模型；反之，则建立混合回归模型。Stata 进行随机效应估计后利用命令 xttest0 进行上述检验。

【例 9-5】随机效应检验

本例接着例 9-4，继续进行随机效应检验，具体结果如图 9-15 所示。

在 Stata 命令窗口输入命令：

```
.quietly xtreg CP IP，re
.xttest0
```

图 9-15
随机效应检验结果

```
Breusch and Pagan Lagrangian multiplier test for random effects

        CP[id,t] = Xb + u[id] + e[id,t]

        Estimated results:
                         |       Var     sd = sqrt(Var)
                ---------+-----------------------------
                      CP |   6.78e+07       8235.403
                       e |   284729.8       533.6008
                       u |    1044267       1021.894

        Test:   Var(u) = 0
                             chibar2(01) =    150.59
                          Prob > chibar2 =    0.0000
```

从检验结果来看，拒绝了 $\mathrm{var}(u_i)=\sigma_u{}^2=0$ 的原假设，应该建立随机效应模型。而例 9-4 的结论是建立固定效应模型，到底应该建立固定效应模型还是随机效应模型，还需要进一步的检验。

9.4.3 固定效应模型和随机效应模型的选择

固定效应模型可以允许未观测到的个体异质性与自变量之间存在相关关系，而随机效应模型则假定二者间是不相关的。这一区别是模型选择的最基本标准，即如果有理由相信个体异质性与自变量不相关，那么随机效应模型将给出效率更高的估计值；然而，当二者存在相关性时，随机效应模型的估计结果会有偏误，此时只能选择固定效应模型。

从研究的实际需要来讲，固定效应模型和随机效应模型的一个重要区别是前者无法在模型中引入不随时间变化的自变量。因此，当需要讨论的关键自变量本身不随时间改变时，是无法使用固定效应模型的。相比之下，随机效应模型没有这一限制，因此它在模型设定方面更加灵活，但是使用随机效应模型必须接受它关于异质性与自变量之间的不相关假定。总之，两种模型的选择需要在以上方面进行综合考虑和权衡。

Hausman 检验为在实际操作中甄别两种模型提供了统计基础，是一种常用的面板数据检验方法。其基本原理是：如果个体效应 u_i 与自变量无关，即 $\text{cov}(u_i, X) = 0$，随机效应模型和固定效应模型都能得到回归系数的一致统计量，但随机效应模型的估计量方差更小，所以应该选择随机效应模型；如果个体效应 u_i 与自变量相关，即 $\text{cov}(u_i, X) \neq 0$，固定效应模型能得到一致估计量，随机效应模型的估计量不一致，所以应该选择固定效应模型。

原假设 H_0： $\text{cov}(u_i, X) = 0$（随机效应）。

备择假设 H_1： $\text{cov}(u_i, X) \neq 0$（固定效应）。

Hausman 检验采用 Wald 统计量，即

$$H = (\hat{\boldsymbol{\beta}}_{\text{FE}} - \hat{\boldsymbol{\beta}}_{\text{RE}})'[\text{Var}(\hat{\boldsymbol{\beta}}_{\text{FE}}) - \text{Var}(\hat{\boldsymbol{\beta}}_{\text{RE}})]^{-1}(\hat{\boldsymbol{\beta}}_{\text{FE}} - \hat{\boldsymbol{\beta}}_{\text{RE}}) \tag{9.4.3}$$

式中，$\hat{\boldsymbol{\beta}}_{\text{FE}}$ 和 $\hat{\boldsymbol{\beta}}_{\text{RE}}$ 分别是固定效应模型和随机效应模型的参数估计值（列向量）。在 H_0 下，H 服从自由度为 k 的 χ^2 分布，即 $H \sim \chi^2(k)$。如果根据上述统计量拒绝原假设，则个体异质性与自变量相关，此时应当采用固定效应模型；反之，如果无法拒绝原假设，则采用随机效应模型。Hausman 检验在误差项球形假定（同方差、无序列相关）条件下进行，不适用于稳健标准误差的面板数据模型。在 Stata 中，需要先分别估计固定效应模型和随机效应模型，并保存各自的估计结果，再运行 Hausman 命令。

【例 9-6】Hausman 检验

在例 9-4 和例 9-5 的基础上，进一步在固定效应模型和随机效应模型之间进行选择，具体结果如图 9-16 所示。

```
.quietly xtreg CP IP, fe      // 估计固定效应模型（静默模式）
.estimate store fe      // 存储估计结果
.quietly xtreg CP IP, re      // 估计随机效应模型（静默模式）
.estimate store re      // 存储估计结果
```

```
.hausman fe re      // 运行 Hausman 检验
```

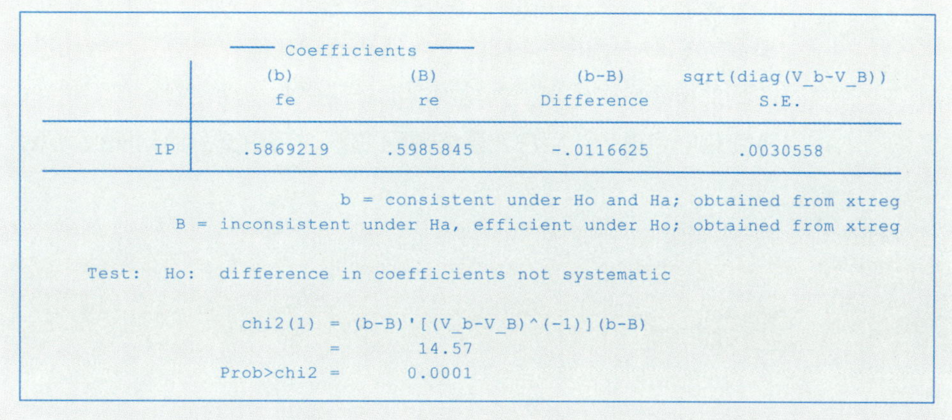

```
                 ---- Coefficients ----
             |      (b)          (B)            (b-B)     sqrt(diag(V_b-V_B))
             |      fe           re          Difference          S.E.
-------------+----------------------------------------------------------------
          IP |   .5869219     .5985845        -.0116625        .0030558
------------------------------------------------------------------------------
                           b = consistent under Ho and Ha; obtained from xtreg
            B = inconsistent under Ha, efficient under Ho; obtained from xtreg

    Test:  Ho:  difference in coefficients not systematic

                  chi2(1) = (b-B)'[(V_b-V_B)^(-1)](b-B)
                          =       14.57
                Prob>chi2 =      0.0001
```

图 9-16 Hausman 检验结果

从 Hausman 检验结果来看，在 1% 显著性水平下拒绝原假设，表明个体异质性与自变量相关，应当采用固定效应模型。

9.5 大数据场景案例分析——社会化媒体的用户行为分析

9.5.1 案例背景

本案例的数据来自国内某社会化问答社区。该平台致力于帮助用户寻找答案，分享专业知识、经验和见解，话题覆盖社会科学、自然科学、互联网、教育、医学、文学等领域。

在该社会化问答社区中，用户通常以提问者或回答者的身份参与问题讨论。作为回答者，注册用户对社区中他人问题的回答可以帮助提问者明确问题答案，激发其他用户的讨论，为问答社区贡献内容。与此同时，该平台具有的社交功能，使用户可以关注其他用户。用户通过关注关系构建自己的单向社会网络。关注关系建立后，被关注用户贡献的知识将以信息流的形式持续传递给关注用户，进一步提升知识需求者与贡献者知识交流的匹配水平。社会化问答社区用户在获得关注及其他用户肯定后，会更乐于参与社交交互、关注他人。因此，本案例探究社会化问答社区用户被关注关系与回答问题获得的社会反馈对用户关注其他用户行为的影响。

9.5.2 数据收集与预处理

社会化媒体用户行为特征复杂，需要从不同角度加以描述，收集的数据往往存在类型不统一、非结构化等特点。读者可参照第 2 章介绍的内容收集数据并对数据进行预处理。本节案例略去数据收集和预处理过程，直接使用处理好的数据建立面板回归模型。

案例数据集（Stata 数据集例 9-7.dta）为该平台某年度某话题下随机选取并抓取的 600 个用户 14 周的交互活动面板数据，包括关注数和粉丝数变化、回答及收到的投票数量信息。为排除非活跃用户的干扰，剔除观测时间内交互活动没有发生变化的“僵尸”用户，最终得到 306 个用户交互活动面板数据，部分样本数据见表 9-5。

表 9-5
数据示例

snapDate	answers_0	followees	followers	answerBeenVoted	ID	week	time
16mar2014	1	85	108	0	1	11	1
06apr2014	1	86	116	0	1	14	4
27apr2014	1	86	120	0	1	17	7
13apr2014	2	14	185	5	2	15	5
10jun2014	0	31	193	34	2	23	13
27may2014	1	31	190	6	2	21	11
27apr2014	5	29	187	28	2	17	7
⋮	⋮	⋮	⋮	⋮	⋮	⋮	⋮
23mar2014	6	137	903	28	306	12	2

9.5.3 研究变量与模型设定

相关因变量与自变量含义如下。

followees（关注关系）：用户通过对其他用户建立关注关系来表达对信息源的认可和收到更多内容的期望。本案例使用目标用户关注其他用户的数量来测量。

followers（被关注关系）：用户被其他用户关注获得粉丝。本案例使用目标用户被关注产生的粉丝数量来测量。粉丝数量反映用户获得社会曝光的机会，粉丝数量越大，社会曝光的范围越大。

answerBeenVoted（社会反馈）：用户提交回答后获得其他用户肯定的反馈。该平台中，其他用户通过对回答点击有用投票表达对该回答的肯定。本案例采用用户获得的有用投票数量来测量其获得社区中其他用户认可的程度。

为去除数据偏态分布的影响，对相关变量做对数处理，生成 ln followees，ln followers，ln answerBeenVoted。

本案例采用面板数据的个体效应模型，即

$$\ln \text{followees}_{it} = \alpha + \beta_1 \ln \text{followers}_{it} + \beta_2 \ln \text{answerBeenVoted}_{it} + u_i + \varepsilon_{it} \quad (9.5.1)$$

式中，i 为个体；t 为时间；扰动项为由 $u_i + \varepsilon_{it}$ 两部分构成的复合扰动项。u_i 为代表用户个体异质性的截距项。如果 u_i 与某个自变量相关，则为固定效应模型；如果 u_i 与所有自变量均不相关，则为随机效应模型。

9.5.4 模型估计与结果分析

此案例仅为帮助读者理解面板数据处理，相关科学研究可结合理论加入更多变量，并采用更为严谨的计量模型如泊松面板回归模型。

1. 设定面板数据

读取本案例数据例 9-7.dta，设定 ID 与 time 为面板（个体）变量、时间变量，在 Stata 命令窗口输入命令：

.xtset ID time

面板数据设定结果如图 9-17 所示。

图 9-17
面板数据设定结果

```
panel variable:  ID (unbalanced)
 time variable:  time, 1 to 14, but with gaps
         delta:  1 unit
```

由上图可知，面板个体变量为 ID，时间跨度为 14 个时间周期，为非平衡面板。

2. 显示变量的统计特征

在 Stata 命令窗口输入命令：

.xtsum followees followers answerBeenVoted

变量统计特征结果如图 9-18 所示。

图 9-18
变量统计特征结果

Variable		Mean	Std. Dev.	Min	Max	Observations
follo~es	overall	257.7016	456.2585	0	5702	N = 1763
	between		480.0597	.8181818	5702	n = 306
	within		26.63034	-55.58407	513.4159	T-bar = 5.76144
follo~rs	overall	15995.94	48946.75	1	316731	N = 1763
	between		37087.3	2	294389.5	n = 306
	within		4102.023	-23611.71	67983.29	T-bar = 5.76144
answer~d	overall	238.4651	766.5466	0	12753	N = 1763
	between		474.1196	0	4467.077	n = 306
	within		454.567	-3475.535	9749.715	T-bar = 5.76144

3. 固定效应

首先，考虑数据偏态分布，对相关变量做对数处理，在 Stata 命令窗口输入命令：

.g lnfollowees=log（followees+1）

.g lnfollowers=log（followers+1）

.g lnanswerBeenVoted =log（answerBeenVoted+1）

由于每个用户的固有属性和用户偏好不同，可能存在不随时间而变的遗漏变量，因此考虑使用固定效应模型（FE），在 Stata 命令窗口输入命令：

.xtreg lnfollowees lnfollowers lnanswerBeenVoted，fe r

其中，选择项“r”表示使用聚类稳健标准误差，也可以使用选择项“vce（cluster ID）”实现相同目的。固定效应模型估计结果如图 9-19 所示。

图 9-19
固定效应模型估计结果

```
Fixed-effects (within) regression               Number of obs      =      1,763
Group variable: ID                              Number of groups   =        306

R-sq:                                           Obs per group:
     within  = 0.1293                                         min =          2
     between = 0.0820                                         avg =        5.8
     overall = 0.1102                                         max =         14

                                                F(2,305)           =       9.47
corr(u_i, Xb)  = -0.0855                        Prob > F           =     0.0001

                                  (Std. Err. adjusted for 306 clusters in ID)
------------------------------------------------------------------------------
             |               Robust
 lnfollowees |      Coef.   Std. Err.      t    P>|t|     [95% Conf. Interval]
-------------+----------------------------------------------------------------
 lnfollowers |   .2229942   .0573271     3.89   0.000     .1101875    .3358009
lnanswerBee~d |    .006333   .0037773     1.68   0.095    -.0010998    .0137659
       _cons |   3.162271    .405659     7.80   0.000     2.364026    3.960515
-------------+----------------------------------------------------------------
     sigma_u |  1.2088299
     sigma_e |  .09682956
         rho |  .99362459   (fraction of variance due to u_i)
------------------------------------------------------------------------------
```

参数估计结果显示被关注关系的系数为 0.223 且在统计上显著（$p < 0.000$），对用户关注其他用户的行为具有显著的积极影响。社会反馈的系数为 0.006，且在 0.1 的显著性水平下显著，对用户关注其他用户的行为同样具有显著的积极影响，但远小于被关注关系的影响。

为进一步考虑时间效应，定义不同时间的虚拟变量，在 Stata 命令窗口输入命令：

.tab time，gen（time）

时间虚拟变量定义结果如图 9-20 所示。

图 9-20
时间虚拟变量定义结果

time	Freq.	Percent	Cum.
1	104	5.90	5.90
2	110	6.24	12.14
3	147	8.34	20.48
4	147	8.34	28.81
5	129	7.32	36.13
6	136	7.71	43.85
7	121	6.86	50.71
8	146	8.28	58.99
9	144	8.17	67.16
10	141	8.00	75.16
11	123	6.98	82.13
12	141	8.00	90.13
13	122	6.92	97.05
14	52	2.95	100.00
Total	1,763	100.00	

使用双向固定效应（Two-way FE）模型，在 Stata 命令窗口输入命令：

.xtreg lnfollowees lnfollowers lnanswerBeenVoted time2-time14，fe r

考虑时间效应固定效应模型估计结果如图 9-21 所示。

图 9-21
考虑时间效应固定效应模型估计结果

```
Fixed-effects (within) regression               Number of obs     =      1,763
Group variable: ID                              Number of groups  =        306

R-sq:                                           Obs per group:
     within  = 0.1493                                         min =          2
     between = 0.0814                                         avg =        5.8
     overall = 0.1102                                         max =         14

                                                F(15,305)         =       6.44
corr(u_i, Xb)  = 0.0424                         Prob > F          =     0.0000

                                 (Std. Err. adjusted for 306 clusters in ID)
------------------------------------------------------------------------------
             |               Robust
 lnfollowees |      Coef.   Std. Err.      t    P>|t|     [95% Conf. Interval]
-------------+----------------------------------------------------------------
 lnfollowers |   .1578232   .0711416     2.22   0.027     .0178327    .2978138
lnanswerBee~d|   .0042406   .0072189     0.59   0.557    -.0099646    .0184457
       time2 |   .0089945    .028081     0.32   0.749    -.0462624    .0642514
       time3 |  -.0027363   .0387454    -0.07   0.944    -.0789784    .0735059
       time4 |   .0221887   .0336089     0.66   0.510     -.043946    .0883235
       time5 |   .0149367    .034989     0.43   0.670    -.0539137     .083787
       time6 |    .027058   .0331831     0.82   0.415    -.0382389    .0923549
       time7 |   .0370649   .0296539     1.25   0.212    -.0212873    .0954171
       time8 |    .045502   .0272922     1.67   0.096    -.0082029    .0992069
       time9 |   .0559306   .0295128     1.90   0.059    -.0021439    .1140051
      time10 |    .043745   .0340918     1.28   0.200    -.0233399      .11083
      time11 |   .0473055   .0341249     1.39   0.167    -.0198445    .1144555
      time12 |   .0462377   .0337446     1.37   0.172     -.020164    .1126395
      time13 |    .032989   .0391013     0.84   0.400    -.0439535    .1099315
      time14 |   .0419317   .0393177     1.07   0.287    -.0354366    .1193001
       _cons |    3.60025   .4946015     7.28   0.000     2.626986    4.573513
-------------+----------------------------------------------------------------
     sigma_u |  1.1982179
     sigma_e |  .09614241
         rho |  .99360307   (fraction of variance due to u_i)
------------------------------------------------------------------------------
```

此时，参数估计结果显示被关注关系的系数为 0.158 且在 0.05 的显著性水平下显著，表明被关注关系对用户关注其他用户的行为具有显著的积极影响。社会反馈的系数则不显著，对用户关注其他用户的行为没有显著影响。

也可以在 Stata 命令窗口输入命令：

.xtreg lnfollowees lnfollowers lnanswerBeenVoted i.time，fe r

实现相同目的。

4. 随机效应

个体效应还可能以随机效应的形式存在，在 Stata 命令窗口输入命令：

.xtreg lnfollowees lnfollowers lnanswerBeenVoted，re r

同样，可以使用“vce（cluster ID）”选项实现聚类稳健标准误差。随机效应模型估计结果如图 9-22 所示。

此时，参数估计结果显示被关注关系和社会反馈的系数为 0.205 和 0.007 且均统计显著，表明二者均对用户关注其他用户的行为具有显著的积极影响。

5. Hausman 检验

在处理面板数据时，为判断采用固定效应还是随机效应模型，可以分别存储固定效应与随机效应模型的结果，然后使用 Hausman 检验比较，在 Stata 命令窗口输

图 9-22
随机效应模型估计结果

```
Random-effects GLS regression                   Number of obs      =     1,763
Group variable: ID                              Number of groups   =       306

R-sq:                                           Obs per group:
     within  = 0.1292                                         min =          2
     between = 0.0821                                         avg =        5.8
     overall = 0.1102                                         max =         14

                                                Wald chi2(2)       =     26.15
corr(u_i, X)   = 0 (assumed)                    Prob > chi2        =    0.0000

                                  (Std. Err. adjusted for 306 clusters in ID)
------------------------------------------------------------------------------
             |               Robust
 lnfollowees |      Coef.   Std. Err.      z    P>|z|     [95% Conf. Interval]
-------------+----------------------------------------------------------------
 lnfollowers |   .2047577   .0424787     4.82   0.000      .121501    .2880145
lnanswerBee~d|    .006907   .0037771     1.83   0.067     -.000496      .01431
       _cons |   3.268537   .2830142    11.55   0.000      2.71384    3.823235
-------------+----------------------------------------------------------------
     sigma_u |  1.1960306
     sigma_e | .09682956
         rho |   .9934883   (fraction of variance due to u_i)
------------------------------------------------------------------------------
```

入命令：

.xtreg lnfollowees lnfollowers lnanswerBeenVoted，fe

.estimates store fe

.xtreg lnfollowees lnfollowers lnanswerBeenVoted，re

.estimates store re

.hausman fe re，constant sigmamore

其中，选项“constant”用来设置系数估计值比较时是否包括常数项，而选项“sigmamore”表示统一使用更有效率的那个估计量的方差估计。Hausman 检验结果如图 9-23 所示。

图 9-23
Hausman 检验结果

```
                 ---- Coefficients ----
             |      (b)          (B)            (b-B)     sqrt(diag(V_b-V_B))
             |      fe           re          Difference          S.E.
-------------+----------------------------------------------------------------
 lnfollowers |   .2229942     .2047577        .0182365        .0086757
lnanswerBe~d |    .006333      .006907        -.000574        .0002393
       _cons |   3.162271     3.268537       -.1062662        .0237004
------------------------------------------------------------------------------
                           b = consistent under Ho and Ha; obtained from xtreg
            B = inconsistent under Ha, efficient under Ho; obtained from xtreg

    Test:  Ho:  difference in coefficients not systematic

                  chi2(3) = (b-B)'[(V_b-V_B)^(-1)](b-B)
                          =        6.47
                Prob>chi2 =      0.0907
                (V_b-V_B is not positive definite)
```

结果显示，p 值为 0.091，拒绝了随机效应模型最优效率的原假设，应该使用固定效应模型。

本章小结

本章主要介绍了面板数据的基本性质和分析方法。面板数据综合了截面数据和时间序列数据的特征，但是在处理方法上又与这两类数据不同。由于面板数据中存在未观测到的个体异质性，因此利用混合 OLS 回归常常无法得到准确的估计值。对于固定效应模型，本章介绍了一阶差分法、离差变换法和虚拟变量估计法；对于随机效应模型，本章介绍了可行的广义最小二乘法、极大似然估计和组间估计方法。针对每种估计方法，都给出了具体的操作命令。在此基础上，本章还介绍了固定效应和随机效应的检验，以及如何在二者之间进行选择的 Hausman 检验。最后，为使读者对面板数据模型的建立和分析有一个整体的认识，本章通过一个具体的案例来贯穿所学内容。

习题

1. 什么是面板数据？面板数据有哪些优点？
2. 如何对面板数据进行分类？
3. 如何对面板数据模型进行分类？
4. 什么是固定效应和随机效应？
5. 固定效应变截距模型有哪些估计方法？
6. 如何进行固定效应检验？
7. 如何进行随机效应检验？
8. 如何在固定效应模型和随机效应模型之间进行选择？
9. 数据集（Stata 数据集习题 9-9.dta）是关于美国 48 个州 1982—1988 年交通事故死亡率的相关信息。因变量是 fatal（交通死亡率）；自变量包括 beertax（啤酒税）、spircons（酒精消费量）、unrate（失业率）、perinck（人均收入，以千元计）、state（州）、year（年）。试完成以下操作：

   （1）设定面板数据；

   （2）估计混合回归模型；

   （3）建立固定效应变截距模型，并将其与混合回归模型进行比较选优；

   （4）建立随机效应变截距模型；

   （5）通过 Hausman 检验对固定效应模型和随机效应模型进行选择。
10. 面板数据集（Stata 数据集习题 9-10.dta）包含 595 名美国工人 1976—1982 年的以下变量：lwage（工资的对数）、ed（受教育年限）、exp（工龄）、exp2（工龄的平方）、wks（工作周数）。考虑以下模型：

$$\text{lwage}_{it} = \alpha + \beta_1 \exp_{it} + \beta_2 \exp 2_{it} + \beta_3 \text{wks} + \beta_4 \text{ed}_{it} + u_i + \varepsilon_{it}$$

（1）进行混合回归；

（2）对固定效应模型计算组内估计量；

（3）对固定效应模型进行 LSDV 估计，检验是否存在个体效应；

（4）对随机效应模型进行 FGLS 估计，检验是否存在个体效应；

（5）对随机效应模型进行 MLE 估计；

（6）计算组间估计量；

（7）进行 Hausman 检验。

即测即评

第10章 空间计量分析模型

■ 空间计量分析起源于对数据空间属性的识别、度量和量化分析，即把样本数据的地理区位信息进行量化并将其纳入传统计量分析中。此外，经典计量经济分析以独立随机抽样为基础，不考虑截面个体间的相关性，但在实际经济和管理活动中，截面个体的空间相关性广泛存在，而且距离越近的个体联系越紧密，因此有必要引入空间相关性，建立空间计量分析模型。本章介绍空间计量分析基础，包括空间效应、空间权重矩阵的设定和空间相关性检验，以及几类常见的截面数据空间计量分析模型，最后介绍各类空间计量模型选择的标准和检验方法。

10.1 空间数据与空间效应

10.1.1 空间数据

在经典线性计量模型中，所用到的数据主要分为三类：截面数据、时间序列数据和面板数据。截面数据是不同主体在同一时间点或同一时间段的数据；时间序列数据是指将同一统计指标的数值按其发生的时间先后顺序排列而成的数据；面板数据综合了截面数据和时间序列数据的特点，与截面数据相比，能够提供同一个体在不同时间点的动态变化，与时间序列数据相比，能够提供不同个体在同一时点的横截面信息。空间数据又称空间属性数据，是指包含了某个时间或某些时间的空间位置信息和研究对象相应属性的数据。可见，空间数据与传统数据的区别在于其包含了空间信息。空间信息一般可以通过坐标来表示，通过对坐标的变换使其能够表达研究对象所具有的空间结构，包括相邻关系、拓扑关系等。对于任意一个空间单元 s_i，其邻近的空间单元表示为 $N_i(i)$，则所有空间单元的相邻关系的集合 $\{N_i(i)\}$ 可以用矩阵的形式表示。例如，想研究中国 30 个省级地区（不含西藏和港澳台）的空间结构，若任意两个省份相邻，定义为 1，不相邻则定义为 0，利用该方法可以将 30 个省级地区的相邻关系表示为图 10-1 所示的矩阵形式，这也是 30 个省级地区的二进制邻接空间权重矩阵。

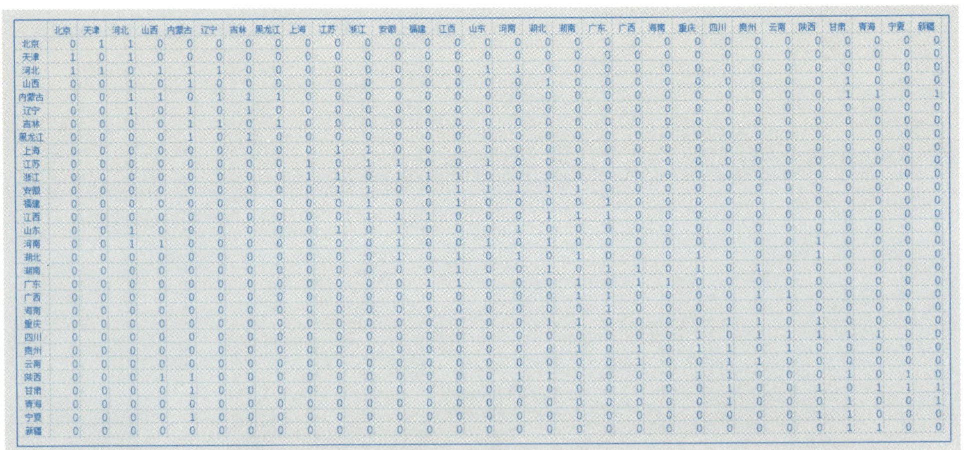

	北京	天津	河北	山西	内蒙古	辽宁	吉林	黑龙江	上海	江苏	浙江	安徽	福建	江西	山东	河南	湖北	湖南	广东	广西	海南	重庆	四川	贵州	云南	陕西	甘肃	青海	宁夏	新疆
北京	0	1	1	0	0	0	0	0	0	0	0	0	0	0	0	0	0	0	0	0	0	0	0	0	0	0	0	0	0	0
天津	1	0	1	0	0	0	0	0	0	0	0	0	0	0	0	0	0	0	0	0	0	0	0	0	0	0	0	0	0	0
河北	1	1	0	1	1	1	0	0	0	0	0	0	0	0	1	1	0	0	0	0	0	0	0	0	0	0	0	0	0	0
山西	0	0	1	0	1	0	0	0	0	0	0	0	0	0	0	0	1	0	0	0	0	0	0	0	0	0	1	0	0	0
内蒙古	0	0	1	1	0	1	1	1	0	0	0	0	0	0	0	0	0	0	0	0	0	0	0	0	0	0	1	1	0	1
辽宁	0	0	1	0	1	0	1	0	0	0	0	0	0	0	0	0	0	0	0	0	0	0	0	0	0	0	0	0	0	0
吉林	0	0	0	0	1	1	0	1	0	0	0	0	0	0	0	0	0	0	0	0	0	0	0	0	0	0	0	0	0	0
黑龙江	0	0	0	0	1	0	1	0	0	0	0	0	0	0	0	0	0	0	0	0	0	0	0	0	0	0	0	0	0	0
上海	0	0	0	0	0	0	0	0	0	1	1	0	0	0	0	0	0	0	0	0	0	0	0	0	0	0	0	0	0	0
江苏	0	0	0	0	0	0	0	0	1	0	1	1	0	0	1	0	0	0	0	0	0	0	0	0	0	0	0	0	0	0
浙江	0	0	0	0	0	0	0	0	1	1	0	1	1	1	0	0	0	0	0	0	0	0	0	0	0	0	0	0	0	0
安徽	0	0	0	0	0	0	0	0	0	1	1	0	0	1	1	1	1	1	0	0	0	0	0	0	0	0	0	0	0	0
福建	0	0	0	0	0	0	0	0	0	0	1	0	0	1	0	0	0	0	1	0	0	0	0	0	0	0	0	0	0	0
江西	0	0	0	0	0	0	0	0	0	0	1	1	1	0	0	0	1	1	1	0	0	0	0	0	0	0	0	0	0	0
山东	0	0	1	0	0	0	0	0	0	1	0	1	0	0	0	1	0	0	0	0	0	0	0	0	0	0	0	0	0	0
河南	0	0	1	1	0	0	0	0	0	0	0	1	0	0	1	0	1	0	0	0	0	0	0	0	0	1	0	0	0	0
湖北	0	0	0	0	0	0	0	0	0	0	0	1	0	1	0	1	0	1	0	0	0	1	0	0	0	1	0	0	0	0
湖南	0	0	0	0	0	0	0	0	0	0	0	0	0	1	0	0	1	0	1	1	0	1	0	1	0	0	0	0	0	0
广东	0	0	0	0	0	0	0	0	0	0	0	0	1	1	0	0	0	1	0	1	1	0	0	0	0	0	0	0	0	0
广西	0	0	0	0	0	0	0	0	0	0	0	0	0	0	0	0	0	1	1	0	0	0	0	1	1	0	0	0	0	0
海南	0	0	0	0	0	0	0	0	0	0	0	0	0	0	0	0	0	0	1	0	0	0	0	0	0	0	0	0	0	0
重庆	0	0	0	0	0	0	0	0	0	0	0	0	0	0	0	0	1	1	0	0	0	0	1	1	0	1	0	0	0	0
四川	0	0	0	0	0	0	0	0	0	0	0	0	0	0	0	0	0	0	0	0	0	1	0	1	1	1	1	1	0	0
贵州	0	0	0	0	0	0	0	0	0	0	0	0	0	0	0	0	0	1	0	1	0	1	1	0	1	0	0	0	0	0
云南	0	0	0	0	0	0	0	0	0	0	0	0	0	0	0	0	0	0	0	1	0	0	1	1	0	0	0	0	0	0
陕西	0	0	0	1	1	0	0	0	0	0	0	0	0	0	0	1	1	0	0	0	0	1	1	0	0	0	1	0	1	0
甘肃	0	0	0	0	1	0	0	0	0	0	0	0	0	0	0	0	0	0	0	0	0	0	1	0	0	1	0	1	1	1
青海	0	0	0	0	0	0	0	0	0	0	0	0	0	0	0	0	0	0	0	0	0	0	1	0	0	0	1	0	0	1
宁夏	0	0	0	0	1	0	0	0	0	0	0	0	0	0	0	0	0	0	0	0	0	0	0	0	0	1	1	0	0	0
新疆	0	0	0	0	0	0	0	0	0	0	0	0	0	0	0	0	0	0	0	0	0	0	0	0	0	0	1	1	0	0

图 10-1
中国 30 个省级地区二进制邻接权重矩阵

恰当地利用空间数据中的位置信息能够得到传统截面数据所不能反映的现象。以 2019 年中国 30 个省级地区的地区生产总值（GDP）为例，数据见表 10-1。

表 10-1
中国 30 个省级地区 2019 年地区生产总值

单位：亿元

地区	地区生产总值 GDP	地区	地区生产总值 GDP
北京	35 371	内蒙古	17 213
天津	14 104	辽宁	24 909
河北	35 105	吉林	11 727
山西	17 027	黑龙江	13 613

续表

地区	地区生产总值 GDP	地区	地区生产总值 GDP
上海	38 155	广西	21 237
江苏	99 632	海南	5 309
浙江	62 352	重庆	23 606
安徽	37 114	四川	46 616
福建	42 395	贵州	16 769
江西	24 758	云南	23 224
山东	71 068	陕西	25 793
河南	54 259	甘肃	8 718
湖北	45 828	青海	2 966
湖南	39 752	宁夏	3 748
广东	107 671	新疆	13 597

数据来源：《中国统计年鉴 2020》。

如果把该数据作为普通截面数据，可以通过将数据转化为分布图，从而得到 2019 年中国 30 个省级地区的地区生产总值均值和方差等统计信息。由于空间信息的加入，可利用相关数据进行空间分析，从而处理截面数据和面板数据中空间相互作用和空间结构等问题。

10.1.2 空间效应

空间效应反映了空间信息所带来的影响。空间效应可以分为空间依赖性（Spatial Dependence）和空间异质性（Spatial Heterogeneity）。空间依赖性是指由主体行为间的空间交互作用而产生的一种截面依赖性；空间异质性是指空间结构的非均衡性，表现为主体行为之间存在明显的空间结构差异。

1. 空间依赖性

空间依赖性是指空间中各变量之间存在相互影响。空间依赖性通常又称空间自相关或空间相关性。Goodchild（1992）指出，几乎所有的空间数据都具有空间依赖特征。空间依赖是事物和现象在空间上的相互依赖、相互制约、相互影响和相互作用，是事物和现象本身所固有的属性。其含义表示为一个地区空间单元 i 的某种经济地理现象或者某一属性值与邻近地区空间单元 j 的同一现象或属性值是相关的，可以写为

$$Y_i = f(Y_j), \quad i, j = 1, 2, \cdots, n; \quad j \neq i \tag{10.1.1}$$

空间依赖性打破了传统计量经济学中观测值相互独立的基本假设。由于空间依赖性的存在，使得空间外部性、邻近效应等因素造成的计量模型中自变量存在空间相关性。不仅如此，由于存在空间影响的因素没有被考虑在模型中，因此造成模型的残差同样受到空间依赖性的影响而存在空间相关性。此时，传统方法对独立样本的统计推断不再有效，存在空间相关性的样本将导致较大的方差估计、假设检验较低的显著水

平，以及估计模型较低的拟合优度，从而使得传统计量分析出现偏差。

空间依赖性产生的原因主要有两个方面：一是空间单元的划分或聚合导致的测量误差，通常所研究的社会经济活动跨越了行政边界，导致基于行政边界的空间单元划分将社会经济活动进行了不恰当的分割，从而导致不同空间单元之间存在空间依赖性；二是空间联系导致的空间依赖性，Tobler（1970）地理学第一定律指出，任何事物都存在空间相关性，距离越近的事物，空间相关性越大。可见，空间事物的关联性是普遍存在的。

2. 空间异质性

空间异质性的含义是指处在不同空间单元上的观测值具有不同的数量关系。空间异质性与空间行为关系缺乏稳定性有关，这一特征又称空间非平稳性。空间异质性是空间同质性的反义，同质性表达的是不同空间单元上的观测值具有相同的数量关系，但是这个要求过于严格，在实证研究中通常很难被满足，因此在空间数据的分析中，假设空间过程非平稳和空间异质性能够更为真实地反映地理问题的实质。根据空间异质性的特征，在一般情况下，期望空间上每一点的地理要素之间有不同关系，假定将其描述为简单线性关系，则空间异质性可以在数学上表示为

$$Y_i=\boldsymbol{X}_i\boldsymbol{\beta}_i+u_i \tag{10.1.2}$$

式中，i 为在空间单元 $i=1,2,\cdots,n$ 处的观测数据；$\boldsymbol{X}_i$ 为与参数 $\boldsymbol{\beta}_i$ 相对应的 $(1\times k)$ 阶自变量向量；Y_i 为第 i 处的因变量；u_i 为随机误差项。当自变量和因变量之间呈现一般函数关系时，可以将式（10.1.2）写为更一般的形式，即

$$Y_i=f\left(\boldsymbol{X}_i\boldsymbol{\beta}_i+u_i\right) \tag{10.1.3}$$

对于上式，不能仅通过 n 个样本观测数据来估计 n 维向量参数 $\boldsymbol{\beta}_i$，因为没有足够的样本信息对每个空间观测点进行估计，这就需要对跨空间观测单位变化的数据关系进行规范化的量化分析。在空间计量经济学中，通常用贝叶斯方法对这种跨空间观测单位变化的数据关系进行分析，利用贝叶斯先验信息对空间分析进行约束。

空间异质性的设定主要有两种设定形式：一是方差的空间异质性，即由遗漏变量、模型设定、测量误差等原因导致模型随机误差项存在空间异方差性；二是空间结构的非均衡性，即主体行为之间存在明显的结构性差异，通常以函数形式变化或参数变化呈现，即表现为空间变结构或空间变系数。对于异方差导致的空间异质性，可以使用经典的处理异方差的广义最小二乘法或广义矩估计方法来处理。对于函数形式变化或参数变化导致的空间异质性，可以进一步细分为离散型异质性和连续型异质性，离散型异质性通过在模型中设置地区虚拟变量体现空间异质性，连续型异质性通过设定参数随空间变动的函数形式来处理空间异质性，常用的方法是地理加权回归模型。可见，空间异质性很多时候可以使用传统的计量经济学方法进行处理，因此本章主要关注空间依赖性，即空间相关性。

10.2 空间权重矩阵

10.2.1 空间权重矩阵的设定方法

空间权重矩阵是对空间进行抽象和反映变量之间空间依赖结构的主要工具，是进行空间计量分析的前提和基础。如何恰当地选择空间权重矩阵是空间计量分析的重点和难点问题。设定空间权重矩阵，首先要对空间单元的位置进行量化，对位置的量化一般依据“距离”而定。Tobler 地理学第一定律指出，任何事物与别的事物之间都是相互联系的，但近处的事物比远处的事物的关联性更强。空间权重矩阵的构造满足空间相关性随着“距离”的增加而逐渐减少的原则。这里的“距离”是广义的，既可以是地理距离的远近，也可以是经济合作关系的远近，空间权重矩阵通常采用的距离设定有邻接距离、地理距离、经济距离等。

将 n 个空间单元两两之间的空间联系关系量化为一个数表，构成一个 $n\times n$ 的矩阵 $\boldsymbol{W}$，其形式表示为

$$\boldsymbol{W}=\begin{bmatrix} w_{11} & w_{12} & \cdots & w_{1n} \\ w_{21} & w_{22} & \cdots & w_{2n} \\ \vdots & \vdots & & \vdots \\ w_{n1} & w_{n2} & \cdots & w_{nn} \end{bmatrix} \tag{10.2.1}$$

式中，第 i 行第 j 列元素 w_{ij} 表示空间单元 i 与空间单元 j 的空间联系。空间权重矩阵 $\boldsymbol{W}=(w_{ij})_{n\times n}$ 主要用于表达空间的相互依赖性，是外生信息。$\boldsymbol{W}$ 中对角线上的元素被设定为 0，即 $w_{ii}=0(i=1,2,\cdots,n)$，表示每个空间单元并不依赖其自己本身，$w_{ij}(i\neq j)$ 表示空间单元 i 和空间单元 j 的紧密程度。

虽然目前对称空间矩阵比较普遍，但对称性并不是空间权重矩阵必须满足的条件，一般来说，矩阵需要满足非负性和正则性。非负性指空间权重矩阵中的每一个元素都是非负的。正则性是矩阵元素绝对值的行求和和列求和是有界的，表示为

$$\forall j\in N^{+},\quad j\leqslant n,\quad \exists M_1>0\text{，使得}\sum_{i=1}^{n}\left|w_{ij}\right|<M_1<\infty \tag{10.2.2}$$

$$\forall i\in N^{+},\quad i\leqslant n,\quad \exists M_2>0\text{，使得}\sum_{j=1}^{n}\left|w_{ij}\right|<M_2<\infty \tag{10.2.3}$$

空间权重矩阵的有界性是为了得到合理的误差。基于邻接距离的空间权重矩阵很容易满足正则条件，而对于更加复杂的空间权重矩阵，需要仔细考虑是否满足正则条件。不仅如此，限制行求和和列求和大于 0 也可以排除孤岛的出现。此外，在使用空间权重矩阵时，通常需要对矩阵做行标准化处理。空间矩阵的行反映了其他空间单元对于特定空间单元的影响，而空间权重矩阵的列反映了某一个元素对所有其他空间单元的影响。行标准化意味着对于每一个空间单元来说，其受到的所有其他空间单元的影响之和是相同的。Anselin（1988）指出，行标准化的形式有助于解释模型系

数，将每一行的元素除以其均值，即将矩阵 $\boldsymbol{W}$ 的每行之和变为 1，空间效应解释为相邻值的平均，标准化后空间权重矩阵的最大特征值为 1。

10.2.2 常用的空间权重矩阵

空间权重矩阵的设定依据“距离”而定，通常采用的距离有邻接距离、地理距离和经济距离，下面介绍三种常见的空间权重矩阵设定。

1. 二进制邻接权重矩阵

二进制邻接矩阵是最早最基本的空间权重矩阵，根据地图上研究区域的相对位置定义相邻，并用“0”和“1”表示，“1”表示相邻，“0”表示不相邻，则邻接矩阵 $\boldsymbol{W}$ 中的元素表示为

$$w_{ij}=\begin{cases}1, & \text{区域 } i \text{ 与区域 } j \text{ 相邻}\\ 0, & \text{区域 } i \text{ 与区域 } j \text{ 不相邻}\end{cases} \tag{10.2.4}$$

根据式（10.2.4），对于一个具有 n 个空间单元的系统，邻接矩阵 $\boldsymbol{W}$ 是一个 $n\times n$ 稀疏的 0—1 矩阵，对角线元素为 0。空间单元的相邻关系有三种类型，如图 10-2 所示。

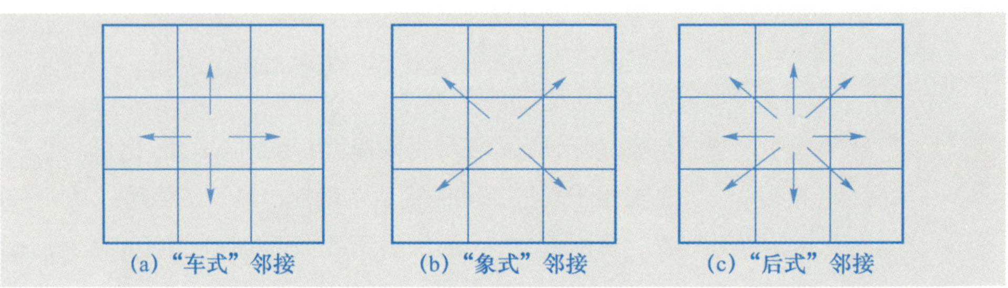

图 10-2 常见的相邻关系

（1） “车式”邻接（Rook Contiguity）。区域 i 和区域 j 有共同的边，则称区域 i 与区域 j 是“车”相邻，“车”相邻又称 r 相邻，根据 r 相邻的规则，邻接矩阵 $\boldsymbol{W}$ 具有对称性。

（2） “象式”邻接（Bishop Contiguity）。区域 i 和区域 j 有共同的顶点但没有共同的边，则称区域 i 与区域 j 是“象”相邻。

（3） “后式”邻接（Queen Contiguity）。是“车”相邻和“象”相邻的并集，区域 i 和区域 j 有共同的顶点或共同的边，则称区域 i 与区域 j 是“后”相邻，“后”相邻又称 q 相邻。

由此可见，“后式”邻接空间矩阵常与周围地区具有更加紧密的关联结构。也可以将区域公共边界的长度纳入权重计算过程，使得邻近指标更加准确。由于区域间公共边界长度不同，因此其空间作用的强度也不一样。在实际应用中，对于两个空间单元共同边或顶点的区分，可以设定一个最小距离，在此距离以下为点，在此距离以上为边。

与简单二进制邻接矩阵相比，基于距离的二进制空间权重矩阵定义更复杂，表示为

$$w_{ij}=\begin{cases}1, & d_{ij}\leqslant d_{\max}\\ 0, & d_{ij}>d_{\max}\end{cases} \tag{10.2.5}$$

式中，d_{ij} 表示区域 i 与区域 j 之间的欧式距离；$d_{\max}$ 为最大空间相关距离，当两个空间单元之间的距离小于阈值 $d_{\max}$ 时，两个空间单元存在很强的空间相关影响，$w_{ij}=1$，在这个距离阈值之外，空间相关影响就会消失或可以被忽略，$w_{ij}=0$。该空间权重矩阵中对角线上元素为 0，为减少或消除区域间的外在影响，空间权重矩阵通常采用行标准化 $w_{ij}^{*}=w_{ij}\Big/\sum_{j=1}^{n}w_{ij}$，即使行元素之和为 1。总之，对“相邻”的定义有多种方法，相邻关系选择的首要原则取决于建模问题的性质及其他可用的非样本信息。

2. 地理距离权重矩阵

传统二进制邻接权重矩阵有两个假定：一是假定不相邻地区之间不存在空间相关性；二是假定某一地区与所有相邻地区的影响权重相同。这两个假定过于严格，在实际中，不相邻的地区间可能通过某种联系而存在空间相关性。例如，图 10-1 中国 30 个省级地区二进制邻接权重矩阵显示，北京仅与天津和河北邻接，但是不能认为北京与其他不邻接的省级地区间就不存在相关关系。此外，河北同时与北京、山西、内蒙古、辽宁等省级地区邻接，北京和河北之间的相互影响与山西和河北之间的相互影响并不是等同的。正如地理学第一定律（Tobler，1970）所说，任何事物与其他周围事物之间均存在联系，该影响作用呈现出随距离增加由中心区向外围逐渐衰减的特征。基于这样的理论和事实，通过地理距离构造空间权重矩阵。参考 Tiiu Paas 和 Friso Schlitte（2006）定义空间权重矩阵为

$$w_{ij}^{d}=\begin{cases}f(d_{ij}), & i\neq j\\ 0, & i=j\end{cases} \tag{10.2.6}$$

式中，d_{ij} 为空间单元 i 与空间单元 j 地理中心位置之间的距离；$f(\cdot)$ 是一个单调非增的函数，其值取决于选定的函数形式，如地理距离的倒数 $w_{ij}^{d}=\dfrac{1}{d_{ij}}$，为考察地理距离的非线性，还可以将空间权重矩阵设为地理距离平方的倒数 $w_{ij}^{d}=\dfrac{1}{d_{ij}^{2}}$。同样，地理距离空间权重矩阵的对角线元素为 0，并做行标准化处理 $w_{ij}^{d*}=w_{ij}^{d}\Big/\sum_{j=1}^{n}w_{ij}^{d}$。

3. 社会经济空间权重矩阵

除使用真实的地理坐标计算地理距离外，还可以利用经济和社会因素计算虚拟的经济距离来设定更加复杂的空间权重矩阵。鉴于不同地区经济水平存在空间相关性的客观现实，许多学者建立经济距离空间权重矩阵描述该种关系。例如，林光平等（2006）将相邻空间单元经济发展水平的差异程度作为经济距离，两个空间单元经济发展水平的差异程度越小，其经济上的相互联系强度就越大，建立基于地区差异的经济距离空间权重矩阵，表示为

$$w_{ij}^{e}=\begin{cases}\dfrac{1}{\left|Y_i-Y_j\right|}, & i\neq j\\ 0, & i=j\end{cases} \tag{10.2.7}$$

式中，Y_i为观察期内第i个空间单元的实际 GDP。该种设定有一个缺陷是强加了假设，即矩阵中各元素所表征的两个空间单元之间的相互影响强度是相同的（$w_{ij}^{e}=w_{ji}^{e}$）。这并不符合实际，经济发展水平高的地区对经济发展水平较低地区会产生更强的空间影响与辐射作用，基于此假设，学者们提出新的经济距离空间权重矩阵（李婧等，2010；余泳泽和刘大勇，2013），表示为

$$w_{ij}^{e}=w_{ij}^{d}\cdot \operatorname{diag}\left(\frac{\overline{Y}_1}{\overline{Y}},\frac{\overline{Y}_2}{\overline{Y}},\ldots,\frac{\overline{Y}_n}{\overline{Y}}\right) \tag{10.2.8}$$

式中，w_{ij}^{d}为地理距离矩阵中的元素；$\operatorname{diag}\left(\frac{\overline{Y}_1}{\overline{Y}},\frac{\overline{Y}_2}{\overline{Y}},\cdots,\frac{\overline{Y}_n}{\overline{Y}}\right)$是量化地区间经济差距的权重矩阵；$\overline{Y}_i=\frac{1}{t_1-t_0+1}\sum_{t=t_0}^{t_1}Y_{it}$表示观察期内第$i$个空间单元的实际 GDP 的平均值；$\overline{Y}=\frac{1}{n(t_1-t_0+1)}\sum_{i=1}^{n}\sum_{t=t_0}^{t_1}Y_{it}$表示观察期内所有空间单元实际 GDP 的平均值。最后对w_{ij}^{e}进行行标准化，$w_{ij}^{e*}=w_{ij}^{e}\Big/\sum_{j=1}^{n}w_{ij}^{e}$。通过上述描述发现，该矩阵表示当一个空间单元实际 GDP 占总量的比重越大（$\overline{Y}_i/\overline{Y}>\overline{Y}_j/\overline{Y}$）时，其对周边空间单元的影响也越大（$w_{ij}^{e}>w_{ji}^{e}$）。

空间权重矩阵的构建方法很多，其标准也在不断更新，近年来有学者将社会网络互动的方法引入空间权重矩阵的设定之中，也有学者将空间权重矩阵进行动态化或指数化，以期反映更加丰富的空间相关关系。空间权重矩阵形式的设定目前仍然是空间计量经济学的一个重要研究方向。

【例 10-1】空间权重矩阵设定

本例通过选取中国 30 个省级地区（不含西藏和港澳台）的经度和纬度坐标（Stata 数据集例 10-1.dta），以地理距离为基础，介绍空间权重矩阵的建立方法。30 个省级地区的经度和纬度坐标见表 10-2，其中x为经度，y为纬度，省级地区由于范围广阔，因此以直辖市及省会城市的经纬度衡量。

表 10-2 中国 30 个省级地区经纬度

地区	经度	纬度	地区	经度	纬度
北京	116.25	40.11	吉林	125.46	44.23
天津	117.20	39.18	黑龙江	127.58	45.38
河北	114.27	38.80	上海	121.28	31.14
山西	112.19	37.58	江苏	118.51	31.56
内蒙古	111.30	40.36	浙江	119.28	29.54
辽宁	123.80	42.60	安徽	117.22	31.46

续表

地区	经度	纬度	地区	经度	纬度
福建	119.46	25.18	重庆	107.53	30.30
江西	116.10	28.39	四川	103.49	30.42
山东	117.60	36.44	贵州	106.43	26.50
河南	113.28	34.38	云南	102.53	25.23
湖北	114.21	30.37	陕西	108.48	34.60
湖南	113.90	28.14	甘肃	103.39	36.21
广东	113.39	22.34	青海	101.26	36.49
广西	108.28	23.30	宁夏	106.21	38.17
海南	110.34	20.10	新疆	87.38	43.43

数据来源：全国地理信息资源目录服务系统。

（1） **根据经纬度建立基于距离的二进制空间权重矩阵。**

首先在 Stata 命令窗口输入以下命令，安装空间计量命令包，或通过命令“findit spatreg”查找并下载，如图 10-3 所示。

.net install sg162.pkg

图 10-3
空间计量命令包安装

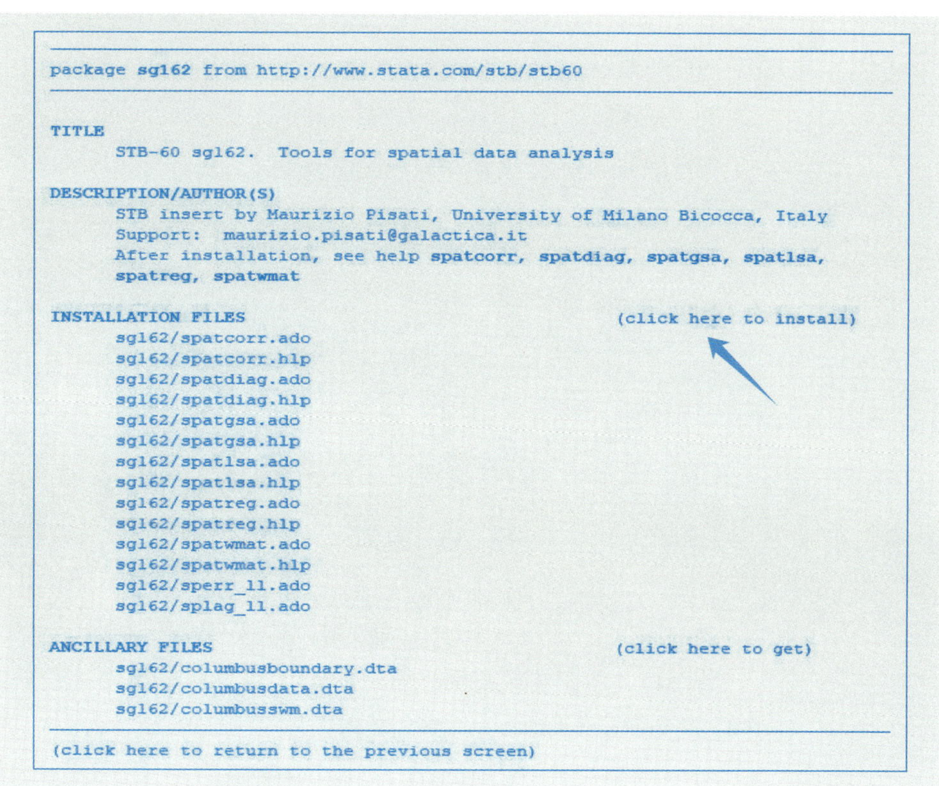

此命令将下载安装以 spat 开头的系列命令。其中，spatwmat 用于定义空间权重矩阵；spatgsa 用于进行全局空间自相关检验；spatdiag 针对 OLS 回归结果，判断是否存在空间效应；spatreg 用于估计空间误差。

下载安装空间计量命令包后，打开数据集（例 10-1.dta），并在 Stata 命令窗口输入以下命令：

```
.use 例 10-1.dta
.spatwmat，name（W1）xcoord（x）ycoord（y）band（0 16）binary standardize
```

上述命令中，spatwmat 用于定义空间权重矩阵；name（W1）表示生成空间权重矩阵的名称为 W1；xcoord（x）和 ycoord（y）分别表示经度和纬度；band（0 16）表示带宽，指定了距离的上下限；binary 表示将空间的地理距离矩阵转化为二进制的 0—1 矩阵；standardize 表示进行行标准化。运行结果如图 10-4 所示。

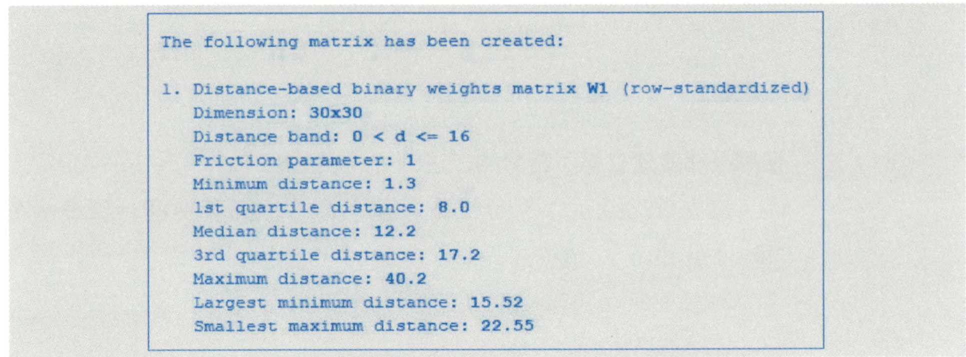

```
The following matrix has been created:

1. Distance-based binary weights matrix W1 (row-standardized)
   Dimension: 30x30
   Distance band: 0 < d <= 16
   Friction parameter: 1
   Minimum distance: 1.3
   1st quartile distance: 8.0
   Median distance: 12.2
   3rd quartile distance: 17.2
   Maximum distance: 40.2
   Largest minimum distance: 15.52
   Smallest maximum distance: 22.55
```

图 10-4 根据经纬度建立基于距离的二进制邻接矩阵代码运行结果

随后利用 matlist 命令，输出所建立的矩阵，在 Stata 命令窗口输入命令：

```
.matlist W1
```

部分结果如图 10-5 所示。

	0	0	16	0	0	0	0	0	0	0	0	0	0
SWMDist	0	.0454545	.0454545	.0454545	.0454545	.0454545	.0454545	.0454545	.0454545	.0454545	.0454545	.0454545	.0454545
Yes	.047619	0	.047619	.047619	.047619	.047619	.047619	.047619	.047619	.047619	.047619	.047619	.047619
Yes	.0416667	.0416667	0	.0416667	.0416667	.0416667	.0416667	.0416667	.0416667	.0416667	.0416667	.0416667	.0416667
Yes	.0384615	.0384615	.0384615	0	.0384615	.0384615	.0384615	0	.0384615	.0384615	.0384615	.0384615	.0384615
Yes	.0454545	.0454545	.0454545	.0454545	0	.0454545	.0454545	0	.0454545	.0454545	.0454545	.0454545	0
Yes	.0714286	.0714286	.0714286	.0714286	.0714286	0	.0714286	.0714286	.0714286	.0714286	.0714286	.0714286	0
Yes	.0769231	.0769231	.0769231	.0769231	.0769231	.0769231	0	.0769231	.0769231	.0769231	.0769231	.0769231	0
Yes	.1428571	.1428571	.1428571	0	0	.1428571	.1428571	0	.1428571	0	0	0	0
Yes	.0434783	.0434783	.0434783	.0434783	.0434783	.0434783	.0434783	.0434783	0	.0434783	.0434783	.0434783	.0434783
Yes	.04	.04	.04	.04	.04	.04	.04	0	.04	0	.04	.04	.04
Yes	.0416667	.0416667	.0416667	.0416667	.0416667	.0416667	.0416667	0	.0416667	.0416667	0	.0416667	.0416667
Yes	.0384615	.0384615	.0384615	.0384615	.0384615	.0384615	.0384615	0	.0384615	.0384615	.0384615	0	.0384615
Yes	.0526316	.0526316	.0526316	.0526316	0	0	0	0	.0526316	.0526316	.0526316	.0526316	0
Yes	.0416667	.0416667	.0416667	.0416667	.0416667	0	0	0	.0416667	.0416667	.0416667	.0416667	.0416667
Yes	.0416667	.0416667	.0416667	.0416667	.0416667	.0416667	.0416667	.0416667	.0416667	.0416667	.0416667	.0416667	.0416667
Yes	.037037	.037037	.037037	.037037	.037037	.037037	.037037	0	.037037	.037037	.037037	.037037	.037037
Yes	.0384615	.0384615	.0384615	.0384615	.0384615	.0384615	0	0	.0384615	.0384615	.0384615	.0384615	.0384615
Yes	.04	.04	.04	.04	.04	0	0	0	.04	.04	.04	.04	.04
Yes	0	0	0	.0555556	0	0	0	0	.0555556	.0555556	.0555556	.0555556	.0555556
Yes	0	0	0	.05	0	0	0	0	.05	.05	.05	.05	.05
Yes	0	0	0	0	0	0	0	0	.0625	.0625	.0625	.0625	.0625
Yes	.04	.04	.04	.04	.04	0	0	0	.04	.04	.04	.04	.04
Yes	0	0	.047619	.047619	.047619	0	0	0	0	.047619	.047619	.047619	0
Yes	0	0	.0434783	.0434783	.0434783	0	0	0	.0434783	.0434783	.0434783	.0434783	.0434783
Yes	0	0	0	.0625	0	0	0	0	0	0	0	.0625	0
Yes	.04	.04	.04	.04	.04	0	0	0	.04	.04	.04	.04	.04
Yes	.05	.05	.05	.05	.05	0	0	0	0	.05	0	.05	0
Yes	.0625	0	.0625	.0625	.0625	0	0	0	0	0	0	0	0
Yes	.047619	.047619	.047619	.047619	.047619	0	0	0	0	.047619	.047619	.047619	0
Yes	0	0	0	0	0	0	0	0	0	0	0	0	0

图 10-5 基于距离的二进制邻接空间权重矩阵部分结果

若想将上述空间权重矩阵保存为 txt 文件，可以事先建立 W1.txt 文件，使用 mat2txt 命令，在 Stata 命令窗口输入：

```
.mat2txt，matrix（W1）saving（W1）replace
```

若想将上述空间权重矩阵转换为 word 和 excel 文件，可使用 dataout 命令，在 Stata 命令窗口输入：

```
.dataout using W1.txt，word excel
```

（2） 建立反距离地理矩阵和反距离平方地理矩阵。

通过命令“findit spwmatrix”查找并下载 spwmatrix 命令，在 Stata 命令窗口输入：

.spwmatrix gecon y x，wname（W2）wtype（inv）

该命令可以根据经度和纬度生成地理距离或经济距离空间权重矩阵。wname（W2）表示生成空间权重矩阵的名称为 W2；wtype（inv）表示依据距离衰减生成空间权重矩阵。代码运行结果如图 10-6 所示。

图 10-6
根据经纬度建立地理距离矩阵代码运行结果

```
Inverse distance (alpha = 1) spatial weights matrix (30 x 30) calculated successfully and the following action(s) taken:

 - Spatial weights matrix  created as Stata object(s): W2.
```

图 10-6 中，alpha=1 表示反距离，alpha=2 表示反距离的平方，输出反距离地理矩阵部分结果如图 10-7 所示。

. matlist W2

图 10-7
反距离地理空间权重矩阵部分结果

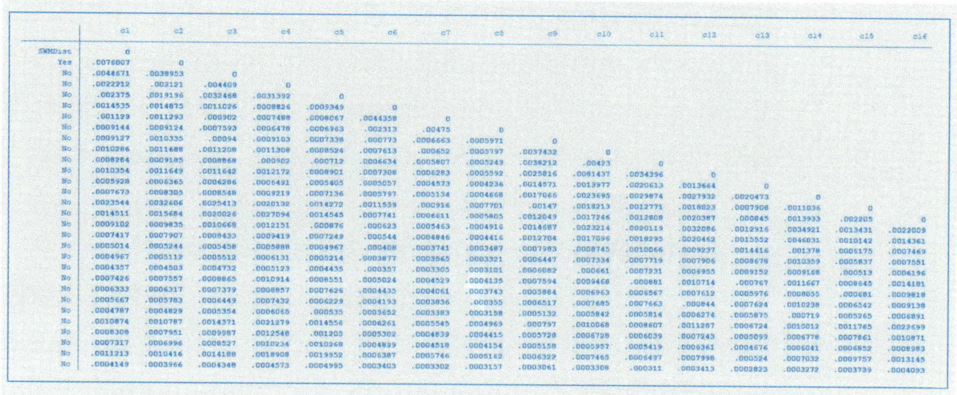

	c1	c2	c3	c4	c5	c6	c7	c8	c9	c10	c11	c12	c13	c14	c15	c16
SWMDist	0															
Yes	.0076007	0														
No	.0044671	.0038953	0													
No	.0022212	.002121	.004409	0												
No	.002375	.0019196	.0032468	.0031392	0											
No	.0014535	.0014875	.0011026	.0008826	.0009349	0										
No	.001129	.0011293	.000902	.0007488	.0008067	.0044358	0									
No	.0009144	.0009124	.0007593	.0006478	.0006963	.002313	.00475	0								
No	.0009127	.0010335	.00094	.0009103	.0007338	.000773	.0006663	.0005971	0							
No	.0010286	.0011688	.0011208	.0011308	.0008524	.0007613	.000652	.0005797	.0037432	0						
No	.0008284	.0009185	.0008868	.000902	.000712	.0006634	.0005807	.0005249	.0038212	.00423	0					
No	.0010354	.0011649	.0011642	.0012172	.0008901	.0007308	.0006283	.0005592	.0025816	.0081437	.0034396	0				
No	.0005928	.0006365	.0006286	.0006491	.0005405	.0005057	.0004573	.0004236	.0014571	.0013977	.0020613	.0013664	0			
No	.0007673	.0008305	.0008548	.0009219	.0007136	.0005797	.0005134	.0004668	.0017066	.0023695	.0029874	.0027932	.0020473	0		
No	.0023544	.0032606	.0025413	.0020132	.0014272	.0011539	.000916	.0007701	.00147	.0018213	.0012771	.0018023	.0007908	.0011836	0	
No	.0014511	.0015684	.0020026	.0027094	.0014545	.0007741	.0006611	.0005805	.0012049	.0017246	.0012808	.0020387	.000845	.0013933	.002205	0
No	.0009102	.0009835	.0010668	.0012151	.000876	.000623	.0005463	.0004916	.0014687	.0023214	.0020119	.0032086	.0012916	.0034921	.0013431	.0022009
No	.0007417	.0007907	.0008433	.0009419	.0007249	.000544	.0004846	.0004416	.0012704	.0017096	.0018295	.0020462	.0015552	.0046031	.0010142	.0014361
No	.0005014	.0005244	.0005458	.0005888	.0004967	.000408	.0003741	.0003487	.0007983	.0008745	.0010066	.0009237	.0014416	.001378	.0006175	.0007469
No	.0004967	.0005112	.0005512	.0006131	.0005214	.0003877	.0003565	.0003321	.0006447	.0007334	.0007719	.0007906	.0008678	.0010359	.0005837	.0007551
No	.0004357	.0004503	.0004732	.0005123	.0004435	.000357	.0003305	.0003101	.0006082	.000661	.0007231	.0006955	.0009152	.0009168	.000513	.0006196
No	.0007426	.0007557	.0008865	.0010914	.0008551	.0005024	.0004529	.0004135	.0007594	.0009468	.000881	.0010714	.000767	.0011667	.0008645	.0014181
No	.0006333	.0006317	.0007379	.0008857	.0007626	.0004435	.0004061	.0003743	.0005884	.0006963	.0006567	.0007612	.0005976	.0008055	.000681	.0009818
No	.0005667	.0005783	.0006449	.0007432	.0006229	.0004193	.0003836	.000355	.0006517	.0007685	.0007663	.000844	.0007624	.0010238	.0006542	.0009138
No	.0004787	.0004829	.0005354	.0006065	.000535	.0003652	.0003383	.0003158	.0005132	.0005842	.0005814	.0006274	.0005875	.000719	.0005265	.0006891
No	.0010874	.0010787	.0014371	.0021279	.0014556	.0006261	.0005545	.0004969	.000797	.0010068	.0008607	.0011287	.0006724	.0010012	.0011765	.0022699
No	.0008308	.0007951	.0009987	.0012548	.001205	.0005302	.0004839	.0004415	.0005728	.0006728	.0006039	.0007243	.0005099	.0006778	.0007861	.0010871
No	.0007317	.0006996	.0008527	.0010234	.0010268	.0004899	.0004518	.0004154	.0005158	.0005957	.0005419	.0006361	.0004676	.0006041	.0006852	.0008983
No	.0011213	.0010416	.0014188	.0018908	.0019952	.0006387	.0005746	.0005162	.0006322	.0007465	.0006497	.0007998	.000524	.0007032	.0009757	.0013145
No	.0004149	.0003966	.0004348	.0004573	.0004995	.0003403	.0003302	.0003157	.0003061	.0003308	.000311	.0003413	.0002823	.0003272	.0003739	.0004093

若想建立反距离平方地理矩阵，可以在 Stata 命令窗口进一步输入：

.mat W3=hadamard（W2，W2）

.matlist W3

部分结果如图 10-8 所示。

图 10-8
反距离平方地理空间权重矩阵部分结果

	c1	c2	c3	c4	c5	c6	c7	c8	c9	c10	c11	c12	c13	c14	c15	c16
SWMDist	0															
Yes	.0000578	0														
No	.00002	.0000152	0													
No	4.93e-06	4.50e-06	.0000194	0												
No	5.64e-06	3.69e-06	.0000105	9.85e-06	0											
No	2.11e-06	2.21e-06	1.22e-06	7.79e-07	8.74e-07	0										
No	1.27e-06	1.28e-06	8.14e-07	5.61e-07	6.51e-07	.0000197	0									
No	8.36e-07	8.33e-07	5.77e-07	4.20e-07	4.85e-07	5.35e-06	.0000226	0								
No	8.33e-07	1.07e-06	8.84e-07	8.29e-07	5.38e-07	5.98e-07	4.44e-07	3.56e-07	0							
No	1.06e-06	1.37e-06	1.26e-06	1.28e-06	7.27e-07	5.80e-07	4.25e-07	3.36e-07	.000014	0						
No	6.86e-07	8.44e-07	7.86e-07	8.14e-07	5.07e-07	4.40e-07	3.37e-07	2.76e-07	.0000146	.0000179	0					
No	1.07e-06	1.36e-06	1.36e-06	1.48e-06	7.92e-07	5.34e-07	3.95e-07	3.13e-07	6.66e-06	.0000663	.0000118	0				
No	3.51e-07	4.05e-07	3.95e-07	4.21e-07	2.92e-07	2.56e-07	2.09e-07	1.79e-07	2.12e-06	1.95e-06	4.25e-06	1.87e-06	0			
No	5.89e-07	6.90e-07	7.31e-07	8.50e-07	5.09e-07	3.36e-07	2.64e-07	2.18e-07	2.91e-06	5.61e-06	8.92e-06	7.80e-06	4.19e-06	0		
No	5.54e-06	.0000106	6.46e-06	4.05e-06	2.04e-06	1.33e-06	8.39e-07	5.93e-07	2.16e-06	3.32e-06	1.63e-06	3.25e-06	6.25e-07	1.22e-06	0	
No	2.11e-06	2.46e-06	4.01e-06	7.34e-06	2.12e-06	5.99e-07	4.37e-07	3.37e-07	1.45e-06	2.97e-06	1.64e-06	4.16e-06	7.14e-07	1.94e-06	4.86e-06	0
No	8.28e-07	9.67e-07	1.14e-06	1.48e-06	7.67e-07	3.88e-07	2.98e-07	2.42e-07	2.16e-06	5.39e-06	4.05e-06	.0000103	1.67e-06	.0000122	1.80e-06	4.84e-06
No	5.50e-07	6.25e-07	7.11e-07	8.87e-07	5.26e-07	2.96e-07	2.35e-07	1.95e-07	1.61e-06	2.92e-06	3.35e-06	4.19e-06	2.42e-06	.0000212	1.03e-06	2.06e-06
No	2.51e-07	2.75e-07	2.98e-07	3.47e-07	2.47e-07	1.67e-07	1.40e-07	1.22e-07	6.37e-07	7.65e-07	1.01e-06	8.53e-07	2.08e-06	1.90e-06	3.81e-07	5.58e-07
No	2.47e-07	2.61e-07	3.04e-07	3.76e-07	2.72e-07	1.50e-07	1.27e-07	1.10e-07	4.16e-07	5.38e-07	5.96e-07	6.25e-07	7.53e-07	1.07e-06	3.41e-07	5.70e-07
No	1.90e-07	2.03e-07	2.24e-07	2.62e-07	1.97e-07	1.27e-07	1.09e-07	9.61e-08	3.70e-07	4.37e-07	5.23e-07	4.84e-07	8.38e-07	8.40e-07	2.63e-07	3.84e-07
No	5.51e-07	5.71e-07	7.86e-07	1.19e-06	7.31e-07	2.52e-07	2.05e-07	1.71e-07	5.77e-07	8.96e-07	7.76e-07	1.15e-06	5.88e-07	1.36e-06	7.47e-07	2.01e-06
No	4.01e-07	3.99e-07	5.45e-07	7.84e-07	5.82e-07	1.97e-07	1.65e-07	1.40e-07	3.46e-07	4.85e-07	4.31e-07	5.79e-07	3.57e-07	6.49e-07	4.64e-07	9.64e-07
No	3.21e-07	3.34e-07	4.16e-07	5.52e-07	3.88e-07	1.76e-07	1.47e-07	1.26e-07	4.25e-07	5.91e-07	5.87e-07	7.12e-07	5.81e-07	1.05e-06	4.28e-07	8.35e-07
No	2.29e-07	2.33e-07	2.87e-07	3.68e-07	2.86e-07	1.33e-07	1.14e-07	9.97e-08	2.63e-07	3.41e-07	3.38e-07	3.94e-07	3.45e-07	5.17e-07	2.77e-07	4.75e-07
No	1.18e-06	1.16e-06	2.07e-06	4.53e-06	2.12e-06	3.92e-07	3.07e-07	2.47e-07	6.35e-07	1.01e-06	7.41e-07	1.27e-06	4.52e-07	1.00e-06	1.38e-06	5.15e-06
No	6.90e-07	6.32e-07	9.97e-07	1.57e-06	1.45e-06	2.81e-07	2.34e-07	1.95e-07	3.28e-07	4.53e-07	3.65e-07	5.25e-07	2.60e-07	4.59e-07	6.18e-07	1.18e-06
No	5.35e-07	4.89e-07	7.27e-07	1.05e-06	1.05e-06	2.40e-07	2.04e-07	1.73e-07	2.66e-07	3.55e-07	2.94e-07	4.05e-07	2.19e-07	3.65e-07	4.69e-07	8.07e-07
No	1.26e-06	1.09e-06	2.01e-06	3.58e-06	3.98e-06	4.08e-07	3.30e-07	2.66e-07	4.00e-07	5.57e-07	4.22e-07	6.40e-07	2.75e-07	4.94e-07	9.52e-07	1.73e-06
No	1.72e-07	1.57e-07	1.89e-07	2.09e-07	2.50e-07	1.16e-07	1.09e-07	9.97e-08	9.37e-08	1.09e-07	9.67e-08	1.17e-07	7.97e-08	1.07e-07	1.40e-07	1.67e-07

利用上述代码建立反距离地理矩阵和反距离平方地理矩阵后，可以利用 mat2txt 命令将距离矩阵保存为 txt 文件，或者利用 dataout 命令将距离矩阵转换为 word 和 excel 文件，代码使用与前述过程相同，这里不再赘述。

10.3 空间自相关检验

在对空间数据估计过程中，首先要考察数据是否存在空间依赖性。如果不存在空间依赖，则使用传统的计量方法即可；如果存在空间依赖性，则需要使用空间计量方法。空间依赖严格的定义是空间分布的随机过程不相互独立，由于空间数据可以在多个方向上相关，因此空间依赖的讨论相对复杂，在实证研究中通常更为关注空间依赖的特殊情况——空间自相关（Spatial Autocorrelation）。空间自相关是空间位置相近的区域具有相似的变量取值，可以分为空间正相关、空间负相关和空间不相关。如果空间单元高值与高值聚集在一起，低值与低值聚集在一起，则为“空间正相关”（Positive Spatial Autocorrelation）；反之，如果高值与低值相邻，则为“空间负相关”（Negative Spatial Autocorrelation）；如果高值与低值完全随机分布，则不存在空间自相关。

空间自相关的测度分为全局自相关统计量和局部自相关统计量，全局自相关统计量反映对于所有空间单元来说是否存在空间自相关，局部自相关统计量衡量对于某一个空间单元来说与其他空间单元是否存在空间自相关。因此，即使通过检验得到全局上不存在空间自相关，但在某些局部空间单元仍然可能是存在空间自相关的。空间自相关的统计量有很多，本节主要介绍以下三种空间自相关检验统计量。

1. Moran’s I 指数

Moran’s I 指数是 Moran 于 1948 年提出用来反映空间邻接或空间邻近的区域单元属性值的相似程度的指标，是应用最广的衡量空间自相关的统计指标，可以用来进行全局型或局部型空间自相关分析。全局型 Moran’s I 指数从总体上反映整个研究区域有无聚集性，如果 Y 是区域的观测值，则该变量的全局 Moran’s I 指数用如下公式计算，即

$$\text{Moran's I}=\frac{\sum_{i=1}^{n}\sum_{j=1}^{n}w_{ij}(Y_i-\bar{Y})(Y_j-\bar{Y})}{S^2\sum_{i=1}^{n}\sum_{j=1}^{n}w_{ij}} \qquad (10.3.1)$$

式中，$S^2=\frac{1}{n}\sum_{i=1}^{n}(Y_i-\bar{Y})^2$；$\bar{Y}=\frac{1}{n}\sum_{i=1}^{n}Y_i$；$Y_i$ 和 Y_j 表示地区 i 和地区 j 需要考察空间相关

性的变量；n 为地区总数；w_{ij} 为空间权重矩阵第 i 行第 j 列元素。标准化的 Moran's I 统计量为

$$Z = \frac{\text{Moran's I} - E(I)}{\sqrt{\text{Var}(I)}} \tag{10.3.2}$$

式中

$$E(I) = -\frac{1}{n-1}$$

$$\text{Var}(I) = \frac{n^2 w_1 + n w_2 + 3 w_0^2}{w_0^2 (n^2 - 1)} - E^2(I)$$

$$w_0 = \sum_{i=1}^{n} \sum_{j=1}^{n} w_{ij}$$

$$w_1 = \frac{1}{2} \sum_{i=1}^{n} \sum_{j=1}^{n} (w_{ij} + w_{ji})^2$$

$$w_2 = \sum_{i=1}^{n} \sum_{j=1}^{n} (w_{i\cdot} + w_{\cdot j})$$

$w_{i\cdot}$ 和 $w_{\cdot j}$ 分别为空间权重矩阵中 i 行和 j 列之和。在不存在空间相关性的原假设下，Z 服从标准正态分布。原假设不存在空间自相关，当 $|Z| > 1.96$ 时，$p < 0.05$ 拒绝原假设，认为 Moran's I=0 存在空间自相关。Moran's I 指数的取值一般在 $[-1,1]$，小于 0 表示各地区的观测变量与区位空间分布呈负相关，等于 0 表示各地区的观测变量与区位空间分布相互独立，大于 0 表示各地区的观测变量与区位空间分布呈正相关。Moran's I 绝对值越大，表明观测变量空间相关性越强。

Anselin（1995）提出一个局部 Moran's I 指数，或称 LISA（Local Indicator of Spatial Autocorrelation），用来检测局部区域地区 i 和它相邻区域之间的空间关联程度，表示为

$$\text{Moran's I}_i = \frac{(Y_i - \bar{Y})}{S^2} \sum_{j=1}^{n} w_{ij} (Y_j - \bar{Y}) \tag{10.3.3}$$

局部 Moran's I 指数的含义与全局 Moran's I 指数相似，正的局部 Moran's I 指数表示该空间单元与邻近单元的属性相似（“高—高”或“低—低”），负的局部 Moran's I 指数表示该空间单元与邻近单元的属性不相似（“高—低”或“低—高”）。

2. Geary's C 指数

Geary 于 1954 年提出的 Geary's C 指数是另一个常用来检验全局空间自相关的指标，又称“吉尔里相邻比率”（Geary's Contiguity Ratio），强调观测值之间的离差，表示为

$$\text{Geary's C} = \frac{(n-1)\sum_{i=1}^{n}\sum_{j=1}^{n} w_{ij}(Y_i - Y_j)^2}{2\sum_{i=1}^{n}\sum_{j=1}^{n} w_{ij}\sum_{i=1}^{n}(Y_i - \bar{Y})^2} \qquad (10.3.4)$$

Geary's C 指数的取值一般在 $[0,2]$，2 不是严格上界，大于 1 表示负相关，等于 1 表示不相关，小于 1 表示正相关，因此 Geary's C 指数与 Moran's I 指数呈反向变动。可以证明标准化的 Geary's C 指数服从渐近标准正态分布，即

$$Z(C) = \frac{[C - E(C)]}{\sqrt{\text{Var}(C)}} \sim N(0,1) \qquad (10.3.5)$$

式中，$E(C)$ 为数学期望，可以证明 Geary's C 指数的期望为 1；$\text{Var}(C)$ 为方差。Moran's I 指数和 Geary's C 指数虽然能够检验自相关，但存在缺陷，即无法区分“热点”（Hot Spot）和“冷点”（Cold Spot）区域，热点区域是指高值与高值集聚区域，而冷点区域是低值与低值集聚区域，热点区域与冷点区域都表现为正自相关。

3. Getis's G 指数

Getis 和 Ord（1992）提出“Getis-Ord 指数 G”，又称 Getis's G 指数，全局 Getis's G 指数表示为

$$\text{Getis's G} = \frac{\sum_{i=1}^{n}\sum_{j=1}^{n} w_{ij} Y_i Y_j}{\sum_{i=1}^{n}\sum_{j=1}^{n} Y_i Y_j} \qquad (10.3.6)$$

如果样本中高值聚集在一起，则 Getis's G 指数较大，如果低值聚集在一起，则 Getis's G 指数较小，在无空间自相关的原假设下，可以证明 $E(G) = \sum_{i=1}^{n}\sum_{j=1}^{n} w_{ij} \Big/ n(n-1)$。如果 Getis's G 指数大于期望值，则表示存在热点区域；如果 Getis's G 指数小于期望值，则表示存在冷点区域。标准化 Getis's G 指数服从渐近标准正态分布，即

$$Z(G) = \frac{G - E(G)}{\sqrt{\text{Var}(G)}} \sim N(0,1) \qquad (10.3.7)$$

此时，若 $Z(G) > 1.96$，则可以在 5% 水平下拒绝无空间自相关的原假设，认为存在空间正自相关，且存在热点区域；反之，若 $Z(G) < -1.96$，则在 5% 水平下拒绝无空间自相关的原假设，认为存在空间正自相关，且存在冷点区域。Getis's G 指数的局部统计量表示为

$$\text{Getis's G}_i = \frac{\sum_{j=1}^{n} w_{ij} Y_j}{\sum_{j=1}^{n} Y_j} \qquad (10.3.8)$$

4. Moran 散点图

以 (Z,W_z) 为坐标点的散点图称为 Moran's I 散点图，也可以用来研究局部的空间特征。W_z 是相邻区域单元观测值的空间加权平均值，又称空间滞后向量；Z 是所有观察值与均值之间的离差组成的向量。Moran's I 散点图常用来研究局部的空间不稳定，它对空间滞后因子 W_z 和 Z 数据进行了可视化的二维图示。将 10.1 节中 2019 年中国 30 个省级地区的地区生产总值绘制成散点图，如图 10-9 所示。当目标区域数据在空间区位上相似的同时也有相似的属性值时，空间模式整体上就显示出正的空间自相关性；而当在空间上邻接的目标区域数据具有不相似的属性值时，就呈现为负的空间自相关性；零空间自相关性出现在当属性值的分布与区位数据的分布相互独立时。

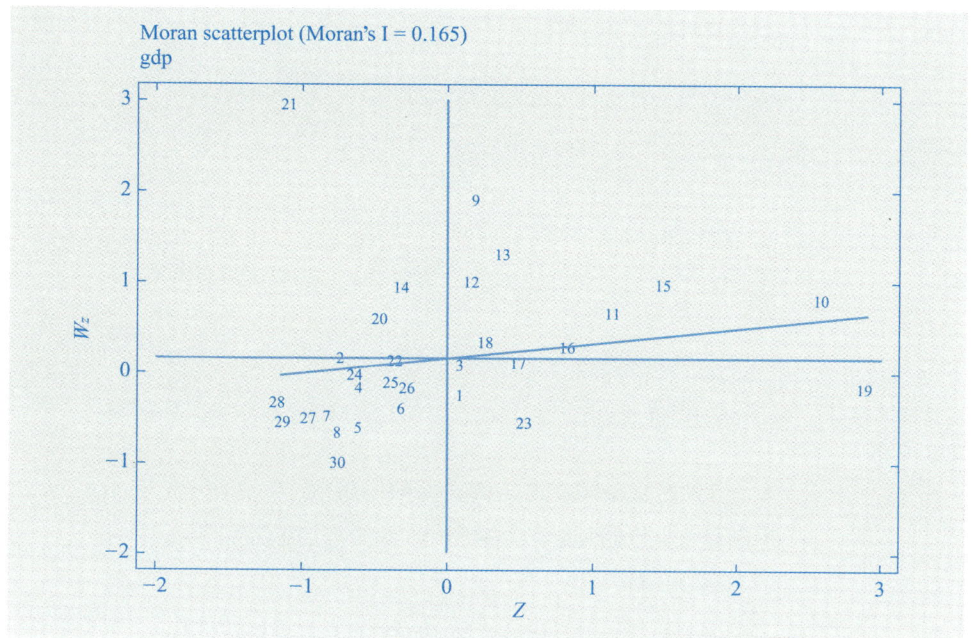

图 10-9 2019 年中国 30 个省级地区的地区生产总值 Moran's I 散点图

在图 10-9 中，Moran's I 散点图的四个象限分别对应于区域单元与其邻居之间四种类型的空间关联模式。第一象限代表高观测值的区域单元被同是高值的区域包围的空间关联模式，即具有空间正相关，呈现为 High-High（HH）关联；第二象限代表低观测值的区域单元被高值的区域包围的空间关联模式，即具有空间负相关，呈现为 Low-High（LH）关联；第三象限代表低观测值的区域单元被同是低值的区域包围的空间关联模式，即具有空间正相关，呈现为 Low-Low（LL）关联；第四象限代表高观测值的区域单元被低值的区域包围的空间关联模式，即具有空间负相关，呈现为 High-Low（HL）关联。

【例 10-2】空间相关性检验

本例题使用 2017 年中国 30 个省级地区（不含西藏和港澳台）的人均 GDP 数据考查各省的地区生产总值是否存在空间相关性，数据见表 10-3，Stata 数据集包括例 10-2.dta 和例 10-2w.dta，前者包含 30 个省级地区的地区名称、2017 年人均 GDP 的数据，后者为中国 30 个省级地区基于相邻关系所建立的二进制邻接空间权重矩阵。

表 10-3
2017 年中国 30 个省级地区人均 GDP 数据

单位：元

地区	人均 GDP	地区	人均 GDP
北京	128 994	河南	46 674
天津	118 944	湖北	60 199
河北	45 387	湖南	49 558
山西	42 060	广东	80 932
内蒙古	63 764	广西	38 102
辽宁	53 527	海南	48 430
吉林	54 838	重庆	63 442
黑龙江	41 916	四川	44 651
上海	126 634	贵州	37 956
江苏	107 150	云南	34 221
浙江	92 057	陕西	57 266
安徽	43 401	甘肃	28 497
福建	82 677	青海	44 047
江西	43 424	宁夏	50 765
山东	72 807	新疆	44 941

数据来源：《中国统计年鉴 2018》。

首先定义空间权重矩阵，将数据集例 10-2.dta 和例 10-2w.dta 置于默认的路径 D 盘 spat 文件夹中，在 Stata 命令窗口输入如下命令：

```
.cd D:\spat
.spatwmat using D:\spat\ 例 10-2w.dta，name（W1）
```

代码窗口显示如图 10-10 所示。

```
The following matrix has been created:

1. Imported binary weights matrix W1
   Dimension: 30x30
```

图 10-10
空间矩阵生成

随后输入如下命令，输出空间权重矩阵结果如图 10-11 所示。

```
.matrix list W1
```

图 10-11 显示，已经生成 30×30 的空间权重矩阵 W1，其中元素均为 0 或 1，下面计算 2017 年人均 GDP 的全局空间自相关指数，在 Stata 命令窗口输入如下命令：

```
.use 例 10-2.dta，clear
.spatgsa rgdp，weights（W1）moran geary go twotail
```

图 10-11
二进制邻接
空间权重矩阵

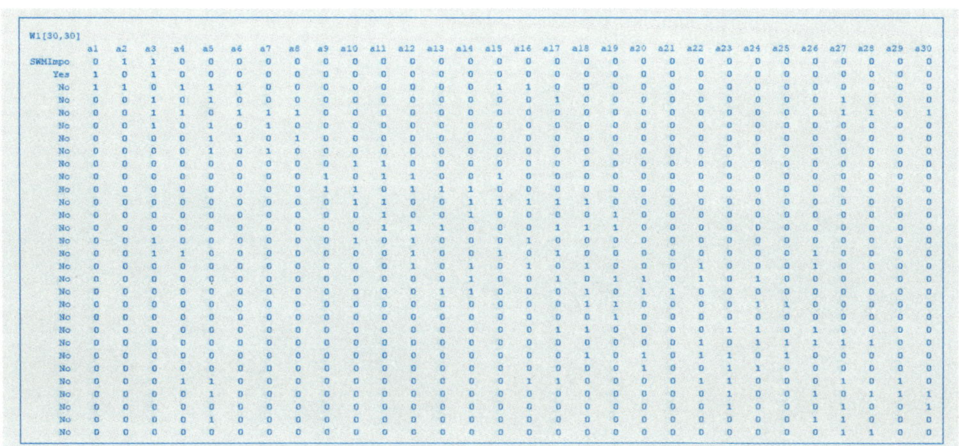

W1[30,30]

	a1	a2	a3	a4	a5	a6	a7	a8	a9	a10	a11	a12	a13	a14	a15	a16	a17	a18	a19	a20	a21	a22	a23	a24	a25	a26	a27	a28	a29	a30
SWMImpo	0	1	1	0	0	0	0	0	0	0	0	0	0	0	0	0	0	0	0	0	0	0	0	0	0	0	0	0	0	0
Yes	1	0	1	0	0	0	0	0	0	0	0	0	0	0	0	0	0	0	0	0	0	0	0	0	0	0	0	0	0	0
No	1	1	0	1	1	1	0	0	0	0	0	0	0	0	1	1	0	0	0	0	0	0	0	0	0	0	0	0	0	0
No	0	0	1	0	1	0	0	0	0	0	0	0	0	0	0	0	1	0	0	0	0	0	0	0	0	0	1	0	0	0
No	0	0	1	1	0	1	1	1	0	0	0	0	0	0	0	0	0	0	0	0	0	0	0	0	0	0	1	1	0	1
No	0	0	1	0	1	0	1	0	0	0	0	0	0	0	0	0	0	0	0	0	0	0	0	0	0	0	0	0	0	0
No	0	0	0	0	1	1	0	1	0	0	0	0	0	0	0	0	0	0	0	0	0	0	0	0	0	0	0	0	0	0
No	0	0	0	0	1	0	1	0	0	0	0	0	0	0	0	0	0	0	0	0	0	0	0	0	0	0	0	0	0	0
No	0	0	0	0	0	0	0	0	0	1	1	0	0	0	0	0	0	0	0	0	0	0	0	0	0	0	0	0	0	0
No	0	0	0	0	0	0	0	0	1	0	1	1	0	0	1	0	0	0	0	0	0	0	0	0	0	0	0	0	0	0
No	0	0	0	0	0	0	0	0	1	1	0	1	1	1	0	0	0	0	0	0	0	0	0	0	0	0	0	0	0	0
No	0	0	0	0	0	0	0	0	0	1	1	0	0	1	1	1	1	1	0	0	0	0	0	0	0	0	0	0	0	0
No	0	0	0	0	0	0	0	0	0	0	1	0	0	1	0	0	0	0	1	0	0	0	0	0	0	0	0	0	0	0
No	0	0	0	0	0	0	0	0	0	0	1	1	1	0	0	0	1	1	1	0	0	0	0	0	0	0	0	0	0	0
No	0	0	1	0	0	0	0	0	0	1	0	1	0	0	0	1	0	0	0	0	0	0	0	0	0	0	0	0	0	0
No	0	0	1	1	0	0	0	0	0	0	0	1	0	0	1	0	1	0	0	0	0	0	0	0	0	1	0	0	0	0
No	0	0	0	0	0	0	0	0	0	0	0	1	0	1	0	1	0	1	0	0	0	1	0	0	0	1	0	0	0	0
No	0	0	0	0	0	0	0	0	0	0	0	0	0	1	0	0	1	0	1	1	0	1	0	1	0	0	0	0	0	0
No	0	0	0	0	0	0	0	0	0	0	0	0	1	1	0	0	0	1	0	1	1	0	0	0	0	0	0	0	0	0
No	0	0	0	0	0	0	0	0	0	0	0	0	0	0	0	0	0	1	1	0	0	0	0	1	1	0	0	0	0	0
No	0	0	0	0	0	0	0	0	0	0	0	0	0	0	0	0	0	0	1	0	0	0	0	0	0	0	0	0	0	0
No	0	0	0	0	0	0	0	0	0	0	0	0	0	0	0	0	1	1	0	0	0	0	1	1	0	1	0	0	0	0
No	0	0	0	0	0	0	0	0	0	0	0	0	0	0	0	0	0	0	0	0	0	1	0	1	1	1	1	1	0	0
No	0	0	0	0	0	0	0	0	0	0	0	0	0	0	0	0	0	1	0	1	0	1	1	0	1	0	0	0	0	0
No	0	0	0	0	0	0	0	0	0	0	0	0	0	0	0	0	0	0	1	0	0	1	1	0	0	0	0	0	0	0
No	0	0	0	1	1	0	0	0	0	0	0	0	0	0	0	1	1	0	0	0	0	1	1	0	0	0	1	0	1	0
No	0	0	0	0	1	0	0	0	0	0	0	0	0	0	0	0	0	0	0	0	0	0	1	0	0	1	0	1	1	1
No	0	0	0	0	0	0	0	0	0	0	0	0	0	0	0	0	0	0	0	0	0	0	1	0	0	0	1	0	0	1
No	0	0	0	0	1	0	0	0	0	0	0	0	0	0	0	0	0	0	0	0	0	0	0	0	0	1	1	0	0	0
No	0	0	0	0	0	0	0	0	0	0	0	0	0	0	0	0	0	0	0	0	0	0	0	0	0	0	1	1	0	0

该命令中，spatgsa 用于进行全局空间自相关检验，weights（W1）指定空间权重矩阵为 W1。moran 表示 Moran's I 指数；geary 表示 Geary's C 指数；go 表示 Getis's G 指数。这三个全局空间自相关指数至少选择一个，twotail 表示进行双边检验，默认为单边检验。检验结果如图 10-12 所示。

图 10-12
全局空间
自相关检验

Measures of global spatial autocorrelation

Weights matrix

Name: W1
Type: Imported (binary)
Row-standardized: No

Moran's I

Variables	I	E(I)	sd(I)	z	p-value*
rgdp	0.284	-0.034	0.107	2.989	0.003

Geary's c

Variables	c	E(c)	sd(c)	z	p-value*
rgdp	0.420	1.000	0.165	-3.515	0.000

Getis & Ord's G

Variables	G	E(G)	sd(G)	z	p-value*
rgdp	0.141	0.151	0.011	-0.889	0.374

*2-tail test

根据图 10-12，Moran's I 指数、Geary's C 指数均在 1% 显著性水平下强烈拒绝“无空间自相关”的原假设，即认为存在空间自相关。下面进一步考查某区域 i 附近的空间集聚情况，计算局部空间自相关指数，在 Stata 命令窗口输入：

```
.spatlsa rgdp，weights（W1）moran twotail
```

结果如图 10-13 所示。

图 10-13
局部 Moran's I 指数空间自相关检验

Measures of local spatial autocorrelation

Weights matrix

Name: W1
Type: Imported (binary)
Row-standardized: No

Moran's Ii (rgdp)

Location	Ii	E(Ii)	sd(Ii)	z	p-value*
1	3.730	-0.069	1.329	2.859	0.004
2	3.949	-0.069	1.329	3.024	0.002
3	-2.083	-0.241	2.269	-0.811	0.417
4	1.271	-0.138	1.815	0.776	0.438
5	-0.404	-0.276	2.376	-0.054	0.957
6	0.224	-0.103	1.600	0.205	0.838
7	0.231	-0.103	1.600	0.209	0.834
8	0.120	-0.069	1.329	0.142	0.887
9	6.649	-0.069	1.329	5.055	0.000
10	5.425	-0.138	1.815	3.065	0.002
11	3.908	-0.172	1.993	2.047	0.041
12	-0.997	-0.241	2.269	-0.333	0.739
13	0.898	-0.103	1.600	0.626	0.531
14	-0.960	-0.207	2.142	-0.352	0.725
15	-0.056	-0.138	1.815	0.045	0.964
16	0.968	-0.207	2.142	0.548	0.583
17	0.121	-0.207	2.142	0.153	0.878
18	0.733	-0.207	2.142	0.439	0.661
19	-1.188	-0.172	1.993	-0.510	0.610
20	1.376	-0.138	1.815	0.834	0.404
21	-0.342	-0.034	0.955	-0.322	0.748
22	-0.146	-0.172	1.993	0.013	0.989
23	2.365	-0.207	2.142	1.201	0.230
24	2.472	-0.172	1.993	1.327	0.184
25	2.353	-0.103	1.600	1.535	0.125
26	0.536	-0.276	2.376	0.342	0.733
27	2.845	-0.207	2.142	1.425	0.154
28	1.569	-0.103	1.600	1.046	0.296
29	0.511	-0.103	1.600	0.384	0.701
30	1.131	-0.069	1.329	0.903	0.366

*2-tail test

图 10-13 列出了 30 个省级地区的 Moran's I 指数及检验结果，对于某些地区，仍然可以强烈拒绝无空间自相关的原假设，这与全局空间自相关的检验结果是一致的。为更加形象地表示空间相关性检验，进一步绘制局部 Moran's I 指数的散点图，在 Stata 命令窗口输入：

.spatwmat using 例 10-2w.dta，name（W2）standardize

.spatlsa rgdp，weights（W2）moran graph（moran）symbol（n）

该命令中，graph（moran）表示绘制局部 Moran's I 指数图，该选项要求空间权重矩阵为行标准化后的空间权重矩阵，symbol（n）表示用箱号来标识位置。得到局部 Moran's I 指数散点图如图 10-14 所示。

根据图 10-14，大部分省级地区都分布在第一象限和第三象限，因此认为 2017 年中国省级地区的人均 GDP 存在明显的空间相关性。

图 10-14
局部 Moran's I 指数空间自相关检验散点图

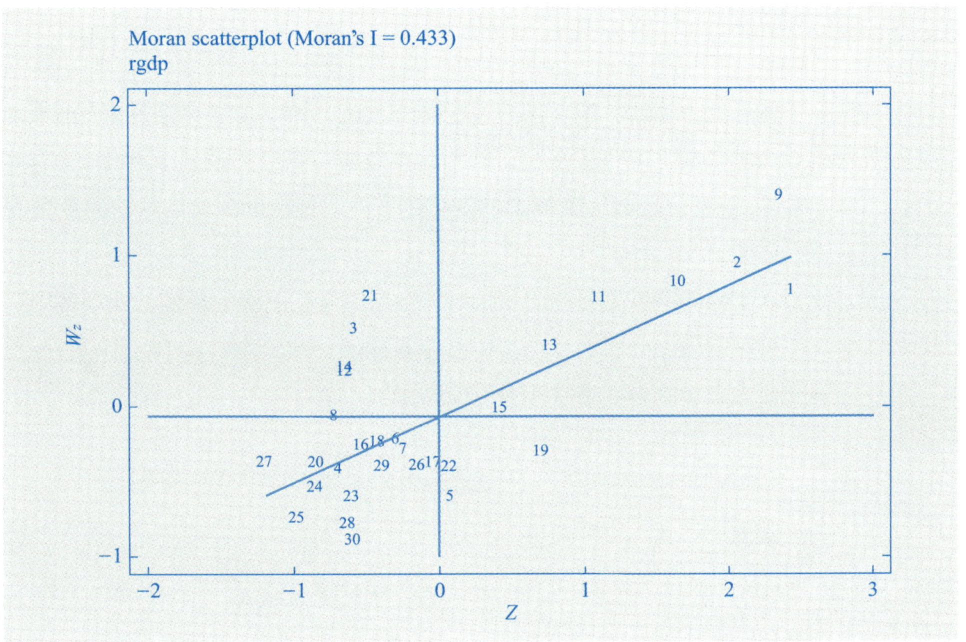

10.4 空间滞后模型

10.4.1 自变量空间滞后模型

自变量空间滞后模型与经典线性回归模型类似，它是在经典线性回归模型中加入自变量的空间滞后，从而对空间效应进行解释，模型形式表示为

$$\begin{gathered}\boldsymbol{Y}=\boldsymbol{X}\boldsymbol{\beta}+\boldsymbol{W}\boldsymbol{X}\boldsymbol{\theta}+\boldsymbol{u}\\ \boldsymbol{u}\sim N(0,\sigma^2\boldsymbol{I}_n)\end{gathered} \tag{10.4.1}$$

式中，$\boldsymbol{W}$是空间权重矩阵。令$\tilde{\boldsymbol{X}}=(\boldsymbol{X},\boldsymbol{W}\boldsymbol{X})$，$\tilde{\boldsymbol{\beta}}=\begin{pmatrix}\beta\\ \theta\end{pmatrix}$，自变量空间滞后模型可以看成是经典线性模型，即

$$\boldsymbol{Y}=\tilde{\boldsymbol{X}}\tilde{\boldsymbol{\beta}}+\boldsymbol{u} \tag{10.4.2}$$

因此，自变量空间滞后模型在加入空间滞后$\boldsymbol{W}\boldsymbol{X}$后仍可以使用经典线性模型的估计方法以及统计推断方法。此时，Y_i受到所有空间单元第k个自变量影响的总效应可以表示为

$$\begin{aligned}\sum_{j=1}^{n}\frac{\partial Y_i}{\partial X_{jk}}&=\frac{\partial Y_i}{\partial X_{ik}}+\sum_{j=1}^{n}\frac{\partial Y_i}{\partial X_{jk}}=\beta_k+\theta_k\sum_{j=1}^{n}w_{ij}\\ &=\beta_k+\theta_k(\sum_{j=1}^{n}w_{ij}=1)\end{aligned} \tag{10.4.3}$$

如果空间权重是行标准化的，则 $\sum_{j=1}^{n} w_{ij} = 1$ 。根据式（10.4.3），总效应可以分解为两个部分：第一部分 θ_k 表示其他空间单元第 k 个自变量的变化导致第 i 个空间单元因变量 Y_i 变化的多少，称为间接效应；第二部分 β_k 表示第 i 个样本的第 k 个自变量 X_{ik} 的变化导致因变量 Y_i 的变化的多少，是空间单元自身对因变量的影响，称为直接效应。

如果数据生成的内在机制符合自变量空间滞后模型，但却使用了经典线性回归模型，则得到的参数估计量可能是有偏的，原因是将最小二乘估计结果 $\hat{\boldsymbol{\beta}} = (\boldsymbol{X'X})^{-1}\boldsymbol{X'Y}$ 代入真实的自变量空间滞后模型得到

$$\hat{\boldsymbol{\beta}} = \boldsymbol{\beta} + \frac{\boldsymbol{X'WX}}{\boldsymbol{X'X}}\boldsymbol{\theta} + (\boldsymbol{X'X})^{-1}\boldsymbol{X'u} \tag{10.4.4}$$

从而

$$E(\hat{\boldsymbol{\beta}}) = \boldsymbol{\beta} + \frac{\boldsymbol{X'WX}}{\boldsymbol{X'X}}\boldsymbol{\theta} \tag{10.4.5}$$

因此，$\hat{\boldsymbol{\beta}}$ 是一个有偏估计量，与真实值相差 $\frac{\boldsymbol{X'WX}}{\boldsymbol{X'X}}\boldsymbol{\theta}$，存在遗漏变量的偏误，此时采用经典线性回归模型，则随机误差项实际为 $\boldsymbol{WX\theta} + \boldsymbol{u}$，显然误差项是存在空间自相关的。

10.4.2 空间滞后模型及估计

空间滞后模型（Spatial Lag Model，SLM）通过加入因变量的空间自相关来体现空间依赖性，主要描述的是因变量之间的空间相关性，探讨因变量在某一地区是否存在扩散效应（或溢出效应）。由于其与时间序列中的自回归模型相类似，因此空间滞后模型又称空间自回归（Spatial Autoregressive，SAR）模型，模型表示为

$$\begin{aligned} &\boldsymbol{Y} = \rho\boldsymbol{WY} + \boldsymbol{X\beta} + \boldsymbol{u} \\ &\boldsymbol{u} \sim N(0, \sigma^2\boldsymbol{I}_n) \end{aligned} \tag{10.4.6}$$

式中，$\boldsymbol{Y}$ 为因变量向量；n 为截面空间单元的个数；$\boldsymbol{X}$ 是 $n\times k$ 维外生自变量矩阵，k 为自变量的个数；$\boldsymbol{W}$ 为 $n\times n$ 维的空间权重矩阵，空间权重矩阵中元素 w_{ij} 描述了第 i 个截面个体与第 j 个截面个体之间的相关性，$\boldsymbol{WY}$ 为空间权重矩阵 $\boldsymbol{W}$ 的空间滞后因变量；$\boldsymbol{\beta}$ 为参数向量，反映了自变量对因变量的影响；$\boldsymbol{u}$ 为随机误差项；ρ 为空间回归系数，反映相邻空间单元对本地空间单元的影响程度，如果 $\rho=0$，则简化为一般的线性回归模型。因此空间自回归模型可以通过检验原假设 H_0：$\rho=0$ 来考查是否存在空间效应。当对空间自回归模型使用最小二乘估计时，参数估计量的期望表示为

$$\begin{aligned} E(\hat{\boldsymbol{\beta}}) &= E((\boldsymbol{X'X})^{-1}\boldsymbol{X'Y}) = E((\boldsymbol{X'X})^{-1}\boldsymbol{X'}(\boldsymbol{I}_n - \rho\boldsymbol{W})^{-1}(\boldsymbol{X\beta} + (\boldsymbol{I}_n - \rho\boldsymbol{W})^{-1}\boldsymbol{u})) \\ &= (\boldsymbol{X'X})^{-1}\boldsymbol{X'}(\boldsymbol{I}_n - \rho\boldsymbol{W})^{-1}\boldsymbol{X\beta} \neq \boldsymbol{\beta} \end{aligned} \tag{10.4.7}$$

可见，由于 $E(\hat{\boldsymbol{\beta}}) \neq \boldsymbol{\beta}$，参数估计量是有偏的，因此对空间滞后模型即式（10.4.6）通常采用极大似然估计。式（10.4.6）可以写为

$$(1-\rho \boldsymbol{W})\boldsymbol{Y} = \boldsymbol{X}\boldsymbol{\beta} + \boldsymbol{u} \tag{10.4.8}$$

则空间滞后模型的对数似然函数表示为

$$\ln L(\boldsymbol{Y}|\boldsymbol{\beta},\rho,\sigma^2) = -\frac{n}{2}\ln(2\pi\sigma^2) + \ln|\boldsymbol{I}_n - \rho\boldsymbol{W}| - \frac{1}{2\sigma^2}((\boldsymbol{I}_n - \rho\boldsymbol{W})\boldsymbol{Y} - \boldsymbol{X}\boldsymbol{\beta})'((\boldsymbol{I}_n - \rho\boldsymbol{W})\boldsymbol{Y} - \boldsymbol{X}\boldsymbol{\beta}) \tag{10.4.9}$$

选择 $\boldsymbol{\beta}$ 和 σ^2 使得 $\ln\ L(\boldsymbol{Y}|\boldsymbol{\beta},\rho,\sigma^2)$ 最大，求解得到 $\boldsymbol{\beta}$ 估计量为

$$\hat{\boldsymbol{\beta}} = (\boldsymbol{X}'\boldsymbol{X})^{-1}\boldsymbol{X}'(\boldsymbol{I} - \rho\boldsymbol{W})\boldsymbol{Y} = (\boldsymbol{X}'\boldsymbol{X})^{-1}\boldsymbol{X}'\boldsymbol{Y} - \rho(\boldsymbol{X}'\boldsymbol{X})^{-1}\boldsymbol{X}'\boldsymbol{W}\boldsymbol{Y} \tag{10.4.10}$$

可见，$\hat{\boldsymbol{\beta}}$ 是 ρ 的函数，在式（10.4.9）中，对 σ^2 求偏导可以得到 σ^2 的最大似然估计，即

$$\hat{\sigma}^2 = \frac{e'e}{n} = \frac{(e_0 - \rho e_L)'(e_0 - \rho e_L)}{n} \tag{10.4.11}$$

式中，$e_0 = (\boldsymbol{I}_n - \boldsymbol{X}(\boldsymbol{X}'\boldsymbol{X})^{-1}\boldsymbol{X}')\boldsymbol{Y}$，$e_L = (\boldsymbol{I}_n - \boldsymbol{X}(\boldsymbol{X}'\boldsymbol{X})^{-1}\boldsymbol{X}')\boldsymbol{W}\boldsymbol{Y}$。可见，$\hat{\sigma}^2$ 也是 ρ 的函数，将 $\hat{\beta}(\rho)$ 和 $\hat{\sigma}^2(\rho)$ 代入似然函数模型即式（10.4.9）中可以得到“集中对数似然函数”，它只是 ρ 的函数，由此可求解得到 ρ。需要注意的是，关于 $|\boldsymbol{I} - \rho\boldsymbol{W}|$ 中 ρ 的求解，可以利用 $|\boldsymbol{I} - \rho\boldsymbol{W}| = \prod_{i=1}^{n}(1-\rho v_i)$，其中 $v_1, v_2, \cdots, v_n$ 为空间权重矩阵 $\boldsymbol{W}$ 的特征值，为保证模型平稳，ρ 的取值范围满足 $\frac{1}{v_{\min}} < \rho < \frac{1}{v_{\max}}$，其中 $v_{\min}$ 和 $v_{\max}$ 分别为空间权重矩阵 $\boldsymbol{W}$ 的最小和最大特征值。

10.5 空间误差模型

空间误差模型（Spatial Errors Model，SEM）是指通过对模型中的误差项设置空间自相关从而体现空间依赖效应。当模型出现遗漏变量或不正确的函数形式设定时，也可能使模型误差项呈现空间自相关。模型设定为

$$\begin{gathered} \boldsymbol{Y} = \boldsymbol{X\beta} + \boldsymbol{u} \\ \boldsymbol{u} = \lambda \boldsymbol{W}u + \varepsilon,\ \ \varepsilon \sim N(0, \sigma^2 I_n) \end{gathered} \tag{10.5.1}$$

式中，λ 为空间误差相关系数，度量邻近个体关于因变量的误差冲击对个体的观测值影响的方向和程度；$\boldsymbol{W}$ 是空间权重矩阵，空间权重矩阵中元素 w_{ij} 描述了第 i 个截面空间单元与第 j 个截面空间单元误差项之间的相关性。该模型表示随机误差项存在空间依赖性，即不包含在自变量 $\boldsymbol{X}$ 中但对 $\boldsymbol{Y}$ 有影响的遗漏变量存在空间相关性，或者不可观测的随机冲击存在空间相关性，如果 $\lambda=0$，则简化为一般线性回归模型。

根据误差项空间相关结构的不同，SEM 模型可以分为以下三种类型。

（1） 若 $\boldsymbol{u}=\lambda \boldsymbol{W}\boldsymbol{u}+\varepsilon$，则 SEM 模型属于空间误差自相关（Spatial Error Autoregressive，SEAR）模型，当地区之间的相互作用因所处的相对位置不同而存在差异时采用该模型，是比较常用的 SEM 模型。

（2） 若 $\boldsymbol{u}=\varepsilon-\theta \boldsymbol{W}\varepsilon$，则 SEM 模型属于空间误差移动平均（Spatial Error Moving Average，SEMA）模型。

（3） 若 $\boldsymbol{u}=\lambda \boldsymbol{W}\boldsymbol{u}-\theta \boldsymbol{W}\varepsilon+\varepsilon$，则 SEM 模型属于空间误差自相关移动平均（Spatial Error Autoregressive and Moving Average，SEARMA）模型。

SEM 模型说明区域间的外溢效应是随机冲击的作用结果，其经济含义在于，某一个截面空间单元发生的冲击会随着协方差结构形式 $\boldsymbol{W}$ 传递到相邻区域，而这一传递形式具有长期延续性且逐步衰减，即空间影响具有高阶效应。虽然空间误差 SEM 模型还可以有更高阶的设定情况，但由于估计过程较为复杂，因此目前一般的空间计量模型均局限于一阶滞后、一阶自回归或一阶移动平均模型。

SEM 模型的随机误差项存在空间相关性，但并不存在内生性，若直接采用 OLS 估计，则参数估计的结果是无偏且一致的，但并非有效估计量，因此应采用极大似然估计（ML）。当采用 ML 估计时，根据极大似然对数值、赤池信息准则（Akaike Information Criterion，AIC）与施瓦茨准则（Schwarz Criterion，SC）来度量，其似然函数的数值越大越好，而 AIC 与 SC 越小越好（Anselin，1988）。

由式（10.5.1）整理得到

$$\boldsymbol{Y}=\boldsymbol{X}\boldsymbol{\beta}+(\boldsymbol{I}_n-\lambda \boldsymbol{W})^{-1}\varepsilon \tag{10.5.2}$$

随机误差项的协方差矩阵为

$$\boldsymbol{\Omega}=E(uu')=E\left[(\boldsymbol{I}_n-\lambda \boldsymbol{W})^{-1}\varepsilon((\boldsymbol{I}_n-\lambda \boldsymbol{W})^{-1}\varepsilon)'\right]=\sigma^2(\boldsymbol{I}_n-\lambda \boldsymbol{W})^{-1}((\boldsymbol{I}_n-\lambda \boldsymbol{W})^{-1})' \tag{10.5.3}$$

令 $\boldsymbol{B}=\boldsymbol{I}-\lambda \boldsymbol{W}$，则空间误差模型的对数似然函数表示为

$$\ln L=-\frac{n}{2}\ln 2\pi-\frac{1}{2}\ln\left\{|\boldsymbol{\Omega}|\times\left[|\boldsymbol{B}|\right]^{-2}\right\}-\frac{1}{2}\left[\boldsymbol{BY}-\boldsymbol{BX\beta}\right]'\boldsymbol{\Omega}^{-1}\left[\boldsymbol{BY}-\boldsymbol{BX\beta}\right] \tag{10.5.4}$$

利用 ML 估计得到一阶极值条件，即

$$0=\boldsymbol{X}'\boldsymbol{B}'\boldsymbol{\Omega}^{-1}\boldsymbol{BY}-\boldsymbol{X}'\boldsymbol{B}'\boldsymbol{\Omega}^{-1}\boldsymbol{BX\beta} \tag{10.5.5}$$

得到 β 估计量为

$$\hat{\boldsymbol{\beta}}=\left[\boldsymbol{X}'\boldsymbol{B}'\boldsymbol{BX}\right]^{-1}\boldsymbol{X}'\boldsymbol{B}'\boldsymbol{BY},\quad \hat{\boldsymbol{\Omega}}=\frac{1}{n}\left[\boldsymbol{B}(\boldsymbol{Y}-\boldsymbol{X}\hat{\boldsymbol{\beta}})\right]'\left[\boldsymbol{B}(\boldsymbol{Y}-\boldsymbol{X}\hat{\boldsymbol{\beta}})\right]\times\boldsymbol{I} \tag{10.5.6}$$

将 $\hat{\boldsymbol{\Omega}}$ 和 $\hat{\boldsymbol{\beta}}$ 代入对数似然函数，求解

$$\max_{\lambda}\left\{-\frac{n}{2}\ln 2\pi-\frac{1}{2}\ln\left\{|\hat{\boldsymbol{\Omega}}|\times\left[|\boldsymbol{B}|\right]^{-2}\right\}-\frac{1}{2}\left[\boldsymbol{BY}-\boldsymbol{BX}\hat{\boldsymbol{\beta}}\right]'\hat{\boldsymbol{\Omega}}^{-1}\left[\boldsymbol{BY}-\boldsymbol{BX}\hat{\boldsymbol{\beta}}\right]\right\} \tag{10.5.7}$$

由上式可得到估计量 $\hat{\lambda}$，然后利用 $\hat{\boldsymbol{B}}=\boldsymbol{I}-\hat{\lambda}\boldsymbol{W}$ 重新估计似然函数，反复迭代直到收敛得到最终估计结果。

10.6 空间杜宾模型

10.6.1 空间杜宾模型形式

空间杜宾模型（Spatial Durbin Model，SDM）是空间滞后模型和空间误差模型的组合扩展形式，可以通过对空间滞后模型和空间误差模型增加相应的约束条件设立。该模型既考虑了因变量的空间相关性，又考虑了自变量的空间相关性，模型形式为

$$\begin{gathered}\boldsymbol{Y}=\rho\boldsymbol{W}_1 Y+\boldsymbol{X}\boldsymbol{\beta}+\boldsymbol{W}_2\boldsymbol{X}\theta+u\\ u\sim N(0,\sigma^2\boldsymbol{I})\end{gathered} \tag{10.6.1}$$

模型中包含两个空间权重矩阵 $\boldsymbol{W}_1$ 和 $\boldsymbol{W}_2$，$\boldsymbol{W}_1$ 是因变量 $\boldsymbol{Y}$ 的空间相关关系，$\boldsymbol{W}_2$ 是自变量 $\boldsymbol{X}$ 的空间相关关系，二者可以设置为相同或不同的矩阵。ρ 是因变量的空间滞后项系数。θ 是外生变量的空间自相关系数，用来度量相邻区域的自变量对因变量 $\boldsymbol{Y}$ 的边际影响。当 $\theta=0$ 时，表明仅包含因变量的空间依赖，同时排除了空间滞后自变量因素，此时 SDM 模型可以简化为 SAR 模型；当 $\theta+\rho\boldsymbol{\beta}=0$ 时，SDM 模型可以简化为 SEM 模型；当 $\rho=0$ 时，表明因变量不存在空间相关性，模型变为自变量空间滞后模型；当 $\rho=0$ 且 $\theta=0$ 时，模型简化为标准最小二乘回归模型，可见，ρ 的显著性决定了是否存在空间交互效应，若 ρ 为正，表明存在正向的相互作用，否则为负向的相互作用。u 是满足正态独立同分布的随机误差项。

10.6.2 直接效应与间接效应

空间杜宾模型中既包含了因变量和自变量的空间相关项，也包含了自变量的非空间相关项，自变量空间相关项矩阵 $\boldsymbol{W}_2\boldsymbol{X}$ 和非空间相关项的系数没有反映自变量的全部作用效果，为详细分析自变量的全部作用效果，LeSage 和 Pace（2009）指出可以通过偏微分方法推导出自变量变化所引起的边际影响，并按照影响来源分为直接效应和间接效应。假定因变量和自变量采用相同的空间权重矩阵 $\boldsymbol{W}$，为得到两种效应的计算式，先把 SDM 模型即式（10.6.1）中含有因变量的式子移到左侧，并在等式两边分别左乘 $(\boldsymbol{I}-\rho\boldsymbol{W})^{-1}$，整理为

$$\boldsymbol{Y}=(\boldsymbol{I}-\rho\boldsymbol{W})^{-1}(\boldsymbol{\beta}\boldsymbol{X}+\boldsymbol{W}\boldsymbol{X}\theta)+R \tag{10.6.2}$$

式中，R 是包括截距和误差项的剩余项，则因变量向量关于第 k 个自变量的偏微分方程可以表示为

$$\left[\frac{\partial Y}{\partial X_{1k}},\frac{\partial Y}{\partial X_{2k}},\dots,\frac{\partial Y}{\partial X_{nk}}\right]=\begin{bmatrix}\frac{\partial Y_1}{\partial X_{1k}} & \frac{\partial Y_1}{\partial X_{2k}} & \cdots & \frac{\partial Y_1}{\partial X_{nk}}\\ \frac{\partial Y_2}{\partial X_{1k}} & \frac{\partial Y_2}{\partial X_{2k}} & \cdots & \frac{\partial Y_2}{\partial X_{nk}}\\ \vdots & \vdots & \ddots & \vdots\\ \frac{\partial Y_n}{\partial X_{1k}} & \frac{\partial Y_n}{\partial X_{2k}} & \cdots & \frac{\partial Y_n}{\partial X_{nk}}\end{bmatrix}=(\boldsymbol{I}-\rho\boldsymbol{W})^{-1}\begin{bmatrix}\beta_k & w_{12}\theta_k & \cdots & w_{1n}\theta_k\\ w_{21}\theta_k & \beta_k & \cdots & w_{2n}\theta_k\\ \vdots & \vdots & \ddots & \vdots\\ w_{n1}\theta_k & w_{n2}\theta_k & \cdots & \beta_k\end{bmatrix} \tag{10.6.3}$$

式中，w_{ij}是矩阵$\boldsymbol{W}$的第(i,j)个元素。直接效应（Direct Impact）是某个截面空间单元自变量的变化导致自身因变量的改变，即在第t年第k个自变量在第i个区域的单位变化对第i个区域因变量Y_{it}的平均影响，在式（10.6.3）中表示为等式右端矩阵中主对角线上元素的平均值。直接效应可以进一步区分为两种影响路径：一是自变量对本区域因变量的直接影响；二是该自变量影响相邻区域因变量后产生的反馈效应，该反馈效应可以通过计算自变量的直接效应和自变量系数的差值得到。间接效应（Indirect Impact）是自变量的空间溢出效应，即第i个截面个体周围每个区域中第k个自变量发生单位变化，通过溢出效应对第i个截面个体的因变量Y_{it}的平均影响，在式（10.6.3）中表示为等式右端矩阵中主对角线元素之外的所有元素值的平均值$\frac{1}{n^2}\sum_{i=1}^{n}\sum_{j=1}^{n}w_{ij}\theta_k$。间接效应也可以分为两种影响路径：一是相邻区域自变量对本地区因变量的影响；二是相邻区域自变量变化使得其自身的因变量变化，进而对区域因变量产生影响。在不考虑诱发效应时，第k个自变量的总效应等于直接效应与间接效应之和。不同计量模型的直接效应和间接效应的计算公式见表10-4。

表10-4 不同计量模型的直接效应和间接效应的计算公式

模型	直接效应	间接效应
OLS	β_k	0
SAR	$(1-\rho\boldsymbol{W})^{-1}\beta_k$的对角线元素	$(1-\rho\boldsymbol{W})^{-1}\beta_k$的非对角线元素
SEM	β_k	0
SDM	$(1-\rho\boldsymbol{W})^{-1}(\beta_k+\boldsymbol{W}\theta_k)$的对角线元素	$(1-\rho\boldsymbol{W})^{-1}(\beta_k+\boldsymbol{W}\theta_k)$的非对角线元素

资料来源：Halleck Vega和Elhorst（2012）。

10.7 相关模型的选取标准

由于空间计量模型设定对结果影响较大，因此检验采用哪一种空间计量模型至关重要，现有空间计量模型选择方法主要包括统计检验和信息准则两类。

10.7.1 空间计量模型统计检验方法

1. Moran's I指数检验

Moran's I指数反映的是空间邻接或邻近的区域单元属性值的相似程度，通过Moran's I指数可以检验模型是否存在空间相关性。该检验的原假设是模型不存在空间相关性，拒绝原假设时，表明存在空间相关性但不能确定存在空间相关性的具体模型形式。因此，Moran's I指数检验只能检验空间相关性是否存在，不能用来确定空间效应是空间自回归还是空间残差相关。

Moran's I 指数的取值一般在 −1～1，大于 0 表示正相关，值接近 1 时表明具有相似的属性集聚在一起（高值与高值相邻，低值与低值相邻）；小于 0 表示负相关，值接近 −1 时表明具有相异的属性集聚在一起（高值与低值相邻，低值与高值相邻）。如果 Moran's I 指数接近 0，则表示不存在空间自相关性。与 Moran's I 指数类似，Geary's C 指数也是全局聚类检验指数，Geary's C 指数取值在 0～2（2 并不是严格的上界），大于 1 表示负相关，等于 1 表示不相关，小于 1 表示正相关。Moran's I 指数和 Geary's C 指数的计算见 10.3 节，这里不再赘述。

2. LM 检验

Burridge（1980）提出 LM-Error 检验。Anselin（1988）提出 LM-Lag 检验及稳健 LM-Error 检验（Robust LM-Error）。Bera 和 Yoon（1992）进一步改进了 LM-Lag 检验，提出稳健 LM-Lag 检验（Robust LM-Lag）。这四个检验统计量表示为

$$\text{LM - Error} = \frac{(\boldsymbol{e}'\boldsymbol{W}\boldsymbol{e}/s^2)^2}{T} \sim \chi^2(1) \tag{10.7.1}$$

$$\text{LM - Lag} = \frac{\left[\boldsymbol{e}'\boldsymbol{W}\boldsymbol{Y}/(\boldsymbol{e}'\boldsymbol{e}/N)\right]^2}{R} \sim \chi^2(1) \tag{10.7.2}$$

$$\text{Robust LM - Error} = \frac{\left(\boldsymbol{e}'\boldsymbol{W}\boldsymbol{Y}/s^2 - TR^{-1}\boldsymbol{e}'\boldsymbol{W}\boldsymbol{e}/s^2\right)^2}{T - T^2R^{-1}} \sim \chi^2(1) \tag{10.7.3}$$

$$\text{Robust LM - Lag} = \frac{\left(\boldsymbol{e}'\boldsymbol{W}\boldsymbol{Y}/s^2 - \boldsymbol{e}'\boldsymbol{W}\boldsymbol{e}/s^2\right)^2}{R - T} \sim \chi^2(1) \tag{10.7.4}$$

式中，$s^2 = \dfrac{\boldsymbol{e}'\boldsymbol{e}}{N}$；$T = \text{tr}(\boldsymbol{W}^2 + \boldsymbol{W}'\boldsymbol{W})$；$R = \dfrac{(\boldsymbol{W}\boldsymbol{X}\hat{\beta})'(I - \boldsymbol{X}(\boldsymbol{X}'\boldsymbol{X})^{-1}\boldsymbol{X}')(\boldsymbol{W}\boldsymbol{X}\hat{\boldsymbol{\beta}})}{S^2} + T$；$e$ 是最小二乘估计的残差；$\hat{\beta}$ 是原假设中模型参数的 OLS 估计量。这四个检验统计量分别对应空间计量经济学模型 LM 检验的四种情况。

（1） LM-Error 统计量——不存在空间自回归时空间残差相关的 LM 检验。原假设和备择假设表示为

$$\begin{aligned} &H_0: \boldsymbol{Y} = \boldsymbol{X}\boldsymbol{\beta} + \boldsymbol{u},\ \boldsymbol{u} \sim N(0, \sigma^2\boldsymbol{I}) \\ &H_1: \boldsymbol{u} = \lambda\boldsymbol{W}\boldsymbol{u} + \boldsymbol{\varepsilon}(\text{或}\boldsymbol{u} = \lambda\boldsymbol{W}\boldsymbol{\varepsilon} + \boldsymbol{\varepsilon}) \end{aligned} \tag{10.7.5}$$

即原假设表示模型残差不存在空间相关，备择假设表示残差存在空间效应，且残差的空间效应表示为空间残差自相关或空间残差移动平均。

（2） LM-Lag 统计量——不存在空间残差相关时空间自回归效应的 LM 检验。原假设和备择假设表示为

$$\begin{aligned} &H_0: \boldsymbol{Y} = \boldsymbol{X}\boldsymbol{\beta} + \boldsymbol{u},\ \boldsymbol{u} \sim N(0, \sigma^2\boldsymbol{I}) \\ &H_1: \boldsymbol{Y} = \rho\boldsymbol{W}\boldsymbol{Y} + \boldsymbol{X}\boldsymbol{\beta} + \boldsymbol{u} \end{aligned} \tag{10.7.6}$$

即原假设是模型残差不存在空间相关，备择假设表示因变量存在空间效应。

（3） Robust LM-Error 统计量——存在空间自回归时空间残差相关的 LM 检验，原假设和备择假设表示为

$$H_0: \boldsymbol{Y} = \rho \boldsymbol{W}\boldsymbol{Y} + \boldsymbol{X}\boldsymbol{\beta} + \boldsymbol{u}$$
$$H_1: \boldsymbol{u} = \lambda \boldsymbol{W}\boldsymbol{u} + \boldsymbol{\varepsilon}(\text{或}\boldsymbol{u} = \lambda \boldsymbol{W}\boldsymbol{\varepsilon} + \boldsymbol{\varepsilon}) \tag{10.7.7}$$

即原假设是模型残差不存在空间相关，备择假设表示残差存在空间效应，且残差的空间效应表示为空间残差自相关或空间残差移动平均。

（4） Robust LM-Lag 统计量——存在空间残差相关性时空间自回归效应的 LM 检验，原假设和备择假设表示为

$$H_0: \boldsymbol{Y} = \boldsymbol{X}\boldsymbol{\beta} + \lambda \boldsymbol{W}\boldsymbol{u} + \boldsymbol{\varepsilon}, \boldsymbol{\varepsilon} \sim N(0, \sigma^2 \boldsymbol{I})$$
$$H_1: \boldsymbol{Y} = \rho \boldsymbol{W}\boldsymbol{Y} + \boldsymbol{X}\boldsymbol{\beta} + \lambda \boldsymbol{W}\boldsymbol{u} + \boldsymbol{\varepsilon} \tag{10.7.8}$$

根据 LM 的四个统计量构建判别过程和准则，先对不考虑空间自相关的传统模型进行 OLS 回归，得到回归模型的残差，然后利用拉格朗日乘数形式 LM-Error、LM-Lag 及其稳健形式 Robust LM-Error、Robust LM-Lag 进行检验。根据 Anselin 等（2008）提出的判别准则：如果仅有 LM-Lag 显著，则建立 SAR 模型；如果仅有 LM-Error 显著，则建立 SEM 模型；如果二者都显著，则需进一步比较 Robust LM-Error 和 Robust LM-Lag 的显著性，选择稳健性指标中更显著的模型；如果 LM-Lag 和 LM-Error 都不显著，说明不需要建立空间模型；如果检验结果二者同时成立，需要进一步估计 SDM 模型。基于 LM 检验的空间计量模型选择方法如图 10-15 所示。

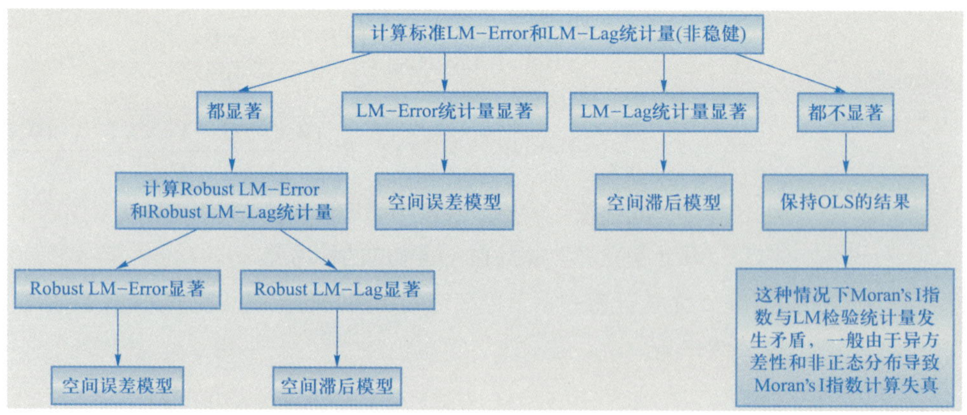

图 10-15 基于 LM 检验的空间计量模型选择方法

10.7.2 空间计量模型的信息准则

在对空间计量模型进行极大似然估计后，通常认为似然值较大的模型更优，但在实际应用中发现很多时候模型的似然值并没有显著差异，从而失去可比性，于是在似然值基础上增加惩罚机制，产生模型选择的信息准则方法。在空间计量模型中的信息准则计算公式与一般模型相同，只是对数似然值需要按照空间计量模型对数似然值计算方法取得。

1. 赤池信息准则：AIC

赤池信息准则由日本统计学家赤池弘次（Hirotugu Akaike）于 1973 年在研究时间序列定阶问题时提出，赤池信息准则的统计量定义为

$$\mathrm{AIC} = -2\ln(L) + 2k \tag{10.7.9}$$

式中，$\ln(L)$ 表示对数似然函数极大值；k 表示模型中参数个数。AIC 准则说明应优先考虑 AIC 值更小的那一个模型。第一项表示模型与真实分布的偏差，通常模型参数越多，估计偏差越小，但待估参数越多，第二项随之也会增大，反之亦然，因此第二项是参数数量增加的“惩罚项”。AIC 准则希望用最少的参数估计出与数据最吻合的模型，同时权衡了模型的拟合度和效率。尽管 AIC 准则在实际应用中对于使用似然函数值取得了较好的效果，但也有不足之处。在样本具有较高偏度或峰度时，惩罚项无法弥补极大似然估计在估计参数时的损失。同时，当备选模型具有相同结构和参数时，AIC 准则也退化为比较极大似然值。此外，AIC 准则中模型参数个数的惩罚项系数始终为 2，与样本容量无关，随着样本容量增大，模型拟合误差增大，导致当样本容量趋于无穷大时，AIC 准则选择的拟合模型不收敛于真实模型，通常比真实模型包含的未知参数更多。

2. 贝叶斯信息准则：BIC

为修正 AIC 准则存在的过度拟合和拟合不足的问题，Akaike 于 1979 年提出贝叶斯信息准则（Bayesian Information Criterion，BIC），该准则的统计量定义为

$$\mathrm{BIC} = -2\ln(L) + k\ln(n) \tag{10.7.10}$$

施瓦兹（Schwarz）在 1978 年基于无先验信息的贝叶斯理论的最大后验密度，也得出同样的判别准则，因此又称施瓦兹准则。BIC 准则将未知参数个数的惩罚项由 2 变为样本容量的对数，当样本容量大于等于 8 时，BIC 惩罚项的值大于 AIC 惩罚项的值，即通常情况下 BIC 准则要求更精简的模型。

3. 汉南 – 奎因准则：HQ

汉南 – 奎因（Hannan-Quinn Criterion，HQ）准则的统计量定义为

$$\mathrm{HQ} = -2\ln(L) + \ln\left[\ln(n)\right]k \tag{10.7.11}$$

由此可见，AIC 准则、BIC 准则、HQ 准则都是 $-2\ln(L)$ 加上一个与 n、k 相关的惩罚项。这些准则都希望增加样本拟合的程度，但尽量避免出现过度拟合的情况。当样本数和待估参数个数相同时，最大的极大似然值与最小的 AIC 值、BIC 值、HQ 值是完全一致的。

4. 数据过度离散情况下的信息准则：QAIC

Burnham 和 Anderson（2002）分别给出了数据存在过度离散和小样本两种情况下的信息准则。数据过度离散情况下的信息准则 QAIC（Quasi-AIC）统计量定义为

$$\mathrm{QAIC} = 2k - \frac{2}{\mathrm{VIF}}\ln(L) \tag{10.7.12}$$

式中，VIF 为方差膨胀因子。在小样本情况下的信息准则 QAIC 统计量定义为

$$\mathrm{QAK}' = \mathrm{QAIC} + \frac{2k(k+1)}{n-k-1} \tag{10.7.13}$$

即 QAIC 可以调整过度离散或缺乏拟合的情况。基于极大似然值信息准则的计算公式及判别标准见表 10-5。

表 10-5 基于极大似然值信息准则的计算公式及判别标准

准则	公式	判别标准
AIC	$\mathrm{AIC} = -2\ln(L) + 2k$	越小越好
BIC	$\mathrm{BIC} = -2\ln(L) + k\ln(n)$	越小越好
HQ	$\mathrm{HQ} = -2\ln(L) + \ln[\ln(n)]k$	越小越好
QAIC	$\mathrm{QAIC} = 2k - \frac{2}{\mathrm{VIF}}\ln(L)$	越小越好

信息准则在模型选择时具有很好的优势，它对嵌套模型和非嵌套模型均有效，也可以比较具有不同误差分布的模型，但是在空间计量模型模拟分析过程中发现它们检验的效度并不高，此时需要使用更为复杂的方法——贝叶斯模型选择方法。贝叶斯模型选择方法首先需要计算空间计量模型的边际似然函数值，然后结合先验概率计算出后验概率、贝叶斯因子和后验机会比，最后利用后验机会比和 Jeffreys 判断标准对空间计量模型进行选择。由于边际似然函数的计算在空间计量模型中存在较大困难，因此通常需要采用马尔科夫链蒙特卡罗（MCMC）方法进行计算，本章对这部分内容不再做进一步阐述。

10.8 空间计量分析的综合案例

本案例通过考察房价与家庭收入对犯罪率的作用来探究空间计量模型的使用，数据集（Stata 数据集例 10-8.dta 和例 10-8w.dta）来自 Anselin（1988），第一个数据集“例 10-8.dta”包含美国俄亥俄州哥伦布市 49 个社区的社区编号（id）、犯罪率（crime）、房价（hoval）、家庭收入（income）及经度（x）和纬度（y）坐标的数据；第二个数据集“例 10-8w.dta”是以这 49 个社区地理位置为基础建立的二进制邻接空间权重矩阵。

首先在 Stata 中建立普通最小二乘回归（OLS），在 Stata 命令窗口输入如下命令：

```
.use 例 10-8.dta，clear
.reg crime hoval income
```

结果如图 10-16 所示。

图 10-16
美国俄亥俄州哥伦布市犯罪率影响因素估计结果（OLS 回归）

Source	SS	df	MS
Model	7423.32674	2	3711.66337
Residual	6014.89281	46	130.758539
Total	13438.2195	48	279.962907

Number of obs = 49
F(2, 46) = 28.39
Prob > F = 0.0000
R-squared = 0.5524
Adj R-squared = 0.5329
Root MSE = 11.435

crime	Coef.	Std. Err.	t	P>|t|	[95% Conf.	Interval]
hoval	-.2739315	.1031987	-2.65	0.011	-.4816597	-.0662033
income	-1.597311	.3341308	-4.78	0.000	-2.269881	-.9247405
_cons	68.61896	4.735486	14.49	0.000	59.08692	78.151

根据图 10-16 可以看出，房价 hoval 、家庭收入 income 对犯罪率 crime 产生显著的负向影响，模型的拟合优度为 55.24%。但是各个社区的犯罪率之间可能是相关的，如果存在空间效应，则使用 OLS 估计的结果将存在偏差。

下面进行空间相关性检验，首先定义空间权重矩阵，然后分别计算因变量 crime 和自变量 hoval 、 income 的全局 Moran's I 指数，在 Stata 命令窗口输入：

```
.spatwmat using 例 10-8w.dta，name（W1）
.spatgsa crime，weight（W1）moran twotail
.spatgsa hoval，weight（W1）moran twotail
.spatgsa income，weight（W1）moran twotail
```

结果如图 10-17至图10-19 所示。

图 10-17
犯罪率 crime 全局空间自相关检验

Measures of global spatial autocorrelation

Weights matrix

Name: W1
Type: Imported (binary)
Row-standardized: No

Moran's I

Variables	I	E(I)	sd(I)	z	p-value*
crime	0.521	-0.021	0.087	6.212	0.000

*2-tail test

图 10-18

房价 hoval 全局空间自相关检验

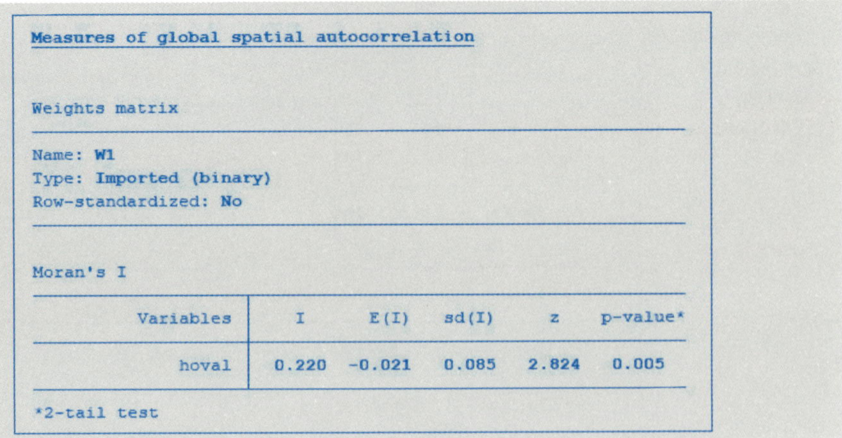

Measures of global spatial autocorrelation

Weights matrix

Name: W1
Type: Imported (binary)
Row-standardized: No

Moran's I

Variables	I	E(I)	sd(I)	z	p-value*
hoval	0.220	-0.021	0.085	2.824	0.005

*2-tail test

图 10-19

家庭收入 income 全局空间自相关检验

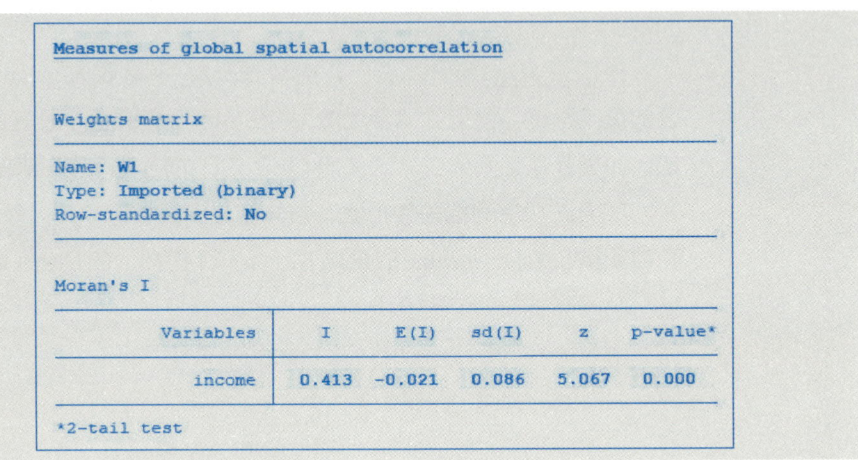

Measures of global spatial autocorrelation

Weights matrix

Name: W1
Type: Imported (binary)
Row-standardized: No

Moran's I

Variables	I	E(I)	sd(I)	z	p-value*
income	0.413	-0.021	0.086	5.067	0.000

*2-tail test

根据图 10-17至图10-19 可以看出，三个变量的 Moran's I 指数均强烈拒绝“无空间自相关”的原假设，认为存在空间相关性。接下来再对 OLS 模型中是否存在空间依赖性进行检验，利用 spatdiag 命令检验是否存在空间依赖性，在 Stata 命令窗口输入：

. spatdiag，weights（W1）

结果如图 10-20 所示。

根据图 10-20 可以发现，空间误差（Spatial Error）的三个检验中，有一个拒绝了“无空间自相关”的原假设，而空间滞后（Spatial Lag）的两个检验均拒绝了原假设，再次表明进行空间计量分析是合适的。

下面利用该数据集建立空间滞后模型，模型形式为

$$\begin{gathered}\mathbf{crime} = \rho \boldsymbol{W}\mathbf{crime} + \beta_1 \mathbf{hoval} + \beta_2 \mathbf{income} + \boldsymbol{u} \\ \boldsymbol{u} \sim N(0, \sigma^2 \boldsymbol{I})\end{gathered} \qquad (10.8.1)$$

式中，$\boldsymbol{W}$ 为空间权重矩阵；ρ 为空间回归系数，反映相邻社区犯罪率对本社区犯罪率的影响程度。使用命令 spregsar 估计空间滞后模型，该命令为外部命令，在 Stata 命令窗口输入“ssc install spregsar”或“findit spregsar”查找并安装截面

图 10-20
空间依赖性检验结果

```
Diagnostic tests for spatial dependence in OLS regression

Fitted model
------------------------------------------------------------
crime = hoval + income
------------------------------------------------------------

Weights matrix
------------------------------------------------------------
Name: W1
Type: Imported (binary)
Row-standardized: No
------------------------------------------------------------

Diagnostics
------------------------------------------------------------
Test                           |  Statistic    df    p-value
-------------------------------+----------------------------
Spatial error:                 |
  Moran's I                    |      1.011     1     0.312
  Lagrange multiplier          |      6.804     1     0.009
  Robust Lagrange multiplier   |      1.759     1     0.185
                               |
Spatial lag:                   |
  Lagrange multiplier          |     13.787     1     0.000
  Robust Lagrange multiplier   |      8.741     1     0.003
------------------------------------------------------------
```

数据空间计量外部命令，然后进行估计：

.spregsar crime hoval income，wmfile（例 10-8w.dta）

其中，wmfile（例 10-8w.dta）表示导入权重矩阵“例 10-8w.dta”。结果如图 10-21 所示。

根据图 10-21 所示，空间自回归系数 rho 的估计值为 0.052，并且在 1% 水平下显著，因此存在空间自回归效应，拉格朗日检验统计量 LR=14.869 在 1% 显著性水平下也得到同样的结果。对比图 10-21 空间滞后模型和图 10-16 普通 OLS 模型的估计结果，发现空间滞后模型的系数和符号与 OLS 回归结果一致，但是系数的显著性和模型整体的拟合优度都要明显高于 OLS 回归结果。

下面利用该数据集建立空间误差模型，模型形式为

$$\begin{gathered}\textbf{crime}=\beta_0\boldsymbol{I}+\beta_1\textbf{hoval}+\beta_2\textbf{income}+\boldsymbol{u}\\ \boldsymbol{u}=\lambda\boldsymbol{W}\boldsymbol{u}+\boldsymbol{\varepsilon},\ \boldsymbol{\varepsilon}\sim N(0,\sigma^2\boldsymbol{I})\end{gathered}\tag{10.8.2}$$

式中，$\boldsymbol{W}$ 为空间权重矩阵；λ 为空间误差系数，度量相邻社区犯罪率的误差冲击对本地社区犯罪率影响的方向和程度。使用命令 spregsem 估计空间滞后模型，该命令为外部命令，在 Stata 命令窗口输入“ssc install spregsem”或“findit spregsem”查找并安装该外部命令，然后进行估计：

.ssc install spregsem

.spregsem crime hoval income，wmfile（例 10-8w.dta）

图 10-21
美国俄亥俄州哥伦布市犯罪率影响因素估计结果（空间滞后模型）

```
==============================================================================
* MLE Spatial Lag Normal Model (SAR)
==============================================================================
 crime = hoval + income
------------------------------------------------------------------------------
 Sample Size          =          49
 Wald Test            =     84.1955   |   P-Value > Chi2(2)          =   0.0000
 F-Test               =     42.0977   |   P-Value > F(2 , 47)        =   0.0000
(Buse 1973) R2        =      0.6467   |   Raw Moments R2             =   0.9358
(Buse 1973) R2 Adj    =      0.6392   |   Raw Moments R2 Adj         =   0.9344
 Root MSE (Sigma)     =     10.0509   |   Log Likelihood Function =  -180.9953
------------------------------------------------------------------------------
- R2h= 0.6470   R2h Adj= 0.6395  F-Test =   42.15 P-Value > F(2 , 47)  0.0000
- R2v= 0.6203   R2v Adj= 0.6122  F-Test =   37.58 P-Value > F(2 , 47)  0.0000
------------------------------------------------------------------------------
       crime |      Coef.   Std. Err.      z    P>|z|     [95% Conf. Interval]
-------------+----------------------------------------------------------------
crime        |
       hoval |  -.2526802   .0873421    -2.89   0.004    -.4238675   -.0814928
      income |  -1.175261   .3027083    -3.88   0.000    -1.768558   -.5819639
       _cons |   52.40388   5.803651     9.03   0.000     41.02893    63.77882
-------------+----------------------------------------------------------------
        /Rho |   .0519811   .0134806     3.86   0.000     .0255597    .0784025
      /Sigma |   9.658687   .9763737     9.89   0.000      7.74503    11.57234
------------------------------------------------------------------------------
 LR Test SAR vs. OLS (Rho=0):       14.8688   P-Value > Chi2(1)   0.0001
 Acceptable Range for Rho:          -0.3229 < Rho < 0.1693
------------------------------------------------------------------------------
```

结果如图 10-22 所示。

图 10-22
美国俄亥俄州哥伦布市犯罪率影响因素估计结果（空间误差模型）

```
==============================================================================
* MLE Spatial Error Normal Model (SEM)
==============================================================================
 crime = hoval + income
------------------------------------------------------------------------------
 Sample Size          =          49
 Wald Test            =     15.1345   |   P-Value > Chi2(2)          =   0.0005
 F-Test               =      7.5673   |   P-Value > F(2 , 47)        =   0.0014
(Buse 1973) R2        =      0.2476   |   Raw Moments R2             =   0.8632
(Buse 1973) R2 Adj    =      0.2316   |   Raw Moments R2 Adj         =   0.8603
 Root MSE (Sigma)     =     14.6675   |   Log Likelihood Function =  -182.4163
------------------------------------------------------------------------------
- R2h= 0.5514   R2h Adj= 0.5419  F-Test =   28.27 P-Value > F(2 , 47)  0.0000
- R2v= 0.4082   R2v Adj= 0.3956  F-Test =   15.86 P-Value > F(2 , 47)  0.0000
------------------------------------------------------------------------------
             |      Coef.   Std. Err.      z    P>|z|     [95% Conf. Interval]
-------------+----------------------------------------------------------------
crime        |
       hoval |  -.2614938   .0916798    -2.85   0.004    -.4411829   -.0818046
      income |  -1.301729   .3236859    -4.02   0.000    -1.936142    -.667316
       _cons |   54.92599   6.053747     9.07   0.000     43.06086    66.79111
-------------+----------------------------------------------------------------
     /Lambda |    .035006   .0111665     3.13   0.002       .01312     .056892
      /Sigma |   9.981965   1.008532     9.90   0.000     8.005279    11.95865
------------------------------------------------------------------------------
 LR Test SEM vs. OLS (Lambda=0):     9.8276   P-Value > Chi2(1)   0.0017
 Acceptable Range for Lambda:       -0.3229 < Lambda < 0.1693
------------------------------------------------------------------------------
```

根据图 10-22 所示，误差项的空间自回归系数 lambda 的估计值为 0.035，并且在 1% 水平下显著，拉格朗日检验统计量 LR=9.828 在 1% 显著性水平下也得到同样的结果，因此认为模型的随机误差中存在空间依赖性。

下面利用该数据集建立空间杜宾模型，模型形式为

$$\begin{gathered} \mathbf{crime} = \rho \boldsymbol{W}\mathbf{crime} + \beta_1 \mathbf{hoval} + \beta_2 \mathbf{income} + \theta_1 \boldsymbol{W}\mathbf{hoval} + \theta_2 \boldsymbol{W}\mathbf{income} + \boldsymbol{u} \\ \boldsymbol{u} \sim N(0, \sigma^2 \boldsymbol{I}) \end{gathered} \tag{10.8.3}$$

式中，$\boldsymbol{W}$ 为空间权重矩阵，ρ 是因变量的空间滞后项系数；θ 是自变量的空间自相关系数，用来度量相邻社区的自变量对因变量犯罪率的边际影响。使用命令 spregsdm 估计空间杜宾模型，该命令为外部命令，在 Stata 命令窗口输入“ssc install spregsdm”或“findit spregsdm”查找并安装该外部命令，然后进行估计：

```
.ssc install spregsdm
.spregsdm crime hoval income，wmfile（例 10-8w.dta）
```

结果如图 10-23 所示。

图 10-23 美国俄亥俄州哥伦布市犯罪率影响因素估计结果（空间杜宾模型）

```
==============================================================================
* MLE Spatial Durbin Normal Model (SDM)
==============================================================================
 crime = hoval + income + w1x_hoval + w1x_income
------------------------------------------------------------------------------
 Sample Size         =          49
 Wald Test           =     85.8021   |   P-Value > Chi2(4)       =     0.0000
 F-Test              =     21.4505   |   P-Value > F(4 , 45)     =     0.0000
(Buse 1973) R2       =      0.6610   |   Raw Moments R2          =     0.9384
(Buse 1973) R2 Adj   =      0.6384   |   Raw Moments R2 Adj      =     0.9343
 Root MSE (Sigma)    =     10.0612   |   Log Likelihood Function =  -179.7077
------------------------------------------------------------------------------
- R2h= 0.6611   R2h Adj= 0.6385  F-Test =   21.46 P-Value > F(4 , 45)  0.0000
- R2v= 0.6494   R2v Adj= 0.6260  F-Test =   20.38 P-Value > F(4 , 45)  0.0000
------------------------------------------------------------------------------
       crime |      Coef.   Std. Err.      z    P>|z|     [95% Conf. Interval]
-------------+----------------------------------------------------------------
crime        |
       hoval |  -.2791802   .0878573    -3.18   0.001    -.4513773    -.106983
      income |  -.9406675   .3331903    -2.82   0.005    -1.593708   -.2876266
   w1x_hoval |   .0411274   .0379774     1.08   0.279    -.0333069    .1155617
  w1x_income |  -.1778814   .1109283    -1.60   0.109    -.3952969     .039534
       _cons |   53.29492   5.685219     9.37   0.000      42.1521    64.43775
-------------+----------------------------------------------------------------
        /Rho |   .0586689   .0169842     3.45   0.001     .0253804    .0919574
      /Sigma |   9.388973   .9498748     9.88   0.000     7.527253    11.25069
------------------------------------------------------------------------------
 LR Test SDM vs. OLS (Rho=0):       11.9323   P-Value > Chi2(1)   0.0006
 LR Test (wX's =0):                  2.6549   P-Value > Chi2(2)   0.2652
 Acceptable Range for Rho:         -0.3229 < Rho < 0.1693
------------------------------------------------------------------------------
```

根据图 10-23 所示，因变量的空间滞后项系数 rho 为 0.059，并且在 1% 水平下显著，拉格朗日检验统计量 LR=11.932 在 1% 显著性水平下也得到同样的结果，说明相邻社区的犯罪率与本地区的犯罪率之间存在正向的空间相关性，然而两个因变

量的空间滞后项的系数均不显著，相应的拉格朗日检验统计量 LR=2.655 也没有通过显著性检验，说明相邻社区的房价和家庭收入并未对本地社区的犯罪率产生影响，在考虑模型时可以剔除这两个变量。

本章小结

本章重点讨论了空间计量分析的基础知识，包括空间数据的界定、空间效应的分类、空间权重矩阵的建立及空间相关性检验。包含空间信息的数据即空间数据，空间效应可以区分为空间依赖性和空间异质性，反映了样本信息空间分布上的集群属性和结构性差异。检验是否存在空间效应是空间计量分析的前提，量化空间依赖性和空间异质性则通过空间权重矩阵来实现。本章还介绍了三种基本的空间计量分析模型，包括空间滞后模型、空间误差模型和空间杜宾模型，分别代表在经典线性模型中加入因变量空间滞后、误差项空间滞后及同时加入因变量空间滞后和自变量空间滞后形成的模型，随后介绍了三种空间计量分析模型的极大似然估计方法和模型选择标准。通过本章的学习，希望读者们能够掌握常见空间权重矩阵的设定、空间自相关检验及截面空间计量模型参数估计的基本原理，能够通过理论与软件操作的结合，将空间计量分析应用于各个领域。

习题

1. 空间计量经济学与传统计量经济学的区别是什么?
2. 空间相关关系的基本类型有哪些？不同空间关系产生的机制是什么?
3. 空间权重矩阵基本的设定形式有哪些?
4. 如何利用样本经纬度信息和样本邻近关系建立空间权重矩阵?
5. 空间相关性检验主要有哪几种基本方法?
6. 简述截面数据 SAR、SEM 及 SDM 模型的参数估计思路及模型的比较选择。
7. 数据集（Stata 数据集习题 10-7.dta 和习题 10-7w.dta）见表 10-6，给出了 2017 年 30 个省级地区人均地区生产总值 rgdp 与全社会固定资产投资 capital 、城镇单位就业人员 labor 的数据，习题 10-7w.dta 是 30 个省级地区的二进制邻接空间权重矩阵，请回答以下问题：

表 10-6
2017 年 30 个省级地区人均地区生产总值及影响因素

地区	人均地区生产总值 rgdp/ 元	固定资产投资 capital/ 亿元	城镇单位就业人员 labor/ 万人
北京	128 994	8 370	813
天津	118 944	11 289	269
河北	45 387	33 407	535
山西	42 060	6 041	429

地区	人均地区生产总值 rgdp/ 元	固定资产投资 capital/ 亿元	城镇单位就业人员 labor/ 万人
内蒙古	63 764	14 013	281
辽宁	53 527	6 677	519
吉林	54 838	13 284	307
黑龙江	41 916	11 292	413
上海	126 634	7 247	632
江苏	107 150	53 277	1 485
浙江	92 057	31 696	1 055
安徽	43 401	29 275	516
福建	82 677	26 416	672
江西	43 424	22 085	464
山东	72 807	55 203	1 193
河南	46 674	44 497	1 129
湖北	60 199	32 282	695
湖南	49 558	31 959	566
广东	80 932	37 762	1 963
广西	38 102	20 499	398
海南	48 430	4 244	101
重庆	63 442	17 537	406
四川	44 651	31 902	792
贵州	37 956	15 504	315
云南	34 221	18 936	422
陕西	57 266	23 819	510
甘肃	28 497	5 828	259
青海	44 047	3 884	63
宁夏	50 765	3 728	71
新疆	44 941	12 089	335

数据来源：《中国统计年鉴 2018》。

（1）建立人均地区生产总值影响因素的计量模型，并利用普通 OLS 法进行参数估计；

（2）利用空间自相关检验模型空间效应，判断普通 OLS 参数估计结果是否存在偏误；

（3）利用二进制邻接空间权重矩阵对截面数据使用 SDM 模型进行参数估计。

即测即评

附录 A　Stata 基本功能及操作

Stata 操作简单、功能强大，具有数据分析、数据管理及绘制专业图表的功能，是当前计量分析最常用的软件。本部分内容以 Stata 15.0 版本为例，介绍 Stata 软件的基本功能及操作。

A.1　Stata 的主界面

安装好 Stata 后，单击计算机桌面上的 Stata 图标，即可打开 Stata 软件，如图 A-1 所示。Stata 主界面最上方是菜单栏，有 File、Edit、Data、Graphics、Statistics、User、Window、Help 共计八个菜单。菜单栏下为常用工具栏，经常用到的功能在这里显示，方便操作。Stata 主界面有五个窗口，分别为“Review”（历史窗口）、“Results”（结果窗口）、“Command”（命令窗口）、“Variables”（变量窗口）、“Properties”（性质窗口）。

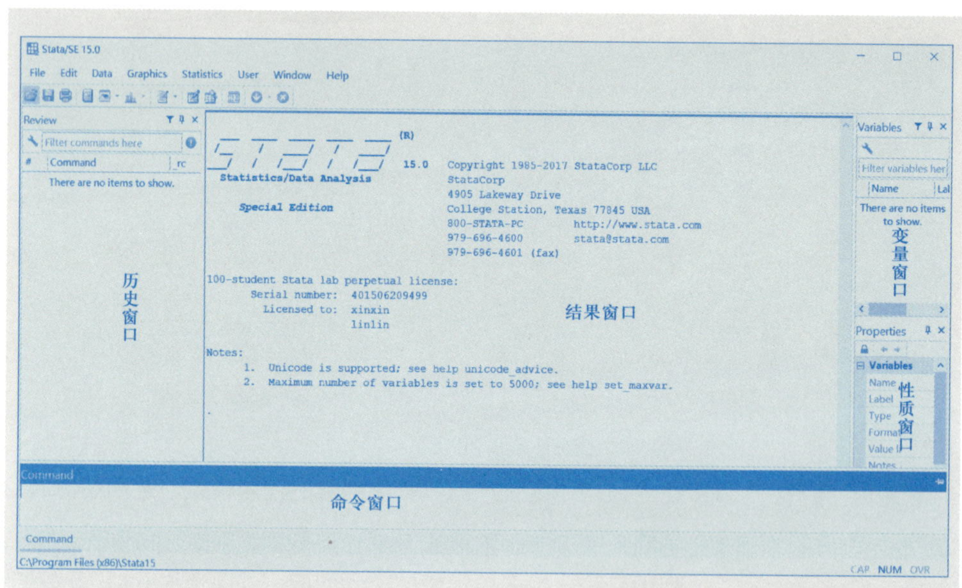

图 A-1
Stata 15.0 的主界面

各窗口包含的主要内容如下。

“Review”（历史窗口）：该窗口记录了自启动 Stata 以来执行过的命令。

“Results”（结果窗口）：该窗口显示执行 Stata 命令后的输出结果。

“Command”（命令窗口）：需要执行的 Stata 命令在此窗口输入。

“Variables”（变量窗口）：该窗口记录了当前 Stata 调用的所有变量。

“Properties”（性质窗口）：该窗口显示当前数据文件与变量的性质。

这五个窗口的大小可以根据用户的需要和使用习惯调整大小，只需要拖拽鼠标就可以将五个窗口拉到任意大小与位置。依次按顺序单击菜单“Edit”→“Preferences”→“General Preferences”→“Windowing”

→“Lock splitter”，就可以锁定当前界面，重新启动 Stata 时，都会自动显示这个界面设置。

A.2 数据导入及保存

1. 不同文件类型的数据导入

（1） Stata 文件。

Stata 数据格式文件扩展名为 .dta，可以直接打开，打开的方式有两种：一种是单击工具栏上的“Open”图标（也可以单击菜单“File”→“Open”），然后寻找要打开的 dta 文件的位置；另一种是在命令窗口输入“use”命令，并按 Enter 键。

例如，要打开存放在 G 盘根目录的 charls.dta，可以使用如下命令：

```
.use G: charls.dta，clear
```

其中，逗号“,”之后的“clear”为选择项（options），表示清除（关闭）内存中的其他数据文件。

如果要关闭一个数据集，可以在命令窗口输入：

```
.Clear
```

这样，内存中所有的当前数据都被清空，然后可以打开一个新的数据集。

（2） Excel 文件。

先将 Excel 文件打开，将需要导入 Stata 中的数据复制到剪贴板中，然后打开 Stata 软件，单击常用工具栏上 Data Editor（Edit）图标（也可以单击菜单“Window”→“Data Editor”），Stata 这时会打开一个类似 Excel 的空白表格，将剪贴板中的内容粘贴到 Data Editor 中。此时，Stata 会问“第一行是数据还是变量名”（Is the first row data or variable names?），依据实际情况进行相应选择即可。

（3） 其他数据格式文件。

单击菜单“File”→“Import”，选择要导入的文件，这样就可以导入其他类型的数据文件。这种方法有时不如直接从 Excel 表中粘贴数据方便直观。

2. 数据文件的保存

将数据导入 Stata 后，可以单击工具栏上的 Save 图标（也可以单击菜单“File”→“Save”），将数据保存为 Stata 格式的文件。这样，以后就可以用 Stata 直接打开这个数据文件了。

3. 日期数据的导入

如果数据中含有格式为“2020-01-01”或“2020/01/01”的日期变量，在导入 Stata 后，可能被视为“字符串”（string），而非“数字”（numeric），无法直接对其进行运算，需要进行处理。

（1） 日度数据（daily data）的处理。

可以使用命令“gen newvar = date（varname，“YMD”）”将其转换为“整

数日期变量”（integer date variable）。其中，命令“generate”表示生成新变量（可缩写为gen或g）；函数“date”表示转换为日期变量；而“YMD”表示原始数据的格式为“年－月－日”。如果原始数据的格式为“月－日－年”，则应该为“MDY”，以此类推。然后，可以用命令“format newvar %td”让该时间变量仍然以日期格式在Stata中显示。在Stata内部，所有日期变量的存储格式均为“elapsed dates”，即计算从1900年1月1日开始到指定日期过了多少天。

（2） **月度数据（monthly data）的处理。**

可以使用命令“gen newvar= monthly（varname，“YM”）”进行转换。其中，“YM”表示原始数据的格式为“年－月”。然后用命令“format newvar %tm”让该变量仍以日期格式在Stata中显示。此时，Stata内部的日期变量存储格式为“elapsed months”，即计算从1900年1月以来过了多少月。

（3） **季度数据（quarterly data）的处理。**

可以使用命令“gen newvar= quarterly（varname“YQ”）”进行转换。其中，“YQ”表示原始数据的格式为“年－季”。然后用命令“format newvar %tq”让该变量仍以日期格式在Stata中显示。此时，Stata内部的日期变量存储格式为“elapsed quarters”，即计算从1900年第1季度以来过了多少季度。

如果在原始数据中，年、月、日分别以数字（numeric）变量“Y、M、D”来表示，则可用以下命令将其合成为单一的日期变量，“gen newvar=mdy（M，D，Y）”。

在Stata中，还可以定义年度数据、半年度数据、周数据、时钟数据（可精确到千分之一秒，适用于高频数据，如每时每刻变化的股票价格），相应的命令为“yearly，halfyearly，weekly，clock”。更多相关说明参见“help date”。

A.3 变量标签

变量标签可以用于标识变量的含义，在实际建模中非常常用。在变量窗口，每个变量的“名字”（name）旁边显示了其“标签”（label）。可以单击工具栏倒数第三个图标打开变量管理器（Variables Manager）（或单击菜单“Data”→“Variables Manager”），编辑所有变量的变量名、标签及变量的存储格式。

Stata中字母的大小写是严格区分的，因此Stata建议对于变量名一律使用小写字母。

A.4 数据集合并

在对已有数据集进行处理时，可能需要对多个数据集进行合并，就是通过一个（或多个）关键变量把两个数据集中的观测值联结起来，具体包括一对一数据合并、一对多数据合并、多对多数据合并及交叉合并。

在一对一数据合并中，关键变量在每个数据中都能唯一确定一条观测值。例如，需要将母亲与父亲的数据合并，可以在 mom.dta 中通过命令：

```
.merge 1：1 ID using dad.dta
```

将母亲数据与父亲数据合并。其中，ID 是 mam.dat 和 dad.dat 两个数据集的共同变量，也就是关键变量，它能够唯一地确定每个数据集中的一条观测值。

而当用母亲的数据合并孩子的数据时，由于一个母亲可能对应多个孩子，因此，此时一对一（1：1）合并不再适用，而应该采用一对多（1：m）合并，母亲的数据就是 1，孩子的数据就是 m，我们可以在 mom.dta 中通过命令：

```
.merge 1：m HouseholdID using child.dta
```

将母亲数据与孩子数据进行合并。其中，HouseholdID 是 mam.dat 和 child.dat 的共同变量，也是关键变量，其中每一个母亲的观测值对应多个孩子的观测值 。

同理，还可以通过 m：1 和 m：m 进行多对一和多对多合并，其本质与一对一合并是相似的。

A.5 审视数据

下面关于 Stata 基本操作的介绍都以“charls.dta”数据集为例。charls.dta 选取自中国健康与养老追踪调查 2018 年追踪数据的部分城镇家庭数据。

1. 数据概貌描述

一个数据集可能很大，常希望看到数据的概貌。如想看到数据集中的变量名单、标签等，可以在命令窗口输入：

```
.describe
```

其中，“describe”中的下划线表示可将该命令简写为 d 而得到同样的效果。如果想给整个数据集加上一个标签，以说明此数据集来自“charls”，可输入命令：

```
.label data “charls”
```

再次使用命令“describe”，就会看到数据集的标签“charls”。运行结果如图 A-2 所示。

如果想看 age 和 gender 的具体数据，可使用命令：

```
.list age gender
```

如果样本容量过大，则要花一些时间才能显示完毕。如果想中途停止该命令的执行，可以单击 break 图标，或直接在键盘上同时按“Ctrl+Break”。运行结果如图 A-3 所示。

如果仍然希望显示变量 age 与 gender 的全部数据，那么只要把光标放在命令窗口，并按键盘上的“Page Up”键即可调用上一个命令（反之，使用“Page Down”键可调用下一个命令）。另一种简便的方法是，在左上角的历史窗口单击任何曾用过的命令。如果用鼠标单击旧命令，则会把旧命令重新调入命令窗口，按回车后即执行，或将旧命令进行编辑后再执行；如果用鼠标双击旧命令，则将马上自动执

图 A-2
数据集概貌

```
Contains data from D:\charls.dta
  obs:         2,329                          "charls"
 vars:            51                          18 Sep 2021 11:23
 size:       486,761

              storage   display    value
variable name   type    format     label      variable label

ID              str12   %12s                  Individual ID
householdID     str10   %10s                  Household ID
communityID     str7    %9s                   Community ID
age             float   %9.0g
gender          float   %9.0g
edu             float   %9.0g
marriage        float   %9.0g
health          float   %9.0g
chengxiang      float   %9.0g
insurance       float   %9.0g
num1            float   %9.0g
parent_m        float   %9.0g
child_m         float   %9.0g
IS              float   %9.0g
Income          float   %9.0g
Asset           float   %9.0g
yanglao         float   %9.0g
grandchild      byte    %8.0g      cf001      Take Care of GrandChildren
cd              float   %9.0g
food            float   %9.0g
cloth           float   %9.0g
living          float   %9.0g
device          float   %9.0g
```

图 A-3
age 和 gender 变量的具体数据

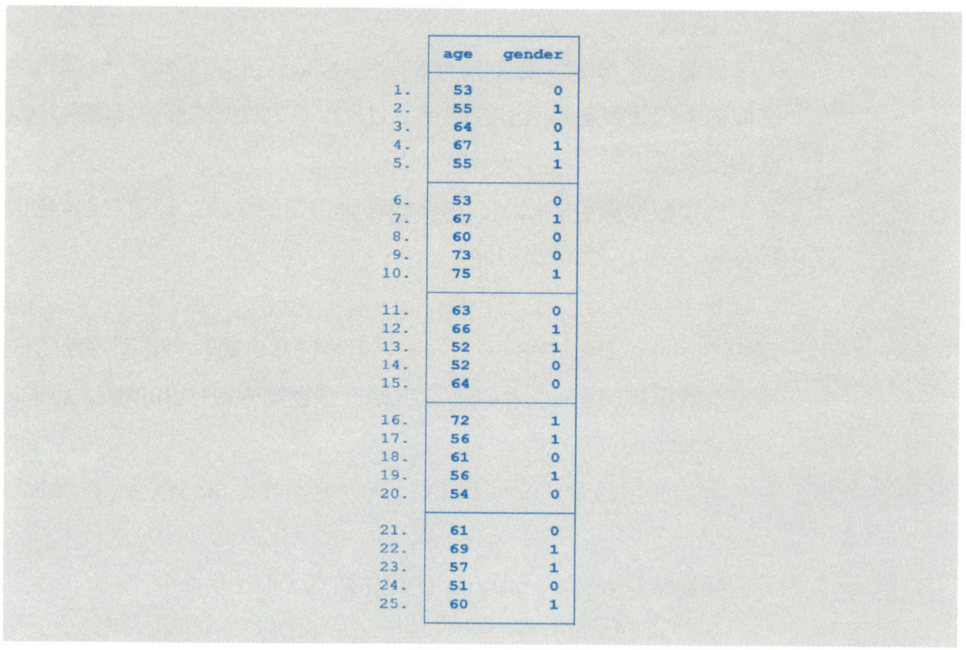

	age	gender
1.	53	0
2.	55	1
3.	64	0
4.	67	1
5.	55	1
6.	53	0
7.	67	1
8.	60	0
9.	73	0
10.	75	1
11.	63	0
12.	66	1
13.	52	1
14.	52	0
15.	64	0
16.	72	1
17.	56	1
18.	61	0
19.	56	1
20.	54	0
21.	61	0
22.	69	1
23.	57	1
24.	51	0
25.	60	1

行。这两种方法可以节省写命令的时间。

有时想对数据集的一部分执行命令，如只想看变量 age 与 gender 的前五个数据，则可输入命令：

```
.list age gender in 1/5
```

同理，如果要罗列第 50～60 个观测值，则可输入命令：

```
.list age gender in 50/60
```

也可以通过逻辑关系来定义数据集的子集，如果要列出所有满足条件“age=45”的变量 age 与 gender 的数据，则可以使用以下命令：

.list age gender if age==45

其中，“==”表示等于，其他表示关系的逻辑符号为“>=（大于等于）”“>（大于）”“<=（小于等于）”“<（小于）”。

如果想删除满足 age=45 条件的观测值，则可使用命令：

.drop if age==45

反之，如果想保留满足 age=45 条件的观测值，而删除其他观测值，可使用命令：

.keep if age==45

2. 变量统计特征描述

如果想看变量 Income 的统计特征，可输入命令：

.summarize Income

输出结果如图 A-4 所示。

图 A-4
变量统计特征

Variable	Obs	Mean	Std. Dev.	Min	Max
Income	2,329	34512.32	82526	272.5	3028000

图 A-4 显示了变量 Income 的样本容量、平均值、标准差、最小值与最大值。如果要计算满足条件“Income>=50 000”的子样本的统计指标，则可使用命令：

.su Income if Income>=50000

输出结果如图 A-5 所示。

图 A-5
满足条件“Income>=50 000”的子样本统计

Variable	Obs	Mean	Std. Dev.	Min	Max
Income	344	101702	199996.6	50000	3028000

如果想看更多的统计指标，则可使用命令：

.su Income，detail

输出结果如图 A-6 所示。

图 A-6
“Income”变量的详细统计

Income

	Percentiles	Smallest		
1%	866.6667	272.5		
5%	3200	333.3333		
10%	6843	360	Obs	2,329
25%	14600	360	Sum of Wgt.	2,329
50%	26000		Mean	34512.32
		Largest	Std. Dev.	82526
75%	38630	629304.8		
90%	59200	1003400	Variance	6.81e+09
95%	77260	1801667	Skewness	25.92862
99%	159000	3028000	Kurtosis	845.2605

图 A-6 的统计指标有百分位数（Percentiles）、方差（Variance）、偏度

（Skewness）与峰度（Kurtosis）等。如果不指明变量，则将显示数据集中所有变量的统计指标，输出结果如图 A-7 所示。

```
.su
```

图 A-7
所有变量的统计

Variable	Obs	Mean	Std. Dev.	Min	Max
ID	0				
householdID	0				
communityID	0				
age	2,329	64.05281	10.15719	45	94
gender	2,329	.7835981	.4118798	0	1
edu	2,329	1.623444	.5805999	0	2
marriage	2,329	.802061	.3985315	0	1
health	2,329	.8196651	.3845487	0	1
chengxiang	2,329	1	0	1	1
insurance	2,329	.9841134	.1250639	0	1
Income	2,329	34512.32	82526	272.5	3028000
Asset	2,329	6001797	3.99e+07	35.71429	5.00e+08
consum	2,329	51305.29	62088.89	1020	1230426

如果要显示变量 edu 的经验累积分布函数，可使用命令：

```
.tabulate edu
```

输出结果如图 A-8 所示。

图 A-8
“edu” 的经验累积分布函数

edu	Freq.	Percent	Cum.
0	119	5.11	5.11
1	639	27.44	32.55
2	1,571	67.45	100.00
Total	2,329	100.00	

如果要显示内存中三个变量之间的相关系数，可输入命令：

```
.pwcorr Income Asset consum，sig star（.05）
```

其中，“pwcorr” 表示 “pairwise correlation”（两两相关）；选择项 “sig” 表示显示相关系数的显著水平（即 p 值，列在相关系数的下方）；选择项 “star（.05）” 表示给所有显著性水平小于或等于 5% 的相关系数打上星号。如果命令 pwcorr 之后没有指定变量，则显示数据集中所有变量的相关系数。

输出结果如图 A-9 所示。

图 A-9
变量相关系数

	Income	Asset	consum
Income	1.0000		
Asset	-0.0016	1.0000	
	0.9373		
consum	0.2882*	0.0326	1.0000
	0.0000	0.1161	

图 A-9 结果显示，Income 与 Asset 的相关系数为 −0.001 6，且 p 值为 0.937 3；Income 与 consum 的相关系数为 0.288 2，且在 1% 水平下显著（p 值为 0.000 0）；Asset 与 consum 的相关系数为 0.032 6，且 p 值为 0.116 1。

A.6 缺失值和异常值

对于 charls 数据库而言，由于部分受访者不愿意回答、忘记了或者随便回答等主观因素的影响，原始数据中可能存在大量的缺失值和异常值。不过，Stata 提供了很多功能和工具来帮助处理缺失值和异常值。

实际上，Stata 给出了 27 种不同的缺失值编码，默认的编码是“.”，另外还有 .a、.b、.c 一直到 .z 的缺失值编码。对于这种原始数据的缺失值，可以采取直接将其删去（drop）的方法，但是对于某些样本量本就不大的数据，若直接将缺失值删去，可能导致样本损失过大，这时也可以采取替换（replace）的方法，如用该变量观测值的平均值替换缺失值。

缺失值是在原始数据中直接可以看出的，只需进行处理即可，而异常值则不容易被发现，需要通过对数据进行审视检查以发现异常值。常见的方法有计算平均值、画图等，对于图形中的离群点，即可认为属于异常值，其处理方法与缺失值差不多，如直接删去或平均值替换等。

A.7 画图

Stata 具有很强的画图功能。如果想看变量 xiaofei 的直方图（假定组宽为 1 000），可输入以下命令，其运行结果如图 A-10 所示。

```
.histogram consum，width（1000）frequency
```

其中，逗号“,”之后的“width（1 000）”与“frequency”都是“选择项”（options），分别表示将组宽设为 1 000，将纵坐标定位频数（落入每组的个体数）。由于直方图不连续，因此如果想看连续的经验分布图，可使用以下命令，结果如图 A-11 所示。

```
.kdensity consum
```

如果要画 Income 与 consum 之间的散点图，则可输入以下命令，输出结果如图 A-12 所示。

```
.scatter Income consum
```

然而，图 A-12 的散点图中每个数据点不带标签，无法知道数据点与观测值的对应关系。为此，首先定义一个新变量“n”来表示第 n 个观测值：

```
.gen n=_n
```

其中，“_n”即表示第 n 个观测值。然后运行以下命令，结果如图 A-13 所示。

```
.scatter Income consum，mlabel（n）mlabpos（6）
```

其中，选择项“mlabel（n）”表示以变量 n 作为“mark label”（标签）；选择项

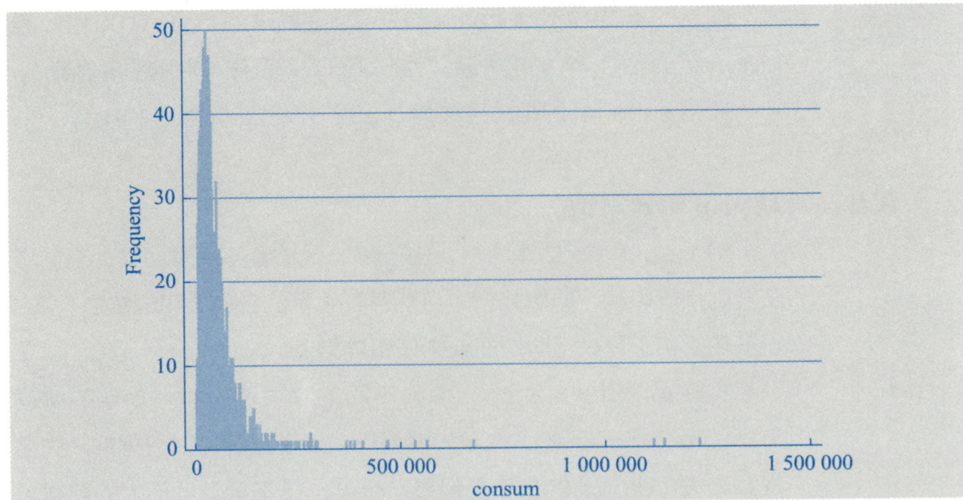

图 A-10
“consum”的直方图

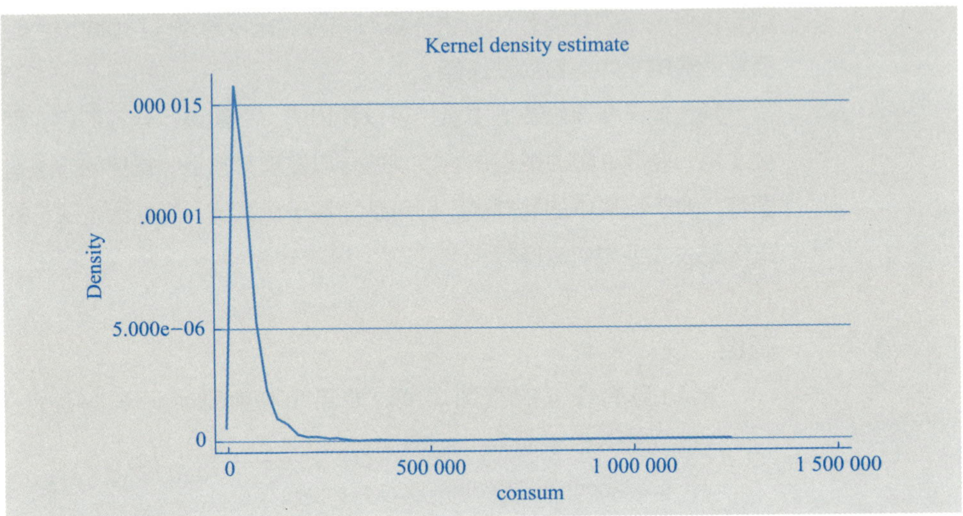

图 A-11
连续的分布图

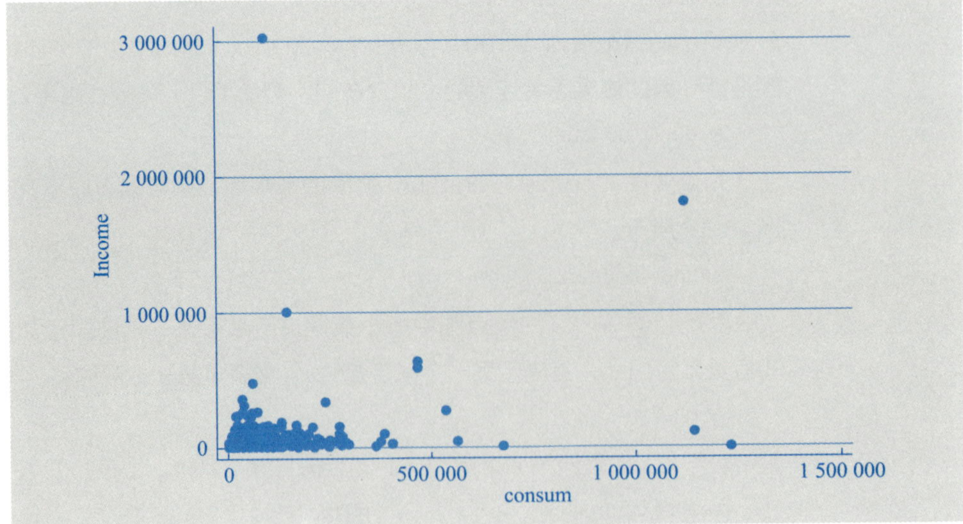

图 A-12
散点图

“mlabpos（6）”（Mark Label Position）表示将此标签放在散点正下方（6 点钟的位置），默认位置为散点的右边（3 点钟的位置）。

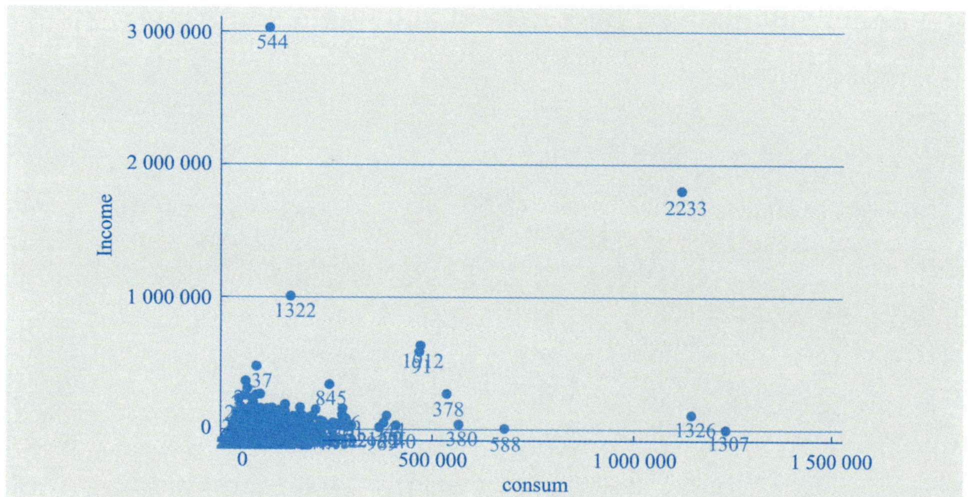

图 A-13
带标签的散点图

如果想在散点图上同时画出回归直线，可使用如下命令，输出结果如图 A-14 所示：

```
.twoway（scatter Income consum）(lfit Income consum）
```

其中，“lfit” 表示 “linear fit”（线性拟合）。下面，将此散点图存为文件名为 “scatter1” 的图像文件方便以后调用。

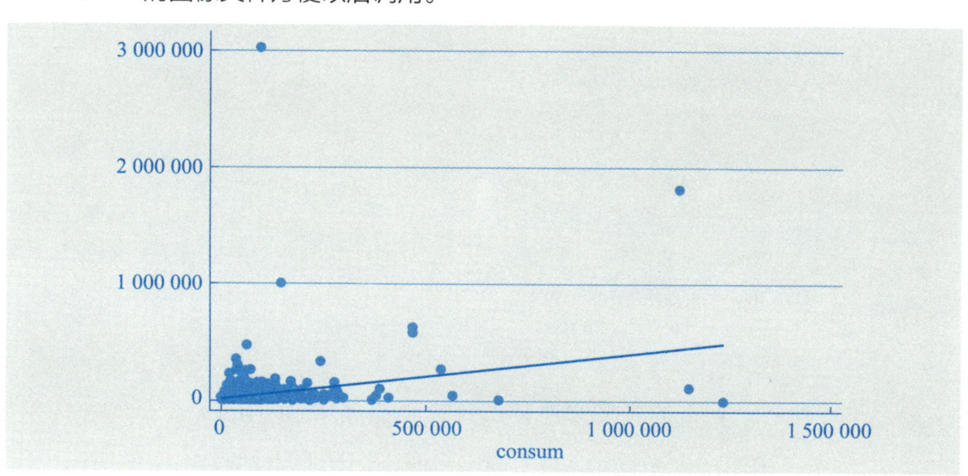

图 A-14
散点图加线性回归线

```
.graph save scatter1
(file scatter1.gph saved)
```

如果想在散点图上同时画出二次回归曲线，则可使用如下命令，输出结果如图 A-15 所示：

```
.twoway(scatter Income consum)(qfit Income consum)
```

其中，“qfit” 表示 “quadratic fit”（二次拟合）。将此散点图存为文件名为 “scatter2” 的图像文件：

```
.graph save scatter2
(file scatter2.gph saved)
```

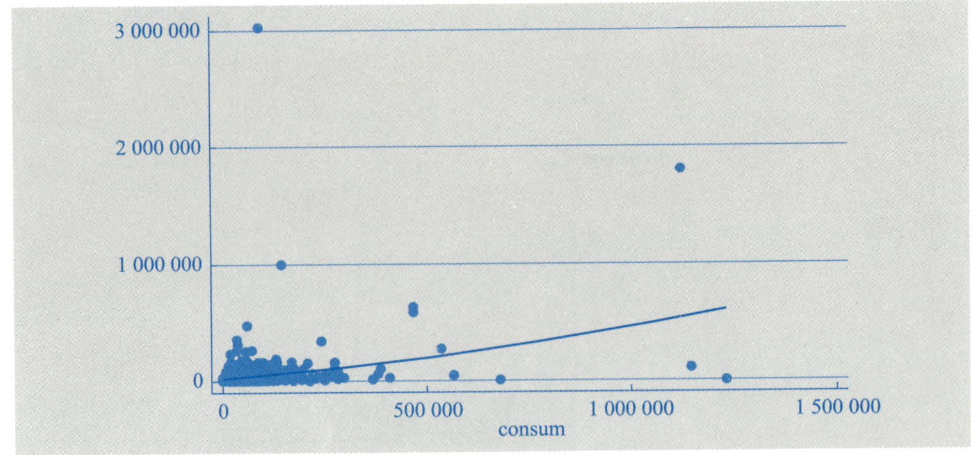

图 A-15 散点图加二次回归线

下面，将上述两个图并列排放在一张图上，结果如图 A-16 所示：

```
.graph combine scatter1.gph scatter2.gph
```

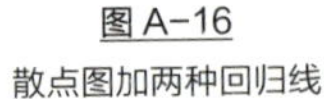

图 A-16 散点图加两种回归线

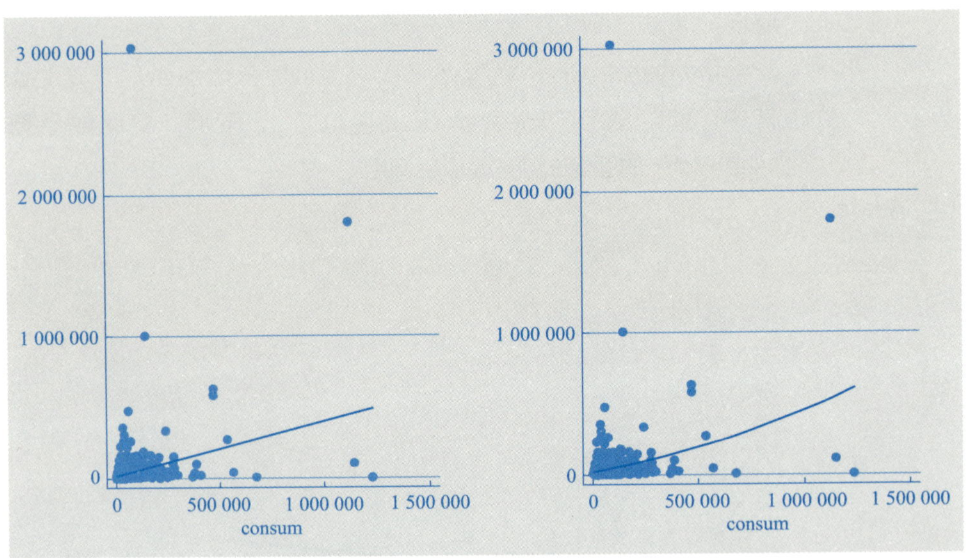

更多的作图方法及选择项参见菜单“Graphics”。对于任何命令，只要输入“help command”即可看到对该命令的详细说明。

A.8 生成新变量

以老年总消费为因变量，将社会因素和经济因素纳入影响因素，建立计量模型（1），即

$$\begin{aligned}\text{consum}_i = &\beta_1 + \beta_2\text{age}_i + \beta_3\text{gender}_i + \beta_4\text{edu}_i + \beta_5\text{marriage}_i + \\ &\beta_6\text{health}_i + \beta_7\text{chengxiang}_i + \beta_8\text{insurance}_i + \\ &\beta_9\text{Income}_i + \beta_{10}\text{Asset}_i + \varepsilon_i \end{aligned} \tag{A.8.1}$$

式中，consum 表示消费性支出；age、gender、edu、marriage、health、chengxiang、insurance 分别表示年龄、性别、受教育情况、婚姻状况、健康状况、户籍类型和参加医疗保险的情况；Income 和 Asset 分别表示收入和资产。

对消费、收入、资产取对数后得到计量模型（2），即

$$\begin{aligned}\ln \text{consum}_i = \beta_1 + \beta_2\text{age}_i + \beta_3\text{gender}_i + \beta_4\text{edu}_i + \beta_5\text{marriage}_i + \\ \beta_6\text{health}_i + \beta_7\text{chengxiang}_i + \beta_8\text{insurance}_i + \\ \beta_9\ln \text{Income}_i + \beta_{10}\ln \text{Asset}_i + \varepsilon_i\end{aligned} \tag{A.8.2}$$

为估计这个方程，需要在 Stata 中对原变量取自然对数，可使用命令：

```
.gen lnconsum=log（consum）
.gen lnIncome=log（Income）
.gen lnAsset=log（Asset）
```

为生成 Income 的非线性平方项，可以使用命令：

```
.gen Income2=Income^2
```

如果要生成 lnIncome 与 lnAsset 的交互项（Interaction Term），则可以使用命令：

```
.gen lnIncomeAsset=lnIncome*lnAsset
```

假设希望定义“age>=45&age<=60”为中年人，并使用虚拟变量（Dummy Variable，又称“哑变量”）zhongnian 来表示，即

$$\text{zhongnian} = \begin{cases} 1, & \text{若 age>=45\&age<=60} \\ 0, & \text{其他} \end{cases}$$

则可使用命令：

```
.gen zhongnian=（age>=45&age<=60）
```

其中，括号“( )”表示对括号中的表达式“age>=45&age<=60”进行逻辑评估，如果为真则取值为 1，如果为假则取值为 0。如果想改变中年人的定义为“age>=45&age<60”，而仍想用 zhongnian 作为变量名，由于 Stata 不允许变量名重复，因此无法直接使用命令“g zhongnian=（age>=45&age<60）”。一种方法是首先去掉现有变量 zhongnian，然后再次定义：

```
.drop zhongnian
.g zhongnian=（age>=45&age<60）
```

更简洁的方法则只需使用一个命令：

```
.replace zhongnian=（age>=45&age<60）
```

该命令将原来的变量（age>=45&age<=60）直接替换为新变量（age>=45&age<60）。

在执行 Stata 命令时，有时需要调用许多变量，而某些变量名可能很长。此时，如果在命令窗口一一输入变量名，可能较费事。解决方法之一：可以直接在右上角

的变量窗口单击需要的变量，则该变量名就会显现在命令窗口。解决方法之二：如果有以下变量 lnq1，lnq2，…，lnq30，而只想使用其中的前 15 个变量，则可以用 lnq1-lnq15 来简略地表示这 15 个变量。解决方法之三：用“*”号来节省变量名的书写。假设想将内存中所有以“ln”开头的变量都去掉，则可输入命令：

```
.drop ln*
```

这将去掉内存中的 lnconsum、lnIncome、lnAsset 变量。如果后悔删除这些变量，Stata 并没有类似文字编辑器 Word 的“undo”命令，无法撤销此命令。唯一的弥补方法是重新使用命令 generate，再去生成这些变量（当然，可以从历史窗口直接单击旧命令）。

A.9　Stata 的计算器功能

Stata 可以作为计算器来使用，只要输入命令“ display expression”即可。例如，如果计算 ln 2，可输入以下命令：

```
.display log（2）
.69314718
```

如果要计算标准正态变量小于 1.96 的概率，则可使用命令：

```
.di normal（1.96）
.9750021
```

其中，“normal”表示标准正态分布的累积分布函数（cdf）。有关常见概率分布的累积分布函数、密度函数等参见“help density function”。

A.10　模型估计

以线性回归分析为例，介绍 Stata 模型估计方法。

使用 OLS 回归对式（A.8.2）进行估计，可输入命令：

```
.regress lnconsum age gender edu marriage health chengxiang insurance lnIncome lnAsset
```

估计结果如图 A-17 所示。

图 A-17 中的“_cons”表示常数项，“R-squared”显示 $R^2=0.153\,0$，“Adj R-squared”显示调整的 $R^2=0.150\,1$。检验整个方程显著性的 F 统计量对应的 p 值（Prob>F）为 0.000，表明总体存在回归关系。图上方的回归结果还显示，残差平方和为 1 234.886 3，而方程的标准误差（Root MSE）为 $s=0.729\,6$。

如果要显示估计系数的协方差矩阵，可输入命令：

```
.vce
```

其中，“vce”表示“variance covariance matrix estimated”。

输出结果如图 A-18 所示。

图 A-17
线性回归估计结果

Source	SS	df	MS			
Model	223.12083	8	27.8901037	Number of obs	=	2,329
Residual	1234.88627	2,320	.532278564	F(8, 2320)	=	52.40
				Prob > F	=	0.0000
Total	1458.0071	2,328	.626291709	R-squared	=	0.1530
				Adj R-squared	=	0.1501
				Root MSE	=	.72957

lnconsum	Coef.	Std. Err.	t	P>|t|	[95% Conf.	Interval]
age	-.0027705	.0016444	-1.68	0.092	-.0059952	.0004542
gender	-.0932834	.0461708	-2.02	0.043	-.1838237	-.0027432
edu	.1194175	.0297492	4.01	0.000	.0610798	.1777552
marriage	.3225495	.0487316	6.62	0.000	.2269876	.4181115
health	-.1175734	.0402228	-2.92	0.003	-.1964497	-.038697
chengxiang	0	(omitted)				
insurance	.1490261	.1217495	1.22	0.221	-.0897231	.3877753
lnIncome	.2089136	.0169136	12.35	0.000	.1757462	.242081
lnAsset	.0327641	.0075768	4.32	0.000	.0179061	.0476222
_cons	7.797814	.2257296	34.54	0.000	7.355161	8.240467

图 A-18
估计系数的协方差矩阵

e(V)	age	gender	edu	marriage	health	o.chengxiang	insurance	lnIncome	lnAsset	_cons
age	2.704e-06									
gender	-.00001057	.00213174								
edu	.00001539	-.00017819	.00088501							
marriage	.00001688	-.00132157	-6.917e-06	.00237476						
health	6.576e-06	.00005362	-.00003035	-.00007408	.00161787					
o.chengxiang	0	0	0	0	0	0				
insurance	-8.535e-06	.00019645	-.00004095	-.00028177	.00009453	0	.01482294			
lnIncome	-1.659e-06	-4.303e-06	-.00011711	-2.599e-06	-.00007134	0	-.00007392	.00028607		
lnAsset	7.797e-07	.00001059	-.00002791	-.00002929	-.00001509	0	-.00006916	-.0000333	.00005741	
_cons	-.00019297	.00003779	-.0007145	-.00123245	-.00088359	0	-.01243132	-.0020389	-.00024739	.05095384

在进行回归时，如果不要常数项，可以加上选择项“noconstant”（可缩写为noc）：

.reg lnconsum age gender edu marriage health chengxiang insurance lnIncome lnAsset，noc

如果只对“中年人”这个子样本进行回归，则可以输入命令：

.reg lnconsum age gender edu marriage health chengxiang insurance lnIncome lnAsset if age>=45&age<60

或者使用虚拟变量 zhongnian，命令如下：

.reg lnconsum age gender edu marriage health chengxiang insurance lnIncome lnAsset if zhongnian

如果想对“老年人”进行回归，可以使用命令：

.reg lnconsum age gender edu marriage health chengxiang insurance lnIncome lnAsset if zhongnian==0

或者输入命令：

.reg lnconsum age gender edu marriage health chengxiang insurance lnIncome lnAsset if ~zhongnian

其中，“~”表示逻辑的“否”（not）运算。

如果要计算被解释变量的拟合值（y），并将其记为 lntchat，可输入命令：

.predict lntchat

如果要计算“残差”（residual），并将其记为 el，可输入命令：

.predict el，residual

其中，选择项“residual”表示预测残差。如果没有任何选择项，则“默认值”（default）为计算拟合值。

Stata 本身的“帮助”（Help）菜单包含了详细的使用信息。在使用 Stata 命令时（如 reg），可经常看其相应的帮助信息（输入命令“help reg”即可）。更进一步的学习，则可查看 Stata 手册（Stata manuals）。

A.11 do 文件

目前都只是在 Stata 命令窗口通过输入命令的方式来使用 Stata 相关功能，这样做一次只能发布一条命令，并且不会有记录，如果想要重复这些操作，就需要从头再依次输入命令，是十分烦琐冗余的。而 Stata 的 do 文件功能可以很好地解决这一问题。可以把那些用来读入数据、给数据加标签、生成变量等一系列命令保存到一个称为 do-file 的文件中，当执行这个 do-file 时，它里面的所有命令就都会被依次执行，当需要重复进行一组操作时，do-file 可以大大缩短工作时间。

可以通过 doedit 命令来创建自己的 do-file，这个命令会打开 Stata 中的 do 文件编辑器（Do-file Editor），也可以直接单击常用工具栏上的 New Do-file Editor 图标打开 do 文件编辑器。与其他文本编辑器一样，可以键入任何一组需要重复使用的命令，然后保存。假设将其保存为 cr.do，那么下一次只需要在命令窗口输入 do cr，Stata 就会运行其中所有的命令。

A.12 运行结果的存储与调用

所有的 Stata 命令可以分为两种，即 e- 类命令（e-class commands）与 r- 类命令（r-class commands）。e- 类命令为“估计命令”（estimation commands），如“regress”；而所有其他命令为 r- 类命令，如“summarize”。r- 类命令的运行结果都存储在“r（ ）”中，可以通过输入“return list”来显示，如：

.summarize Income

输出结果如图 A-19 所示。

图 A-19
summarize 命令输出结果

Variable	Obs	Mean	Std. Dev.	Min	Max
Income	2,329	34512.32	82526	272.5	3028000

.return list

输出结果如图 A-20 所示。

图 A-20
return list 命令输出结果

```
scalars:
                  r(N)  =  2329
              r(sum_w)  =  2329
               r(mean)  =  34512.32154736779
                r(Var)  =  6810540391.866918
                 r(sd)  =  82525.99827852382
                r(min)  =  272.5
                r(max)  =  3028000
                r(sum)  =  80379196.88381958
```

图 A-19 和图 A-20 列出了在运行命令"summarize Income"之后，Stata 所存储的结果。可以调用这些结果来做进一步的计算。例如，为计算"变异系数"（Coefficient of Variation，即标准差除以平均值），可使用以下命令：

.display r（sd）/r（mean）

2. 3912039

写得更明确一些，可以用命令：

.display "The coefficient of variation is " r（sd）/r（mean）

The coefficient of variation is 2.3912039

另外，e- 类命令的运行结果都存储在"e（ ）"中，可以通过输入"ereturn list"来显示，例如：

.reg lnconsum age gender edu marriage health chengxiang insurance lnIncome lnAsset

输出结果如图 A-21 所示。

图 A-21
回归估计

```
      Source |       SS           df       MS      Number of obs   =     2,329
-------------+----------------------------------   F(8, 2320)      =     52.40
       Model |   223.12083         8  27.8901037   Prob > F        =    0.0000
    Residual |  1234.88627     2,320  .532278564   R-squared       =    0.1530
-------------+----------------------------------   Adj R-squared   =    0.1501
       Total |   1458.0071     2,328  .626291709   Root MSE        =    .72957

------------------------------------------------------------------------------
    lnconsum |      Coef.   Std. Err.      t    P>|t|     [95% Conf. Interval]
-------------+----------------------------------------------------------------
         age |  -.0027705   .0016444    -1.68   0.092    -.0059952    .0004542
      gender |  -.0932834   .0461708    -2.02   0.043    -.1838237   -.0027432
         edu |   .1194175   .0297492     4.01   0.000     .0610798    .1777552
    marriage |   .3225495   .0487316     6.62   0.000     .2269876    .4181115
      health |  -.1175734   .0402228    -2.92   0.003    -.1964497    -.038697
  chengxiang |          0  (omitted)
   insurance |   .1490261   .1217495     1.22   0.221    -.0897231    .3877753
    lnIncome |   .2089136   .0169136    12.35   0.000     .1757462     .242081
     lnAsset |   .0327641   .0075768     4.32   0.000     .0179061    .0476222
       _cons |   7.797814   .2257296    34.54   0.000     7.355161    8.240467
------------------------------------------------------------------------------
```

.ereturn list

输出结果如图 A-22 所示。

图 A-22
ereturn list 命令输出结果

```
scalars:
                  e(N) =  2329
               e(df_m) =  8
               e(df_r) =  2320
                  e(F) =  52.39757073762791
                 e(r2) =  .1530313740975081
               e(rmse) =  .729574234728827
                e(mss) =  223.1208296661848
                e(rss) =  1234.886268433956
               e(r2_a) =  .1501107926288788
                 e(ll) =  -2565.879039450713
               e(ll_0) =  -2759.292738455894
               e(rank) =  9

macros:
            e(cmdline) : "regress lnconsum age gender edu marriage health chengx.."
              e(title) : "Linear regression"
         e(marginsok) : "XB default"
                e(vce) : "ols"
             e(depvar) : "lnconsum"
                e(cmd) : "regress"
         e(properties) : "b V"
            e(predict) : "regres_p"
          e(estat_cmd) : "regress_estat"

matrices:
                  e(b) :  1 x 10
                  e(V) :  10 x 10

functions:
             e(sample)
```

图 A-22 列出了运行命令 reg 后 Stata 存储的结果，包括标量（scalars）、宏（macros）、矩阵（matrices，即系数矩阵 $e(b)$ 与协方差矩阵 $e(V)$）及函数（functions）。

附录 B 统计分布表

B.1 标准正态分布表

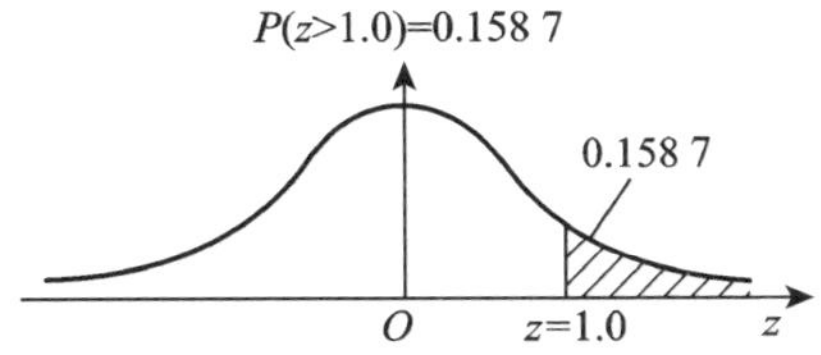

z	0.00	0.01	0.02	0.03	0.04	0.05	0.06	0.07	0.08	0.09
0.0	0.500 0	0.496 0	0.492 0	0.488 0	0.484 0	0.480 1	0.476 1	0.472 1	0.468 1	0.464 1
0.1	0.460 2	0.456 2	0.452 2	0.448 3	0.444 3	0.440 4	0.436 4	0.432 5	0.428 6	0.424 7
0.2	0.420 7	0.416 8	0.412 9	0.409 0	0.405 2	0.401 3	0.397 4	0.393 6	0.389 7	0.385 9
0.3	0.382 1	0.378 3	0.374 5	0.370 7	0.366 9	0.363 2	0.359 4	0.355 7	0.352 0	0.348 3
0.4	0.344 6	0.340 9	0.337 2	0.333 6	0.330 0	0.326 4	0.322 8	0.319 2	0.315 6	0.312 1
0.5	0.308 5	0.305 0	0.301 5	0.298 1	0.294 6	0.291 2	0.287 7	0.284 3	0.281 0	0.277 6
0.6	0.274 3	0.270 9	0.267 6	0.264 3	0.261 1	0.257 8	0.254 6	0.251 4	0.248 3	0.245 1
0.7	0.242 0	0.200 9	0.235 8	0.232 7	0.229 6	0.226 6	0.223 6	0.220 6	0.217 7	0.214 8
0.8	0.211 9	0.209 0	0.206 1	0.203 3	0.200 5	0.197 7	0.194 9	0.192 2	0.189 4	0.186 7
0.9	0.181 4	0.181 4	0.178 8	0.176 2	0.173 6	0.171 1	0.168 5	0.166 0	0.163 5	0.161 1
1.0	0.158 7	0.156 2	0.153 9	0.151 5	0.149 2	0.146 9	0.144 6	0.142 3	0.140 1	0.137 9
1.1	0.135 7	0.133 5	0.131 4	0.129 2	0.127 1	0.125 1	0.123 0	0.121 0	0.119 0	0.117 0
1.2	0.115 1	0.113 1	0.111 2	0.109 3	0.107 5	0.105 6	0.103 8	0.102 0	0.100 3	0.098 5
1.3	0.096 8	0.095 1	0.093 4	0.091 8	0.090 1	0.088 5	0.086 9	0.085 3	0.083 8	0.082 3
1.4	0.080 8	0.079 3	0.077 8	0.076 4	0.074 9	0.073 5	0.072 1	0.070 8	0.069 4	0.068 1
1.5	0.066 8	0.065 5	0.064 3	0.063 0	0.061 8	0.060 6	0.059 4	0.058 2	0.057 1	0.055 9
1.6	0.054 8	0.053 7	0.052 6	0.051 6	0.050 5	0.049 5	0.048 5	0.047 5	0.046 5	0.045 5
1.7	0.046 6	0.043 6	0.042 7	0.041 8	0.040 9	0.040 1	0.039 2	0.038 4	0.037 5	0.036 7
1.8	0.035 9	0.035 1	0.034 4	0.036 6	0.032 9	0.032 2	0.031 4	0.030 7	0.030 1	0.029 4
1.9	0.028 7	0.028 1	0.027 4	0.026 8	0.026 2	0.025 6	0.025 0	0.024 4	0.023 9	0.023 3
2.0	0.022 8	0.022 2	0.021 7	0.021 2	0.020 7	0.020 2	0.019 7	0.019 2	0.018 8	0.018 3
2.1	0.017 9	0.017 4	0.017 0	0.016 6	0.016 2	0.015 8	0.015 4	0.015 0	0.014 6	0.014 3
2.2	0.013 9	0.013 6	0.013 2	0.012 9	0.012 5	0.012 2	0.011 9	0.011 6	0.011 3	0.011 0
2.3	0.010 7	0.010 4	0.010 2	0.009 9	0.009 6	0.009 4	0.009 1	0.008 9	0.008 7	0.008 4
2.4	0.008 2	0.008 0	0.007 8	0.007 5	0.007 3	0.007 1	0.006 9	0.006 8	0.006 6	0.006 4
2.5	0.006 2	0.006 0	0.005 9	0.005 7	0.005 5	0.005 4	0.005 2	0.005 1	0.004 9	0.004 8
2.6	0.004 7	0.004 5	0.004 4	0.004 3	0.004 1	0.004 0	0.003 9	0.003 8	0.003 7	0.003 6
2.7	0.003 5	0.003 4	0.003 3	0.003 2	0.003 1	0.003 0	0.002 9	0.002 8	0.002 7	0.002 6
2.8	0.002 6	0.002 5	0.002 4	0.002 3	0.002 3	0.002 2	0.002 1	0.002 1	0.002 0	0.001 9
2.9	0.001 9	0.001 8	0.001 8	0.001 7	0.001 6	0.001 6	0.001 5	0.001 5	0.001 4	0.001 4
3.0	0.001 3	0.001 3	0.001 3	0.001 2	0.001 2	0.001 1	0.001 1	0.001 1	0.001 0	0.001 0

B.2 χ^2 分布表

例:对于自由度 $\nu=10, P(\chi^2>15.99)=0.10$

ν \ α	0.99	0.975	0.95	0.90	0.75	0.50	0.25	0.10	0.05	0.025	0.01	0.005
1	$0.0^{3}157$	$0.0^{3}982$	$0.0^{2}393$	0.015 8	0.102	0.455	1.323	2.71	3.84	5.02	6.63	7.88
2	0.020 1	0.050 6	0.103	0.211	0.575	1.386	2.77	4.61	5.99	7.38	9.21	10.60
3	0.115	0.216	0.352	0.584	1.213	2.37	4.11	6.25	7.81	9.35	11.34	12.84
4	0.297	0.484	0.711	1.064	1.923	3.36	5.39	7.78	9.49	11.14	13.28	14.86
5	0.554	0.831	1.145	1.610	2.67	4.35	6.63	9.24	11.07	12.83	15.09	16.75
6	0.872	1.237	1.635	2.20	3.45	5.35	7.84	10.64	12.59	14.45	16.81	18.55
7	1.239	1.690	2.17	2.83	4.25	6.35	9.04	12.02	14.07	16.01	18.48	20.3
8	1.646	2.18	2.73	3.49	5.07	7.34	10.22	13.36	15.51	17.53	20.1	22.0
9	2.09	2.70	3.33	4.17	5.90	8.34	11.39	14.68	16.92	19.02	21.7	23.6
10	2.56	3.25	3.94	4.87	6.74	9.34	12.55	15.99	18.31	20.5	23.2	25.2
11	3.05	3.82	4.57	5.58	7.58	10.34	13.70	17.28	19.68	21.9	24.7	26.8
12	3.57	4.40	5.23	6.30	8.44	11.34	11.85	18.55	21.0	23.3	26.2	28.3
13	4.11	5.01	5.89	7.04	9.30	12.34	15.98	10.81	22.4	24.7	27.7	29.8
14	4.66	5.63	6.57	7.79	10.17	13.34	17.12	21.1	23.7	26.1	29.1	31.3
15	5.23	6.26	7.26	8.55	11.04	14.34	18.25	22.3	25.0	27.5	30.6	32.8
16	5.81	6.91	7.96	9.31	11.91	15.34	19.37	23.5	26.3	28.8	32.0	34.3
17	6.41	7.56	8.67	10.09	12.79	16.34	20.5	24.8	27.6	30.2	33.4	35.7
18	7.01	8.23	9.39	10.86	13.68	17.34	21.6	26.0	28.9	31.5	34.8	37.2
19	7.63	8.91	10.12	11.65	14.56	18.34	22.7	27.2	30.1	32.9	36.2	38.6
20	8.26	9.59	10.85	12.44	15.455	19.34	23.8	28.4	31.4	34.2	37.6	40.0
21	8.90	10.28	11.59	13.24	16.34	20.3	24.9	29.6	32.7	35.5	38.9	41.4
22	9.54	10.98	12.34	14.04	17.24	21.3	26.0	30.8	33.9	36.8	40.3	42.8
23	10.20	11.69	13.09	14.85	18.14	22.3	27.1	32.0	35.2	38.1	41.6	44.2
24	10.86	12.40	13.85	15.66	19.04	23.3	28.2	33.2	36.4	39.4	43.0	45.6
25	11.52	13.12	14.61	16.47	19.94	24.3	29.3	34.4	37.7	40.6	44.3	46.9
26	12.20	13.84	15.38	17.29	20.8	25.3	30.4	35.6	38.9	41.9	45.6	48.3
27	12.88	14.57	16.15	18.11	21.7	26.3	31.5	36.7	40.1	43.2	47.0	49.6
28	13.56	15.31	16.93	18.94	22.7	27.3	32.6	37.9	41.3	44.5	48.3	51.0
29	14.26	16.05	17.71	19.77	23.6	28.3	33.7	39.1	42.6	45.7	49.6	52.3
30	14.95	16.79	18.49	20.6	24.5	29.3	34.8	40.3	43.8	47.0	50.9	53.7

B.3 t 分布表

例：自由度 $\nu=10, P(t>1.812)=0.05, P(t<-1.812)=0.05$

ν \ α	0.25	0.20	0.15	0.10	0.05	0.025	0.01	0.005	0.000 5
1	1.000	1.376	1.963	3.078	6.314	12.706	31.821	63.657	636.619
2	0.816	1.061	1.386	1.886	2.920	4.303	6.965	9.925	31.598
3	0.765	0.978	1.250	1.638	2.353	3.182	4.541	5.841	12.941
4	0.741	0.941	1.190	1.533	2.132	2.776	3.747	4.604	8.610
5	0.727	0.920	1.156	1.476	2.015	2.571	3.365	4.032	6.859
6	0.718	0.906	1.134	1.440	1.943	2.447	3.143	3.707	5.959
7	0.711	0.896	1.119	1.415	1.895	2.365	2.998	3.499	5.405
8	0.706	0.889	1.108	1.397	1.860	2.306	2.896	3.355	5.041
9	0.703	0.883	1.100	1.383	1.833	2.262	2.821	3.250	4.781
10	0.700	0.879	1.093	1.372	1.812	2.228	2.764	3.169	4.587
11	0.697	0.876	1.088	1.363	1.796	2.201	2.718	3.106	4.437
12	0.695	0.873	1.083	1.356	1.782	2.179	2.681	3.055	4.318
13	0.694	0.870	1.079	1.350	1.771	2.160	2.650	3.012	4.221
14	0.692	0.868	1.076	1.345	1.761	2.145	2.624	2.977	4.140
15	0.691	0.866	1.074	1.341	1.753	2.131	2.602	2.947	4.073
16	0.690	0.865	1.071	1.337	1.746	2.120	2.583	2.921	4.015
17	0.689	0.863	1.069	1.333	1.740	2.110	2.567	2.898	3.965
18	0.688	0.862	1.067	1.330	1.734	2.101	2.552	2.878	3.922
19	0.688	0.861	1.066	1.328	1.729	2.093	2.539	2.861	3.883
20	0.687	0.860	1.064	1.325	1.725	2.086	2.528	2.845	3.850
21	0.686	0.859	1.063	1.323	1.721	2.080	2.518	2.831	3.819
22	0.686	0.858	1.061	1.321	1.717	2.074	2.508	2.819	3.792
23	0.685	0.858	1.060	1.319	1.714	2.069	2.500	2.807	3.767
24	0.685	0.857	1.059	1.318	1.711	2.064	2.492	2.397	3.745
25	0.684	0.856	1.058	1.316	1.708	2.060	2.485	2.787	3.725
26	0.684	0.856	1.058	1.315	1.706	2.056	2.479	2.779	3.707
27	0.684	0.855	1.057	1.314	1.703	2.052	2.473	2.771	3.690
28	0.683	0.855	1.056	1.313	1.701	2.048	2.467	2.763	3.674
29	0.683	0.854	1.055	1.311	1.699	2.045	2.462	2.756	3.659
30	0.683	0.854	1.055	1.310	1.697	2.042	2.457	2.750	3.646
40	0.681	0.851	1.050	1.303	1.684	2.021	2.423	2.704	3.551
60	0.679	0.848	1.046	1.296	1.671	2.000	2.390	2.660	3.460
120	0.677	0.845	1.041	1.289	1.658	1.980	2.358	2.617	3.373
∞	0.674	0.842	1.036	1.282	1.645	1.960	2.326	2.576	3.291

B.4 F 分布表

例：自由度 $\nu_1=5, \nu_2=10, P(F>3.33)=0.05, P(F>5.64)=0.01$。

注：表中的数字是 1%的显著性水平，上面的为 5%的显著性水平。

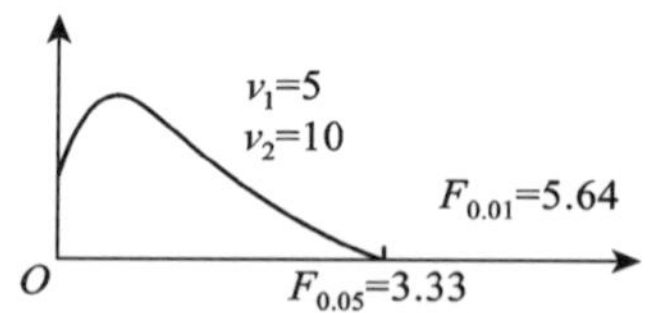

ν_2 \ ν_1		分子自由度											
		1	2	3	4	5	6	7	8	9	10	11	12
分母自由度	1	161	200	216	225	230	234	237	239	241	242	243	244
		4 052	4 999	5 403	5 625	5 764	5 859	5 928	5 982	6 022	6 056	6 082	6 106
	2	18.51	19.00	19.16	19.25	19.30	19.33	19.36	19.37	19.38	19.39	19.40	19.41
		98.49	99.00	99.17	99.25	99.30	99.33	99.34	99.36	99.38	99.40	99.41	99.42
	3	10.13	9.55	9.28	9.12	9.01	8.94	8.88	8.84	8.81	8.78	8.76	8.74
		34.12	30.82	29.46	28.71	28.24	27.91	27.67	27.49	27.34	27.23	27.13	27.05
	4	7.71	6.94	6.59	6.39	6.26	6.16	6.09	6.04	6.00	5.96	5.93	5.91
		21.20	18.00	16.69	15.98	15.52	15.21	14.98	14.80	14.66	14.54	14.45	14.37
	5	6.61	5.79	5.41	5.19	5.05	4.95	4.88	4.82	4.78	4.74	4.70	4.68
		16.26	13.27	12.06	11.39	10.97	10.67	10.45	10.27	20.15	10.05	9.96	9.89
	6	5.99	5.14	4.76	4.53	4.39	4.28	4.21	4.15	4.10	4.06	4.13	4.00
		13.74	10.92	9.78	9.15	8.75	8.47	8.25	8.10	7.98	7.87	7.79	7.72
	7	5.59	4.74	4.35	4.12	3.97	3.87	3.79	3.73	3.68	3.63	3.60	3.57
		12.25	9.55	8.45	7.85	7.46	7.19	7.00	6.84	6.71	6.62	6.54	6.47
	8	5.32	4.46	4.07	3.84	3.69	3.58	3.50	3.44	3.39	3.34	3.31	3.28
		11.26	8.65	7.59	7.01	6.63	6.37	6.19	6.03	5.91	5.82	5.74	5.67
	9	5.12	4.26	3.86	3.63	3.48	3.37	3.29	3.23	3.18	3.13	3.10	3.07
		10.56	8.02	6.99	6.42	6.06	5.80	5.62	5.47	5.35	5.26	5.18	5.11
	10	4.96	4.10	3.71	3.48	3.33	3.22	3.14	3.07	3.02	2.97	2.94	2.91
		10.04	7.56	6.55	5.99	5.64	5.39	5.21	5.06	4.95	4.85	4.73	4.71
	11	4.84	3.98	3.59	3.36	3.20	3.09	3.01	2.95	2.90	2.86	2.82	2.79
		9.65	7.20	6.22	5.67	5.32	5.07	4.88	4.74	4.63	4.54	4.46	4.40
	12	4.75	3.88	3.49	3.26	3.11	3.00	2.92	2.85	2.80	2.76	2.72	2.69
		9.33	6.93	5.95	5.41	5.06	4.82	4.65	4.50	4.39	4.30	4.22	4.16
	13	4.67	3.80	3.41	3.18	3.02	2.92	2.84	2.77	2.72	2.67	2.63	2.60
		9.07	6.70	5.74	5.20	4.86	4.62	4.44	4.30	4.19	4.10	4.02	3.96
	14	4.60	3.74	3.34	3.11	2.96	2.85	2.77	2.70	2.65	2.60	2.56	2.53
		8.86	6.51	5.56	5.03	4.69	4.46	4.28	4.14	4.03	3.94	3.86	3.80
	15	4.54	3.68	3.29	3.06	2.90	2.79	2.70	2.64	2.59	2.55	2.51	2.48
		8.68	6.36	5.42	4.89	4.56	4.32	4.14	4.00	3.89	3.80	3.73	3.67

ν_2 \ ν_1	分子自由度											
	1	2	3	4	5	6	7	8	9	10	11	12
16	4.49	3.63	3.24	3.01	2.85	2.74	2.66	2.59	2.54	2.49	2.45	2.42
	8.53	6.23	5.29	4.77	4.44	4.20	4.03	3.89	3.78	3.69	3.61	3.55
17	4.45	3.59	3.20	2.96	2.81	2.70	2.62	2.55	2.50	2.45	2.41	2.38
	8.40	6.11	5.18	4.67	4.34	4.10	3.93	3.79	3.68	3.59	3.52	3.45
18	4.41	3.55	3.16	2.93	2.77	2.66	2.58	2.51	2.46	2.41	2.37	2.34
	8.28	6.01	5.09	4.58	4.25	4.01	3.85	3.71	3.60	3.51	3.44	3.37
19	4.38	3.52	3.13	2.90	2.74	2.63	2.55	2.48	2.43	2.38	2.34	2.31
	8.18	5.93	5.01	4.50	4.17	3.94	3.77	3.63	3.52	3.43	3.36	3.30
20	4.35	3.49	3.10	2.87	2.71	2.60	2.52	2.45	2.40	2.35	2.31	2.28
	8.10	5.85	4.94	4.43	4.10	3.87	3.71	3.56	3.45	3.37	3.30	3.23
21	4.32	3.47	3.07	2.84	2.68	2.57	2.49	2.42	2.37	2.32	2.28	2.25
	8.02	5.78	4.87	4.37	4.04	3.81	3.65	3.51	3.40	3.31	3.24	3.17
22	4.30	3.44	3.05	2.82	2.66	2.55	2.47	2.40	2.35	2.30	2.26	2.23
	7.94	5.72	4.82	4.31	3.99	3.76	3.59	3.45	3.35	3.26	3.18	3.12
23	4.28	3.42	3.03	2.80	2.64	2.53	2.45	2.38	2.32	2.28	2.24	2.20
	7.88	5.66	4.76	4.26	3.94	3.71	3.54	3.41	3.30	3.21	3.14	3.07
24	4.26	3.40	3.01	2.78	2.62	2.51	2.43	2.36	2.30	2.26	2.22	2.18
分	7.82	55.61	4.72	4.22	3.90	3.67	3.50	3.36	3.25	3.17	3.09	3.03
母 25	4.24	3.38	2.99	2.76	2.60	2.49	2.41	2.34	2.28	2.24	2.20	2.16
自	7.77	5.57	4.68	4.18	3.86	3.63	3.46	3.32	3.21	3.13	3.05	2.99
由 26	4.22	3.37	2.98	2.74	2.59	2.47	2.39	2.32	2.27	2.22	2.18	2.15
度	7.72	5.53	4.64	4.14	3.82	3.59	3.42	3.29	3.17	3.09	3.02	2.96
27	4.21	3.35	2.96	2.73	2.57	2.46	2.37	2.30	2.25	2.20	2.16	2.13
	7.68	5.49	4.60	4.11	3.79	3.56	3.39	3.26	3.14	3.06	2.98	2.93
28	4.20	3.34	2.95	2.71	2.56	2.44	2.36	2.29	2.24	2.19	2.15	2.12
	7.64	5.45	4.57	4.07	3.76	3.53	3.36	3.23	3.11	3.03	2.95	2.90
29	4.18	3.33	3.93	2.70	2.54	2.43	2.35	2.28	2.22	2.18	2.14	2.10
	7.60	5.42	4.54	4.04	3.73	3.50	3.33	3.20	3.08	3.00	2.92	2.87
30	4.17	3.32	2.92	2.69	2.53	2.42	2.34	2.27	2.21	2.16	2.12	2.09
	7.56	5.39	4.51	4.02	3.70	3.47	3.30	3.17	3.06	2.98	2.90	2.84
32	4.15	3.30	2.90	2.67	2.51	2.40	2.32	2.25	2.19	2.14	2.10	2.07
	7.50	5.34	4.46	3.97	3.66	3.42	3.25	3.12	3.01	2.94	2.86	2.80
34	4.13	3.28	2.88	2.65	2.49	2.38	2.30	2.23	2.17	2.12	2.08	2.50
	7.44	5.29	4.42	3.93	6.61	3.38	3.21	3.08	2.97	2.89	2.82	2.76
36	4.11	3.26	2.86	2.63	2.48	2.36	2.28	2.21	2.15	2.10	2.06	2.03
	7.39	5.25	4.38	3.89	3.58	3.35	3.18	3.04	2.94	2.86	2.78	2.72
38	4.10	3.25	2.85	2.62	2.46	2.35	2.26	2.19	2.14	2.09	2.05	2.02
	7.35	5.21	4.34	3.86	3.54	3.32	3.15	3.02	2.91	2.82	2.75	2.69

续表

分母自由度 ν_2 \ ν_1	分子自由度											
	1	2	3	4	5	6	7	8	9	10	11	12
40	4.08	3.23	2.84	2.61	2.45	2.34	2.25	2.18	2.12	2.07	2.04	2.00
	7.31	5.18	4.31	3.83	3.51	3.29	3.12	2.99	2.88	2.80	2.73	2.66
42	4.07	3.22	2.83	2.59	2.44	2.32	2.24	2.17	2.11	2.06	2.02	1.99
	7.27	5.15	4.29	3.80	3.49	3.26	3.10	2.96	2.86	2.77	2.70	2.64
44	4.06	3.21	2.82	2.58	2.43	2.31	2.23	2.16	2.10	2.05	2.01	1.98
	7.24	5.12	4.26	3.78	3.46	3.24	3.07	2.94	2.84	2.75	2.68	2.62
46	4.05	3.20	2.81	2.57	2.42	2.30	2.22	2.14	2.09	2.04	2.00	1.97
	7.21	5.10	4.24	3.76	3.44	3.22	3.05	2.92	2.82	2.73	2.66	2.60
48	4.04	3.19	2.80	2.56	2.41	2.30	2.21	2.14	2.08	2.03	1.99	1.96
	7.19	5.08	4.22	3.74	3.42	3.20	3.04	2.90	2.80	2.71	2.64	2.58
50	4.03	3.18	2.79	2.56	2.40	2.29	2.20	2.13	2.07	2.02	1.98	1.95
	7.17	5.06	4.20	3.72	3.41	3.18	3.02	2.88	2.78	2.70	2.62	2.56
55	4.02	3.17	2.78	2.54	2.38	2.27	2.18	2.11	2.05	2.00	1.97	1.93
	7.12	5.01	4.16	3.68	3.37	3.15	2.98	2.85	2.75	2.66	2.59	2.53
60	4.00	3.15	2.76	2.52	2.37	2.25	2.17	2.10	2.04	1.99	1.95	1.92
	7.08	4.98	4.13	3.65	3.34	3.12	2.95	2.82	2.72	2.63	2.56	2.50
65	3.99	3.14	2.75	2.51	2.36	2.24	2.15	2.08	2.02	1.98	1.94	1.90
	7.04	4.95	4.10	3.62	3.31	3.09	2.93	2.79	2.70	2.61	2.54	2.47
70	3.98	3.13	2.74	2.50	2.35	2.23	2.14	2.07	2.01	1.97	1.93	1.89
	7.01	4.92	4.08	3.60	3.29	3.07	2.91	2.77	2.67	2.59	2.51	2.45
80	3.96	3.11	2.72	2.48	2.33	2.21	2.12	2.05	1.99	1.95	1.91	1.88
	6.96	4.88	4.04	3.56	3.25	3.04	2.87	2.74	2.64	2.55	2.48	2.41
100	3.94	3.09	2.70	2.46	2.30	2.19	2.10	2.03	1.97	1.92	1.88	1.85
	6.90	4.82	3.98	3.51	3.20	2.99	2.82	2.69	2.59	2.51	2.43	2.36
125	3.92	3.07	2.68	2.44	2.29	2.17	2.08	2.01	1.95	1.90	1.86	1.83
	6.84	4.78	3.94	3.47	3.17	2.95	2.79	2.65	2.56	2.47	2.40	2.33
150	3.91	3.06	2.67	2.43	2.27	2.16	2.07	2.00	1.94	1.89	1.85	1.82
	6.81	4.75	3.91	3.44	3.14	2.92	2.76	2.62	2.53	2.44	2.37	2.30
200	3.89	3.04	2.65	2.41	2.26	2.14	2.05	1.98	1.92	1.87	1.83	1.80
	2.39	4.71	3.88	3.41	3.11	2.90	2.73	2.60	2.50	2.41	2.34	2.28
400	3.86	3.02	2.62	2.39	2.23	2.12	2.03	1.96	1.90	1.85	1.81	1.78
	6.70	4.66	3.83	3.36	3.06	2.85	2.69	2.55	2.46	2.37	2.29	2.23
1 000	3.85	3.00	1.61	2.38	2.22	2.10	2.02	1.95	1.89	1.84	1.80	1.76
	6.66	4.62	3.80	3.34	3.04	2.82	2.66	2.53	2.43	2.34	2.26	2.20
∞	3.84	2.99	2.60	2.37	2.21	2.09	2.01	1.94	1.88	1.83	1.79	1.75
	6.64	4.60	3.78	3.32	3.02	2.80	2.64	2.51	2.41	2.32	2.24	2.18

	ν_2 \ ν_1	分子自由度											
		14	16	20	24	30	40	50	75	100	200	500	∞
分母自由度	1	245	246	284	249	250	251	252	253	253	254	254	254
		6 142	6 169	6 208	6 234	6 258	6 286	6 302	6 323	6 334	6 352	6 361	6 366
	2	19.42	19.43	19.44	19.45	19.46	19.47	19.47	19.48	19.49	19.49	19.50	19.50
		99.43	99.44	99.45	99.46	99.47	99.48	99.48	99.49	99.49	99.49	99.50	99.50
	3	8.71	8.69	8.66	8.64	8.62	8.60	8.58	8.57	8.56	8.54	8.53	8.53
		26.92	26.83	26.69	26.60	26.50	26.41	26.35	26.27	26.23	26.18	26.14	26.12
	4	5.87	5.84	5.80	5.77	5.74	5.71	5.70	5.68	5.66	5.65	5.64	5.63
		14.24	14.15	14.02	13.93	13.83	13.74	13.69	13.61	13.57	13.52	13.48	13.46
	5	4.64	4.60	4.56	4.53	4.50	4.46	4.44	4.42	4.40	4.38	4.37	4.36
		9.77	9.68	9.55	9.47	9.38	9.29	9.24	9.17	9.13	9.07	9.04	9.02
	6	3.96	3.92	3.87	3.84	3.81	3.77	3.75	3.72	3.71	3.69	3.68	3.67
		7.60	7.52	7.33	7.31	7.23	7.14	7.09	7.02	6.99	6.94	6.90	6.88
	7	3.52	3.49	3.44	3.41	3.38	3.34	3.32	3.29	3.28	3.25	3.24	3.23
		6.35	6.27	6.15	6.07	5.98	5.90	5.85	5.78	5.75	5.70	5.67	5.65
	8	3.23	3.20	3.15	3.12	3.08	3.05	3.03	3.00	2.98	2.96	2.94	2.93
		5.56	5.48	5.36	5.28	5.20	5.11	5.06	5.00	4.96	4.91	4.88	4.86
	9	3.02	2.98	2.93	2.90	2.86	2.82	2.80	2.77	2.76	2.73	2.72	2.71
		5.00	4.92	4.80	4.73	4.64	4.56	4.51	4.45	4.41	4.36	4.33	4.31
	10	2.86	2.82	2.77	2.74	2.70	2.67	2.64	2.61	2.59	2.56	2.55	2.54
		4.60	4.52	4.41	4.33	4.25	4.17	4.12	4.05	4.01	3.96	3.93	3.91
	11	2.74	2.70	2.65	2.61	2.57	2.53	2.50	2.47	2.45	2.42	2.41	2.40
		4.29	4.21	4.10	4.02	3.94	3.86	3.80	3.74	3.70	3.66	3.62	3.60
	12	2.64	2.60	2.54	2.50	2.46	2.42	2.40	2.36	2.35	2.32	2.31	2.30
		4.05	3.98	3.86	3.78	3.70	3.61	3.56	3.49	3.46	3.41	3.38	3.36
	13	2.55	2.51	2.46	2.42	2.38	2.34	2.32	2.28	2.26	1.24	2.22	2.21
		3.85	3.78	3.67	3.59	3.15	3.42	3.37	3.30	3.27	3.21	3.18	3.16
	14	2.48	2.44	2.39	2.35	2.31	2.27	2.24	2.21	2.19	2.16	2.14	2.13
		3.70	3.62	3.51	3.43	3.34	3.26	3.21	3.14	3.11	3.06	3.02	3.00
	15	2.43	2.39	2.33	2.29	2.25	2.21	2.18	2.15	2.12	2.10	2.08	2.07
		3.56	3.48	3.36	3.29	3.20	3.12	3.07	3.00	2.97	2.92	2.89	2.87
	16	2.37	2.33	2.28	2.24	2.20	2.16	2.13	2.09	2.07	2.04	2.02	2.01
		3.45	3.37	3.25	3.18	3.10	3.01	2.96	2.89	2.86	2.80	2.77	2.75
	17	2.33	2.29	2.23	2.19	2.15	2.11	2.08	2.04	2.02	1.99	1.97	1.96
		3.35	3.27	3.16	3.08	3.00	2.92	2.86	2.79	2.76	2.70	2.67	2.65

ν_1 / 分母自由度 ν_2	分子自由度											
	14	16	20	24	30	40	50	75	100	200	500	∞
18	2.29	2.25	2.19	2.15	2.11	2.07	2.04	2.00	1.98	1.95	1.93	1.92
	3.27	3.19	3.07	3.00	2.91	2.83	2.78	2.71	2.68	2.62	2.59	2.57
19	2.26	2.21	2.15	2.11	2.07	2.02	2.00	1.96	1.94	1.91	1.90	1.88
	3.19	3.12	3.00	2.92	2.84	2.76	2.70	2.63	2.60	2.54	2.51	2.49
20	2.23	2.18	2.12	2.08	2.04	1.99	1.96	1.92	1.90	1.87	1.85	1.84
	3.13	3.05	2.94	2.86	2.77	2.69	2.63	2.56	2.53	2.47	2.44	2.42
21	2.20	2.15	2.09	2.05	2.00	1.96	1.93	1.89	1.87	1.84	1.82	1.81
	3.07	2.99	2.88	2.80	2.72	2.63	2.58	2.51	2.47	2.42	2.38	2.36
22	2.18	2.13	2.07	2.03	1.98	1.93	1.91	1.87	1.84	1.81	1.80	1.78
	3.02	2.94	2.83	2.75	2.67	2.58	2.53	2.46	2.42	2.37	2.33	2.31
23	2.14	2.10	2.04	2.00	1.96	1.91	1.88	1.84	1.82	1.79	1.77	1.76
	2.97	2.89	2.78	2.79	2.62	2.53	2.48	2.41	2.37	2.32	2.28	2.26
24	2.13	2.09	2.02	1.98	1.94	1.89	1.86	1.82	1.80	1.76	1.74	1.73
	2.93	2.85	2.74	2.66	2.58	2.49	2.44	2.36	2.33	2.27	2.23	2.21
25	2.11	2.06	2.00	1.96	1.92	1.87	1.84	1.80	1.77	1.74	1.72	1.71
	2.89	2.81	2.70	2.62	2.54	2.45	2.40	2.32	2.29	2.23	2.19	2.17
26	2.10	2.05	1.99	1.95	1.90	1.85	1.82	1.78	1.76	1.72	1.70	1.69
	2.86	2.77	2.66	2.58	2.50	2.41	2.36	2.28	2.25	2.19	2.15	2.13
27	2.08	2.03	1.97	1.93	1.88	1.84	1.80	1.76	1.74	1.71	1.68	1.67
	2.83	2.74	2.63	2.55	2.47	2.38	2.33	2.25	2.21	2.16	2.12	2.10
28	2.06	2.02	1.96	1.91	1.87	1.81	1.78	1.75	1.72	1.69	1.67	1.65
	2.80	2.71	2.60	2.52	2.44	2.35	2.30	2.22	2.18	2.13	2.09	2.06
29	2.05	2.00	1.94	1.90	1.85	1.80	1.77	1.73	1.71	1.68	1.65	1.64
	2.77	2.68	2.57	2.49	2.41	2.32	2.27	2.19	2.15	2.10	2.06	2.03
30	2.04	1.99	1.93	1.89	1.84	1.79	1.76	1.72	1.69	1.66	1.64	1.62
	2.74	2.66	2.55	2.47	2.38	2.29	2.24	2.16	2.13	2.07	2.03	2.01
32	2.02	1.97	1.91	1.86	1.82	1.76	1.74	1.69	1.67	1.64	1.61	1.59
	2.70	2.62	2.51	2.42	2.34	2.25	2.20	2.12	2.08	2.02	1.98	1.96
34	2.00	1.95	1.89	1.84	1.80	1.74	1.71	1.67	1.64	1.61	1.59	1.57
	2.66	2.58	2.47	2.38	2.30	2.21	2.15	2.08	2.04	1.98	1.94	1.91
36	1.98	1.93	1.87	1.82	1.78	1.72	1.69	1.65	1.62	1.59	1.56	1.55
	2.62	3.54	2.43	2.35	2.26	2.17	2.12	2.04	2.00	1.94	1.90	1.87
38	1.96	1.92	1.85	1.80	1.76	1.71	1.67	1.63	1.60	1.57	1.54	1.53
	2.59	2.51	2.40	2.32	2.22	2.14	2.08	2.00	1.97	1.90	1.86	1.84

续表

ν_2 \ ν_1	分子自由度											
分母自由度	14	16	20	24	30	40	50	75	100	200	500	∞
40	1.95	1.90	1.84	1.79	1.74	1.69	1.66	1.61	1.59	1.55	1.53	1.51
	2.56	2.49	2.37	2.29	2.20	2.11	2.05	1.97	1.94	1.88	1.84	1.81
42	1.94	1.89	1.82	1.78	1.73	1.68	1.64	1.60	1.57	1.54	1.51	1.49
	2.54	2.46	2.35	2.26	2.17	2.08	2.02	1.94	1.91	1.85	1.80	1.78
44	1.92	1.88	1.81	1.76	1.72	1.66	1.63	1.58	1.56	1.52	1.50	1.48
	2.52	2.44	2.32	2.24	2.15	2.06	2.00	1.92	1.88	1.82	1.78	1.75
46	1.91	1.87	1.80	1.75	1.71	1.65	1.62	1.57	1.54	1.51	1.48	1.46
	2.50	2.42	2.30	2.22	2.13	2.04	1.98	1.90	1.86	1.80	1.76	1.72
48	1.90	1.86	1.79	1.74	1.70	1.64	1.61	1.56	1.53	1.50	1.47	1.45
	2.48	2.40	2.28	2.20	2.11	2.02	1.96	1.88	1.84	1.78	1.73	1.70
50	1.90	1.85	1.78	1.74	1.69	1.63	1.60	1.55	1.52	1.48	1.46	1.44
	2.46	2.39	2.26	2.18	2.10	2.00	1.94	1.86	1.82	1.76	1.71	1.68
55	1.88	1.83	1.76	1.72	1.67	1.61	1.58	1.52	1.50	1.46	1.43	1.41
	2.43	2.35	2.23	2.15	2.06	1.96	1.90	1.82	1.78	1.71	1.66	1.64
60	1.86	1.81	1.75	1.70	1.65	1.59	1.56	1.50	1.48	1.44	1.41	1.39
	2.40	2.32	2.20	2.12	2.03	1.93	1.87	1.79	1.74	1.68	1.63	1.60
65	1.85	1.80	1.73	1.68	1.63	1.57	1.54	1.49	1.46	1.42	1.39	1.37
	2.37	2.30	2.18	2.09	2.00	1.90	1.84	1.76	1.71	1.64	1.60	1.56
70	1.84	1.79	1.72	1.67	1.62	1.56	1.53	1.47	1.45	1.40	1.37	1.35
	2.35	2.28	2.15	2.07	1.98	1.88	1.82	1.74	1.69	1.62	1.56	1.53
80	1.82	1.77	1.70	1.65	1.60	1.54	1.51	1.45	1.42	1.38	1.35	1.32
	2.32	2.24	2.11	2.03	1.94	1.84	1.78	1.70	1.65	1.57	1.52	1.49
100	1.79	1.75	1.68	1.63	1.57	1.51	1.48	1.42	1.39	1.34	1.30	1.28
	2.26	2.19	2.06	1.98	1.89	1.79	1.73	1.64	1.59	1.51	1.46	1.43
125	1.77	1.72	1.65	1.60	1.55	1.49	1.45	1.39	1.36	1.31	1.27	1.25
	2.23	2.15	2.03	1.94	1.85	1.75	1.68	1.59	1.54	1.46	1.40	1.37
150	1.76	1.71	1.64	1.59	1.54	1.47	1.44	1.37	1.34	1.29	1.25	1.22
	2.20	2.12	2.00	1.91	1.83	1.72	1.66	1.56	1.51	1.43	1.37	1.33
200	1.74	1.69	1.62	1.57	1.52	1.45	1.42	1.35	1.32	1.26	1.22	1.19
	2.17	2.09	1.97	1.88	1.79	1.69	1.62	1.53	1.48	1.39	1.33	1.28
400	1.72	1.67	1.60	1.54	1.49	1.42	1.38	1.32	1.28	1.22	1.16	1.13
	2.12	2.04	1.92	1.84	1.74	1.64	1.57	1.47	1.42	1.32	1.24	1.19
1 000	1.70	1.65	1.58	1.53	1.47	1.41	1.36	1.30	1.26	1.19	1.13	1.08
	2.09	2.01	1.89	1.81	1.71	1.61	1.54	1.44	1.38	1.28	1.19	1.11
∞	1.67	1.64	1.57	1.52	1.46	1.40	1.35	1.28	1.24	1.17	1.11	1.00
	2.07	1.99	1.87	1.79	1.69	1.59	1.52	1.41	1.36	1.25	1.15	1.00

B.5　DW 检验上下界表

5% 的上下界

n	$k=2$		$k=3$		$k=4$		$k=5$		$k=6$	
	d_L	d_U	d_L	d_U	d_L	d_U	d_L	d_U	d_L	d_U
15	1.08	1.36	0.95	1.54	0.82	1.75	0.69	1.97	0.56	2.21
16	1.10	1.37	0.98	1.54	0.86	1.73	0.74	1.93	0.62	2.15
17	1.13	1.38	1.02	1.54	0.90	1.71	0.78	1.90	0.67	2.10
18	1.16	1.39	1.05	1.53	0.93	1.69	0.82	1.87	0.71	2.06
19	1.18	1.40	1.08	1.53	0.97	1.68	0.86	1.85	0.75	2.02
20	1.20	1.41	1.10	1.54	1.00	1.68	0.90	1.83	0.79	1.99
21	1.22	1.42	1.13	1.54	1.03	1.67	0.93	1.81	0.83	1.96
22	1.24	1.43	1.15	1.54	1.05	1.66	0.96	1.80	0.86	1.94
23	1.26	1.44	1.17	1.54	1.08	1.66	0.99	1.79	0.90	1.92
24	1.27	1.45	1.19	1.55	1.10	1.66	1.01	1.78	0.93	1.90
25	1.29	1.45	1.21	1.55	1.12	1.66	1.04	1.77	0.95	1.89
26	1.30	1.46	1.22	1.55	1.14	1.65	1.06	1.76	0.98	1.88
27	1.32	1.47	1.24	1.56	1.16	1.65	1.08	1.76	1.01	1.86
28	1.33	1.48	1.26	1.56	1.18	1.65	1.10	1.75	1.03	1.85
29	1.34	1.48	1.27	1.56	1.20	1.65	1.12	1.74	1.05	1.84
30	1.35	1.49	1.28	1.57	1.21	1.65	1.14	1.74	1.07	1.83
31	1.36	1.50	1.30	1.57	1.23	1.65	1.16	1.74	1.09	1.83
32	1.37	1.50	1.31	1.57	1.24	1.65	1.18	1.73	1.11	1.82
33	1.38	1.51	1.32	1.58	1.26	1.65	1.19	1.73	1.13	1.81
34	1.39	1.51	1.33	1.58	1.27	1.65	1.21	1.73	1.15	1.81
35	1.40	1.52	1.34	1.58	1.28	1.65	1.22	1.73	1.16	1.80
36	1.41	1.52	1.35	1.59	1.29	1.65	1.24	1.73	1.18	1.80
37	1.42	1.53	1.36	1.59	1.31	1.66	1.25	1.72	1.19	1.80
38	1.43	1.54	1.37	1.59	1.32	1.66	1.26	1.72	1.21	1.79
39	1.43	1.54	1.38	1.60	1.33	1.66	1.27	1.72	1.22	1.79
40	1.44	1.54	1.39	1.60	1.34	1.66	1.29	1.72	1.23	1.79
45	1.48	1.57	1.43	1.62	1.38	1.67	1.34	1.72	1.29	1.78
50	1.50	1.59	1.46	1.63	1.42	1.67	1.38	1.72	1.34	1.77
55	1.53	1.60	1.49	1.64	1.45	1.68	1.41	1.72	1.38	1.77
60	1.55	1.62	1.51	1.65	1.48	1.69	1.44	1.73	1.41	1.77
65	1.57	1.63	1.54	1.66	1.50	1.70	1.47	1.73	1.44	1.77
70	1.58	1.64	1.55	1.67	1.52	1.70	1.49	1.74	1.46	1.77
75	1.60	1.65	1.57	1.68	1.54	1.71	1.51	1.74	1.49	1.77
80	1.61	1.66	1.59	1.69	1.56	1.72	1.53	1.74	1.51	1.77
85	1.62	1.67	1.60	1.70	1.57	1.72	1.55	1.75	1.52	1.77
90	1.63	1.68	1.61	1.70	1.59	1.73	1.57	1.75	1.54	1.78
95	1.64	1.69	1.62	1.71	1.60	1.73	1.58	1.75	1.56	1.78
100	1.65	1.69	1.63	1.72	1.61	1.74	1.59	1.76	1.57	1.78

1% 的上下界

n	$k=2$		$k=3$		$k=4$		$k=5$		$k=6$	
	d_L	d_U	d_L	d_U	d_L	d_U	d_L	d_U	d_L	d_U
15	0.81	1.07	0.70	1.25	0.59	1.46	0.49	1.70	0.39	1.96
16	0.84	1.09	0.74	1.25	0.63	1.44	0.53	1.66	0.44	1.90
17	0.87	1.10	0.77	1.25	0.67	1.43	0.57	1.63	0.48	1.85
18	0.90	1.12	0.80	1.26	0.71	1.42	0.61	1.60	0.52	1.80
19	0.93	1.13	0.83	1.26	0.74	1.41	0.65	1.58	0.56	1.77
20	0.95	1.15	0.86	1.27	0.77	1.41	0.68	1.57	0.60	1.74
21	0.97	1.16	0.89	1.27	0.80	1.41	0.72	1.55	0.63	1.71
22	1.00	1.17	0.91	1.28	0.83	1.40	0.75	1.54	0.66	1.69
23	1.02	1.19	0.94	1.29	0.86	1.40	0.77	1.53	0.70	1.67
24	1.04	1.20	0.96	1.30	0.88	1.41	0.80	1.53	0.72	1.66
25	1.05	1.21	0.98	1.30	0.90	1.41	0.83	1.52	0.75	1.65
26	1.07	1.22	1.00	1.31	0.93	1.41	0.85	1.52	0.78	1.64
27	1.09	1.23	1.02	1.32	0.95	1.41	0.88	1.51	0.81	1.63
28	1.10	1.24	1.04	1.32	0.97	1.41	0.90	1.51	0.83	1.62
29	1.12	1.25	1.05	1.33	0.99	1.42	0.92	1.51	0.85	1.61
30	1.13	1.26	1.07	1.34	1.01	1.42	0.94	1.51	0.88	1.61
31	1.15	1.27	1.08	1.34	1.02	1.42	0.96	1.51	0.90	1.60
32	1.16	1.28	1.10	1.35	1.04	1.43	0.98	1.51	0.92	1.60
33	1.17	1.29	1.11	1.36	1.05	1.43	1.00	1.51	0.94	1.59
34	1.18	1.30	1.13	1.36	1.07	1.43	1.01	1.51	0.95	1.59
35	1.19	1.31	1.14	1.37	1.08	1.44	1.03	1.51	0.97	1.59
36	1.21	1.32	1.15	1.38	1.10	1.44	1.04	1.51	0.99	1.59
37	1.22	1.32	1.16	1.38	1.11	1.45	1.06	1.51	1.00	1.59
38	1.23	1.33	1.18	1.39	1.12	1.45	1.07	1.52	1.02	1.58
39	1.24	1.34	1.19	1.39	1.14	1.45	1.09	1.52	1.03	1.58
40	1.25	1.34	1.20	1.40	1.15	1.46	1.10	1.52	1.05	1.58
45	1.29	1.38	1.24	1.42	1.20	1.48	1.16	1.53	1.11	1.58
50	1.32	1.40	1.28	1.45	1.24	1.49	1.20	1.54	1.16	1.59
55	1.36	1.43	1.32	1.47	1.28	1.51	1.25	1.55	1.21	1.59
60	1.38	1.45	1.35	1.48	1.32	1.52	1.28	1.56	1.25	1.60
65	1.41	1.47	1.38	1.50	1.35	1.53	1.31	1.57	1.28	1.61
70	1.43	1.49	1.40	1.52	1.37	1.55	1.34	1.58	1.31	1.61
75	1.45	1.50	1.42	1.53	1.39	1.56	1.37	1.59	1.34	1.62
80	1.47	1.52	1.44	1.54	1.42	1.57	1.39	1.60	1.36	1.62
85	1.48	1.53	1.46	1.55	1.43	1.58	1.41	1.60	1.39	1.63
90	1.50	1.54	1.47	1.56	1.45	1.59	1.43	1.61	1.41	1.64
95	1.51	1.55	1.49	1.57	1.47	1.60	1.45	1.62	1.42	1.64
100	1.52	1.56	1.50	1.58	1.48	1.60	1.46	1.63	1.44	1.65

注：n 是观察值的数目；k 是解释变量的数目，包括常数项。

主要参考文献

[1] J. 保罗 · 埃尔霍斯特．空间计量经济学：从横截面数据到空间面板 [M]．肖光恩，译．北京：中国人民大学出版社，2015.

[2] 陈强．计量经济学及 Stata 应用 [M]．北京：高等教育出版社，2015.

[3] 陈强．机器学习及 R 应用 [M]．北京：高等教育出版社，2020.

[4] 达莫达尔 N. 古扎拉蒂，道恩 C. 波特．经济计量学精要 [M]．4 版．张涛，译．北京：机械工业出版社，2010.

[5] 高铁梅．计量经济分析方法与建模：EViews 应用及实例 [M]．2 版，北京：清华大学出版社，2012.

[6] 耿黎辉．产品消费情绪与购后行为关系的实证研究 [J]．数理统计与管理，2008（01）：1-9.

[7] 皮特 · 哈林顿．机器学习实战：Machine learning in action[M]．李锐，李鹏，曲亚东，等译．北京：人民邮电出版社，2013.

[8] 洪永淼，方颖，陈海强，等．计量经济学与实验经济学的若干新近发展及展望 [J]．中国经济问题，2016（02）：126-136.

[9] 黄敏学，谢亭亭，冯小亮．矛盾的消费者是如何解读多元化口碑信息的？ [J]．心理学报，2010，42（10）：998-1010.

[10] 杰弗里 · M. 伍德里奇．计量经济学导论 [M]．4 版．北京：中国人民大学出版社，2010.

[11] 秦雪征．应用计量经济学 [M]．北京：北京大学出版社，2016.

[12] 李华杰，史丹，马丽梅．基于大数据方法的经济研究：前沿进展与研究综述 [J]．经济学家，2018（06）：96-104.

[13] 李华敏，王丹丹．消费情绪归因及其对顾客忠诚的影响 [J]．商业研究，2011（07）：194-199.

[14] 李子奈，潘文卿．计量经济学 [M]．4 版．北京：高等教育出版社，2015.

[15] 李婧，谭清美，白俊红．中国区域创新生产的空间计量分析——基于静态与动态空间面板模型的实证研究 [J]．管理世界，2010（07）：43-55+65.

[16] 刘思峰，朱建军，耿修林，等．计量经济学简明教程 [M]．北京：高等教育出版社，2010.

[17] 林光平，龙志和，吴梅．中国地区经济 σ-收敛的空间计量实证分析 [J]．数量经济技术经济研究，2006（04）：14-21+69.

[18] 吕晓玲，宋捷．大数据挖掘与统计机器学习 [M]．北京：中国人民大学出版社，2016.

[19] 孟昭兰．情绪心理学 [M]．北京：北京大学出版社，2005.

[20] 庞皓．计量经济学 [M]．4 版．北京：科学出版社，2019.

[21] 秦雪征．应用计量经济学 EViews 与 SAS 实例 [M]．北京：北京大学出版社，2016.

[22] A. H. 施图德蒙德．应用计量经济学（原书第 7 版）[M]．杜江，李恒，译．北京：机械工业出版社，2017.

[23] 施晓菁，梁循，孙晓蕾．基于在线评级和评论的评价者效用机制研究 [J]．中国管理科学，2016，24（05）：149-157.

[24] 孙春华，刘业政．电影预告片在线投放对票房的影响——基于文本情感分析方法 [J]．中国管理科学，2017，25（10）：151-161.

[25] 沈体雁，于瀚辰．空间计量经济学 [M]．2 版，北京：北京大学出版社，2019.

[26] 吴喜之．复杂数据统计方法——基于 R 的应用 [M]．北京：中国人民大学出版社，2012.

[27] 吴翌琳，房祥忠．大数据探索性分析 [M]．2 版，北京：中国人民大学出版社，2020.

[28] 萧政，周波．一名计量经济学家对大数据的展望 [J]．财经智库，2019，4（01）：124-137+144.

[29] 肖光恩，刘锦学，谭赛月明．空间计量经济学——基于 MATLAB 的应用分析 [M]．北京：北京大学出版社，2018.

[30] 许振宇，宋新欣，乔彬．计量经济学原理与应用 [M]．北京：清华大学出版社，2016.

[31] 汪寿阳，洪永淼，霍红，等．大数据时代下计量经济学若干重要发展方向 [J]．中国科学基金，2019，33（04）：386-393.

[32] 王周伟，崔百胜，张元庆. 空间计量经济学——现代模型与方法 [M]. 北京：北京大学出版社，2017.
[33] 于晓华. 如何正确运用计量经济模型进行实证分析——实证分析中的数据、模型与参数 [J]. 农业技术经济，2014（07）：4-16.
[34] 余泳泽，刘大勇. 我国区域创新效率的空间外溢效应与价值链外溢效应——创新价值链视角下的多维空间面板模型研究 [J]. 管理世界，2013（07）：6-20+70.
[35] 叶阿忠，张锡书，朱松平，等. 应用空间计量经济学：软件操作和建模实例 [M]. 北京：清华大学出版社，2020.
[36] 张戈零. 消费者情绪对服务质量评价、满意度和忠诚度影响的实验研究 [D]. 长沙：中南大学，2005.
[37] 张良均，王路，谭立云，等. Python 数据分析与挖掘实战 [M]. 北京：机械工业出版社，2016.
[38] 张学良. 中国交通基础设施促进了区域经济增长吗——兼论交通基础设施的空间溢出效应 [J]. 中国社会科学，2012（03）：60-77+206.
[39] 张晓峒. 计量经济学 [M]. 北京：清华大学出版社，2017.
[40] 周志华. 机器学习 [M]. 北京：清华大学出版社，2016.
[41] 朱平芳. 现代计量经济学 [M]. 上海：上海财经大学出版社，2004.
[42] 詹姆斯 · 勒沙杰，凯利 · 佩斯. 空间计量经济学导论 [M]. 肖光恩，杨勇，熊灵，等译. 北京：北京大学出版社，2014.
[43] Akaike H. A Bayesian Extenion of the Minimum AIC Procedure of Autoregressive Model Fitting[J]. Biometrika, 1979, 66(2): 237-242.
[44] Anselin L. Spatial Econometrics: Methods and Models[M]. The Netherlands: Kluwer Academic Publishers,1988.
[45] Anselin L. Local Indicators of Spatial Association—LISA[J]. Geographical Analysis, 1995, 27(2): 93-115.
[46] Burnham K P, Anderson D R. Model Selection and Multi-model Inference: A Practical Information Theoretic Approach[M]. Springer, 2003.
[47] Getis A, Ord J K. The Analysis of Spatial Association by Use of Distance Statistics[J]. Geographical Analysis, 1992, 24(3): 189-206.
[48] Hastie T, Tibshirani R, Friedman J. The Elements of Statistical Learning: Data Mining, Inference, and Prediction[M]. Springer-Verlag New York Inc, 2009.
[49] Lesage J P, Pace R K. Introduction to Spatial Econometrics[M]. Chapman and Hall CRC, 2009.
[50] Schwarz G E. Estimating the Dimension of a Model[J]. The Annals of Statistics, 1978, 6(2): 461-464.
[51] Tibshirani R. Regression Shrinkage and Selection Via the Lasso[J]. Journal of the Royal Statistical Society: Series B (Statistical Methodology), 1996, 58(1): 267-288.
[52] Tobler W R. A Computer Movie Simulating Urban Growth in the Detroit Region[J]. Economic Geography, 1970, 46(2): 234-240.

教学支持说明

建设立体化精品教材，向高校师生提供整体教学解决方案和教学资源，是高等教育出版社“服务教育”的重要方式。为支持相应课程教学，我们专门为本书研发了配套教学课件、数据集及相关教学资源，并向采用本书作为教材的教师免费提供。

为保证该课件及相关教学资源仅为教师获得，烦请授课教师清晰填写如下开课证明并拍照后，发送至邮箱：yangshj@hep.com.cn，也可加入 QQ 群：184315320 索取。

编辑电话：010-58556042。

证　　明

兹证明____________________大学____________________学院 / 系第_______学年开设的______________________课程，采用高等教育出版社出版的《______________________》（_____________主编）作为本课程教材，授课教师为_____________，学生____________个班，共___________人。授课教师需要与本书配套的课件及相关资源用于教学。

授课教师联系电话：_____________________ E-mail：_____________________

学院 / 系主任：__________________（签字）

（学院 / 系办公室盖章）

20____年____月____日

大数据计量经济分析

DASHUJU JILIANG JINGJI FENXI

策划编辑 童 宁 杨世杰
责任编辑 杨世杰
封面设计 姜 磊
责任绘图 于 博
版式设计 姜 磊
责任校对 窦丽娜
责任印制 田 甜
出版发行 高等教育出版社
社址 北京市西城区德外大街4号
邮政编码 100120
印刷 北京鑫海金澳胶印有限公司
开本 787 mm×1092 mm 1/16
印张 23.75
字数 470 千字
购书热线 010-58581118
咨询电话 400-810-0598

网址 http://www.hep.edu.cn
http://www.hep.com.cn
网上订购 http://www.hepmall.com.cn
http://www.hepmall.com
http://www.hepmall.cn
版次 2023年4月第1版
印次 2023年4月第1次印刷
定价 55.00元

物 料 号 58689-00

图书在版编目（CIP）数据

大数据计量经济分析 / 田青，马越越主编. -- 北京：高等教育出版社，2023.4
ISBN 978-7-04-058689-3

Ⅰ. ①大… Ⅱ. ①田… ②马… Ⅲ. ①计量经济学－高等学校－教材 Ⅳ. ①F224.0

中国版本图书馆CIP数据核字(2022)第085745号